ABL
Asset Based Lending
取引推進事典

金融庁 監督局長 **細溝 清史** [監修]
経済産業省 経済産業政策局長 **菅原 郁郎**

一般社団法人 **金融財政事情研究会** [編]

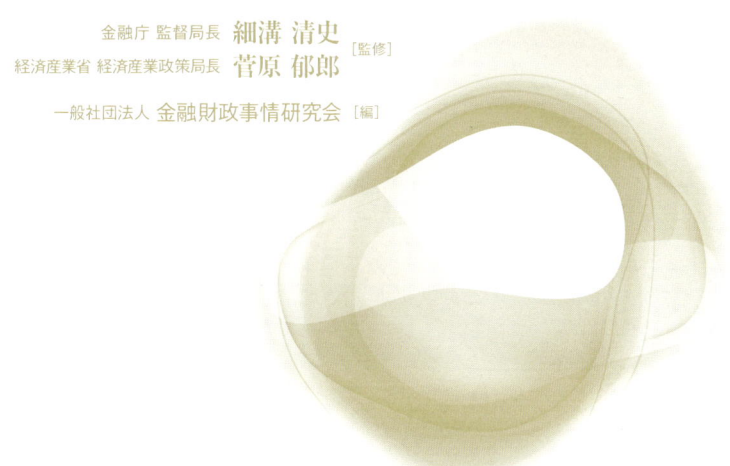

一般社団法人 **金融財政事情研究会**

はしがき

　金融庁は、金融検査マニュアルの運用明確化（平成25年2月）や平成25事務年度監督方針などを通じABLの積極活用を呼び掛けています。経済産業省においても、ABL研究会の開催や調査研究報告書の公表等、ABLの実態把握・普及啓蒙を目的にした取組みを行っています。これは在庫や売掛債権等を担保とすることで中小企業に新たな資金調達の道を開く一方で、貸し手である金融機関にとってもABLに必要な企業側の情報開示を通じ、顧客企業とのリレーションシップを強化できるという取引メリットが双方にあるからです。

　しかし、現在の金融機関の融資手法では依然として不動産を担保として取得することが一般的であり、特に地域金融機関の場合、融資における担保の9割超を不動産が占め、動産や債権は担保としてあまり活用されていません。

　官民あげて日本経済のデフレ脱却を目指している今日、金融機関は中小企業等が経営改善・事業再生等を図るための資金はもとより、新たなビジネスに挑戦するための資金についても積極的に供給していくことが重要な課題となっています。とりわけ地域金融機関には地域産業への貢献といった観点からも、企業ニーズを適切に汲み取ったうえでABLに取り組むことで、不動産担保や個人保証に過度に依存せずとも事業資金を円滑に供給することができるようになり、中小企業等の経営改善および事業拡大に、さらには地元経済の活性化に貢献することが期待されます。

　本書は、取引先企業へ適切なソリューションを提供するために必要とされるABLに関する実務知識への理解を深め、日々の渉外活動や融資審査に資することを目的としています。

　まず、第1編では、「ABLはどのような仕組みか」「ABLに取り組む意義」「融資審査における事業性の重視」「地域経済についての知見の拡充」など、

ABLを推進するにあたって確認しておくべき定義面や、『金融モニタリング基本方針』から読み解くABLの位置づけについて解説しています。

次に、第2編では、「マーケティング」「案件審査等」「担保」「契約・事務手続」「モニタリング」「回収・処分」「態勢整備等」など、顧客企業に対するABLの取組段階に応じた実務上のポイントを解説しています。

さらに、第3編では、多種多様に存在する動産を「産業用機械器具」「業務用機械器具」「輸送用機械器具」「生活用品用具」「動物（生体）」「動植物加工品・食品」「鉄鋼・非鉄金属」「産業・建築用品」「繊維・紙・木材・皮革」「石油・石炭・窯業」に分類し、代表的な動産の概要、業界動向、担保取得・換価処分時のポイントを解説しています。

執筆・校閲陣には、わが国の代表的なABLサービス専門機関および実際に日々ABLに取り組む地域金融機関の方々にご参画いただきました。こうした幅広くかつ斯界最高峰の執筆・校閲陣のご協力により、本邦ABL実務に関する解説書として最新にして詳細、最もバランスよく構成された"標準テキスト"が完成したと自負しております。

本書をご活用いただくことで、金融機関職員の皆様の業務推進ならびに地域産業の活性化・価値向上につながれば、これに勝る喜びはありません。

最後に、本書の刊行にあたって、ご監修をお引き受けいただいた金融庁監督局長 細溝清史氏と経済産業省経済産業政策局長 菅原郁郎氏、執筆・校閲等のご協力を賜りました方々に対しまして、この場を借りて厚く御礼申し上げる次第です。

平成26年3月

　　　　　　　　　　　　　　　　　一般社団法人　金融財政事情研究会

[監修・執筆・校閲・企画協力者一覧]

■ 監　　修

　金融庁 監督局長　**細溝　清史**

　経済産業省 経済産業政策局長　**菅原　郁郎**

■ 執筆・校閲・企画協力（五十音順、敬称略、所属等は当時）

　池田真治郎　西日本シティ銀行
　石田　和義　中国銀行
　今井　久士　ゴードン・ブラザーズ・ジャパン
　大沼　　徹　苫小牧信用金庫
　小笠原大知　トゥルーバグループホールディングス
　尾川　宏豪　野村総合研究所
　小野　隆一　トゥルーバグループホールディングス
　上沼　俊彦　飯田信用金庫
　川上　恭司　トゥルーバグループホールディングス
　久保田　清　日本動産鑑定
　島田　和明　帯広信用金庫
　庄司　　卓　七十七銀行
　菅原　　毅　トゥルーバグループホールディングス
　杉浦　信也　りそな保証
　鈴木健二郎　三菱総合研究所
　孫　　健蕾　トゥルーバグループホールディングス
　平良　貴洋　沖縄振興開発金融公庫
　田中　博之　トゥルーバグループホールディングス
　田中丸修一　電子債権アクセプタンス
　照屋　尚志　琉球銀行

中江	大輔	滋賀銀行
中村	真一	北日本銀行
野田	慧	ゴードン・ブラザーズ・ジャパン
萩原	宗人	鹿児島銀行
林	翔太	みちのく銀行
廣江	裕治	広島銀行
藤川	快之	ゴードン・ブラザーズ・ジャパン
藤本	久志	京都銀行
堀	隆之	トゥルーバグループホールディングス
松木	大	ゴードン・ブラザーズ・ジャパン
松堂	稔	沖縄銀行
宮崎	新	ゴードン・ブラザーズ・ジャパン
向山	健	八十二銀行
山田	達夫	電通国際情報サービス
吉木	威雄	トゥルーバグループホールディングス
吉村	道和	吉村司法書士事務所

[ABL実務研究ワーキンググループ]

　　横浜銀行 営業統括部　遠藤　武司
　　三菱総合研究所 経営コンサルティング本部　鈴木健二郎
　　渥美坂井法律事務所・外国法共同事業　根津　宏行
　　ゴードン・ブラザーズ・ジャパン　藤川　快之

目　次

第1編　ABLとは

第1章　ABLの定義

1　ABLとは何か……………………………………………………… 4
2　ABLはどのような仕組みか……………………………………… 14
3　ABLにおける用語の整理………………………………………… 23
4　ABLの歴史と展望………………………………………………… 28
5　ABL取組みにあたっての財務分析の基本……………………… 36
6　金融機関にとってABLに取り組む意義は何か………………… 44
7　中小・地域金融機関にとってABLに取り組む意義は何か…… 51
8　事業再生の局面において、ABLはどのように活用されているか……………………………………………………………………… 58
9　進化する債権担保融資──債権流動化から電子記録債権へ…… 61
10　進化する動産担保融資──物流金融………………………………… 69
11　進化する信用補完──取引信用保険と物流リスク保険…………… 77

第2章　金融行政とABL

12　金融機関の将来にわたる収益構造の分析……………………… 86
13　融資審査における事業性の重視………………………………… 94
14　小口の資産査定に関する金融機関の判断の尊重……………… 100
15　地域経済についての知見の拡充………………………………… 105
16　震災復興への対応………………………………………………… 110

第2編　営業推進・実務

第1章　マーケティング

17　企業の実態把握とは何か ……………………………………126
18　どのような資金使途の案件にABLを提案すればよいか …………132
19　ABLを実行する場合には、必ず債権や動産を担保として取得しなければならないか ……………………………………140
20　融資金額は担保の評価額以内とする必要があるか ……………147
21　ABLは個人事業主を対象にできるか。またその場合には、どのような点に留意すべきか …………………………………151
22　複数の金融機関と取引がある場合、どのような点に留意すべきか ……………………………………………………………155
23　どのような規模の企業にABLを提案すればよいか ……………160
24　どのような債務者区分の企業にABLを提案すればよいか ………166
25　どのような業種の企業にABLを提案すればよいか ……………172
26　どのような債権や動産を扱う企業にABLを提案すればよいか …182
27　どのようなライフサイクルの状態にある企業にABLを提案すればよいか …………………………………………………189
28　企業にとってABLのメリットにはどのようなものがあるか ………196
29　企業にとってABLのデメリットにはどのようなものがあるか ……203
30　ABLの取組み・説明にあたり、最初に留意すべき点は何か ……210
31　どのような順序でABLに取り組めばよいか ……………………216

第2章　案件審査等

32　案件組成にあたり金融機関内で確認しておくべきことは何か ……224
33　どのような動産でもABLの担保になるか ………………………226
34　在庫を担保取得するにあたって事前にどのようなことを確認す

	べきか ·· 228
35	機械設備を担保取得するにあたって事前にどのようなことを確認すべきか ································ 230
36	どのような債権でもABLの担保になるか ················ 232
37	売掛債権を担保取得するにあたって事前にどのようなことを確認すべきか ································ 234
38	担保の評価にあたってはどのように外部の評価会社を利用するか ·· 237
39	評価会社を利用するにあたって何を準備する必要があるか ········ 240
40	実地調査前に対象企業に関して確認しておくべきことは何か ······ 242
41	実地調査においてはどのような点に留意すべきか ············ 244
42	ABLの案件審査において留意すべき点は何か ············· 246
43	融資額（あるいは融資枠）をどのように決めるか ············ 247
44	担保取得の範囲はどう決めればよいか ···················· 249
45	自己査定における担保掛け目としてどのような値を使用するか ··· 250
46	担保評価額とはどのような価額か ························ 251
47	処分可能見込額とはどのような価額か。掛け目はどのように設定すればよいか ································ 253
48	ABLにおいて有効なコベナンツは何か ··················· 255
49	金利や手数料はどのように設定されるか ·················· 258
50	契約書はどのようなものが必要となるか ·················· 260
51	担保取得の条件（登記等）はどのように決めるか ············ 262
52	担保のモニタリング、再評価のサイクルはどのように決めるか ··· 264

第3章 担　　保

第1節　動産担保 ·· 268

53	動産とは何か ·· 268
54	集合動産とは何か ···································· 269

55	個別動産とは何か………………………………………………	272
56	動産担保にはどのような種類があるか………………………	274
57	担保に適した動産にはどのようなものがあるか。また、担保に適さない動産はあるか……………………………………	277
58	動産担保を取得したと主張するためには、どのような手続をとる必要があるか………………………………………………	279
59	動産・債権譲渡特例法とは何か………………………………	282
60	動産・債権譲渡登記制度とは何か……………………………	284
61	即時取得とは何か。動産譲渡登記の目的動産と即時取得の関係はどうか…………………………………………………………	288
62	登記留保とは何か………………………………………………	291
63	仕掛品は担保にとることができるか…………………………	293
64	債務者の名義でない動産を担保にとることはできるか……	295
65	動産を担保に取得する場合、先行する担保の有無について、どのように確認をすればよいか……………………………………	299
66	動産を担保に取得する場合には、どのようなコストがかかるか…	305
67	譲渡担保とは何か………………………………………………	307

第2節　債権担保……………………………………………………309

68	債権とは何か……………………………………………………	309
69	集合債権とは何か………………………………………………	311
70	将来債権とは何か………………………………………………	313
71	個別債権とは何か………………………………………………	315
72	債権担保にはどのような種類があるか………………………	316
73	担保に適した債権にはどのようなものがあるか。また、担保に適さない債権はあるか……………………………………………	318
74	将来債権は担保にとることができるか………………………	320
75	債権担保を取得したと主張するためには、どのような手続をとる必要があるか………………………………………………	322

76　譲渡禁止特約がついた債権は担保にとることができるか………326
77　債権を担保に取得した場合、どのようなコストがかかるか………328
第3節　電子記録債権………………………………………………………330
78　電子記録債権とはどのようなものか。手形とはどのように異なるか………………………………………………………………………330
79　電子記録債権の担保はどのように取得すればよいか……………333
80　電子記録債権には不渡制度はあるか………………………………334
81　企業が電子記録債権を利用するメリットは何か…………………336
82　電子記録債権を譲渡・分割することはできるか…………………339
83　将来債権を電子記録債権にすることはできるか…………………342
84　電子債権記録機関にはどのような会社があるか…………………343
85　異なる電子債権記録機関の電子記録債権は同一のものとして扱うことができるか……………………………………………………345
86　電子記録債権を資金調達に利用する場合にはどのような方法があるか…………………………………………………………………346
87　電子記録債権と手形や債権譲渡登記はどちらが優先するか………350

第4章　契約・事務手続

88　動産担保取得にあたって、債務者には事前にどのようなことを説明する必要があるか…………………………………………………352
89　動産担保の取得方法にはどのようなものがあるか………………354
90　動産譲渡登記によって対抗要件を具備する場合には、どのような点に留意すべきか…………………………………………………357
91　債権担保取得にあたって、債務者には事前にどのようなことを説明する必要があるか…………………………………………………360
92　債権担保の取得方法にはどのようなものがあるか………………362
93　債権譲渡登記によって担保取得する場合には、どのような点に留意すべきか……………………………………………………………365

目　次　9

| 94 | 債権譲渡登記や動産譲渡登記にはどれくらいのコストがかかるか …………………………………………………………………368 |

第5章 モニタリング

95	ABLにおけるモニタリングの目的は何か ………………………374
96	モニタリングは、一般的にはどのように行えばよいか …………376
97	モニタリングにおいては、どのような点に留意すべきか ………381
98	店頭在庫のモニタリングにおいては、どのような点に留意すべきか …………………………………………………………………384
99	営業倉庫にある在庫のモニタリングにおいては、どのような点に留意すべきか ………………………………………………………385
100	動産担保が一般担保として取り扱われるためにはどのようなモニタリングが必要か …………………………………………………387
101	売掛金担保が一般担保として取り扱われるためにはどのようなモニタリングが必要か …………………………………………………392
102	個別債権のモニタリングにおいては、どのような点に留意すべきか …………………………………………………………………395
103	集合債権のモニタリングにおいては、どのような点に留意すべきか …………………………………………………………………397
104	診療報酬債権のモニタリングにおいては、どのような点に留意すべきか ……………………………………………………………399
105	電子記録債権（でんさい）のモニタリングにおいては、どのような点に留意すべきか ……………………………………………400

第6章 回収・処分

106	動産の換価は具体的にどのように行うか ……………………404
107	換価額は簿価のどれくらいをメドに考えておけばよいか …………412
108	換価処分を実行する際に、倉庫在庫と店舗在庫の違いはあるか …414

109 商品在庫ではない固定資産に分類される動産（機械設備・車両等）の換価は可能か……………………………………………………416
110 ABLにおける担保実行以外でも換価処分が必要な場合はあるか……………………………………………………………………………418
111 換価処分は実際にどうしたらよいか。換価業務を委託できる業者はあるか……………………………………………………………420

第7章　態勢整備等

112 担保動産が一般担保になるためにはどのような要件が必要か……422
113 担保債権が一般担保になるためにはどのような要件が必要か……426
114 動産担保の評価はどのように行えばよいか……………………………428
115 動産の評価会社にはどのような会社があるか。第三者である評価会社の評価を必要とするか……………………………………………431
116 債権担保の評価はどのように行えばよいか……………………………433
117 債権の評価会社にはどのような会社があるか。第三者である評価会社の評価を必要とするか……………………………………………436
118 信用保証協会の流動資産担保融資保証制度とはどのようなものか……………………………………………………………………………438
119 流動資産担保融資保証制度では、電子記録債権は担保対象になるか…………………………………………………………………………440
120 金融機関内にABLのノウハウがない場合には、どのようにすべきか…………………………………………………………………………441
121 金融機関内においてABLの事務手続面が整っていない場合、どのようにすべきか……………………………………………………443
122 ABLの推進マニュアルを作成する場合には、どのような点に留意すべきか…………………………………………………………………445

第3編　動産別アプローチ

第1章　機械器具（個別動産中心）

第1節　産業用機械器具 ……………………………………………… 450
 123　汎用機械器具 …………………………………………………… 450
 124　農業・林業機械 ………………………………………………… 456
 125　建設・鉱山機械 ………………………………………………… 462
 126　工作・製造機械 ………………………………………………… 468
 127　産業用金物 ……………………………………………………… 474
 128　その他産業機械器具 …………………………………………… 480
第2節　業務用機械器具 ……………………………………………… 486
 129　計測・検査機械器具 …………………………………………… 486
 130　医療機器・診療報酬 …………………………………………… 491
 131　業務用機械器具 ………………………………………………… 497
第3節　輸送用機械器具 ……………………………………………… 503
 132　自動車（含む二輪車）………………………………………… 503
 133　船　　舶 ………………………………………………………… 508
 134　輸送用機器部品 ………………………………………………… 518

第2章　生産・消費（集合動産中心）

第1節　生活用品用具 ………………………………………………… 526
 135　衣服・履物 ……………………………………………………… 526
 136　宝飾品・時計 …………………………………………………… 535
 137　家電・家具 ……………………………………………………… 541
 138　電子・電気機器 ………………………………………………… 547
 139　書籍・ソフト …………………………………………………… 553
 140　娯楽・レジャー用品 …………………………………………… 558

141	医薬品・化粧品	563
142	雑　貨　類	572
143	美術・骨董品	579

第2節　動物（生体） ………………………………… 585

144	家畜（食用）	585
145	家畜（食用以外）	592
146	養　殖　魚	597

第3節　動植物加工品・食品 ………………………… 603

147	動物由来加工品	603
148	植物由来加工品	609
149	農産物および食品（米を除く）	615
150	農産物および食品（米）	621
151	畜産食品	629
152	水産食品	636
153	水産加工食品	644
154	嗜好食品	652
155	酒類・飲料	659

第4節　鉄鋼・非鉄金属 ……………………………… 671

156	鉄鋼製品	671
157	非鉄金属製品	677
158	貴　金　属	686
159	スクラップ	693

第5節　産業・建築用品 ……………………………… 698

160	金属加工品	698
161	産業用金物・部品	703
162	建築用金属製品	712
163	産業・建築土石製品	721

第6節　繊維・紙・木材・皮革 ……………………………… 731
- 164　繊維製品 ……………………………………………… 731
- 165　木材・木材製品 ……………………………………… 736
- 166　紙製品 ………………………………………………… 742
- 167　皮革製品 ……………………………………………… 746

第7節　石油・石炭・窯業 …………………………………… 751
- 168　石油精製品 …………………………………………… 751
- 169　樹脂・プラスチック ………………………………… 759
- 170　化学製品 ……………………………………………… 764
- 171　窯業製品 ……………………………………………… 770

事項索引〔第1編・第2編〕………………………………… 775
　　　　　〔第3編〕………………………………………… 777

第1編

ABLとは

第1章

ABLの定義

1 ABLとは何か

Point ABLとはAsset Based Lendingの略語で、おおむね動産・債権担保融資と同義である。「企業が保有する債権（主に売掛金）や動産（主に在庫や原材料および機械設備など）を担保に実行する融資の総称」と考えられる。

ABLという用語の定義はさまざまであり、マスコミなどでは動産担保融資として使われることが多い。

──────── 解　説 ────────

1　ABLの定義

(1)　ABLとは

ABLとはAsset Based Lendingの略語である。おおむね動産・債権担保融資と同義である。公式には経済産業省の産業構造審議会で使われて以来、世間でも徐々に使われるようになっている。

ABLは米国で一般的に利用されている融資手法である。もともと米国で1970～80年代頃から広まり始め、約40年かけておよそ50兆円の残高規模になるまで成長した。バブル経済崩壊後、不良債権処理と企業のバランスシート調整に喘いでいた日本経済立直しの一環として、産業金融の多様化が叫ばれるなか、2000年代前半に議論が始まったのがABLである。

(2)　行政・金融当局の定義

ABLはわが国ではどのように定義されているか、まずは行政や金融当局によるABLの定義についてみてみよう。

・平成18年3月：経済産業省公表「ABL（Asset Based Lending）研究会報告書」

「動産・債権等の事業収益資産を担保とし、担保資産の内容を常時モニタリングし、資産の一定割合を上限に資金調達を行う手法」

・平成24年6月：日本銀行公表「ABLを活用するためのリスク管理」

「動産や売掛債権を担保とし、その評価・モニタリングを通じ企業実態を把握しながらリスク管理を行う融資手法」

・平成25年6月：金融庁公表「金融検査マニュアルに関するよくあるご質問（FAQ）別編《ABL編》」

「ABLの定義は様々」であるが「動産・売掛金等の流動資産を担保とし、担保資産をモニタリングし、融資を行う手法」

　行政の間でもABLの定義はさまざまであって、統一的な定義はなされていない。特徴としては、モニタリングという用語が共通して出てくるほか、日本銀行や金融庁の定義では債権が売掛金に変わっている点があげられる。金融庁の上記FAQにおける売掛金は、商品の売買など実質的な原因に基づいた比較的短期間で支払われる債権を想定しているとされ、リース債権など長期で支払われる債権は含められていない点は留意する必要がある。

(3)　現状での定義と用語の使い方

　ABLの和訳語としては、動産担保融資と債権担保融資の両方を指す動産・債権担保融資が定着しつつあるが、ABLに関する議論が在庫動産のことや動産担保融資に集中しているときも多くみられる。

　一方、米国におけるABLは多様性に富んでおり、ABLという用語のほかにABF（Asset Based Finance）という用語も存在するという指摘もなされている。

　すなわち、ABLという用語にはさまざまな種類があり、論者によって指している内容が異なる場合がある。現状では、ABLとは「債務者が保有する債権（主に売掛金）や動産（主に在庫や原材料および機械設備など）を担保に実行する融資の総称」としてとらえておくのが妥当であろう。

(4)　マスコミ等での使われ方

　新聞・雑誌・ニュースや巷間での論文では、「ABL＝動産担保融資」としているケースがみられるほか、在庫動産に限定した論文なども見受けられる。マスコミは農林畜産物が担保になるという目新しさをことさらに強調するためか、ABLとは動産担保融資のことであるという言い方が目立つので、

注意を要する。

(5) 債権流動化業務でのABL

債権流動化業務においては、ABLという用語はAsset Backd Loanの略語として長い間親しまれてきている。ABLはABS（Asset Backd Securities）、ABCP（Asset Backd CP）と同様に、ABF（Asset Backd Finance）の重要な流動化手法の一つである。債権流動化と債権担保融資は経済的な機能において同様のものであり、類似の金融手法において同じABLという略語を用いるのはいささか不適切な感もある。混同される可能性もあるので注意を要する。

2 ABLと同等の機能を有する資金繰り手法

ABLと呼ばれている融資取引と同等の経済効果をもたらす金融手法はほかにもあることを理解されたい。図表1－1にもあるとおり、以下のような金融手法は、債務者からみた場合、ABLと同じ機能を有している。ことさらABLという融資手法だけを特別視するような議論はあまり有益とはいえない。大切なことは債務者の視点に立った資金繰りの提案、すなわち債務者の資金繰り確保・資金調達手段の多様化・複線化である。

・手形割引／手形担保融資
・電子記録債権割引／電子記録債権担保融資
・ファクタリング・売掛金回収代行　など

ほかにも、以下のような金融手法なども同様のことがいえる。

・為替手形の振出し
・売掛サイトの短期化／買掛サイトの長期化
・リードタイム短縮
・在庫の早期売却　など

ABLだけでなくさまざまな資金調達手法の提案・提供に心がけることが肝要である（図表1－2参照）。

図表1−1　主な資金調達方法

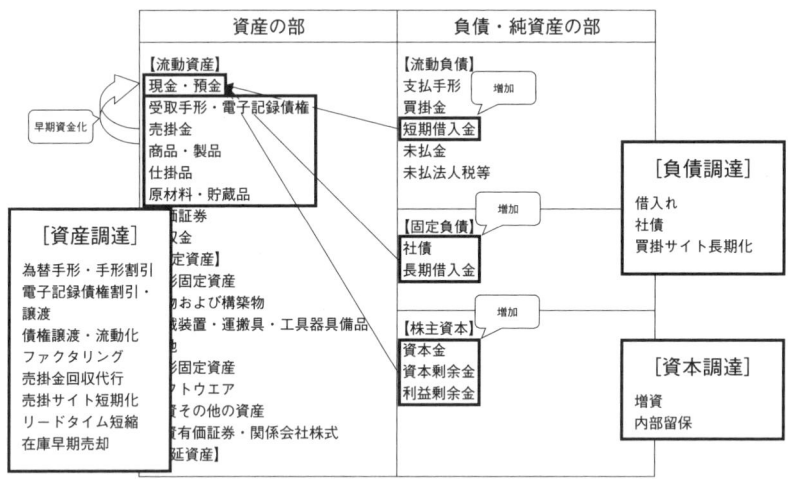

(出所)　筆者作成

図表1−2　さまざまな担保形式がある動産・債権を担保とする金融手法

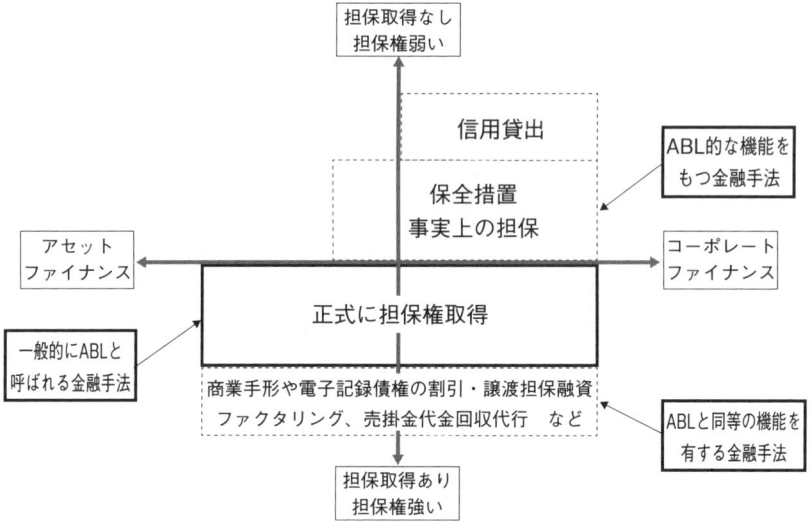

(出所)　筆者作成

3 ABLの普及

(1) 政府主導・行政主導

　わが国のABLの普及は、政府主導・行政主導が中心であった。図表1－3にもみられるとおり、経済産業省を中心に議論が進められ、債権譲渡登記制度に続く動産譲渡登記制度の整備のほか、金融庁のリレーションシップバンキング政策や金融検査マニュアルの改訂などによる後押しが進んでいる。流動資産担保融資保証制度による公的信用制度も整備された。一方、貸し手の中軸である金融機関では、担保の評価・管理・処分に関するノウハウ不足のうえに、わざわざ手間暇のかかる融資手法は敬遠されてきた。貸し手に対する普及は行われているものの、肝心の利用者への普及が十分に進んでいるとは言いがたい。

　そこに平成23年、日本銀行が成長支援貸出制度においてABLの取組みを促し、平成25年には、金融庁も「ABL（動産・売掛金担保融資）の積極的活

図表1－3　政府・行政のABL・電子記録債権普及への足取り

年度	政府・経済産業省・中小企業庁・農林水産省	金融庁・日本銀行等関連	法令等の整備
平14		金融庁「金融再生プログラム」「第一次リレーションシップバンキングAP」	
15	企業法制研究会「報告書」IT戦略本部「e-Japan戦略Ⅱ」		
16		金融庁「金融改革プログラム」「第二次リレーションシップバンキングAP」	
17		金融庁「第二次リレーションシップバンキングAP」においてABLを明記	債権譲渡登記制度拡充 動産譲渡登記制度創設

18	ABL研究会「報告書」畜産部門におけるABL検討委員会等開催	金融検査マニュアル改訂「一般担保要件明示」	
19	流動資産担保融資保証制度創設 ABL協会設立 地域活性化目的の「農商工連携」の具体化 電子記録債権研究会「報告書」	金融庁「恒久的リレーションシップバンキング」 3省合同「電子債権に関する基本的な考え方」	
20	ABLガイドライン公表		電子記録債権法施行
21		金融円滑化法施行	
22			
23		日銀:成長支援貸出制度	
24		金融庁「ABLの積極的活用について」 金融検査マニュアル改訂「一般担保要件の運用の明確化等」 全銀電子債権ネットワーク開業 金融円滑化法終了	
25		「経営者保証に関するガイドライン」適用開始	

(出所) 筆者作成

用について」を発表、金融当局は積極的な活用の推進を促し始めたところである。

(2) **ABL待望論**

政府や動産・債権担保融資の推進論者などからはわが国の産業金融、とりわけ中小企業金融について、おおむね以下のような論調で説明されることが

図表1－4　金融機関貸出金の担保内訳と売上債権の流動化

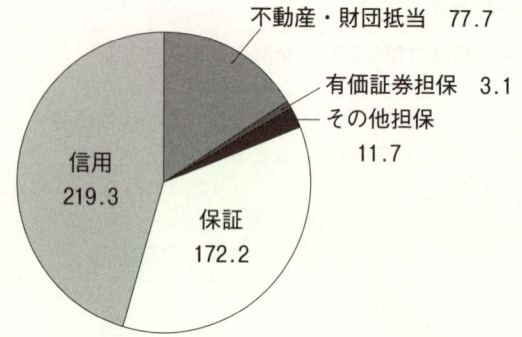

（出所）　日本銀行統計「貸出金担保内訳」より筆者作成

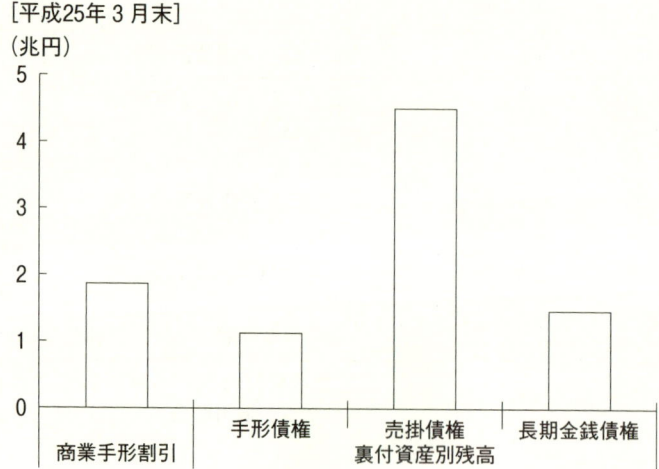

（出所）　日本銀行統計「国内銀行の資産・負債等」および流動化・証券化協議会「ABCP・ABL統計調査」より筆者作成

多い。

・中小企業は直接金融にアクセスすることが容易ではなく、資金調達では間接金融である借入れに頼らざるをえない。

・金融機関の中小企業向け融資は、担保では不動産、保証では代表者の個人

図表1－5　企業のバランスシートの状況と経常運転資金

全企業（平成23年度末）（兆円）			
現金預金	163	支払手形	29
受取手形	24	買掛金	138
売掛債権	192	短期借入金	163
棚卸資産	105	社債	55
土地	186	長期借入金	296
その他建物・機械設備等	273		
合計	1,471	合計	1,471
手形割引残高	5	経常運転資金	ⓘ54

短期借入金内訳
金融機関：101兆円
その　他：62兆円

中小企業（平成23年度末）（兆円）			
現金預金	98	支払手形	18
受取手形	12	買掛金	44
売掛債権	67	短期借入金	73
棚卸資産	43	社債	6
土地	104	長期借入金	180
その他建物・機械設備等	108		
合計	570	合計	570
手形割引残高	4	経常運転資金	60

短期借入金内訳
金融機関：39兆円
その　他：35兆円

（出所）　財務省「法人企業統計」より筆者作成

保証によって債権保全を図ってきた。特に担保は不動産に偏っている（図表1－4参照）。
・不動産価格が下落し続けている環境下、担保に有効な不動産をもたない、または保有不動産に担保余力のない中小企業にとっては、債権や動産を担保として活用することが有効である。
・企業全体のバランスシートをみると、中小企業だけに限っても、不動産が104兆円であるのに対し、売掛債権は67兆円、棚卸資産は43兆円で合わせて110兆円にも及ぶ（図表1－5参照）。中小企業金融の円滑化を図るためには、これらの資産を担保として活用することが望ましい。

ABL待望論の説明は一見すると理路整然としているが、以下のような点で疑問が残る。
・貸出には担保が必要であるというドグマが出発点になっている。
・債権や動産の簿価のすべてが担保になる、あるいはすべてが担保として価値があるかのような幻想を抱かせる。
・債権担保融資や動産担保融資が伸びれば、直ちに資金繰りが円滑になるかのような錯覚を感じさせる。
・議論の枠組みが担保から抜け出せていない。不動産ではなく債権や動産にすりかわっているだけの状況。
・借入れは資金調達手段のすべてではない。資産を早く現金に転換させるという考え方にも目を向けるべきである。

(3) ABL普及に向けた取組姿勢

ABL待望論への疑問をふまえると、特にこれまでの融資姿勢は、以下の3点が問題だったと考えられる。
・（バブル期の融資手法に顕著であった）不動産の「含み益」をてこに、実態評価を超えて融資枠をふやしたこと。
・不動産の「根抵当権」の設定により、資金使途の確認や返済原資の検証を十分行わずに融資の実行を行ったこと。
・毎期末の貸出残高の「純増目標」と新規の「貸出件数」が評価軸の大きな

ポイントであったこと。
　不動産担保以外にも、債権や動産が担保として利用されて担保の選択肢がふえるということはたしかに画期的なことである。しかし大切なことは、債権担保融資や動産担保融資をふやすことではなく、企業の実態把握を進めることである。ABLが普及することにより、企業の実態把握の重要性があらためて認識されて、融資業務の原点に戻った取組みを進めることが望まれる。本当に資金需要がある企業や資金調達を必要としている局面において、その需要に応える手段・方法の一つにABLがある、と理解することが肝要である。

2　ABLはどのような仕組みか

Point　ABLの仕組みの特徴は、担保が債権や動産である点にある。担保は、債権と動産の2種類に分けて説明されることが多いが、流動資産と固定資産に分けるほうが理解が容易である。特に売掛金や棚卸資産が担保の場合は、正常運転資金ニーズに応えるという機能と最終的な保全措置の拠り所に応えるという二つの機能をもつ。

担保主義から脱却し、企業の商流やビジネスモデルを理解し、資金繰りの構造を可視化する実態評価が肝要である。

・・・・・・・・・・・・・・・・・・・・・・　解　説　・・・・・・・・・・・・・・・・・・・・・・

1　ABLの仕組み

(1)　仕組みの特徴

ABLの仕組みを図示化すると、図表2－1のようなスキームとなる。基本的に融資の申込みから実行・回収まで従前の融資と大きく異なる点はない。保全判断において、担保の要否を判断し、担保が必要ならばどの種類の担保が適切なのかという判断の後、債権や動産が担保となった場合にABLと呼ばれるにすぎない。ただし、たとえば不動産担保融資などと比べた場合、以下のような特徴がある。

① 担保物件は債権や動産であること

債権は主に売買やサービスの提供等を原因とする金銭債権である。一方動産は、棚卸資産に属する製品・商品・仕掛品・原材料等と、固定資産に属する機械設備等である。集合動産と個別動産に区分されることもある。いずれも担保としての適格性、担保取得の適切性についてスクリーニングすることが必要である。また担保物件の数量や価値は常時変動するため、担保権設定後は担保物件の特質にあわせた担保管理が必要となる。さらに担保権実行の局面においては、短期間のうちに担保物件を処分しなければならない場合もある。担保の評価・管理・処分の各局面において留意すべきポイントがある

図表2-1　ABLの仕組み

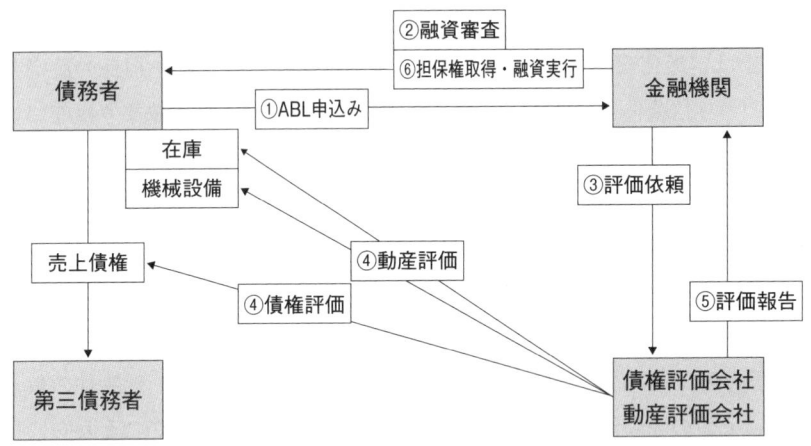

(出所)　筆者作成

ことは心に留めておきたい。
② 担保権は譲渡担保であること
　債権や動産を担保とする場合は、質権の設定か譲渡担保の方法があるものの、実務的には譲渡担保が利用されている。譲渡担保は、質権・(根)抵当権とは異なり、担保を目的として目的物の所有権を移転するもので、判例上認められている法理である。債務者は自分の手元に置いたまま事業を継続することができる。近時では対抗要件の具備に債権譲渡登記制度および動産譲渡登記制度が整備され、担保としての法的安定性が増した。

(2) **ABLの商品性**
　ABLは、定型化商品でなければ制度融資でもない。米国では融資金額の決定やモニタリング手法などの実務慣行が確立されていると考えられるが、少なくともわが国において現状確立した融資慣行はない。ABLは金融手法の一つにすぎず、担保物件の特質や企業の状況にあわせてオーダーメイドなスキームを考えるべきである。特に動産担保の場合であれば、おそらく万単位の種類の動産が存在することから、取組当初は特に個別案件ごとにリスク

第1章　ABLの定義　15

判断を行ってノウハウを蓄積していくことが望まれる。

(3) 与信条件

ABLは定型化商品ではないので、融資金額のほか、金利や担保の設定方法などの与信条件において、こうしなければならないという決まりはない。どのような種類の担保権を設定するか、担保の評価は添え担保か一般担保か、保全状況を金利に反映させるかどうか、いずれもこれまで実績を積み上げてきた融資案件と比較考量しながら検討すれば足りる。

よくABLで使われるコベナンツ（貸し手にとって不利益が発生した場合に、与信条件の変更や返済を求められるように契約条項に盛り込まれる制限条項あるいは誓約条項）も必須条件ではない。ただし、ABLの場合、担保物件の数量および価値の変動が大きく、担保としての安定性に欠けやすいことから、担保の数量や品質に関するコベナンツを設定することには一定の合理性があろう。

2　ABLの機能

(1)　担保の区分方法

対象となる担保は、債権と動産である（図表2－2参照）。債権は売掛金などが代表例であり、動産には棚卸資産（製品・商品／半製品・仕掛品／原材料など）のほかに、機械設備などがある。

法律上の区分に沿って、債権と動産という区分けがなされることが多いが、機能の面から考えると、流動資産に属する債権や動産と、固定資産に属する動産の2種類があると考えるほうがわかりやすい。売掛金や棚卸資産は、企業のサプライチェーンが表現されているものであり、一体となって把握されるべきものである。ABLの本質をよく理解するうえでは、債権か動産かよりも、流動資産か固定資産かで区分するほうが機能的であるといえる。

(2)　流動資産の二面性

サプライチェーンの構成要素である売掛金や在庫には、企業の経営実態が

図表2-2　ABLの対象資産

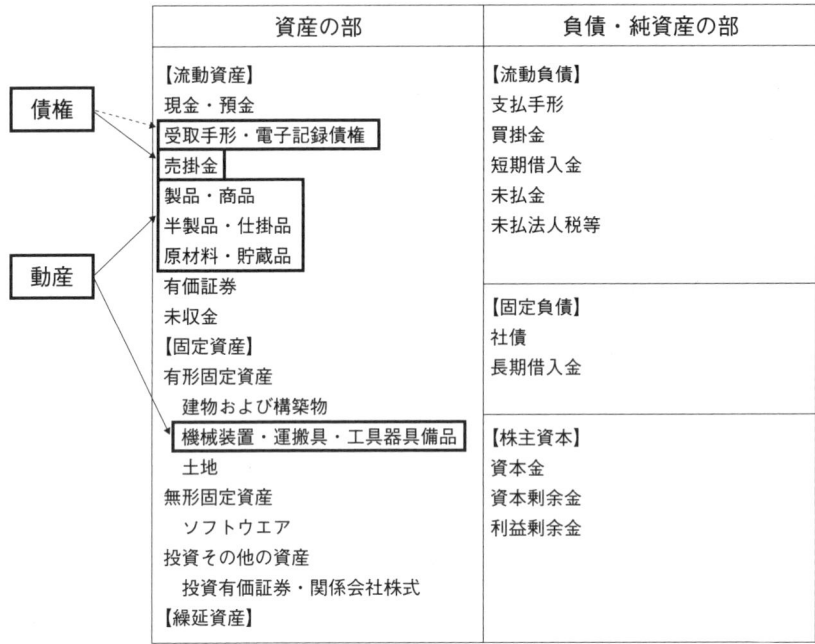

(出所)　筆者作成

如実に表れる。これらの債権や動産は、担保価値としての側面と事業活動としての側面と二面性を有している（図表2-3参照）。

期末在庫の評価の操作は典型的な粉飾決算の温床である。売上げや利益は財務諸表を通してみえやすい半面、すでに過去の状態を表す遅行指標である。これらの数字だけでは企業の実態を見抜くことは困難である。これに対し、売掛金や在庫の情報は財務諸表だけではみえにくい半面、現在の状態を表す先行指標である。まさに実態財務である。さらに変化の要因を探っていくと将来財務の予測も可能になる。

資料を徴求するだけではこのような情報をつかむことはむずかしいので、これらの債権や動産の評価を行うことが重要となる。それらの評価は担保評価にも直結している。

図表2-3 債権・動産のもつ二面性

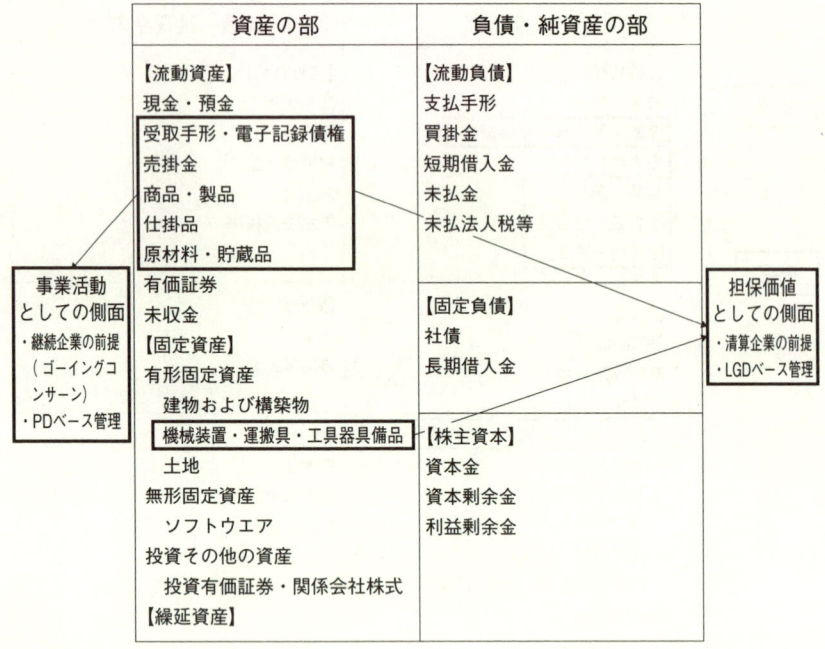

(出所) 筆者作成

(3) 事業価値と換価価値

　ABLには二つある。二つの局面で利用できると言い換えてもよい。この点についてはおおむね浸透してきているといってよいだろう（図表2-4、2-5参照）。

① 事業価値に着目したABL

　担保取得する資産の事業価値に着目して実行するものである。企業がゴーイングコンサーンであることを前提に、当該企業が経常的に生み出すキャッシュフローに返済原資を求めるものである。このようなABLは企業の信用力を補完するものとして、企業と金融機関双方のコミュニケーションをより発展させることが期待されており、リレーションシップバンキングの趣旨に沿った金融手法として位置づけられている。このケースで取得する担保は、

図表2-4　二面性をもつABL

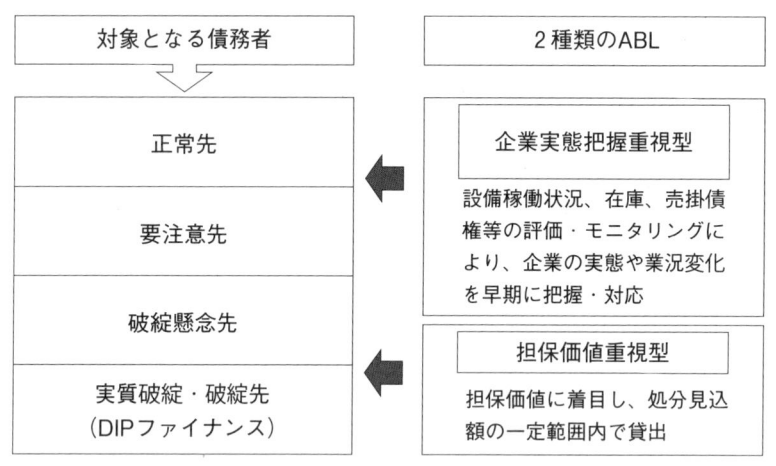

対象となる債務者	2種類のABL
正常先	**企業実態把握重視型**：設備稼働状況、在庫、売掛債権等の評価・モニタリングにより、企業の実態や業況変化を早期に把握・対応
要注意先	
破綻懸念先	**担保価値重視型**：担保価値に着目し、処分見込額の一定範囲内で貸出
実質破綻・破綻先（DIPファイナンス）	

（出所）　日本銀行「ABLを活用するためのリスク管理」

図表2-5　二面性をもつ動産・債権を担保とする金融手法

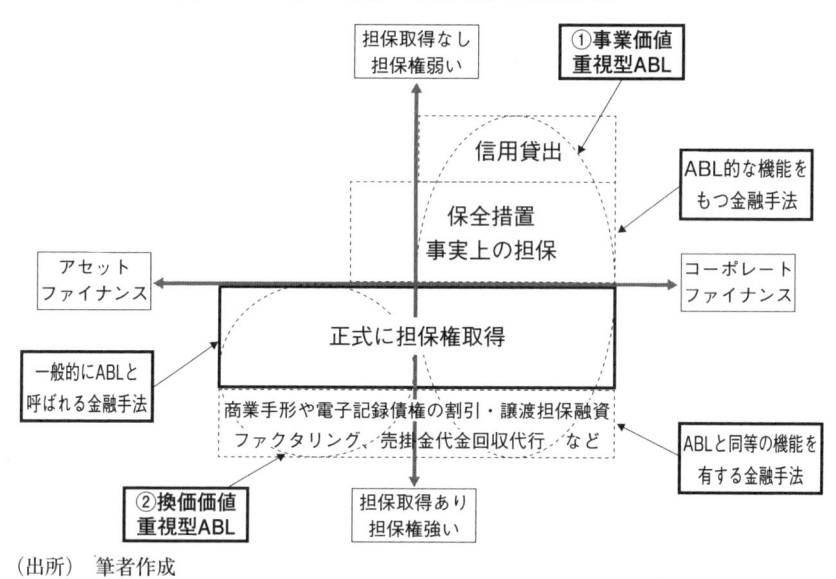

縦軸上：担保取得なし　担保権弱い
縦軸下：担保取得あり　担保権強い
横軸左：アセットファイナンス
横軸右：コーポレートファイナンス

- ①事業価値重視型ABL
- ②換価価値重視型ABL
- 信用貸出
- 保全措置　事実上の担保
- 正式に担保権取得
- 商業手形や電子記録債権の割引・譲渡担保融資、ファクタリング、売掛金代金回収代行　など
- ABL的な機能をもつ金融手法
- 一般的にABLと呼ばれる金融手法
- ABLと同等の機能を有する金融手法

（出所）　筆者作成

第1章　ABLの定義

キャッシュフローの源泉である資産、すなわち売掛金や在庫が最適かつ合理的である。

元来、流動資産を担保に運転資金を融資することは、貸し手・借り手双方にとって合理性をもつ融資である。従前も運転資金融資の場合には、見合いとなる売掛金や在庫に不良資産がないか、暗黙のうちに審査を行っていたはずである。手形割引の際の支払人信用調査確認などはその典型である。そう考えれば手形割引は運転資金融資であり、ABLの一形態ともいえるだろう。それをより研ぎ澄ました貸出手法がABL、特に売掛金や在庫を担保とする流動資産担保融資である。

② 換価価値に着目したABL

担保取得する資産の換価価値に着目して実行するものである。当該企業の経営状態がきわめて芳しくなく、担保処分金額に返済原資を求めるものである。このような状況での融資の実行が有効かつ必要とされる場合もあり、たとえキャッシュフローを生まない担保であっても、まさに担保としての威力を存分に発揮することになる。担保はなるべく処分価値の高いものがよいだろう。

3　ABLに取り組む前に

(1) 従来の担保主義を前提とした議論

政府や行政は金融機能強化のため、「不動産担保や個人保証に過度に依存しない融資」を目指した。ここは原点に戻って「取引先の実態を正しく把握する融資」に取り組むための課題についての議論が中心となることが望まれる。ABLという用語が持ち込まれ、債権や動産などかわりの担保に目を向けてしまったことで、担保論議が中心になってしまっている。

(2) 担保主義からの卒業

バブルの反省は担保主義からの脱却であり、今後も金融機関にとっては大きな課題である。担保主義から脱却し、企業の実態把握を重視した取組みを進めないと、企業審査や案件審査の重要性が薄れ、企業の実態がまったく顧

図表2-6　審査フローの現実とあるべき姿

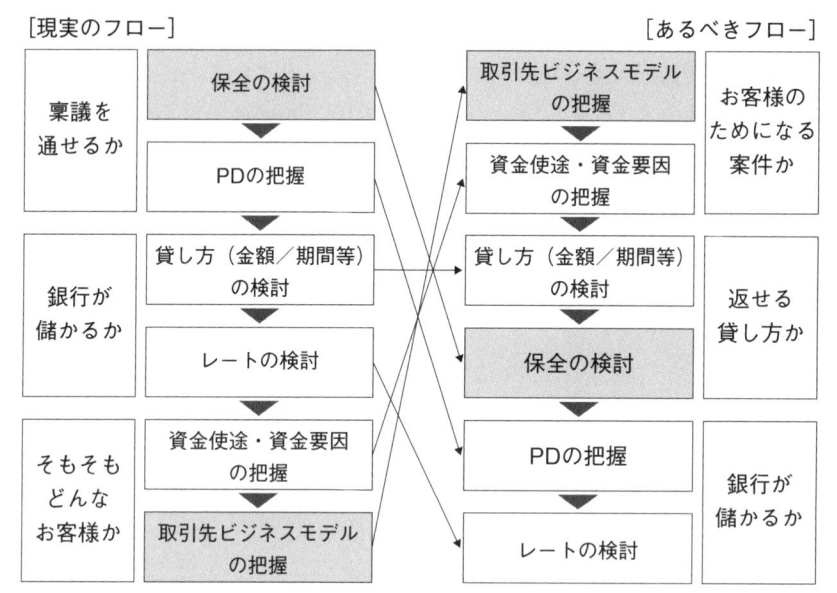

[現実のフロー]

稟議を通せるか	保全の検討 → PDの把握
銀行が儲かるか	貸し方（金額/期間等）の検討 → レートの検討
そもそもどんなお客様か	資金使途・資金要因の把握 → 取引先ビジネスモデルの把握

[あるべきフロー]

取引先ビジネスモデルの把握 → 資金使途・資金要因の把握	お客様のためになる案件か
貸し方（金額/期間等）の検討 → 保全の検討	返せる貸し方か
PDの把握 → レートの検討	銀行が儲かるか

（注）　PD（Probability of Default）＝債務不履行の可能性
（出所）　江上広行『バリューチェーンファイナンス』（金融財政事情研究会）

みられなくなってしまうおそれがある（図表2-6参照）。

　さらに昨今では、格付自己査定制度が定着し、信用格付が企業審査の機能を兼ねることとなったが、その結果、決算書などから算出されるスコアリングに基づいて、自動的に融資金額や金利、保全条件などが判定されてしまうという、いわば格付主義的な風潮もみられる。企業の評価とともに案件の評価、すなわち資金使途の確認や金額の妥当性、返済原資の検証などを行ったうえで、総合的に与信条件を判断するというのが本来の融資である。

(3)　「商流をつかむ」「ビジネススタイルを理解する」

　ABLの推進・管理態勢整備の前に、各金融機関内で取引企業をどこまでよく理解できているかということについて反芻してみることが肝要である。インターネットの普及により一昔前に比較して、圧倒的に企業情報の入手は容易になっている。企業の代表者や担当者のもとに足を運んで、商売の内容

や方法、どうやって儲けているのかなどを聞き取ったうえで、その確認がとれているか。また、商流を把握し、裏付けとなる財やサービスがどのようなものなのか確認し、それが財務諸表にどう表現されているか、照らし合わせる作業が重要である。たとえば、当該企業が扱う財やサービスの商流マップを作成し、稟議書の付属資料として添付するような取組みは効果があるのではないかと考えられる。

3　ABLにおける用語の整理

Point　ABLには債権や動産などさまざまな種類の担保が包含されている。

また、手形割引・電子記録債権割引やファクタリング、在庫の早期売却・流動化などもABLと同等の機能を有する資金調達手法である。したがって、ABLだけを特別視することなく、これらの金融手法も含めて顧客が選択できるような資金調達の提案を行っていくことが望ましい。

・・・・・・・・・・・・・・・・・・・・・・ 解　説 ・・・・・・・・・・・・・・・・・・・・・・

1　ABLの本質

(1) 事業価値に着目したABL

ABLには二つの面がある。この点についてはおおむね浸透してきているといってよいだろう（図表3－1参照）。

一つ目は、担保取得する資産の事業価値に着目して実行するものである。企業がゴーイングコンサーンであることを前提に、当該企業が経常的に生み出すキャッシュフローに返済原資を求めるものである。このようなABLは企業の信用力を補完するものとして、企業と金融機関双方のコミュニケーションをより発展させることが期待されており、リレーションシップバンキングの趣旨に沿った金融手法として位置づけられている。このケースで取得する担保は、営業キャッシュフローの源泉である資産、すなわち売掛金や在庫が利用される。

(2) 換価価値に着目したABL

もう一つは、担保取得する資産の換価価値に着目して実行するものである。当該企業の経営状態がきわめて芳しくなく、担保処分金額に返済原資を求めるものである。このような状況での融資の実行が有効かつ必要とされる場合もあり、たとえキャッシュフローを生まない担保であっても、換価価値の高い資産であれば利用可能である。

図表3-1　ABLの二面性

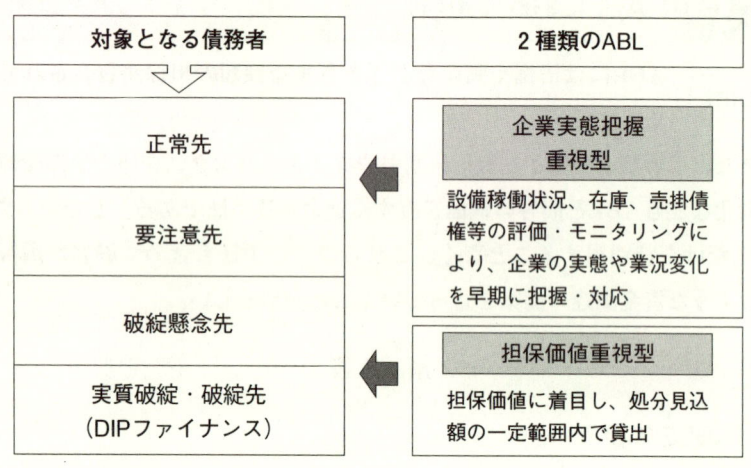

対象となる債務者	2種類のABL
正常先	**企業実態把握重視型** 設備稼働状況、在庫、売掛債権等の評価・モニタリングにより、企業の実態や業況変化を早期に把握・対応
要注意先	
破綻懸念先	**担保価値重視型** 担保価値に着目し、処分見込額の一定範囲内で貸出
実質破綻・破綻先 （DIPファイナンス）	

（出所）　日本銀行「ABLを活用するためのリスク管理」

(3)　**ABLの二面性による誤解**

　貸出案件がどのような内容のものであれ、貸出の審査の基本的な検証項目は、以下のとおりである。
① 　借入事情
② 　具体的な資金使途
③ 　必要な資金総額・自己調達の割合
④ 　返済原資・返済可能期間
⑤ 　返済方法
⑥ 　担保の要否
⑦ 　適用金利

　ABLも従来の貸出と同様であり、審査プロセスや担保要否の判断はまったく変わることはない。担保の種類が債権や動産であるといった担保特性の留意点についての判断は異なるものの、従来の正常運転資金融資の審査プロセスとなんら変わりはない。担保となる売掛金や棚卸資産の精査を従来の貸出審査よりも丁寧に行っていることもあろうが、ABL実行にあたっての業

務を洗い出していくと、実は、従来の貸出審査と変わらないことが理解されるであろう。

以上のように、ABLが利用される局面は大きく二つあったがために、ABLとはどのような融資手法なのかについてコンセンサスがえられず、理解が進まなかったり、誤解を招いた可能性もある。定義論はともかく貸出業務の原点に戻った取組みが望まれる。

2 ABLの機能
(1) 資金調達の複線化とその必要性

債権や動産が担保として評価されることで資金調達の可能性が高くなることにつながるのであれば、ABLの果たすべき役割は相応にあるといえるだろう。本業とは本来関係のない不動産担保が不十分であることによって資金調達がむずかしかった中小企業にとっては、大きな前進といえる。しかし不動産ばかりでなく債権や動産も担保に加わったという説明だけでは、担保の選択肢がふえたという「担保の複線化」にすぎない。

ここでは、借入れという負債調達手法だけではなく、資産の売却・流動化といった資産調達手法も選択可能になるという「資金調達の複線化」の考え方が重要である。担保として評価できるということは、キャッシュフローを生む（または換価価値がある）ということであり、その時の時価で売却できるということを意味している。つまり、当該資産を担保にして資金調達を行うばかりでなく、当該資産の流動化によっても資金調達が実現できるということを理解することが重要である。

たとえば債権の場合、①売掛先の信用力、②売掛債権の数、③売掛債権金額の大きさ、④支払期日の長さは企業のビジネスによってさまざまである。このような場合、証券化、ファクタリング、債権担保融資など、それぞれのスキームの特徴にあわせて資金調達手段を選択できることが望ましい。また、動産の場合であれば、①棚卸資産の状態（原材料〜仕掛品〜製品）、②製品や商品の汎用性と独自性、③賞味期限など価値劣化の有無や期間、④製品

や商品の単価は企業のビジネスによってさまざまである。このような場合、動産担保融資よりも早く在庫処分したほうが大きなキャッシュフローを得られるケースもある。したがって、資産の流動化による資金調達を図ることも選択肢として検討したうえで最適な資金調達方法を提案することが、企業にとって最善と考えられる。

そのような考え方に立てば、手形割引・電子記録債権割引やファクタリング、在庫の早期売却・流動化なども資金調達手法の一つとしてABLと同等の機能を有しており、同列に扱うことが適切であるということが理解されよう。ABLの定義に則した融資だけに着目するのではなく、これらの金融手法のなかから適切な手段を選択できることが債務者にとって望ましいと考えられる。

(2) 資金調達のタイミング

企業にとっては、資金調達の可否によってビジネスの成否が決まるときがある。資金繰りさえつけば事業拡大できる、というときに資金を出すことが本来の金融機能の発揮といえよう。運転資金融資を実行する場合、通常すでに事業が継続している状態であることから、資金調達のタイミングについては、深く意識されてこなかったのではないかと思われる。

資金調達のタイミングを早めるといっても、当該在庫が売れるかどうかのリスク判断より、債務者の信用リスク判断のほうが重要な場合もある。したがって、企業のビジネスの状況や資金繰りの状況から判断して、在庫動産を担保に融資を行うことが企業にとって適切かどうかの判断が求められる。

3　ABLの用語の用い方

ABLと同等の機能をもつ資金提供手段はさまざま存在し、ABLは運転資金融資の一手段にすぎない。法的な担保ではなく保全措置にとどまる融資案件であっても、ABLの本質を満たす融資であれば、担保があるかどうかを区別する意味もあまりないであろう。債権や動産を担保取得する際の留意事項に気をつけていれば十分である。

ABLの和訳語としては、動産担保融資と債権担保融資の両方を指す動産・債権担保融資が定着しつつあるが、ABLに関する議論が在庫動産のことや動産担保融資に集中しているケースも多くみられる。米国においてもABLという用語のほかにABF（Asset Based Finance）という用語が存在するという指摘もある。

　ABLという用語は、債権や動産などさまざまな種類の担保が包含されており、論者によって指している内容が異なる場合があるため注意が必要である。現状では、ABLとは「債務者が保有する債権（主に売掛金）や動産（主に在庫や原材料および機械設備など）を担保に実行する融資の総称」と考えられる。

4 ABLの歴史と展望

> **Point** ABLは米国で発祥し、40年近くかけて現在のスキームまで構築されてきた融資手法である。現在全米の事業向け融資の20%を超えると推計されている。
>
> わが国では、バブル経済崩壊後の金融機能強化の観点から、「不動産担保や個人保証に過度に依存しない融資」の一手法として脚光を浴び、動産・債権譲渡登記制度の整備などが進んだ。
>
> ABLは米国との比較で多々論じられているが、金融慣行など背景が異なる点も多く、日本の実情にあわせた発展が望まれる。

・・・・・・・・・・・・・・・・・・・・・・ 解　説 ・・・・・・・・・・・・・・・・・・・・・・

1　米国におけるABLの状況

(1) 融資残高

米国では、1970年代から徐々に増加推移してきたが、1990年代に入って大きな伸びを示している（図表4-1参照）。いまや企業の借入総額の20%を占

図表4-1　米国のABL残高の推移

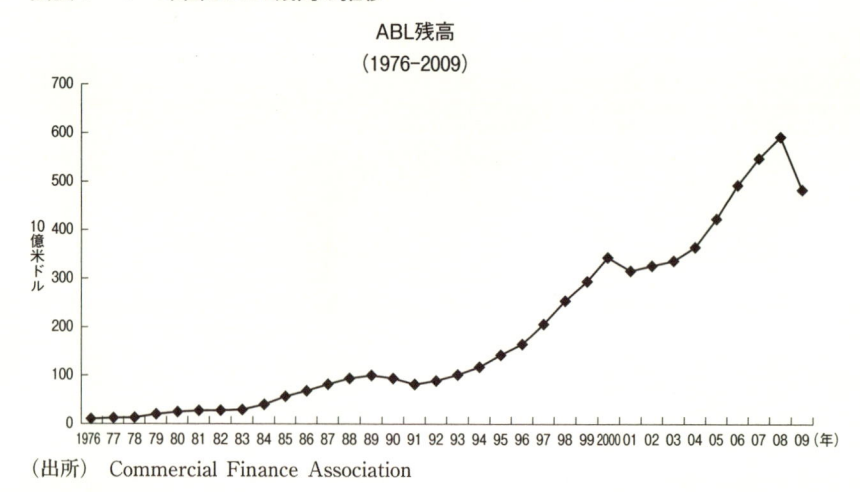

ABL残高
（1976-2009）

（縦軸：10億米ドル）

（出所）　Commercial Finance Association

めるとされているが、近年はやや伸悩みの模様である。

　日本でも同程度の割合までABLの残高がふえることが期待されると報告されていたが、そのとおりにはなっていない。その理由の一つを米国における融資慣行に求めることができる。

(2)　不動産担保と個人保証

　米国におけるABLの特徴としては、まず不動産に十分な担保価値がないということである。担保対象となる不動産は市街地にばかりあるわけではない。また、個人保証が当たり前のように徴求できる金融慣行にはなっていない。法人の事業と個人の資産が明確に区分されているのが通常である。したがって、担保や保全措置の対象として機械設備や在庫、売掛金に目が向くのは当然のこといえる。

(3)　融資取引の位置づけ

　米国では、中小企業に当たるSME（small and medium enterprise）向けの融資における銀行セクターの存在感は必ずしも高くなく、ABLでもノンバンクによる融資が大きな地位を占めている（図表4－2参照）。また、銀行から融資を受ける場合は、当然のように複数行と取引を行うわけではなく、大概の場合は単独取引であることが研究機関などによって報告されている。し

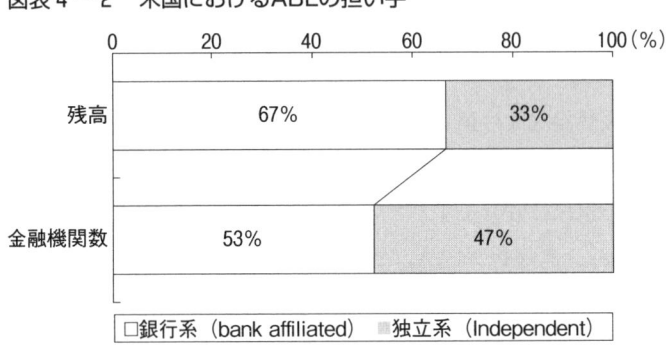

図表4－2　米国におけるABLの担い手

	銀行系（bank affiliated）	独立系（Independent）
残高	67%	33%
金融機関数	53%	47%

（出所）　経済産業省「日本銀行：金融高度化セミナー参考資料『ABLの概要と課題』」

たがって、単独取引をする金融機関は企業の資金繰りに全面的な責任と権限をもつことになる。企業の日常の資金繰りを十分に把握していないと継続的な支援などできないため、運転資金融資に関しては、流動資産に関する実態把握をすることが必然的に行われるようになったと考えられる。

2　わが国におけるこれまでの取組み
(1)　これまでの実績

わが国では、特にバブル経済期においては、不動産の「含み益」をてこにして融資枠を増額し、「根抵当権」の設定により、ともすれば貸出審査の基本的な所作をないがしろにしてきた結果、1990年代後半からきわめて巨額の不良債権問題に悩まされてきた。2000年代初頭において集中的に不良債権問題に取り組んだ結果、ようやく事態は沈静化した。

このような背景から、産業と金融一体となった機能強化の観点から、「不動産担保や個人保証に過度に依存しない融資」推進の機運が高まり、その有力な手法として米国で行われていたABLが注目されることとなった。

しかし、バブル経済崩壊後のわが国は、長期間にわたるデフレ経済からの脱却が進まず、金融機関の企業向け融資残高は伸悩みを続けている。またABLの普及は十分に進んでいるとはいえず、ABLの定義に即した融資残高はいまだに1兆円に届かない水準となっている。

(2)　動産譲渡登記制度と電子記録債権

ABLが比較的メディアに取り上げられるようになってきたのは、平成17年の動産譲渡登記制度の創設からである。動産譲渡登記制度は、平成10年に創設された債権譲渡登記制度の拡大という方法により開始された。家畜や地方の特産物を担保に融資をするという目新しさからメディアにおいて多く報道され、「ABL＝動産担保融資」という認識が広がり始めたのはこの頃からである。

わが国の金融機関でも、債権や動産を担保に融資を行ってきた事例が皆無だったわけではない。特に債権に関して、手形の割引や譲渡担保融資は融資

手法として大きな存在を占めてきた。わが国の融資業務のなかで、何よりもABLと同等の機能を発揮してきたのは、商業手形の割引である。手形債権は高い流通性をもった売掛金であるが、手形割引の金融実務こそ、債権担保融資としてのABLが目指すところであったといえよう。また1990年代の後半からは、大手金融機関を中心に一括決済サービスの一環でファクタリングなどが多用され、大手企業の支払決済ニーズに応えるとともに、サプライヤーである中小企業の資金繰りニーズにも応えるサービスとして根づいてきた。

このように、特に債権担保融資についてはさまざまな手法が過去から取り組まれてきたにもかかわらず、ABLとは米国から輸入された新しい融資手法であるという触れ込みが独り歩きしてきた感が否めない。ABLという定義に即した融資にこだわることなく、企業の資金調達ニーズに柔軟に応えることが金融機関には求められる。このような観点から、電子記録債権のABLへの利用は大きな意義がある。これまで減少の一途をたどっていた手形取引にかわって、電子記録債権は債権担保融資を進化させるものと考えられ、利用者への積極的な普及が望まれる。

(3) 現在の状況

平成24年3月末の金融円滑化法の終了と相前後して、平成23年8月には日本銀行から「成長支援貸出制度」が発表され、ABLの取組みが促された。また平成25年2月には金融庁から、「ABL(動産・売掛金担保融資)の積極的活用について」が発表され、監督指針や金融検査マニュアルなどでのABL取組みにあたっての環境整備が進んでいる(図表4－3参照)。また平成25年12月には、「経営者保証に関するガイドライン」も発出され、個人保証からの脱却に関しても大きな前進がみられる。

現在、金融機関では推進管理態勢の整備を進めているが、担保の評価・管理・処分にあたっては、まだノウハウや実績が不十分な状況にあると思われる。形式的にABLの件数や残高をふやすことを考えるのではなく、実績を着実に積み重ね、ノウハウの蓄積に努めるべきであろう。

図表4－3　政府・行政のABL・電子記録債権普及への足取り

年度	政府・経済産業省・中小企業庁・農林水産省等	金融庁・日本銀行等関連	法令等の整備
平14		金融庁「金融再生プログラム」「第一次リレーションシップバンキングAP」	
15	企業法制研究会「報告書」IT戦略本部「e-Japan戦略Ⅱ」		
16		金融庁「金融改革プログラム」「第二次リレーションシップバンキングAP」	
17		金融庁「第二次リレーションシップバンキングAP」においてABL明記	債権譲渡登記制度拡充 動産譲渡登記制度創設
18	ABL研究会「報告書」畜産部門におけるABL検討委員会等開催	金融検査マニュアル改訂「一般担保要件明示」	
19	流動資産担保融資保証制度創設ABL協会設立 地域活性化目的の「農商工連携」の具体化 電子記録債権研究会「報告書」	金融庁「恒久的リレーションシップバンキング」 3省合同「電子債権に関する基本的な考え方」	
20	ABLガイドライン公表		電子記録債権法施行
21		金融円滑化法施行	
22			
23		日銀：成長支援貸出制度	

24		金融庁「ABLの積極的活用について」 金融検査マニュアル改訂「一般担保要件の運用の明確化等」 全銀電子債権ネットワーク開業 金融円滑化法終了	
25		「経営者保証に関するガイドライン」適用開始	

(出所) 筆者作成

　金融行政上も、ABLは融資手段の一つという認識であり、ABLという形式の融資残高の増加が求められているわけではない。ノウハウやリソースの不足を指摘することが本旨ではなく、現状の段階からどのように歩を進めるのかといった点に留意して監督するという金融当局の姿勢に沿った取組方針を定めるべきである。

3　ABLへの期待と展望
(1)　PDCAサイクルによるABL取組方針
　金融庁の「ABLの積極的活用について」公表後、「金融検査マニュアルに関するよくあるご質問（FAQ）別編《ABL編》」によって運用の明確化が図られているが、ABLに対する取組方針は「できることから少しずつ進歩させる」に尽きる。いわゆるPDCAサイクルによる地に足のついた業務運営を志向するべきである。

　ABLは貸出方法の一つにすぎず、企業にとって利用価値の高い金融手法の一手段として利用されるようになれば十分である。ABL専用の規程や手続・マニュアルなどを完備することが求められているわけではない。できることから着実に態勢整備を進めていくことが望まれる。

(2) 進め方・取組方針

売上債権や棚卸資産を担保とする流動資産担保融資の場合、その本質は運転資金融資である。したがって、運転資金の発生原因である資金支払と資金回収のタイミングギャップや在庫調達資金に見合う資金繰りをいかに安定させるかという観点が大切である。すなわちサプライチェーンの流れとは逆に、資金調達時点をいかに早めることができるか、という視点での取組みが望ましい（図表4-4参照）。

特に金融機関の場合、ABLは債権担保融資から取り組むことが有効である。金融機関は、自行に決済口座が開設されていれば、売掛金がきちんと期日どおりに資金化されたのかどうか確認できる。リース会社やノンバンクなどの他業態に対して大きなアドバンテージがあるということを強く認識するべきである。

さらに、資金繰りがタイトな場合や、架空債権の存在が疑われるような場合には、サプライチェーンをさかのぼって棚卸資産（在庫）を担保に融資が

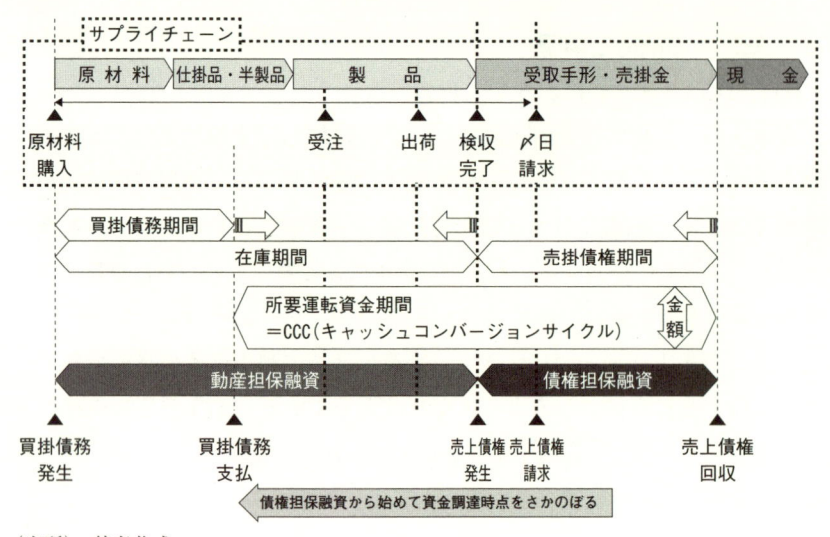

図表4-4　サプライチェーンの遡上による資金調達時点の早期化

（出所）　筆者作成

可能かどうかを検討する。担保管理等のノウハウに不安があれば、担保取得にこだわらず、原材料や商品の仕入れ段階から出荷までの製品や商品の動きを確認し、担保としての評価が可能となったうえで担保取得の可否を判断するというステップを踏むことがよいだろう。

なお、電子記録債権であれば、指名債権と違ってさまざまな抗弁切断事由が認められていることから、債権担保融資の場合は、債務者に電子記録債権の活用を勧めるべきであろう。でんさいネットの場合、記録発生の1カ月前から予約機能がついている。予約と同時に譲渡記録を行うこともできるため、でんさいの発生日より早期の資金化も可能である。

(3) **将来の展望**

電子記録債権によって債権担保融資を進化させ、債権の裏付けをとるために動産担保融資に進んだら、企業の将来動向を判断した資金調達の支援が可能になると考えられる。企業から借入れの申込みを受けてから稟議申請を行うのではなく、あらかじめ企業の資金繰りを見越したうえで、事前に資金提供の打診を行うようなスピード感ある営業活動が展開できれば、企業にとっては大きな付加価値を提供することになろう。

このように、資金調達時点を早めるという考え方によって、金融機関が企業のサプライチェーンの動きに連動した資金繰り提案・サービスが提供できれば、企業の需要に沿った資金調達手法が実現する。このようにオンデマンドな資金調達の提案は、企業の資金繰り管理・財務管理を金融機関が代替する機能の提供を意味しており、金融機関による高度な企業間金融を実現するものといえる。

5　ABL取組みにあたっての財務分析の基本

Point　ABLは債権や動産を担保に取得することから、担保の評価・管理・処分あるいは債務不履行発生時や債権回収時の法律問題に目を奪われがちであるが、企業の資金繰りの重要性などの理解が先決である。

　ABLのうち流動資産担保融資については、キャッシュフローの生成過程そのものを担保とする運転資金融資である。したがって、基本的に以下の三つの財務分析について十分な理解が必要である。
① 資金繰りの重要性
② 運転資金の構造と発生要因
③ 売掛債権・棚卸資産・買掛債務の回転期間と在庫評価の重要性

―――――――――――――― 解　説 ――――――――――――――

1　財務分析概論

(1)　財務分析の方法

　一般的に財務分析とは、財務諸表データを用いて、経営状況を表す情報に加工分析することによって、当該企業等の経営状態を判断することである。実数や比率による定量的な分析手法を用いる。加工分析によって得られた結果は、財務指標と呼ばれる。分析方法はおおむね以下のように区分される。
① 収益性……企業の収益水準を分析する。
② 成長性……企業の売上高・利益などの変化を分析する。
③ 効率性……企業が資本や資産を使っていくら収益をあげたかの効率性を分析する。
④ 安全性……企業の資産の調達構造、財務上の支払能力を分析する。

　この区分とは別に、これらの指標から資金繰りに関する指標を抽出して、資金繰り分析という区分を設ける場合もある。

(2)　ABLに特に必要な財務分析

　ABLのうち流動資産担保融資については、キャッシュフローの生成過程

そのものを担保とする運転資金融資である。したがって、基本的に以下の三つの財務分析については十分な理解が必要である。
① 資金繰りの重要性
② 運転資金の構造と発生原因
③ 運転資金の状況に影響を与える売掛債権・棚卸資産・買掛債務の回転期間と在庫評価の重要性

(3) 財務指標の見方・判断ポイント

財務指標が表す数値を把握することも大切であるが、数値のもつ意味を十分に理解することが大切である。特に、数値の変化が意味するところをきちんと把握できるかどうかが重要である。

財務分析は、通常決算書類など過去の資料を用いて行うことが多いため、現在や将来の状態を予測することはむずかしい。財務分析だけでは粉飾決算を発見することはできないため、常に定期・不定期なヒアリングや実査が必要となる。

2 資金繰りと運転資金

(1) 資金繰りの管理

資金繰り分析は、損益分析と並ぶ重要な分析手法である。損益は損益計算書によって表されるが、企業会計原則の一つである真実性の原則は、相対的な真実にすぎないとされている。これに対し、資金は客観的な真実を表す。たとえば、商品を70で仕入れて100で売れば、利益は30である。

　　売上げ100 − 仕入れ70 ＝ 利益30

仕入代金の支払方法と売上代金の受取方法は、それぞれ現金と掛けの2種類がある。支払方法と受取方法の組合せによって、売上時点での手元資金は、以下の4通りに分かれる。

	受取方法	支払方法	損益	手元資金
①	現金　100	現金　70	利益　30	30
②	現金　100	掛買　70		100
③	掛売　100	現金　70		▲70
④	掛売　100	掛買　70		0

　いずれの場合も損益は同じ30であるが、手元資金はこれだけ大きく変わってくる。特に③のケースを「勘定あって銭足らず」といい、利益が出ているのにかかわらず資金繰りが厳しい状態を意味している。早く現金を回収できれば、新たな仕入れや投資に回すことができる。したがって、いかに早く資金を回収できるかは、経営の安定のみならず事業の拡大にとってきわめて重要である。キャッシュフロー計算書が第三の財務諸表と呼ばれて重要視されるのには、このような背景がある。

(2) 運転資金とは

　(1)の具体例で、②以外の①、③、④のケースでは支払時期が受取時期よりも先に来る場合には、先に現金を70用意する必要がある。さらに③や④のケースでは、売上時点で現金が手元に入ってくるわけではない。期日に売掛金が入金されてはじめて手元に現金が入る。この間に必要となる資金を（正常）運転資金と呼ぶ。④のケースを仮に在庫サイト1カ月、売掛サイト3カ月、買掛サイト2カ月とした場合、タイムラインで示すと図表5-1のようになる。

　運転資金とは、一般的には事業を継続していくために必要な資金と定義されるが、基本的にはこのように支払と受取りのタイミングがずれることによって必要となる資金のことである。仕入れから売上げまでの運転資金を在庫資金と呼ぶこともある。また運転資金には、経常的に必要となる正常（経常）運転資金のほかに、増加運転資金や赤字運転資金などがある。

　企業は通常、事例のように1回のみの商売で終了するわけではなく、商品を仕入れて販売するという活動が反復継続して行われる。このような正常運

図表5－1　事業活動・財務諸表・正常運転資金の関係

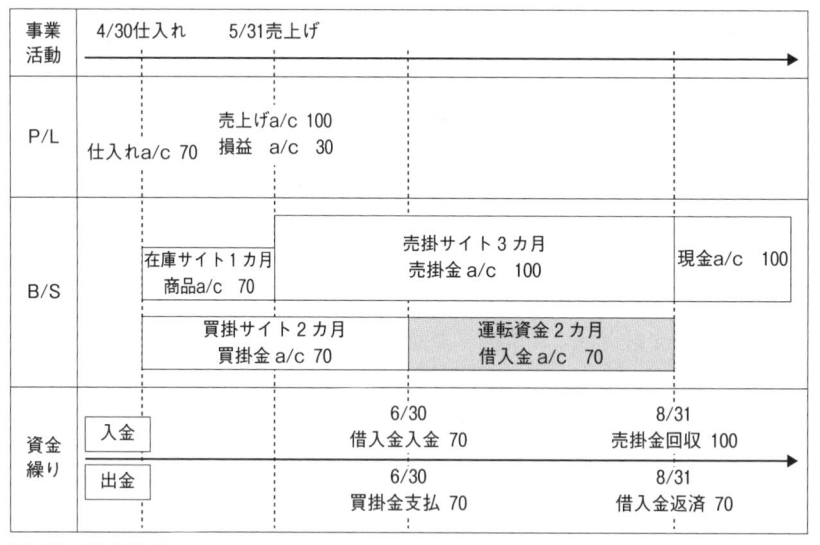

事業活動	4/30仕入れ　　5/31売上げ			
P/L	仕入れa/c 70	売上げa/c 100　損益 a/c 30		
B/S	在庫サイト1カ月 商品a/c 70	売掛サイト3カ月 売掛金 a/c 100		現金a/c 100
		買掛サイト2カ月 買掛金 a/c 70	運転資金2カ月 借入金a/c 70	
資金繰り	入金 出金		6/30 借入金入金 70 6/30 買掛金支払 70	8/31 売掛金回収 100 8/31 借入金返済 70

（出所）　筆者作成

転資金の額は、基本的に次式によって求められる（前払金や前受金を含めることもある）。

　　正常運転資金の額＝①売掛債権の額＋②棚卸資産の額－③買掛債務の額

ここで、正常運転資金をバランスシート形式で表すと以下のようになる。

売掛債権	買掛債務
棚卸資産	正常運転資金

貸借対照表における残高は、決算期末日時点の残高を表しているにすぎな

いから、正しく正常運転資金の額を求めるには、期中の平均金額を用いる必要がある。また運転資金は期中を通して一定ではない。企業が扱う商品の季節性などによっても増減するものであるから、運転資金を多く必要とする時期がいつなのかを確認しなければならない。

(3) 売掛債権・棚卸資産・買掛債務と回転期間

(2)で説明したとおり、正常運転資金を構成するのは、①売掛債権、②棚卸資産、③買掛債務であるが、それぞれの額は次式によって求められる。①売掛債権には、売掛金のほか、受取手形や電子記録債権が含まれる。②棚卸資産は、原材料・貯蔵品・仕掛品・半製品・製品・商品などが含まれる。③買掛債務には、買掛金のほか、支払手形や電子記録債務が含まれる。

① 売掛債権＝（平均）月商×売掛回転期間（売掛サイト）
② 棚卸資産（在庫）＝（平均）月商×原価率×棚卸資産（在庫）回転期間（在庫サイト）
③ 買掛債務＝（平均）月商×原価率×買掛回転期間（買掛サイト）

ここでは、回転期間を月数で表わすため、（平均）月商（売上高÷12）を用いているが、日数で表す場合は、（平均）日商（売上高÷365）を用いる。なお、月商×原価率にかえて売上原価を用いてもよい。またサイトとは一般的に、締切日～支払（受取）期日までの猶予期間のことである。

さらに売掛債権回転期間とは、商品を販売してから債権を回収するまでの期間であり、買掛債務回転期間とは、商品を仕入れてから債務を支払うまでの期間である。また棚卸資産（在庫）回転期間とは、商品を仕入れて販売するまでの期間のことである。

ここで仕入れ・売上げの締切日が毎月同じ日であって、在庫サイトが1カ月・売掛サイトは3カ月とすると、在庫と売掛債権のバランスシートの残高は、それぞれ月商の売上原価1カ月分、月商3カ月分であることを意味している（図表5－2参照）。企業の財務諸表をみたときに、売上高と売掛金や在庫の残高をみれば、おおよその回転期間は想像がつくことになる。在庫は月商の○カ月分あるなどと説明される。

図表5－2　回転期間（サイト）と残高の関係

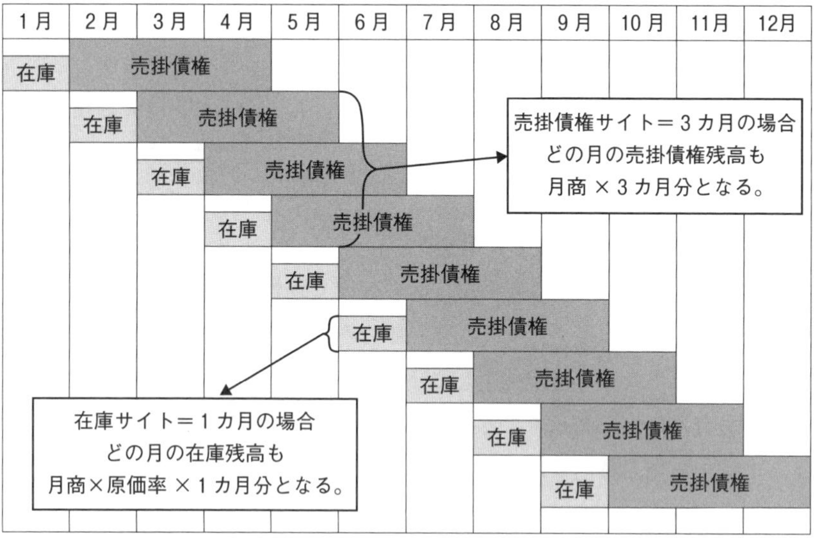

| 1月 | 2月 | 3月 | 4月 | 5月 | 6月 | 7月 | 8月 | 9月 | 10月 | 11月 | 12月 |

在庫・売掛債権の推移図（筆者作成）

売掛債権サイト＝3カ月の場合
どの月の売掛債権残高も
月商×3カ月分となる。

在庫サイト＝1カ月の場合
どの月の在庫残高も
月商×原価率×1カ月分となる。

(出所)　筆者作成

　一般的に売掛債権サイトおよび在庫サイトは短いほどよい。特に在庫の場合は、短いほどよく在庫が回転している（売れている）ことを意味する。逆にサイトが長くなってきている場合は、一般的には過剰在庫や滞留在庫の発生を疑う必要がある。しかし適正在庫の判断は、企業にとってむずかしい課題である。将来の需要予測は常に正しいとは限らず、下請企業の場合であれば、急な発注に備えて余分な在庫を抱える必要があることも多い。もつべき在庫、意図せざる在庫など、在庫のもつ意味はさまざまである。したがって在庫の評価を通して企業の抱えるさまざまな経営課題を認識できる可能性がある。

　多種多様な商品・製品を扱っている企業の場合には、それぞれの商品・製品の特性があるため、バランスシート上の在庫金額総額から在庫回転期間を算出しただけでは不十分である。売れ筋の商品・製品がどれで、死に筋の商品・製品がどれなのか、特に主力商品・製品については、個々に踏み込んで

分析しなければ的確な判断ができない。また売上高は、価格×回転期間によって決まるのであって、低価格×短回転期間（高回転率）の商品・ビジネスなのか、高価格×長回転期間（低回転率）の商品・ビジネスなのか、といったビジネススタイルを知ることも大切である。したがって、決算書類から計算して得られる回転期間だけを漫然と眺めているだけでは、企業の実態把握はできない。

(4) 棚卸資産（在庫）評価の重要性

通常企業では仕入れは1年間のうちに何度も行われるため、そのつど仕入価格は異なることが多く、同じ商品在庫であっても売上原価はさまざまである。したがって営業年度が終了して決算作業を行うときには、棚卸を行い、商品の数量と価格を調べることによって、期末商品棚卸高を算出し、それによって売上原価が算出される。この結果、滞留在庫や死蔵在庫など今後販売の見込みが立たない在庫については、本来商品評価損を計上して売上原価に加える必要がある。しかし、期末商品棚卸高をそのままにしておけば、売上原価がふくらむことはなく、結果として売上総利益を確保することができる。これが利益を大きくみせる粉飾である。

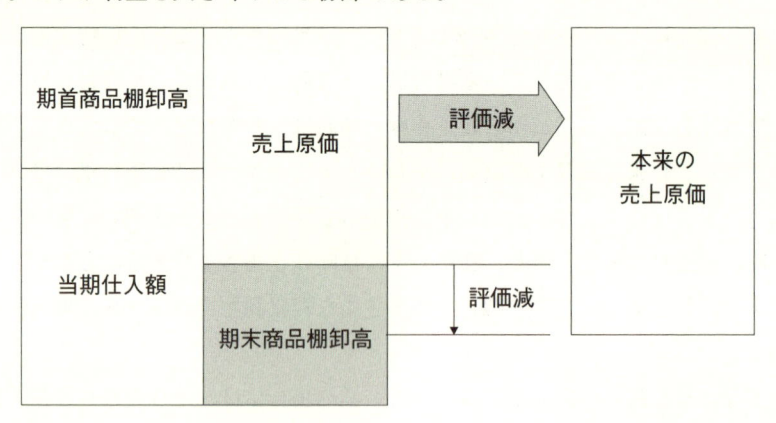

期首商品棚卸高	売上原価	→ 評価減 →	本来の売上原価
当期仕入額	期末商品棚卸高	評価減 ↓	

このように一定時点における在庫は今後販売の見込みがある商品・製品であるという前提に立って、正常運転資金が算出され、決算時点での損益が算出されている。その前提が崩れると、本来ならば所要運転資金の額は小さく

なり、損益も減少する。誤った評価のままでいると、正常運転資金融資だと思っていた融資が、実は赤字資金融資だった、黒字ではなく赤字決算だったということがありうる。それゆえ棚卸資産（在庫）の評価をきちんと行うことが、リスク管理上重要である。

6　金融機関にとってABLに取り組む意義は何か

Point　産業と金融は表裏一体である。産業の発展のためには金融機能の強化は必然である。資金需要のある企業に必要な資金を供給するという貸出の原点・金融機関の原点に立ち返った取組方針が求められている。企業のビジネスモデルの理解、企業の実態把握がABLの真髄である。

············· 解　説 ·············

1　攻めの観点
(1)　産業と金融の関係

　平成15年に経済産業省などから発表された「経済活性化のための産業金融機能強化策」では、「産業の成長・発展と産業金融の改革・強化は、表裏一体の関係」にあって、「産業の活性化と産業金融の機能強化、両面での対応が必要である」と記されている。産業と金融は表裏一体であって、資金供給をしない・できない金融機関のみに問題が存在するわけではない。

　バブル経済崩壊後の金融再生プログラムや金融改革プログラム、リレーションシップバンキング政策などでは、中小企業金融の円滑化が一貫して大きな課題になっている。ここ20年間の中小企業の資金繰りDIと借入難易度DIの関係をグラフに表してみる（図表6－1参照）。これをみると、三つのグラフは一定の間隔を保ちつつ同じような動きをみせている。さらに、資金繰りDIは常に借入難易度DIを下回っていることがわかる。つまり借入れを行いやすいかどうかとは別に、資金繰りに困っている企業群はこの20年間常に一定数存在するのではないかという仮説が成り立つ。

(2)　戦略的商品としての位置づけ

　ABLは一種の戦略的商品であり、一定の手間暇がかかるビジネスモデルでもある。手間暇をかけて借り手企業に付加価値を感じてもらい相応の収益をあげていくことで成り立つ。そのような意味で現状の金利環境では厳しいと感じる金融機関が多いのも首肯しうる。したがって、顧客にはそれだけの

図表6−1　中小企業の資金繰りDI（短期資金・長期資金）・借入難易度DI推移

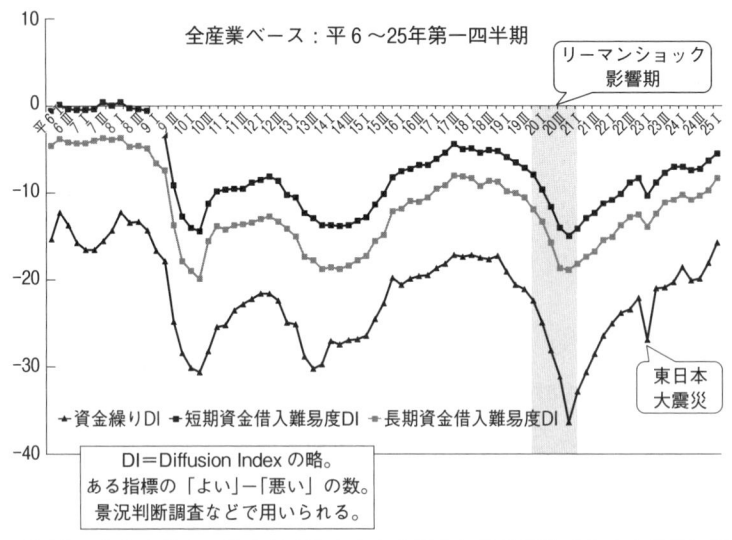

全産業ベース：平6〜25年第一四半期

リーマンショック影響期

東日本大震災

→ 資金繰りDI　→ 短期資金借入難易度DI　→ 長期資金借入難易度DI

DI＝Diffusion Index の略。
ある指標の「よい」−「悪い」の数。
景況判断調査などで用いられる。

（出所）　中小企業庁・独立行政法人中小企業基盤整備機構「中小企業景況調査」より筆者作成

付加価値があると理解してもらうことが必要になる。たとえば、貸出の支払金利はビジネス拡大の機会費用として理解してもらえるかどうかもポイントとなる。

またABLは担保が目にみえない・変化する代物である。常時担保を見張ることはできないが、債務者のモニタリングと担保物件のモニタリングが同じコストのなかでできるような営業スタイルが確立できている金融機関は有利である。顧客との心理的・物理的距離が近い金融機関にとっては大きな収益チャンスになりうる商品であるし、メインバンクになろうと考えるようなケースにおいては、顧客に資金繰りのコミットをすることで戦略的商品となるだろう。

これまでは、信用でも貸出可能な企業に対してABLが実行される一方、ABLによる資金調達の需要がある企業には、ABLの提案が十分になされて

第1章　ABLの定義　45

こなかった。もちろん旺盛な資金需要に満ちた企業ばかりではないし、経営支援先へのサポートなどのようにむずかしい案件がふえていることも事実であろう。

　急激な業務拡大時期にある企業や、モノの移転時期と所有権の移転時期のズレのために在庫負担を強いられている企業など、ニーズはあるにもかかわらず資金調達できずに終わっている企業も少なくないだろう。そのような企業群をどれだけ把握し、リスクテイクの技術を磨いていくか、そこに金融機関のビジネスチャンスがある。

2　守りの観点
(1)　担保主義からの卒業

　守りの観点からみたABLの最大の取組効果はおそらく担保主義からの卒業である。この意味を理解することができれば、ABLがどういうものか顧客に対して正確に説明を行うことができ、顧客からの質問や不安にも的確に答えられるはずである。したがって、自行の目指す融資姿勢が何なのか、ABLをどのように使うのかについて、本部のみならず営業店の渉外担当者も十分に理解していることが重要である。

　若手職員の場合、バブル経済崩壊やそれに伴う不良債権の発生・回収などに追われた時期を知らないことも多いだろう。なぜ担保主義から卒業しなければならないのか、これまでの金融機関の歴史をひも解いて理解することが重要である。

(2)　実質保全の強化

　一般担保のレベルでABLを実行できれば、金額・金利・引当金など貸し手と借り手双方にとって大きなメリットがあるのはたしかである。しかしながら事業評価を適切に行って融資を実行するかどうかという問題と、評価・管理・処分の局面で万全とはいえない状況下、不動産と遜色なく一般担保として評価できるかという問題は分けて考える必要がある。

　特に動産の場合は、種類が多いうえに、一物多価である。実際の処分事例

の蓄積がないなかで、一般担保のレベルに漕ぎつけるにはまだまだ時間がかかると考えられる。したがって、まずは十分な評価を行ったうえでの取組みから始め、担保の評価を徐々に一般担保に引き上げていくというステップアップの考え方が望ましい。

(3) 突然死の防止

貸し手である金融機関にとって最も避けなければならない事態は、企業の突然死である。企業は生きものであるから、業績がよい時もあれば悪い時もある。残念ながら法的に破綻する事態に陥ることも避けられない。しかし、業況悪化時に苦境から助けることができれば、金融機関にとって大きな存在意義を発揮することであるし、破綻につながってしまっても早く保全を図ることができるはずである。

以前から金融機関は入口管理の厳しさに比べると、途上管理は相対的に甘さがあったことは否めない。「貸した以上は返してもらう」のは貸出の鉄則であるが、「貸せなくても資金繰りをつける」「返してもらえるように手を尽くす」ことも大切である。

3 金融機関のポテンシャルとポジショニング

(1) 資金決済情報の活用

ABLは金融機関のみで行われているわけではない。機械設備などはリース会社などに一日の長があるだろうし、最近では物流会社のノンバンクが、ものの引渡しと決済を絡めた金融を行っており、今後はこのような取組みが増加することも見込まれる。

しかしながら、金融機関は他業態にはない強みをもっている。それは売掛金がきちんと期日どおりに資金化されたのかどうか確認できることである。金融機関はABLを取り組むうえで、他業態を寄せつけないポテンシャルをもっている。たとえばリース会社は、ABLでは機械設備担保融資を従前から取り組んでいるし、それ以外のさまざまな融資も行っているが、企業が保有する売掛金などがきちんと入金されたのか・決済されたのかという確認は

できない。それゆえ債権担保よりも在庫や機械設備などの動産を担保として注目せざるをえない。その点金融機関は取引先企業の資金決済情報を把握できるという大きなアドバンテージを有していることを理解されたい。

(2) 金融機関の取組方針

金融機関としては、ABLに関しては、まずは債権担保融資から始めるほうが優位性があるだろう。資金供給する時点を少しずつさかのぼっていくという発想で進めていくのも一つの方法である（図表6－2参照）。売掛金の振込指定の保全措置から融資を始めたとする。売掛金が問題なく入金されているという検証がすんだら、譲渡担保として売掛金を譲り受け資金化を早める。進んでそれらの売掛金の裏付けとなっている商品がどのような商品なのかをチェックすることができたら、在庫を譲渡担保としてさらに資金化を早める。金融機関の取組みでは、債権担保融資のみという事例が多いようだが（図表6－3参照）、できれば売掛金と棚卸資産をセットで実行することが望ましい。電子記録債権の登場はABLの実効性を高める可能性をもっている。

融資を実行するタイミングを早めていくことで、資金需要に応えるという

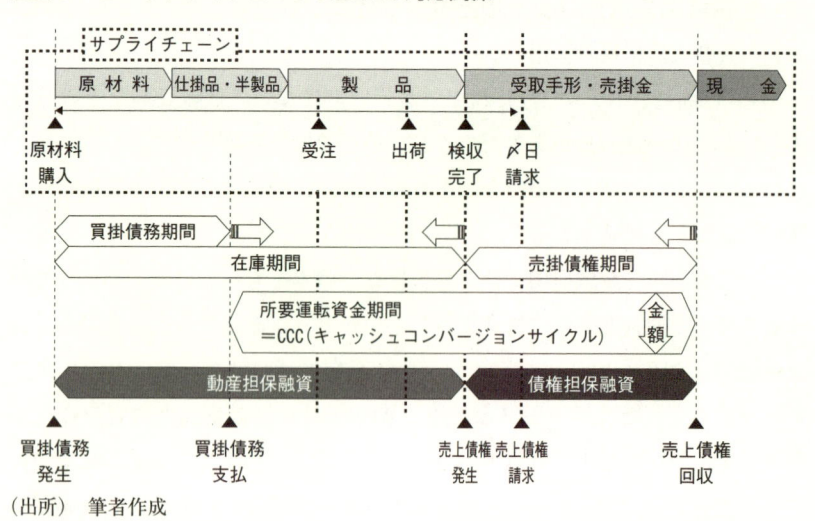

図表6－2　サプライチェーンとABLの対応関係

（出所）　筆者作成

ニーズを実現していく。このようなかたちでABLに取り組んでこそ、事業実態の把握も可能になるし、担保に取得するべきかどうかの判断や担保価値の評価が可能になる。したがって、特に動産の場合は、担保に取得するまで

図表6－3　担保の種類別の実績（平成23年度中新規実行案件）

担保の種類	ABL全体		うちプロパー案件（ABL保証なし）		うちシンジケート案件	
	実行件数	実行額（円）	実行件数	実行額（円）	実行件数	実行額（円）
A. ABL（合計）	3,374	1,875億2,900万	1,111	1,124億3,200万	65	372億5,800万
（内訳）B. 棚卸資金のみを担保とした融資	403	512億9,500万	145	255億4,300万	24	173億9,900万
C. 機械設備のみを担保とした融資	153	89億8,000万	119	74億	1	6億3,000万
D. 債権のみを担保とした融資	2,247	912億2,800万	630	582億3,500万	21	25億3,700万
E. 棚卸資産と機械設備の両方を担保とした融資	―	―	―	―	―	―
F. 棚卸資産と債権の両方を担保とした融資	44	236億6,800万	22	192億1,600万	16	165億9,300万
G. 機械設備と債権の両方を担保とした融資	1	3億	1	3億	―	―
H. 棚卸資産と機械設備と債権のすべてを担保とした融資	―	―	―	―	―	―

(注)　「A．ABL（合計）」の記入のみ（内訳不明）の回答も集計しているため、B.～H.までの合計とA.は一致しない。
(出所)　三菱総合研究所「経済産業省平成24年度産業金融システムの構築及び整備調査委託事業『動産・債権担保融資普及のためのモデル契約等の作成と制度的課題等の調査』報告書」

の間に担保評価を早めにすませておくことが望ましい。動産の評価を外部の評価会社に依頼する場合にはある程度時間もかかるため、動産担保融資を検討している場合は、外部の評価会社との相談を進めておくことが望ましい。

(3) **物流情報の積極的活用**

資金の決済情報と並んで物流情報も信用リスクの判断の大きな要素である。営業倉庫であれば、どの商品がいつ入荷されていつ出荷されたかについてシステム管理を行っている。さらに、営業倉庫などにヒアリングすると、大概の企業は（優良な企業であっても）、必ずといっていいほど一定のデッドストックを抱えている。運送会社であれば、どんな商品を何トントラックで何回運んでいるのか、定期的に運ぶ量や回数などもわかっている。これらは事業が拡大しているかどうかなどのバロメーターとしてきわめて有用な情報である。

無理に動産担保融資に進む必要はなく、むしろ担保債権の裏付けをとるという発想から実態把握を進めることが重要なリスク管理活動である。このような物流情報なども、信用リスクのモニタリング方法として有効であることを理解したうえで、情報収集に努めるべきであろう。

| 7 | 中小・地域金融機関にとってABLに取り組む意義は何か |

Point　ABLの実行には実態把握が必要であるが、ABLを実行しても実態把握が約束されているわけではない。

担保資産の評価や管理による企業の実態解明は、企業も金融機関もそれを受け入れる覚悟が求められる。

ABLのうち流動資産担保融資は、借り手の協力を得つつ、手間暇をかけながら、収益確保を目指すビジネスモデルである。しかし、企業が付加価値と感じなければ十分なリターンは得られない。

・・・・・・・・・・・・・・・・・・・・・・ 解　　説 ・・・・・・・・・・・・・・・・・・・・・・

1　ABLに取り組むうえでの環境認識

(1)　現在の環境

　長引く低金利の環境下、貸出約定金利は年々下がり続けており、金融機関は十分なコストをかけられないことが指摘されている。担保提供による借入金利低下への期待は債務者にとって当然であるが、かりに一般担保として評価できたとしても、現在の環境下では金利を下げる余地は非常に乏しい。

　ABLは、多少金利やコストを払っても、積極的に資金需要のある企業にとって大きなメリットを感じてもらいやすいスキームである。経済全体が成熟し、どちらかといえば日常の繰回しに難がなければ十分という考えの企業が多いなかでは、そもそもABLで積極的に資金調達しようという企業が少ないという地域もあるかもしれない。

　また、公的支援制度もABLにとっては強力なライバル商品といえるだろう。平成25年3月に緊急保証制度が終了したが、公的支援制度が充実することにより、結果として、ABLをはじめとする民間の金融サービスの活用が減少する可能性も考えられる。

　したがって足下では目先の実行件数や金額を追わず、ABLを真に必要と

している企業に対してABLを提案し、実務的なノウハウを積むことが大切である。

(2) リレーションシップバンキングとABL

これまでABLは、リレーションシップバンキングの「不動産担保・個人保証に過度に依存しない融資等への取組み」の目玉として取り上げられ、平成25年2月にも金融庁から、「ABLの積極的活用について」が公表され、ABL推進に向けた後押しが進んでいる。ABLは、企業の実態把握から信用力を補完するものとして、企業と金融機関双方のコミュニケーションをより発展させることが期待されており、リレーションシップバンキングの趣旨にも沿った金融サービスであるという説明をされることがある。また、経済産業省の平成24年実態調査アンケートによれば、ABLを実行した金融機関のメリットとして、債務者のモニタリングができるという回答があげられてい

図表7－1　ABLの取組みの維持、強化の方針をとる理由

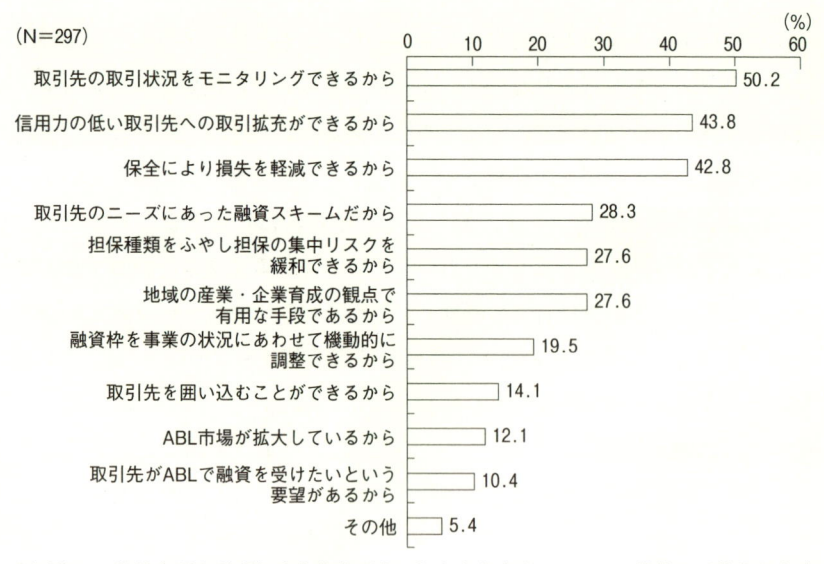

(N=297)

理由	(%)
取引先の取引状況をモニタリングできるから	50.2
信用力の低い取引先への取引拡充ができるから	43.8
保全により損失を軽減できるから	42.8
取引先のニーズにあった融資スキームだから	28.3
担保種類をふやし担保の集中リスクを緩和できるから	27.6
地域の産業・企業育成の観点で有用な手段であるから	27.6
融資枠を事業の状況にあわせて機動的に調整できるから	19.5
取引先を囲い込むことができるから	14.1
ABL市場が拡大しているから	12.1
取引先がABLで融資を受けたいという要望があるから	10.4
その他	5.4

(出所)　三菱総合研究所「経済産業省平成24年度産業金融システムの構築及び整備調査委託事業『動産・債権担保融資普及のためのモデル契約等の作成と制度的課題等の調査』報告書」

る（図表7－1参照）。しかし、現実にはABLの実行件数や残高はさほど伸びておらず、その原因を考える必要がある。

(3) 企業と金融機関のミスマッチ

まず債務者とのリレーションシップはできているのか、またABLの実行に伴ってリレーションシップバンキングは進んでいるのかという点が問題である。

ABLの実行にあたり必要なリレーションシップとは、企業の実態をふまえた借り手と貸し手双方の覚悟である。企業の実態把握ができているかどうかという判定は難問だが、企業の強み弱み、問題や原因などをどこまで理解し共有できるのか、企業の実態把握は金融機関にとって永遠の課題である。顧客理解には時間もかかるし、顧客の真意を汲みとる人間力も必要である。だからこそ、長い時間をかけて顧客理解に努めなければならない。そのようにして築き上げた信頼関係が、顧客基盤という大きな財産となって金融機関に返ってくるのである。

一方、金融機関に大きな期待を抱いておらず、低金利でお金が借りられればそれで十分と思っている企業も少なくないだろう。リレーションシップに基づく実態把握といっても、それは金融機関サイドの都合でしかない。そもそも金融機関に対する期待値が低いのであるから、期待値を上げるような活動を積み上げていくしかない。したがって、企業のビジネス拡大支援という観点から、実態把握を進めるという手順を踏むことが必要となってくる。

こうした企業と金融機関の関係の実態と危機感について、政府や行政も金融機関の経営層との間でよりいっそう共有することが必要といえる。

2　ABLのビジネスモデル

(1) 共同でビジネスを拡大するという発想

ABLのビジネスモデルは、コストをかけリスクもとり、顧客がタイムリーに資金調達できたことなどに付加価値を感じてもらって、金融機関もそれなりの収益を得るというものである。この正のスパイラルを構築していく

ことがABLの大きな課題である。したがって、どういうことをすれば付加価値になるのかについて、企業と議論しなければならない。ABL実行に伴う諸経費やコストを金利や手数料に転嫁しようとするケースもあるだろうが、それらの資金負担が企業にとってどういう意味をもつのかを十分に説明することが大切である。たとえば、成長期にある企業は、顧客数の拡大や売上拡大のチャンスだというときにタイムリーに資金調達できれば、それらの資金負担は資金調達コストではなく、販売コストとして理解することもできよう。いわばエクイティ的な側面もある資金調達方法としてABLが理解されれば、それまでとは違うABL像が確立することにもつながろう。

このようなビジネスモデルを志向することは、リレーションシップバンキングで求められている趣旨にも合致すると考えられる。まずはABLで資金調達を希望するような企業を開拓する努力が必要であり、そのような企業のリスクを積極的にとっていく融資姿勢が求められている。

(2) 手間暇のコストの考え方

ABLはコストがかかると説明されることが多い。しかしコストがABL特有のコストなのか、そもそも融資業務を行ううえでの必要コストなのかを選り分けて考える必要があるだろう。特に企業実態の把握につながる業務は、ABLのコストではないはずである。たとえば企業の実態把握や債務者のモニタリングなどは、本来きちんと行っていなければならない業務であるが、実態把握にはコストがかかる、あるいはABLによって債務者のモニタリングができるというのは本末転倒である。一時的にコストをかけてもその効果は将来にわたって続く。かけるべきコストはきちんとかけるという経営の姿勢が求められる。

(3) ABL特有のコスト

ABL特有のコストは担保管理に係るコストである。債権や動産の担保評価や管理のコストは、不動産担保のそれよりも高めになることは避けられないだろう。特に動産は有価証券のように価格が変動するものもあるが、リアルタイムで流通価格を把握するインフラが十分整備されているとはいえず、

流通価格の定義すら確立していないのが現状である。

　特に行内での件数が少ない状況では、事務を集中して管理することもままならない。だからといって、コストをすべて企業につけかえるような愚は避けなければなるまい。費用対効果の視点で、どのような資金調達方法が適しているか、また債務者の状況に合わせてどの程度の担保管理を行えばよいかを考えるのは金融機関の役目である。

3　ABLの効果・メリット

(1)　ミドルリスクの取引先の開拓

　ABLの対象先は、貸出の際、担保の種類が何かを問わず、保全措置を要する企業が対象である。つまり、本来の対象はミドルリスク・ミドルリターンの層であると考えられる（図表7－2参照）。不動産が担保になるのであればそれを利用すればよい。残念ながらめぼしい担保余力がないために資金調達がむずかしい状況にあるが、事業拡大に向けて取り組んでいこうとしている企業に対してABLを提案していくべきである。

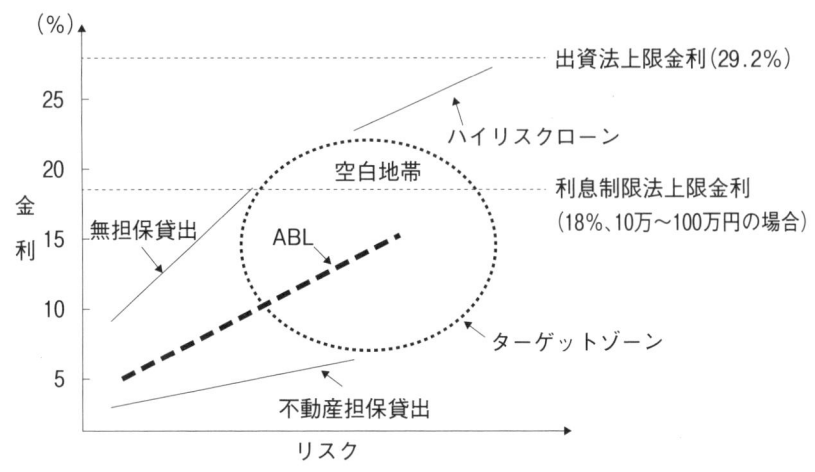

図表7－2　ABLのターゲットゾーン

（縦軸：金利（％）、横軸：リスク）

- 出資法上限金利（29.2％）
- ハイリスクローン
- 空白地帯
- 利息制限法上限金利（18％、10万〜100万円の場合）
- 無担保貸出
- ABL
- ターゲットゾーン
- 不動産担保貸出

（出所）　ABL研究会「ABL研究会報告書」

ここで、企業のもつ強み・独自性・社会的な役割など定性的な評価を行うことが必要であろう。いわゆる信用格付・資産査定区分と融資推進区分を分けて考えることの大切さを認識する必要がある。

(2) 長期的な視点でのコスト評価

　ABLの取組みによって一度でも深く企業を理解できれば、その後の取引推進や自己査定などの管理も含めた業務にも大きな効果をもたらすはずである。案件単発でのコストをうんぬんするのではなく、長期的な視点でのコストと収益の関係を考えるべきである。

　ABLに取り組むあるノンバンクでは、ABLに取り組むことが決まった場合、3日間かけて企業にヒアリングし、書類を精査し、現地に赴き、徹底したデューデリジェンスを行っているという。できあがりの貸出金利によっては、このようなコストのかけ方はできないかもしれないが、これが今後何年という取引期間でならしてみれば、コストをかけて実態把握をしておくことの値打ちは十分あるのではないだろうか。特にリレーションシップバンキングを標榜する金融機関は、病気になってから治療を行うのではなく、病気にならないように未病管理を行うという取引姿勢が必要であると思われる。

(3) 最大のメリットとしての人材の育成

　ABLの実績やノウハウがないことを理由に、ABLに消極的な金融機関も多い。現実には、ABLが見込める企業も少ないうえに、企業への説明から始まって、行内の関係各部の了解を取り付ける暇もないというのが本音であろうが、ここは融資業務の人材育成開発カリキュラムとしてABLを活用するのも一つの方法である。

　リレーションシップバンキングでは人材の育成も必須の要件である。融資人材育成は永遠の課題であり、であればこそ、まずは意欲のある若手に案件を取り組ませるべきだろう。ABL1件の実行で見違えるように成長する職員がいるという例は実際に見聞きするところであり、おそらく最大効果をもたらすOJTとなろう。「習うより慣れろ」とはこのことであり、そうやって実績を積んだ現場担当者が、僚友店のサポート・コーチングを行ったり、研

修において実際の案件に基づく苦労話をしたりすることが何よりの人材育成方法となろう。

8 事業再生の局面において、ABLはどのように活用されているか

Point 事業再生の局面においては、事業者が保有している在庫や売掛債権等の流動資産が第三者に担保提供されていない場合、法的再生手続、私的再生手続にかかわらず、ABLは有力な資金調達手段となる。在庫・売掛債権・預金債権を一体として担保に徴したうえで、融資を行うことが本来望ましいが、在庫、売掛債権が別々の債権者の担保になっていることもあるため、注意が必要である。

・・・・・・・・・・・・・・・・ 解　　説 ・・・・・・・・・・・・・・・・

1　事業再生局面とABL

　事業再生の局面に陥っている債務者は、収益力、キャッシュフローの創出能力が低下していることに加え、過年度の赤字計上に伴い貸借対照表が傷んでいることが多い。徐々に信用力が低下すると、金融機関は、債務者区分を「非正常先」に分類し、新規与信を行うことが困難になる。金融機関は、このように信用力が低下した債務者に対し、評価可能な資産、たとえば不動産を担保として取得することにより債権保全を図るが、新規融資を伴わないことが多いのが実情である。

　この時、流動性の高い資産が、担保設定されていない「空白地帯」になっている場合が多くみられる。ABLの典型的な形態は、既存金融債権者以外の第三者が、この活用されていない資産を引当としつつ、短期的なつなぎ資金融資を供給するものである。

2　留意点

　商流全体を川上から川下まで俯瞰することを目的として、在庫、売掛債権、預金債権を一体として担保化することが、担保評価金額の跛行性を吸収する観点からも望ましいが、担保評価額の算定が比較的容易な売掛債権がす

でに担保として供されているケースも近時ふえてきており、「空白地帯」が在庫に限定されていることも少なくない。また、卸売事業者であれば、在庫および売掛債権の両方が存在するケースが多いが、一方で、小売事業者の場合、在庫は相応に抱えているものの、消費者相手になるため、売掛債権がほとんど発生しない（クレジットカード債権は発生する場合があるが、担保として徴することは実務上困難である）ことも多い。

　卸売事業者に対して、在庫のみを担保化して融資することを余儀なくされた場合、ABL供給者が、有事の際の担保実行時に、回収の極大化を図るべく既存の売掛先に販売したとき、在庫の担保権者に帰属するのか、売掛債権の担保権者に帰属するのか等の法的論点も存在する点、留意を要する。

　また、民事再生、会社更生という法的再生手続に限らず、地域経済活性化支援機構（REVIC）等の機関が関与する私的再生手続、純粋な私的再生手続にも、一時的な資金調達方法として、ABLは利用されている。

3　法的再生手続中の債務者に対するABL

　法的再生手続、たとえば、民事再生手続に移行した債務者に対するDIPファイナンスの一手法として、担保評価を行ったうえで、当該評価額の範囲内でABLが活用されることがある。民事再生手続の開始決定後であれば、法的にも「共益債権」となるため、有事の際に、別除権者として、担保からの回収も可能であることに加え、手許流動性に余裕があれば、優先弁済されることになることから、回収可能性が高まる点、相対的に保全の効いたABLになる。

4　私的再生手続中の債務者に対するABL

　私的再生手続中の債務者に対するABLについては、債権保全の観点から、難易度が高いといわざるをえない。REVIC等の公的組織が関与した私的再生手続や事業再生ADRを活用した場合、かりにその後、法的再生手続に移行したとしても、優先債権化されることになる。他方、上記のような枠組み

を通さない私的再生手続においては、かりに他の金融債権者との間で優先債権化したうえでABLを実行していたとしても、その後、法的再生手続に移行した場合、関係者間で合意した優先債権性がほごにされる可能性があることから、私的再生手続中の債務者に対するABLを実行する際には、特段の留意が必要である。

9 進化する債権担保融資
―― 債権流動化から電子記録債権へ

Point 債権担保融資は、債権流動化の視点でとらえることが重要である。

　債権は支払人が確定した資産であり、動産よりも流動化・証券化が容易である。このため、資金調達企業にとって、債権担保融資という債務調達と債権流動化という資産調達のいずれかを選択できるというメリットがある。この点、電子記録債権は高度な流通性をもった債権であり、債権流動化の観点でもきわめて利用価値が高い。

　商流情報がデータ化されているという電子記録債権の特長を最大限活用して、従前の債権担保融資では実現できなかったサービス提供に取り組むことが大きなビジネスチャンスとなる。

------------------ 解　　説 ------------------

1　債権流動化の変遷

　資産の流動化・証券化は企業の保有資産を分離し、切り離された資産のキャッシュフローを裏付けとして資金調達を行うことである。流動化とは、元来流動性が乏しい資産を現金化して流動性を確保することを指し、流通性のある有価証券の形態をとる場合に証券化と呼ばれることが多い。

　資産の証券化は、1970年代に米国で発達した金融手法であるが、わが国では1990年代から以下のような債権流動化の変遷をたどっている。

・平成5年……「特定債権法」施行。
　　リース・クレジット債権の流動化に寄与、以下の法整備により平成16年に廃止。
・平成10年……「SPC法」「債権譲渡特例法」施行。
　　SPC法は平成12年に改正、「資産流動化法」として現在に至る。
　　債権譲渡特例法は、債権譲渡の対抗要件具備に関する民法の特例を設け

るものであり、債権譲渡の公示性を確保。
・平成11年……「サービサー法」施行。
　弁護士法の特例として債権管理回収業を解禁、不良債権の処理等の促進を目的としている。
・平成17年……「動産・債権譲渡特例法」施行。
　制度の利便性向上や譲渡の対象を将来債権・動産にまで拡大することを目的に、債権譲渡特例法が改正された。

2　債権流動化手法の現状
(1)　売掛債権の流動化手法
　売掛債権の流動化とは、決済期日よりも前に売掛債権を第三者等に譲渡する等の方法によって資金調達を図るものである。現在売掛債権の流動化手法の主なものとしては、証券化、ファクタリング、売掛債権担保融資の三つがあげられる。特に売掛債権担保融資は、本来指名債権である売掛金の電子記録債権化によって大きな発展が期待されている。
　手形債権や電子記録債権は、指名債権を高度に流通化した仕組みであるが、いずれも取引先から財やサービスの提供によって得られた債権である点においては指名債権と変わりはない。つまり、資金調達の観点からは、手形債権や電子記録債権のほうが、より流動性が高いというだけであって、資金調達手段の確保を図るサービスを包括的に提供していくという観点では、どちらも重要であることに変わりはない。なお、手形の流通状況に関する現在の状況については、図表9－1を参照されたい。

(2)　債権担保融資の変遷
　債権譲渡の対抗要件を具備するためには、譲渡人からの債務者への通知または債務者の承諾が必要で、特に第三者対抗要件は確定日付証書によって行うことが民法上必要とされていたため、多数の債権譲渡を行う場合には利用しづらい仕組みであった。それまでは、売掛金の入金口座を自行の取引口座に指定する振込指定や、支払先からの入金をかわりに受領する代理受領など

図表9－1　手形流通の状況

〈全国手形交換高（年中）〉

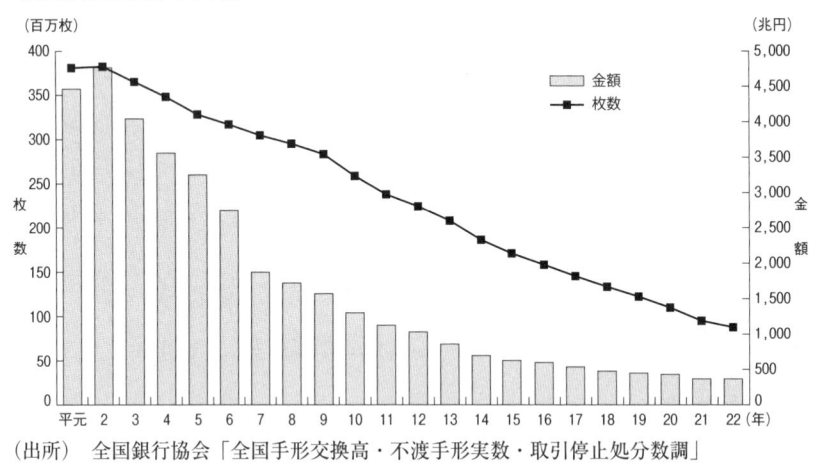

（出所）　全国銀行協会「全国手形交換高・不渡手形実数・取引停止処分数調」

が利用されていた。そこで平成10年、債権譲渡特例法（現在は、動産・債権譲渡特例法）によって、登記によって債権譲渡の事実を公示する機能を高めることとなった。さらに平成17年には法改正により、判例上においてのみ認められていた将来債権の譲渡にも拡大されて今日に至っている。

(3) **ファクタリングの変遷**

ファクタリングとは、他社が保有する債権の買取り・回収を行う金融サービスである。売掛債権を保有する企業からみた場合、当該債権をファクタリング会社へ手数料を支払って売却することにより、資金調達を行うとともに、売掛先の信用リスクの切離しや、債権管理回収業務の効率化を図ることができるメリットがある。

ファクタリングは、英国で発祥した後、米国に渡って発展した金融手法といわれ、日本では昭和40年代から、大手金融機関や大手企業によるファクタリング会社が設立されて取扱いが始まっている。ファクタリングは「金銭債権の取得」に当たるとされ、銀行法上は付随業務に当たる。金融機関ではほとんど金融関連子会社などにおいて取り扱われているが、一括決済サービス

第1章　ABLの定義　63

以外での利用はさほど活発とはいえない状況にある。一括決済サービスは大手金融機関を中心に提供されるようになったが、当該金融機関との取引開始を望まない企業にとっては、利用しづらいサービスとなっている。

　ファクタリングは、契約形態や利用形態によっていくつかに区分されることが指摘されている。論者によって分類方法や位置づけの違いなどが異なるものの、おおむね以下のような観点から区分することが可能であろう。

① 　契約形態がどのようなものか……売買（譲渡）、（連帯）保証、併存的債務引受。

　買取ファクタリング、保証ファクタリングなどの区分がある。

② 　利用形態がどのようなものか……多数の買掛金支払、輸出入における債権の買取り。

　一括ファクタリング、国際ファクタリングなどの利用方法がある。

3　電子記録債権の登場

(1)　電子記録債権創設の背景

　売掛債権の流動化は、大企業を中心に資産のオフバランス化・証券化といった流れのなかで発展してきたが、中小企業の資金調達という観点では十分であったとはいえない。直接金融へのアクセスに乏しく、間接金融に頼らざるをえない中小企業にとって、大企業の手形削減や廃止、一括決済サービスの限界などによって資金繰りの安定化に不安を抱える状態が続いていた。

　ここで中小企業の資金調達の円滑化の観点から、新たな種類の金銭債権の創設を目的として施行されたのが電子記録債権法である。電子記録債権法は平成15年「e-Japan戦略Ⅱ」構想から検討が開始され、平成20年に施行の運びとなった。平成21年には最初の電子債権記録機関である日本電子債権機構株式会社が営業を開始し、平成25年には全国銀行協会の株式会社全銀電子債権ネットワーク（通称でんさいネット）が営業を開始、現在四つの電子債権記録機関が営業を行っている（図表9－2参照）。

図表9-2　電子債権記録機関の状況

設立母体	全国銀行協会	三菱東京UFJ銀行	三井住友銀行	みずほ銀行
社名	㈱全銀電子債権ネットワーク（通称：でんさいネット）	日本電子債権機構㈱（JEMCO）	SMBC電子債権記録㈱	みずほ電子債権記録㈱
資本金	25億円	22億円	5億円	7.5億円
サービス内容特徴	・手形的利用 ・全銀行参加型 ・間接アクセス方式	・電子手形決済サービス（「電手サービス」） ・高流動性シンジケートローン ・一括決済ファクタリング	・一括ファクタリングサービス ・電子記録債権個別譲渡サービス	・電子記録債権を活用した決済サービス ・シンジケートローンなどの貸付債権の譲渡取引
サービス開始時期	平成25年2月	平成21年8月	平成22年7月	平成22年10月
その他	参加金融機関：正会員行、信金・信組・系統等 利用契約者数：約40万社 月末残高：約6,000億円 （いずれも平成25年末現在）	電手買取サービス取扱金融機関：45行庫 利用契約者数：約4万2,000社 月末残高：約1兆3,000億円 （いずれも平成25年末現在）		

（出所）　各社リリースなどから筆者作成

(2)　電子記録債権の特長

　電子記録債権はわかりやすくするために電子手形と呼ばれることもあるが、指名債権や手形債権とは異なる新たな種類の金銭債権である。電子記録

債権は、指名債権と手形債権のいわば長所を取り込んだ制度になっている。すなわち手形との比較では、手形の作成・保管等のコスト削減や紛失・盗難リスクをなくすため、記録機関の記録原簿に記録されることが効力発生要件となっている。また、手形とは異なり債権金額が分割可能である点は大きな特長である。

一方、指名債権との比較では、これまで指名債権の弱点であった債権の存在確認や二重譲渡のリスクを排すべく、電子記録によってその公示性を高めている。また債権の譲渡にあたっては、債務者対抗要件および第三者対抗要件の具備が、譲渡記録によって不要となった。さらに原則として人的抗弁の切断を行い、きわめて流通性の高い制度をつくりあげている。

(3) 電子債権記録機関

電子記録債権は、法律という土台の上に記録機関が定める業務規程を組み合わせてサービスが決まる2階建ての構造である。記録機関によってサービス内容は異なる柔軟性の高い制度というのが特長である。現在電子債権記録機関は、メガバンクが設立する3社に加え、全国銀行協会設立のでんさいネットの4社になっている。

メガバンクが設立した電子債権記録機関は、先発した日本電子債権機構が電手と呼ばれる手形的な電子記録債権の発行を特長としているものの、おおむね一括ファクタリングやシンジケートローンの電子記録債権化がメインであり、大手企業中心のビジネスモデルとなっている。他方でんさいネットでは、手形的利用、全銀行参加型、間接アクセス方式の3本柱を特徴に、当初は現行の手形制度を踏襲した制度として出発している。

なお、電子記録債権は発生記録を行った電子債権記録機関内のみの流通が可能となっていることから、電子債権記録機関をまたいだ譲渡記録を行うことはできない。

4　電子記録債権を活用した金融サービスの向上

電子記録債権を手形代替として手数料徴収を行っているだけでは、既存の

手形業務からの移行にすぎない。融資業務にとって譲渡記録は最大のライバル商品であり、電子記録債権を活用した付加価値の高いサービスや融資メニューを提案していかなければ真の収益拡大にはつながらない。

　そのような観点では、電子記録債権には、売掛債権情報すなわち商流情報がデータ化されているという点に最大の特長があり、この強みを生かすことによって従来の指名債権や手形債権では実現できなかったサービス展開が展望できるものと考えられる。

(1)　商流の把握による信用リスク管理の向上

　電子記録債権が転々流通する状態は、商流を可視化したものといえ、これらの情報を融資業務の推進や信用リスク管理の観点で利用することが考えられる。日常の電子記録債権の記録情報のモニタリングによって得られる情報は、これまで行ってきた当座預金の入出金情報の利用と並びうるものである。これらの情報の活用は、融資案件採択の信用リスク判断の迅速化をもたらすものとなろう。また売掛債権や買掛債務の動向情報を先行指標として短期的な信用リスク判断に活用できれば、信用格付制度の高度化にもつながる。連鎖倒産防止や融通電子記録債権の検知・予防機能としても大きな機能を発揮するだろう。

　ただし電子記録債権の履歴情報は、顧客情報管理の観点からすべての利害関係者にあらゆる情報を開示される仕組みにはなっていない。したがって、でんさいネットへの参加金融機関としては、でんさいの記録受付業務に付随して記録情報をいかに生かせるかが課題となってくる。

(2)　資金管理サービスの高度化

　でんさいネットでは、でんさい割引・でんさい担保といったサービスが想定されている。でんさい割引は手形割引、でんさい担保は手形担保融資の電子記録債権化であるが、そのままでは従前の業務が電子記録債権に置き換わったにすぎない。

　ここでは電子記録債権を利用した資金管理アウトソーシングというサービス提供が考えられる。たとえば、事業での受払いがすべて電子記録債権で決

済される状態の企業があるとする。電子記録債権が発生するつど、金融機関に譲渡担保として常時でんさいを差し入れておき、現金化が必要なタイミングで必要な額を現金化し、最も低コストな資金調達オペレーションを実現するといったサービスが考えられる。さらに進んで、取引先の売掛先に係る信用リスク管理機能まで提供する、すなわち資金管理の効率化を超えて企業の財務管理機能を取り込むという観点での取組みができれば大きなビジネスチャンスとなってこよう。

(3) 将来債権譲渡や債権発生早期化への取組み

でんさいネットでは、発生記録の1カ月前から予約を行うことができる。予約と同時に譲渡記録を行うこともでき、でんさい発生日よりも1カ月前から資金化することが可能である。電子記録債権は将来債権が対象とならないが、この機能を利用すれば、資金調達には有効である。また、取引先との間で交わされる請求書や伝票上にQRコードをつけて、QRコードを読み取れば発生記録に進むようにすることも考えられよう。さらに請求書を廃止して、納入された商品の検収がすむと同時に発生記録ができるような電子インボイスの取組みも検討に値する。反対債権が発生するケースでは、相互に発生記録の状況を確認して取引先間相互の債権債務状況を可視化するような仕組みも有効かと思われる。このように債権の発生をいかに早めて、資金調達に資するサービスを提供できるかが、今後の大きなビジネスチャンスにつながるものと考えられる。

10 進化する動産担保融資——物流金融

> **Point** 動産担保融資は、売掛債権の裏付けからの視点でとらえることが重要である。

　営業倉庫が提供する商品のモニタリング機能を利用した倉庫金融や、運送事業者が提供する商品のトレース機能を利用した運送金融は、動産担保融資に大きな付加価値をもたらす。

　金融機関やノンバンク・リース会社以外のプレーヤー参入者である物流企業が、本来の物流機能に付加して金融機能を提供することは、動産担保融資の発展にとって大きな可能性をもたらすものである。

────────── 解　説 ──────────

1　動産担保融資と物流企業

(1)　動産担保融資と公示性

　動産担保融資の場合、担保権者のもとに動産を常時留置できないという弱点がある。平成17年から始まった動産譲渡登記制度は、登記ファイルへの記録により第三者対抗要件を具備する制度であり、公示性が格段と向上しているが、第三者対抗要件具備の補完として実際の担保実務では明認方法を施すなどの措置がとられている。動産はいつでも移動させることができるという特性上、盤石な管理保全とはいえない要素が残るのが実情である。

(2)　物流企業の提供するトレーサビリティ

　トレーサビリティとは、追跡可能性ともいわれ、流通業においては、ものの流通経路を生産から最終消費者（あるいは廃棄等）に到達するまで追跡できることをいう。物品がいまどこにあるのか、流通履歴が確認できることを意味する。BSE（いわゆる狂牛病）問題などでも取り上げられているが、食品業界ではトレーサビリティの確保は重要な問題になっている。

　ABLの担保の対象となる債権や動産のうち特に動産は、担保取得期間中における担保物の留置・保全確保が重要である。さらに担保物の管理状態

は、品質の変動すなわち担保価値の変動とも大きな関係があることから、トレーサビリティの確保も重要なポイントである。ここで担保動産の管理機能・トレーサビリティ機能を担うのが物流企業である。宅配便などはその代表的な事例である。なおICタグについては、普及すれば完全なトレーサビリティの実現が可能と考えられるが、コスト面での課題などもあって、現状すべての物品に浸透するまでには至っていない。

(3) 物流金融の機能

物流の機能のうち、輸送、保管、荷役、包装、流通加工を物流の5大機能と呼び、これらの機能の一部または全部にかかわる企業を包括的に物流企業と呼ぶ（情報管理を含めて6大機能と呼ぶこともある）。物流企業が、本業である物流機能の提供に付随して金融機能を提供することを物流金融と呼ぶとすれば、物流金融は着実に進捗し進化している。すでに宅配事業者などを中心に、代金引換を筆頭に電子マネーやクレジットカードなど個人の決済分野では大きなプレゼンスを占めているが、さらに最近では企業間取引などへの進出がみられるようになってきた。

元来銀行の担保保管部署であった倉庫部が倉庫業として分離独立した倉庫会社もある。また、単なる運送企業から脱皮して、情報管理機能を高めることによって、荷主と受取人双方のビジネスをつなげる金融機能を提供しているケースもある。最近では物流企業が直接ABLを行うケースもみられ、物流企業による金融機能の提供は、金融機関の役割を徐々に侵食しつつあるといってよいであろう。

2 倉庫業者による物流金融

(1) 営業倉庫の基本機能と事例

営業倉庫は、主に保管と荷役を中心に、流通加工機能や情報管理・物流管理を担当する。業として他人の物品を保管する倉庫業の施設を営業倉庫といい、倉庫業者自体も営業倉庫と呼ぶことが多い。営業倉庫が物流金融機能を提供し、動産担保融資の進化に資する事例を紹介する（図表10−1参照）。

図表10－1　倉庫金融スキーム

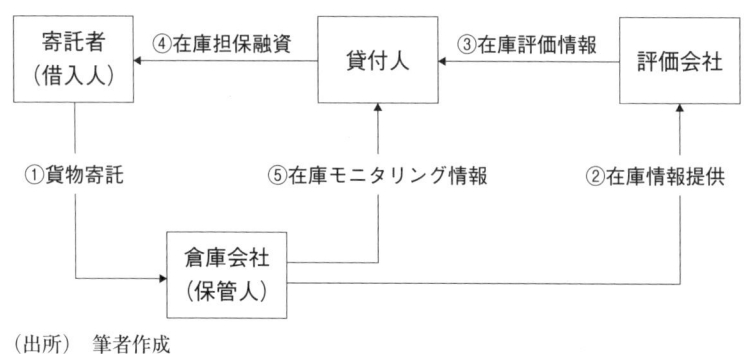

```
┌─────────┐  ④在庫担保融資  ┌─────┐  ③在庫評価情報  ┌─────────┐
│ 寄託者  │ ←──────────── │貸付人│ ←──────────── │ 評価会社 │
│(借入人) │                │      │                │          │
└─────────┘                └─────┘                └─────────┘
     │                        ↑                        ↑
①貨物寄託              ⑤在庫モニタリング情報      ②在庫情報提供
     │                        │                        │
     ↓                   ┌─────────┐                   │
     └─────────────────→│ 倉庫会社 │───────────────────┘
                        │ (保管人) │
                        └─────────┘
```

（出所）　筆者作成

　大手倉庫業者では、自社の物流管理機能を利用して動産担保管理システムを開発した。金融機関は借入企業との間でコベナンツ付きの融資契約を締結するとともに、借入企業（荷主）と営業倉庫との三者間契約を締結する。営業倉庫は契約に基づいて、在庫データを金融機関に定期的に送信する（在庫データには動産評価会社の価格評価情報が付加されている）。在庫が一定量を下回る等あらかじめ定めたコベナンツ条項に抵触する場合は、営業倉庫は金融機関に連絡し、金融機関は営業倉庫に出荷差止めを指示して担保保全を図る。さらに全国の倉庫をネットワーク化し、提携倉庫に管理システムを貸与する。

　この事例では、債務者と金融機関からみて「第三者」である営業倉庫が担保物を保管すること、営業倉庫から送信されるデータを使って「与信のモニタリング」が可能となることなどがポイントである。動産担保融資の弱点を大きくカバーし、自己査定における一般担保の要件にも適合している。

(2)　**営業倉庫の新たなビジネスモデル**

　上記事例などから、営業倉庫は金融機関、荷主、流通企業に対してさまざまなビジネス機会があると考えられる。

①　金融機関向けビジネスへの期待

・管理保全……担保としての受寄物の管理保全である。担保権者からの連絡

による出荷差止めは、動産担保の弱点を補完する。特に延滞等の事象発生時には大きな効果を発揮する。
・情報提供……在庫の状況に関するデータ提供である。一定時点における在庫の静態情報ばかりでなく、入出荷動向という動態情報までカバーしうるものであり、日常のモニタリングとしてはきわめて有効である。
・オリジネーション……荷主の資金調達の相談から金融機関への紹介を行う。単なる金融機関への紹介等の提携にとどまらず、銀行代理店ビジネスや営業倉庫自身によるファイナンス事業の展開も可能である。

② 荷主・流通企業向けビジネスへの期待
・在庫の処分仲介……在庫の早期売却や滞留在庫の処分を仲介する。複数の処分ルート先と提携することで、よりスムーズかつ高額売買も期待できる。自らのリスクで一時的に当該在庫を買い取ることも可能である。在庫の保管場所を空けて、新たな寄託を行うことで売上げがあがるという本業への波及効果がある。

(3) **ハブとなる営業倉庫**

以上のように営業倉庫は上記に登場した荷主、金融機関、物流企業、保険

図表10－2　ハブになる営業倉庫

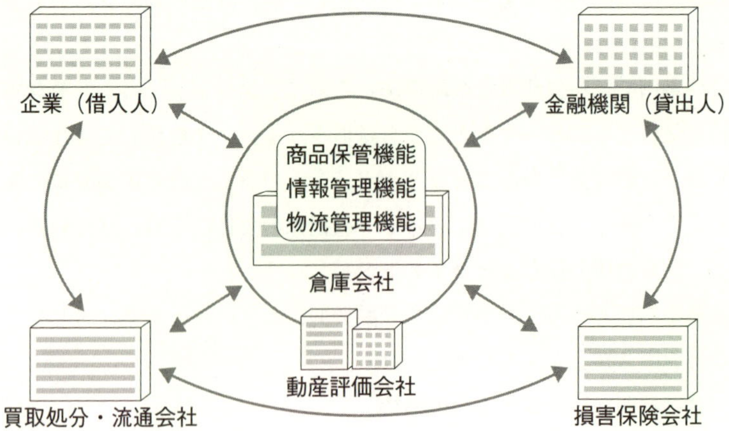

（出所）　筆者作成

会社のいずれに対しても大きなかかわりをもち、さまざまな機能提供ができる可能性に満ちている。営業倉庫は物流における重要な中継機能を担っている。営業倉庫がもつさまざまな機能を軸に、広く金融機能を提供することを倉庫金融と呼ぶならば、倉庫金融は物流金融のなかでも大きな役割を果たすことが理解されるであろう（図表10－2参照）。

3　運輸業者による物流金融
(1)　運輸業者の基本機能

運輸業者は、主に輸送機能を中心に、保管、荷役、包装機能あたりまでを担当する。運輸業者が物流金融機能を提供し、動産担保融資の進化に資する事例を紹介する（図表10－3、10－4参照）。

宅配事業大手の子会社では、企業間決済サービスとして、売掛金の保証をつけた決済サービスを提供している。売主（荷主）は過去に取引がない販売先に対して掛売りすることには躊躇する面がある一方で、買主は多くの場合、商品を受け取ってから（検品完了してから）でなければ支払をしたくない、後払いにしたいというニーズが高い。そこで、買主に対する荷主の売掛金について同社が債務保証を行うこととした。宅配でこまめに足を運んでい

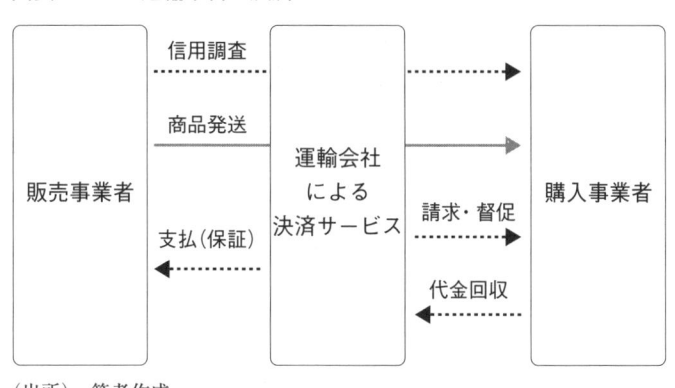

図表10－3　運輸業者の決済サービス

（出所）　筆者作成

図表10－4　ABL（売掛金・動産担保融資）

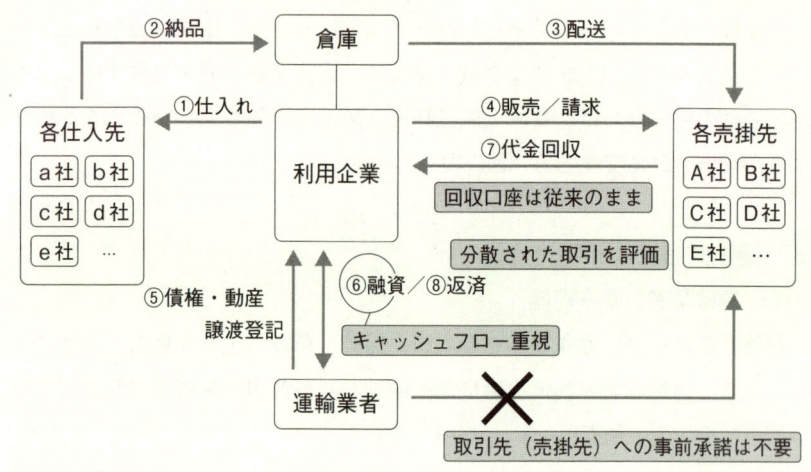

（出所）　筆者作成

ることから、買主に信用不安があった場合にも早期発見が可能になるというあたりに、物流企業ゆえの強みがある。これにより、荷主は販売拡大、売掛金の早期回収、債権回収管理の効率化を図ることが可能となった。一方、買主は現金決済ではなく、請求書を受け取ってから支払うという掛けでの購入が可能になり、運転資金を減少させて資金繰りの円滑化という結果につながったのである。

　さらに宅配事業大手では、先頃、子会社を通じてABL（売掛金・動産担保融資）のサービス提供を開始した。物流が発生する一定規模以上の法人は、運転資金の借入れを行うことが可能である。売上急増中で仕入資金確保など資金調達の安定化ニーズのある企業を取り込みたいものと思われる。担保は売掛金や商品在庫、車両などとなっており、恒常的に分散された売掛先の債権や在庫を評価することが想定されている。この事例においても現実に物品を輸送し物流にかかわることによって、物流企業の強みを生かしたスキームとしているものと考えられる。

74　第1編　ABLとは

(2) **運輸業者の新たなビジネスモデル**

上記事例などから、運輸業者は金融機関、荷主、流通企業に対してさまざまなビジネス機会があると考えられる。

① 金融機関向けビジネスへの期待

・管理保全……集合動産の場合、登記上定められた場所になければ担保とならないが、事業活動が正常に動いている場合はものが定期的に移動するのが当然である。ものが動いている状態でも管理保金の強化につながることは金融機関にとっては大きなメリットとなる。

・情報提供……輸送の状況に関するデータ提供である。仕入れや売上げに関する商品の動きを輸送の観点からモニタリングする。書面上では得られないものの動きに関する情報を補完する。

・オリジネーション……依頼主の資金調達の相談から金融機関への紹介を行う。単なる金融機関への紹介等の提携にとどまらず、銀行代理店ビジネスや事例のように運輸業者自身によるファイナンス事業の展開も可能である。

② 荷主・流通企業向けビジネスへの期待

・在庫の処分仲介……在庫の早期売却や滞留在庫の処分を仲介する。複数の処分ルート先と提携することでよりスムーズかつ高額売買も期待できる。自らリスクをとって、一時的に当該在庫を買い取ることも可能である。ものを運ぶことにより収益があがるという本業への波及効果がある。

(3) **進化する運輸業者の金融機能**

営業倉庫のケースでは、担保となる動産の保管とその情報管理機能が注目されるが、運輸業者のケースでは、物流の先にある荷主の販売先に関する信用リスク判断機能の発揮が注目されよう。さらに仕入れや販売に係る輸送中の物品は、動産譲渡登記制度の適用外であるが、物流企業自ら対象動産を輸送しているというトレーサビリティが確保されることから、実質的に担保保全に近い状態をつくりあげることができるという側面も重要なポイントである。運輸業者がもつさまざまな機能を軸に、広く金融機能を提供することを

運送金融と呼ぶならば、運送金融は物流金融らしい大きな役割を果たすことが理解されるであろう。さらに営業倉庫では保管中の付保という動産総合保険の取組みが考えられるし、運輸業者の場合は、輸送中の付保という物流リスク保険の取組みへの手がかりが得られるのである。

11 進化する信用補完──取引信用保険と物流リスク保険

Point　ABLの担保となる債権や動産を、担保としてより確実ならしめる方策の一つに、損害保険の活用が考えられる。

　債権の場合であれば取引信用保険があり、動産の場合であれば物流リスク保険や動産総合保険があげられる。

　損害保険がABLの信用補完機能の向上をもたらすことはABLにとって大きな付加価値となる一方、債権や動産の評価機能が向上することは損害保険にとっても付加価値向上につながることが期待される。

・・・・・・・・・・・・・・・・・・・・・・・ 解　　説 ・・・・・・・・・・・・・・・・・・・・・・・

1　取引信用保険

(1)　取引信用保険とは

　取引信用保険とは、商品等の売買契約に関する売掛債権を保全するための保険である。商品等の買主の債務不履行や、商品の販売委託業者の債務不履行によって被る損害の一定割合を補償する。保険の対象となる取引先の審査は保険会社が行う。保険契約者は、不測の貸倒損失のカバーや与信管理機能の強化に資するというメリットがある。特に新規取引先の信用補完機能に有効と考えられる。取引信用保険は損害保険会社各社で取り扱っている。詳細は各社の商品内容を確認されたい。

　対象となる売掛債権は、商品の販売やサービスの提供による金銭債権である。売掛金のほか手形債権なども含まれるが、反対債権や既回収の売掛金は除かれる。また事故発生日までの延滞利息は含まれる。売掛債権は、一般的には複数の売掛債権を対象とするよう決められており、特定の取引先のみの付保などリスクの逆選択はできないのが通常である。

　保険会社の免責事項には、契約者や被保険者の故意または重過失、法令違反によって損害が生じた場合のほか、商品に瑕疵があった場合などがある。詳細は、各保険会社の免責事項を確認する必要がある。また、保険契約期間

中に発生した売掛債権までが対象となるため、通常保険契約開始前に発生した売掛債権は対象とならない。ただし債務不履行発生後の引渡しまでの猶予期間があり、この期間内に引渡しがあった場合まで保険の対象となる。

保険事故が発生してはじめて保険会社から債務者に対して求償権が発生するため、通常保険事故発生までは取引先に保険契約を締結した事実はわからない。保険事故に該当すれば、保険金受取りによって売掛債権の信用リスクを移転させることができるが、与信枠を限度として、売掛金に対する付保割合は、通常売掛金の80〜90％前後であることから、債権金額を100％回収することはできない。なお、取引信用保険のトリガー（保険発動要件）については、保険契約者との間でトラブルになりやすいため注意する必要がある。また保険期間中、売掛先の信用状態が変化した場合には、保険会社から支払限度額が削減されるリミット削減条項が存在する。

(2) その他の信用リスク移転手段との差異

売掛金の信用リスクを外部に移転する方法には、一般的に債務保証、債権譲渡（ファクタリング）、債務引受などの方法がある。債務引受は、債権者との合意によって、債務者とは別の引受人が債務を承継するものであり、民法上規定はないが、当然認められるものと解されている。債務引受には、免責的債務引受と併存的（重畳的）債務引受があるが、ファクタリングなどでは、併存的債務引受の方法が利用されている。

これらの手法のなかでは、債務保証と債権譲渡（ファクタリング）が主に用いられており、これらに比べると取引信用保険はあまり利用されていない。もっとも輸出取引信用保険のように、輸出入取引に関して発生する外国企業の信用補完には利用がみられる。

取引信用保険は、対象となる売掛債権を任意に選択できないなど、債権譲渡（ファクタリング）のような自由度は少なく、債権を包括的に補償する。また債権の買取りは原則として行われないため、債権管理回収については、自ら行わなければならない。

⑶ **具体的な事例**

物流総合保険とセットで販売開始となった事例を紹介しながら取引信用保険の観点からの特徴や留意点について解説する。このスキームは、動産・債権担保融資専用「ABL総合補償プラン」として大手損害保険会社が発売しており、動産評価会社の動産評価機能を組み込んだ保険である（図表11-1参照）。

取引信用保険としては既存のスキームを利用している。売掛債権は10社以上必要であり、支払限度額は1社当り最高3,000万円まで、縮小割合は90％となっている。後述の物流総合保険とは切り離して販売可能である。

また、保険金支払口座を債権者である金融機関の貸出返済口座とすることによって、保険事故発生の保険金請求権に対する質権設定を回避している点も特徴である。

2 物流リスク保険

⑴ **物流リスク保険とは**

物流リスク保険とは、主に輸送中、保管中、加工中、販売中など物流上で発生する事故を包括的に補償する運送保険である。商品名は保険会社によってさまざまである。保険契約者は、火災保険、動産総合保険、盗難保険などを個別に契約する必要がなく付保もれを防ぐというメリットがある。物流リスク保険は主な損害保険会社各社で取り扱っている。商品名は各社で異なっているが、詳細は各社の商品内容を確認されたい。

対象となる動産は、原材料から製品まで含まれるが、高額な商品や生動物、バラ積み貨物など一定の動産については、保険金支払が制限される。

保険会社が免責される事項には、自然災害のほか、荷造りが不完全であることによる損害や、棚卸の際に発見された数量不足などがある。いわゆる万引きなどは免責としている保険会社もある。詳細は、各保険会社の免責事項を確認する必要がある。

保険事故があった場合、支払限度額を上限に実損額が支払われる。一般的

図表11-1　ABL総合補償プラン

ABL専用・取引信用保険

特徴（金融機関・融資先企業双方のメリット）
(1) 第三債務者の与信枠として活用（自行与信枠がいっぱいであったり、未取引のために判定できない場合）
(2) 第三債務者デフォルト時の担保債権回収（連鎖倒産回避、担保回収）

取引信用保険の対象となり、担保適格債権となる可能性

保険の対象先

その他の取引先

債権譲渡担保対象先

譲受人（金融機関） ←融資— 譲渡人（債務者・被保険者） —売掛債権→ 第三債務者（金融機関または第三者からみた場合）

債権譲渡担保契約

売掛債権

デフォルト

第三債務者（金融機関または第三者からみた場合）

債権譲渡登記された売掛債権（将来発生債権）

告知査定
保険契約

保険金（支払口座を指定）

保険会社

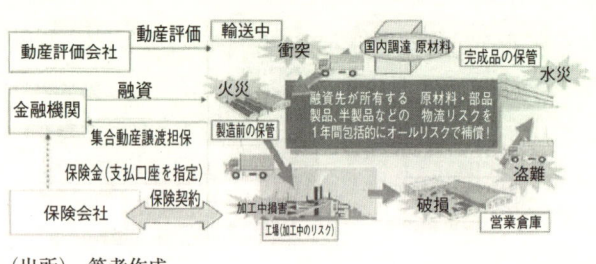

ABL専用・物流リスク保険

動産評価会社 —動産評価→
金融機関 —融資→
集合動産譲渡担保
保険金（支払口座を指定）
保険会社 ←保険契約→

輸送中／衝突／国内調達 原材料／完成品の保管／水災／火災／製造前の保管／融資先が所有する製品、半製品などの原材料・部品 物流リスクを1年間包括的にオールリスクで補償！／加工中損害／工場（加工中のリスク）／破損／盗難／営業倉庫

（出所）　筆者作成

には売上高をベースに保険料が算出される。基本的に国内のみの補償となるため、輸出入における補償に関しては、別途外航貨物保険において対応する。

留意点としては、所有権の移転時期や保険期間の問題がある。通常、所有権の移転時期までは保険で規定されていない。通常は指定場所に納品されたらその時点で所有権が移転すると考えられるが、付保の範囲となるかどうかの確認は必要である。また、保険会社によっては保管期間を１カ月以内などと規定している場合もあるため注意が必要である。

(2) 動産総合保険との違い

物流リスク保険と動産総合保険とは、保険事故の対象が動産である点は同じであるが、動産総合保険は、保険の対象となる動産について、場所を問わず保険証券に記載されている担保地域内で発生した偶然の事故について、あらかじめ定めた保険金額を支払うものである。通常加工中は担保されない。また、契約内容によっては保険会社に毎月の在庫量を通知する必要がある。

なお、営業倉庫の管理データと動産評価会社の価格評価情報を組み合わせた新たな動産総合保険が開発されている。従来の動産総合保険は簿価を基準に保険金額が設定されていたが、企業の在庫は常に金額が一定しているわけではない。ここに動産評価会社の在庫評価機能を組み合わせれば、実質的な保険金額が把握できることになる。保険期間満了時に実質的な保険金額に見合った保険料で再計算すれば、保険契約者にとっては保険料の返戻を受けることも可能な割安な保険となる。

(3) 具体的な事例

先ほどのスキームの事例を紹介しながら、物流リスク保険の観点からの特徴や留意点について解説する（図表11－１参照）。

動産の保管場所を問わず、輸送中、保管中のほかに加工中、販売中（委託販売も可）に発生した偶然の事故について、あらかじめ定めた保険金額を支払う。火災保険、動産総合保険のほか、盗難保険までカバーした物流リスクに対してオールリスクで補償する。ここで偶然の事故とは、火・風・水の災

害、第三者による持出し、盗難、破汚損、虫食い、まがり・へこみ、輸送中・加工中の事故とされている。既存の物流リスク保険をそのまま生かしたスキームであるが、「ABL総合補償プラン」では、対象動産の保険金額設定において、動産評価会社が評価を行った結果が反映される。すなわち当該対象動産の鑑定評価時点および事故発生時点における流通価格が明確になっているところ、保険会社にとってのリスク低減につながるとして、保険料の低減が図られている点がポイントである。

集合動産が対象であり、個別動産は動産総合保険での対応となる。1事故当りの支払限度額は1,000万円、3,000万円、5,000万円のなかから選択する。前述の取引信用保険とは切り離して販売可能である。

また、保険金支払口座を債権者である金融機関の貸出返済口座とすることによって、保険事故発生の保険金請求権に対する質権設定を回避している点も特徴である。

3　担保の補完機能を果たす損害保険

(1)　ABLのスキーム上の弱点

ABLは債権と動産のいずれかまたは両方を担保にするものであるが、譲渡登記制度を利用する場合、流動資産に属する動産の場合は、登記上定められた場所に置かれている間しか動産担保としてはみなされない。荷主である債務者が、故意過失を問わず、保管場所を移動させてしまうと担保から外れてしまうといったことが問題として指摘されていた。また下請企業のようなケースでは、自社あるいは寄託先の倉庫から出荷し納入企業のVMI倉庫に入庫されても、所有権は依然として下請企業のままで売掛金が発生しないといったしわ寄せが起きていることもある。このようにサプライチェーンのなかで、在庫負担や売掛金発生などの障害になっている要因を突きとめ、そこに対するソリューションを提供できれば、大きな付加価値の提供となろう。

(2)　保険による信用補完

上記のようなケースで、材料や商品の輸送中など、動産譲渡登記制度の対

象外となる局面においても保全措置が図れるのであれば、金融機関としてもかなり取り組みやすいスキームが実現できるであろう。昨今は製造業でも加工工程において、いったん東南アジアへ輸出を行い、現地での製造工程を経て再度輸入して製品を納入するなど、複雑なサプライチェーンとなっているケースもある。動産登記制度では担保されないリスクをヘッジできることは債権者にとっては大きな信用リスク補完となる。上記事例は、大手保険会社による取組みの一例であるが、今後も保険という商品性を生かしてさまざまな信用補完を行っていくことが十分可能である。

(3) 債権や動産の評価がもたらす損害保険の進化

　動産評価機能を加味した損害保険の発売は、損害保険会社にとって大きな進歩となろう。いままで損害保険会社が発売する動産総合保険などは、簿価を基準にスキームが構築されてきたが、保険の対象となる動産に時価の考え方が組み込まれることは、保険会社にとっても保険の引受リスク等について新たなリスク管理の高度化をもたらし、結果として保険料の低減など保険契約者にもメリットをもたらすことにつながろう。

　このように、既存の取引信用保険や物流リスク保険などの仕組みを用いながらも、保険スキームの精緻化をもたらす点で、債権や動産の評価機能は損害保険の進化にも寄与するものといえる。

第 2 章

金融行政とABL

12 　金融機関の将来にわたる収益構造の分析

Point 　金融機関の収益構造・ビジネスモデルは重大な岐路に立っている。金利反転後伝統的な収益構造が復権する可能性については、楽観視を許さない状況である。

　今後は収益の量より収益の質の向上へ経営目標を転換し、顧客基盤である企業の付加価値向上を図ることや、経営地盤である地域経済のGDPを拡大することなど、将来の金融機関の収益稼得能力のポテンシャルを上げる活動を継続的に実施していくことが肝要である。

　収益の質の向上は、顧客や地域を理解することから始まる。ABLへの取組プロセスは大きな参考となろう。

・・・・・・・・・・・・・・・・・・・・・・ 解　　説 ・・・・・・・・・・・・・・・・・・・・・・

1　金融モニタリング基本方針

　平成25年9月金融庁から従来の検査基本方針にかえて、金融モニタリング

図表12－1　金融モニタリング基本方針──検査・監督の課題

○金融システムを取り巻く経済金融情勢の変化に的確に対応する。
○デフレ脱却に向けた取組みを金融面からサポートし、以下の好循環の実現につなげる。

- 世界経済の脆弱性（中国、新興国、欧州等）
- 国内の財政赤字　人口減少・高齢化の進展等
- 世界的な金融緩和による巨額なマネーの急激な動き

→ 金融機関が適切なリスク管理のもと積極的な金融仲介機能の発揮
→ デフレ脱却と企業・経済の持続的成長
→ 金融機関経営・金融システムの健全性の持続的確保

（出所）　金融庁「金融モニタリング基本方針の概要」

図表12-2　金融モニタリング基本方針──金融検査の見直しの方向性

〈従来の検査〉

- 個別の金融機関に対する定点的な観測。
  ⇒検査と検査の間の経済金融情勢の変化や金融機関に共通する課題に十分対応できない。

- 法令や金融検査マニュアルで規定した基準(ミニマムスタンダード)を満たしているかについての検証が中心。
  ⇒大手金融機関は、ミニマムスタンダードの遵守だけでは、世界に伍して戦えない。
  ⇒形式的な問題点の指摘と、金融機関の指摘への対応の積重ねが「コンプラ(法令等遵守)疲れ」を生む一方で、本質的な問題解決につながらない可能性。

〈今後の検査(金融モニタリング)〉

- 金融機関・金融市場で何が起こっているかを、リアルタイムで実態把握し、潜在的なリスクに対応。

- 重要なテーマについて業界横断的な実態の把握・分析、課題の抽出、改善策の検討を行い、行政対応につなげる。

- 大手金融機関等については、より優れた業務運営(ベストプラクティス)に近づく観点からのモニタリングを実施。

(出所)　金融庁「金融モニタリング基本方針の概要」

基本方針が発出された(図表12-1、12-2参照)。今回発出された金融モニタリング基本方針は、金融システムについてより深度ある実態把握を行うことに主眼が置かれ、検査局と監督局が協働して行うオンサイト・オフサイトのモニタリングに係る基本方針であることが説明されている。

　金融庁が、従来の検査基本方針から金融モニタリング基本方針に衣替えした理由は、世界経済の情勢の不透明感や、各国中央銀行の金融緩和に伴う巨額の資金流入の危惧に加え、人口減少や高齢化進展などの国内経済の課題に適切に対応していくためには、いままでの検査・監督のあり方では困難であるとの判断による。かかる環境下においては、金融機関が適切なリスク管理によって金融の仲介機能を果たすことによって、デフレ脱却と国内経済の持

続的成長を促進し、結果、金融機関経営の健全性を持続的に維持していくという正のスパイラルを構築する必要がある。

金融検査の見直しの方向性は以下の3点である。

(1) **リアルタイムでの金融機関、金融システムの実態把握**

現在の個別金融機関に対する定点観測からの脱却の必要性である。内外の経済金融情勢が変化するなか、定点観測だけでは変化をとらえきれない状況が発生しうる。このような状況に対処するため、「リアルタイム」での情報収集による実態把握の強化や、オフサイトのモニタリング、新たに試行的に導入される「水平的レビュー」による横断的な分析を行うことが明記されている。これにより、早期に潜在的なリスクへの対処を実現することが可能となる。

(2) **業界横断的な課題の抽出、改善策の検討**

重要な問題に対する業界横断的なモニタリングの必要性である。これまでの検査・監督は、あくまでも個別の金融機関に対する定点観測にすぎなかったが、業界全体で考えるべき重要な問題については、「業界横断的な実態把握・分析、課題の抽出、改善策の検討を」行うことが望ましいとされている。

(3) **より優れた業務運営（ベストプラクティス（最良慣行））の確立**

法令や金融検査マニュアルで規定した基準（ミニマムスタンダード）に達しているかという検証手法からの脱却の必要性である。大手金融機関等にとっては、ミニマムスタンダードの遵守達成だけでは、海外の金融機関と互角に戦っていくことが困難であること、すでに達成ずみの金融機関にとっては有効性が確認できないことなどがあげられている。このため、より優れた業務運営＝「ベストプラクティス（最良慣行）」を目指していくという観点から、モニタリングを実施していくものとされている。

本章［12］〜［16］において、金融モニタリング手法の見直しと課題（図表12-3参照）のなかから、ABLと関係の深い項目について解説を行う。

図表12-3　金融モニタリング手法の見直しと課題

1　金融機関の将来にわたる収益構造の分析
　　――金融機関のビジネスモデルの将来にわたる持続性と潜在的リスクを分析
2　融資審査における事業性の重視
　　――事業の期待収益とリスクに対する評価能力の向上
3　小口の資産査定に関する金融機関の判断の尊重
　　――金融機関全体の将来にわたる健全性は多角的に分析する一方、健全性の観点から重大でない小口の資産査定は、金融機関の判断を尊重
4　金融機関における「コンプラ（法令等遵守）疲れ」への対応
　　――実質的な意味での顧客保護等を重視し、コンプライアンスに関する過度な形式的ルールを効率化
5　内部監査等の重視
　　――内部監査の改善、内部監査・監査役監査・外部監査の十分な連携を促す
6　海外の監督当局等との連携強化
　　――米・英をはじめとする海外の監督当局との連携を強化し、監督手法の改善につなげる
7　情報収集態勢の充実
　　――金融機関についての情報収集を強化（関係機関との連携強化、顧客企業からのヒアリング等）
8　地域経済についての知見の拡充
　　――財務局の経済調査機能等も活用し、地域経済の動向と将来見通しについて知見を拡充
9　検査官の専門性向上（人材育成）
　　――外部登用と内部の人材育成を組み合わせ、専門性を向上
10　金融機関の負担軽減と金融機関との対話の充実
　　――通常検査における検証項目の絞込み、オフサイトでの情報収集の拡大等、金融機関の負担軽減に配慮
11　震災復興への対応
　　――被災企業の早期の事業再生への積極的な取組みを促す

(出所)　金融庁「金融モニタリング基本方針の概要」

2　金融機関の収益構造（モニタリング手法の見直しと課題）

　金融機関の収益構造・ビジネスモデルは重大な岐路に立っている。金利反転後伝統的な収益構造が復権する可能性は楽観視を許さない状況であり、少なくとも将来を約束するものではない。

金融モニタリング基本方針においても、金融機関の健全性を判断するポイントとして、「現在のビジネスモデルの将来にわたる持続可能性」と、「金融機関を取り巻く経済金融情勢の今後の変化」をふまえた「潜在的リスク」がどこにあるかについて分析を行った結果に基づいて、「金融機関の収益構造と将来展望についての議論」を深めると明記されている。

　現在のビジネスモデルの将来にわたる持続可能性について、金融機関と議論する必要があるとされているが、持続可能性そのものの議論ではなく、5年後なり10年後の姿から逆算して現在のビジネスモデルや収益構造をどのように変化・修正させていくべきかという方向性について、時間をかけて議論していくというのが金融当局の考えである。

　どのビジネス領域に重点的に注力するのかは、本来各金融機関の選択・判断に任されるべきものであるが、既存顧客への提供サービスや地域において果たしてきた役割にかんがみれば、現在のビジネスモデルの大胆かつ大幅な変革は容易なことではなかろう。むしろ現在のビジネスモデルを持続しつつも修正を図る場合の阻害要因や潜在的なリスクは何かを可視化すること、それらをふまえて今後どのような取組みを実践していくのか、どのような領域に注力して安定収益を確保していくのか、といった議論を深めていくことが重要である。

3　実務対応の方向性
(1)　伝統的な商業銀行モデルの行詰り

　現在の商業銀行モデルは、高度成長期の日本の産業を支えるためにさまざまな枠組みのもと、つくりあげられた。このビジネスモデルが将来にわたって持続可能かどうかに対する回答は容易ではないが、少なくとも現状のままではいずれ限界を迎える。特に地域金融機関においては、単独で生き残ることは困難であると考える金融機関は少なくない。

　これまでも銀行窓販の解禁や間接型市場金融など、さまざまなビジネスモデルが喧伝される一方で、本業回帰という言葉が何度も繰り返されてきた

が、金利が反転すれば本業がV字回復するという幻想から抜け出せていない金融機関も少なくない。バブル経済崩壊後の十数年間、投資信託や生命保険などの窓販業務によって一息ついていた金融機関も多い。このようなフィービジネスは短期的な収益改善には一定の成果をあげたと思われるが、中長期的な観点で将来の金融機関のビジネスを支えていくという持続的成長を保証するものであろうか。金利環境が回復する間に、以前のような「ずっと儲かる仕組み」を探し求めている金融機関が多いだろうが、これが正解であるという回答はない。金融機関は、積極的にリスクをとる決断をし、とりわけ顧客の目線に立った施策を継続していくことが求められよう。

(2) 収益の量から質へ

　融資業務についていえば、収益の量から質へ重点を置くという発想の転換が必要であろう。

　本来金融機関の収益の源泉は顧客の収益のなかからもたらされるものであり、顧客収益向上そのものが金融機関収益の向上に直結する。しかし、デフレ経済脱却の出口はみえそうでみえない。全体的には低成長が続いており、単純な運転資金ニーズの増加は期待しづらい。このような状況下では、金融機関の消極的な融資姿勢に問題があるといった意見もみられるところ、体裁を整えるべく貸出残高増加といった収益の量を目標とするのではなく、収益の質を高める努力をしていくべきであろう。金融機関としても自ら反省すべきは反省し、収益構造の状況や経営環境変化に対するさまざまな取組みについてのアカウンタビリティを積極的に発揮するなど、基本に戻った取組みを継続的に行っていくことも必要かと思われる。

　ここで収益の質を高めるとは、顧客基盤である企業の収益向上を高めることや、経営地盤である地域経済のGDPを拡大することなど、将来の潜在的な金融機関の収益稼得能力が高まるような活動を継続的に実施していくことである。これらの活動は、営業現場における日常の活動の積重ねだけでは実現できないし、各金融機関単独での取組みだけでも不可能なことも多いであろう。共通の悩みや課題を抱える金融機関との共同事業や、金融機関以外の

事業者や自治体との連携などの取組みも必要かと思われる。

(3) 収益の質を高める実態把握の強化

収益は付加価値の向上によってもたらされると考えれば、顧客企業や地域経済全体の付加価値をどうやって向上させるかが課題となる。そのためにはまず、顧客企業にとって金融機関との取引にどういう付加価値があるのかを真剣に考え、それを具体的に顧客に示していくこと、つまり、顧客からの期待値をあげる努力が必要である。そのような地道な努力をせずに手っ取り早く取引を拡大しようとしたり、御用聞きやセールスマン的な活動に終始しているようでは、顧客の言い値による貸出金利を甘受せざるをえない。

では、現場の担当者は具体的にどのような活動をしていくべきか。これからの金融機関の担当者は、工場や倉庫など企業の現場を積極的にみることに重点を置いた活動も必要となる。融資の申込みがあれば、審査のための手順や活動を重視しなければならないが、貸出の手続に入る前に企業の現場をみること、企業のさまざまな組織の人たちと対話を重ねること、そして企業の苦労や悩みを聞くこと、そのような基本的な活動を繰り返すことによって、顧客に対して金融機関が変化しようとしている姿勢をみせることが必要であろう。

(4) 実態把握とABL

ABLと実態把握、ABLとリレーションシップバンキングの関係では、金融機関のなかにやや誤った認識がみられる。それは、ABLの実行によって顧客の実態把握ができる、リレーションシップバンキングの実践になるというものである。実態把握ができたからこそABLが提案できる、さらにいえば、最適な提案はABLではないかもしれず、ABLはソリューションの一つにしかすぎないということを理解することが重要である。

ただし、ABLに取り組むプロセスは、顧客理解や顧客の実態把握が前提となるものであるから、おおいに参考にすべきであろう。製造業を例にとると、どういう先から何を仕入れて、どのように加工するのか、どういう先に販売し、どのようなルートを通って消費者の手元に届くのか、売れ残った商

品はどうなるのか。このような一連の活動の間にどのような事業者が関与し、それらの事業者とのかかわりあいはどのようになっているのか。そのような商流図をきちんと描けるかどうかが実態把握の成否を決めるが、このような実態把握には、多大な労力がかかる。

　したがって、このようなことを実践していくためには、リソース確保のための抜本的な解決策を考える必要がある。顧客・商品・サービス、何をあきらめるのかという決断が必要となろう。どの顧客に最大付加価値を提供するのか、まさに選択と集中の決断と実践が迫られている。

13　融資審査における事業性の重視

> **Point**　顧客理解の深化と目利き能力の向上は、時代を超えて金融機関に求められる必要条件である。

いわゆる「目利き能力」は、「事業の期待収益とリスクに対する評価能力」とされるが、顧客のビジネスに関心をもち、顧客とコミュニケーションをとって、顧客の立場で物事を考えられるようになってはじめて、目利き能力が身についたといえる。

そのプロセスがABL実行への道につながっていると考えるべきであり、ABLは融資業務に携わる人材育成においてきわめて有効なOJT手段である。

……………………… 解　説 ………………………

1　審査業務における「事業性」（モニタリング手法の見直しと課題）

間接金融ではリスクをとりリスクを適切にコントロールすることが収益の源泉である。いわゆる「目利き能力」の維持向上は、金融機関経営の根幹といえる。

金融モニタリング基本方針においても、「担保・保証に過度に依存しない適切なリスクテイクを阻害している要因」が何か、「事業の期待収益とリスクに対する評価能力を向上」させるための取組みや、「事業について知見を持った人材の確保と育成」についての取組みについて、金融機関との議論を深めるとされている。

リレーションシップバンキング開始以来、「目利き能力」の向上や実態把握の強化は、常に重点取組事項として掲げられてきた。しかし、その目標達成は現時点では道半ばというのが実情であり、これまで以上に重点を置いてモニタリングを行っていくという金融当局の姿勢が表れているといえる。

金融庁の地域密着型金融の取組みのなかでさまざまな活動事例が公表されてきたものの、一部の成功事例の発表にとどまっており、リレーションシップバンキングの本来の趣旨が金融機関内全体に十分浸透・伝播しているとは

いえないのではないだろうか。「目利き能力」の向上も実態把握の強化も、それ自身が目的ではなく、1社でも多くの企業を支援すること、ひいては地域経済への貢献が目的のはずであるが、報告や発表のための取組レベルから脱却できていない金融機関も存在すると思われる。その目的達成を阻害する要因を掘り下げ、実現に向けた取組方法に解を見出すことが金融機関最大の課題と考えられる。

2 実務対応の方向性
(1) リスクテイク阻害要因

担保・保証に過度に依存しない融資を阻害している要因としては、おおむね以下のようなものが考えられる。

一点目は、顧客ビジネスに対する理解・評価の難度が上昇していることである。

高度成長期の右肩上がりの経済環境では、目利き能力による事業の見極めがなくとも資金調達を望む事業者が多数存在した。間接金融優位のなか、預金と貸出の増加はそのまま金融機関の収益に直結した。大量生産・大量消費の成長モデルが有効であった時代においては、産業界・金融界ともにシンプルなビジネスモデルを前提にしていればよかった。

しかし昨今、日本経済はデフレ経済から脱却できないまま、経済のグローバル化に巻き込まれ、中長期的な人口減少や高齢化の進展など先行きの不透明感は増している。顧客ビジネスは多様かつ複雑になっており、かつ不確実性が高まっている。このような環境下において、金融機関は企業のビジネス・商材に対する深い理解やリスク評価が求められる、すなわち目利き能力が必要とされる局面がより顕著になってきていると考えられる。

さらに企業経営者の事業承継問題や、企業そのものの高齢化も見逃せない。単に企業の経営状態だけを考えていればよかった時代は去り、この企業を将来どうするのか、金融機関が企業生命に終止符を打つかどうかを判断させられる時代になった。このように、顧客ビジネスおよび顧客企業自身を取

り巻く問題の解決は、もはや目利き能力の向上という言葉では片づけられないほど困難になっているということを認識すべきである。

二点目は、信用格付による業務効率化がもたらす顧客理解力・実態把握力の低下である。

信用格付制度がなかった時代は、案件審査のつど、情報を集めて企業にヒアリングするなど、企業の信用力を判断したうえ、案件自体の与信判断も行うなど、非常に手間暇がかかっていた。格付・自己査定の取組みが始まって以来、企業に対する与信判断業務はかなりの部分で効率化していると考えられる。しかし、これらの業務効率化が、財務分析に対する理解度を下げ、顧客理解力や実態把握力を低下させるという結果をもたらしている。過去の履歴にすぎない財務諸表に依存した定量的なスコアリング結果への偏重から、今後は財務諸表では表れない定性面の信用格付への反映方法や将来の事業見通しや財政状態の評価方法に力を注ぐ必要があろう。

三点目は、短期的収益重視と管理会計の高度化である。

定量情報への偏重は、短期的な収益を重視する金融機関の経営姿勢によって、さらに増幅されていると考えられる。企業の事業性や将来性など定性的な情報を金融機関は、軽視しているという批判が当たっているとしても、四半期決算ごとの成果を要請されるなかにあって、目先の収益目標をより重視せざるをえないという方針のもと、現場は常に近視眼的な活動を優先せざるをえないプレッシャーにさらされている。また昨今、金融機関においても管理会計が高度化し、経営管理の強化が進展したが、その分客観的な数字が独り歩きし、数字に表れない活動が適切に評価されていないのではないかという懸念が生じている。半期ごとに業績目標の項目設定についても十分な検証と反省が必要であろう。

四点目は、信用リスクの管理目的の誤解である。

信用リスクを管理する目的は、収益の最大化と平準化である。収益の源泉はリスクテイクにあり、適切なリスクコントロールが収益に与える影響を最小限にすることが、リスク管理の要諦である。審査部門では融資を見送った

ことによる収益機会ロスが評価対象となることはまれであろうが、いかに不良債権の損失発生を避けるかではなく、どうすれば融資案件を実行できるかという審査方針の転換が必要である。また、このような方針転換にふさわしい評価手法のあり方を考えることも必要であろう。

(2) 営業現場の昨今の実態

　金融モニタリング基本方針では、いわゆる「目利き能力」を、「事業の期待収益とリスクに対する評価能力」と定義している。金融当局も財務諸表には現れてこない事業性や将来性を見抜く能力が低下しているとの懸念をもらしているが、目利き能力の向上が金融機関に健全なリスクテイクをもたらす必要条件であることは間違いない。

　顧客理解の問題が深刻であれば放置するわけにはいかない。この問題を考えるにあたっては、目利き能力を実践する場である営業現場の実態を直視し、早急かつ実効的な解決を図ることが先決である。現場における顧客理解の問題は、行員個々の能力の問題も大切であるが、むしろ以下のような問題に経営層が率先して取り組むべきではないだろうか。

・営業現場の人員不足による顧客接点の減少
・コンプライアンス・内部管理態勢強化による業務負荷の増大
・手続書・マニュアル依拠の弊害
・時間外労働に関する厳格な管理によるゆとり不足

　昨今の金融機関の現場の問題は、ひとえに人員不足に起因するところが大きい。絶対数としての人員不足はきわめて重要な問題である。営業現場というのは自動車のブレーキと同じで、「遊び」が必要である。現場では顧客側の都合もあり、金融機関側の都合にあわせて業務を進められるわけではない。また、これまでの金融機関の業務遂行ポリシーはルールどおりに業務を行うことが善であったかもしれないが、規則の趣旨を徹底することに注力し、後は現場に任せるという権限委譲と責任をもたせるほうが現場のモチベーションを向上させ、顧客とのトラブル回避などではよい結果を生むことも多いのではないかと考えられる。

(3) 目利き能力とABL

　目利き能力を備えてこそのABLであり、ABLの取組みが目利き能力をつくるというのは順序が逆であると考えるが、リソースが十分でない現状においては、目利き能力を高めるねらいでABLに取り組み、結果人材育成につなげることも必要であろう。

　目利き能力を備えることは一朝一夕にはできない。また、目利き能力のレベルが十分かどうかを判断することも容易ではないが、過度にむずかしく考える必要はない。顧客のビジネスに関心をもち、不明な点は調査し、顧客に確認し、時には自ら体験することによって、顧客の立場で物事を考えられるようになる能力を身につけることである。そのプロセスがABL実行への道につながっている。

　ABLに限らず、融資業務のプロフェッショナルを育成するには、特定の商材やサービスに関する製造段階から小売段階までの一連の商流の動きを体験させるような取組みが望ましいだろう。その業界の経験者でなければ知らないような業界の裏事情や商慣行・業界慣行などは、実際に実体験してみるくらいの踏み込んだ取組みが望まれる。

(4) 人材育成の基本と人材確保の考え方

　ここ数年、特に営業現場において中堅職員層が手薄な状態であるといった声が聞かれる。また、現場では入行間もない若手行員を指導教育するゆとりがないといった話も多い。したがって、特に若手行員に対するOJTは効率的なOJTよりも効果的なOJTを追求するべきである。つまり手数がかかっても、一度の体験で得られるものが多いOJTが有効である。

　そのような観点では、ABLは融資業務に携わる人材育成の最も有効なOJT手段である。なぜならば、実のあるABLを実行するまでには、企業の経営者や財務担当者のほか、営業・仕入部門の担当者などと多くの面談を行わなければならないし、その商材が属する業界事情なども知る必要がある。つまり、担当者は顧客に鍛えられて成長するという最も望ましい成功体験を味わうことができる。その際、行内の業務フローもすべて自分で担当させる

ことによって、分業化されていた行内のワークフローを知ることも可能である。

　金融機関に限らず、企業は人である。金融機関という組織を生かすも殺すも個々人の能力をいかに引き出すかにかかっているという認識のもとで人材を育成し、不足する人材は外部から確保するという柔軟性ある方針での取組みが望まれる。

14 小口の資産査定に関する金融機関の判断の尊重

> **Point**　金融機関は、経営の健全性確保という資産査定の制度趣旨に沿った適切な自己査定を行わなければならない。
>
> したがって小口の自己査定結果について金融機関の判断を極力尊重するという今般の見直しは、単に査定条件の緩和を意味するものではなく、むしろ金融機関の自己責任は増大していると考えられる。
>
> これを機に、現場の業務負荷を減らすとともに、従前にもまして企業の実態把握に努め、ABLなど担保・保証に過度に依存しない融資の推進や小口融資の戦略的な活用など、前向きな取組みが行われることが望まれる。

·········· **解　説** ··········

1　資産査定の意義（モニタリング手法の見直しと課題）

　金融当局は、定期的に実施する金融検査の際、自己査定結果が適切かどうかの検証を行う。不適切であるとされた自己査定結果についてはこれを修正することにより、金融機関の健全性の確保が図られる仕組みであるが、従前は、特に一定以上の債権等については、金融当局がその結果を検証する必要性が高かったため、現場・本部の自己査定業務に係る金融機関の負担が大きくなっていた。不良債権問題が沈静化している現況下、今般の金融モニタリング基本方針で、「金融機関全体の健全性の観点からあまり重大ではない小口の資産査定」については、金融機関の「判断を極力尊重する」ものとされるに至ったのである。

　ただし、「マクロ経済環境の変化への対応、特定業種・大口与信先への集中等」に関しては、「ストレステスト等も活用しつつ、従来以上に多角的に掘り下げた分析を行う」こと、「引当等の管理態勢が整備され有効に機能」していることが前提となっていることの2点については十分留意すべきである。

　平成10年4月の早期是正措置の導入に伴って平成10年3月期から資産査定

が開始された。資産査定をより適切に実施するため、同時に信用格付制度の導入も行われた。資産査定は返済の可能性が低い債権等の資産を適時適切に把握し、早期に引当を行うことにより、資産の健全性を保持する仕組みである。金融機関自ら資産査定を行うことから、一般的には自己査定と呼ぶ。平成11年7月からは、金融当局が金融機関の検査を行う際の手引書である金融検査マニュアルの適用が開始されている。

自己査定では、まず債務者を五つの区分に分けた後、債務者区分ごとに担保・保証などによる回収可能性を評価して、回収リスクの低い順から4種類に資産を分類する。この分類結果に基づいて引当・償却の処理を行う。

自己査定結果によって実質的な自己資本比率が一定水準を下回った金融機関に対して、金融当局が適時適切な是正指導を行うことによって、金融機関の健全性の確保と経営破綻の未然防止を図ることが最終的な目的である。これらの一連の金融健全化策によって、バブル経済崩壊後、当時社会問題化していた不良債権処理が強力に推し進められることとなったのである。

不良債権問題が社会問題化していた環境下では、金融当局による厳格な債権分類の検証は、金融機関の経営破綻回避という観点で妥当な方針であった。しかし、公的資金投入などによる不良債権処理や自己資本の積増しが進み、経済環境が好転するなか、金融当局の関心は、健全性の検証から適切なリスクテイクによる金融機関経営のあり方に移ってきている。なかでも債務者企業の実態把握の強化が金融機関の重点課題であると認識しており、モニタリングにおいて取組状況を検証することが必要と考えている。また金融機関において実態把握の強化が進まない原因の一つに、小口の資産査定の検査対応を含む現場における業務負荷の多さなどが阻害要因となっているおそれがあるとの懸念がみられる。

今般の見直しは、単に査定条件の緩和を意味するものではなく、適切な管理態勢に基づく資産査定結果であれば、金融機関の判断を尊重する方針であるという意味である。したがって、各金融機関は、小口の資産査定に関する判断を尊重してもらうためには、自己査定における査定能力を高め、その能

力が十分にあることを金融当局に対して証明しなければならない。

2 実務対応の方向性
(1) 査定能力の向上と説明方法

　小口の自己査定結果が極力尊重されるためには、自己査定における査定能力を高めることが出発点となる。

　ここで査定能力を高めるとはどういうことかが問題となる。財務分析など、定量面からみた実態把握は重要である。財務分析によって得られる情報から、その企業の実態をある程度解明することができるのは事実である。

　しかし、定量的な財務分析だけでは十分でなく、定性的な企業分析の両面を効果的に組み合わせることが重要である。これまでの自己査定制度では財務分析から得られる定量面を数値化したものと、定性面を数値化したものを組み合わせて信用格付を行ってきたと考えられるが、今後はその定性面の評価のあり方や定量面との因果関係の検証など、信用格付制度や自己査定制度をより深く分析していくPDCAが重要となろう。

　では、企業の実態把握とはいったい何を指すのか。実態把握という言葉はよく用いられるものの、金融当局も明確に定義づけを行っているわけではない。ただ端的にいえば、企業のカネ・ビジネス・経営の三つの観点から企業の問題を構造的にとらえて可視化することである。その企業の経営目標や経営理念、事業ドメインの把握や、SWOT分析など、企業がどのような方向に進んでいこうとしているのか、さらには企業がどのような製品や商品を生み出し、どのようなサービスを提供しているのか、それらの付加価値はどこにあるのか、といったビジネスモデルやビジネススタイルを的確に把握することが何よりも大切である。

　企業の実態把握を行うことは簡単ではない。企業のことをいわば丸裸にできることが理想だが、基本的に企業は企業実態を開示することに消極的である。したがって、企業実態を把握できているかどうかという事実も大切であるが、企業実態を把握するための手法・ノウハウを確立することがより重要

である。すべての情報を詳細かつ網羅的に把握することは事実上不可能であり、リスクベースでの取組みにならざるをえない。したがって、当該企業の強み・弱みなど、いわゆる「勘所を押さえる」ことが必要であり、そのためには、企業の経営者や担当者から信頼をえることが重要となる。

　次に自行に査定能力があることを金融当局に説明し、納得してもらうという説明責任を果たすことである。むろん現状において十分なレベルにあることが望ましいが、現状不十分であってもそれが直ちに問題視されるわけではない。すなわちPDCAサイクルがきちんと運営されているかということが問題となる。金融モニタリング基本方針においては、「ベストプラクティス」がキーワードの一つとなっており、ミニマムスタンダードをクリアしているだけでは許されない。今後はいままで以上に自行に自浄能力があるのかどうかが問われることになろう。

　平成19年に金融検査マニュアルが8年ぶりに改訂された際には、PDCAサイクルの重要性が指摘されたが、いまだにPDからCAに進むステップが十分ではない、総括や考察ができていないという金融当局の指摘が散見される。CAのステップに進む際には、次のPDが待ち受けているため、昨今マンパワーにゆとりのない金融機関にとっては非常につらいところであるが、一連のサイクルを早く回すことが成功の鍵となろう。つまり、大がかりに改善を目指すのではなく、逐次前進していくことが結果的には有効なPDCAとなると考えられる。

(2) 引当等の管理態勢の整備・機能

　前述のように、現状のレベルが決して十分でなくてもPDCAサイクルの健全な運営があれば、小口の自己査定結果の判断は極力尊重されると考えられる。しかし金融機関の健全性確保が大命題である金融庁の立場からすれば、その前提として、引当等の管理態勢が整備され、有効に機能していることが条件となることを明記したのは当然のことである。この点、金融当局は単にルールを緩和したというわけではないことには留意する必要がある。

　マクロ経済環境の変化への対応、特定業種・大口与信先への集中等の金融

機関の健全性の検証に関しては、従来以上に多角的に掘り下げた分析を行うとしているのも、金融機関の将来にわたる健全性確保の検証をより重要視していることの裏返しととらえてよいであろう。

(3) **顧客利益につながる融資の推進**

小口の資産査定結果に関する意見が尊重されるといっても、それが直ちにルールの緩和につながるわけではないが、企業に対する見方や将来への判断などが尊重されるということは金融機関にとって大きな一歩であろう。金融機関の判断が尊重されるということは、それだけ金融機関側に大きな責任が課されることになったことを意味しており、自己査定の判断プロセスに手抜きがあってはならない。以前よりも企業の実態把握に努め、真に顧客の利益につながるような融資の推進への取組みが行われることが望まれる。

不動産担保・保証に過度に依存しない融資の代表例とされるABLは、金融機関全体でみれば、まだまだ横一線といった状態である。一件一件実績を積み重ねることによって、多くのノウハウを蓄積し、利用者の利益に資する資金調達手段として実務を熟成させていくことが望ましい。

この点、平成25年2月に金融庁から「ABL（動産・売掛金担保融資）の積極的活用について」が公表された後、検査方針や監督指針の改正もあって、ABLに関する規程やマニュアルの整備に取り組む金融機関も少なくない。ABL専用の規程やマニュアルの策定が間違っているわけではないが、本来はすでにあるルールをベースに、実際の案件に取り組んでいくことによって既存のルールを改善するという姿勢で望むべきである。

また、金融機関の判断が尊重される小口の融資に関しては、現在の融資判断とは異なる審査のあり方や、財務諸表によらない実態把握や信用格付のあり方を試行するチャンスでもある。ABLの取組みで培った売掛金や在庫の動きなどに重点を置いた審査手法など、革新的な取組みにつながることが期待される。

15　地域経済についての知見の拡充

Point　金融機関の経営は、基本的に営業地盤となる地域経済の動向に大きく左右される。わが国全体が産業の空洞化の進展に直面するなか、中央経済の影響を大きく受ける地域にあっては特にその傾向が目立つ。また、主要都市圏以外の地域においては、人口減少・高齢化の進展等が顕著であり、地域経済の活性化は喫緊の課題といえる。

　地域金融機関は、地盤となる地域経済の活性化について強いコミットメントを発信し、具体的な活動を進めていく必要性や緊急性が増している。単に適切な金融仲介機能の発揮といった黒子的な立場にとどまることなく、フロントランナーとしてリーダーシップの発揮が期待される。

―――――――――――――― 解　説 ――――――――――――――

1　経営基盤の確立と地域経済の活性化（モニタリング手法の課題）

　金融機関の経営は、基本的に営業地盤となる地域経済の動向に大きく左右される。これは自明の理であるといえるが、金融モニタリング基本方針においても、「地域金融機関の経営は、地域経済の現在及び今後の状況や成長力、地域の資金需要の見込み等に大きく影響を受けることから」、金融当局としても「地域経済の動向と将来見通しについての知見を拡充」していく方針であることが明記されている。また、地域経済の動向への的確な対応の有無は、金融機関の今後の経営方針にも大きく影響を与えることにかんがみ、地域金融機関にも統一的な目線で水平的レビューを行っていくことが明記されている。

　金融モニタリング基本方針では、金融当局は自ら地域経済に関する知見を拡充し、金融機関と対話を行うと記載している。その対話が有効に機能するためには、むしろ地域金融機関の役割が重要であろう。自ら地盤となっている地域経済の動向について的確な情報を収集整理し、将来の見通しをもって課題に取り組み、具体的な課題について議論がなされることが対話を実のあ

るものとするであろう。マクロ的な視点では行政機関の情報収集機能が有効であるかもしれないが、ミクロ的な視点では事業者や生活者の日々の活動や感覚に触れている金融機関の現場の情報収集機能が欠かせない。このように金融当局と対話を行い、具体的な課題解決案について提言できるのは地域金融機関の特権であり、また責務であるといえよう。

2 実務対応の方向性
(1) 地域経済と金融機関の収益

地域のGDPと金融機関の収益は相関関係がある。金融機関の収益は、基本的に地盤となる地域の顧客が支払う金利や手数料などの積重ねによるところが大きいからである。したがって、金融機関は自らの収益向上のためには、まずは地域経済の活性化、端的には地域のGDPを上げることが大きな目標となる。

このようななか、人口減少がもたらす影響はきわめて大きい。中心市街地が寂れている、シャッター商店街が目立つなどの状況を目の当たりにすることはもはや珍しくない。大都市圏、特に首都圏へのヒト・モノ・カネ・情報の集中が進むにつれ、以前よりも主要都市圏とそれ以外の地域との格差が広がっている。鉄道や道路など交通インフラの整備などによる移動時間の短縮は、人口流出に拍車をかけ、その傾向は増幅している。移動交通網の整備などが大都市圏を中心に構築されていることも要因の一つであろうが、逆にいえば、地方に引きつける魅力・誘因力がないか、アピールが十分ではないことの裏返しでもある。

また、インターネットの普及は、本来2地点間の物理的・心理的距離を縮めるという特長がある。これからは、インターネットや携帯電話などを使って地域経済をいかに活性化させるかという具体的な活動を展開していく時代である。

(2) 地域経済の活性化に取り組む視点

地域経済が活性化するということは何を意味するのか、まずはそのことに

ついて共通の理解と納得を得ることから始めるべきである。もはや高度成長期の頃とは環境やさまざまな条件が異なる。昔をただ懐古するのではなく、今後地元地域をどのようにしていきたいか、という将来像を見据えた議論と取組みが必要であろう。首都圏などの主要都市圏のミニチュアを目指すだけでは真の地域経済活性化は達成されないと考える。ここで地域経済の活性化を他の地域との経済交流や海外との貿易の増大と定義した場合、その取組みにあたり重視すべきポイントは以下の3点である。

　一点目は、個ではなく連帯での取組みである。

　地域経済の活性化はこれまでも指摘され課題とされてきたが、広域の地域レベルで大きな成功を収めているケースは少ないというのが実情であろう。成功事例がないわけではないが、ある事業者や個人単独での成功にとどまっていて、自治体を巻き込んだ活動や、自治体を超えた全体の活動になっているとは言いがたい。たとえば、全国的に有名で大きな経済効果が見込まれる観光資源をもちながら、地域経済に大きな影響力を与えるに至っていないケースなどはその典型例であろう。点の動きが、線から面への拡大につながらない要因について、失敗事例から学ぶべきことはたくさんある。

　二点目は、他の地域や他国とのつながりの意識である。

　地域経済の活性化というと、地域の特徴や独自性を前面に出すことが多いように思われる。その地域の独自性や文化はその地域だけで発展してきたわけではなく、全国各地の地域やさらには海外諸国とのかかわりがあって形成されてきたものである。たとえば、地域の特産品・特産物等は、その地域の独自性や文化を知るうえで非常に貴重なものであるが、他の地域や海外からどのような影響を受けてきたのか、どのようなつながり・かかわりがあったのか、という歴史を学ぶことが大切であると考えられる。

　そのような観点では単に大都市圏とのつながり・かかわりを考えるのではなく、他の地域のつながり・かかわりを意識することが、地域経済の活性化には大切であろう。同様の観点で、海外とのつながりなども積極的に取り組むべきである。また地域経済の活性化といっても、ある地域だけが活性化す

ればよいというものではない。いかにして他の地域に勝るかを考えるのではなく、他の地域とともに潤うためにはどうすればいいのか、オールジャパンで取り組むという視点が望まれる。

　三点目は、地域を外から眺めることである。

　その地域のよさや特長は、意外に地域の生活者は気づいていないことが多い。観光資源を生かして経済を活性化させようと考えている地域は少なくないだろうが、地域の外から地域がどのようにみえているかをよく意識することが必要であろう。地域の特長や独自性をひたすら強調するあまり、独りよがりになることは避けたい。わが国の場合、それぞれの地域の風土や伝統は、他の地域や時には海外とのつながりや交流のなかで育まれてきたものである。地域外から来る人々との交流を大切にし、よいものを取り入れる積極性、地域外の人々からのアドバイスに耳を傾けて受け入れる受容性、こういった柔軟性や包容力が日本人の特質である。最近はやりのおもてなし文化や観光立国・クールジャパンの真髄はそこにある。そのような観点で、ハード面の整備ばかりでなく、ソフト面の充実、コンテンツを重視するといった発想が重要である。

　一個人や一企業の新たな取組みや動きを育ててサポートし、ネットワーク化して地域全体の活動につなげることによって、近くの都市圏や首都圏のマネー、遠くは海外からのマネーが地域に落ちる仕組みを構築することが重要である。そして、このような動きのハブ的な存在として活動していくことが地域金融機関には必要ではないかと考えられる。ハブとなる活動団体のサポートは、本来自治体の役割であって、金融機関がその役割を担うのは行き過ぎであるという考えもあろう。しかし地域のGDPを上げていくことが大きな目標であることから考えると、常日頃から自治体の背中を強く押すとともに、競合する地域金融機関とも連携し、地域経済全体が潤うような仕組みづくりの役割を果たすこと、いってみれば地域の総合商社的機能の発揮が将来の地域金融機関には求められているのではないだろうか。

(3) 地域経済の活性化とABL

　地域経済の活性化に向けて、現在地域経済がどのような商流をもち、日本経済全体の商流のなかにどのように位置づけられているかという実態を把握することが必要となるだろう。そのような観点から、地域内商流マップや地域間商流マップを描いて、地域経済を可視化してみると地元の特徴を再発見することにつながるのではなかろうか。

　地域金融機関は今後、地域内の総合商社的機能をもった金融会社を目指していくべきではないだろうか。むろん他業禁止に抵触しない範囲での活動となろうが、地域内に張りめぐらされたアンテナやネットワークから寄せられる問題や情報を解決するためのソリューションを提供し、それに付随する金融機能を提供する。地域経済の活性化なくして、自らの経営基盤の発展は望めないという健全な危機感が必要である。モノやヒトを動かすことによってカネが動く、それによって起こる資金循環のなかに金融ビジネスを組み立てる。ABLはその手段の一つとして有効に機能するだろう。

　いろいろな地域で、六次産業化（第一次産業×第二次産業×第三次産業）への取組みが進んでいる。大きな成功を収めるかどうかは今後の取組みの継続性にかかっていると考えられるが、ものをつくる事業者にきちんと利益配分がなされ、地域にマネーが還流される仕組みづくりが成功の鍵である。

　また、地域内に存在する観光資源、地域内で製造される製品・商品、地域内が保有するコンテンツなどを、そのまま見本市や商談会などに誘導するだけでは不十分である。それらの付加価値をどこに求め、どのような方法で地域外に売り出していくのかといった観点での取組みこそが、本来のビジネスマッチングであり、地域内の事業者に対する付加価値の提供となる。

　すぐに大きな成果が出なくても、地域連携の取組みを継続していくことは重要である。このような取組みは金融機関単独ではむずかしい。大概の成功事例の要因をみると、愚直に推進するプロモーターの存在がある。地域経済の活性化にあたっては、このようなプロモーターとの連携により、具体的な案件に取り組んでいくことが有効であろう。

16 震災復興への対応

Point 震災復興においては、金融機関が積極的な役割を果たすことが期待されている。被災企業の事業再生問題や二重債務問題についての積極的な取組みが肝要であるが、大きな転換点に立つわが国エネルギー政策の健全な発展への関与も見逃すことはできない。

現状では太陽光発電への注目度が大きいものの、現行の固定価格買取制度は緒に就いたばかりであり、発電事業は長期間にわたる。想定しうるさまざまなリスクを織り込んだうえで計画を策定し、ABLというよりもプロジェクトファイナンスの視点での取組みが必要である。

・・・・・・・・・・・・・・・・・・・・・・・ 解　説 ・・・・・・・・・・・・・・・・・・・・・・・

1　わが国のエネルギー事情と再生可能エネルギーへの期待

(1)　東日本大震災が突きつけた日本のエネルギー事情

平成23年3月11日に岩手・宮城県沖で発生した東日本大震災は、太平洋岸の東北地方を中心に北海道から関東地方まで甚大な被害をもたらした。金融モニタリング基本方針においても、「震災復興への対応」があげられている。

被災企業への早期の事業再生問題やいわゆる二重債務問題については、積極的かつ地道に取り組んでいく必要があるが、津波による東京電力福島第一原子力発電所のメルトダウン事故は想像を超える大事件であり、日本のエネルギー政策は大きな岐路に立たされている。全国の原子力発電所では一斉に点検のため稼働停止となり、同年の夏の電力需要ピークを迎え、首都圏を中心に、多くの公共施設などでエスカレータや照明を落とす等の節電対策がとられる事態となった。

いまも「反原発」や「脱原発」の議論が絶えないが、原子力発電はピーク時では日本の電力需要の約4割を占めていたこともあり（図表16－1参照）、将来を見据えた原子力発電の是非の議論については、今後も続くであろう。ここで原子力発電にかわる代替エネルギーとして注目を集めているのが、再

図表16-1　日本のエネルギー事情

〈エネルギー自給率の国際比較〉
(%)
- 日本　4
- フランス　6
- ドイツ　27
- 米国　63
- 中国　95

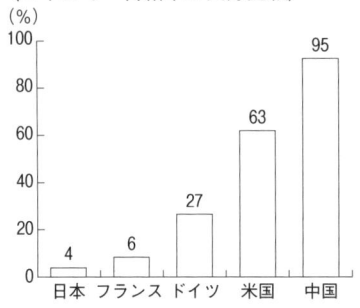

日本のエネルギー自給率4％

海外からの輸入　96％

現在、日本のエネルギー自給率は、わずか4％のみ。これは諸外国に比べてもとても低い数値である。

（注）原子力を除いた場合。
（出所）「エネルギー白書2010」

〈わが国の年間発電電力量の構成（平成23年度）〉

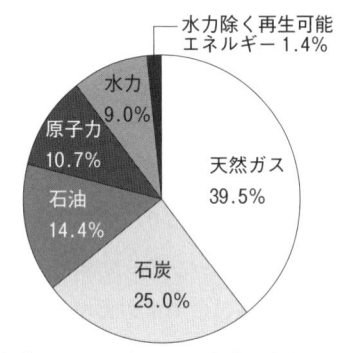

- 天然ガス　39.5％
- 石炭　25.0％
- 石油　14.4％
- 原子力　10.7％
- 水力　9.0％
- 水力除く再生可能エネルギー　1.4％

太陽の日照条件もよく、東北・北海道を中心に風力に恵まれた地域も多い日本。

縦に長い日本列島は、その地域ごとの多様な再生可能エネルギーに恵まれている。さらに、火山国である日本は、地熱資源量でみると世界第3位。

しかし、現在、日本の再生可能エネルギーは、大型ダムなどを含む水力を除くと、たったの1.4％しかない。

（出所）資源エネルギー庁「再生可能エネルギー固定価格買取制度ガイドブック」より、電気事業連合会「電源別発電電力量構成比」

生可能エネルギーと呼ばれる太陽光、風力等の非化石エネルギー源である。

(2) 再生可能エネルギーとは

　再生可能エネルギーとは、自然エネルギーや新エネルギーとも呼ばれ、法令上は、「エネルギー源として永続的に利用することができると認められるもの」として、「太陽光」「風力」「水力」「地熱」「太陽熱」「大気中の熱その他の自然界に存する熱」「バイオマス（動植物に由来する有機物であってエネルギー源として利用することができるもの）」が規定されている。

　再生可能エネルギーは、資源が枯渇せずに繰り返し使うことができ、発電時や熱利用時に地球温暖化の原因となる二酸化炭素をほとんど排出しないエネルギーとしても大きな期待が寄せられている。

　しかし再生可能エネルギーは、設備価格の高さによる発電コストの高さが指摘されている。また再生可能エネルギーの供給割合が上昇すると、余剰電力の発生による需給バランスのミスマッチや、自然の状況に左右されることによる安定供給への不安などから、計画的な発電や蓄電池などの設置が必要になるとされている。

(3) 政府の支援策——固定価格買取制度

　このような課題に対して、政府は家庭や事業所等に対する補助金や税制面でのさまざまな支援策を打ち出しており、平成21年11月には、家庭や事業所等において太陽光発電による電気のうち、余剰となった電気の買取りを電力会社に義務づける「太陽光発電の余剰電力買取制度」が開始された。さらに東日本大震災を受けて、平成24年7月からは再生可能エネルギーの固定価格買取制度が導入された（図表16－2参照）。この制度の導入により、従来自家消費の目的で行われてきた発電が事業目的でも可能になった。

　固定価格買取制度の仕組みの主なポイントは、以下のとおりである。

・再生可能エネルギーで、発電された電気をその地域の電力会社が一定価格で買い取ることを国が約束すること。
・再生可能エネルギーは、「太陽光」「風力」「水力」「地熱」「バイオマス」の五つのいずれかであること。

図表16－2　再生可能エネルギーの固定価格買取制度

〈固定価格買取制度の仕組み〉
「再生可能エネルギーの固定価格買取制度」は、再生可能エネルギーで発電された電気を、その地域の電力会社が一定価格で買い取ることを国が約束する制度である。
電力会社が買い取る費用を電気の利用者全員から賦課金というかたちで集め、いまはまだコストの高い再生可能エネルギーの導入を支えていく。
この制度により、高い発電設備の設置コストも回収の見通しが立ちやすくなり、より普及が進む。

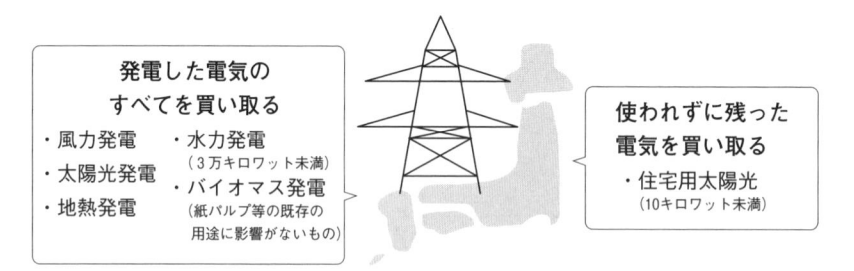

発電した電気の
すべてを買い取る
・風力発電　・水力発電（3万キロワット未満）
・太陽光発電　・バイオマス発電（紙パルプ等の既存の用途に影響がないもの）
・地熱発電

使われずに残った
電気を買い取る
・住宅用太陽光（10キロワット未満）

・対象となるエネルギー
「太陽光」「風力」「水力」「地熱」「バイオマス」の五つのいずれかを使い、国が定める要件を満たす設備を設置して、新たに発電を開始する場合が対象である。
発電した電気は全量が買取対象になるが、住宅用など10キロワット未満の太陽光の場合は、自分で消費した後の余剰分が対象となる。

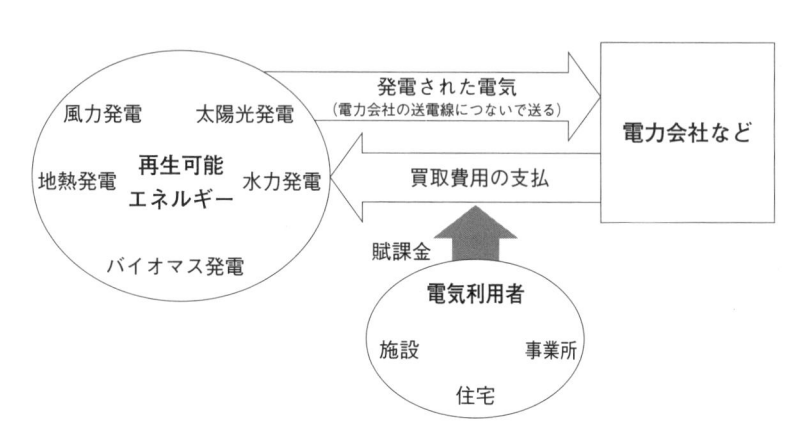

再生可能エネルギー（風力発電・太陽光発電・地熱発電・水力発電・バイオマス発電）
→ 発電された電気（電力会社の送電線につないで送る） → 電力会社など
← 買取費用の支払
↑ 賦課金
電気利用者（施設・事業所・住宅）

（出所）　資源エネルギー庁「再生可能エネルギー固定価格買取制度ガイドブック」

〈平成25年度の調達価格と期間〉

(平成25年4月1日～平成26年3月31日)

買取価格や買取期間は、各電源ごとに、事業が効率的に行われた場合、通常必要となるコストを基礎に適正な利潤などを勘案して定められている。具体的には、中立的な調達価格等算定委員会の意見を尊重し、経済産業大臣が決定する。

電源	調達区分	調達価格1kWh当り 税込	調達価格1kWh当り 税抜	調達期間
太陽光	10kW以上	37.80円	36円	20年
太陽光	10kW未満(余剰買取り)	38.00円(注)	―	10年
太陽光	10kW未満(ダブル発電・余剰買取り)	31.00円(注)	―	10年
風力	20kW以上	23.10円	22円	20年
風力	20kW未満	57.75円	55円	20年
地熱	1.5万kW以上	27.30円	26円	15年
地熱	1.5万kW未満	42.00円	40円	15年
水力	1,000kW以上3万kW未満	25.20円	24円	20年
水力	200kW以上1,000kW未満	30.45円	29円	20年
水力	200kW未満	35.70円	34円	20年

電源	バイオマスの種類	調達区分	調達価格1kWh当り 税込	調達価格1kWh当り 税抜	調達期間
バイオマス	ガス化(下水汚泥)	メタン発酵ガス化バイオマス	40.95円	39円	20年
バイオマス	ガス化(家畜糞尿)	メタン発酵ガス化バイオマス	40.95円	39円	20年
バイオマス	固形燃料燃焼(未利用木材)	未利用木材	33.60円	32円	20年
バイオマス	固形燃料燃焼(一般木材)	一般木材(含パーム椰子殻)	25.20円	24円	20年
バイオマス	固形燃料燃焼(一般廃棄物)	廃棄物系(木質以外)バイオマス	17.85円	17円	20年
バイオマス	固形燃料燃焼(下水汚泥)	廃棄物系(木質以外)バイオマス	17.85円	17円	20年
バイオマス	固形燃料燃焼(リサイクル木材)	リサイクル木材	13.65円	13円	20年

(注) 消費税の取扱いについて……消費税については、将来的な消費税の税率変更の可能性も想定し、外税方式とすることとした。ただし、一般消費者向けが大宗となる太陽光発電の余剰買取りの買取区分については、従来どおり内税方式とした。

・発電設備は国が定める要件を満たすものであること。
・発電した電気は全量買取りの対象となるが、住宅用など10キロワット未満の太陽光の場合には、自家消費した後の余剰分が対象となること。

2　太陽光発電スキーム

現在固定価格買取制度のエネルギーは、5種類の再生可能エネルギーが対象となっているが、以下では比較的先行していると考えられる太陽光発電スキームを念頭に解説する。

(1)　発電開始までの流れ

再生可能エネルギーの電力供給開始までの流れを図示したのが、図表16－3である。

設備の設置検討や事業計画の策定・決定後は、国（経済産業省）に対して設備認定の申請を行い、認定を受ける（申請から認定までの期間はおよそ1カ月）。認定までの間に、電力会社との接続契約についての協議を並行して進める。認定を受けた後は、設備の発注、据付け、試運転と進み、問題がなければ正式に電力供給を開始することになる。設備の据付け（50キロワット以上）および試運転（2,000キロワット以上）については書類の提出義務などがある。

(2)　事業のポイント

設置地域の日射量は、独立行政法人新エネルギー・産業技術総合開発機構（NEDO）が公表している全天日射量のデータベースを利用することが一般的である。発電量は、日射量×温度によって決まるとされており、日射量が多く気温が高くない地域がよいとされる。NEDOでは、システム導入のための検討支援ツールや架台設計支援ツールなどを無料で提供している。なお出力が1メガワット（ちなみに、1メガワット＝1,000キロワット、1キロワット＝1,000ワット）以上の大規模な発電設備を有する施設をメガソーラーと呼ぶ。

農地に設置する場合は、農地転用の手続が必要である（なお、完了してい

図表16－3　太陽光発電の発電開始までの流れ

再生可能エネルギー発電設備の設置から発電開始までの流れは、おおよそ以下のようになっている。具体的には、国からの設備認定と電力会社に対する接続契約協議を並行して進める必要がある（50キロワット以下の太陽光では、販売代理店が一括して行う）。
以下は、個別のケースに応じて順番が前後することもあるので、あくまでモデルケースとして紹介する。

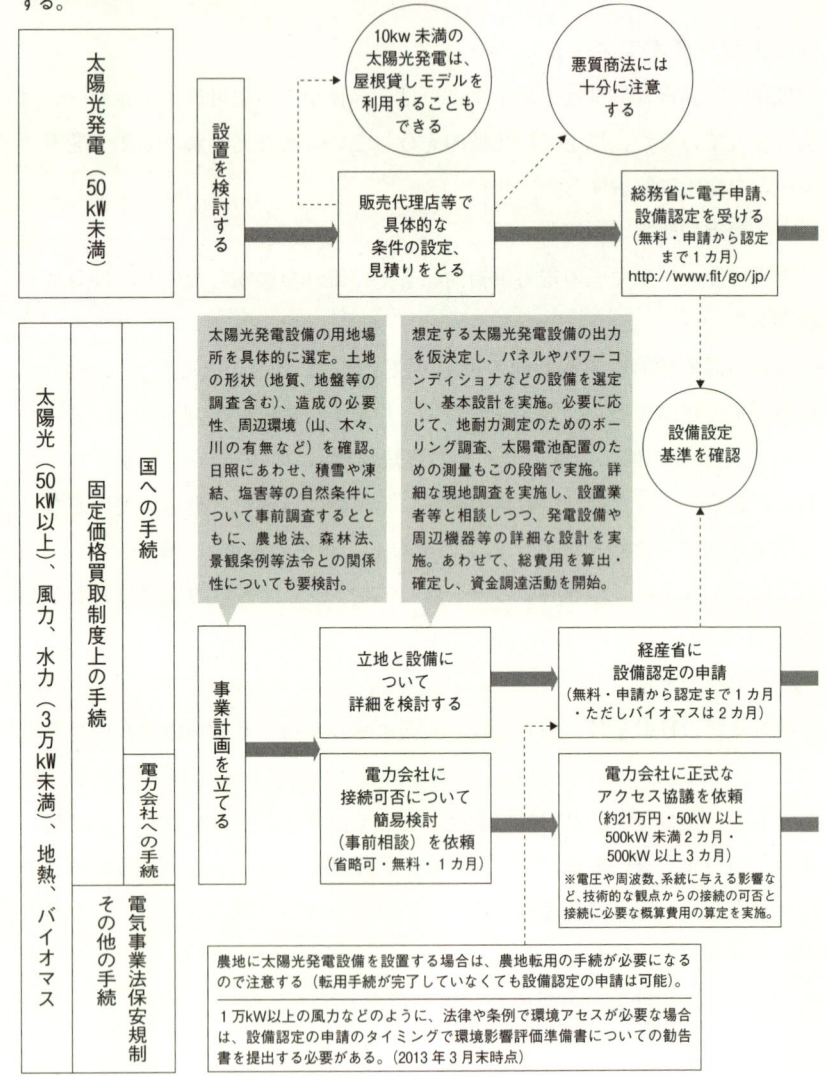

太陽光発電（50kW未満）の流れ:
- 設置を検討する
- 販売代理店等で具体的な条件の設定、見積りをとる
  - 10kw未満の太陽光発電は、屋根貸しモデルを利用することもできる
  - 悪質商法には十分に注意する
- 総務省に電子申請、設備認定を受ける（無料・申請から認定まで1カ月）http://www.fit/go/jp/

太陽光（50kW以上）、風力、水力（3万kW未満）、地熱、バイオマスの流れ（固定価格買取制度上の手続）:

国への手続：
- 事業計画を立てる
- 立地と設備について詳細を検討する
  - 太陽光発電設備の用地場所を具体的に選定。土地の形状（地質、地盤等の調査含む）、造成の必要性、周辺環境（山、木々、川の有無など）を確認。日照にあわせ、積雪や凍結、塩害等の自然条件について事前調査するとともに、農地法、森林法、景観条例等法令との関係性についても要検討。
  - 想定する太陽光発電設備の出力を仮決定し、パネルやパワーコンディショナなどの設備を選定し、基本設計を実施。必要に応じて、地耐力測定のためのボーリング調査、太陽電池配置のための測量もこの段階で実施。詳細な現地調査を実施し、設置業者と相談しつつ、発電設備や周辺機器の詳細な設計を実施。あわせて、総費用を算出・確定し、資金調達活動を開始。
- 経産省に設備認定の申請（無料・申請から認定まで1カ月・ただしバイオマスは2カ月）
- 設備設定基準を確認

電力会社への手続：
- 電力会社に接続可否について簡易検討（事前相談）を依頼（省略可・無料・1カ月）
- 電力会社に正式なアクセス協議を依頼（約21万円・50kW以上500kW未満2カ月・500kW以上3カ月）
  ※電圧や周波数、系統に与える影響など、技術的な観点からの接続の可否と接続に必要な概算費用の算定を実施。

その他の手続：
- 電気事業法保安規制
- 農地に太陽光発電設備を設置する場合は、農地転用の手続が必要になるので注意する（転用手続が完了していなくても設備認定の申請は可能）。
- 1万kW以上の風力などのように、法律や条例で環境アセスが必要な場合は、設備認定の申請のタイミングで環境影響評価準備書についての勧告書を提出する必要がある。(2013年3月末時点)

（出所）　資源エネルギー庁「再生可能エネルギー固定価格買取制度ガイドブック」

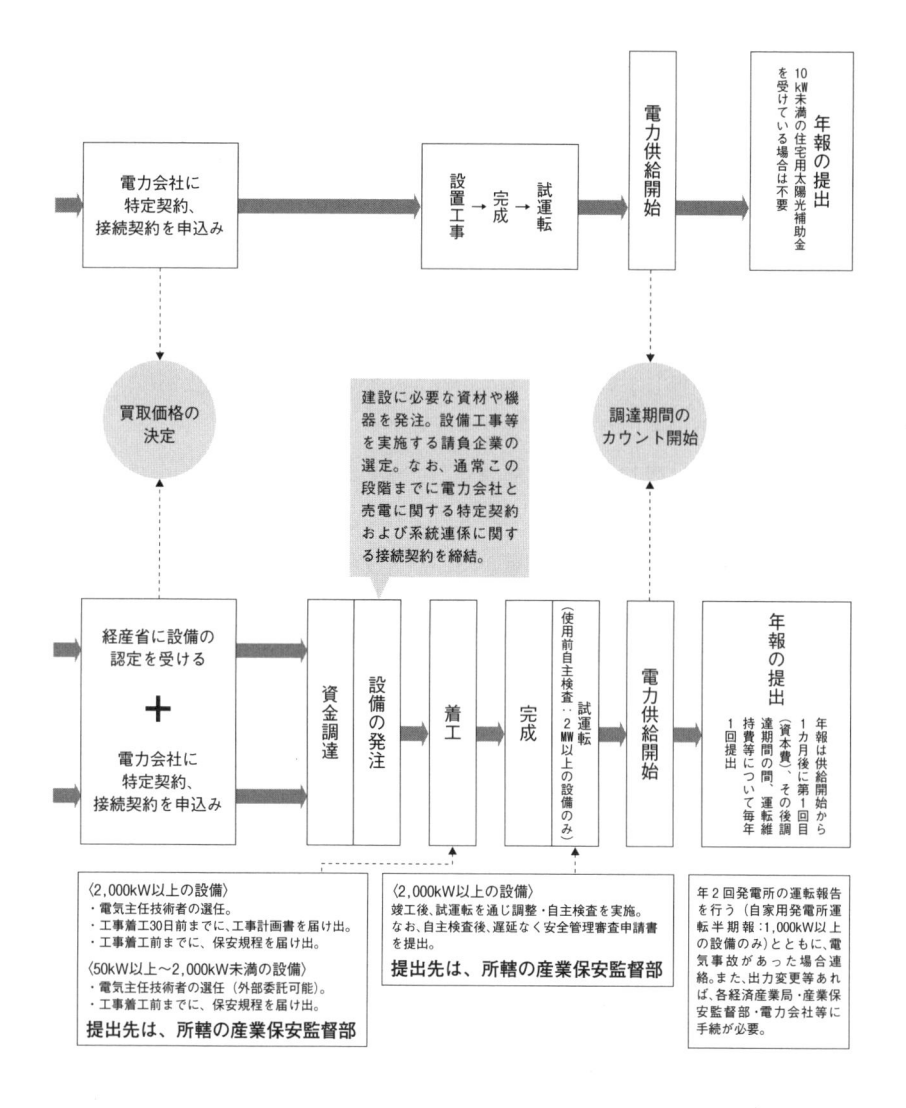

```
┌─────────────┐     ┌─────────┐   ┌──────┐   ┌──────┐
│ 電力会社に    │────▶│設置工事→│──▶│電力供給│──▶│年報の │
│ 特定契約、    │     │完成→試運転│   │開始   │   │提出   │
│ 接続契約を申込み│    └─────────┘   └──────┘   └──────┘
└─────────────┘                                  10kW未満の住宅用太陽光補助金
      ┆                                          を受けている場合は不要
      ┆
   ○買取価格の          建設に必要な資材や機           ○調達期間の
     決定              器を発注。設置工事等             カウント開始
                      を実施する請負企業の
                      選定。なお、通常この
                      段階までに電力会社と
                      売電に関する特定契約
                      および系統連系に関す
                      る接続契約を締結。

┌─────────────┐                                                        
│経産省に設備の │                                                        ┌──────┐
│認定を受ける   │   ┌───┐ ┌───┐ ┌──┐ ┌──┐ ┌─────────┐ ┌──────┐ │年報の │
│      ＋       │──▶│資金│▶│設備│▶│着│▶│完│▶│試運転    │▶│電力供給│▶│提出   │
│電力会社に     │   │調達│ │の発│ │工│ │成│ │(使用前自主│ │開始    │ │       │
│特定契約、     │   │   │ │注  │ │  │ │  │ │検査:2MW以上│ │       │ │       │
│接続契約を申込み│   └───┘ └───┘ └──┘ └──┘ │の設備のみ)│ └──────┘ └──────┘
└─────────────┘                          └─────────┘
```

〈2,000kW以上の設備〉
・電気主任技術者の選任。
・工事着工30日前までに、工事計画書を届け出。
・工事着工前までに、保安規程を届け出。

〈50kW以上～2,000kW未満の設備〉
・電気主任技術者の選任（外部委託可能）。
・工事着工前までに、保安規程を届け出。

提出先は、所轄の産業保安監督部

〈2,000kW以上の設備〉
竣工後、試運転を通じ調整・自主検査を実施。
なお、自主検査後、遅延なく安全管理審査申請書を提出。

提出先は、所轄の産業保安監督部

年報は供給開始から1カ月後に第1回目（資本費）、その後調達期間の間、運転維持費等について毎年1回提出

年2回発電所の運転報告を行う（自家用発電所運転半期報：1,000kW以上の設備のみ）とともに、電気事故があった場合連絡。また、出力変更等あれば、各経済産業局・産業保安監督部・電力会社等に手続が必要。

なくても申請は可能)。不動産の有効活用という面では、転用手続のすんだ休耕田のほか、ゴルフ場などが有望とされる。発電設備には付属施設などが必要となるが、平成24年にこれらの付属施設が発電設備との不可分性にかんがみて問題ないと開発許可権者が判断した場合には、開発許可は不要というガイドラインが国土交通省から発出されている。これにより、市街化調整区域においても太陽光発電は可能である。

なお国の認定が下りても、実際に電力会社が購入するかどうかは別の問題である。北海道や沖縄ではすでに再生可能エネルギーの買取限度が近付いているとされ、電力会社の買取余力についても十分に注意を払う必要があろう。

(3) 事業リスクとその対策

すでに国の認定が下りているにもかかわらず、実際に発電にまで至っていない・計画が頓挫しているケースが指摘されている。国の認定が事業の安全性を担保するわけではない点は留意すべきである。

設備の据付けに際しては、地層調査を行う必要がある点については留意すべきである。据付予定地の地層の状態によって、コンクリートによる基礎設備を必要とするか支持杭でも問題がないか、支持杭ですむ場合何メートルの深さとするか工事内容が変わってくる。担保の保全管理と事業コストに大きく反映されるため、適切かつ十分な状態なのか、過剰なスペックになっていないか等の判断が必要である。

発電を行うソーラーパネルを設置する向きにも留意したい。年間を通じて、最も効率よく発電される向きに設置する必要がある。ソーラーパネルは常に外気にさらされているため、たとえば、降雨・降雪のほか、黄砂や降灰の場合にも機能を損なわないよう品質への目配りも重要である。たとえば、降灰の後に降雨があると、特殊なコーティングのないソーラーパネルでは発電機能が損なわれてしまうこともある。安価な製品も流通しているが、目先の利益よりも事業計画の破綻のリスクに十分留意する必要がある。なお、ソーラーパネルとパワーコンディショナー(直流から交流への変換器)の二つ

は、国に仕様書を提出することが義務づけられている。ただしそれを使用しなかった場合の罰則規定はない。

　太陽光発電設備自体は、一般的に建築基準法上の建築物ではなく電気工作物の扱いになる。適切に工事を行う業者かどうかの確認はコンプライアンスの観点でも必要である。事業リスクは専門的かつ多岐にわたるため、事業計画策定当初からできる限り専門家のアドバイスを受けることが望まれる。

3　取組上の留意点

以下でも、太陽光発電スキームを念頭に解説する。

(1)　融資スキームとリスク

融資スキームは、図表16－4のとおりである。

事業者は、事業計画を策定し、経済産業省からの認定を受けた後、建設業

図表16－4　太陽光発電の融資スキーム

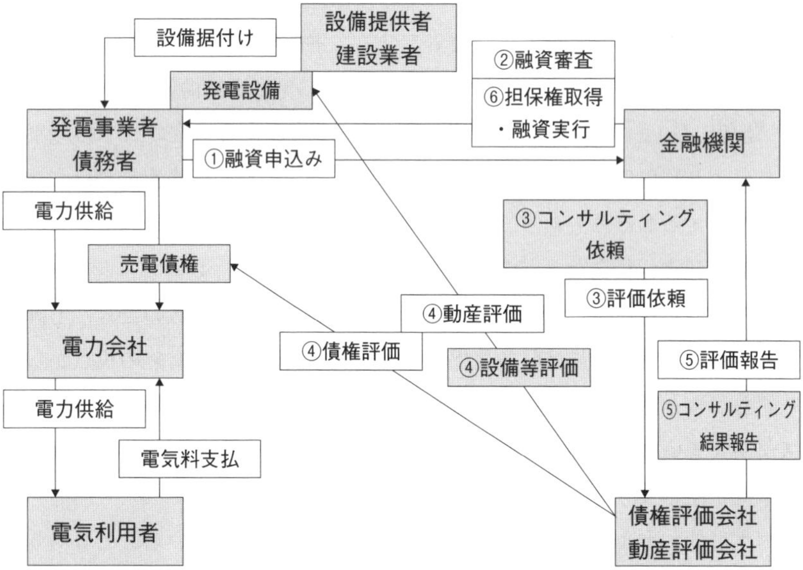

(出所)　筆者作成

者に発電設備・付属施設の建設を依頼し、工事が完了して試運転が完了すると事業開始となる。設備の据付開始から、工事完了まで早くて数カ月～1年程度の期間を要する。また当該設備は数千万～数億円にも達するケースがある。

　発電設備等の購入代金および建築工事代金が主な資金需要となる。売電収益によって、発電開始からおおむね20年前後の期間をかけて投資回収することになる。

　担保・保全は、据え付けられた発電設備等について工場財団や集合動産譲渡担保を設定し、事業者が電力会社に対して供給した電気の売却代金（売電債権）に対して、債権譲渡担保を取得する。発電設備等は摩耗劣化すると考えられるので、保険の付保はもちろんのこと、保険金請求権に質権設定をしておくことが望ましい。

(2)　収支見込みと融資スタンス

　収入は売電価格が一定期間固定している。ただし、国が定める価格による買取期間は最長でも20年間であり、その後は電力会社との協議になるため、20年目以降の事業収益は不確定要素が残る。平成24年度事業開始者は、買取価格税込42円／kWhでスタートしたが、平成25年度事業開始者は税込37.80円／kWh（10キロワット以上）と低減している。今後も事業コストの低下見通しにより買取価格は低減する方向にあり、今後の買取価格次第では、採算性が悪化するおそれもある。一方、支出は発電設備等に係る減価償却費のほか、支払利息、税金などがある。

　長期間にわたる事業であり、これまでの実績などが未知数のため、不確定要素があり、一義的には収益確保よりも自家消費ニーズの有無の視点から取り組むべきと思われる。現在検討中の与信案件では、発電開始までの事業リスクが大きいことから、現状では事業者の信用リスクを判断したうえでの取組事例が多いようである。

　再生可能エネルギーの取組みは、当面は収入が確定していることもあり、事業そのものの成否よりも転売目的などの実需とは関係なく便乗する業者や

投機マネーの存在も取り沙汰されている。貸し手責任を果たすという意味で、事業目的を明確にしたうえで、合理的な計画が立てられているのかどうかといった観点でのチェックも必要であろう。

(3) 取組方針と出口戦略

　再生可能エネルギー融資は、機械設備や売電債権を担保にとるところからABLのカテゴリーのなかで説明されることがあるが、むしろ事業性のアパートローンなどプロジェクトファイナンスの視点で取り組むべきである。売電債権はたしかに優良な担保と考えられるが、発電設備そのものは、換価価値としては十分ではない。発電が開始されてはじめて発電設備全体での評価ができると考えるべきである。単に動産や債権を担保に取得したということよりも、数十に及ぶチェック項目を設けるなど、計画策定にあたって万全を期すことが利用者にとっても利益につながろう。事業者単体ではリスクが大きくなることも考えられるため、地域の発電ニーズなど事業の共同化や証券化の可能性も含めて出口戦略をある程度検討しておくことも有効である。

第2編

営業推進・実務

2

第1章

マーケティング

17　企業の実態把握とは何か

結論　企業の実態把握とは、「問題を構造的にとらえて可視化すること」である。企業の成長・停滞などに伴って実態は変化する。実態把握には到達点はない。それゆえ、企業の変化をとらえては、常に実態を探り続ける必要がある。

················ 解　説 ················

1　実態把握の視座

(1)　三つの視座

　企業の実態把握といっても一言で表現することはむずかしい。企業をあらゆる方向からみて、構造的に理解することが必要である。なぜなら発生している問題の穴をふさぐだけでは、対処療法にすぎないからである。実態把握を行うにあたっては、三つの視座からみることが大切である。

①　資金軸

　ABLに限らず、融資の実行にあたっては資金繰り状況の検証から融資の実行・回収までの資金トレースが必要である。そもそも融資を行うべきかどうか、融資した資金が何に使われ、どうやって資金が返済されるのか、資金トレースがきちんとできて、その確証をもてなければ融資は実行してはならない。まさしく、「貸すも親切、貸さぬも親切」である。

　貸したお金が返ってくるかどうかは、どうやって見極めるのか。特に運転資金融資であれば、返済原資は収益である。したがって、企業がきちんと収益をあげているのかどうかを見極めることが大切である。収益が出ているかどうかは、決算書をみればわかる。しかし残念なことに、決算書は相対的真実を表しているにすぎない。さらに収益が出ていることと手元に現金として回収したキャッシュフローが実現することは別である。したがって、決算書などの財務諸表をみただけでは本当に収益があがっているかどうかはわからない。そこで、実際にビジネスと資金の流れがどのような状況になっている

のかをみることが必要になってくる。

② ビジネス軸

ビジネスの進捗状況がどのようになっているかは、企業の流動資産、特に売上債権や棚卸資産に表れる。売掛金には架空債権や不良債権が計上されている危険があり、期末在庫の評価は粉飾決算の温床である。他の流動資産項目に移されている可能性もある。

外部評価会社が実際に在庫の評価を行ってみると、滞留在庫や死蔵在庫の有無や評価の粉飾などが発見されることがある。表面財務ではなく、一歩進んだ実態財務の把握が可能になるという観点では、売掛金の評価よりも在庫の評価はより重要性が高い。

評価の結果、不適切な事態が発覚した場合には、以下のような原因を検討するべきである。

・事業環境の変化
・商品の付加価値・陳腐化
・生産管理の不備
・マーチャンダイジングの失敗
・仕入先や取引先との取引状況や信頼関係

③ 経営軸

このように在庫評価などを通して、さまざまな問題を構造化し、可視化することが可能である。そして、現状の実態をふまえたうえで、将来に向けてどういう予測を立て、それにどう対応するか、いわゆる経営レベルの問題にたどり着く。

情報や事実を精査した結果をふまえたうえで企業の経営層と将来の問題について話し合うことで、さまざまな提案が現実味のあるものとなってくる。企業の経営者に対して、いきなり、「貴社の課題は何か」と尋ねても、企業の経営者からは表面的あるいはありふれた返答しか期待できない。在庫評価は検査としては有効であるが、検査だけでは診断は下せない。したがって企業との対話を深めることが必要である。不明な点は率直にヒアリングを行

い、解決策を探っていくことが求められる。

(2) 企業実態の変化の把握

上記の実態把握は、ある時点で実施したからといってそれで終わりではない。企業は生きものであり、外部環境にも左右される。企業の成長・発展の過程ではさまざまな問題が発生しているため、継続的に実態把握を行う必要がある。しかし、必ずしも日々詳細な把握が必要というわけではなかろう。むしろ企業の成長・発展の過程においてターニングポイントとなるような事象がみられた時が、実態を把握すべきタイミングとなる。

したがって、企業との長い取引を行っていくという前提に立ったうえで、少しずつ実態把握を進めていくというロードマップをつくることが望まれる。企業側がどの程度の情報開示を行うかは、その金融機関とどの程度の取引や付合いを望んでいるか、という意思と深く関係している。金融機関は企業側の期待値を上げていくことによって、より深度のある情報を入手し、取引の進展につなげていくことが必要である。

2 事業サイクルの視点からみた評価

前述のような売掛金や棚卸資産の評価の内容について、事業サイクルの視点からもう少し具体的にみていこう。

(1) 動態情報の評価

売掛金や棚卸資産の評価では、サプライチェーンのなかにおける当該企業の役割や、企業内部活動の活動チャート・商流図などを評価する（図表17－1参照）。ここでは、仕入先の評価、企業内の事業活動そのものの評価、販売先の評価に加え、マーケットにおける自社のポジショニング、扱っている商品の独自性・特徴や強み、業界そのものの商慣行・業界特性などのポイントを知ることが必要である。

ABLの担保評価といえば、(2)の静態情報の評価が注目されがちであるが、実はこの動態情報をどこまで把握できるかが重要である。したがって、静態情報の評価や担保評価を行わなくとも、動態評価がきちんと行われていれ

図表17−1　サプライチェーンにおける動態情報の評価

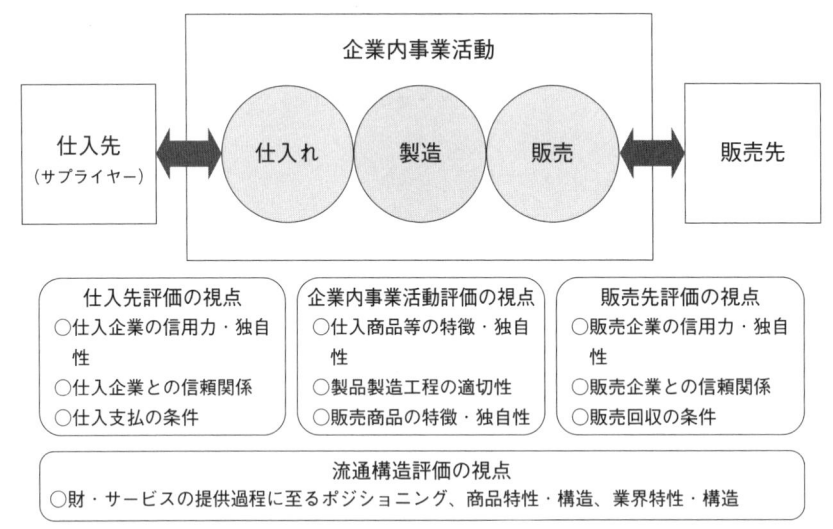

```
┌─────────────────────────────────────┐
│           企業内事業活動              │
│                                     │
│  仕入先 ⇔ ( 仕入れ )( 製造 )( 販売 ) ⇔ 販売先  │
│ (サプライヤー)                        │
└─────────────────────────────────────┘
```

仕入先評価の視点	企業内事業活動評価の視点	販売先評価の視点
○仕入企業の信用力・独自性	○仕入商品等の特徴・独自性	○販売企業の信用力・独自性
○仕入企業との信頼関係	○製品製造工程の適切性	○販売企業との信頼関係
○仕入支払の条件	○販売商品の特徴・独自性	○販売回収の条件

流通構造評価の視点
○財・サービスの提供過程に至るポジショニング、商品特性・構造、業界特性・構造

（出所）　筆者作成

ば、適切な融資判断が行われるといってよい。

(2)　静態情報の評価

　売掛金や棚卸資産の評価では、一義的にはある一定時点における流通価格や換価価格などの価格を算出する（図表17−2参照）。さらに評価結果から得られる原因分析の検討なども含まれるが、ポイントは「1　実態把握の視座」に詳述したとおりである。ABLにおける担保評価の業務では、この静態情報の評価を行っていることになる。

3　企業の実態把握

(1)　実態把握は永遠の課題

　ABLに限らず融資業務においては、企業の実態把握が必要であるというのは至言であるが、その実行は簡単ではない。明日から取引先企業の実態把握をせよといわれても、戸惑う担当者もいるかもしれない。したがってそもそも具体的に実態把握の活動の活動とは何かを考える必要がある。実態把握

図表17-2　サプライチェーンにおける静態情報の評価

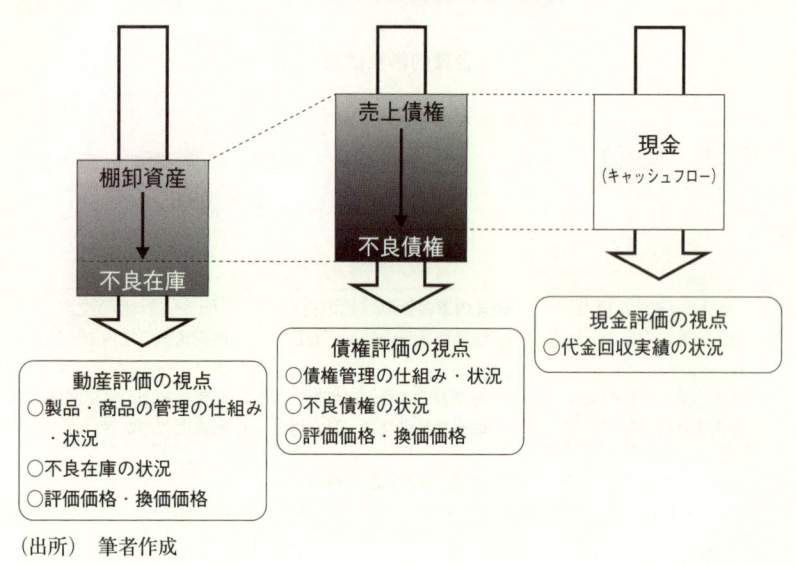

```
棚卸資産         売上債権         現金
  ↓              ↓          (キャッシュフロー)
不良在庫        不良債権
                              現金評価の視点
                              ○代金回収実績の状況
動産評価の視点           債権評価の視点
○製品・商品の管理の仕組み  ○債権管理の仕組み・状況
　・状況                ○不良債権の状況
○不良在庫の状況          ○評価価格・換価価格
○評価価格・換価価格
```

（出所）　筆者作成

の活動といってもさまざまあるが、まずは企業のビジネススタイルや利益構造を理解するところから始めるべきである。得心がいくまで経理や財務担当だけでなく、営業販売や仕入れなどさまざまな部署の人に会って、傾聴することである。稟議書の添付資料に、商流図とそこに現れてくる問題をきちんと表現できるようになれば最初のステップはクリアである。

　金融機関が審査を経て融資を行うのは、不良債権を発生させないためでもリスク管理のためでもない。企業に必要な資金を提供し、実経済や地域を活性化させ、企業の成長を促進し、その結果として収益を出す。そのための審査業務である。

(2)　**実態把握の結果の受け止め方**

　ABLの実行の準備段階では、決算書類のほかにさまざまな内部資料を調査し、企業の担当者にさまざまなヒアリングを行い、売掛金や在庫の評価を行った結果、大量の不良在庫が発見されることや、粉飾が発覚することも少なくない。このような「みたくないものをみてしまった」時に、それをどう

受け止めるかが問題である。

　まさに企業の隠れた問題が可視化されたわけであるが、このような現実に蓋をするようでは、ABLはおろか、将来の顧客基盤の弱体化は避けられないであろう。実態解明された結果を受け止めて、この企業をどのように改善していけばいいのか、ということについて企業と対話することが肝要である。このような時に逃げないという覚悟をもって企業と向き合い、腹を割って話ができる関係をつくるのがリレーションシップバンキングの本旨である。

18 どのような資金使途の案件にABLを提案すればよいか

結論 ABLのうち、流動資産担保融資は運転資金案件とし、固定資産担保融資は設備資金案件とするのが一つの考え方であろう。

貸出金の返済原資は、事業によって発生する将来のキャッシュフローによってまかなわれることが前提である。また案件審査では当該キャッシュフローのなかから当該貸出の元利金が返済されるかどうかの確認も必要である。

それゆえ、キャッシュフローを生み出す資産を担保とすることには、一定の合理性があると考えられる。

・・・・・・・・・・・・・・・・・・・・・・ 解　説 ・・・・・・・・・・・・・・・・・・・・・・

1　資金の調達と運用の関係

(1)　貸出金の返済原資

貸出金の返済原資の検証は融資の基本中の基本である。資金繰り表を徴求し、それを口座の残高と突き合わせるなど、返済原資がきちんと留保されているかどうかを確認する。

貸出金の返済原資は、事業によって発生する将来のキャッシュフローによってまかなわれることが原則である。また、案件審査では当該キャッシュフローのなかから当該貸出の元利金が返済されるかどうかの確認も必要である。それゆえ、キャッシュフローを生み出す資産を担保とすることには一定の合理性があると考えられる。たとえば、プロジェクトファイナンスのような融資案件では、キャッシュフローの源泉を押さえることに着目するが、それと同様の発想が必要と思われる。

この点、信用力の低い企業への運転資金融資においては、約定返済を付すことがよく行われているが、このような融資慣行は、運転資金の返済原資の確認をかえって混乱させている可能性がある。運転資金の返済原資は収益で

あるにもかかわらず、資金繰り状況を確認するために、根拠のない約定返済を要求している場合がみられる。資金の性格と返済能力を勘案したうえで約定返済の要否や返済金額などを検証すべきである。

(2) これまでの姿とあるべき姿

これまでの融資慣行においては、資金使途とそれに対応すべき担保物件との関係が明確ではなかったと思われる。不動産の根抵当権で保全を図ってきたため、運転資金の保全のあり方が十分に議論されてこなかったのではないだろうか。ABLはこれまであまり議論されてこなかった運転資金案件の融資の保全のあり方について、一石を投じる結果につながっている（図表18－1参照）。

いわゆる経常運転資金は次式によって表される。

```
経常運転資金＝現預金＋売上債権＋棚卸資産－仕入債務
```

運転資金融資の返済は、理論上は収益から返済されるべきである。運転資金は日常の口座において出し入れされるから、現実には売上代金から回収している。売上代金から返済をしなければならないとなると、事業が日々継続している限り、返済をした途端に再度運転資金を借りなければならないことになってしまうためである。

そのため、運転資金がきちんと返済されるのかどうかの検証においては、その発生原因であるこれらの資産・債務を把握することが必要である。したがって、運転資金案件の融資について、これらの資産に保全措置をとる（すなわち担保権を設定する）行為というのは、きわめて合理的な判断だということを借り手に理解してもらう必要がある。

運転資金融資は基本的かつ簡単なようにみえて、実は資金のトレースがむずかしい融資でもあり、返済原資の構造はしっかりと理解しておくべきである。一定期間における調達から運用への資金の動きを表す資金運用表の作成と検証が有効である。

図表18-1　資金使途と担保資産の関係

[これまで]

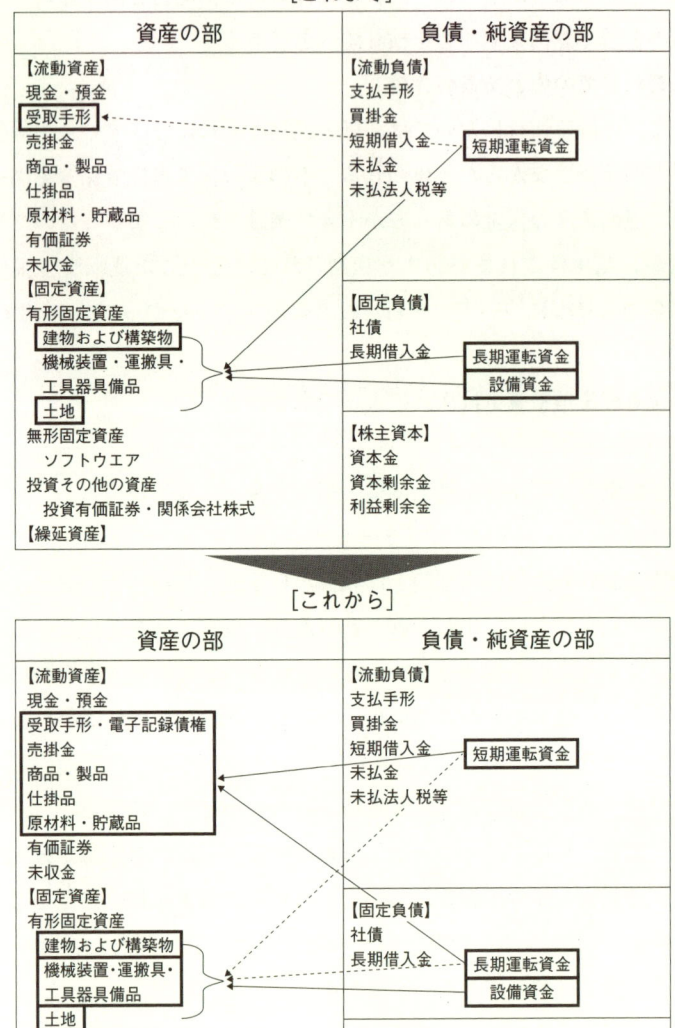

資産の部	負債・純資産の部
【流動資産】 現金・預金 受取手形 売掛金 商品・製品 仕掛品 原材料・貯蔵品 有価証券 未収金 【固定資産】 有形固定資産 　建物および構築物 　　機械装置・運搬具・ 　　工具器具備品 　土地 無形固定資産 　ソフトウエア 投資その他の資産 　投資有価証券・関係会社株式 【繰延資産】	【流動負債】 支払手形 買掛金 短期借入金　→ 短期運転資金 未払金 未払法人税等 【固定負債】 社債 長期借入金　→ 長期運転資金 　　　　　　　　設備資金 【株主資本】 資本金 資本剰余金 利益剰余金

[これから]

資産の部	負債・純資産の部
【流動資産】 現金・預金 受取手形・電子記録債権 売掛金 商品・製品 仕掛品 原材料・貯蔵品 有価証券 未収金 【固定資産】 有形固定資産 　建物および構築物 　　機械装置・運搬具・ 　　工具器具備品 　土地 無形固定資産 　ソフトウエア 投資その他の資産 　投資有価証券・関係会社株式 【繰延資産】	【流動負債】 支払手形 買掛金 短期借入金　→ 短期運転資金 未払金 未払法人税等 【固定負債】 社債 長期借入金　→ 長期運転資金 　　　　　　　　設備資金 【株主資本】 資本金 資本剰余金 利益剰余金

(出所)　筆者作成

(3) 資金トレースとABL

プロジェクトファイナンスなどでは、資金トレースがきちんとできるかどうかが審査の要といってよいだろうが、一般的な運転資金融資の場合、資金トレースにはあまり関心が払われてこなかったのではないかと考えられる。企業が事業を継続してお金を繰り回している状態が続いている限り、さほど心配しなくても貸出金は返済されてきたからやむをえない部分もあろうが、企業にとって運転資金の調達に不安がある状況であるならば、金融機関も資金トレースについて十分に注意を払い、精緻なリスク管理を行うとともに、タイミングよく必要な資金を提供することに注力する必要がある。つまりそこに貸出のチャンスがあるということであり、それゆえ、「商流をつかむ」ということが貸出ビジネスにおいてはきわめて重要視される。このような好循環が生まれることが、ABL取組みの大きな効果であろう。

また、プロジェクトファイナンスのうち、レバレッジド・バイアウト（LBO）におけるレバレッジド・ファイナンスにおいてもABLは有効といえる。LBOは買収先の資産やキャッシュフローを担保に資金調達を行うM＆Aの手法であるが、ABLを実行するに際して行った担保評価がきわめて役に立つ。同様に、事業再生で利用されるDIPファイナンスもABLの利用価値が高い。

(4) 経済産業省アンケート結果の状況

経済産業省「平成24年実態把握アンケート」によれば、季節資金案件も含め、圧倒的に運転資金使途案件の融資が多い（図表18－2参照）。設備資金使途の案件が少ないという事情もあるだろうが、ABLはやはり運転資金融資としての利用が期待されているといえるだろう。

2　運転資金融資の担保のあり方

(1) 運転資金の返済原資

ひとくちに運転資金といっても経常運転資金や増加運転資金のほか、季節資金、在庫資金、納税資金、決算賞与資金、つなぎ資金などさまざまであ

図表18-2　ABLの資金使途別実績（平成23年度中、新規実行案件）

資金使途	件数（件）	実 行 額
設備資金	58	64億7,400万円
季節性の運転資金	143	81億3,600万円
その他の運転資金	2,255	1,433億2,000万円
借換資金	30	47億6,400万円
その他	33	7億5,000万円

（出所）三菱総合研究所「経済産業省平成24年度産業金融システムの構築及び整備調査委託事業『動産・債権担保融資普及のためのモデル契約等の作成と制度的課題等の調査』報告書」

図表18-3　資金使途別の発生要因と返済原資

資金使途		発生要因	返済原資
運転資金	経常運転資金	売上債権の入金期日と仕入債務の支払期日のタイミングのズレ	収益
	増加運転資金	売上債権の増加・回収条件の変更等 仕入債務の減少支払条件の変更等	収益
	在庫資金	棚卸資産の増加	在庫売却資金・収益
	季節資金	季節的な棚卸資産の増加	在庫売却資金・収益
	決算資金	納税・役員賞与	収益
	賞与資金	賞与	収益
	納税資金	納税	収益
	長期運転資金	資金繰り安定化	収益・内部留保
設備資金		設備投資	内部留保・キャッシュフロー
その他の資金	赤字資金	赤字発生	内部留保・キャッシュフロー
	つなぎ資金	入金の遅れ・支払の前倒し	入金予定資金

（出所）筆者作成

る。それらの資金の性格別にみた返済原資は図表18-3のように整理される。短期の運転資金は収益・販売代金から、長期運転資金の場合は、理屈のうえでは留保・蓄積された利益のなかから返済されることになるが、実務上の処理は売上代金の現金化（キャッシュフローの実現）が返済原資として扱われている。

(2) 保全の基本は流動資産

前述のように、運転資金の返済原資を検証するということは、売上代金が資金化されるまでのプロセスを保全することである。よって運転資金の担保は一義的には流動資産とすることが合理的である。もちろん既存の不動産担保で十分足りるということであれば保全上は問題ない。不動産担保がないなどのケースであれば、上記のような売上債権と棚卸資産が有効と考えられる。

3 設備資金融資の担保のあり方

(1) 設備資金の返済原資

設備資金の場合、返済原資は図表18-3のとおり、一義的には内部留保である。内部留保の定義はさまざまであるが、ここでは税引き後利益から社外流出額を差し引いたものとする。

```
内部留保＝税引き後利益－社外流出額
```

内部留保に減価償却費を加えたものがキャッシュフローである。

```
内部留保＋減価償却費＝キャッシュフロー
```

したがって、返済原資を広くとらえるのであれば、設備資金の返済はキャッシュフローによってまかなうのが妥当ということになる。

(2) 保全の基本は固定資産

　設備資金の返済原資を検証するということは、キャッシュフローの入金を保全することである。利益が実現しても必ずしも現金に回るわけではないことから、少なくとも減価償却資産である固定資産を担保とすることには合理性がある。当然既存の不動産担保で十分足りるということであれば保全上は問題ない。不動産担保がないなどのケースであれば、機械設備などの減価償却資産を担保として取得する。

4　その他の融資の担保のあり方
(1) 赤字資金・つなぎ資金の返済原資

　運転資金と設備資金に分類できない資金使途に、赤字資金やつなぎ資金の融資がある（図表18-3参照）。

　赤字資金とは、売上げや利益の減少によって資金繰りが悪化した場合に、文字どおり赤字計上を原因とする資金需要である。ほかにも在庫資金の一部に滞貨資金などがあるが、赤字資金と同じような種類の資金であるといえよう。赤字資金の返済原資は赤字が解消した後の内部留保やキャッシュフローということになる。

　つなぎ資金とは、支払時期が決まっているにもかかわらず資金の受取時期がなんらかの理由によって遅れたり、資金の受取時期は決まっているにもかかわらず支払時期が先に前倒しとなるなどの理由で、一時的に資金繰りがショートすることを原因とする資金需要である。つなぎ資金の返済原資は入金予定の資金である。

(2) 保全の基本

　赤字資金の返済原資は内部留保である。金融機関としては後ろ向きな資金需要対応であることから、まずは赤字の原因究明と赤字解消の見通しなどについて明確にしたうえで、事業収支の状況や黒字転換の可能性・時期からみて事業の回復が期待でき、支援方針をとるのであれば、融資応諾とともになんらかの保全強化を図ることが考えられる。このような時期には、ABLが

有効なソリューションとなる可能性は高い。

　また、赤字資金ではなくても、過去の累積損失や資産の含み損などで債務超過に陥っているような企業であっても、事業そのものは順調で、運転資金が必要な先への融資の手法として、ABLは威力を発揮すると考えられる。

　つなぎ資金の返済原資は入金予定の資金であり、比較的返済原資は明確であるが、入金予定の資金が入ってこないリスクはあることから、担保や保全措置が必要となることもありうる。したがって、この場合は振込指定、代理受領などの保全措置のほかに、登記留保のような保全措置などが妥当であろう。

19 ABLを実行する場合には、必ず債権や動産を担保として取得しなければならないか

結論 債権者からみた場合の担保の機能は、貸出債権が履行不能となった場合に、担保権の実行により担保物件を換価し、貸出債権の回収を図ることである。

金融機関による担保取得の合理性と債務者の経済的なメリットなどについて債務者・担保提供者の理解と納得が得られること、回収局面での担保物件の回収の確実性が高く、処分も容易であることなどを確認したうえで、担保取得の要否を判断すべきであり、安易な担保取得は慎むべきである。

·················· 解　説 ··················

1　担保取得の意義
(1)　担保の機能と担保提供意義
債権者からみた担保の機能は、貸出債権が履行不能となった場合に、担保権の実行により担保物件を換価し、貸出債権の回収を図ることにある。したがって、一般的には以下の二つを満たす担保が優れている。

① 回収の確実性が高いこと
② 処分が容易にできること

これに対し、債務者にとって担保を提供する意義はさまざまあろうが、おおむね以下の3点に集約できる。

① 借入金額の増加
② 借入金利の低下
③ 安定的・機動的な資金調達

(2)　担保取得の判断基準
担保取得・提供に関する貸し手と借り手双方の意義をふまえたうえで、債権や動産に対して譲渡担保権を設定する場合の判断基準は、以下のとおりである。

① 担保の適格性

これまで比較的なじみの薄い債権と動産に担保設定するうえで、以下の2点は留意する必要がある。

ⓐ 法令等で担保設定が禁止されているもの
・債権の場合：厚生年金、恩給など
・動産の場合：麻薬など非合法な動産、盗品、国宝など

ⓑ 担保として適さないもの
・債権の場合：架空債権、不良債権、第三債務者の信用力に懸念がある債権、譲渡禁止特約付債権など
・動産の場合：価値が極端に低い動産、芸術品などで真贋判定が困難な動産、処分がきわめて困難な動産など

なお、債権と動産の担保取得における留意点については後述する。

② 担保取得の適切性

担保としては適格であっても、担保を取得することがはたして適切かどうかという判断も必要である。

たとえば、以下のようなケースでは丸ごと担保権を設定するということに配慮が必要なケースもある。

・担保権の設定で、企業を取り巻く業界での風評悪化が懸念されるケース
・担保権の設定により、金融機関との取引関係がギクシャクすることにつながるケース
・担保権の設定が、自行の風評悪化をもたらす懸念があるケース

(3) 「担保」の範囲

ひとくちに担保といっても、物的担保・人的担保という区分に始まり、約定担保・法定担保、典型担保・非典型担保などさまざまに分けられ、種類もさまざまである（図表19-1参照）。特に非典型担保では、譲渡担保までは担保という認識がなされているケースが多いだろうが、所有権留保、相殺予約、代理受領、振込指定などは事実上の担保や保全措置といった扱いになっている金融機関も多いと考えられる。また、登記留保や担保留保、債権譲渡

図表19−1　担保・保全措置の種類

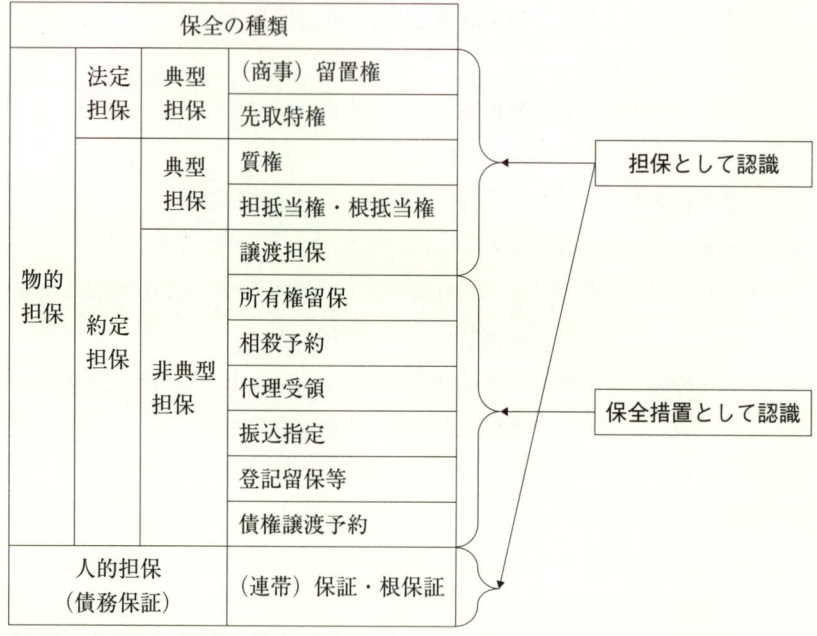

保全の種類				
物的担保	法定担保	典型担保	（商事）留置権	担保として認識
			先取特権	
	約定担保	典型担保	質権	
			担抵当権・根抵当権	
		非典型担保	譲渡担保	保全措置として認識
			所有権留保	
			相殺予約	
			代理受領	
			振込指定	
			登記留保等	
			債権譲渡予約	
人的担保（債務保証）			（連帯）保証・根保証	

（出所）　花井正志『債権の管理・保全・回収マニュアル』（中央経済社）より筆者作成

予約のような保全措置も同様の扱いとしているケースが多い。担保として評価できるかどうか、特に一般担保になるかどうかという観点では金融機関サイドの経済的な事情もあるだろうが、融資案件のスキームとして適切な保全措置を図ったかどうかという観点で検討するべきだと思われる。したがって、譲渡登記などの法定の担保取得に拘泥する必要はないといえる。

　ABLという定義に即した融資を実行することが本来の目的ではないことから、保全措置を図る必要があるかどうか、どのような保全措置が望ましいか、ということを個別に判断しながら組成を進めていくべきであると思われる。したがって、前述の事実上の担保や保全措置の手法まで視野に入れたうえで案件の検討をすることが望ましい。

2　担保取得上の留意点

(1)　債権担保の留意点

債権の担保取得上の留意点としては以下のようなものが考えられる。

・担保債権が架空債権・不良債権のおそれがあること
・債務者と第三債務者との間で反対債権が存在していること
・債務者と第三債務者との間に隠れた譲渡禁止特約が存在すること
・動産・債権譲渡特例法による対抗要件具備では電子記録債権に劣後するリスクがあること
・担保取得により他の取引金融機関との関係を損なうおそれがあること

債権は動産と異なり、第三債務者の信用状態が高ければ有望な担保である。譲渡禁止特約の存在については厄介な問題であるが、譲渡禁止特約がついているからといってすぐにあきらめるのではなく、まずは交渉してみるという姿勢が必要だろう。場合によっては、債務者と一緒に第三債務者のもとに出向いて説明することも有効である。特に譲受人が金融機関であれば、第三債務者の了解は比較的得られやすいと考えられる。また担保に架空債権が含まれることを避けるためにも、日頃の債務者と取引先との関係については注意を払う必要がある。

(2)　動産担保の留意点

動産の担保取得上の留意点としては以下のようなものが考えられる。

・債務者が善管注意義務に違反することによって、担保物件が減少するリスクがあること
・突然の市況変化により処分が困難になるリスクがあること
・自らの担保処分が需給バランスを引き起こすこと
・災害や病気など不可抗力により担保が滅失・棄損するリスクがあること
・担保取得により他の取引金融機関との関係を損なうおそれがあること

動産は債権と異なり、賞味期限が存在すること、一義的に支払をしてくれる第三債務者がいないこと、債務者の信用状態によって極端に処分価格が下落すること、などについては事前によく理解しておきたい。ABLでは担保

処分は極力行わないことが肝要であり、少なくとも債務者が破綻する前に処分する、破綻した場合には早く処分することが重要となる。

(3) 外部評価会社利用の要否

　動産の担保評価にあたっては、金融検査マニュアルでは、「客観性・合理性のある評価方法による評価が可能であり実際にもかかる評価を取得していること」が一般担保の要件となっているが、「金融検査マニュアルに関するよくあるご質問（FAQ）別編《ABL編》」では以下のようなケースでは一般担保の要件が充足されているとしてさしつかえないとされている。

・売買予約契約が締結ずみで、当該契約に定められた売買価格を基準にしている。
・標準化された価格が存在し、当該価格を基準にしている。
・専門業者等から収集した情報を基準にしている。
・評価の精度が高いと認めるに足る者からの評価を取得している。
・金融機関自らがノウハウを蓄積した結果に基づいている。

　融資の実行金額もさまざまであって、費用対効果の観点から高額な評価料を支払うのは合理的ではない案件もある。このようなケースではリスク対効果のバランスで判断すれば足りる。また流動資産担保融資保証制度の場合、簿価の3割で評価を行うことが可能であるので、信用保証協会と相談の結果、担保物件の特性に応じて判断すれば十分である。

　ただし、企業の信用リスクに不安がある、融資金額が大きい、処分の可否判断ができない、などの案件については、外部の評価会社から、回収・処分時の留意点などのアドバイスは得ておくべきである。

3　既存の保全措置との関係

(1) 担保設定の留意点

　金融機関でABLを推進するとした場合、大概の金融機関では、既存の融資先に提案を行って実行するというのが想定されるところである。そうなると、当然既存の保全措置を含めた保全バランスを検討することになる。追加

融資など金融機関の信用リスクの引受けが増加するケースならばあまり問題ないと思われるが、企業サイドからみた場合、既存の不動産担保はそのままで債権や動産を追加担保として要求されたというネガティブな印象だけが残るということも想定される。要注意先や破綻懸念先などで先々の業況見通しが不芳な企業の場合では、追加担保もやむをえないとも考えられるが、過剰な担保設定とみなされないよう適切な判断が求められる。

(2) 担保権者間の調整

金融機関は、ほかの金融機関の動向、特にメインバンクの貸出動向については細心の注意を払って観察している。貸出残高だけではなく、預金取引などを含む保全の状況などについても同様である。

企業規模の割に金融機関の取引数がかなり多い企業などがある。既存の保全バランスにおいて金融機関の間で不公平感が生じているような状態では、担保余力が出ることによる担保権者間の調整が必要になるケースもありうるだろう。

(3) 担保評価と事業評価

まだ全国レベルで広くABLが普及していない現状では、手探りで慎重にABLに取りかかる金融機関が多いと思われるが、従前から行っていた案件のなかには、「添え担保でいいから、とりあえずとれるものはとっておこう」といった発想のABLも少なくないのではなかろうか。

担保取得の要否の判断の前に、担保の対象となる債権や動産の前提となっている事業やビジネスの理解・評価が大切である。また、そのような理解・評価を通じて、債務者の内部管理・内部統制の状況もあわせてチェックする必要がある。

債権や動産を担保に取得したことと「ビジネスの評価」とはまったく別の問題である。債権や動産を担保取得するという形式が重要なのであれば、商業手形の割引・担保融資や電子記録債権の割引・担保融資、ファクタリングなどの金融手法も検討し、提案したほうがよいだろう（図表19－2参照）。形式的な担保の種類よりも、実質保全として有効かどうかに要点を置いて保全

図表19-2　ABLの外延にある金融手法

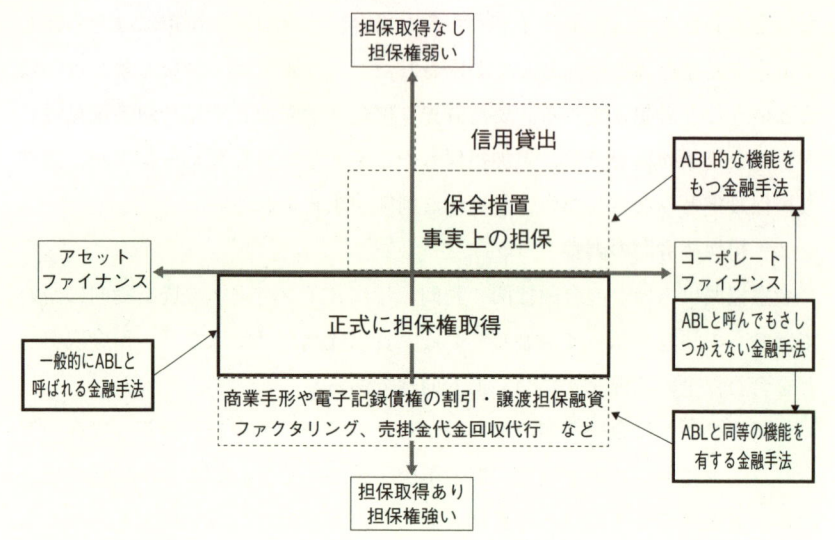

担保取得なし
担保権弱い

信用貸出

保全措置
事実上の担保

アセットファイナンス　　　　　　　　　　　　　　　　コーポレートファイナンス

ABL的な機能をもつ金融手法

正式に担保権取得

ABLと呼んでもさしつかえない金融手法

一般的にABLと呼ばれる金融手法

商業手形や電子記録債権の割引・譲渡担保融資
ファクタリング、売掛金代金回収代行　など

ABLと同等の機能を有する金融手法

担保取得あり
担保権強い

(出所)　筆者作成

のあり方を検討するべきである。

20 融資金額は担保の評価額以内とする必要があるか

結論 ABLは債権や動産を担保に融資を実行するという特徴以外、必須の決まりごとはない。一方で融資金額については、貸出基準額を設定して極度額の範囲内で与信を実行するという取組みもみられる。

まず必要な運転資金がいくらで、自行が応じる金額はいくらとすべきかという妥当性の検証を行ったうえで、担保などの保全措置のあり方を検討する必要がある。

------- 解　説 -------

1　融資金額の妥当性の検証

(1)　あるべき審査フローと検証項目

融資額の上限金額を考える前に、あるべき審査フローに従った融資の基本的な検証が必要である。検証は以下の順序で行う。

① 資金調達が必要になった事情は何か
② 具体的な資金の使い道は何か
③ 必要な資金の総額はいくらか。自己調達と外部調達の割合はどうなっているか。金融機関間の割振りはどうか
④ 返済原資は何で、どれくらいの期間での返済が可能か
⑤ 返済方法は適切か

上記①〜⑤の検証が終了してはじめて、信用リスクの観点からどのような保全措置を図るべきか、金利はどうするかといった検討を行う。

(2)　融資金額の決定

上記の審査フローにあるとおり、なぜ資金が必要なのか、資金の使い道は何か、必要な資金総額に対してどこまで融資を行うのか、といったプロセスを経て融資金額が決定する。特に根担保などによって保全が十分に図れているということで、融資金額の検証を怠るようなことがあってはならない。そのような担保主義が多額の不良債権の発生につながったことを十分に反省

し、融資の基本に立ち戻った検証を行うべきである。

なお昨今は、債務者の信用格付ごとに与信上限額をあらかじめ決めている金融機関が多い。また与信上限額に沿ってクレジットラインを定める金融機関も多い。融資金額に上限値を設ける手法は、企業審査の結果の信用状態が良好で毎回詳細な稟議手続を経る必要はないなどの判断がなされた先に対して設定するという意味もあれば、どんなによい企業・よい案件であっても不測の事態を招いたときに過大なリスクテイクにつながらないようにトータルでの信用リスクに上限を設けるといった意味もある。与信上限額までは無条件に融資を行ってよいという意味ではないので留意すべきである。

2 貸出基準額による融資金額の決定

(1) 貸出基準額

ABLの融資金額の決定方法において、貸出基準額という考え方がある。米国スタイルのABL論による融資金額決定方法の詳細な一例は図表20－1

図表20－1　貸出基準額とは

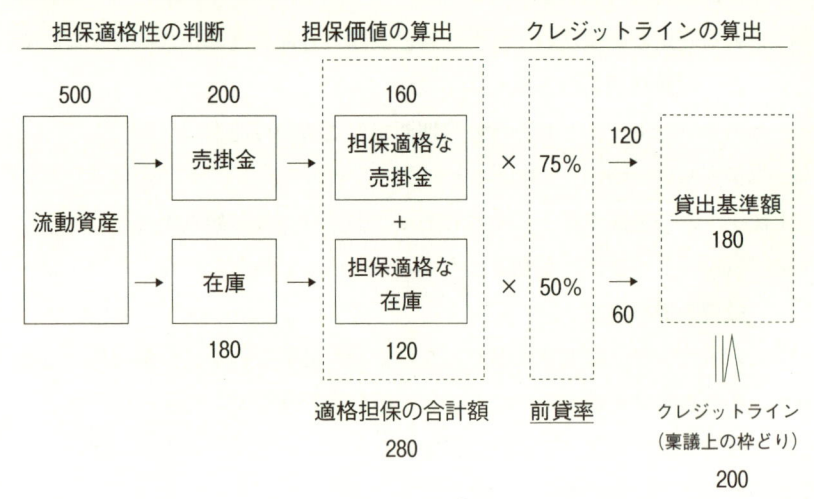

担保適格性の判断	担保価値の算出	クレジットラインの算出

流動資産 500 → 売掛金 200 → 担保適格な売掛金 160 × 75% → 120

　　　　　　　→ 在庫 180 → 担保適格な在庫 120 × 50% → 60

適格担保の合計額 280　　前貸率　　貸出基準額 180

クレジットライン（稟議上の枠どり） 200

（出所）　トゥルーバグループホールディングス『アセット・ベースト・レンディング入門』（金融財政事情研究会）

のとおりである。融資金額決定の算出方法は、担保価値が決まったらそれに前貸率（いわゆる掛け目）を乗じた額を貸出基準額とし、貸出基準額に余裕を見込んだ金額をクレジットラインとして設定する、というものである。

担保価値に基づいて貸出基準額が決まるので、担保価値が常時変動するABLは、貸出基準額も常時変動することになる。この範囲のなかで引出しが自由に行われることが想定されている。

(2) **担保評価と融資金額の関係**

担保評価額以内に融資金額を抑えるべきかどうか、担保評価額と与信金額を連動させるべきかどうかは、あくまでも当該企業に対する与信スタンスによって決まるべきものである。正常先などであればその必要はないであろうし、要注意先であれば保全バランスなどを考慮する必要があろう。さらに破綻懸念先などでは、保全重視の立場を取らざるをえない場合もある。したがって、貸出基準額を融資金額の目安とするようなABL案件を組成することは一定の合理性があろう。なお貸出基準額は、これまでの経済産業省の報告書等においてその仕組みなどが説明されているが、金融庁の「ABLの積極的活用について」や「金融検査マニュアルに関するよくあるご質問（FAQ）別編《ABL編》」において、融資金額に関しては特段明確にしていない。

根担保の設定と極度融資で懸念されるのは、保全上の問題はないものの貸出金の資金使途の確認や検証がおろそかになる状態が起こりうることである。一般的には売上げが下がれば運転資金の額も減少するため、正常運転資金のモニタリングを行うことで企業の資金繰りの異変に気づくはずであるが、複数の金融機関取引が多いわが国では、必ずしも検証が行き届かないことも考えられるので留意が必要である。

3 案件審査と企業審査

(1) **格付自己査定制度**

近年金融機関では、格付自己査定制度が定着し、債務者格付が決まると、ほぼ自動的に基準となる融資金額や金利が判断できるようになってきた。信

用格付の状況次第で融資の可否や与信条件についてクイックレスポンスが実現するという観点では、債務者の利便性向上に大きく寄与しているといえる。しかし、そのことが資金使途の確認や返済原資の検証など、融資業務の基本をないがしろにすることにつながっているとなるときわめて問題である。つまり、企業審査（というより格付）は行っているが、貸し出した資金が、きちんと返済されるのかという案件審査も同様に大切である。格付自己査定制度が、結果として、案件審査の比重を下げているとすれば、運用面の問題を解消する必要があろう。

(2) **ABLは案件審査よりの融資手法**

案件審査自体が企業審査のようなプロジェクトファイナンスなどでは、資金トレースの確認が重要であり、キャッシュフローの確認を十分に行っているが、通常の運転資金融資においては、返済口座の入出金の動きを完璧にトレースすることは至難の業である。

ABLはプロジェクトファイナンスほどでもないだろうが、キャッシュフローを生み出す資産の動向やキャッシュフローの生成・実現に着目しているという点では、似通った側面をもっている。この点、ABLはリスク管理面でも有効な融資手法であるといえよう。

(3) **企業審査から案件審査への巻戻しが必要**

きちんと企業審査がすんでいるから、案件審査はさほど重視しなくてもよいというのは、結果論としては正しいかもしれない。しかしその前提となる企業の実態把握については、十分に時間をかける必要があるのではないかと思われる。案件のリスクを見極め、積極的にリスクをとりにいくところに収益の源泉があるにもかかわらず、リスクを避けるような融資姿勢では、いつまでたっても金利の交渉テーブルにつくことはむずかしい。ABLの需要がある企業に対してABLが適切に提供されるためにも、企業の実態把握を十分に行うことが求められる。

21 ABLは個人事業主を対象にできるか。またその場合には、どのような点に留意すべきか

結論 債務者が個人事業主であってもABLは実行可能である。
ただし、担保物件に対する第三者対抗要件の具備において、個人は動産・債権譲渡特例法による譲渡登記の利用ができない。このため、第三者対抗要件具備は、債権の場合は確定日付証書による債務者への通知または債務者の承諾となり、動産の場合は占有改定などの引渡しとなる。債権であれば電子記録債権、動産であれば営業倉庫や損害保険を利用するのも一つの方法である。

──────────── 解　説 ────────────

1　個人事業主に対するABL

(1)　基本的な考え方は法人と同じ

中小企業のなかには、法人格を取得せず個人事業主として事業を行っているケースも少なくない。『2013年版中小企業白書』によれば、中小企業数約420万社のうち、個人事業所を除く会社数は約180万社、残りの240万社は個人事業主の形態をとっているということになる。中小・地域金融機関のABL検討案件などでは、債務者が個人事業主のケースもみられるところである。貸出にあたって信用リスクの判断はおおむね法人の場合と同様であろうし、資金調達の方法にABLの利用が有効かどうかの判断も同様に考えればよいと思われる。

(2)　動産・債権譲渡登記制度は利用不可

しかしながら、債務者が個人事業主の場合、第三者対抗要件の具備において注意すべき点がある。

現行の債権譲渡登記制度および動産譲渡登記制度では、譲渡人は法人であることが登記の要件とされており、個人は利用できない。譲渡登記制度は、企業が保有する債権や動産を活用した資金調達の円滑化を目的としている。

法人格をもたないものには適用がないので、個人事業主は登記ができない。

(3) 対抗要件を補完する手段

対抗要件に譲渡登記制度が利用できないということになると、そもそも担保としての評価や担保取得そのものの是非について検討することも考えられる。また、対抗要件を具備しないまでも登記留保のように、対抗要件に準ずる事実上担保のような保全措置を考えることも必要であろう。

対抗要件の具備というのは、いざというときの担保物に対する優先回収権を確保する機能を確実にすることであるから、コベナンツの利用などにより、他の利害関係人などに優先できるための条項などを設けるといったことも考えられよう。また担保権を実行せずに保全を図るためには、たとえば、債権担保の場合には債務保証や、動産担保の場合には買取保証などの保全措置を講ずることも一つの方法である。

2 対抗要件具備における実務上の留意点

(1) 対抗要件具備は民法の対抗要件を利用

民法上の一般的な譲渡の対抗要件は、債権の場合は確定日付証書による債務者への通知または債務者の承諾（図表21－1参照）、動産の場合は占有改定などの引渡しである（図表21－2参照）。個人ということでの留意点は特にないが、これらの対抗要件具備の特徴について、債務者にきちんと説明しておく必要がある。法人成りのまま事業を継続している個人事業主は、税法上のメリット享受など法人格を取得しない事情はあると思われるが、ABLを実行するにあたり、債務者としての適格性という観点からの判断も必要であろう。

(2) 債権譲渡担保の場合

債権譲渡担保の場合は、通常の債権譲渡と同様、確定日付のついた証書による債権者から債務者への通知、または確定日付のついた証書による債務者の承諾である。

この方法は、第三債務者に債権譲渡担保の事実を知らせることになるの

図表21-1 債権譲渡の対抗要件比較

	民法	特例法	電子記録債権
譲渡の発生要件	債権譲渡契約	債権譲渡契約	譲渡記録
債権譲渡の通知人	譲渡人	譲渡人または譲受人	不要
債務者対抗要件	債務者への通知または債務者の承諾	登記事項証明書を交付したうえで債務者への通知または債務者の承諾	不要
第三者対抗要件	確定日付証書による債務者への通知または債務者の承諾	債権譲渡登記	譲渡記録
二重譲渡の優劣	通知の到達時または承諾時の先後	通知の到達時または承諾時と債権譲渡登記の日時の先後 債権譲渡登記間の場合は登記の日時の先後	譲渡記録の日時の先後

(出所) 筆者作成

図表21-2 動産譲渡の対抗要件比較

	民法	特例法	即時取得
譲渡の効力	動産譲渡契約	動産譲渡契約	平穏・公然・善意・無過失による所有権の取得
第三者対抗要件	引渡し（現実の引渡し、簡易の引渡し、指図による占有移転、占有改定）	動産譲渡登記	―
二重譲渡の優劣	引渡しの日時の先後	引渡しと動産譲渡登記の先後 動産譲渡登記間の場合は登記の日時の先後	即時取得が成立した場合には優先

(出所) 筆者作成

で、現状の債権譲渡登記のみにしておく、いわゆるサイレント方式が使えない点はよく説明しておく必要があるだろう（譲渡登記制度では、通知は譲受人から登記事項証明書を送付することで足りるため、民法上の第三者対抗要件具備が容易な制度となっている）。

なお債務者が通知したくないということであれば、通知に必要な書類を預かっておく通知留保の方法で対応することになろうが、できれば通知は行っておくべきであろう。さらにリスク管理の観点から、債務者への通知ではなく、できる限り債務者の承諾を得ておくことが望ましいと思われる。

通知または承諾は、債務者ごとに行う必要があるため、多数の債権を一括して譲渡担保とする場合には、実務的にも煩瑣で事実上困難になることが予想される。したがって、債権担保融資の場合には、でんさいネットの利用を勧めるとよいだろう。でんさいネットでは、個人事業主の利用が可能であるため、でんさい割引やでんさい担保などが利用できれば保全手段となる。

(3) **動産譲渡担保の場合**

動産譲渡担保の場合は、通常の動産譲渡と同様、引渡しである。引渡しには、現実の引渡し、簡易の引渡し、指図による占有移転、占有改定の4種類があるが、実務的には占有改定の方法が一般的である。しかし、占有改定の方法だけでは、即時取得が成立する危険がある。動産譲渡登記の案件でも大概は行っているであろうが、担保物件であることの明認方法を施す必要性がより高まる。

ほかに対策としては、動産総合保険や物流リスク保険などの損害保険を利用するという方法のほか、営業倉庫の利用などが考えられる。

22 複数の金融機関と取引がある場合、どのような点に留意すべきか

結論 日本では複数の金融機関と取引を行っているケースが一般的なので、担保権の設定の是非を含め、慎重な取扱いが求められる。
複数の金融機関によるABLではシンジケートローンを利用するのも一つの方法である。

・・・・・・・・・・・・・・・・・ 解　説 ・・・・・・・・・・・・・・・・・

1　ABLと複数行取引

(1)　日米の事情の違い

　米国では、特に金融機関の中小企業取引は、ほぼ1行単独取引であり、このような場合、企業の資金繰りに関しては当該金融機関が全面的に責任を果たすことが考えられ、ABLが、有効に機能し、時間をかけながらも発達してきた。

　しかしながら、日本では複数行取引が当たり前のように行われ、またその取引関係もメインバンク、準メインバンクなどと序列があるのが実態である。この序列は、保全状況にも影響を及ぼす。メイン・準メインクラスであれば問題ないであろうが、取引地位の低い金融機関が特に流動資産担保融資を実施しようとする場合には、債権者間の調整などが必要となるケースもあると思われる。日本では、ABLの実行にあたり純粋な法律問題だけでは解決しない要因も抱えていることに留意すべきである。

(2)　劣後する譲渡担保の機能

　ABLの担保の種類は通常譲渡担保である。譲渡担保は民法上明文の規定がない非典型担保であり、判例法上認められてきた担保である。したがって、譲渡担保権に重複設定が許されるかどうか、についての解釈は判例を参考に考えることになる。この点、動産譲渡担保権のケースであるが、最高裁は、重複して譲渡担保を設定すること自体は許されるとしても、劣後譲渡担

保権者に独自の私的実行の権限を認めると、先行譲渡担保権者には優先権を行使する機会が与えられず、その譲渡担保は有名無実のものとなりかねないとして劣後譲渡担保権者による私的実行は認められないと判示している。よって債権や動産の譲渡担保においては、抵当権の第二順位、第三順位のような後順位の担保権が認められないという可能性が高い。また譲渡登記は、譲渡があったという事実を登記するのであり、不動産登記における仮登記のような順位保全効の登記はない点に注意を要する。

(3) 複数金融機関でのABL

したがって、複数の金融機関でABLを実行する場合には、担保物件をABL実行金融機関別に選り分けるか、リスクを分散する融資方法（シンジケートローンなど）をとることが考えられる。

担保物件が分割可能である場合には、金融機関別に担保物件を分けてしまうのは一定の合理性があると思われる。ただし、取引地位や取引の経緯など、分けるといっても簡単にはいかない事情が存在することも考えられる。金融機関の間で極端に不公平が生じないような配慮も必要となる。

よくABLと聞くと、すべての資産を押さえられると危惧する債務者も少なくないだろう。最初にABLを実行する金融機関は、他行もABLを実行する可能性があるのかどうか債務者に確認したうえで、その結果に応じて担保取得を応分の範囲にとどめ置くといった配慮も必要ではないかと思われる。電子記録債権の場合には分割譲渡記録が可能となっているから、必要な金額に応じて分割譲渡が可能である。債権担保融資の場合は電子記録債権への切替えを提案することが有効であろう。

シンジケートローンの場合には、金融機関と債務者との間で契約を締結し、参加金融機関の間で譲渡担保権を共有する形式をとる。ABLのノウハウが乏しいなどの事情がある金融機関は、シンジケートローンへの参加により、実績を積み上げていくことも選択肢である。また融資額にある程度のロットが見込まれるようなケースでは、シンジケートローンの方法を検討するのが賢明であると思われる。

2 メインバンクが取り組む場合の留意点

(1) 過剰な追加担保差入要請とならないような配慮

　企業のもつ売掛金や在庫のほとんどすべてを担保取得するようなABLを実行することは「この企業は最後まで面倒をみる」という覚悟の程を宣言するのに等しい。メインバンクと呼ばれる金融機関に求められる機能は、いざというときの資金繰り確保である。メインバンクといえども、企業の業績が不芳なときや信用リスク悪化時には、保全重視の姿勢をとらざるをえないときもあろう。しかし、売掛金や棚卸資産、機械設備などすべてを担保にとるという行為は、顧客の理解が得られないばかりか、他の金融機関の融資姿勢に多大な影響を与えるおそれもある。

　公正取引委員会「金融機関と企業との取引慣行に関する調査報告書」平成23年フォローアップ調査報告書によれば、債権保全の程度を超えた明らかに過剰な追加担保差入れの要請は年々減っているようだが、債権や動産が新たな担保として利用される環境が整ってきたなかで、過剰な保全措置と疑われないような配慮は必要と思われる。

(2) 重点対象先

　メインバンクの金融機関にとって、準メインバンクなどによって特に流動資産担保融資を先取りされるのは、将来の取引地位が脅かされる可能性が高まる。したがって重点対象先については、ABLの実行可能性の検証や、他行からの提案状況などの確認を行うことが必要である。担保として見込めそうな資産については日頃からよくチェックをしておくことが望ましいだろう。

　なお、1行単独取引または事実上単独取引のようなケースで、顧客への理解の深度が深まっているようなケースであれば、ABLは取引の維持拡大に向けておおいに威力を発揮するものとなろう。

3　非メインバンクが取り組む場合の留意点

(1)　メインバンクへの配慮

　非メインバンクである金融機関がABLを提案し、案件をまとめるような場合、企業とメインバンクとの関係が悪化し、企業の資金調達に多大な影響を与えるようなことがあっては、当該企業にとってかえって逆効果になることも考えられる。したがってたとえばメインバンクにはあらかじめ相談して了解を得たうえで実行するなどといった取引先へのアドバイスを行うほうが適切な場合も考えられる。

(2)　重点対象先

　逆に対象企業に対する理解・信頼が深まっており、対象企業に対してメイン化を図っていく意向がある場合や、メイン化までは考えなくとも顧客基盤の強化などを志向する場合には、ABLは戦略的な商品となりうる。日頃から企業との接点が多く、たとえば在庫の確認などが頻繁にできるような地域金融機関では、ABLは営業推進上大きなツールとなりうるだろう。このような金融機関は、担保権を取得せずとも、実質的にABLと呼べる融資を行うことも可能である。

4　シンジケートローンに取り組む場合の留意点

(1)　留　意　点

　複数行取引にあってABLを検討する場合には、シンジケートローンが有効な手段として考えられるが、シンジケートローンには従来から特有の問題があることが指摘されている。シンジケートローンが組成される場合、アレンジャー行と参加金融機関との間などで利害の衝突が発生するということは度々みられる。特に組成するアレンジャー行の責任範囲や債務者が破綻した場合の分配などをめぐって折合いがつかないこともある。

　またシンジケートローンに特有の問題として、債務者情報に関する守秘義務の問題や、アレンジャー行とその他参加行との間の情報格差の問題などもある。アレンジャー行となる金融機関は、大概の場合はエージェントを兼ね

ており、かつまた債務者にとってメインバンクとなっているケースが多いことから、このような問題に対する善処は必要である。

(2) **実務上のポイント**

アレンジャー行と参加金融機関との間の責任範囲の問題については、責任範囲の明確化を徹底せざるをえないが、参加金融機関は、ぶら下がり融資の態度での参加は避けなければならない。ABLでは特に貸出実行後のモニタリングが重要視されているところ、基本的に参加各行の自己責任という原則を堅持しつつ、利害関係者全員にとっての利益調整は大きな課題であると思われる。

債務者情報に関する守秘義務の問題は、アレンジャー行と債務者との間であらかじめ取決めを行っておく必要があるだろう。以前から顧客情報管理の厳格化はよく語られているところであり、ABLのような案件では特に金融機関には知られたくないという情報が存在しているはずである。アレンジャー行は、債務者の立場に立った情報管理を行いつつも参加金融機関への情報提供というバランス感覚が求められよう。

また、金融検査マニュアルにおいても、検証項目としてアレンジャー行による情報提供態勢が記載され、参加金融機関に対する情報が不適切であるような場合には問題であるとされており、情報提供態勢の充実が望まれる。

23 どのような規模の企業にABLを提案すればよいか

結論 ABLは基本的に企業の規模を問わず有効である。

積極的な資金需要がありながら、担保のような保全措置を必要とするケースが多い中堅・中小企業にとっては、資金調達方法の複線化につながるという点で潜在的なニーズは高いと考えられる。

ただし中小企業といっても規模、企業としての内部統制の状況、業況などはさまざまであり、企業審査を行ったうえで判断することが必要である。

.... 解　説 ....

1　ABL提案の適合性

(1)　企業の規模より資金使途

ABLは運転資金案件にも設備資金案件にも利用できるが、とりわけ企業のニーズが運転資金にあるとするならば、流動資産担保融資によって運転資金のニーズに応えることが合理的である。また運転資金のなかでも、つなぎ資金的なケースでほかにキャッシュフロー生成の見込みがあるのであれば、固定資産など必ずしもキャッシュフローを生まない担保による融資も可能である。資金使途の観点からみた場合、特にABLに向いている企業の規模には関係がないといってよい。

(2)　保全措置を要する信用状況の企業

ABLが債権や動産を担保として取得する融資である以上、担保のような保全措置を必要とする信用状態にある企業が、よりABLの活用の余地は大きいといえる。大企業のようにわざわざABLを選択しなくても代替調達手段がとりうるのであれば、ABLを実行する必然性は少ない。

また金融機関によっては、行内の信用格付制度のなかで中小企業には最上位の格付を付与しないルールになっているケースもあると思われる。したがって、企業規模で考えれば、一般的にいって財務体質が脆弱で融資実行には保全措置を要する中小企業や中堅企業がABLの対象となることも考えられ

る。

(3) 中小企業のセグメント

　平成17年頃から経済産業省でABLが検討されてきた経緯をみると、政府や行政はおおむね中小企業の資金繰りの円滑化を目的にABLの利用を主張してきているようである。リレーションシップバンキングにおいてABLが取り上げられているのもその一環と考えるべきであろう。「不動産担保や個人保証に過度に依存しない」融資手法の選択肢としてはたしかにABLが機能する部分もある。

　ABLは中小企業に活用する、というのは首肯しうるところであり、政策的にも合目的的である。しかし、中小企業であればどんな企業でもよいというわけでなく、債務者としての適切性やABLを実行する対象として適切かといった判断が必要である。そもそも救うべき企業はどこにいてどういう企業なのか、ある程度セグメントしたうえで提案につなげていくことが重要である。

　みかけが中小企業にすぎない大企業もあれば、小規模・零細企業や個人事業主もいる。創業期の企業もあれば衰退期にある企業もある。信用状態がよい時もあれば、悪い時もある。

　本当に資金需要があるのはどういう企業なのか、その資金需要は前向きの運転資金ニーズなのか、後ろ向きの運転資金ニーズなのか、設備投資の需要があるのかないのか、さまざまな観点から企業のセグメントを行ったうえで、ABLのポテンシャルがどれくらいあるのかという地に足の着いた議論を進めていく必要がある。

　ABLを実行するには、債務者側において担保となる債権や動産がある程度適切に管理されていることが必要である。債務者の内部統制の状態が不適切と考えられるケースでは、ABLが取組可能な状態になるまで、適切な内部管理態勢の構築を支援していくなどのサポートが有効である。

(4) 債務者との協力関係の構築

　ABLの取組みにあたっては、債務者の業績や担保の良し悪しも大切だが、

債務者との協力関係が重要なポイントである。金融機関が勝手な思い込みで「ニーズがある」とか「保全が図れる」などと考えて提案しても、債務者が協力してくれないことには形式だけのABLがふえるばかりで、結果金融機関の優良な貸出資産にはならない。

　勝手に担保物件を動かす、困ったときには相談しない、他行の低金利融資になびくといった企業との間で、はたしてABLを実行することができるだろうか。どういう企業にABLを提案すればよいかを考える前に、定性面の確認を重視すべきである。お互い一生付き合うという共通認識がもてる先に対するABLの紹介・提案は、ABL案件として結実する可能性が高いのではないかと思われる。

2　実務面でのポイント
(1)　定性評価の視点

　ABLは法的に担保権を取得する以上、自己査定上の一般担保とするかどうかは別として、そもそも担保としての評価ができるかどうかを見極めることは重要である。したがって、以下のような状態と判断される企業は、ABL対象先としては不適格ということになろう。

・売掛金明細や在庫表などの管理帳票の管理レベルが一定以上の水準にないと判断される企業
・重要な管理資料を開示したがらない企業
・倉庫内の担保物件の実地調査を拒むなど非協力的な企業　など

　このような企業に対してはABLの話をする前に内部統制の向上が資金調達において有利に働くことを丁寧に説明すべきである。とかく中小企業は、情報の非対称性の存在や、財務諸表への不透明感などの問題が発生しやすいため、企業の実態を解明することが信用リスク管理上何よりも重要であることはいうまでもない。ABLの提案を契機として、企業との相互理解が深まることが望まれる。

(2) 費用対効果の視点

　一般的な融資と同様に、ABLにおいても、金融機関の収益性・費用対効果を検討材料に入れる必要がある。たとえば、以下のような案件の場合は、担保取得をやめるとか、違う保全措置を検討することも大切である。大切なことは融資実行の可否であって、ABLを実行できるのかどうかではない。小口案件などでは、信用保証協会の流動資産担保融資保証制度の利用を検討することも有効である。

・融資金額が極端に小さい案件
・担保権の保全がむずかしい案件
・担保評価・管理・処分に多大なコストが発生することが予想される案件
　（担保物件が遠隔地にある・全国に散らばっている）　など

　このような意味で、ABL実行にあたって課題とされることが多い担保評価や担保管理にかかるコストのかけ方についても、費用対効果の観点から融資金額やリスクの大きさに応じたものとする、といった柔軟性も取り入れるべきだろう。そのため、ABL取扱マニュアルなどには、対象先や担保の内容を事細かに規定するのではなく、案件組成に係る管理の程度の判断基準を定めておくことのほうが大切だといえる。

　一方で、「面倒である」「手間がかかる」「金額が小さい」など、通常金融機関が敬遠するようなニッチな案件にフォーカスするという戦略もあるだろう。企業側にニーズがあれば、他の金融機関がしり込みをするような案件は、格好のターゲットとして考えることもできよう。たとえば、金融機関がコストだと感じるモニタリングなども、企業への訪問回数などが頻繁であり、常日頃から担保物件をみており、債務者モニタリングと担保モニタリングが一度にすむような営業スタイルをとっているケースでは、独自性のあるABLを志向することも可能と考えられる。

　営業倉庫との提携により、倉庫内の荷主企業のなかからニーズのありそうな先を優先的に紹介してもらい、当該企業に集中して提案していくような戦略も考えられる。このようなケースでは、担保管理コストを一定のレベルに

第1章　マーケティング

抑えつつ、レベルの高い担保管理を維持することが可能である。営業倉庫も倉庫料が滞りなく支払われるかどうか与信管理を行っている。営業倉庫は商品の時価を知る機能はないが、それ以外の担保管理における機能はほぼそろっているといってよいだろう。財閥系の営業倉庫は、明治期には財閥本社や金融機関の機能の一部を担っていたが、ABLを契機にあらためて営業倉庫の機能に着目すべきである。

さらに一歩進んで案件組成時にかかるコストをその案件のみに賦課するべきと考えるのではなく、債務者トータルでの総合採算でみたときのコストとリターンの関係や、一定期間にならしてみたときのコストとリターンの関係など、より柔軟な考え方も検討するべきである。企業には、収益があがっているときに一定のコストを払ってもらい、収益が下がってきたときにはそれを取り崩すというように、コスト負担を調整弁的に利用するといったような工夫も一考かと思われる。

なおここでの費用・コストはABL特有のコストを指しており、通常債務者に対する途上管理・期中管理にかかるコストは信用リスク管理上当然にかけるべきコストである。この点、債務者のモニタリングにABL特有のコストがかかるという考え方は、本来の与信管理のあり方をふまえると考え直す必要があるだろう。

図表23－1　ABLを実施した融資先の企業区分（件数ベース）

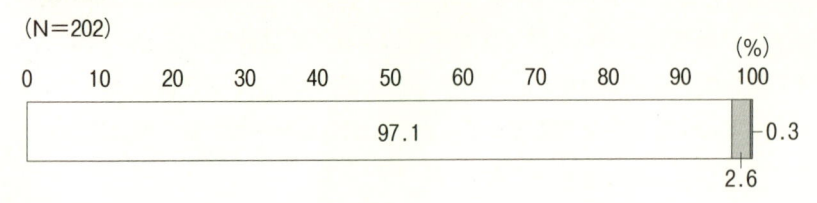

（N＝202）

□法定中小企業　■中堅企業　■大企業（資本金10億円以上）

97.1　2.6　0.3

（出所）　株式会社三菱総合研究所「経済産業省平成24年度産業金融システムの構築及び整備調査委託事業『動産・債権担保融資普及のためのモデル契約等の作成と制度的課題等の調査』報告書」

(3) **経済産業省アンケート結果の状況**

経済産業省平成24年実態調査アンケートによれば、平成23年度中に新規実行した融資先の企業区分では、法定中小企業が97％を占めている（図表23－1参照）。過年度の調査では資本金区分によるデータであるため、データに連続性はないが、おおむね中小企業が実行件数のほとんどを占めているという傾向には変化がみられない。この点、政策方針に沿った結果が表れているといってよいだろう。

24 どのような債務者区分の企業にABLを提案すればよいか

結論 債務者の信用状態からみたABLのメインターゲットは、大きく二つある。

一つは積極的な運転資金需要をもちながら、なんらかの保全措置を必要とする企業群である。正常先の下位や要注意先クラスのミドルリスク・ミドルリターンの層はポテンシャルが高いといえる。

もう一つは事業再生の局面などで資金を必要とする企業群である。破綻懸念先前後クラスの層もABLを利用することがある。

――――――――――― 解　説 ―――――――――――

1　ABL提案の適合性

⑴　資金需要のある企業

金融機関に提供できる担保の有無はともかく、資金需要のないところにABLの必要性はない。ABLを提案する前に、どのような資金需要が存在するかをみることが大切である。

資金需要については前向き・後ろ向き、運転・設備などさまざまであろうが、特に流動資産担保融資の場合、キャッシュフローの源泉となる資産を担保として押さえるわけであるから、ある程度リスクをとることを前提にした融資ということになろう。そのような意味では、前向きの資金需要ばかりではなく、後ろ向きの資金需要のケースでも将来の業績回復などが見込まれるような案件ではABLが機能する局面は多いものと思われる。

逆に、現状特に繰り回しには問題はない、特に無理をして資金調達を行う必要がないという企業は、一般的にいってABLのニーズは乏しいということがいえる。

流動資産の大きな企業が有望なターゲットであると説明されることがあるが、売掛金や棚卸資産の残高が大きくてもそれは担保の可能性があるという

だけのことであり、資金需要があるとは限らない点に留意する必要がある。

(2) 保全状況に問題がある企業への対応

　資金需要があっても信用リスクの観点で保全措置の裏付けが必要というクラスの企業がいちばんABLを提案しやすい。特に現在の保全措置ではこれ以上のリスクテイクには慎重にならざるをえない、というタイミングでの提案が最もABLの提案に適したタイミングとなる。「実態評価の深化→金融機関のリスクテイクによる貸出の増加→売上拡大→利益増加で金利等のコスト吸収」という正のサイクルを構築できると見込めるとき、企業も決断しやすい。

　したがって特に流動資産担保融資の場合、正常先（特に低格付先）から要注意先あたりまでがメインターゲットとなろう。このクラスでは与信額のクレジットラインも大きくはなかろう。売上増加や一時的な仕入増加などで運転資金がふくれるようなタイミングが、ABL提案の大きなチャンスである。まさに企業の発展・拡大・成長に寄与するための融資といえる。

　一方、同じ正常先や要注意先であっても、特に成熟期や衰退期にある場合、正常先と要注意先を行ったり来たりしているような場合などでは、どちらかといえば、安定的な繰り回しニーズが強い。金融機関も今後支援するのか引くのか、与信判断上きわめて重要な決断をしていく段階にある。このクラスの企業群をどのように支援していくか、まさに融資姿勢が問われるところでもあるが、支援をしていくのであれば、「こういう局面でもABLは使える」と考えることができる。

(3) 事業再生局面での利用

　事業再生局面でのABLは、ABLの果たす機能のもう一つの重要な役割である。破綻懸念先クラスの企業は、経営支援先かどうか比較的はっきりしているケースも多いと考えられる。支援方針が決まっているとすれば比較的ABLも提案しやすいものと思われる。

　これまでは、事業再生局面や保全強化局面でのABLの利用というのが目立つところでもあったが、これらのケースも「こういう局面でもABLは使

図表24−1　2種類のABL

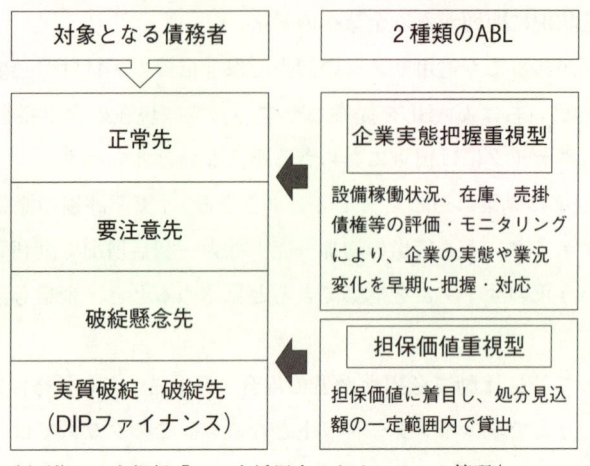

対象となる債務者	2種類のABL
正常先	企業実態把握重視型：設備稼働状況、在庫、売掛債権等の評価・モニタリングにより、企業の実態や業況変化を早期に把握・対応
要注意先	
破綻懸念先	担保価値重視型：担保価値に着目し、処分見込額の一定範囲内で貸出
実質破綻・破綻先（DIPファイナンス）	

（出所）　日本銀行「ABLを活用するためのリスク管理」

える」という程度に認識しておいたほうがよい。このような状態のABLは、いざというときは担保処分により貸出金を回収できるかどうかの判断をしたうえでの融資である。

　なお、日本銀行が発表した「ABLを活用するためのリスク管理」でも、ABLが生きる局面として、正常先から要注意先にかけての企業実態把握重視型融資と、破綻懸念先から実質破綻・破綻先にかけての担保価値重視型の二つがあることが示されている（図表24−1参照）。

(4)　**債務者区分別にみたポイント**

　債務者区分別に当てはめてみた場合、以下のように考えることができる。ABLが威力を発揮するのは、やはり要注意先およびその境界に存在する企業群である。いずれも企業の資金繰り支援を通じた事業支援という側面から検討するべきであり、保全面に偏重した取組みが好ましくないのは当然である。

① 　正　常　先

　正常先に対しては、無担保での融資が可能なクレジットラインを超えるよ

うな状況になった場合に、ABLで積極支援という考え方が可能である。
② 要注意先
　要注意先に対しては、たとえば過去の繰越損失や資産の含み損などによる債務超過、リスケ継続中などで要注意先に分類されているが、事業収支は回っている、赤字資金だが早期に黒字転換が見込めるといった場合に、正常先へのランクアップ支援というねらいでABLを活用することが考えられる。
③ 破綻懸念先
　破綻懸念先に対しては、要注意に準じて要注意先へのランクアップ支援というねらいでABLを活用することが可能である。単純に保全強化目的によるABLの活用も考えられる。

2　実務上のポイント

(1)　事業評価の重要性

　ABLの理想は、事業収益資産すなわちキャッシュフローの源泉となる資産を評価し、さらにそれを担保取得することで、より大きなリスクテイクを可能とするものである。したがって、担保にとるかどうかの前に、当該企業の事業そのものの評価、生み出すキャッシュフローの評価がきちんとなされなければならない。

　基本的には財務諸表によるスコアリングをもとに付与された信用格付のランクに従って融資金額や金利を自動的に判断しているだけではわからない部分、格付自己査定でいえば定性評価の部分をいかにくみ取ることができるかということの重要性が試されている。審査部門がリスクテイクの可否について適切に判断する、またはできるようにするためには、その部分の評価を行ったうえで、稟議書上に適切に表現することが求められる。

(2)　経済産業省アンケート結果の状況

　経済産業省平成24年実態調査アンケートによれば、これまでABLを実行した融資先の債務者区分では、「おおむね正常先に相当する企業が多い」という回答と、「おおむね要注意先に相当する企業が多い」という回答がほぼ

図表24-2　ABLを実施した取引先企業の信用状況

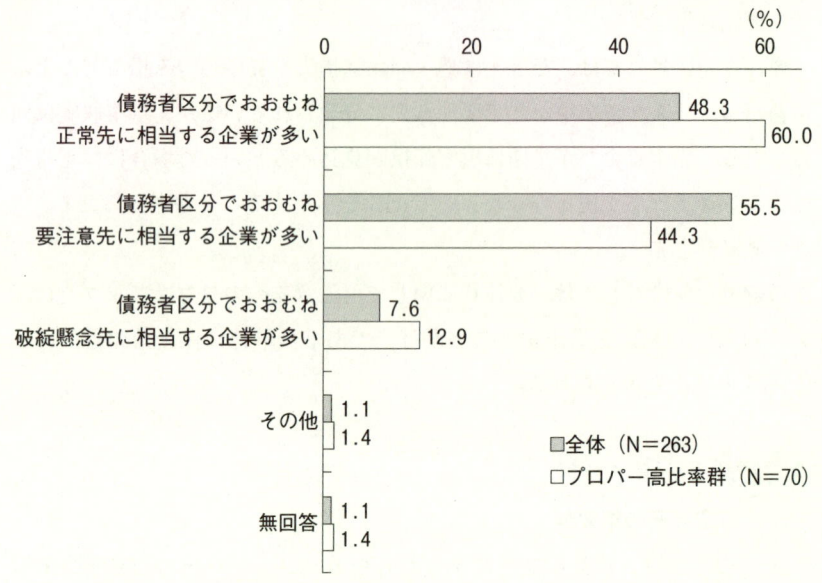

	全体（N=263）	プロパー高比率群（N=70）
債務者区分でおおむね正常先に相当する企業が多い	48.3	60.0
債務者区分でおおむね要注意先に相当する企業が多い	55.5	44.3
債務者区分でおおむね破綻懸念先に相当する企業が多い	7.6	12.9
その他	1.1	1.4
無回答	1.1	1.4

（出所）　株式会社三菱総合研究所「経済産業省平成24年度産業金融システムの構築及び整備調査委託事業『動産・債権担保融資普及のためのモデル契約等の作成と制度的課題等の調査』報告書」

拮抗しており、両方をあわせた回答は約90％にのぼる（図表24-2参照）。なおこの質問は、金融機関に「おおむね」どの債務者区分に「相当する企業」が多かったかを複数回答で聞いているので、グラフの数値どおりの企業数が存在しているわけではない点は留意が必要である。

　全体とプロパー高比率群の金融機関が比較されているが、プロパー高比率群の金融機関は正常先に対する融資が多く、逆にプロパー低比率群の金融機関は、要注意先に対する融資が多くなっていることがみてとれる。おそらく要注意先のケースはプロパーでは融資の実行ができずに、信用保証協会の流動資産担保融資保証制度の利用が多いものと思われる。

　正常先に対するABLのうち、はたしてABLを使う必要があった債務者なのかどうか内訳はわからないが、当面は信用でも貸出できた先が多く含まれ

ているのではないかと思われる。まだ債務者として安心できる先にしかABLが広がっていないのだとすると、今後ABLの広がる余地は十分にある。今後はABLだからこそできたという案件をふやしていくことが課題であろう。

　破綻懸念先クラスの案件は少ないが、DIPファイナンスなど事業再生局面での利用がなされているものと考えてよかろう。今後円滑な事業再生や退出にABLがうまくはまったケースがふえていけば、ABLは二つあるという多機能性が広く知られていくことであろう。

25 どのような業種の企業にABLを提案すればよいか

結論 ABLは基本的に構造的・恒常的に運転資金負担が重い業種に有効である。

それらの業種の代表例は、農林水産業や建設業である。また製造業・卸売業・小売業・サービス業もそれぞれに運転資金需要がある。

近時は複合的な業種形態の企業も増加していることから、単純な業種区分にとらわれることなく資金調達ニーズを判断することが重要である。

.... **解　説** ....

1　ABL提案の適合性

(1)　運転資金ニーズと流動資産担保融資

どういう業種にABLが有効かを考える前に、まずどのような業種業態やビジネスを行っている企業に運転資金ニーズが存在しているのかを考える必要がある。

ABLは運転資金案件と設備資金案件の両方の資金使途案件に有効であるが、特にABLの真価が発揮されるのが運転資金融資である。各種運転資金融資の担保としては、流動資産担保が合理的である（【18】参照）。商流と運転資金ニーズとの関係に対して、債権担保融資と動産担保融資がどのように対応しているかは図表25－1のように表すことができる。

企業の資金繰りの課題は、この所要運転資金の面積をいかに小さくするか（細くする×短くする）にある。企業間信用などで使われるキャッシュコンバージョンサイクル（Cash Conversion Cycle、略称CCC、買掛金支払から売掛金入金までの期間）は、業界特性や業界の商慣行のほかに、取引先との力関係によっても変わってくる。サプライチェーンの構造的・抜本的な短縮について、金融機関が直接関与することはむずかしい。したがって金融機関は、このCCCに対応する運転資金をいかに円滑に供給できるかという視点での取組みが重要である。資産が次々と脱皮を繰り返し最終的には現金になると

図表25-1 サプライチェーンとABLの対応関係

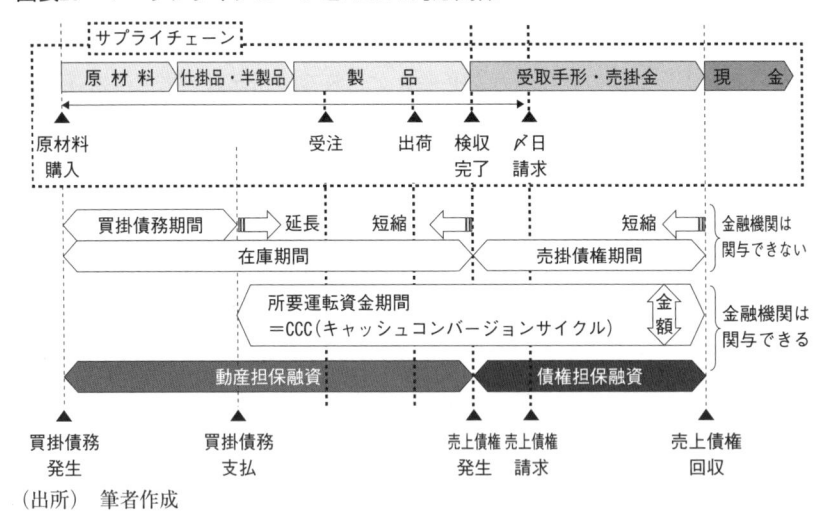

（出所） 筆者作成

いうキャッシュフロー生成過程そのものをウオッチして融資するのが流動資産担保融資である。

したがって、CCCすなわち所要運転資金期間が長くかつ売上に対して運転資金の額が大きい企業は、これらの資産の流動化や早期資金化に向けたニーズが高いと考えることができる。

(2) 構造的・恒常的な運転資金ニーズ

一般的にCCCが長い事業であればあるほど、運転資金ニーズが高い。

農林水産業では畜産農家などがよい例であろう。たとえば肉牛肥育農家などの場合、子牛から成牛になるまでの間、3年程度かかるのが一般的であり、その間キャッシュフローは流出状態である。

建設業界なども恒常的に運転資金に悩む業種の代表例である。工事代金は、工事の進行に伴って何段階かに分けて支払われる。工事が数年間にわたるケースでは、大きな資金需要が発生する。

製造業などでは、受注生産のような形態をとるケースもある。このような場合、受注した段階からキャッシュフローが出ていくこともあり、運転資金

第1章 マーケティング 173

負担は大きくなる。

　小売業も足の速い商品を扱っている場合であれば、運転資金はさほど問題にならないが、長期の在庫資金が必要なケースでは運転資金負担は大きい。

(3)　**季節的な運転資金ニーズ**

　恒常的にはさほど運転資金負担がない企業でも、仕入れや販売の時期に季節要因が生じる企業がある。春の入学式前の文房具用品、シーズン開始前の服飾品、年末年始のクリスマス用品や正月関連用品などが代表例である。卸売業や小売業などに典型的である。季節資金の返済は販売代金から回収することになるので、返済原資のキャッシュフローを確認・確保しやすいことから、ABLとしては取り組みやすい案件となろう。

(4)　**特殊な仕入・販売形態による運転資金ニーズ**

　通常の仕入れや販売のケースでは、商品の引渡しが行われ、占有が移転するのとほぼ同じタイミングで所有権が移転するが、商品の引渡しが行われても（占有権が買主に移転しても）、そのまま所有権が買主に移転しないようなケースもある。メーカーと小売との間などでみられる（代表的にはアパレル業界と百貨店の商慣習など）、委託販売、返品条件付買取り、消化仕入れなどがあり、このような特殊な契約形態についても理解しておく必要がある。

　委託販売とは、メーカーが商品の販売を小売に委託して販売してもらう契約形態である。遠隔地の消費者への販売などにみられる。受託者である小売は、商品を販売するつど手数料を徴収する。

　消化仕入れとは、小売が商品を販売した時点ではじめて、小売がメーカーから仕入れを行ったものとする契約形態である。いわゆる富山の薬売りに代表される取引である。

　返品条件付買取りとは、小売は仕入れ時に購入するが、売れ残った商品はメーカーに返品できる契約形態である。出版業界などに多くみられる。

　委託販売や消化仕入れなどは、メーカー側に販売価格の決定権があるとされているが、いずれの場合もメーカー側に所有権がある、つまり在庫を抱えるリスクを負担しなければならないということになる。

上記のような場合、売主は所有権が移転するまで在庫の資金負担が続く。このような商流と物流にズレが生じるような状態では運転資金ニーズは高いとみることができる。このように買主に占有が移転している在庫を担保として評価するかどうか、金融機関によっても判断が分かれると考えられ、ABLの提案機会としては大きなチャンスにもなろう。

2　業種別にみた実務上のポイント

(1)　農林水産業

　農林水産業は恒常的に運転資金を必要とする業種の代表例である。

　たとえばコメであれば、種をまくところから始まって、刈取りまで相当程度の期間が存在し、出荷時期に一度にキャッシュフローが実現する。運転資金ニーズが高いうえに、地方では農業が産業の重要な位置を占めることもあってか、地方の金融機関では比較的取組みが目立つ。しかしながらABLで生きものを担保にとることは慎重な判断が必要である。たとえば畜産業は、CCCが長期にわたるうえに、家畜の病気などリスクが高い。担保権者としての立場になることにかんがみれば、金融機関としては、処分可能性を含め、生きものを担保にとることは可能な限り避けるほうが賢明といえる。

(2)　建　設　業

　建設業も恒常的に運転資金に悩む業種の代表例である。工事代金は、工事の完成状況に伴って段階を分けて支払われるのが一般的であるが、金融機関にとって工事の完成段階を正確に見極めることは困難である。

　特に公共工事債権の場合、第三債務者である自治体が譲渡禁止特約をつける典型的な債権であり、債権流動化はむずかしいとされている。したがって公共工事などは、積極的に電子記録債権を利用することが望ましい案件の一つである。国や自治体、一部上場優良企業の支払債権は現金同等物といってよいほど信用力がある。こういう先に電子記録債権の利用をもちかけることはきわめて有効な活動である。

(3) 製造業

　製造業は、原材料の仕入れから始まって、完成品にするまで相当程度の期間が存在する業種である。完成品は卸売業や小売業への出荷に伴って売掛金へと変わる。トヨタのかんばん方式などは、在庫の削減を徹底的に減らした典型例であるが、下請企業など下のレイヤーになるに従って、発注に素早く対応するための原材料負担や部品の在庫負担などが重くなっていく。

　なお、下請企業と完成品メーカーとの契約関係では、完成品企業へのVMI倉庫に入庫してもなお、直ちに所有権が移転しない事例もあるとされ、物理的には手元を離れていても売掛金に変わらず資金負担を強いられるケースもある。このように製造工程の商流の各段階において、いつ所有権が移転するのか、そのためにどのような資金ニーズがあるのかを探ることが重要であろう。

(4) 卸売業

　卸売業は、商品の仕入れから始まって、小売店に販売するまで相当程度の期間が存在する業種である。商品は通常倉庫などに保管され、小売業への出荷に伴って売掛金へと変わる。ただし、小売業との力関係で、小売企業のほうが発言力が強い場合は、卸売業の資金負担が重くなる。商品を納入してもギリギリまで所有権が移転しないとなると、在庫が手元を離れてもなお資金負担は続く。このようなケースでは、小売企業との関係や小売企業の信用力でABLのニーズは高くなるだろう。

　卸売業は製造業と小売業の間に立って、物流・金融など多面的な機能を果たしてきた企業間金融の最大のプレイヤーである。ABLはまさにこの企業間金融のライバル商品として並び立てるかどうかが問われている。

(5) 小売業

　小売業は、通常エンドユーザーが現金で支払う業種である。したがって一般的には運転資金が発生しないが、在庫資金が発生する場合に運転資金が必要となる。取扱商品によっても異なるが、貴金属など高額で在庫回転率の低い商品を扱っている場合には、相応の額の資金調達が必要となる。

店頭在庫などを担保とする場合は、倉庫内のケースとは異なり、物理的に隔離されているわけではないため、商品の棄損・盗難などのリスクが存在する。一方、倉庫内に在庫があっても、複数の倉庫に分散している場合は担保処分の際の対応などが課題となりうる。また、賞味期限などが存在する商品は処分の際にスピードが命となるので、担保権実行の場合には注意が必要である。

ホームセンターなど業態によっては大きな在庫資金が発生するケースがある。担保管理コストなどを考えた場合、大規模小売業向けのABLは提案しやすいといえる。

(6) **サービス業・その他**

サービス業は、通常仕入れがない・在庫をもたないため、売掛金が発生する場合に運転資金が必要となる業種である。

事業内容によっても異なるが、売掛金が多数債権となる場合、第三債務者個々の信用力評価は困難であるが、大数の法則が働く場合には、安定した評価が得られる。小売業でも同様であるが、国や自治体など信用力の高い法人からの受注などは、電子記録債権による受取りが有効である。公共工事と同様に、このような債権をもつ企業は売掛金を電子記録債権にすることを勧めたい。

3 業種別データにみるABLの実績・可能性

(1) 経済産業省アンケート結果の状況

経済産業省の平成24年実態調査アンケートによれば、平成23年度に新規に実行されたABLの件数の業種別の内訳は、卸売業が約21％でトップ、続いて製造業が16％、サービス業が12％と続いており、過年度の調査結果と同様の傾向が続いていることが報告されている（図表25－2参照）。構造的な在庫負担が発生しているとみられる卸売業や製造業が上位にきていることがうかがえる。

なお、経済産業省の平成20年実態調査アンケートによれば、農林水産業の

図表25-2　ABLを実施した融資先の企業業種（件数ベース）

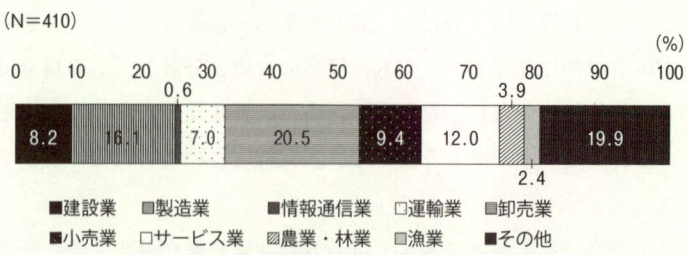

(N=410)

建設業	製造業	情報通信業	運輸業	卸売業	小売業	サービス業	農業・林業	漁業	その他
8.2	16.1	0.6	7.0	20.5	9.4	12.0	3.9	2.4	19.9

（出所）　株式会社三菱総合研究所「経済産業省平成24年度産業金融システムの構築及び整備調査委託事業『動産・債権担保融資普及のためのモデル契約等の作成と制度的課題等の調査』報告書」

図表25-3　ABLの利用意向（業種別）

Q12. Q10にある「メリット」やQ11にある「対応を求められる」事項をふまえ、今後、ABLの利用意向はございますか（N=3,853）。

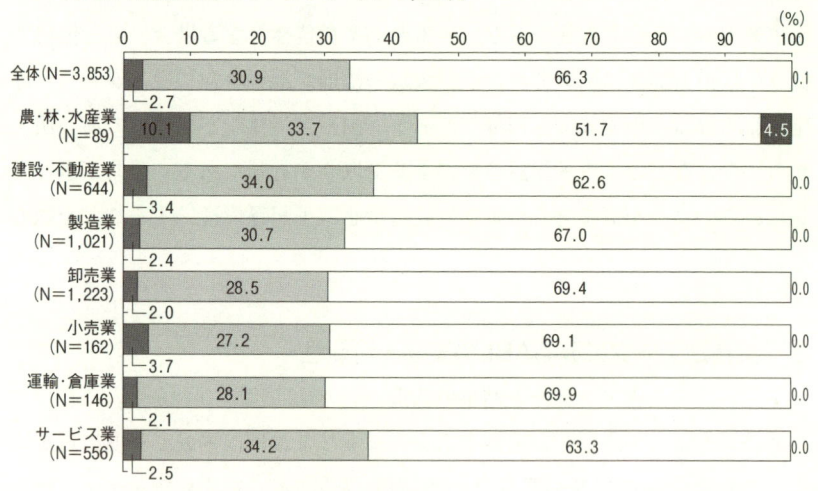

業種	①利用したい	②利用を検討してもよい	③利用しない	不明
全体 (N=3,853)	2.7	30.9	66.3	0.1
農・林・水産業 (N=89)	10.1	33.7	51.7	4.5
建設・不動産業 (N=644)	3.4	34.0	62.6	0.0
製造業 (N=1,021)	2.4	30.7	67.0	0.0
卸売業 (N=1,223)	2.0	28.5	69.4	0.0
小売業 (N=162)	3.7	27.2	69.1	0.0
運輸・倉庫業 (N=146)	2.1	28.1	69.9	0.0
サービス業 (N=556)	2.5	34.2	63.3	0.0

■①利用したい　□②利用を検討してもよい　□③利用しない　■不明

（出所）　株式会社野村総合研究所「経済産業省平成20年度ABLインフラ整備調査委託事業『ABLの普及・活用に関する調査研究』報告書」

利用意向が高い（図表25-3参照）。キャッシュフロー実現までの期間の長さが他業種に比べたニーズの高さにつながっているといってよいだろう。

(2) 資金繰りDI・借入難易度DIの状況

20年間の中小企業全業種の資金繰りDIと（短期・長期）借入難易度DIの推移について、これを大分類（製造業・建設業・卸売業・小売業・サービス業）の業種に分解すると、一貫して小売業のDIの数値が低くなっていることがわかる（図表25－4～6参照）。DIはあくまでも企業の印象であるから、現実の資金繰り負担や借入難易度とは異なる部分もあるが、ある程度の傾向は推測することが可能である。足元の状況はおおむねリーマンショック前の水準に戻っており、こういう時期こそ前向きな資金需要への対応としてのABLを提案していきたい。

(3) 業種区分よりビジネス構造

近時は「○○業」という形式で企業を区分することがむずかしくなってきているうえに、取扱商品も多岐にわたるようになってきている。企業を語るうえで「○○業」というカテゴリーだけでは表現しきれない企業が増加している。金融機関のCIFコードでもそれぞれの企業については一意の業種コー

図表25－4　中小企業の業種別資金繰りDI推移

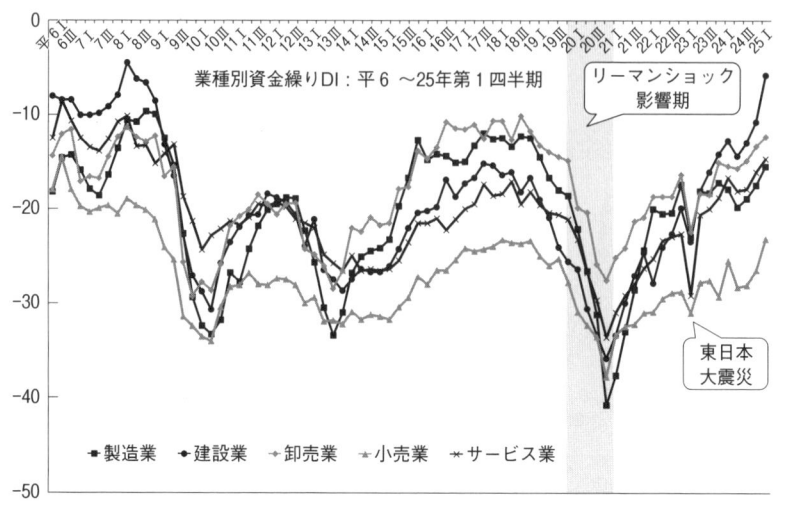

（出所）中小企業庁・独立行政法人中小企業基盤整備機構「中小企業景況調査」より筆者作成

図表25－5　中小企業の業種別短期資金借入難易度DI推移

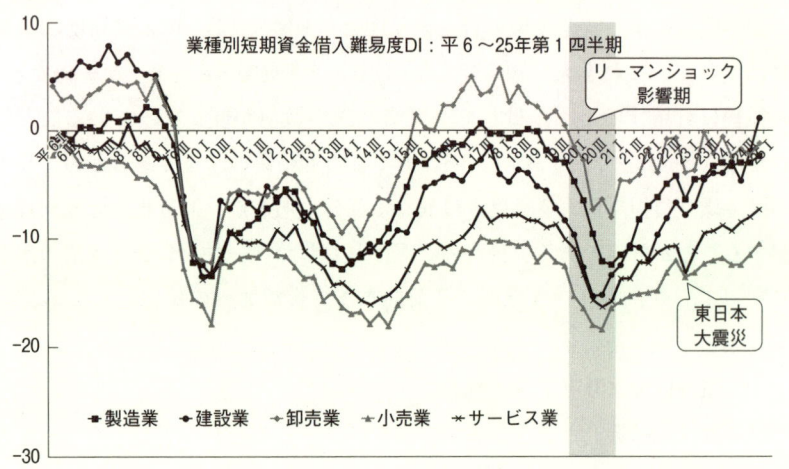

業種別短期資金借入難易度DI：平6～25年第1四半期

リーマンショック影響期

東日本大震災

製造業　建設業　卸売業　小売業　サービス業

（出所）　中小企業庁・独立行政法人中小企業基盤整備機構「中小企業景況調査」より筆者作成

図表25－6　中小企業の業種別長期資金借入難易度DI推移

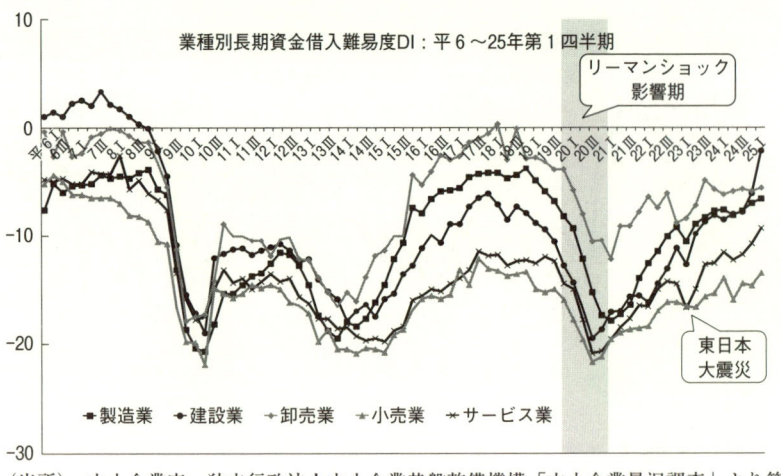

業種別長期資金借入難易度DI：平6～25年第1四半期

リーマンショック影響期

東日本大震災

製造業　建設業　卸売業　小売業　サービス業

（出所）　中小企業庁・独立行政法人中小企業基盤整備機構「中小企業景況調査」より筆者作成

ドが割り振られているはずだが、適切でないケースも散見される。ここまで大業種区分レベルでの解説を加えてきたが、個々の企業レベルでは必ずしも当てはまらないことも少なくないと思われる。業種区分よりも、個々の企業のビジネススタイルや商材特性、資金繰り構造に着目してABLを提案していくことが望まれる。

26 どのような債権や動産を扱う企業にABLを提案すればよいか

結論 債権は、第三債務者の信用力が高い債権が有効である。十分に分散されて大数の法則が働くような多数債権も信用リスクの観点からは有効である。

動産は、評価の観点では、価値の劣化・需給の状況などの変動要因があり、価値が持続する動産が有効である。また商品のライフサイクルも大きく影響する。一方、処分の観点では処分コストがポイントであり、管理の観点では、営業倉庫を利用していることが非常に有効である。

・・・・・・・・・・・・・・・・・ 解　　説 ・・・・・・・・・・・・・・・・・

1　ABL提案の適合性

(1)　担保価値の考え方

債権者からみた担保の機能は、貸出債権が履行不能となった場合に、担保権の実行により担保物件を換価し、貸出債権の回収を図ることにある。したがって、一般的には以下の二つを満たす担保が優れている。

① 回収の確実性が高いこと
② 処分が容易にできること

このように担保（または保全措置）は一義的にはデフォルト時の回収可能性を考えるのであるが、ABLの特徴をふまえた場合、以下のような条件を満たす担保が優れた担保であるといえる。

① キャッシュフロー実現の可能性が高いこと
② 評価できること（＝換価可能であること）
③ 換価が容易で換価価値が高いこと
④ 管理が適切な状態になされていること

これら四つの視点に沿って留意点を以下に解説する。特に動産については債権に比べて見過ごしがちな点がある。動産は、「債務者の状態×商品の価

値持続性」によって担保価値が大きく変動する。したがって債務者のデフォルトによって担保価値が大きく下落すること、動産という商品の特性上（賞味期限があるものなど）価値が短期間のうちに劣化することなどの特徴があることに留意する必要がある。一般的に汎用性の高い動産（原材料や、建設機械など）などは担保価値が高い。

(2) **キャッシュフローの視点**

ABLの考え方は、キャッシュフローの生成過程を把握することがポイントであるから、基本的にキャッシュフローを生む資産を担保とすることが望ましい。債権はそのような意味で動産に比べて担保として有効である。一方、キャッシュフローをまったく生まない動産であっても、換価価値が高ければ担保として十分有効である。

(3) **評価の視点**

評価の視点では、動産特有のリスクについて注意が必要である。担保としてリスクが高い動産の代表例は、家畜・生きものと農産物があげられる。家畜は病気や伝染病のリスクが常につきまとう。口蹄疫や鳥インフルエンザの事件はいまだに記憶に新しい。ABLを実行する以上、担保権者としての責任もあるため、担保取得については慎重な姿勢が必要である。また農産物も風水害などからのリスクは避けられない。むろん、これらの動産を扱う企業の資金需要は旺盛であることから、本当に担保取得しないと融資ができないのか、担保を取得する場合には、いざというときの対応を含め、処分ルートの確保や代替育成手段の確保などのリスクヘッジを行っておくことが肝要である。

(4) **処分の視点**

処分の視点では、換価価値が十分あっても引取りに際しての費用が高くつくことがある。工場内の設備・機械などは、評価はできても処分時に多大なコストがかかるケースがあるため注意が必要である。したがってその設備・機械が簡単に動かせるものか、運べるものかといった観点も考慮する必要がある。一方、クレーンなどの建設機器類、印刷機器類などは東南アジアでも

よく買い手がつく。国内市場では換価価値が低くても、海外市場では十分な換価が可能なものもあるため、買取業者などによく相談するとよいだろう。

(5) 管理の視点

　管理の視点では、担保物件が格納されている倉庫が自社倉庫か営業倉庫かという点は大きなポイントである。営業倉庫の場合、荷主と営業倉庫との寄託契約によって商品は寄託される。商品は物理的に債務者の手元を離れ、第三者のもとに保管されることになる。営業倉庫は通常荷主からの出荷指示に基づいて商品を出荷するため、悪意のある担保物の移転などの行為を完全に防止することはできないが、たとえば通常の営業レベルをはるかに超えるような出荷指示が出たときには、担保権者として出荷停止をかけるようなコベナンツ条項を盛り込むといった対応が可能である。また営業倉庫はどのような商品がどの程度の期間で通常出荷されるかといった情報も保有・管理しており、滞留在庫化しそうな状況をリアルタイムにチェックすることも可能である。担保管理という面では、営業倉庫の情報管理機能を存分に発揮できるメリットがある。

　また営業倉庫では、入出荷の情報などはおおむねシステム管理されているため、数量に関する情報は正確で信頼できるといってよいだろう。営業倉庫に支払う寄託料は商事留置権の対象であり、通常営業倉庫のほうでも信用リスクの観点から荷主が寄託する荷物の内容は確実に把握している。このため、在庫数量に関してはごまかしがききにくい、つまり粉飾が行われにくい。ある動産評価会社のこれまでの評価案件の実績では、営業倉庫で粉飾が発覚した事例は一度もないということである。また冷蔵倉庫・冷凍倉庫に格納する商品は、きちんとした温度管理・品質管理が商品の命である。倉庫内の清掃管理なども含め、自社倉庫に比べると営業倉庫での管理は商品の品質保持の観点で大きなメリットがあるといえよう。

2　実務上のポイント

(1)　債権の留意点

債権担保としてポピュラーなものとしては、通常の売掛金のほかに工事代金債権や診療報酬債権などがある。リース債権やローン債権などの貸出債権も債権担保として使われているし、ゴルフ会員権や入居保証金なども担保として利用されることがある。

債権担保として望ましいのは、第三債務者の信用力が高い債権である。国、地方自治体、優良企業などデフォルト率が低い支払人が債務者である債権ほどよい担保といえる。公共工事代金債権などは本来担保として優良である。一方で、支払期日までの信用リスクが問題となることから、支払期日までの時間の長さも担保としての判断基準となる。

留意点としては、不良債権や架空債権のほか、先行譲渡の有無、隠れた譲渡禁止特約などがある。

(2)　動産の留意点

動産は債権に比べると一般的にキャッシュフロー実現までの時間が長いこと、第三債務者がいないことなどから、考慮すべきポイントがいくつかある。

① 価値の劣化速度

動産特に商品や製品は時間とともに劣化するものが多い。劣化の要因としては、品質や性能の低下のほかに、流行や需給バランスが考えられるが、価値がほとんど低下しないような希少価値をもった商品や常に一定数量の需要がある商品は担保として優良である。たとえば、コメなどは常に安定的な評価が得られやすい。

逆に季節商品のようなものは価値の下落が激しくなる。典型例がアパレルである。あるシーズンを過ぎてしまうと、もはや翌年のシーズンまでとっておくことはむずかしい。特に流行を追うようなアパレルは顕著である。昨今のアパレル業界は、株式会社ユニクロに代表されるように、商品企画から製造まで大量生産したものを短期間で売りきってしまうビジネススタイルが主

流である。従来型のアパレルメーカーなどは、このスピード感についていけないと大量の在庫を抱えて苦しむことになる。

　半導体関連製品のように、業界全体の変革スピードが圧倒的に速い製品も要注意である。デジタル家電製品など製品としての寿命が長続きしない宿命をもった商品は、担保としての評価がむずかしい。

　一方、お茶などは、昨今冷凍技術の革新が進み、ほとんど品質を劣化させることなく5年、10年と管理することができるようになっている。このように冷凍技術などで品質保持できるような商品は担保価値があるといえるだろう。

② 需給の状況

　商品としてはあまり販売量が多くないものでも、定期的にある数量が販売されるような商品は担保として安定性がある。たとえば、地球儀などはあまり多く売れるものではないが、入学シーズンなどには一定の販売量が見込まれる。需要に見合った生産量しかなければ滞留在庫や死蔵在庫になるリスクは低くなる。需給のバランスが大きく変動しない商品は担保としては優良の部類に入るといえるだろう。

③ 単　　価

　単価の高い商品は、一般的にいって希少価値が認められていることもあり、担保になりやすいといえる。代表的な例は貴金属類である。ただし、貴金属類など高額商品は在庫滞留期間も長くなることが多いため、在庫資金負担は大きくなる。

④ 希少価値とライフスタイルの変化

　商品の希少価値が認められている商品は価値が下がらない。ゲームやフィギュアなどの玩具、工芸品などは海外でも人気がある。

　一方で日本ならではの漆器、陶器など各地で伝統工芸品・名産品と呼ばれる製品は苦戦している。陶器も、圧倒的に価値の高い超一流品は売れても、日常用品は売れ残っているのが現実である。家具なども慢性的な不況商品である。ソファなどは比較的売れ行きがよいが、店頭在庫はすべて中古品にな

ってしまうのが通例である。

これらの商品に共通している問題は、日本人の生活習慣の変化などであろう。洋食器の使用や家具を必要としないライフスタイルなどが浸透してきた結果でもある。これらの消費者のライフスタイルにあわなくなってきた商品の販売戦略をどうするのかが大きな課題といえよう。

⑤ 地域性

全国的には大きな需要がなくても、ある特定の地域では根強い需要があるような製品は担保としての価値もあると考えられる。日本瓦などはよい例である。

⑥ 汎用性と仕掛品

汎用性の高い（さまざまな用途で使用可能な）動産は処分が容易である。原材料や汎用性の高い建設機械・工作機械などは担保として適しているケースが多いといえよう。

仕掛品はそれ自体では事実上担保としては機能しない。しかし仕掛品だけを担保にすることは考えにくく、原材料から製品まで一貫して担保にとることが一般的であろう。仕掛品を製品に完成させるまでの工程の代替機能があるかどうかによっては評価が可能な場合もある。

(3) 経済産業省アンケート結果の状況

経済産業省平成24年実態把握アンケートによれば、平成23年度中の新規実行案件のうち、件数として目立つものは、設備、家畜、衣料品、酒類、食品などである（図表26－1参照）。設備や酒類、食品でも加工食品などは、比較的担保特性を備えていると考えられるが、家畜、衣料品、生鮮食品などは、やや担保としてのリスクが高いこともあり、担保取得時の判断は慎重にすべきである。

図表26－1　動産担保種類別の実績（平成23年度中新規実行案件）

動産の種類		件数	実行額	1件当り実行額
設備	工作機械、建設機械	17	12億8,900万円	7,600万円
	業務用車両	14	1億900万円	800万円
	その他設備	64	60億9,900万円	9,500万円
機器	厨房機器	—	—	—
	医療機器	4	4億700万円	1億200万円
	OA機器、什器等	—	—	—
	介護機器	—	—	—
	その他の機器	17	4億4,000万円	2,600万円
原材料	鉄、非鉄、貴金属	20	99億1,600万円	4億9,600万円
	天然素材（羊毛、繭、羽毛等）	2	10億7,000万円	5億3,500万円
	家畜（肉用牛、豚等）	82	109億2,600万円	1億3,300万円
	家畜（生産用）	1	4,200万円	4,200万円
	冷凍水産物（マグロ、エビ等）	23	76億2,300万円	3億3,100万円
	その他の原材料	54	72億7,400万円	1億3,500万円
仕掛品		11	104億3,400万円	9億4,900万円
製品	衣料品	43	81億9,000万円	1億9,000万円
	ブランド品（時計、バッグ、化粧品等）	20	11億8,600万円	5,900万円
	酒類（清酒、ワイン等）	60	8億4,300万円	1,400万円
	食品（冷凍食品、加工食品等）	98	74億9,100万円	7,600万円
	家電	4	133億5,000万円	33億3,800万円
	DIY用品	8	7億8,300万円	9,800万円
	自動車	8	29億600万円	3億6,300万円
	楽器	1	2,100万円	2,100万円
	その他の製品	100	156億4,700万円	1億5,600万円

（出所）　株式会社三菱総合研究所「経済産業省平成24年度産業金融システムの構築及び整備調査委託事業『動産・債権担保融資普及のためのモデル契約等の作成と制度的課題等の調査』報告書」

27 どのようなライフサイクルの状態にある企業にABLを提案すればよいか

結論 ABLは企業のライフサイクルを問わない。

ABLが本来の機能発揮を期待されているのは、創業期や成長期など、運転資金ニーズが増加したり設備投資が積極的に行われている時期である。事業の拡大に資金調達が追いつかないような企業は流動資産の早期資金化ニーズが高い。

一方成熟期であっても、一時的な業績悪化に伴い借入れに保全措置が必要な状況ではABLを検討するニーズはあろう。事業再生局面でもABLを利用することはできる。

──────────── 解　説 ────────────

1　企業ライフサイクル理論

(1)　**製品ライフサイクル**

企業のライフサイクルの考え方のもとになっているものが、製品ライフサイクルの考え方である。製品ライフサイクルとは、マーケティングで用いられる用語で、製品が市場に出てから退出するまでの時間のことを指している。製品には寿命があり、その期間は、導入期、成長期、成熟期、衰退期に分かれ、それぞれの段階に適した戦略が必要となるという考え方である。

(2)　**企業のライフサイクル**

企業も製品と同じように寿命があるという前提に立って、栄枯盛衰を繰り返す存在であるという考え方が企業ライフサイクル理論である（図表27－1参照）。企業も製品と同じように、創業期、成長期、成熟期、衰退期などに分けることができ、ライフサイクルそれぞれの状態に応じた経営戦略や財務戦略が必要であり、時宜にあわせた資金調達ニーズがあると考えられている。

ライフサイクルを形式的に定義できるわけではないが、創業時からの年数

図表27−1　企業ライフサイクル理論

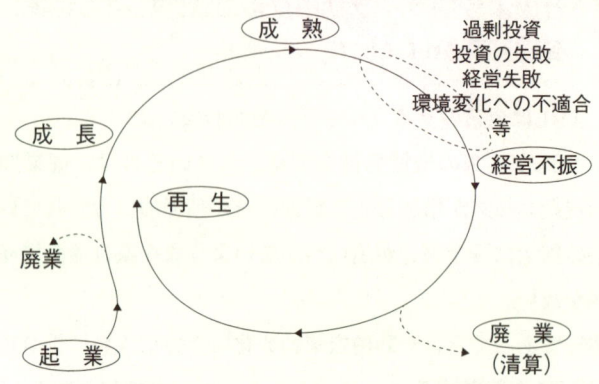

```
                    成　熟
                           過剰投資
                           投資の失敗
                           経営失敗
                           環境変化への不適合
  成　長                   等
                           経営不振
          再　生

     廃業

   起業                    廃　業
                           （清算）
```

（出所）　小野伸一「企業のライフサイクルと株式価値、企業価
　　　値、経済成長」『立法と調査』No. 298（参議院）

と事業規模のトレンドなどから区別するのが一般的である。

(3)　**ライフサイクルに応じた資金調達の局面**

　企業にはライフサイクルの状態に応じた資金調達のニーズがあると考えられる。長いトレンドでみた場合、上り調子の時期には前向きな資金ニーズが高くなり、下り調子の時期には後ろ向きな資金ニーズが高くなってくると考えられる。いずれも金融機関の与信判断がむずかしくなるときである。上り調子の時は、事業の拡大に社内のリソースや資金調達がついていかない可能性がある。一方、下り調子の時は、過剰設備の負担大、投資の失敗、事業構造の変化など経営状態に変化がみられ、円滑な資金調達がむずかしくなる。

　既存の取引先にABLを提案していくことを考えると、最初は、現状の繰り回しに難がある、保全不足に陥っているなど信用リスク管理面で不安を抱えている企業に提案を行っていくことのほうが多いと思われるが、徐々にABLの本来の機能が働く局面での取組みが望まれる。

2 ABL提案の適合性

(1) 創業期

　たとえば決算期を二期経ていない企業は自己査定上おのずと要注意先となるが、このような企業であって、ビジネスの発展が今後着実に見込めるということであれば、ABLを検討する余地があろう。特にビジネスの形態やビジネスそのものが新しい場合、融資に躊躇する金融機関もあるだろうが、本来はこのような先に資金を供給していくことが金融機関としての使命ともいえるだろう。創業期の場合は、資金調達よりもビジネスアイデアなどで頓挫することも多々みられる。貸出の提案ばかりでなく資金負担を軽くするビジネスモデル構築のアドバイスも必要であろう。

(2) 成長期

　成長期はABLを活用する可能性が最も高いステージである。企業が発展していくときに必要な資金を提供できることが最も付加価値が高い。このような局面では、貸出の実行＝売上げの増加に直結していると考えれば、資金調達コストは販売コストの一部としてとらえることもできるはずである。このような発想ができる経営者であれば、数％の金利負担などは安いと感じてもらえる可能性が高い。

　増加運転資金に資金繰りがついていかずに、結果的に無謀な拡大路線の破綻や黒字倒産が発生することもあるので、担保があるから資金繰りがつくという安易な気持ちを与えないことも大切である。

(3) 成熟期

　成熟期の企業は、事業もおおむね安定し、金融機関との関係も無難な繰り回しができている状態である。このような時期の企業にいきなりABLの話をもちかけても違和感を与える可能性が高い。このような踊り場的な時期でありながら、経営状態に変化がみられた時がABL提案のチャンスであろう。

　この時期は金融機関からみれば、長年の付合いのなかである程度企業に対する評価が定まってきているものと考えられる。定性面では比較的もちかけやすい企業群といえるが、すぐにABLの提案を行うのではなく、当面は

ABLの理解・普及に努めたい。

(4) 衰退期

　衰退期の企業は、いずれ最終的にどのような選択をするのか決断を迫られるステージに差しかかっている状態にある。しかし衰退期の企業を一律に廃れていくものと決めつけるのではなく、カムバックできるのかできないのか、よく企業と対話を行っていく必要がある。また企業は決断するために何を待っているのかをくみ取って、経営者の背中をうまく押す方法も考える必要があるだろう。

　昨今では単純に事業を終了させるほかに、M＆Aなどの手法もポピュラーになってきている。事業再生におけるDIPファイナンスや、レバレッジド・ファイナンスにおいてABLが活用される事例は今後はふえていくものと思われる。運転資金さえあれば事業を継続し再び成長企業に戻れるのに、担保がないために追加支援を得られず衰退したまま廃業に追い込まれるような企業をABLで救うことを検討すべきである。かりに企業としての終焉を迎える結果になったとしても、円満なかたちでエンディングを迎えられるように資金繰りをつけることは金融機関として必要な責務といえよう。

3　実務上の留意点

　前述のとおり、ABLは企業のライフサイクルを問わない。ABLは既存の保全措置では担保余力がない、保全バランスに欠ける企業が最初のターゲット層になると思われる。同じライフサイクルの企業であっても、一律にABLのニーズが高いというわけではないだろう。つまり企業のライフサイクルとは別に、企業の経営状態を上り坂の局面と下り坂の局面に分けたうえで、ABLのニーズが高いか否かを考えることができる（図表27－2参照）。

(1) 上り坂の局面

　ここで上り坂の局面というのは、必ずしも創業期や成長期のことばかりではない。成熟期や衰退期であっても、環境要因や内部要因などによって一時的に上り坂の局面を迎えるときがある。つまり景気の変動のほかに、取扱商

図表27−2　企業のステージと資金調達の困難性

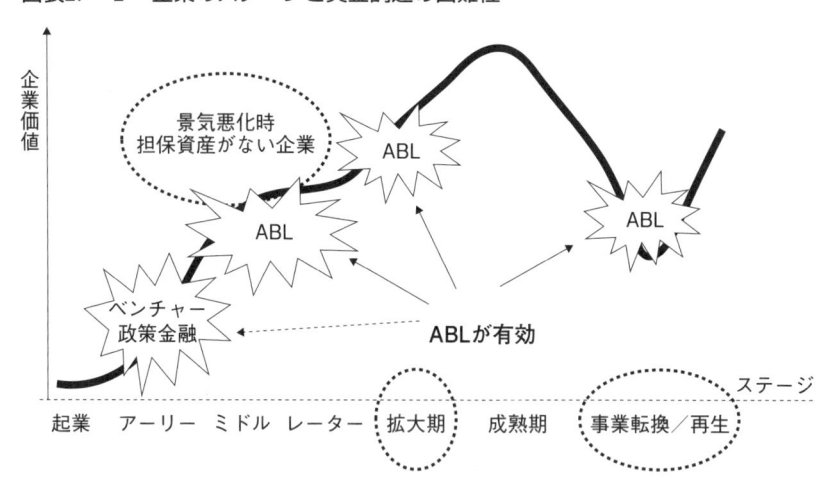

(出所)　ABL研究会「ABL研究会報告書」

品の成功や事業転換などがうまくいったなど、さまざまな試練を乗り越えて企業が成長軌道に乗るときもある。このような企業の変革を逃さず、成長企業として再認識し、必要な資金需要に応えていくことは産業金融業務の醍醐味である。

(2) **下り坂の局面**

逆に下り坂の局面というのは、必ずしも成熟期や衰退期のことばかりではない。成長期の企業であっても、環境要因や内部要因などで業績が踊り場になることもある。つまり企業というのは、一時的あるいは一定期間資金ショートが発生し、資金需要が高まるときが必ずあるということである。このような企業の苦境時期にもABLは役に立つ。

以上のように、企業にはライフサイクルがあるとともに、そのライフサイクルのなかではさまざまな環境要因や内部要因によって変動が生じている。その企業経営にとって潮目が生じているタイミングを逃さずに、さまざまな資金繰りの円滑化の提案を行っていくか。そのチャンスを生かすか逃すかが、企業と金融機関との取引深化のターニングポイントとなるだろう。

第1章　マーケティング　193

(3) 経済産業省アンケート結果の状況

経済産業省の平成24年実態調査アンケートによれば、平成23年度中に新規実行した企業のイメージでは、成熟期にある企業が51％とトップになり、衰退期にある企業40％、発展期にある企業25％と続いていると報告されている（図表27－3参照）。一方で、創業期や再生期にある企業は少なくなっている。

プロパー高比率群の金融機関の案件との差異は非常に興味深い。プロパー高比率群の金融機関は、衰退期にある企業の案件は全体に比べて少ないが、再生期にある企業に対する案件は全体に比べて高くなっており、発展期にある企業への案件も数多く手がけていることがうかがえる。それだけABLに対する理解が進んでいると考えることもできよう。

逆にプロパー低比率群の金融機関は、その反対の行動をとっているということになるから、衰退期にある企業の案件は多いが、再生期にある企業の案件は少ないということがいえる。

図表27－3　ABLを実施した主な取引先企業のイメージ

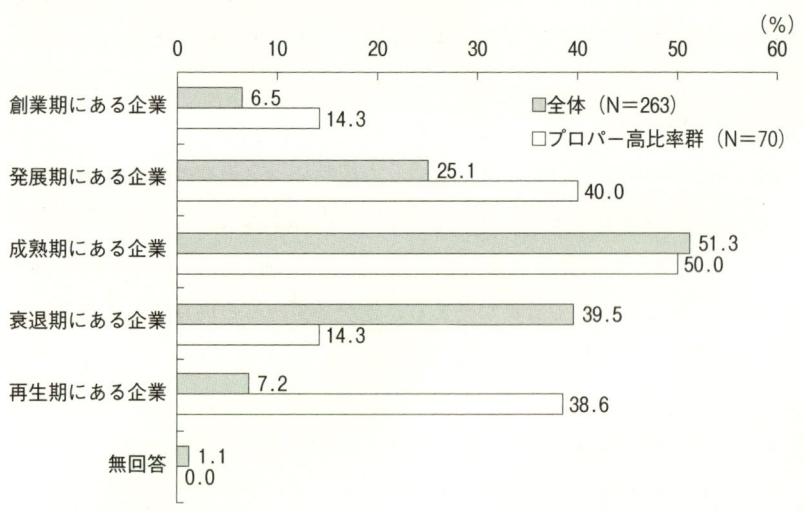

企業イメージ	全体（N＝263）	プロパー高比率群（N＝70）
創業期にある企業	6.5	14.3
発展期にある企業	25.1	40.0
成熟期にある企業	51.3	50.0
衰退期にある企業	39.5	14.3
再生期にある企業	7.2	38.6
無回答	1.1	0.0

（出所）　株式会社三菱総合研究所「経済産業省平成24年度産業金融システムの構築及び整備調査委託事業『動産・債権担保融資普及のためのモデル契約等の作成と制度的課題等の調査』報告書」

成熟期や衰退期の企業が多いのは、まずは企業然としているか、一定の信用力を有していると判断できる企業などにセールスにいっていることからであろう。ABLを提案できるだけのリレーションシップがあるかどうかという点がポイントでもある。

　また再生期にある企業へのABLが多いということは、経営支援先への活用が進んでいるということでもある。創業期や発展期における企業への「活き金」となる前向きなABL案件をどれだけふやしていけるか、今後の金融機関の課題であろう。

28 企業にとってABLのメリットにはどのようなものがあるか

結論 ABLが今後広く浸透していくためには、債務者にとっての経済的なメリットが必要である。

　資金調達余力の拡大や安定的な資金調達の確保というのは当然のことだが、ABLによるタイムリーな調達によっていままでむずかしかった受注が可能になり、金利など多少のコストは吸収できる点などをメリットとして訴求していくことが有効と考えられる。

·········· 解　説 ··········

1　債務者にとってのメリット

(1) 債務者の経済的メリットの充足

　まだABLに対する期待値が低い現状では、さしあたって債務者に経済的なメリットを感じてもらうことが普及のためには最も有効であろう。あわせて経済産業省の平成20年実態調査アンケートでみられた、不動産担保や個人保証が不要となるという期待についての結果についても再考の余地がある。以下、債務者にとってメリットと考えられる内容について解説する。

(2) 借入金額

　まずは借入金額や極度枠の増加である。日常の繰り回しについては問題はないが、もう少し売上げを伸ばしたい場合に、現状の不動産担保などの保全措置だけでは追加の借入れがむずかしい、というようなシーンでの使われ方が最も理想的であろう。

　借入れそのものがむずかしい状況になったときにもABLには期待できる。もちろん事業再生ができずに企業を畳まなければならないときもあるだろうが、従業員などにきちんと給与を支払い、債務者に多大な迷惑をかけることなく、また経営者の将来の生活を確保したうえで、円満に企業を畳むことができれば融資を実行できたということには大きな意味があったと考えるべき

である。

(3) 借入金利

　次に借入金利の低下である。残念ながら昨今の金利環境下では、なかなかメリットを感じてもらえるようなケースは多くはないだろう。もっともたとえば10%を超えるような金利でなければ借入れができないような企業であれば、ABLはおおいに意味がある。売上拡大に直結しているような資金需要であれば、それは金利ではなく販売コストととらえることも可能である。

　またABL実行に際して発生する担保評価などのコストをある程度抑えたり、実行後の報告の手間などをある程度簡素化するなど、債務者の状況を考慮したスキームを組み立てることができればかなりの満足度はあるだろう。債権や動産の譲渡登記にかかる登録免許税の安さについてもきちんと債務者に説明しておきたい。ABLで資金調達した結果、売上げや利益が相応に見込めるので、コストを十分吸収できるといった概算損益を可視化して提案することができれば、企業からの納得も得られると考えられる。

(4) 安定的・機動的な資金調達

　最後に安定的・機動的な資金調達である。急に資金調達が必要になった場合にタイムリーな融資判断が行われることは、それ自体に付加価値がある。大量に仕入れできるチャンスがめぐってきた場合や、急に資金調達が必要になるケースなど、想定外のケースの時や融資判断に時間がかかりそうな案件の時に、どれだけ早く審査部門の承諾を得られるかが、担当者の腕の見せ所であり付加価値である。

(5) 財務諸表には表れない強み・弱みの発見

　企業は自社の強み・弱みを客観的に分析できているとは限らず、むしろみえていないことが多い。企業を外側からみる金融機関だからこそこのようなポイントをきちんと伝えたいものである。またそのような客観的な見方を企業に伝えて、企業自身で強みや弱みを再発見してもらうことも重要な営業活動である。金融庁の監督指針では、新規融資の積極的な取組みにあたっては、信用格付に使用するスコアリングに偏重することのないよう、定性評価

を重要視するとされている。どうやって企業の成長発展の支援を行っていくか、そのための事業評価であり、そのためのABLであるという取組姿勢が求められているといえよう。

そのような活動の結果、企業の独自性・強みが広い意味で担保になりうると考えるべきである。実務的にはむずかしいといわれる知的財産を含む知的資産の評価による融資などにもよい影響を与えるものと思われる。

2　アンケート結果と分析

以下において経済産業省の平成24年実態調査アンケートから、企業や経営者の意見を考察する。

図表28－1　ABLに期待するメリット

Q10. ABLによる資金調達は、以下のメリットが期待できます。魅力的であると思われるメリットを選択してください（N＝3,853）。

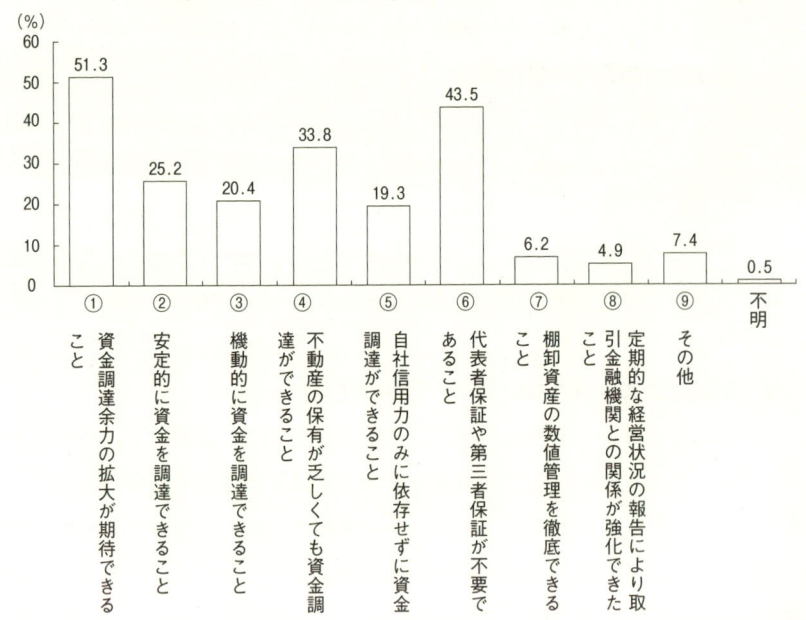

項目	%
① 資金調達余力の拡大が期待できること	51.3
② 安定的に資金を調達できること	25.2
③ 機動的に資金を調達できること	20.4
④ 不動産の保有が乏しくても資金調達ができること	33.8
⑤ 自社信用力のみに依存せずに資金調達ができること	19.3
⑥ 代表者保証や第三者保証が不要であること	43.5
⑦ 棚卸資産の数値管理を徹底できること	6.2
⑧ 定期的な経営状況の報告により取引金融機関との関係が強化できたこと	4.9
⑨ その他	7.4
不明	0.5

（出所）　株式会社野村総合研究所「経済産業省平成20年度ABLインフラ整備調査委託事業『ABLの普及・活用に関する調査研究』報告書」

(1) 事前期待

　実際にABLを利用した企業が感じたメリットをみる前に、まだABLを利用していない企業が期待しているメリットは、図表28-1のとおりである。トップは資金調達余力の拡大で約50％、以下代表者保証や第三者保証不要、不動産、安定調達と続く。調達余力の拡大がトップなのは当然の結果として、2番目は代表者保証や第三者保証が不要の約44％となっているのは注目すべきである。なかんずく代表者・第三者保証の要否についてはかなり期待値が大きいことがわかる。

図表28-2　ABLのメリット

Q8．ABLによる資金調達のメリットをご回答ください（N=85）。

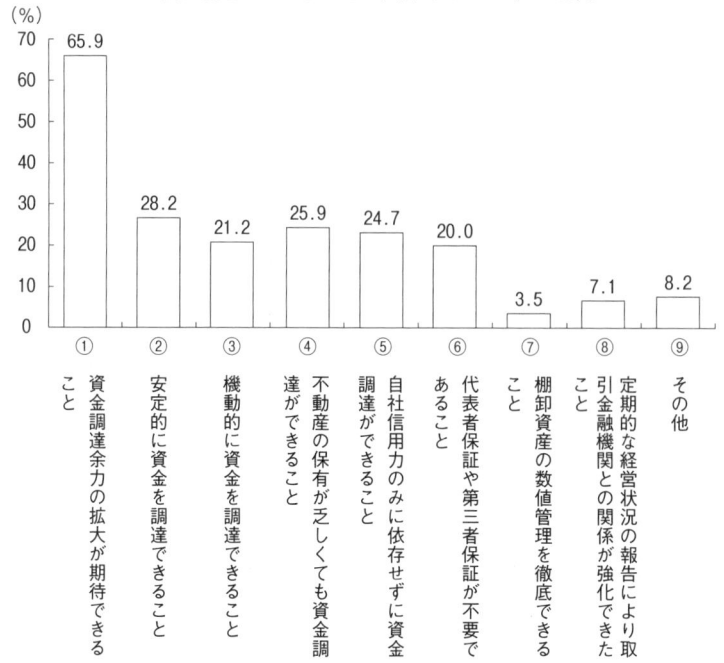

①	②	③	④	⑤	⑥	⑦	⑧	⑨
65.9	28.2	21.2	25.9	24.7	20.0	3.5	7.1	8.2
資金調達余力の拡大が期待できること	安定的に資金を調達できること	機動的に資金を調達できること	不動産の保有が乏しくても資金調達ができること	自社信用力のみに依存せずに資金調達ができること	代表者保証や第三者保証が不要であること	棚卸資産の数値管理を徹底できること	定期的な経営状況の報告により取引金融機関との関係が強化できたこと	その他

（出所）　株式会社野村総合研究所「経済産業省平成20年度ABLインフラ整備調査委託事業『ABLの普及・活用に関する調査研究』報告書」

⑵ **事後評価**

逆に実際にABLを利用した企業が感じたメリットは、図表28－2のとおりである。資金調達余力の拡大がトップであることは変わりないが、以下は安定調達、不動産、自社の信用力に依存しない資金調達と続く。資金調達の余力の拡大はさらにポイントが上がって約66％となっている一方、事前期待では高かった代表者・第三者保証不要は24ポイントも下がっている。

⑶ **比較分析**

アンケートは、同一企業に対する事前期待と事後評価ではないため、数値の比較を行うことはむずかしいが、二つのグラフを比較してみる。漫然と債務者企業のメリットについて考えるよりも、より具体的に仮説を立てる材料にはなるだろう。

二つのグラフの横軸の項目は同じであるため、事前期待と事後評価とを比べてみると、事前期待より事後評価のポイントが上がったのは、資金調達余力の拡大、安定調達、機動性、自社の信用力に依存しない資金調達である。一方、事後評価のポイントが下がったのは、個人保証と不動産担保である。特に代表者・第三者保証の要否は注目すべきポイントである。

これでみると、やはり借入金額や借入れにあたっての交渉に関するニーズは高いということがいえるだろう。また、その点についてABLには大きな魅力があるということでもある。

逆にどちらのアンケート結果でも低かったのは、棚卸資産の数値管理と金融機関との関係強化である。ここに企業と金融機関の間には意識のズレが生じていることがわかる。リレーションシップバンキング推進上、企業との関係強化が取組メリットのように宣伝されているが、当の企業はほとんど期待していないといってよいであろう。金融機関はもっと企業からの期待値を引き上げるための活動を地道に行っていかなければならない。顧客のビジネスについて興味・関心をもつことがまず何よりも重要である。

3　提案に向けた留意事項

(1)　アンケート結果からの考察

アンケート結果をみる限り、債務者にとってのメリットについては一にも二にも資金繰りということがいえる。不動産担保や個人保証の問題は残念ながら大きな満足につながっていない。しかし、企業の将来の発展を見据えた場合には、個人保証の問題については、今後も真摯に取り組んでいく必要があるものと思われる。

(2)　代表者の個人保証に関する問題

「不動産担保や個人保証に過度に依存しない融資」からの脱却を目指す政府と行政であるが、どちらも事後評価は事前の期待を下回っている。なかでも代表者の個人保証などは、長きにわたってさまざまなところで論じられているところ、いかに代表者にとって大きなプレッシャーになっているか、また代表者の期待が大きいかということの一端を示しているといえるだろう。

代表者保証がなくなっても、従業員の人生設計や取引先との付合いからなかなか会社をやめることを決断するのはむずかしいという現実はあるが、事業承継も大きな問題となっている昨今、会社を円滑にソフトランディングさせられるかどうかの大きな要因の一つではあろう。金融機関は、保全面にも増して経営への規律づけの面で代表者保証を重視してきたが、経営への規律づけを真剣に考えるならば、個人保証よりもむしろABLによって事業そのものへの説明責任を果たしてもらうことを提案することも一考と考える。

なお、平成25年12月に日本商工会議所と全国銀行協会を事務局とする経営者保証に関するガイドライン研究会により「経営者保証に関するガイドライン」が公表され、平成26年2月より施行されている。本ガイドラインは、中小企業経営者の保証契約時および保証履行時等における中小企業、経営者および金融機関による対応についての、自主的かつ自律的な準則として定められており、留意する必要がある。

(3)　既存の取引状況を含めた対応

ABLの提案を行う相手方はすでに融資取引がある場合が多いと思われる。

既債務者に対しては、代表者の個人保証や不動産の根抵当権などの保全措置が図られていることが一般的である。提案するABLの融資条件単体では提案する金融機関と企業との間では合理的であっても、既存の取引状況まで視野に入れた場合、企業の立場に立って、他の金融機関にも理解と納得を得られるような条件となっているかどうかは別問題である。

　特に既存根抵当権の扱いでは、融資金額と担保権がきちんと紐づけられているとは限らないだろう。ABLの担保は基本的に根担保であるから、与信額や信用リスクの大きさと担保を含む保全バランスについては、今後債権者間の調整の必要が増す局面もふえてくることが想定される。

29 企業にとってABLのデメリットにはどのようなものがあるか

結論 債務者にとってのデメリットは、現状では風評懸念・信用不安という問題、手間やコストなどの経済的な問題、仕組上の問題と大きく三つに分けることができる。

デメリットといっても、本当にデメリットの要因と、デメリットだと債務者が感じているだけの要因もある。

説明時に債務者の不安要因を取り除くとともに、解決可能なデメリットについては適切な対応を図ることが必要である。

―――――――――――― 解　説 ――――――――――――

1　債務者にとってのデメリット

本当に債務者にとってデメリットであるといえる要因と、単に債務者が不安に感じているだけではないかと思われる要因とがある。できる限りデメリットを小さくし、不安要因を取り除き、デメリットよりメリットのほうが大きいと感じてもらえるような努力が必要である。債務者にとってのデメリットはさまざまあるが、現状では風評懸念・信用不安という問題、手間やコストなどの経済的なデメリットの問題、仕組上のデメリットの問題と大きく三つに分けることができる。

(1) 風評懸念・信用不安

① 風評リスク

取引先企業から「売掛金や在庫を担保に入れるなんて、あそこは危ないのではないか」と噂を立てられるので、ABLはやりたくないとしてABLの提案を断られる金融機関があるという。おそらく世間体を気にする企業が心理的な抵抗感から、あるいはABLを体よく断るための便法として使っているのではとも思われるが、いずれにしても時間をかけて説明していくことが必要だろう。ABLを利用した企業に満足してもらうことで前向きの風評をつ

くりあげていくことも大切であり、金融機関全体で普及に努めていくことが求められる。

なお、債権や動産の譲渡登記の記載について、以前は商業登記に記載されていたが、平成17年の動産・債権譲渡特例法の改正により、現在は商業登記とは別の登記ファイルに記載されるようになっている。したがって、商業・法人登記簿謄本をみただけでは譲渡担保権の設定の有無はわからない。ただし、信用調査目的などで登記の有無について調べることは可能なので、これを完全に秘匿することはできない。

② 業績悪化時の対応

業績悪化により債務者区分が変更になったり、延滞など債務不履行になったからといって、直ちに担保物件を処分するものではない。またそうならないようにすることがABLの真骨頂である。

業績悪化ならまだしも、信用状態が悪くなればなるほど担保処分は慎重にならざるをえないし、いわゆる法的破綻状態での担保処分は換価価額がきわめて劣化することから、担保権者も現実に担保処分する状態に陥ることは避けたいというのが本音である。

そのあたりをふまえて金融機関の融資姿勢を伝えることが必要である。上席や部店長などからはっきりとした方針を伝えることも有効であろう。業績悪化に備えて在庫の早期流動化を打診するなどといった提案ができればベターである。

(2) コスト

① 借入時の費用（手数料）

外部評価会社への評価料が高額すぎて案件組成できないとするのはトータルコストの観点で問題がある。債務者が負担するコストには、評価料のほかに登記料の支払などがあり、金利を含めたトータルコストの見せ方ができているかどうかも重要である。不動産の根抵当権設定費用と比べた場合、債権譲渡登記と動産譲渡登記はいずれも7,500円（場合によっては1万5,000円）と安価である。

② 手間・手続の煩わしさ

　代表者がABLで資金調達を行うことを決断したといっても、実際の事務手続をするのは経理担当者である。最初の担保権設定時に譲渡登記を行ったり、債務者への通知などの担保設定手続には経理担当者に協力してもらうことも大切である。担保事務手続などは本部の積極的な営業店支援も必要であろう。

　金融機関への報告手続も煩わしさの要因の一つとしてあがっている。当初はできる限り現在使用している資料を使って、それを解明することに精を出すべきである。企業との間でこれでは不十分だという認識が共有されてきたときにあらためて見直しを行えば足りるだろう。

(3) 仕組みに起因する要因

① 過剰保全への懸念

　ABLを実行する場合の債務者の状態にもよるが、既存の担保に追加担保として債権や動産を差し入れる場合には、適正な保全バランスとするべきである。債務者にとっては売掛金や在庫などはまさに最後の砦なのであるから、金融機関自身による風評悪化を起こしてはならない。

② 担保物件と融資金額のアンマッチ

　融資金額に対して担保物件が分割できないために担保余力超過になってしまい、残りの資産を担保として利用できないという可能性がありうる。貸出基準額を用いたABLを実行するときは留意すべきであると思われる。

③ 金融機関による管理強化への不安

　金融機関において「顧客の囲い込み」といった表現をする場合があるが、通常顧客は金融機関に囲い込まれたくないと思うのが普通の感覚であろう。特に１行単独取引の場合は、その金融機関に融資を断られたら最後なのだから、よくよく慎重になる必要がある。

2 アンケート結果と分析

(1) 抵抗感

実際にABLを利用した企業が感じたデメリットをみる前に、まだABLを利用していない企業が抵抗感を感じているデメリットは、図表29-1のとおりである。売掛金の入金口座の特定、登記等の事務手続、金融機関への報告がほぼ38％で並んでいる。以下、手数料、風評懸念、金融機関の実地調査、コベナンツの遵守と続く。メリットと異なり、項目がさまざまあるようすがうかがえる。

(2) 事後評価

逆に実際にABLを利用した企業が感じたデメリットは、図表29-2のと

図表29-1 ABLに対する抵抗

Q11. ABLによる資金調達は、金融機関等との定期的な情報交流を行っていく必要があり、具体的には以下の対応を求められる可能性があります。抵抗を感じることについてご回答ください（N=3,853）。

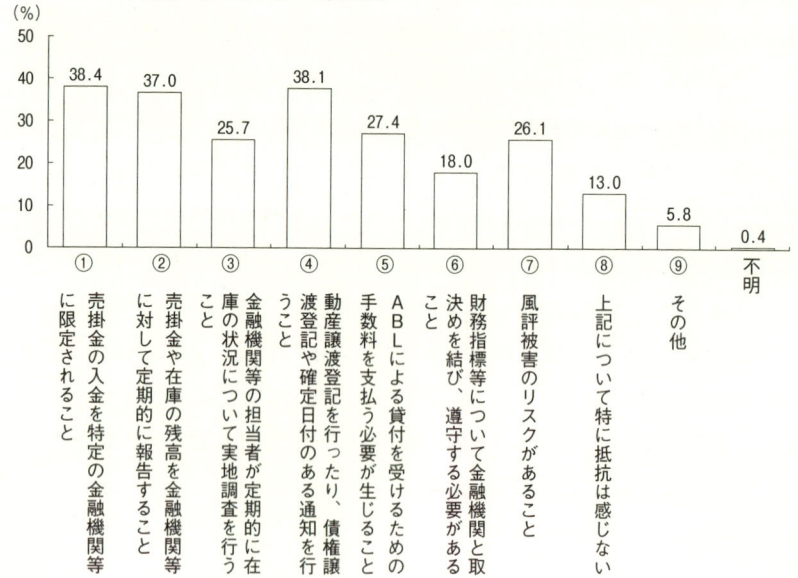

項目	割合(%)
① 売掛金の入金を特定の金融機関等に限定されること	38.4
② 売掛金や在庫の残高を金融機関に対して定期的に報告すること	37.0
③ 金融機関等の担当者が定期的に在庫の状況について実地調査を行うこと	25.7
④ 動産譲渡登記や確定日付のある通知を行うこと	38.1
⑤ ABLによる貸付を受けるための手数料を支払う必要が生じること、債権譲渡登記を行ったり	27.4
⑥ 財務指標等について金融機関と取決めを結び、遵守する必要があること	18.0
⑦ 風評被害のリスクがあること	26.1
⑧ 上記について特に抵抗は感じない	13.0
⑨ その他	5.8
不明	0.4

（出所）株式会社野村総合研究所「経済産業省平成20年度ABLインフラ整備調査委託事業『ABLの普及・活用に関する調査研究』報告書」

図表29－2　ABLのデメリット

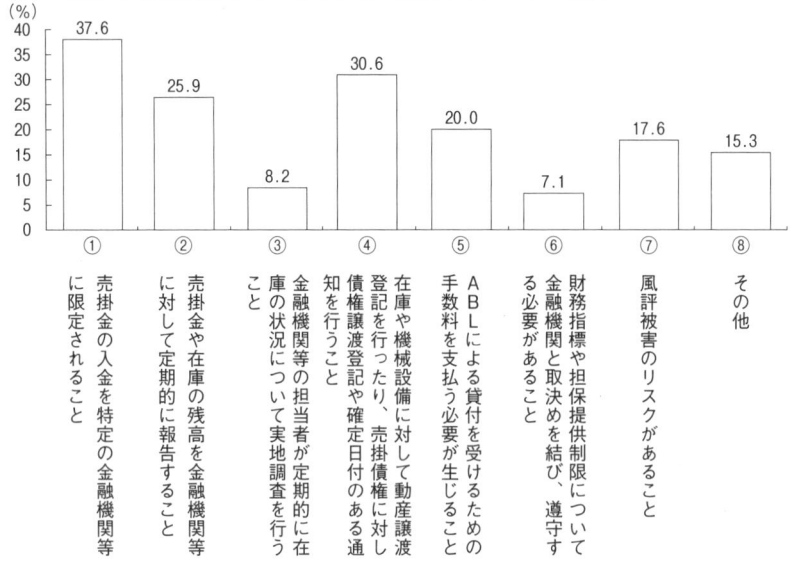

Q9．ABLによる資金調達のデメリットをご回答ください（N=85）。

	(%)
① 売掛金の入金を特定の金融機関等に限定されること	37.6
② 売掛金や在庫の残高を金融機関等に対して定期的に報告すること	25.9
③ 金融機関等の担当者が定期的に在庫の状況について実地調査を行うこと	8.2
④ 在庫や機械設備に対して動産譲渡登記を行ったり、売掛債権に対し債権譲渡登記や確定日付のある通知を行うこと	30.6
⑤ ABLによる貸付を受けるための手数料を支払う必要が生じること	20.0
⑥ 財務指標や担保提供制限について金融機関と取決めを結び、遵守する必要があること	7.1
⑦ 風評被害のリスクがあること	17.6
⑧ その他	15.3

（出所）　株式会社野村総合研究所「経済産業省平成20年度ABLインフラ整備調査委託事業『ABLの普及・活用に関する調査研究』報告書」

おりである。売掛金の入金口座の特定がトップなのは変わりない。以下、登記等の事務手続、金融機関への報告、手数料、風評懸念と続く。

　まだ債権担保融資しか利用のない企業が多いであろうから、売掛金の入金口座の特定がデメリットとして目立つところ、動産担保融資の利用企業がふえてくるとまた異なる要素も出てくる可能性があろう。

(3)　**比較分析**

　債務者にとってのメリットの場合と同様に、二つのグラフを見比べてみる。

　抵抗感と事後評価とを比べてみると、すべての項目で、抵抗感より事後評価のポイントが下がっている。したがって、仕組みなどについて丁寧に説明し、不安要因を取り除く努力をし、一度利用してみれば、思ったよりもデメリットではないという結果が得られそうである。

しかしながら、売掛金の入金口座の特定については、ほとんど変わらない結果に終わっている。これは債権担保融資の仕組上避けては通れない問題である。インターネットオークションなどでみられる、信頼のおける第三者を関与させて資金決済を担保するいわゆるエスクローサービスのような仕組みが構築できれば理想だが、経常的にABLで資金調達を図るといった仕組みを構築していない限り、金融機関の決済口座のなかにさまざまな支払口座と受取口座が混在している現状では、すぐに解決することはむずかしいものと思われる。ただし、これもたとえば決済代行会社を利用することで、事実上口座変更に近いスキームを構築することは可能である。

　一方、金融機関の実地調査については、ポイントが下がっている。おそらくABLの説明を受けた際に、企業は頻繁に在庫をみに来られると困るという印象をもっていたのではないだろうか。金融機関が在庫の実地調査に行くということが企業にとって大きなプレッシャーになっていることがわかる。逆にリスク管理の観点ではここは外せない大きなポイントになろう。コベナンツの遵守も大きくポイントが下がっている。かなり厳しい条項を付与する場合は格別、あまり通常と変わらないことを説明すれば抵抗感も減るのではないかと思われる。

　比較的よく語られる風評懸念については、事後評価では下がったとはいえ、まだ約18％の回答がみられた。この点はどのような業種・業界において具体的にどのような問題が発生したのか、分析が待たれるところである。

3　提案に向けた留意事項
(1)　アンケート結果からの考察

　アンケート結果をみる限り、現状債務者にとっての大きなデメリットは売掛金の入金口座の特定であろう。取引先の協力を得なければならないなど、企業側からみれば「いうほど簡単ではない」のがABLであると思われる。そのあたり債務者と取引先との関係についてもある程度理解をしていくことがノウハウの蓄積につながっていくものと思われる。

(2) **改善可能なデメリット**

　たとえば、金融機関への定期的な報告などはシステムなどの活用を図る余地があると考えられる。うがった見方をすれば、生のデータを報告するわけにはいかず、報告用の加工が必要でその手間がかかるということなのかもしれないという懸念も生じる。

　手数料についても引下げの努力と説明が必要であろう。手数料はおおむね担保評価料のことだと思われるが、精緻な担保評価が必要なケースとそうでないケースを区別するなど、融資金額のロットなどに応じたメリハリをつけることが有効であろう。

30 ABLの取組み・説明にあたり、最初に留意すべき点は何か

[結論] 現状、ABLを望む企業は少ない。まず金融機関との信頼関係の強化を真に望んでいる企業がどれほどあるかについて真剣に考える必要がある。

ABLがリレーションシップバンキング推進に有効であるといっても、金融機関の意識と企業の意識にギャップがあるうちはおそらくABLの残高はふえないだろう。

ABLを推進する前に、企業の実態把握の強化を図ることが重要である。実態把握が進めばおのずとABLの残高はふえるものと考えられる。

・・・・・・・・・・・・・・・・・・・・・・・ 解　説 ・・・・・・・・・・・・・・・・・・・・・・・

1　ABLの利用状況

(1)　アンケート結果からの考察

ABLの残高が伸びないのには、理由がある。経済産業省の平成20年実態調査アンケートにあるABLの利用意向をみると、ABLを利用したことがない企業のうち、ABLを利用したい企業の割合は、わずか3％に満たない。利用しないとはっきり答えている企業の割合は約66％、約3分の2を占める（図表30－1参照）。業種別では、農林水産業の利用意向がいくぶん高いが、それでも他業種に比べて圧倒的とはいえず、利用の意向は半数に達していない（図表30－2参照）。

3分の2を占める企業がABLを利用しない理由は、他の資金調達方法で間に合っているから、資金調達へのニーズがないからといったものが大宗である（図表30－3参照）。これではいくら不動産や保証に依存しない融資としてABLが有効であるといってもABLの残高がふえるとは期待しづらい。

むろんアンケート実施時から時間も経過しており、認知度も少しは上がっているだろうから、現状では少し変化はあるだろうが、リーマンショック前

図表30-1　ABLの利用意向

Q12. Q10にある「メリット」やQ11にある「対応を求められる」事項をふまえ、今後、ABLの利用意向はございますか（N=3,853）。

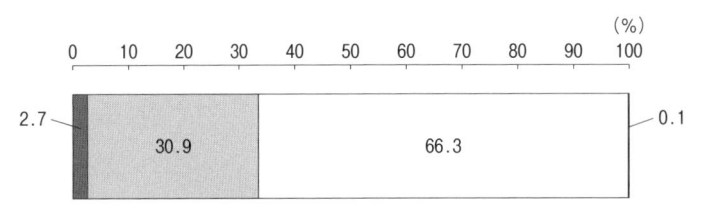

2.7　30.9　66.3　0.1

■①利用したい　■②利用を検討してもよい　□③利用しない　■不明

（出所）　株式会社野村総合研究所「経済産業省平成20年度ABLインフラ整備調査委託事業『ABLの普及・活用に関する調査研究』報告書」

図表30-2　ABLの利用意向（業種別）

Q12. Q10にある「メリット」やQ11にある「対応を求められる」事項をふまえ、今後、ABLの利用意向はございますか（N=3,853）。

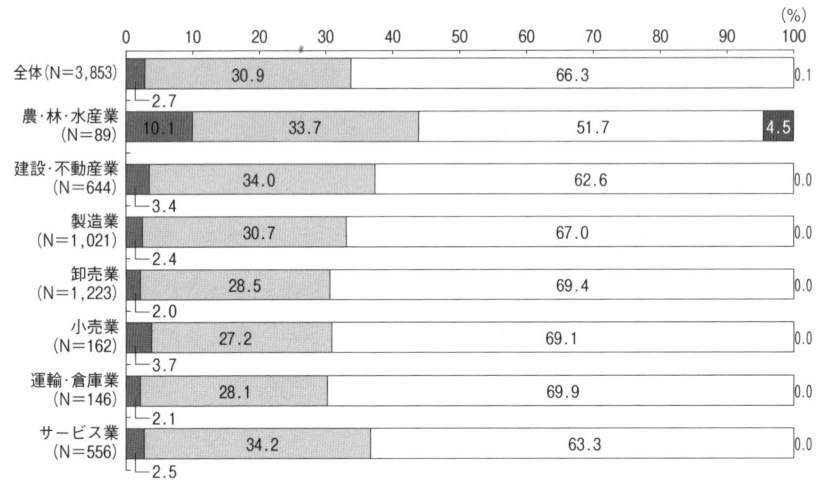

業種	①利用したい	②利用を検討してもよい	③利用しない	不明
全体（N=3,853）	2.7	30.9	66.3	0.1
農・林・水産業（N=89）	10.1	33.7	51.7	4.5
建設・不動産業（N=644）	3.4	34.0	62.6	0.0
製造業（N=1,021）	2.4	30.7	67.0	0.0
卸売業（N=1,223）	2.0	28.5	69.4	0.0
小売業（N=162）	3.7	27.2	69.1	0.0
運輸・倉庫業（N=146）	2.1	28.1	69.9	0.0
サービス業（N=556）	2.5	34.2	63.3	0.0

■①利用したい　■②利用を検討してもよい　□③利用しない　■不明

（出所）　株式会社野村総合研究所「経済産業省平成20年度ABLインフラ整備調査委託事業『ABLの普及・活用に関する調査研究』報告書」

図表30-3　ABLを利用しない理由

Q14. Q12で「③利用しない」と回答した理由は何ですか（N=2,556）。

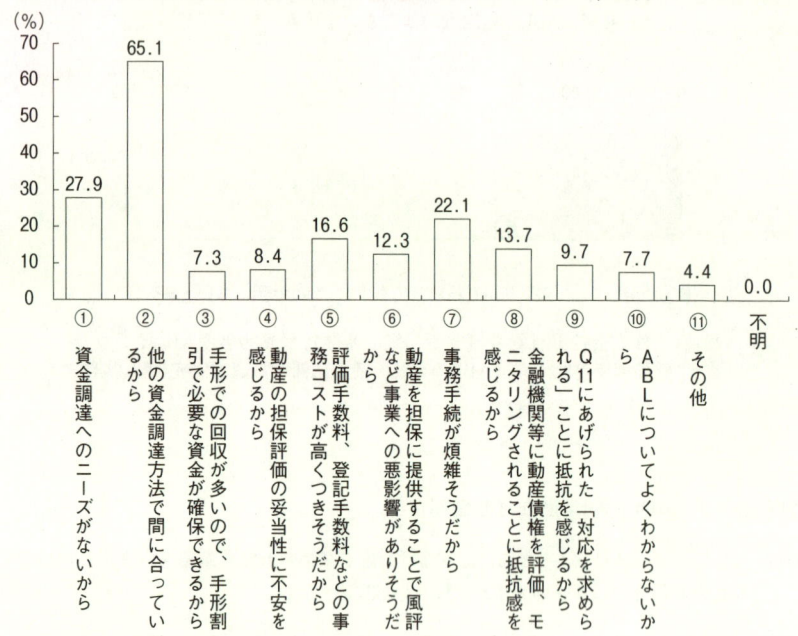

番号	理由	(%)
①	資金調達へのニーズがないから	27.9
②	他の資金調達方法で間に合っているから	65.1
③	手形での回収が多いので、手形割引で必要な資金が確保できるから	7.3
④	動産の担保評価の妥当性に不安を感じるから	8.4
⑤	評価手数料、登記手数料などの事務コストが高くつきそうだから	16.6
⑥	動産を担保に提供することで風評など事業への悪影響がありそうだから	12.3
⑦	事務手続が煩雑そうだから	22.1
⑧	金融機関等に動産債権を評価、モニタリングされることに抵抗感を感じるから	13.7
⑨	Q11にあげられた「対応を求められる」ことに抵抗を感じるから	9.7
⑩	ABLについてよくわからないから	7.7
⑪	その他	4.4
	不明	0.0

（出所）　株式会社野村総合研究所「経済産業省平成20年度ABLインフラ整備調査委託事業『ABLの普及・活用に関する調査研究』報告書」

後の状況でもこのような状態であったことを考えると、決して楽観視はできない。

(2) ABLは推進するものではない

　大切なことは、ABLで資金調達を行いたいと考える企業をふやすこと、そういう企業にABLがスムーズに提供できるように金融機関も地道に実績を積み上げ、ノウハウを蓄積することである。ABLという定義に即した融資の残高が増加することのみを目標とするような推進方法ではおそらくABL離れの当事者をふやすだけであろう。企業の実態評価を重視したアプローチで資金需要に応える活動を続けていたところ、結果的に資金調達の円滑化が達成された、ABLという融資手法が債務者から評価されておのずと

ABLの残高も増加していた、という結果論で語るほうが借り手と貸し手双方によい結果をもたらすのではないかと思われる。

2　企業の本音
(1)　**資金調達 ≠ 借入意向**
　企業経営者は、事業拡大などの理由からやむをえず借金するのであって、そもそも喜んで借金をふやす経営者が多数存在しているとは考えにくい。特に中小企業の代表者は、これまでほぼ間違いなく連帯保証を要請されてきた。サラリーマン的体質が染みついてしまった起業家にとっては、これほどのプレッシャーはないであろう。債権や動産も担保になると説明されただけでは、大きなメリットなど感じないだろう。

　この点、特に中小企業の代表者保証の問題について、ABLの普及が個人保証の問題を解決することにつながっていくとすれば、ABLはおおいに価値があると企業には思われるに違いない。

(2)　**情報開示の考え方**
　一般的に非上場の企業は財務諸表をみせたがらない。以前よりも企業の内部情報の取扱いは厳格化しており、情報開示には慎重な姿勢をみせる企業が多い。決算書は仕方ないとしても、それ以外のさまざまな社内資料はできるだけみせたくないと考えるのが普通であろう。ABLを実行するときは、売掛金明細や在庫表が必要であるというところに心理的なプレッシャーを感じる企業も多いと思われる。一方、決算書類が複数パターン存在することは金融業界では常識であり、資金調達者の情報開示の積極性が取引条件に反映されるべきである。本来は、ここまできちんとした財務管理を行っているので、これを担保に融資を受けられないか、という借り手からのオファーを受けることが理想だが、そこまでの関係を構築できるケースは少ないだろう。したがって、情報開示が、いかに企業の信用力を高め、好条件での融資につながるか、というメリットについて一社一社丹念に説明していくことが必要である。

(3) 金融機関の指導という幻想

　ABLの借り手のニーズについて、担保資産に関する情報や報告を定期的に行うことで、経営に関する日常的な相談に関してアドバイスを受けられる、金融機関との関係強化を図ることができるという説明がなされることがある。しかし金融機関に自社の経営の苦労が理解され、本当に自社の経営課題が解決できると思っている企業経営者はどれほど存在するだろうか。一般的に、金融機関の指導を受けたいという企業はどの程度存在するだろうか。むろん金融機関にもコンサルタント顔負けのベテランがいることもあり、企業の方々も頼りにするケースもあるだろう。しかし多数の金融機関の担当者は数多くの業種の企業を抱えており、その道一筋というわけにはいかない。ただ金融機関だからこそ発見できることや、企業を外からみてはじめてわかることもある。そのようなアドバイスを送ることが企業には最も喜ばれる。

3　本当に企業の発展を支えるための視点と活動

(1)　ビジネスに関する対話

　企業が金融機関に胸のうちをみせるのは、資金の話ではなく自社のビジネスの話をするときである。融資案件をまとめようと企業にアプローチするとき、最初からお金の話をするのは避けるべきである。財務諸表をみるのはずっと後のことである。みるべきものは、社長の人柄であり、働いている従業員であり、扱っている商品であり、提供しているサービスである。製造業の場合、工場見学をお願いすると喜ぶ企業が少なくない。どのような製品をどのようにつくっていて、最後はどんな製品として世の中に出ていくのか、そこに大きな興味をもって話を聞くことが肝要である。

　さらに、企業がやりたいビジネスを大きくしていくうえでどんな課題があるのか、その課題を解決するために金融機関としてどのような支援ができるのかを一緒に考え、実際にソリューションの提案を行っていけば、自然と資金調達の問題に行き着く。その時初めて財務諸表をみせてもらい、融資の話をするのである。

(2) **将来に関する対話**

　企業が金融機関に腹を割って話をするのは、過去よりも将来のことを心配してくれるときである。過去の決算書の詳細な科目の中味を精査するばかりでは、企業の信頼を得ることはできない。もちろん粉飾かどうかのポイントは確認する必要があるが、融資案件をまとめるかどうかの判断のときは、今後半年・1年先どうやってビジネスを進めていくのか、というほうが重要である。実抜計画をいかにきちんと遂行していくか、そのために金融機関として何が手伝えるのか、企業の経営企画部長になった気持ちで考えることが必要である。

(3) **資金繰りに関する対話**

　企業が一番心配しているのは、融資の手法ではなく、日々の資金繰りの問題である。企業が成り立っていくためには、日次・月次の資金繰りが円滑に回っていることが条件となる。資金需要は運転資金の需要が高いはずである。特に経常運転資金や長期の運転資金を円滑に回していくことができなければならない。それゆえ設備資金の融資よりも運転資金の融資のほうが、地味だが重要な問題といえる。したがって、ABLという融資手法の説明は大切であるが、その前に日々の資金繰りに関する構造的な問題がないか、具体的な課題などについて共通認識をもつことが肝要である。

31　どのような順序でABLに取り組めばよいか

結論　ABLの提案の前にまずは情報提供に努め、丁寧に仕組みを説明することが先決である。

説明のポイントは、①メリットと仕組みの説明、②デメリットと不安の解消の2点である。

資金調達手段の複線化によって事業の維持発展につながれば付加価値が生まれる。資金需要の見込まれる先に対して、ABLの定義にとらわれないソリューションを提案すべきである。

セールスに入るタイミングも重要である。資金需要のタイミングを見計らって時宜を得た提案が望まれる。

──────── **解　説** ────────

1　情報提供の徹底

(1)　アンケート結果からの考察

経済産業省の平成20年実態調査アンケート報告書には、借り手と貸し手からの個別意見が記載されているが、双方に共通する特徴は、ABLの推進・利用は現状ではむずかしいというものである。双方とも、差しあたってABLが利用できる・有効な局面はさほどないという意見があがっており、最初からあきらめているといった状況が感じられる。リーマンショック後の時期であってもこのような結果であり、5年以上たったいまもさほど姿勢は変わっていないだろうと思われる。

(2)　メリットと仕組みの説明

ABLの商品性は特段むずかしいものではない。しかし担保が債権や動産になることの特殊性や、売掛金や在庫が担保として押さえられる場合の債務者の心理的な警戒感があると思われる。したがって最初は債務者側の警戒感を解いていくことが必要である。「最近はこういう資金調達の方法もありますよ」と案内し、情報提供に努めるべきである。行内での成功事例などがあ

図表31－1　ABLの普及のために必要な環境

Q15. ABLが広く普及するうえで必要になると思われる仕組み・環境についてご回答ください（N＝3,938）。

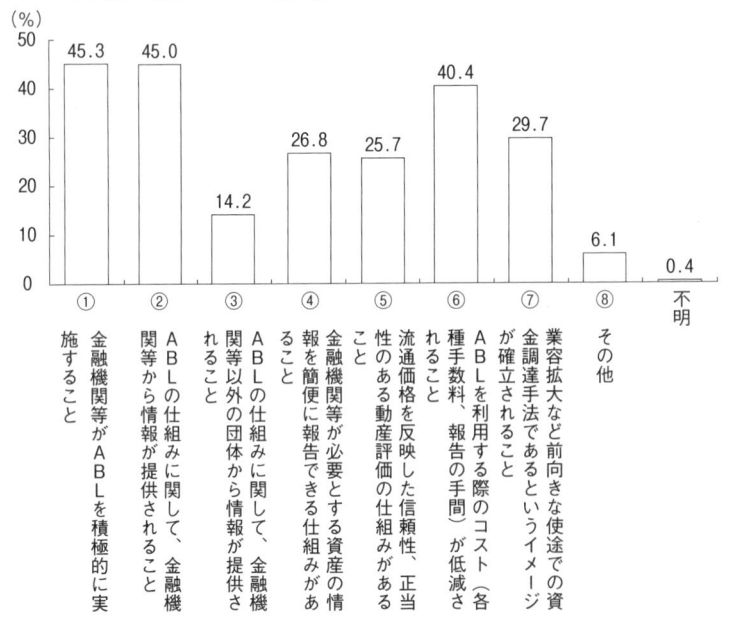

選択肢	%
① 金融機関等がABLを積極的に実施すること	45.3
② ABLの仕組みに関して、金融機関等から情報が提供されること	45.0
③ ABLの仕組みに関して、金融機関等以外の団体から情報が提供されること	14.2
④ ABLの仕組みが必要とする資産の情報を簡便に報告できる仕組みがあること	26.8
⑤ 金融機関等に報告する信頼性、正当性のある動産評価の仕組みがあること	25.7
⑥ 流通価格を反映した信頼性、正当性のある動産評価の仕組みがあること	40.4
⑦ ABLを利用する際のコスト（各種手数料、報告の手間）が低減されること	29.7
⑧ 業容拡大など前向きな使途での資金調達手法であるというイメージが確立されること	6.1
不明	0.4

（出所）　株式会社野村総合研究所「経済産業省平成20年度ABLインフラ整備調査委託事業『ABLの普及・活用に関する調査研究』報告書」

れば、それを詳細に説明し共感を得ることによって、よいブランドイメージを植えつけたい。このようにまずは仕組みとメリットを理解してもらうことが先決である（メリットの内容については【28】参照）。前述のアンケートでも、ABLの普及のために必要な環境は何かという質問に対して、金融機関によるABLの積極的な推進と金融機関からのABLに関する情報提供という借り手の声が多くあがっている（図表31－1参照）。

(3)　**デメリットと不安の解消**

　仕組みやメリットの説明をするとき、相手は当然疑問や不安を感じる。そこで次にデメリットの説明や不安要因を取り除く作業が必要となる（デメリットの内容については【29】参照）。ABLの知識がない企業にはあせらず本

音を聞き出すことが大切である。

　ここで、（目標があるから）ABLの実績をあげることを目標に行内のABL取扱要領などのマニュアルにあわせた融資条件を押しつけるような結果になってしまっては元も子もない。ABLは元来自由なスキームなのであるから、通常の融資のルールと平仄のあうかたちで条件交渉を進めれば十分である。

(4)　営業倉庫へのアプローチ

　営業倉庫は潜在的なABL顧客の宝庫である。荷主と営業倉庫の関係は主従の関係に似ているが、営業倉庫も常に荷主を開拓するニーズは高く、さらに寄託商品の頻繁な入替えがビジネスに直結する。差しあたって既存先にABLの見込客が見当たらないようであれば、営業倉庫へのアプローチを試みてはどうだろうか。

2　時宜にあわせた提案

(1)　早期資金化のアプローチ

　「ABLはいかがですか」といって売り歩くのは愚の骨頂である。本部からABL推進などの研修を受けて、件数目標が割りあてられている営業店も少なくないだろう。そうなると、大概の営業担当者はまず親密先や懇意にしている企業の社長や財務部長を訪問し、「ABLをお願いします」というセールスをしてしまうことが想定される。しかしこれは逆効果になる場合も多い。よほど資金繰りに困っている債務者であるならともかく、相応の取引をしてきた債務者からみると非常に唐突感が否めない。ましてや懇意の先であれば、腹を立ててしまう経営者も少なくないのではなかろうか。

　決算説明を受ける際や、定期的な事業の見通しのヒアリングの際などに、所要運転資金に関する情報を共有し、今後の資金繰りの立て方について相手方の不安がみえた時などに、「売掛金や棚卸資産の早期の資金化」について検討をもちかけることが望ましい。手形や電子記録債権の買取りならばこれまでの実績があるだろう。それ以外の売掛金や在庫についての話に進んだ段階で、ABLの説明を行うというのが理想的な提案であろう。

(2) 徹底した普及・説明

　債務者は、耳慣れないABLという用語を聞いただけで不安を感じることもあるだろう。ABLを知っているという企業であっても、伝聞での知識であったり、誤解をしているケースもある。できればABLという用語を使わずにクロージングできれば理想である。かつてバブル経済崩壊後の不良債権問題が大きかった頃、金融機関から担保に関して不適切な対応を受けたと感じている企業などに対しては、担保という用語も慎重に用いるべきである。金融機関は担当者が定期的にかわっていくため、その企業との交渉履歴はその期間しか頭に残っていない場合も多いだろうが、企業は長年金融機関の態度をよくみている。うかつに担保の話を持ち出すと、「今度は企業の生命線を担保に入れろというのか」というネガティブな印象をもたれるおそれもあるので注意すべきである。

(3) タイミングのよい提案

　具体的な提案に入る時は、タイミングよく提案することが大切である。最もスムーズに提案が受け入れられそうなケースは、債務者から増加運転資金のオファーがあったときなどだろう。現状ではこれ以上リスクをとるのには審査が難航することが見込まれる場合において、企業の資金需要に応えられる具体的な提案につなげることができれば企業の満足度は向上するだろう。

　その際、ABLは選択肢の一つでしかないことに留意すべきである。金融機関の都合でABLに誘導するようなことはかえって逆効果となる。

3　事前準備の重要性

(1) 万能薬ではないABL

　ABLは万能薬ではない。運転資金ニーズのない企業にはそもそもABLは必要ない。いまの資金繰りで不都合がない企業にとってはかえって煩わしいと思われる可能性が高い。債権や動産のすべてが担保適格であるわけでもない。扱っている商品がどの企業でも扱っているような商品であれば特別担保価値が高いわけでもないだろう。したがって、「こういう借り方もできる」

というスタンスで提案に臨むことが望ましい。

　企業の資金需要にどう応えて、資金繰りを回していく手伝いをするかが金融機関の果たすべき役割であり、ABLというスキームを企業に売ることではない。企業の実態把握が進み、繰り回しが安定しているのであれば、ABLが実行されていなくとも何の問題もない。

⑵　**適確性の見極め**

　ABLを説明する前に、当該企業にABLを実行できるかどうかの定性評価をしておくことが肝要である。

　たとえば、在庫表がない、在庫管理をしたくない、在庫管理ができていないといったような企業は一般的にABLの対象先として不向きである。

　まずは十分に企業のビジネスの状況把握に時間をかけることが必要である。在庫管理の状況を聞く前に、倉庫に行って商品をみせてもらえるような関係構築ができているとスムーズであろう。そのうえではじめて在庫管理の話を持ち出すべきである。

　ちなみに在庫表がない企業はあまりみかけないが、在庫表が手書きのままになっているといった企業は存在するので、管理レベルのチェックもしておくべきである。担保物件の処分の際も、在庫表の有無で、処分価格は大きく異なる。

⑶　**事前のモニタリング**

　ABLが可能かどうか、円滑に実行できるかどうかはABLの提案をする前のモニタリングで決まる。

　申込みがあってはじめて稟議に取りかかるのが一般的であろうが、ABLに不慣れな場合には、時間の余裕をみてあらかじめ準備しておくことが望ましい。商流の理解などが進んでいれば、融資が必要なタイミングはわかるはずである。できれば簡易な担保評価や処分可能性まで確認しておくことが望まれる。時間を逆算して準備を整えておくことがよい結果につながる。

⑷　**資産評価をてこにした付加価値提供**

　一般的に金融機関におけるビジネスマッチングとは、商談会を開催した

り、販売先や仕入先を紹介したりといった活動であろうが、もっと簡単で効果的なビジネスマッチングがある。たとえば在庫の早期売却支援・流動化の提案である。在庫の早期売却支援などというと、難易度の高そうな印象をもつかもしれないが、これこそ商流をつかむという重要な活動の一つである。

ABLの合意が得られて担保評価を行ったのであれば、後は融資実行で終わりではなく、そこで評価した資産の中身はどうなっているのか、滞留在庫や死蔵在庫はないのか、というあたりまで想像力を働かせなければいけない。たとえば、企業の現場に入り込んで、売れ残った商材は捨ててしまっている、などと聞いて、それらを買い取ってくれる企業を探してビジネスに結びつけるといったことができれば、それこそが真のビジネスマッチングである。ABLという融資実行以外の付加価値を顧客に提供しつつ、金融機関も自らビジネスにつなげることが可能であることに注目してほしい（図表31－2参照）。

動産担保のケースでは、実際に動産という商材をみることができるので、金融機関の営業担当者も取り組みやすい。売掛金のように現金になるのを待

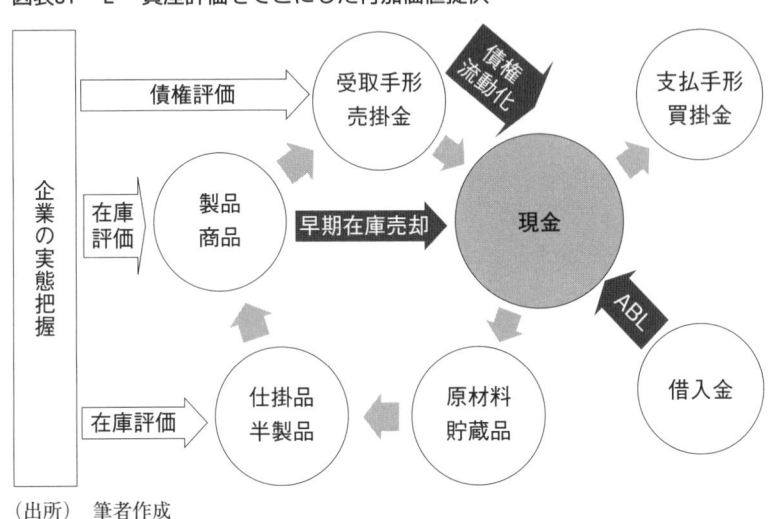

図表31－2　資産評価をてこにした付加価値提供

（出所）　筆者作成

つだけとは違い、販売先がまだ決まっていない商品などは大きな収益機会に結びつく可能性がある。

第2章

案件審査等

32 案件組成にあたり金融機関内で確認しておくべきことは何か

結論 金融機関がABLに取り組むということは、すなわち、融資の原点に立ち返り、借り手である企業の事業実態を把握することで、信用リスクを軽減しようとするものである。あわせて、売掛金や在庫等の動産という事業資産を担保とすることで、保全面での補完が図れるものである。また、債務者とのコミュニケーション・ツールとしても機能する仕組みであることを認識しておくべきである。

―――――――――――――― 解　　説 ――――――――――――――

　金融機関が融資を行う場合に、借り手である企業の事業実態を把握することは当然のことである。しかしながら、バブル以降の金融危機やIT化に伴う新たな金融手法や技術の発展を背景として、金融機関は経営の効率化・合理化を追求してきた結果、コンピュータによる決算書分析やIT化が進展した。これにより、企業分析に要した時間が短縮され、コスト削減や人員削減に寄与してきた半面、企業の見方が表面的となり、数字や比率が重視されスコアリング融資のような新たな手法が開発されてきた。

　これは、大量に中小零細企業向けの案件に取り組むという意味では効果的な手法であったが、信用リスク管理という観点からは画一的な審査基準であることからさまざまな問題点が指摘された。すなわち、決算書の科目内訳の詳細分析、在庫の中身の分析や実査等が省略され、結果として企業の実態がみえなくなってしまうという現象が発生した。そのため、一部金融機関においては計画倒産等の詐欺を招くなど、本来信用リスク管理手法であったはずの融資手法が、かえって金融機関のリスクの拡大につながることとなった。

　ABLは、融資の基本に立ち返り、企業実態を把握することによって、業況悪化の早期発見や、突然死を防止する効果が期待される。また、売掛金や在庫等の動産という事業資産を担保とすることで、信用悪化時や倒産という

局面においても、保全面を考えながら返済原資となるキャッシュフローを取り込んでいくという信用リスクの軽減に資する融資手法となりうる。

　金融機関の合理化・効率化のための人員削減やIT化は、特に融資分野において、対顧客との接点の減少という弊害も生じさせている。金融機関が案件組成にあたりABLに取り組むことは、顧客とのコミュニケーション・ツールとしての機能が発揮されることで債務者の事業実態の把握が深まり、ひいては信用リスクの軽減につながることを認識しておくべきであろう。

33 どのような動産でもABLの担保になるか

結論 ABLの担保としての動産の活用範囲は広いが、すべての動産がABLの担保の対象となるわけではない。また、法的、物理的に担保として適さない動産が存在することに留意する必要がある。

―――――――――――― 解　説 ――――――――――――

　ABLの担保として最も基本的なことは、担保となる動産の所有権の存在確認が必要不可欠であるという点である。所有権のない動産はABLの担保対象とはなりえない。

　また、法的あるいは物理的に担保取得することが可能であるにもかかわらず、担保としては最終的に換金できなければ意味をなさないことを考えれば、動産でいえば、処分できないものや（自然）消滅や劣化してしまうものなど、「もの」そのものに起因する原因により換金が困難であるものはABLの担保としては適していない。

　なお、盗品、模造通貨、麻薬、有毒物、国宝等については、当然であるが譲渡や担保権の設定が認められないし、差押禁止物件等の可能性もあるので留意する。

1　ABLに適さない担保（動産）

・長期滞留在庫（不良在庫）（価値が極端に減少するもの）
・減耗分（自然消滅するもの）
・販売先からの前受金、預り金相当分
・所有権留保となっているもの
・所有権がないもの（リース物件・委託販売品）
・陳腐化や劣化が早いもの
・保管が困難なもの
・爆発物や危険物

・真贋の判定が必要なもの（※ABLは投機資金を融資する仕組みではないことに注意）
・先行する譲渡担保等の権利設定が存在するもの

2 民法の特例法によるもの

民法の特例法に基づき対抗要件を取得するものとして、以下があげられる。
・航空機（航空機抵当法による「登録」を受けた航空機）
・船舶（船舶法による登記を受けた船舶）
・自動車（自動車抵当法による「登録」を受けた自動車）（注）
・その他、工場財団（工場抵当法）、鉱業財団（鉱業抵当法）、漁業財団（漁業財団抵当法）、鉄道財団（鉄道財団抵当法）等

（注）　なお、総トン数20トン未満の船舶や未登録車については、集合動産として動産譲渡登記が可能。

34 在庫を担保取得するにあたって事前にどのようなことを確認すべきか

結論 在庫を担保取得する場合は、主に集合動産に該当するので、動産の種類・保管場所の所在地等、他のものと識別するための特質について確認する必要があり、特に在庫明細等の準備が必要となる。

また、登記の原因となる契約や登記の存続期間等の確認、担保物の保管状況、自社の倉庫か賃貸か、現地での案内・対応等も事前に確認しておく必要がある。

・・・・・・・・・・・・・・・・・ 解　説 ・・・・・・・・・・・・・・・・・

在庫を担保とする場合、担保目的物たる在庫を確認するための実地調査は必要不可欠である。実地調査を行わなかった結果、実際には担保目的物たる在庫がなかったり、異なる種類であったり、保管場所が相違している場合、登記上の対抗力が認められない可能性がある。実地調査では、担保目的物たる在庫の存在確認とその内容確認および所有権の確認、また動産譲渡登記を実施するための必要登記事項の内容を確認することがポイントとなる。そのため、以下の項目について事前に対象企業に関して確認しておくことが重要である。

1　確認事項

(1)　対象企業の商号・本店等

法人の場合には、商業登記簿謄本、履歴事項全部証明書等を取得して、商号・本店等の内容を確認する。

(2)　在庫の性質

在庫の場合、集合動産として、所在地によって担保物を特定するので、動産（在庫）の種類と保管場所の所在地（住所、倉庫名等）を確認する。

(3) その他の確認事項

登記原因となる譲渡担保契約書の内容、登記の存続期間（特別の譲渡事由がない場合は10年間）等を確認する。

2 実務上の留意点

実務上は、対象企業の定性面の確認が大前提であるが、上述の資料等にて対象企業と担保目的物を確認する。そのうえで、できるだけ直近の担保目的物の在庫明細の作成を対象企業に依頼し、所在地、在庫金額（簿価）や数量、動産の種類による担保管理の可否や範囲を検討することが必要である。さらに、二重譲渡・多重譲渡（先行する他の担保や権利）がないことを、設定者の表明や「登記事項概要証明書」または「概要記録事項証明書」の交付を請求して確認する必要がある。

また、在庫の場合、担保の取得を決定するうえで、保管状況についてより慎重に調査することが重要である。なぜなら、店頭在庫（複数の場所を登記、担保管理する可能性）なのか、本社または自社倉庫・工場なのか、第三者の賃貸倉庫なのかにより担保管理負担も変わってくるからである。さらに、第三者の賃貸倉庫に保管している場合は、賃貸契約（寄託契約）を事前に確認しておく必要がある。なぜなら、賃料等の商事留置権は譲渡担保権に優先する権利となっており、その分を考慮する必要があるからである。なお、過剰担保の取得は優越的地位の濫用となるケースもあるので留意する。

35　機械設備を担保取得するにあたって事前にどのようなことを確認すべきか

結論　機械設備を担保取得する場合には、譲渡担保の方法を利用するケースが多い。この場合、個別動産の担保取得であり、担保目的物たる機械設備を特定する動産の種類および他のものと識別するための特質（唯一性を表す製造番号、シリアルナンバー等）を確認するための資料を提出させ、担保目的物が設定者の所有物であり、かつ、他の第三者の担保や権利の目的になっていないことを確認する。

これにより、現物を実際に確認し、担保として適するものかどうか検討するとともに、動産評価会社やリース会社等を活用して、担保価値を適正に把握することも考えられる。

・・・・・・・・・・・・・・・・・・・・解　説・・・・・・・・・・・・・・・・・・・・

1　機械設備と譲渡担保

機械設備を個別に担保取得する方法として、動産質権と動産譲渡担保が考えられる。このうち、設定者が機械設備を直接占有したままでは、質権を利用することはできない。質権においては、占有改定による担保権の設定が認められないからである（代理占有の禁止、民法345条）。これに対し、譲渡担保においては、占有改定による担保の設定が認められているため、機械設備を個別に担保取得する場合には、譲渡担保の方法によることとなる。

個別動産の担保取得の場合、まず、担保目的物たる機械設備を特定する動産の種類と他のものと識別するための特質（品名、唯一性を表す製造番号、シリアルナンバー等）を確認するための資料を提出させ、担保目的物が設定者の所有物であり、かつ、他の第三者の担保（工場財団に対する抵当権等）や権利の目的になっていないことを確認する。譲渡担保は、所有権の移転を伴う方式の担保設定であるから、設定者が所有権を有していることが大前提である。所有権留保やリース物件の目的物となっているものについて譲渡担保を

設定した場合は効力は生じないばかりか、誤って処分した場合には不法行為責任を問われる可能性がある。さらに、二重譲渡・多重譲渡（先行する他の担保や権利）がないことを、設定者の表明や「登記事項概要証明書」または「概要記録事項証明書」の交付を請求して確認する必要がある。

そのうえで、担保目的物たる機械設備の現物を実際に確認し、担保として適するものかどうか検討する。担保目的物の現実の占有を設定者にとどめておくため、特にこの必要性は高く、第三者の明認方法（ネームプレート等）が付されていないかを確認する必要があるとともに、譲渡担保物件である旨の表示である明認方法の具備が可能であるかを確認しておく。さらに、動産評価会社やリース会社等を活用して、担保価値を適正に把握することも考えられる。

2　譲渡担保契約内容の合意

当事者の合意により譲渡担保契約書が作成されるが、事前に契約内容について合意しておくことが望ましい。すなわち、被担保債権の特定、担保物件の特定、引渡し方法、対抗要件の具備方法（登記等）、目的物の保管責任、目的物の管理費用・損害保険料の負担、担保権の実行要件等、主な内容については、当事者に対して事前に十分な説明を行ったうえで理解を得ておくことが重要である。

36 どのような債権でもABLの担保になるか

結論 ABLの担保としての債権の活用範囲は広いが、すべての債権がABLの担保の対象となるわけではない。債権は原則として譲渡が可能であり、譲渡可能な債権は質権や譲渡担保権が認められる。ただし、担保目的としては、法律で禁止されているもの（恩給・年金等）、当事者間で譲渡を禁止しているもの（譲渡禁止特約のある債権等）があり、また、財産的価値がない、あるいは、その性質上担保として不適格なものがあるが、法律上・性質上担保の目的となりうるものであっても、金融実務において担保として適さない債権が存在することに留意する必要がある。

·················· **解　説** ··················

　債権は原則として譲渡が可能であり（民法466条）、譲渡可能な債権は質権や譲渡担保権が認められる。その意味では債権のABL担保としての活用範囲は広いといえる。ただし、担保目的としては、法律で譲渡禁止とされているもの（恩給・年金、遺族扶助料、失業保険金、健康保険給付金等）、当事者間で譲渡を禁止しているもの（譲渡禁止特約のある債権等）があり、また、財産的価値がない、あるいは、その性質上担保として不適格なもの（信用力のない債権、対抗しえない債権、生命保険金債権等）がある。

　また、法律上、あるいは、性質上担保取得することが可能であるにもかかわらず、担保としては最終的に換金できなければ意味をなさないことを考えれば、債権であれば、譲渡できない債権（指名債権以外の債権）や譲渡禁止特約のある売掛債権を含む対抗要件の具備が困難な債権、回収不能な債権（不良債権等）や反対債権があり相殺される可能性の高い債権、解約により容易に消滅する可能性のある土地・建物の賃借権や訴訟になっている債権等も、金融実務上ABLの担保としては適していない。

［ABLの担保に適さない債権］
・譲渡禁止特約のある債権（売掛債権、預金債権等）

- 長期延滞債権（不良債権）、信用上不適格な売掛債権（回収可能性が低い債権）
- 訴訟の対象になっている債権
- 相殺可能な債権

37 売掛債権を担保取得するにあたって事前にどのようなことを確認すべきか

結論 売掛債権を担保取得する場合には、以下の項目の確認が必要である。
① 債権の存在
② 二重譲渡や多重譲渡でないこと
③ 譲渡禁止特約がないこと
④ 反対債権の存在
⑤ 担保対象債権の特定

────────── 解　説 ──────────

　売掛債権は、その商取引上の位置づけを考えれば、事業実態の把握やキャッシュフローの捕捉をするのに有用である。

1　債権の存在

　売掛債権を担保取得する場合には、まず、債権の存在確認を行う。一般的に、売掛債権が発生する場合、「取引基本契約書」の内容を確認する。基本契約書が存在しない場合には、請求書や預金口座の入金実績等にて確認する。

2　二重譲渡や多重譲渡でないこと

　譲渡担保では、二重譲渡や多重譲渡のリスクは常に存在する。したがって、債務者の表明により先行する譲渡担保契約等のないこと、「登記事項概要証明書」や「概要記録事項証明書」を取得し、先行する登記がないことを確認する。

3 譲渡禁止特約がないこと

　譲渡禁止特約がある売掛債権は、無効とされる可能性があり、原則として担保不適格であるが、実務上は追認もありうるので、譲渡禁止特約があっても担保取得しておくほうがよい。譲渡禁止特約の有無については、第三債務者と締結している取引基本契約書にて確認する。

4 反対債権の存在

　債務者と第三債務者の間の取引において、反対債権がある場合には、譲渡担保権に優先して相殺される可能性があり、反対債権を控除して評価する必要がある。反対債権は、商流や決算書の負債科目である買掛金、支払手形、未払金等の明細にて確認する。

5 担保対象債権の特定

　担保対象債権を特定する必要から、第三債務者の名称、金額、期間等債権内容を特定できる資料（売掛金明細、請求書等）を確認する。

(1) 継続的商品供給契約に基づく売掛債権

　継続的商品供給契約（継続的売買契約）に基づく取引から発生する売掛債権（継続的取引により発生する現在および将来の債権）は、債権者、債務者が決まっており、その間の債権発生原因たる取引契約が確定していることを前提とすれば、債権の特定性があるものとして担保取得が可能である。

　このように担保取得が可能としても、どのようにして第三者対抗要件を備えるかが問題となる。この点について判例は、債権譲渡の通知は、譲渡行為があったことの事実の通知であって、債権移転の法律上の効果を通知するものではないから、将来の債権について譲渡がなされた場合は、債権成立前でも有効に譲渡の通知ができ、その通知が確定日付ある証書によってなされたときは、後日債権が成立すれば債務者その他の第三者に対抗できる法律上の地位を有するに至るとし（大判昭9.12.28民集13巻23号2261頁）、債権の現実の成立前の譲渡通知が有効になされうること、譲受人は債権が成立すれば第三

者に対抗しうる地位を得ることを判示している（池田真朗『債権譲渡法理の展開』243頁）。

(2) 将来債権

　将来債権を譲渡担保として譲り受けることができるかどうか、譲渡対象債権がどの程度特定されていなければならないかという問題である。

　将来債権の譲渡については、「将来の一定期間に発生し、又は弁済期が到来すべきいくつかの債権を譲渡の目的とする場合には、適宜の方法により右期間の始期と終期を明確にするなどして譲渡の目的とされる債権が特定されるべきである」としたうえで、「将来発生すべき債権を目的とする債権譲渡契約にあっては、契約当事者は、譲渡の目的とされる債権の発生の基礎をなす事情を斟酌し、右事情の下における債権発生の可能性の程度を考慮した上、右債権が見込み通りに発生しなかった場合に譲受人に生ずる不利益については譲渡人の契約上の責任の追及により清算することとして、契約を締結するものと見るべきであるから、右契約の締結時において右債権発生の可能性が低かったことは、右契約の効力を当然に左右するものではないと解するのが相当」（最判平11.1.29民集53巻1号151頁）とされたので、将来債権譲渡に関する法的安定性が増し、実務上も担保取得が容易になった。

　債権を特定する基準としては、「譲渡の目的となるべき債権を譲渡人である債務者が有する他の債権から識別することができる程度に特定されていれば足りる」（最判平12.4.21民集54巻4号1562頁）とされており、その主要なものとして、①債権の発生原因、②発生期間（始期と終期）、③第三債務者、④金額をあげることができる。なお、動産・債権譲渡特例法8条2項3号・4号等により、第三債務者が特定していない将来債権の譲渡についても、同法による第三者対抗要件に係る債権の特定の点では問題ないとされている。

　したがって、常時変動する売掛金債権を担保取得することは理論的にも実務的にも可能であるが、買い手（第三債務者）から債権の存在について争われたときに、その存在についての立証が可能となる程度の証跡の収集など、実務的な工夫が必要である。

38 担保の評価にあたってはどのように外部の評価会社を利用するか

結論 担保評価を外部の専門事業者等に委託する場合、委託先が実施する評価の合理性や客観性があることが重要である。そのために、①評価の独立性を確保しているか、②委託先との間に利害関係がある場合にはそれを明示しているか、③委託者（金融機関）が評価結果の合理性等を判断できるように評価の根拠を明示しているか、④事後の説明責任のため評価の基礎情報を保存しているか、⑤秘密保持のため評価情報については厳格に管理しているかなどに留意する必要がある。

・・・・・・・・・・・・・・・・・・ 解　説 ・・・・・・・・・・・・・・・・・・

1　評価の独立性

担保評価の委託先が、委託者（金融機関）の意向にあわせて受託案件を増加させることを目的に、委託者あるいは借り手企業等の期待に沿うように、評価の水準や方向性をゆがめるようなことがないように留意しなければならない。また、借り手企業等から提供された情報は、提供者に有利に解釈しがちであり、それをそのままうのみにして評価に用いてしまうと、評価結果をゆがめる懸念があるため、委託先が客観性を確保していることが重要である。

評価報酬は、適切なコストに基づき合理的に見積もられたものであることが重要である。委託者等の期待に沿う評価をするか否かによって評価報酬が左右される、あるいは高めの評価をしたほうが評価報酬がふえる等、評価結果に連動した評価報酬の算定方法がとられている場合には、適切な評価が行われずに、評価結果がゆがめられる可能性が生じる。

2　委託先の利害関係の明示

委託先が、評価対象である物件や借り手企業等のABLに係る関係者との

間で利害関係を有する場合は、その旨と利害関係の内容を事前に委託者（金融機関）に通告するとともに、評価報告書等に明記していることが重要である。

現状においては、評価業務を提供できる者が限られていることもあり、利害関係があるということだけで、評価業務の委託を禁ずるのは現実的ではないが、評価結果を利用する委託者等の自己責任に基づく判断や事後的な検証を有効なものにするために、委託先は委託者に対し、当該利害関係の内容を事前に通告するとともに、評価報告書等に記載しておくことが必要である。

3　評価の根拠の明示

評価結果を活用して与信判断等を行うに際して、どのように利用するかは、最終的には委託者（金融機関）の自己責任において判断されなければならない。そのため、評価報告書においては、評価結果だけでなく、使用した評価方法、前提条件、評価の基礎となった情報の概要および評価算出の根拠が記載されており、委託者の判断材料となるものでなければならない。

4　評価に使用した情報の保存

評価結果については、委託者（金融機関）に評価報告書を提出した後であっても、評価案件をめぐり紛争が生じた場合や、監督官庁による検査が行われた場合等、当該評価結果に関する情報が必要となることもある。

こうした場合に備え、委託先が、説明責任を果たすため、評価に使用した情報を一定期間保存し、必要に応じてその内容を委託者等に開示できるようにしていることが重要である。

5　評価に使用した情報の秘密保持

評価には、公開情報、独自のネットワークから入手した情報、委託者（金融機関）あるいは借り手企業から入手した情報等、さまざまな情報が用いられる。そのうち、特に借り手から入手した情報に関しては、個別企業の事業

内容や経営・財務状況に係る機密情報に該当する場合が多くある。これらについて、厳格に管理のうえ、当該案件の依頼目的のみに利用し、当該情報が提供者の同意なく第三者にもれてはならない。独自のネットワークから入手した情報等その他の情報に関しても、借り手企業の機密保持の観点から、同様に厳格な管理が求められる。

39 評価会社を利用するにあたって何を準備する必要があるか

結論 評価会社を利用するにあたり、準備が必要なものは以下のとおりである。

① 会社概要、製品パンフレット等（インターネットのホームページでもよい）
② 決算書、直近の試算表等（在庫（商品・仕掛品・原材料等））
③ 担保対象物の明細（品名、簿価、入荷日、製品番号、JANコード、数量等）
④ 担保対象物の所在地（住所、倉庫名、区画等）

・・・・・・・・・・・・・・・・・・・・・・・ 解　説 ・・・・・・・・・・・・・・・・・・・・・・・

1　何を評価するのか

　担保対象動産評価において評価会社を利用するにあたっては、評価対象物の内容や特性を理解できるような資料を準備しなければならない。一般的には、会社概要や製品パンフレット等を準備する、あるいは、インターネットのホームページ等で公表している商品内容等の紹介ページも有効な場合がある。

　また、担保対象物の残高（簿価）を確認するため、決算書や直近の試算表等が必要になる。

2　具体的な評価対象物の内容（担保対象物の特定）

　実際に評価を実施するにあたって必要となる担保対象物の明細を入手する。すなわち、商品名、簿価、入荷日、消費期限、製品番号、JANコード、数量等が記載された担保対象物明細である。単品や少品種であれば、紙ベースでも対応可能であるが、Excel等表計算ソフトのデータにて準備できれば、評価時間の短縮やコストの削減につながることがある。

　また、商法を理解するための資料や財務への反映プロセスについて確認を行うことが望ましい。

3　担保対象物の所在地

　集合動産の場合は、担保対象物の所在地を特定することが、評価、実地調査や登記をするために必要不可欠である。すなわち、担保対象物の住所、倉庫名、倉庫内の区画等を特定できる資料が必要となる。

40 実地調査前に対象企業に関して確認しておくべきことは何か

結論 担保目的物たる動産の存在確認および動産譲渡登記をするにあたって必要な事項を確認する。すなわち、対象企業の商号・本店等、担保物を特定するため、個別動産の場合は動産の種類・シリアルナンバー等、集合動産の場合は動産の種類・保管場所の所在地等、他のものと識別するための特質について確認する必要があり、明細等の準備も必要となる。

また、登記の原因となる契約や登記の存続期間等の確認、担保物の保管状況、自社の倉庫か賃貸か、現地での案内・対応等も事前に確認しておく必要がある。

・・・・・・・・・・・・・・・・ **解　説** ・・・・・・・・・・・・・・・・

動産を担保とする場合、担保目的物たる動産を確認するための実地調査は必要不可欠である。実地調査を行わなかった場合、実際には担保目的物たる動産がなかったり、異なる動産であったり、保管場所が異なったりして動産譲渡担保権が認められない可能性があるからである。実地調査では、担保目的物たる動産の存在確認とその内容確認および所有権の確認、また動産譲渡担保権の対抗要件となる動産譲渡登記をするための必要登記事項の内容を確認することがポイントとなる。そのため、以下の項目について事前に対象企業に関して確認しておくことが重要である。

1　確認事項
(1) 対象企業の商号・本店等
法人の場合には、商業登記簿謄本、履歴事項全部証明書等を取得して、商号・本店等の内容を確認する。

(2) **動産の性質**

個別動産の場合には、担保物を特定するため、動産の種類と他のものと識別するための特質（唯一性を表す製造番号、シリアルナンバー等）を確認する。

集合動産の場合には、所在によって担保物を特定するので、動産の種類と保管場所の所在地（住所、倉庫名等）を確認する。

(3) **そ の 他**

登記原因となる譲渡担保契約書の内容、登記の存続期間（特別の譲渡事由がない場合は最長10年間）等を確認する。

2　実務上の留意点

実務上は、まず、対象企業の定性面の確認をして、対象企業と担保目的物を確認する。そのうえで、できるだけ直近の担保目的物の明細の作成を依頼し、所在地、在庫金額（簿価）や数量、動産の種類による担保管理の可否や範囲を検討することが必要である。また、第三者の賃貸倉庫に保管している場合は、賃貸契約（寄託契約）を事前に確認しておく必要がある。なぜなら、賃料等の商事留置権は譲渡担保権に優先する権利となっており、その分を考慮する必要があるからである。さらに、二重譲渡・多重譲渡（先行する他の担保や権利）がないことを、設定者の表明や「登記事項概要証明書」または「概要記録事項証明書」の交付を請求して確認する必要がある。

また、動産の種類については登記上適切な表記となっているか事前に法務局に確認しておくことが望ましい。

41 実地調査においてはどのような点に留意すべきか

結論 動産を担保にとる場合、担保管理が可能なものを担保対象物とする前提において、担保取得する対象物すべてを実地調査することが望ましい。

実地調査にあたっては、担保対象物の保管してある場所、担保対象物とその保管状況等を確認するとともに、その企業の活動状況および経営者や責任者との面談、社内の雰囲気、社員の動態観察等を通して、定性面の確認もあわせて実施するべきである。

──────── **解　説** ────────

1　実地調査

動産を担保にとる場合、担保管理が可能なものを担保対象物とする前提において、担保取得する対象物すべてを実地調査することが望ましい。

担保対象物の存在確認、保管状況の確認等を通じて、担保価値に与える影響等を調査し、また、貸出金額との調整のうえ、担保処分等の最悪のケースも想定して管理できる範囲を設定することが重要である。

なお、存在確認にあたっては、たとえば商品の箱があることを確認するだけでなく、中身（明細との照合）や入荷日（古いものはないか、不良品・売れ残りではないか）、ものによっては消費期限等も確認する必要がある。

2　定性面の確認

ABLは、債務者との協力関係が必要不可欠な融資手法であることから、担保対象物の調査とともに、対象企業の定性面の確認が重要なポイントとなる。

決算書等財務諸表の数字のみで判断するのではなく、現場に接することが重要であり、対象企業への実地調査は絶好の機会となる。

対象企業における実地調査にあたっては、担保対象物の保管してある場

所、特に、担保対象物の搬入・搬出の導線、保管・管理状況、現物等も中心に確認する。また、担保対象物とその保管状況等を確認するにとどまらず、その企業の活動状況および経営者や責任者との面談、社内の雰囲気、社員の動態観察等を通して、定性面の確認もあわせて実施するべきである。

3　その他

　実地調査に先立って、事前に対象企業の概要、決算書等財務諸表の科目内訳・明細や製品カタログ、パンフレット等の資料提出を依頼しておくとともに、対象企業のホームページ等を閲覧することで情報を収集する。また、経営者や責任者・担当者からのヒアリング等により、担保対象物に関する事項のみならず、事前に事業の全体像（何をつくっているのか、何を扱っているのか、メイン商品は何か、何が売れているのか、収益の源泉は何か等）、ビジネスモデルや商流（仕入先、販売先）を調査、把握しておくことが重要である。

42 ABLの案件審査において留意すべき点は何か

結論 ABLの案件審査においては、債務者の定性面とその担保適性に十分留意するとともに、換価処分の可能性を確認し、担保評価や価値に過度に依存することなく、返済原資であるキャッシュフローを捕捉できるようにモニタリングや融資条件を設定することが重要である。

・・・・・・・・・・・・・・・・・・・・・・ 解　説 ・・・・・・・・・・・・・・・・・・・・・・

　ABLの案件審査においては、まず第一に債務者の定性面の確認を十分に行わなければならない。ABLは、債務者の協力が必要不可欠な融資であり、金融機関として、メイン・準メイン先、またはメイン先を指向できるような継続的な取引が可能な先を選択すべきである。なぜならば、万が一債務者の状況が悪化した場合において、担保物件の換価処分における債務者の協力が得られずに問題が発生するケースがみられるためである。

　次に、担保適性の確認である。第三者である評価会社への委託も含め、担保物件の換価処分の可能性を確認し、その担保評価や価値を把握しておかなければならない。さらに、担保評価や価値を把握するのみならず、担保物件が管理可能であることを確認しておくことが重要である。

　ABLにおいては、状況の悪化、破綻等を想定し、事前にその場合のシナリオを検討しておかなければならない。具体的には、評価会社や弁護士等とミーティングを十分に行い、換価処分時の留意点や、法的リスク等について洗い出しておくことが必要である。

　ただし、担保評価や換価価値に過度に依存することなく、返済原資であるキャッシュフローを捕捉できるように、モニタリングや融資条件を設定することが何よりも重要である。

43 融資額（あるいは融資枠）をどのように決めるか

結論 融資額（あるいは融資枠）と担保評価額（あるいは担保価値）との関係については、決まりがあるわけではなく、債務者の信用状況に応じ、ケースバイケースの対応となる。したがって、債務者を総合的に判断して、担保評価額を超える金額の融資を行うケースもありうるし、債務者の信用状況によっては、担保価値の範囲内に設定して融資を実行するケースもある。また、月次で算出した担保評価に応じた基準額により融資枠を設定する方法もある。

・・・・・・・・・・・・・・・・・・・・・ 解　説 ・・・・・・・・・・・・・・・・・・・・・

　ABLは借り手との協力関係が不可欠な融資手法であり、案件を組み立てる際には、借り手の定性面について把握することから始めるべきである。借り手との協力関係が構築されていることにより、債務者管理、債権管理が有効に機能することはいうまでもない。

　手続としては、まず担保となる債権や動産の内容を確認し、その担保対象の評価の可否（担保としての適格性の検証）をふまえ、貸出の可否、貸出金額を判断することになる。貸出が可能と判断されれば、担保の評価をふまえ貸出金額を検討することとなる。

　ABLは、ある意味では戦略的な手法であり、非メインの金融機関が単独でABLを取り扱うことで、企業のキャッシュフローを取り込むことにつながり、結果としてメインとなることもありうる。なお、複数行取引が一般的であり、最近ではシンジケートローンの形態でABLを取り扱うケースもふえてきている。

　シンジケートローンとしてABLを取り扱う場合には、貸し手の足並みがそろいやすく、メイン寄せ等の貸し手のモラルハザードを惹起しにくい、といったメリットがある。加えて条件交渉や報告・コベナンツの取決め等を一元的に相談することになるので、借り手側の負担が小さくてすむほか、

ABLの経験が少ない金融機関も比較的参加しやすい。また、担保を（準）共有する場合であれば、貸し手（債権者）間の特約のなかで、任意に順位を決める（同順位を含め）ことができる（ただし、第三者には対抗できない）。その際、先後で優先権を決める規定のほか、配分割合（貸出残高按分等）で規定する方法もある。

　貸出金額を検討するにあたって、現状では担保評価の掛け目についての定まった指標はない。したがって、担保評価の範囲内に設定することも、1,000万円の評価に対して1億円を貸し出すのも自由である。動産の場合、対象物によって担保評価の考え方は異なり、同じものでも状態等によりケースバイケースといえる。債権の場合でも、第三債務者の信用度により評価が変わるため、個別に判断を行わざるをえない。

　ただし、一つの指標として、信用保証協会の流動資産融資担保保証制度における動産や債権の掛け目は参考となろう。すなわち、動産の場合、第三者の客観的評価額の70％を上限とする、また、第三者の評価がない場合は、簿価の30％を上限とする。債権の場合は、対抗要件の具備具合と官公庁・上場有配企業から中小零細企業まで100％から70％の範囲で掛け目を設定している。なお、月次で算出した担保評価に応じた貸出基準額により融資枠を設定する方法もある。それは、適性と判断された担保の評価に掛け目（前貸率：アドバンス・レート）を乗じたものを担保価値とし、その金額が貸出基準額となり、これをもとにクレジット・ラインを設定し、月次管理（モニタリング）を実施することで貸出金額を管理する手法である。しかしながら、その管理をする仕組づくりと手間を考えると、ある程度の規模がないとコスト倒れになるため、中小企業向け融資に適用するには疑問がある。

44　担保取得の範囲はどう決めればよいか

結論　担保取得の範囲は、担保対象物の評価額および掛け目による実質的な価値と貸出金額との関係に加え、担保対象物の管理可能な範囲を検討して決定する。ただし、過剰な担保取得は優越的地位の濫用となることもあるので留意する。

・・・・・・・・・・・・・・・・・・・・・・・　解　説　・・・・・・・・・・・・・・・・・・・・・・・

　動産や債権を担保とする場合、その担保取得の範囲を検討する必要がある。適切な担保取得の範囲は、担保対象物の評価額および掛け目により算出した実質的な価値と貸出しようとする金額との関係によって決まってくるが、担保対象物の管理可能な範囲を十分に検討して決定する必要がある。

　取得する担保は、多ければよいというものではない。債務者の倒産等の場合においては、担保価値が極端に下がることもあり、取得した担保の量が多いことによって、担保処分の際に多額の費用や時間がかかり、結果として担保価値を大幅に下回る回収額となるケースもある。

　なお、過剰な担保取得は、譲渡担保という性格上、他の債権者に対する担保活用の阻害要因になることから、優越的地位の濫用となる可能性があることにつき留意する必要がある。また、動産の場合には、その所在地が遠隔地である等物理的に管理能力を超えてしまうことによって、担保管理負担に苦しむことになりかねないことにつき留意する必要がある。

45 自己査定における担保掛け目としてどのような値を使用するか

結論 金融庁により、標準的な担保掛け目として、動産の場合、担保評価額(処分可能額)に対して70％の掛け目、売掛金の場合、担保評価額に対して80％の掛け目が示されている。

.... 解　説 ....

　従来、動産や債権を担保とする場合の担保評価やその担保価値を算出するための掛け目の決め方について、確立された基準やルールはなかった。金融庁も金融検査マニュアルにおいて、動産や債権を一般担保とすることを認めていたが、ABLの増加に伴ってより具体的な運用基準が求められるようになった。

　そこで、平成25年2月、金融庁は、時限立法であった金融円滑化法の終了(平成25年3月)を控えた中小企業向け金融円滑化の観点から、ABLの活用を促進するため、金融検査マニュアルの改定等を行っている。

　そのなかで、自己査定において「一般担保」の処分可能見込額の算出に使用する担保掛け目については、動産の場合、担保評価額(時価)に対して70％、売掛金の場合、担保評価額に対して80％が標準的な掛け目として示されている。なお、ここで示されている値は、あくまでも標準的なものであり、自社の実績に基づく基準等を利用し、大きな乖離がない場合には、上記の値ではなくとも認められる可能性もあると思われる。

46　担保評価額とはどのような価額か

結論　動産の担保評価額は、帳簿価格（簿価）、公正市場価格（Fair Market Value、略称FMV）、処分価格（Liquidation Value）などにより算出される。

──────────── 解　説 ────────────

1　集合動産の担保評価

　集合動産（在庫商品）の担保評価にあたっては、商品などの在庫の担保価値を算出する場合、必ずしも在庫の内容を細かく分類する必要はなく、在庫を製造・加工段階によって大まかに区分するのが一般的である。すなわち、完成品、仕掛品や半製品、原材料のように区分する方法である。このような区分により、それぞれの製造・加工段階にある在庫について、資金化にどの程度の時間を要するか、市場流通性はどうか、といった観点から担保価値をとらえることができる。また、単一の評価額によるわけではなく債務者の事業の内容、商品の特性等を勘案し、想定される処分方法の流れを考慮しながら、次の三つの価格のいずれかが用いられることが多い。なお、自己査定における「担保評価額」として何が適当かについては、金融庁により具体的に示されてはいない点に留意する必要がある。

①　帳簿価格（簿価）

　会社の貸借対照表に計上されている金額。債務者が定めた基準（仕入価格等）に従い計上されており、商品の実際の価値（時価）とは、一致しないことも多い。

②　公正市場価格（FMV）

　International Valuation Standards Committee（IVSC、50カ国からなる国連の非政府組織）によれば、「マーケット・バリューは、評価の当日に、既存の親密な関係や力関係のない自発的な買い手と売り手が、充分な知識のもと、誠実に、かつ強制されることなく、適切なマーケティング期間の後に、

資産の売買をする際に想定される対価」とされている。

③　処分価格（LV）

処分価格には通常（静態的）処分価格（Orderly Liquidation Value、略称OLV）と強制的な売却を想定した強制処分価格（Forced Liquidation Value、略称FLV）がある。

通常（静態的）処分価格とは、債務者の破綻により商品（ブランド）価値がある程度低下することを前提に、合理的な期間内に買い手を見つけられる状況を想定した売却価格である。時間的な余裕をもって、既存の販売ルートや一般事業者への販売、閉店セール、一部オークションや買取業者を利用して処分を行うことを想定している。

強制処分価格とは、限られた期間内にオークションなどで強制的に処分しなければならない状況を想定した売却価格である。オークション・バリュー（Auction Value）、またはディストレス・バリュー（Distress Value）ともいう。強制処分価格は通常処分価格より20～30％程度は低くなるといわれている。

2　個別動産の担保評価

個別動産（機械設備等）の担保評価にあたっては、集合動産の場合と同様、次の三つの価格のいずれかが用いられることが多い。

①　帳簿価格（簿価）

②　公正市場価格（FMV）

③　処分価格（LV）

在庫の場合と同様、機械設備についても、貸し手の目的や商品の特性から、通常（静態的）処分価格や強制処分価格のうち一つのみを検討する場合もあれば、異なる処分方法を想定しながら複数について検討する場合もある。売却価値を算出する場合であっても、処分方法により複数の評価額がありうる。動産の価格は多様であり、同じ機械の売却でも売却方法が違えば、その価格も大きく異なる可能性がある点に注意を要する。

47 処分可能見込額とはどのような価額か。掛け目はどのように設定すればよいか

結論 処分可能見込額とは、債務者のデフォルト時において担保権を行使した場合に、実際の処分はどのように行われるかを想定して考えうる価額である。

掛け目は、売掛金については7割程度、動産については簿価の3割程度の掛け目が設定されることが多いが、条件によっては売掛金について7割以上、動産について簿価の3割以上の掛け目の設定もありうる。

・・・・・・・・・・・・・・・・ 解　説 ・・・・・・・・・・・・・・・・

　動産の処分可能見込額とは、動産を最終的に処分した場合の換価代金から一定期間の経費等を差し引いた額のことである。なお、自己査定における「処分可能見込額」として何が適当かについては、金融庁により具体的に示されてはいない点に留意する必要がある。

　動産には多種多様なものがあり、その価格に関する情報もさまざまなものがある。動産の評価を行うにあたっては、その動産に関する専門的な知識を有していることが必要であるが、まず、当該動産が個別動産であるか、集合動産であるかを区別することが前提となる。次に、対象動産の取引市場がどのくらいの規模で存在しているかを調査する必要がある。また、その前提として、対象動産が担保動産として適格か不適格か判断する必要がある。

　このようなプロセスを経たうえで処分価格および処分に要する費用の算定を行う。在庫を評価するうえで特に重要な点は、最終的に換価処分を行う際に要する時間、市場での流通性等である。このため、評価にあたっては必ずしも最終製品の種類ごとに細分化を行うわけではなく、完成品、仕掛品や半製品、原材料といった区分を行う。たとえば、小売業者の在庫品・店頭品を集合動産の担保権行使の事例で考えれば、破産した場合などは管財人と在庫換価専門業者の手数料を差し引いた価額を想定しなくてはならない。もちろ

第2章　案件審査等

ん、処分在庫に関しても閉店セール等を前提にした価額を想定しなければならない。半面、在庫品といえども安定した流通価格を維持した商品ならば換価性が高いと考えて価額を想定すべきである。民事再生のような場合は、在庫の換価代金を再生の柱にしているならば、在庫品をすぐに処分してしまうと破産と違い再生そのものが困難になる可能性があるので、在庫品の流通価格を維持しつつ換価代金を債権者・債務者で分配し、新たな仕入在庫もABLの対象にする仕組みが必要である。

売掛金についての掛け目の設定に最も大きな影響を与える要因は、通常の商取引において、値引きや返品、回収不能に伴う償却、請求金額の相違などにより、売掛金金額に対して100％の回収が行われない状況における回収不能率（請求金額と実際の回収額との差額）である。この過去の回収不能率が将来的に売掛金が未回収となる可能性を示す指標となる。この未回収率は、業態、業界などによって異なる。たとえば、物品販売とサービス提供では、商慣行や売掛金の平均的なサイズ・分散度合いなどが異なり、これらの要因が回収不能率の違いにつながる可能性がある。同じ物品販売でも、所属する業界が異なる場合、同様の相違がありうる。

なお、掛け目の設定に影響を与える要因としては、回収不能率のほかにも、借り手の販売先（＝売掛先）の信用力（たとえば、官公庁に対する売掛金（医療法人の国民健康保険団体連合会に対する診療報酬債権）などは100％の回収が見込めるのに対し、一般企業では未収になる率は高くなる）、売掛先の分散状況、売掛金の回転期間などがあり、貸し手はこれらの諸要因を総合的に分析して掛け目を設定すべきである。

ただ、基本的には換価代金から一定期間の経費を差し引いた価額を想定して処分可能見込額とし、それに見合った掛け目を設定すべきである。

売掛金の掛け目の設定ならびに動産の処分可能見込額の算出、掛け目の設定について、債権者にノウハウがない場合は、外部の評価会社に評価を依頼し連携して処分可能見込額を算出し、掛け目を設定すべきである。

48 ABLにおいて有効なコベナンツは何か

結論 貸し手の金融機関は、ABLの実行にあたって、借り手企業との間で、コベナンツ契約を締結することが一般的である。コベナンツは、それ自体が担保や保証にかわるものではなく、金融機関にとっては借り手企業の財務状況や担保資産内容に変化がある場合、それを早期に発見することで間接的に債権保全に資するものと考えられている。一方、借り手企業にとっては、コベナンツ契約に抵触することにより、期限の利益の喪失事由となる可能性もある。したがって、コベナンツ契約を締結する場合、金融機関は借り手企業にとって過度な義務を課する内容とならないように留意することが必要であり、コベナンツ契約の内容については借り手企業に対して十分な説明を行い、事前に理解と納得を得ることが必要である。また、契約期間中は、コベナンツの遵守状況を定期的かつ継続的にチェックすることが重要である。

・・・・・・・・・・・・・・・・・・・・ 解　説 ・・・・・・・・・・・・・・・・・・・・

1　コベナンツ契約締結時の留意事項

一般に、コベナンツ（誓約事項）とは、「融資期間中、債務者が債権者に対し、一定の作為・不作為を誓約すること」と定義される。ABLでは売掛金や在庫など担保目的物が流動的で、価値の変動が激しい資産を担保として取り扱うことから、目的物の確保、価値の毀損を防止するための補完的役割として各種のコベナンツを約定書に定めることが多い。

コベナンツの種類は、大きく「積極的な作為を要求するもの」と「不作為を要求するもの」とに分けられ、その内容は以下のようなものが骨子となっている。

(1)　**コベナンツの例**

①　積極的な作為を要求するもの

・財務指標（純資産金額、自己資本比率、インタレスト・カバレッジ・レシオ、

経常利益黒字、棚卸資産回転月数など）の一定水準以上の維持（財務制限条項）
・正確な決算書類等の定期的提出（報告条項）

　ABLで特に重要な財務制限条項としては、棚卸資産回転月数があげられる。ABLの場合、売掛金や在庫など担保資産残高の増加に伴い、融資可能額も増加する仕組みであるが、売上げが伸びない状況下で売掛金や在庫が増加する場合などは、不良債権や不良在庫の発生も疑われるため、棚卸資産回転月数が適正な水準にあるかを常に検証しておく必要がある。

　なお、ABL特有の報告・承諾条項として、実査者の受入れを課することもある。

② 不作為を要求するもの
・他の債権者への担保提供の制限（報告・承諾条項）
・一定水準以上の配当や重要財産の処分の制限（報告・承諾条項）

　⑵ **トラブルの未然防止**

　なお、コベナンツ契約は、それ自体が担保や保証の代替となるものではなく、貸し手である金融機関が借り手企業の変化（異常値）を早期に認識することで、間接的には債権保全に資すると解される一方で、かりに抵触した際には期限の利益喪失事由となるなど、強力な効力をもつ場合がある。

　したがって、コベナンツ契約締結時には、貸し手と借り手とが、各条項の詳細ならびに抵触した場合の対応について十分に打合せを行い、あらかじめ十分な共通認識をつくっておくことが、後日のトラブル防止のために重要となる。

　また、貸し手は、コベナンツ契約の内容が借り手の権利を一方的に制限するなど、借り手にとって過度の義務を課するものとならないように配慮する必要がある。貸し手と借り手との負担する義務のバランスが崩れた条項は、「公序良俗違反」や「優越的地位の濫用」等の理由により、借り手の破綻時に管財人等から無効や損害賠償を請求される可能性もあるため、その点に十分留意するとともに、すべて一律の誓約事項を課するのではなく、貸し手に

よって適宜調整を行う。

2　コベナンツ管理上の留意事項

　前述のとおり、コベナンツはそれ自体が担保や保証の代替となるものではなく、借り手の財務状況や担保資産内容に変化がある場合に、その情報を早期に把握し、迅速な対応措置を講ずるためのものである。したがって、間接的には債権保全に役立つものと考えられるが、借り手の業績が悪化した場合など、そもそも遵守事項が守られなかったり、虚偽の報告を受けたりする可能性もある。このため、貸し手にとっては、日頃から借り手のコベナンツ条項の遵守状況を定期的かつ継続的にチェックすることがきわめて重要となる。また、かりにコベナンツ条項に抵触する事態となった場合には、借り手に対する是正勧告や借り手が事業遂行上必要な手立ての実施を、貸し手はすみやかに検討すべきである。

49 金利や手数料はどのように設定されるか

結論 ABLは、一般の融資とは異なり、担保取得する動産や債権の評価および管理について、外部へ委託する場合を含め、コストが発生するため、金融機関は借り手企業に対して一定のコスト負担を求める場合がある。その際に徴求する手数料等が、利息制限法や出資法における「みなし利息」に該当しないか注意が必要である。

・・・・・・・・・・・・・・・・・・・・・・・・・ 解　説 ・・・・・・・・・・・・・・・・・・・・・・・・

　ABLを実行するにあたり、金融機関は借り手企業に対して、取扱いに関連するコストの負担を求める場合がある。たとえば、ABLでは借り手企業が保有する在庫等の動産が担保とされるが、それらの担保物件の評価を外部の評価会社等に依頼する場合、その評価手数料は貸し手の金融機関より借り手企業へ請求するのが一般的である。また、ABLを利用した融資手法では、金融機関が担保とする動産や債権の担保適性を見極めて、その金額を定期的に見直して融資限度を変更する方式を採用する場合がある。その場合、通常の運転資金の融資と比べ、金融機関に追加的な担保管理コストなどが発生するため、融資枠に対して一定のコスト負担を借り手企業に求めるケースもある。

　貸し手となる金融機関は、こうした一連の手数料等をABLの取扱手数料といった名目で徴求するケースがあるが、その際は、借り手企業に対して手数料金額や内容に関する事前説明を徹底することが不可欠である。

　ABLガイドライン（平成20年5月30日、経済産業省公表）においても、「貸し手は、ABLの実行に際して借り手が負担するコストにつき、みなし利息に該当する可能性があることに留意する」とし、融資に関連した手数料等が利息の一部とみなされれば、その手数料等を含めて、利息制限法や出資法の観点から問題になる可能性があると注意を喚起している。したがって、ABLの取扱いに関する手数料を徴求する場合には、当該手数料等が利息制

限法3条あるいは出資法5条7項（平成22年6月18日までに政令で定める日から施行される改正出資法5条の4第4項）の「みなし利息」に該当するおそれがあり、かりに該当する場合には、それぞれの法律に定める制限利率を超える可能性がある点にも留意すべきである。

50　契約書はどのようなものが必要となるか

結論　ABLの契約書として、コベナンツ契約を含めすべてを盛り込んだ契約書を作成することもあるが、ケースバイケースでもあり、個別案件ベースで作成すると、リーガル・チェックも含めて手間とコストがかかる。

特に中小企業向けには、汎用的に利用できる最低限の必要事項を記載した契約書を基本契約書として用意しておくことが実務上勧められる。

.... **解　説** ....

ABLの契約書として最低限必要な事項とは、まず、譲渡担保契約としての形式である。銀行の場合であれば、融資取引においては、銀行取引約定書を徴求しているので、これを活用して融資取引の基本事項をカバーすることが可能である。さらに、貸出形態に応じて、証書貸付であれば金銭消費貸借契約書、手形貸付であれば手形、当座貸越であれば当座貸越契約書等の既存の契約書類を活用して、ABL取引において不足する条項をABLの契約書（譲渡担保設定契約書）として設定することで対応可能である。

まず、譲渡担保設定契約の形式は、動産であれば占有改定契約の書式を活用することができる。内容としては、銀行取引約定書の存在を前提とし、その各条項を承認のうえ、担保対象物件を特定し、債務の担保として譲渡し占有改定の方法にて引き渡す旨を記載する。そのうえで、借り手の義務として、担保物件を善良なる管理者の注意をもってこれを管理するという善管注意義務や、現実の引渡しへの協力義務、在庫明細等担保物件に係る定期的な報告義務、また、対象担保に係る立入調査権の確保等を最低限の項目として、担保対象の一定残高維持や財務制限条項については、適宜借り手や担保の状況に応じて制限条項を加える形式とすることで活用しやすくなる。

ただし、動産の場合は、対象担保の立入調査権や実査への協力条項がないと、関係がこじれた場合に、自力執行を違法行為として負けた判例（「自力

執行による搬出行為については、窃盗罪を構成し社会通念上の受忍限度を超えた違法行為である」最判平元.7.7刑集43巻7号603頁）が存在するので注意が必要である。また、中小零細企業に対する義務違反抵触時に期限の利益喪失事由となるような厳しい財務制限条項等は、一方的に借り手の権利を制限するものとならないよう、貸し手の「優越的地位の濫用」に該当しないように配慮する必要がある。

　債権の契約書については、多数の第三債務者（取引先）に対して将来発生する債権を集合的に譲渡担保に供する法律構成とするべきである。かりに、第三債務者を特定するかたちでも、特定しないかたちでの将来債権の譲渡が有効（動産・債権譲渡特例法）であることを前提として、最低限重要な第三債務者（取引先）を契約書に具体名で列挙することで対応可能である。そのほかは、立入調査権を除き、動産と同様、売掛先、売掛金額、サイト等の売掛明細等の報告義務を記載する。

　なお、株式会社三菱総合研究所「経済産業省　平成24年度産業金融システムの構築及び整備調査委託事業『動産・債権担保融資普及のためのモデル契約等の作成と制度的課題等の調査』報告書」において、集合動産譲渡担保権設定契約書および債権譲渡担保設定契約書のモデル契約が示されており参考になる。

51　担保取得の条件（登記等）はどのように決めるか

結論　動産や債権を担保として取得する場合は、対抗要件を具備する必要がある。第三者に対して権利を保全・主張するためには最低限登記をすることが必要不可欠となる。なお、債権の場合は、第三債務者に対する対抗要件も必要であるが、債務者（担保設定者）の信用不安を招く懸念もあり、債務者と十分協議のうえ、留保も含め条件を決定する。

　また、どうしても登記を留保せざるをえない場合には、契約書に確定日付を付することで、少なくとも後行の債権者に対抗できるようにしておく必要がある。

……………………… 解　説 ………………………

　動産や債権を担保として取得する場合は、債権者としての権利を保全・主張するために対抗要件を具備する必要がある。なぜなら、動産や債権の譲渡担保は、対抗要件が具備されていないと担保として不安定であるといわざるをえないからである。そして、第三者に対して権利を保全・主張するためには最低限登記をすることが必要不可欠となる。登記のもつ公示性のため、登記を嫌がる債務者（担保設定者）もいるが、意図的に登記を調べない限り公になるものでもなく、最低限の条件とすることが重要である。

　なお、債権の場合は、第三債務者に対する対抗要件も必要であるが、債務者（担保設定者）の信用不安を招く懸念（風評リスク）もあり、債務者と十分協議のうえ、第三債務者の承諾が得られるのか、通知が可能かを確認して条件を決定する。診療報酬債権等公的機関が第三債務者の場合には、異議なき承諾は得られないものの通知を受けてもらえるケースが多いが、一般の売掛金債権の場合は、第三債務者の承諾を得られないケースが多い。

　対抗要件として、最低限登記をしておくことで、債務者が破綻した場合においても、破産法上の否認権を免れることができるとされている。

　また、どうしても登記を留保せざるをえない場合には、契約書に確定日付

を付することで、少なくとも後行の債権者に対抗できるようにしておく必要がある。

52 担保のモニタリング、再評価のサイクルはどのように決めるか

結論 担保のモニタリングに関しては月次、再評価のサイクルについては年次が望ましいが、特にモニタリングについては、担保管理負担（物理的・金銭的）もあり、四半期決算等もふまえ、最低条件として3カ月に1回以上のサイクルとしたい。なお、債務者の状況や担保物件の特性に応じてサイクルを変更することも重要である。

・・・・・・・・・・・・・・・・・・・・・・・ 解　説 ・・・・・・・・・・・・・・・・・・・・・・・

　ABLにおいて担保活用する在庫などの動産や売掛債権などの債権は、担保対象物件の内容が日々変動するため、不動産担保と比べて、担保物件の途上管理（モニタリング）が重要となる。モニタリングを要する項目は、在庫担保の場合、在庫の種類、在庫量（数・重量）、在庫金額、在庫の入庫日（仕入日）、在庫の所在地等である。売掛債権担保の場合、売掛先、売掛金額、売掛金の期日（および発生日）、入金状況等であり、これらの諸項目について定期的な管理を要する。

　モニタリングには、借り手企業から上記項目を記載した定型形式の明細の提出を受ける必要があり、借り手企業の管理状況にも左右されるが、会計手続および残高管理の性質上、月次での対応が基本となる。ただし、中小企業の分野においては、債務者、金融機関側の双方の管理負担やコスト負担を勘案すると月次ベースでの対応が困難なケースも多い。その場合には、自己査定のサイクルに合わせ、最低限3カ月に1回以上のモニタリングは必要であると思われる。また、動産の場合には年1回以上の実査が求められており、再評価のサイクルも1年ごととすることが望ましい。もちろん、債務者の状況に応じてサイクルの変更（短縮化）等ができるように合意（契約上）をしておくことが有効である。

　上記により、定期・定型的に担保物件の内容を把握し、加えて上記情報を

ベースとして、定期的に担保評価をすることとなる。

　ABLの取扱いにおいては、融資実行時の担保評価だけではなく、融資期間中の担保物件の内容把握も重要なポイントとなる。在庫、売掛債権等の担保資産は、借り手企業の事業活動によりその内容が変動するものであり、実行時のみの内容把握では、担保としての実効性を確保できないため、期間中のモニタリングが必要となってくる。

　在庫ならびに売掛金に関する期間中の主なモニタリング項目は以下のとおりである。

(1)　**在庫担保の場合**
・残高：在庫の総残額および種類別残高の把握
・種類：在庫の内容および原料・半製品・製品・商品等の区分の把握
・量（数・重量）：在庫の量の把握および在庫単価の算出
・入庫日（仕入日）：滞留期間・劣化状況の把握
・所在地：保管場所および担保対象在庫品の特定

　上記諸項目について定期的に管理することにより、総残高の推移のみならず、種類別の残高推移および構成割合の変動、滞留在庫の増減を把握することが可能となり、在庫の担保価値の変動、さらに借り手企業の事業状況の変動をとらえることが可能となる。

(2)　**売掛金担保の場合**
・残高：売掛金の総残高および売掛先別残高の把握
・売掛先：売掛先属性情報（社名、住所、代表者名など）の把握
・期日（および発生日）：延滞および期間長期化の状況の把握

　上記諸項目について定期的に管理することにより、売掛金の発生・回収状況、回転期間、延滞債権・担保不適格債権の割合等の増減を把握することが可能となり、売掛金の担保価値の変動や借り手企業の事業状況の変動をとらえることが可能となる。

　次に、モニタリング情報の授受についてであるが、まず、融資実行時に評価手続で使用した在庫および売掛金の情報を基本として、モニタリング項目

を含む明細の形式を特定する必要がある。月次（少なくとも四半期ごと）作成を要するため、借り手企業の負担等を考慮し、融資実行時に比べ簡便な方法をとるケースもある。逆に、借り手企業に管理体制の改善を促すよう、明細の定型形式を特定する場合もある。

　明細の形式は、Excel等表計算ソフトにより作成されたデータを基本とする。明細には借り手企業の重要情報が記載されているため、授受も含め安易な取扱いは厳に慎む必要がある。

　月次モニタリングでは、直近に実施した担保評価以降における担保物件の内容および変動状況を時系列的に把握するため、担保価値の算定にあたっては、直近に実施した担保評価と同様の前提条件や評価率を使用するのが通例である。

　月次モニタリングとは別に、一定期間（通常1年）ごとに担保評価（再評価）を実施する必要があり、また、期中であっても担保物件や借り手企業に大きな変化があった場合には、同様の対応が必要となる。

　なお、通常、モニタリングでは担保物件の管理・保管状況を実際に確認する作業は伴わない。したがって、たとえば在庫担保の場合、借り手企業の状況等に応じて、保管現場における担保物件の実在確認などを別途実施することにより、担保管理の実効性向上を図るべきである。

　また、必要に応じてモニタリング業務を外部の専門事業者に委託することも考えられるが、その場合でも、貸し手の金融機関が自ら行うのと同様、適切に実施されるよう、当該事業者との連携を図る必要がある。

第 3 章

担 保

第1節　動産担保

53　動産とは何か

[結論] 動産とは民法上は「土地及びその定着物以外の物」を指すが、ABLの担保対象としての動産は幅広い。

・・・・・・・・・・・・・・・・・・・・・・・・・ 解　説 ・・・・・・・・・・・・・・・・・・・・・・・・・

　動産とは「不動産以外の有体物」を指す（民法86条2項）。つまり、土地や土地の定着物（建物のこと）以外はすべて動産といえる。

　たとえば、動産は本書では以下のように分けている。
・原材料：鉄、材木、鉱物、鉱材、レアメタルなど
・衣料品：紳士服、婦人服、下着、鞄など
・農水産物品：家畜、水産物、生花、米、魚類、肉類、加工品、冷凍レトルト食品など
・住生活用品：冷蔵庫、洗濯機、テレビ、電話機、家具など

　従来は、ABLの担保対象となる動産というと、工場内に設置された工作機械、ベルトコンベア等の貸借対照表上で固定資産に計上される機械装置等の「個別動産」と、工場内の原材料、仕掛品、半製品および製品や商品等の貸借対照表上で棚卸資産に計上される「集合動産」等が多かったが、いまでは担保対象となる動産は幅広くなっている。

　なお、航空機・船舶・自動車・一定の建設機械などは民法の特例法による登記・登録自体が対抗要件となっている動産であり、動産譲渡登記の対象とはならない。ただし、総トン数20トン未満の船舶や未登録の自動車などは、集合動産として動産譲渡登記を行うことができる。

54 集合動産とは何か

結論 日常的に搬入・搬出の繰り返される店舗や倉庫など、特定の場所に存する商品・製品等を一個の集合物として取り扱う動産を指す。

・・・・・・・・・・・・・・・・・ 解　説 ・・・・・・・・・・・・・・・・・

　特定の倉庫（たとえば、「冷凍品を保管する××倉庫」）にある商品を個々の商品として個別に担保の目的とするのには非常にコストがかかるが、これらをまとめて担保の目的とすることは容易である。

　特定の場所にある集合動産に出入りがあり変動する場合について、判例は、その動産の「種類」「所在場所」「量的範囲」が明確に特定されているという要件のもとに、構成部分の変動する集合動産の譲渡担保を有効としており（最判昭54.2.15、最判昭62.11.10）、それに基づいて、動産譲渡登記の実務は運用されている。

1　種　類

　ある基準でみて性質・形態などが共通するものを分類し、それぞれのまとまりとしたものである。

　判例では、「家財一切」という記載は、家族の共同生活に使用される物件は多種多様であって、個々の物件が具体的にこれに該当するかどうかを識別することが困難な場合が当然予想されるとして、特定性を欠くものと判断されている（最判昭57.10.14）。

　動産譲渡登記上、種類として適当とされた例として、「テレビ」「洗濯機」「冷蔵庫」があるが、「家電製品」といった概括的表記での特定も可能である。また、「指輪」「ネックレス」「イヤリング」といった特定もできるが、「貴金属製品」といった概括的表記での特定も可能である。

　動産譲渡登記において種類として不適当とされた例としては、「製品」「商

品」「部品」「用品」「在庫品」「貯蔵品」「加工品」「機械」「設備・装置」がある。

2 所在場所

所在場所は、具体的に定める必要がある。他の要件による特定の方法とも関連するが、「○○市内にあるもの」という記載では、集合動産を構成する個々の動産の所在場所が不明確であり、集合動産としての特定性を欠くと解される。

動産譲渡登記における目的物の特定方法としての保管場所の所在地は、地番または住居表示により特定することが必要である。

地番の場合には「東京都中野区野方一丁目34番地（住居表示がされていない場合や建物がない場合）」と表示する。住居表示の場合には「東京都中野区野方一丁目34番１号」と表示する。

また、動産譲渡登記では、動産をより詳細に特定するために備考欄に「有益事項」として記録することができる。たとえば、「保管場所の名称：株式会社○○○商事××倉庫」と表示する。また、倉庫内の一部の動産を特定する場合には「保管場所の名称及び範囲：株式会社○○○商事××倉庫のＡ区画」「保管場所の名称及び範囲：株式会社○○○商事××倉庫の１階部分」と表示する。ただし、「××倉庫内の50平米」という記載は倉庫内のどの部分の50平米かが特定できないため適当ではないとされている。

動産譲渡登記では、保管場所を移動した集合動産を動産譲渡登記の対象とするためには、移動後の保管場所を「動産の保管場所の所在地」とする、新たな動産譲渡登記が必要である。

3 量的範囲

量的範囲とは、「倉庫内のもの全部」とか「工場内のもの一切」といった定めのことである。ある場所に存在するすべての動産を集合動産とする場合には、種類と所在場所を特定することにより集合動産とすることができる。

量的範囲が問題になるのは、所在場所における一部の数量を限定する場合である。「倉庫内の鋼材のうち2分の1」「倉庫内にある鋼材のうち100トン」「倉庫内の鋼材のうち1億円分」といった記載は、いずれも特定性を欠くと解されている。判例においても、「食用乾燥ネギフレーク44トンのうち28トン」という指定だけで、あらためてこの「28トン」と特定したということがなければ、特定性に欠けるものと判断されている（最判昭54.2.15）。つまり、28トンという量的指定のみでは具体的な目的物の特定が困難であるとされている。

55　個別動産とは何か

結論　個別動産とは特定の動産のことである。

・・・・・・・・・・・・・・・・・　解　説　・・・・・・・・・・・・・・・・・

　個別動産とは機械設備等の特定の動産のことである。動産は移動するものであるため、個別の動産を特定することが重要である。特定の方法は、①動産の種類、②動産の記号、番号その他の同種類のほかのものと識別するために必要な情報（以下、「動産の特質」という）を特定する方法による。

1　動産の種類

　動産の種類とは、動産の性質・形態など共通の点を有するものごとに分けたそれぞれの類型をいい、たとえば「パソコン」「電気器具」「プレス機」「薬品タンク」「貴金属類」等がこれに当たる。
　動産の商品名や製品名は、一般的には動産の種類ではない。また、ある程度幅のあるものでもやむをえないと考えられているが、あまりに包括的な内容は動産の効力が及ぶ範囲が不明確となるため適切ではない。
　動産譲渡登記においては、たとえば「パソコン」や「テレビ」は問題がないが、「家電製品」という表記はふさわしくないとされる。

2　動産の特質

　動産の特質とは、動産の記号、番号その他の同種類のほかのものと識別するために必要な当該動産固有の情報のことで、製造番号やシリアルナンバーが典型である。個体識別番号情報のある牛は、この番号が他の牛と識別する固有の番号に当たるため、個別動産としてABLの対象とすることができる。
　これらがない動産については、ナンバリングされたシールやプレートを貼付するなどの明認方法を施し、当該明認方法を記録する方法でもよい。ただ

し、型番や形式のみでは、通常は同じ性能の動産が複数あるはずであるから動産の特質の記載として適当でない。
　動産の特質によって動産が特定されると、製造番号やシリアルナンバーの記録から対象となる動産の数量は必然的に1個となる。

56 動産担保にはどのような種類があるか

結論 動産担保には留置権・先取特権・質権・譲渡担保等がある。

---------- 解　説 ----------

1　留置権

　留置権とは、他人の動産の占有者がその動産に関して生じた債権が弁済されるまで、その動産を留置することによって弁済を強制する担保物権である。たとえば、時計の修繕を頼まれた時計屋は、時計の持ち主が修繕代金を払うまでは留置権に基づいて、修繕した時計の返還を拒絶することができる。

　留置権は法律上当然に発生する法定担保物権であり、契約当事者の合意によって発生する約定担保物権ではない。

2　先取特権

　動産の先取特権とは、法律に定められた一定の債権を有する者に対して債務者の特定動産から優先弁済を受ける権利を認める担保物権である。たとえば、建物の賃貸人は賃借人が賃料を滞納した場合には賃借人の動産に先取特権が発生する。

　動産の先取特権は法律上当然に発生する法定担保物権であり、契約当事者の合意によって発生する約定担保物権ではない。

3　質　権

　質権は、債権者が債権の担保として債務者から受け取った動産を債務が弁済されるまで占有して、債務の弁済を間接的に強制するとともに、弁済されない場合にはその動産の価格から優先的に弁済を受けることができる約定担保物権である。

質権の設定は、債権者にその目的物を引き渡すことによって、その効力を生ずる（民法342条）とされ、質権者は、質権設定者に自己にかわって質物の占有をさせることができない（民法345条）と規定されているため、引渡しには占有改定を含まない。つまり、Aの動産を質にとったBは、その動産をAに保管させたり利用させることができない。

　上記のとおり、質権の設定については、動産に対する質権設定の合意に加えて質権者による担保目的物の占有が必要である（質権の要物契約性）。また、質権の設定後にその動産を質権設定者に返還した場合には、質権者は第三者に対する対抗力を失うとされている。

4　譲渡担保

　譲渡担保は、債権者が債務者に対して有する債権を担保させる目的で、担保目的物の所有権を債務不履行に備えて、あらかじめ債権者に移転しておく、という約定担保権である。

　譲渡担保によれば、質権のように目的物の占有を移す必要はなく、動産を債権者に引き渡すことを要しない（占有改定で足りる）から、債務者が占有したり利用しながら融資を受けることができるため、工場内の機械設備などの動産に担保を設定する場合に利用される。また、倉庫内の商品、店舗内の商品、工場内の原材料・製品といった集合動産も、債権者に担保として引き渡すことはできないので、質権ではなく譲渡担保が利用される。

　特別法により自動車・航空機・建設機械については動産抵当が認められていて、債務者が担保目的物を占有したり利用したりすることができる動産もあるが、その種類は限られているため、このような動産抵当を利用することができない動産類である場合や、動産抵当自体が利用しづらい場合には譲渡担保は有用な担保方法である。また、譲渡担保は私的実行（譲渡担保権者が精算金を支払う、もしくは譲渡担保権者が担保目的物を処分して精算する方法による）が可能である。抵当権・質権はその実行には民事執行法による競売手続によらなければならず、時間と費用がかかり、また時価より安くしか競売

できないことが多い。一方、譲渡担保においては、上記のように裁判所の手を借りない簡易な私的実行が可能で、当事者が任意にその方法を決定することができる。このため、目的物を高額に評価することができることから、設定者にとっても有利となる場合がある。

5　所有権留保

　上記1～4以外の動産担保として、所有権留保がある。
　所有権留保とは、売買契約において、目的物は売主から買主に引き渡されるにもかかわらず、売買代金が完済されるまで売主が目的物の所有権の移転を担保として留保することをいい、自動車のディーラーから分割払いで車を買う場合などに利用されている。
　所有権留保の考え方としては、被担保債権（代金債権）と担保目的物（売買の目的物）の間に密接な関係が存在するが、基本的には譲渡担保に準じて考えればよいとされる。つまり、目的物の所有権がいったん買主に移転した後、買主がそのものを売主に譲渡担保に供したと考えればよい。ただし、所有権留保は債権者と債務者が担保物件を選ぶことはできないためABL担保には向かない。

57 担保に適した動産にはどのようなものがあるか。また、担保に適さない動産はあるか

結論 担保に適している動産とは、輸送中の商品、工場内の機械・器具、倉庫内の商品、店舗内の商品、工場内の原材料・製品、保護預り品の持分権などの換価性が高く処分が容易なものである。

担保に適さない動産とは、法律で譲渡が禁止されている動産、換価性が低い動産などである。

・・・・・・・・・・・・・・・・・・・・・・・・・・・ 解　　説 ・・・・・・・・・・・・・・・・・・・・・・・・・・・

1　担保に適した動産

担保に適した動産として次のものがある。

① 倉庫業者の倉庫内の商品や、鉄道、船舶等によって輸送中の商品などは、それを倉庫証券、貨物引換証、船荷証券とすることによって有価証券化されている動産。

② 工場内の機械・器具等で換価性がある動産……工場内の機械・器具の所有者が工場の土地・建物の所有者と同一であれば、工場の土地・建物に工場抵当権を設定することによって工場内の機械・器具に担保設定することができる。

③ 倉庫内の商品、店舗内の商品、工場内の原材料・製品といった集合動産で換価性があるもの……集合動産の換価性を判断するには、転用性（木材、繊維、鉄、紙などの原材料は転用性が高いが、特定製品用の部品や印刷物は転用性が低い）、季節性（夏物衣料、冬物衣料）、需給のバランス、買い手の存在等を検討する必要がある。

④ 特殊な動産として、金融機関が売却した金の地金を、買主から混蔵寄託（複数の寄託者が同じ種類・品質の物を寄託し、それを混合するかたちで受寄者が保管し、契約で定められた返還時期に各寄託者が寄託した割合に応じて返還を受けることとした寄託契約のことをいう）の方法によって金融機関が保護

預りしている場合の寄託物の共有物の持分権。

2　担保に適さない動産
担保に適さない動産として次のものがある。
① 　法律で禁止されているものとして、模造通貨、麻薬、有毒飲食物、国宝などや民事執行法に定める生活に不可欠な差押禁止動産など
② 　債務者がリース会社からリースを受けている動産
③ 　第三者の所有権留保の対象となっている動産
④ 　債務者が販売委託を受け、または消化仕入れによって店舗に陳列している商品等の動産

58 動産担保を取得したと主張するためには、どのような手続をとる必要があるか

結論 動産担保として利用されるものとして動産質権と譲渡担保がある。債権者が債務者に動産質権を取得したと主張するには、目的動産に対する動産質権の設定の合意と、目的動産の占有改定以外の引渡しが必要である。また、第三者に目的動産に対する質権を取得したことを主張するためには、質権が成立した後も継続して債権者が目的動産の占有を継続することが必要である。

債権者が債務者に譲渡担保を取得したと主張するには、目的動産に対する譲渡担保の設定の合意があればよい。また、第三者に目的動産に対する譲渡担保の取得を主張するためには、目的動産の引渡しが必要である。

------- 解　説 -------

1　動産質権

(1)　成立要件

動産質権は、債務者が債権者にその目的物を引き渡すことによって、その効力を生ずる（民法342条）とされており、引渡しとは一般的には現実の引渡し（民法182条1項）、簡易な引渡し（民法182条2項：質権者がもともと質物を所持している場合に、占有移転の合意だけで質権設定者から質権者に占有を移転することができる）、指図による占有移転（民法184条：質権設定者（A）が倉庫会社（B）の倉庫に保管させておいた動産を、Bの倉庫に保管したまま質権者（C）に対して質権設定する場合に、AからBに以後はCのために占有するように通知し、Cがこれを承諾するとAからCに占有を移転することができる）および占有改定（民法183条：売主Aが売買の目的物を買主Bに引き渡さず、以後これを買主のために保管するような場合には、売主である保管者は買主の代理人として占有をすることとなり、買主Bは売主Aを代理人とする占有権を取得する）を指す。質権者は質権設定者に、自己にかわって質物の占有をさせることができ

ない（民法345条）とされており、動産質権の取得を債権者が債務者に主張するためには占有改定以外の引渡しが必要である。

上記のとおり動産質権を債権者が債務者に主張するには、動産質権設定の合意に加えて質権者の目的動産の占有が必要である（要物契約性）。

(2) 対抗要件

動産質権において第三者に目的動産に対する質権を取得したことを主張するためには、質権が成立した後も継続して債権者が目的動産の占有を継続することが必要である。

債権者が目的動産を任意に債務者に返したり、目的動産を紛失した場合には目的動産に対する動産質権を第三者に対抗することができない。

たとえば、A所有の甲動産にBに対する債務の担保として動産質権を設定してBに引き渡している場合、BがAに甲動産を返し、Aが後日Cに対する債務の担保として甲動産に質権を設定して引き渡してしまうと、BとCは対抗関係となり、甲動産を占有していないBはCに対して甲動産に対する質権を主張することができない。

この場合も、AB間の甲動産に対する質権はなくなるわけではないし、CがAB間の質権の存在を認めることはできる。

2 譲渡担保

(1) 成立要件

譲渡担保は、債権者と債務者の間の債権を担保する目的で、あらかじめ債権者に目的動産の所有権を移転しておくという合意により成立し、債権者は債務者に目的動産に対する譲渡担保を取得したと主張することができる。

譲渡担保の成立には、質権とは異なり、債権者による目的動産の占有は不要である。

(2) 対抗要件

譲渡担保において第三者に目的動産に対する譲渡担保の取得を主張するためには、目的動産の引渡しが必要である。この引渡しとは一般的には現実の

引渡し（民法182条1項）、簡易な引渡し（民法182条2項）、指図による占有移転（民法184条）および占有改定（民法183条、目的動産の占有を債権者に移転せずに引き渡す方法）のことで、動産質権では引渡しとは認められない占有改定も、譲渡担保の取得を主張するために必要な引渡しに当たるとされる。占有改定による引渡しが認められるため、目的動産を債務者または物上保証人が利用しながら債権者から融資を受ける場合に利用される。

　また、法人が所有する動産に譲渡担保を設定し、動産・債権譲渡特例法3条により動産譲渡登記がなされると、当該動産の譲渡について民法178条の引渡しがあったものとみなされ、第三者に担保の取得を主張することができる。

　法人が所有する動産に譲渡担保を設定した場合には、上記の動産・債権譲渡特例法に基づいて対抗要件を具備することもできるし、民法に基づいて対抗要件を具備することもできる。

59 動産・債権譲渡特例法とは何か

結論 動産・債権譲渡特例法とは、「法人」による動産や債権の譲渡等による資金調達を円滑にすることを目的とするものであり、民法の特別法として制定された。

.... 解　説 ....

　債権譲渡を第三者に対抗するためには、確定日付ある証書による債務者から第三債務者への通知または第三債務者の承諾が必要であった（民法467条2項）。多くの債権を一括して譲渡する場合、この手続は非常に手間と費用がかかるため、債権の証券化や債権の売却等による法人の資金調達のために、第三者対抗要件を具備するためのより簡便な方法が必要とされた。そこで平成10年10月1日に、法人が行う金銭債権の譲渡等に限定した債権譲渡特例法により、登記による第三者対抗要件の具備が認められた。

　その後、バブル経済崩壊後における不動産価値の下落といった経済情勢や、企業の債務を個人保証した者の責任が過大になりがちであることにかんがみ、不動産担保や個人保証に依存した従来型の資金調達方法を見直して、法人所有の動産や債権を活用した資金調達を活発にする必要性があると考えられた。動産を活用した資金調達を行うためには動産の譲渡を公示する必要があるが、民法の規定では実務のニーズに十分に応えられないとの指摘がなされていた。

　たとえば、動産を譲渡担保または譲渡の対象として資金調達を行う場合、当該動産を譲渡担保または譲渡後も利用するためにはその対抗要件は占有改定（民法183条）によることになる。占有改定による占有移転の有無は外部からは判明しないうえ、二重譲渡が行われた場合に後から現れた譲受人が当該動産を即時取得する可能性があることが、動産を引当とする資金調達を困難にする原因の一つとしてあげられている。また、債権譲渡についても将来発生する債権について債務者を特定することなく譲渡担保または譲渡すること

ができないかという要望や、将来発生する債権の譲渡担保や譲渡においてその債権総額を登記事項とすることに困難を伴うとの指摘があった。

　そこで、債権譲渡特例法が改正され、動産及び債権の譲渡の対抗要件に関する民法の特例等に関する法律（動産・債権譲渡特例法）となり、同改正法は平成17年10月3日から施行された。

60 動産・債権譲渡登記制度とは何か

結論 動産譲渡登記制度とは、法人がする動産の譲渡を動産譲渡登記ファイルに記録（登記）することにより、動産の譲渡について民法178条に規定する引渡しがあったものとみなされ、第三者対抗要件を具備することができる制度である。

債権譲渡登記制度とは、法人がする債権の譲渡・質権設定を債権譲渡登記ファイルに記録（登記）することにより、当該譲渡・質権設定のされた債権の債務者以外の第三者について、民法467条の規定による確定日付のある証書による通知があったものとみなされ、第三者対抗要件を具備することができる制度である。

──────── 解　説 ────────

1　動産譲渡登記制度

動産譲渡登記制度は、企業が保有する在庫商品や機械設備等、これまで担保としてあまり活用されてこなかった動産を活用した資金調達等に活用するため、第三者への対抗要件を備えるための制度である。

動産を活用した資金調達の具体的な方法としては、企業が動産を譲渡担保に供して金融機関等から融資を受ける方法と、動産を流動化・証券化目的で譲渡し、譲渡代金として資金を取得する方法とがあるが、いずれの方法においても、通常は、動産自体は譲渡後も企業の直接占有下に置かれたままとされる。

このような場合、本制度創設前は、占有改定（民法183条）という外形的には判然としない公示方法によって動産譲渡の対抗要件を具備するしかなかったため、後日、占有改定の有無・先後をめぐって紛争が生ずるおそれがあった。

そこで、このようなおそれを極力解消し、動産を活用した企業の資金調達の円滑化を図るため、平成16年11月25日に「債権譲渡の対抗要件に関する民

法の特例等に関する法律の一部を改正する法律」が成立し、平成17年10月3日から、動産譲渡登記制度の運用が開始された。

動産譲渡登記制度によれば法人が動産を譲渡した場合には、動産譲渡登記所に登記をすれば第三者にその旨を対抗することができる。

動産譲渡登記においては、債権譲渡登記と同様に譲渡人は法人のみに限定された。

また、個別動産、集合動産の譲渡を登記することができ、代理人が占有する動産も譲渡登記をすることができるとされた。

また、譲渡の原因として売買、贈与、譲渡担保、代物弁済、信託等があるが、弁済による代位を原因とする動産の移転は債権譲渡登記の対象とすることはできないと解されている。債権譲渡登記において認められている質権の設定は動産譲渡登記においては認められない。なぜなら、動産の質権設定においては引渡しによって効力が生じるが、その引渡しには占有改定は含まれないとされており、動産譲渡登記制度とは相いれないからである。

また、動産譲渡登記制度による第三者対抗要件の具備と他の方法による第三者対抗要件の具備との関係は、債権譲渡登記制度と同様に動産譲渡登記制度による第三者対抗要件の具備に優先効はなく、第三者対抗要件具備の先後によって決まるとされた。

2 債権譲渡登記制度

債権譲渡登記制度は、法人がする金銭債権の譲渡や金銭債権を目的とする質権の設定について、簡便に債務者以外の第三者に対する対抗要件を備えるための制度である。金銭債権の譲渡または金銭債権を目的とする質権設定をしたことを第三者に対抗するためには、原則として確定日付ある証書によって債務者に対する通知を行うか、債務者の承諾を得なければならない。この方法は多数の債権、債務者が存在する場合には膨大な手数と費用が必要である。債権譲渡登記によれば、法人が金銭債権を譲渡した場合または金銭債権を目的とする質権設定をした場合には、登記所に債権譲渡登記をすれば、第

三者にその旨を対抗することができる。

　債権譲渡登記制度は、債権流動化をはじめとする法人の資金調達手段の多様化の状況にかんがみ、法人が金銭債権の譲渡などをする場合の簡便な対抗要件制度として、平成10年10月1日から実施された（旧債権譲渡登記制度）。

　譲渡人は、法人のみに限定された。そして、譲渡に係る債権は、指名債権であって金銭の支払を目的とするものに限定された。また、譲渡の原因として売買、贈与、譲渡担保、代物弁済、信託等があるが、弁済による代位を原因とする債権の移転は債権譲渡登記の対象とすることはできないと解されている。また、債権に対する質権の設定も登記することができる。

　債権譲渡登記がされた場合において、譲渡人もしくは譲受人が当該債権の債務者に登記事項証明書を交付して通知をし、または債務者が承諾をしたときは、債務者についても確定日付のある証書による通知があったものとみなされ、対抗要件を具備することができる。

　旧債権譲渡登記制度においては、債権譲渡登記は債権譲渡登記ファイルと譲渡人の商業登記簿に債権譲渡を記録（登記）することとされた。商業登記簿（旧債権譲渡登記制度実施当初は、債権譲渡登記の概要として登記番号・登記の年月日・譲受人・債権総額が記載されていたが、程なく債権総額の記載はなくなった）はだれにでも閲覧が容易であったため、一般になじみの少なかった債権譲渡登記の存在自体を根拠とした債権の譲渡人である法人の信用不安の懸念を惹起することがあった。また、債権譲渡の債権総額の記載についても将来債権譲渡などの場合の見積額・累積額の論議があった。

　そこで、平成17年10月3日に「債権譲渡の対抗要件に関する民法の特例等に関する法律の一部を改正する法律」（平成16年法律第148号）が施行され、実務界の要望に応えて譲渡人の商業登記簿と譲渡登記ファイルを分離した。

　また、譲渡人が有する資産を有効に活用し、さらなる資金調達の円滑化・多様化を図るため、債務者が特定していない将来債権の譲渡についても、債権譲渡登記によって第三者に対する対抗要件を備えることが可能となった。

　ただし、債権譲渡登記制度による第三者対抗要件の具備と他の方法による

第三者対抗要件の具備との関係は、債権譲渡登記制度による第三者対抗要件の具備に優先効はなく、第三者対抗要件具備の先後によって決まるとされた。

3 その他

なお、動産・債権譲渡特例法は動産や債権の譲渡等の対抗要件に関する特例を定めるのみであって、その前提となる物権変動そのものについて特例を定めるものではないので、物権変動そのものについては、譲渡担保契約の内容を確認する必要がある。

動産・債権譲渡登記制度における債権譲渡登記所・動産譲渡登記所は東京都中野区に各1カ所あるのみである。

そのため、郵送やオンラインの申請が認められているが、郵送申請は到達日の翌開庁日の午前8時30分に受け付けられることになっている。

また、不動産登記制度とは異なり、動産・債権譲渡登記制度では登記された内容に誤りがあっても、更正登記は認められていないため、当該登記を抹消登記申請後、新たに譲渡登記申請をする必要があり、登記内容については慎重に確認しなければならない。さらに、即日登記がなされるため登記申請に不備がある場合の補正手続が認められず、申請は却下される。申請が却下されると添付書類は申請人に返還されない。申請人が添付書類の還付を受けるためには取下げをする必要があるので、登記申請の際には取下書の添付が求められている。

61 即時取得とは何か。動産譲渡登記の目的動産と即時取得の関係はどうか

結論 動産を占有している無権利者を真の権利者と過失なく誤信して取引した者に、その動産について完全な所有権または質権を取得させる制度である。動産譲渡登記の目的動産が即時取得されることもある。

──────── **解　説** ────────

1　即時取得の要件

即時取得とは、たとえば、A所有の甲動産をBに賃貸していたところBが甲動産をCに売り渡した場合、Cが甲動産がAの所有であることを知らず、譲渡人であるBが甲動産を占有していることを信用して取引をしたときには譲受人であるCを保護し、Cは甲動産を占有することにより所有権を取得することをいう。

即時取得には次の要件が必要である。

① 目的物が動産であること

動産および無記名債権は、原則として即時取得の対象となるが、登記・登録が対抗要件とされている自動車、船舶、航空機などには即時取得の適用はない。もっとも、未登録自動車や抹消登録ずみの自動車について、判例は即時取得の適用を認めている（最判昭45.12.4民集24巻13号1987頁）。金銭についても金銭はものの価値を表象するものであるため即時取得の適用はない。

② 前主が目的物につき無権限であること

前主が所有者ではなく単なる賃借人、使用借人、受寄者にすぎない者など。

しかし、前主が無能力者、無権代理人であったり、錯誤に陥っていた場合には、たとえ相手方がこれらの事由がないと信じて取引をしても、民法192条の適用はない。なぜなら、取引が有効に行われなければならないからである。

③　目的物の取引が有効に行われること

　即時取得は取引の安全を保護するための制度であるから、取引行為がなければならないし、当該取引行為は有効なものでなければならない。

④　取得者が平穏、公然に目的物を取得したこと

　取得者が目的物を占有することによって、取得者が平穏、公然に目的物を取得したことは推定される（民法186条1項）。

⑤　前主が無権限であることにつき取得者が善意・無過失であること

　取得者が目的物を占有することによって、前主が無権限であることについて善意であることは推定される（民法186条1項）。

　前主が無権限であることについて無過失であることは推定されないが、「無過失」の証明はだれがするのかという問題がある。判例はかつては無過失は即時取得する者が証明すべきだとしていた。しかし、本条の無過失とは、占有者たる前主に本権（所有権）があると信じることに過失がないことである。他方、占有者は一般に本権（所有権）を有する者と推定される（民法188条）のであるから、占有者に権利があると信じることは、一応無過失であると推定するのが当然である。したがって、即時取得を主張する占有者は無過失の証明責任を負わないとされた（最判昭41.6.9民集20巻1011頁）。

⑥　取得者が目的物の占有を取得したこと

　占有を取得したといえるためには、現実の引渡し、簡易の引渡し、指図による占有移転を受けたことのいずれかが必要である。判例（最判昭35.2.11民集14巻2号168頁）によれば、占有改定による引渡しを受けただけでは、本条の占有取得したとはいえないとされている。占有改定は、譲渡人の譲受人に対する意思表示のみによって行うことのできる観念的な引渡しであり、一般外観上の占有状態に変更がないから、占有改定によって引渡しを受けたにすぎない者は、いまだ即時取得によって保護すべき程度に達していない。

2　動産譲渡登記と即時取得の関係

　動産譲渡登記は、登記によって民法178条の引渡しがあったものとみなす

制度であり、動産の実際の占有状態に変更を生ぜしめるものではないので、動産譲渡登記を行ったにとどまる場合も占有を取得したとはいえないと解されるため、動産譲渡登記により動産を即時取得することはできない。

　動産譲渡登記がされた動産の譲受人（動産譲渡登記をした動産の譲渡人からの買主等）について即時取得が認められるかどうかは、上記即時取得の要件⑤の当該譲受人が登記の有無を調査していない場合に過失があるかどうか、すなわち、当該譲受人に登記の有無を調査する義務が認められるかどうかにかかわることになる。

　倉庫内の在庫商品等のような集合動産に譲渡担保が設定され、動産譲渡登記がされた場合には、譲渡人がその通常の営業の範囲において商品等を処分する権限を有するのが一般的なので、当該譲受人は、商品等の所有権を承継取得することとなる。また、個別動産についても、通常は取引の迅速性が要請されること、一般に買主が売主に登記事項証明書の提示を強制する立場にないことからすると、譲受人に登記の調査義務が認められることはなく、当該譲受人が登記の有無を調査しなかったとしても、即時取得（民法192条）が認められると考えられる。

　しかし、金融機関等が譲り受ける場合などには、動産譲渡登記に係る概要記録事項証明書等、工場抵当法による機械器具目録の調査等により登記の有無を調査しなかったときは、譲受人としてすべき注意義務を尽くしたとはいえないとして、即時取得が認められないこともありうる。たとえば、相当に高額な機械設備等、一定の動産について、活発に譲渡担保の目的として利用され、その際には動産譲渡登記がされているという取引慣行が形成されている場合には、譲受人が登記の有無を調査せずにその動産を譲り受けたときは、注意義務を尽くしたことにはならないとして、過失が認定され、即時取得が認められないこともあると考えられるので注意を要する。

62 登記留保とは何か

結論 債権者と債務者の間で、債務者の動産や債権につき譲渡担保が設定され、動産・債権譲渡特例法による登記をすることになっている場合に、債務者の経営状態が安定している等の理由で、動産・債権譲渡特例法による登記を即時に申請するために必要な添付書類等の準備が整っている状態のまま、登記申請のみを行わずにいることをいう。

·········· 解　説 ··········

　動産や債権に譲渡担保を設定したが、債務者の信用状態が良好の場合、貸付期間が短期であり、登記費用を節約したい場合に債権保全上問題がないと判断されるときは、動産や債権につき動産・債権譲渡登記をすることにつき合意する内容を含む譲渡担保契約を締結するのみで動産・債権譲渡登記を留保することがある。

　登記留保は債権保全上いろいろと問題が多いので、極力回避すべきだが、やむをえず行う場合は、以下の①から④を実施するのが望ましい。

① 譲渡担保契約書を作成するほかに、登記申請に必要ないっさいの書類または情報を取り揃えて保管する。
② 譲渡担保契約締結後も、動産・債権・債務者（または担保提供者）の変動に注意し、変動があった場合には、直ちに保管中の書類を変動後の内容にあわせて更新する。
③ 印鑑証明書や資格証明書は３カ月ごとに更新する。
④ 債権の譲渡担保の場合は、債務者によっては、別途内容証明による債務者から第三債務者への債権譲渡通知を準備しておく必要がある。

　不動産に担保権を設定するのと異なり、絶えず動産の内容や債権の内容が変動することが予想され、管理することが容易でない場合も多い。集合動産についてはその種類と保管場所で特定することになっており、種類の変更や保管場所の変更があれば契約書を更新する必要がある。集合債権については

将来債権がある場合には発生の始期や終期を変更する必要があり、第三債務者に変更や変動があれば契約書を更新する必要がある。また、動産・債権譲渡担保契約に登記の存続期間を定めている場合には、存続期間が経過すると登記申請することはできない。

　動産・債権譲渡登記における譲渡人の必要書類は、委任状（会社実印押印のもの）、印鑑証明書（3カ月以内のもの）、資格証明書（3カ月以内のもの）である。

63 仕掛品は担保にとることができるか

結論 仕掛品に担保設定をすることはできる。
債務者が占有する仕掛品を担保として取得する方法として、集合動産譲渡担保が最も適している。

ただし、仕掛品が製品に加工される過程において、所有権の帰属に変動が生じたり、第三者の所有物との混和が生じるおそれに留意が必要である。

──────────── **解　説** ────────────

仕掛品とは、原材料（たとえば、布）から製品・商品（たとえば、衣料品）をつくる途中のもの（たとえば、裁断した布）のことで、一般的には、増減・変動し、搬入・搬出を繰り返す場合が多い。

また、仕掛品は製品・商品に転化することが予定されているのが通常である。このように、仕掛品は一般に流動性を有するのであって、担保として取得する場合には、原材料・製品とあわせて集合動産譲渡担保権の設定を受けるのが最も一般的である。

動産譲渡登記においては、動産の種類として「衣料品（原材料・仕掛品・製品）」のように記載する。

仕掛品は、債務者の直接占有下に置かれて使用・処分されるのが通例であり、かかる形態においては、占有改定以外の引渡しを効力要件とする質権の設定を受けることはできない。また、仕掛品は上述のとおり流動性を有して内容物が変動するのが通常であるから、個別動産として種類および特質により特定して譲渡担保の設定を受けることは一般的には不適切である。したがって、集合動産として種類・所在場所・量的範囲等により特定して譲渡担保の設定を受けることが最も適している。

ただし、債務者がその下請先に対して加工を委託している原材料や仕掛品については、その種類、保管場所の所在地、量的範囲等を特定して集合動産譲渡担保を設定することも可能である。加えて、民法上、加工により所有権

が下請先に移転する場合がありうることから（民法246条）、譲渡担保権の設定を受ける前提として、債務者と委託加工先との間で、所有権が常に債務者に帰属する旨の約定により、民法の規定が排除されていることを確認することが不可欠である。また、保管場所の所在地において、下請先その他の第三者所有物との間での物理的な分別管理を徹底することも必要である。

64 債務者の名義でない動産を担保にとることはできるか

結論 債務者の名義でない物上保証人名義の動産に譲渡担保または質権を設定することができる。

これに対し、債務者がリース会社からリースを受けている動産や第三者の所有権留保の対象となっている債務者の動産を担保にとることができるかは、債務者の名義かどうかも含めて注意する必要がある。

―――――――――――― 解　説 ――――――――――――

1　第三者からの担保提供

債務者の名義でない動産を第三者に担保提供してもらうこと（これを「物上保証」という）によって、債務者の名義でない動産について譲渡担保や質権を設定することは可能である。

物上保証の場合に譲渡担保の譲渡人をA、譲受人をB、譲渡担保の被担保債権の債務者をCとすると、動産譲渡登記を申請するにあたり、譲渡人Aと譲受人Bは申請当事者であるので登記されるが、被担保債権の債務者Cを、登記申請書とともに提出する磁気ディスク（動産・債権譲渡登記令7条1項）の登記共通事項ファイルの「備考」欄に、当該登記の登記原因である譲渡担保に係る被担保債権の債務者を記録して、登記の申請をすることができるかという問題があるが、以下のような理由で譲渡登記の登記原因である譲渡担保に係る被担保債権の債務者Cを、登記共通事項ファイルの「備考」欄に記録することはできないとされている。

なぜなら、動産譲渡登記における登記すべき事項は、動産・債権譲渡特例法7条2項各号ならびに動産・債権登記規則8条1項・2項および12条2項に規定されているが、動産譲渡登記の登記原因である譲渡担保に係る被担保債権の債務者については、いずれにおいても、登記すべき事項として規定されていない。

また、動産譲渡登記の登記申請書とともに提出する磁気ディスク（登記令7条1項）の登記共通事項ファイル（COMMON.xml）の「備考」欄には、「他の項目で記録すべき事項以外の事項であって、動産譲渡の契約内容等を特定するために有益なものを記録することができる」とされているが、譲渡登記の登記原因である譲渡担保に係る被担保債権の債務者については、譲渡人および譲受人以外の第三者に係る事項であり、「動産譲渡の契約内容等を特定するために有益な事項」であるとはいえない。さらに、登記共通事項ファイルの「備考」欄に記録した内容は、登記事項証明書（特例法11条2項）のみならず、だれでも交付を請求できる登記事項概要証明書（特例法11条1項）にも記載されることから、申請当事者ではない債務者に係る情報が「備考」欄に記録されると、当該債務者本人のあずかり知らないところで自己に関する情報が公示されてしまうという問題が生じる。したがって、動産譲渡登記を申請するにあたり、登記申請書とともに提出する磁気ディスクの登記共通事項ファイルの「備考」欄に、当該譲渡登記の登記原因である譲渡担保に係る被担保債権の債務者を記録することはできないとされている。

2　リース物件の担保取得の可否

　債務者がリース会社からリースを受けている動産は担保にとれないと考えることが無難であろう。リースの概念を定義した法律はなく、リースの内容は個々の取引によってさまざまであるが、商取引の主流はファイナンス・リースとされる。ファイナンス・リースとは、リース会社が、ユーザーが選択した特定の物件をユーザーにかわって自己の名で販売業者から購入し、ユーザーに当該物件を使用させ、ユーザーがリース期間に支払うリース料によって当該物件の購入に係る投下資本を回収するというものである。そして、フルペイアウト方式のファイナンス・リースとは、リース期間満了時にリース物件の残存価値がないものとして、リース会社が投下資本全額を回収できるようにリース料を設定するものをいう。以下では、フルペイアウト方式のファイナンス・リースに絞って説明する。

リース物件を担保にとるためには、原則としてユーザーがリース物件の所有権を有していることが必要となる。しかし、リース物件の所有権がリース会社にあるのか、ユーザーにあるのかという議論があり、ユーザーに所有権があるとする説に対しては、リース契約が満了しても目的物がユーザーに帰属しない点で、所有権留保や譲渡担保と決定的な違いがあると批判されている。こうした理由から、実務上、リース物件は担保には適さない。

3　所有権留保物件の担保取得の可否

　第三者の所有権留保の対象となっている債務者の動産を担保にとれるかどうかであるが、所有権留保とは、売主が売買代金債権を担保する方法として、目的物の引渡し後も所有権を売主のところに留保しておくという、非典型担保権（法定されていない慣習上の担保物権）の一種である。所有権留保は割賦販売においてよく用いられる。所有権留保の実行は、買主が代金の支払を怠ったときに、売主が売買契約を解除して、目的物を買主から取り上げることによって行われる。第三者の所有権留保の目的となっている動産を担保にとるためには、原則として買主が当該動産の所有権を有していることが必要となるので、この問題は所有権留保の法的構成に関連する。所有権留保の法的構成については、目的物の所有権が売主にとどまるという所有権的構成と、目的物の所有権は買主に移転し売主は目的物に担保権を有するという担保権的構成とがある。所有権的構成を貫くと、買主には所有権留保の目的となっている動産の所有権がないので、買主の債権者はこれを担保にとることはできない。これに対して、担保権的構成をとると、買主は所有権留保の目的となっている動産の所有権を有することになるから、買主の債権者はこれを担保にとることができる。ただし、この場合に債権者が取得する担保権は、売主の所有権留保に劣後し、私的実行が許されない担保権となる可能性が大きい。そのため、いずれの説であっても、債務者の動産を担保にとるときには、当該動産が第三者の所有権留保の対象となっているか否かを調査・確認するとともに、債務者から当該動産について第三者の所有権留保の対象

となっていない旨の表明保証を受けることを検討すべきである。
　なお、担保権の即時取得が成立するときには、第一順位の担保権を取得することができる。

65 動産を担保に取得する場合、先行する担保の有無について、どのように確認をすればよいか

結論 動産譲渡登記において、先行する担保が存在するかについて確認するには、譲渡登記の有無については商業登記所の「現在概要記録事項証明書」（いわゆる「ないこと証明書」を含む）や譲渡登記所の「登記事項概要証明書」（いわゆる「ないこと証明書」を含む）を取得することによって確認することができる。

──────── 解　説 ────────

　不動産登記であれば、担保設定の有無や順位は、だれでも取得することができる当該不動産の登記証明書等を取得すれば確認することができる。

　動産譲渡登記において、先行する担保の有無を確認する方法の第一は、譲渡人について、だれでも取得できる証明書である商業登記所の「現在概要記録事項証明書」（いわゆる「ないこと証明書」を含む）を取得することである（図表65－1参照）。譲渡人の動産が譲渡登記されている場合には譲渡登記の登記番号・登記年月日ならびに譲受人が登記されているため、その登記番号・登記年月日を確認することによって第三者対抗力を有する登記の有無ならびに先後が確認できる。また、譲渡人について譲渡登記がされていない場合は登記記録がないことが証明された証明書が交付される。ただし、譲渡登記がされている場合も、譲渡人がどの動産を譲渡したか、登記の存続期間がいつまでかは「現在概要記録事項証明書」では確認できないため、さらに譲渡登記の詳細な内容についての確認をするには、譲渡人から譲渡登記所の「登記事項証明書」を提出してもらう必要がある。この譲渡登記所の「登記事項証明書」は当該譲渡登記の譲渡人・譲受人・利害関係人等の請求が認められる者から印鑑証明書等を添付して証明申請する必要がある。

　商業登記所の「現在概要記録事項証明書」は、譲渡登記が譲渡登記所で登記されてから商業登記所で登記されるまでに若干のタイムラグが生じ、登記

事項が直ちに反映されるわけではないので注意を要する。

　動産譲渡登記において、先行する担保の有無を確認する方法の第二は、譲渡人についてだれでも取得できる証明書である譲渡登記所の「登記事項概要証明書」（いわゆる「ないこと証明書」を含む）を取得することによって確認する方法である（図表65－2参照）。譲渡人の商号・本店等で検索することによって証明書を取得することができる。譲渡人の動産が譲渡登記されている場合には商業登記所の「現在概要記録事項証明書」と同じように譲渡登記の登記番号・登記年月日ならびに譲受人が記録されるほか、登記の存続期間等が記載されるが、譲渡人がどの動産を譲渡したかは「登記事項概要証明書」では確認できないため、やはり、譲渡登記の詳細な内容については譲渡人から譲渡登記所の「登記事項証明書」を提出してもらう必要がある。

　「現在概要記録事項証明書」は全国の商業登記所で取得できることと、譲渡登記の一覧性がある点で、「登記事項概要証明書」よりもよく利用されている。

　また、民法上の引渡しによっても動産の担保設定の第三者対抗要件を具備することは可能であるので、譲渡人に対する聞取り等によって譲渡登記されていない担保の存在の有無についても確認する必要がある。

図表65−1

現在概要記録事項証明書（動産）

東京都中野区野方一丁目34番1号
動産商事株式会社
会社法人等番号　○○○○-01-○○○○○○

商号	中野興産株式会社	
	動産商事株式会社	平成21年8月20日変更
		平成21年8月31日登記
本店	東京都中野区中野一丁目2番3号	
	東京都中野区野方一丁目34番1号	平成21年8月20日移転
		平成21年8月31日登記
動産譲渡	第2007-1234号動産譲渡 　登記の年月日 　　平成19年5月9日 　　譲受人 　　東京都千代田区九段南一丁目1番15号 　　株式会社ABCファイナンス　ほか2名	
		平成19年7月30日本店移転により移記
	第2008-234号動産譲渡ⅴ 　登記の年月日 　　平成20年4月9日 　　譲受人 　　アメリカ合衆国カリフォルニア州ロサンゼルス市サンセット通1番地 　　（日本における営業所等　東京都千代田区内幸町一丁目1番1号） 　　サン・パシフィック・コーポレーション	
		平成20年4月20日登記

これは動産譲渡登記事項概要ファイルに記録されている現に効力を有する事項であることを証明した書面である。
（東京法務局中野出張所管轄）
　　平成25年9月5日
　　横浜地方法務局

　　登記官　　横浜五郎　　　［職印］

整理番号　オ000001　＊下線のあるものは抹消事項であることを示す。　1/1

図表65−2

登記事項概要証明書

概要事項

【登記の目的】：動産譲渡登記
【譲渡人】
　【本店等】：東京都中野区野方一丁目34番1号

　【商号等】：動産商事株式会社

　【会社法人等番号】：○○○○-01-○○○○○○
　【取扱店】：中野本店
　【日本における営業所等】：−

【譲渡人】
　【本店等】：東京都千代田区九段南一丁目1番15号

　【商号等】：株式会社ABCファイナンス　ほか2名

　【会社法人等番号】：○○○○-01-○○○○○○
　【取扱店】：九段支店
　【日本における営業所等】：−

【登記原因日付】：平成19年5月8日
【登記原因（契約の名称）】：譲渡担保　動産譲渡担保契約

【登記の存続期間の満了年月日】：平成29年5月7日
【備考】：−

【申請区分】：出頭
【登記番号】：第2007-1234号
【登記年月日時】：平成19年5月9日　9時5分

（　　1/　　2）［証明番号］20130001234（　　1/　　2）

登記事項概要証明書

・その他の譲受人

```
【本店等】：東京都渋谷区渋谷三丁目3番3号

【商号等】：渋谷ファイナンス株式会社

【会社法人等番号】：〇〇〇〇-01-〇〇〇〇〇〇
【取扱店】：―
【日本における営業所等】：―
```

```
【本店等】：東京都江東区南砂四丁目4番4号

【商号等】：江東リース株式会社

【会社法人等番号】：〇〇〇〇-01-〇〇〇〇〇〇
【取扱店】：―
【日本における営業所等】：―
```

【検索の対象となった記録】：平成25年9月4日現在
上記のとおり動産譲渡登記ファイル（除く閉鎖分）に記録されていることを証明する。
　　　平成25年9月5日

　　　　　　東京法務局　　登記官　　法務　太郎　　　職印

（注）この証明書は、動産の存否を証明するものではありません。

登記事項概要証明書

```
┌─────────────────────────────────────────────────┬─────────┐
│【登記の目的】：動産譲渡登記                      │概要事項 │
│【譲渡人】                                        │         │
│  【本店等】：東京都中野区野方一丁目34番１号      │         │
│                                                  │         │
│  【商号等】：動産商事株式会社                    │         │
│                                                  │         │
│  【会社法人等番号】：○○○○-01-○○○○○○    │         │
│  【取扱店】：中野本店                            │         │
│  【日本における営業所等】：－                    │         │
│                                                  │         │
│【譲渡人】                                        │         │
│  【本店等】：アメリカ合衆国カリフォルニア州ロサンゼルス市サンセット通１番地 │
│                                                  │         │
│  【商号等】：サン・パシフィック・コーポレーション│         │
│                                                  │         │
│  【会社法人等番号】：○○○○-○○-○○○○○○  │         │
│  【取扱店】：－                                  │         │
│  【日本における営業所等】：東京都千代田区内幸町一丁目１番１号 │
│【登記原因日付】：平成20年４月８日                │         │
│【登記原因（契約の名称）】：譲渡担保　動産譲渡担保契約 │     │
│【登記の存続期間の満了年月日】：平成30年４月７日  │         │
│【備考】：－                                      │         │
│                                                  │         │
│【申請区分】：出頭                                │         │
│【登記番号】：第2008-234号                        │         │
│【登記年月日時】：平成20年４月９日　９時15分      │         │
└─────────────────────────────────────────────────┴─────────┘
```

【検索の対象となった記録】：平成25年９月４日現在
上記のとおり動産譲渡登記ファイル（除く閉鎖分）に記録されていることを証明する。

　　　　平成25年９月５日

　　　　　　東京法務局　　登記官　　法務　太郎　　　［職印］

（注）この証明書は、動産の存否を証明するものではありません。

　　　　　　　　（　　1/　　1）［証明番号］20130001234（　　2/　　2）

66 動産を担保に取得する場合には、どのようなコストがかかるか

結論 動産を譲渡担保として取得するには、担保評価するにあたって外部機関に評価を依頼する場合や、定期的に外部機関に再評価を依頼する場合の委託費用がかかる。また、担保設定後の定期的なモニタリング（在庫の管理・報告）のコストがかかる。

さらに、司法書士に動産譲渡登記申請を依頼する場合は、登記申請にかかる委託費用が発生する。

・・・・・・・・・・・・・・・・ 解　説 ・・・・・・・・・・・・・・・・

動産を譲渡担保として取得するには、動産を担保評価する必要がある。動産の担保評価を簿価で行う場合は、特にコストは発生しないが、外部機関に担保評価を依頼する場合には、担保評価に対するコストがかかる。

動産の譲渡担保の場合には、動産が債務者の管理下にあるため、債務者が個々の動産のメンテナンス費用やモニタリング（在庫管理・報告等）、債権者による現地での在庫確認のコストを負担するケースもある。

在庫管理・報告は、債務者の会社が動産の譲渡担保設定以前から定期的に動産の在庫管理をしている場合（酒造業においては酒税法に基づき移出課税制度が採用されており、倉庫の保管状況や出荷状況を税務署に報告する義務がある）には新たなコストはかからない。

担保評価やモニタリング等にコストがかかることにより、特に規模の小さい案件ではABLの魅力が失われる可能性があり、コストの増加は、貸出金利の上乗せというかたちで、借り手企業の借入条件にも影響を及ぼす懸念も指摘されている。ただ、定期的な在庫管理・報告をすることにより自社の在庫の管理能力が向上し、季節性等の特徴を正確に把握できることとなり、債権者との融資調整を行いやすくなったというメリットも報告されている。

動産譲渡登記申請をする場合には、登記申請ならびに譲渡登記完了後の証

明書取得等の費用がかかる。この費用は譲渡動産の内容によって変わる。
　金融機関が動産に質権を設定するケースは少ないと思うが、質権設定も譲渡担保を設定する場合と同様に担保評価をする必要があり、外部機関に評価を依頼する場合は委託費用がかかる。質権を設定する場合は占有改定以外の方法で動産の占有を移転する必要があるため、動産を物理的に移転する場合は移転にかかるコストが発生し、動産を占有する債権者（質権者）に動産の善管注意義務に基づく管理にかかるコストが発生する。

67　譲渡担保とは何か

結論　譲渡担保とは、債権担保の目的で、担保目的物の所有権を債務不履行に備えて、あらかじめ債権者に移転しておく、という担保方法である。

譲渡担保は抵当権や質権と異なり、民法に規定されていない担保権であり、その実行の際は競売等の手続によらない私的実行が可能である。

・・・・・・・・・・・・・・・・・　解　説　・・・・・・・・・・・・・・・・・

1　非占有担保

譲渡担保は、担保目的物を債権者に引き渡すことを要しない（占有改定で足りる）ので、担保提供者が占有・利用しながら融資を受けることができる。この点は、質権の場合には、目的物の占有を債権者に移さなければならないから、生産手段として利用している機械等の担保には利用できないのに対し、生産手段の担保化には欠かせないものとなっている。

また、特別法により自動車・航空機・建設機械等については動産抵当が認められているが、その種類は限られているため、このような動産抵当を利用することができない動産類である場合や、動産抵当自体が利用しづらい場合には譲渡担保は有用な担保方法である。

2　私的実行が可能

抵当権・質権は、その実行には民事執行法による競売手続等によらなければならず、時間と費用がかかり、また時価より安い価格での競売しかできないことが多い。これに対し、譲渡担保においては、裁判所の手を借りない簡易な私的実行が可能で、当事者が任意にその方法を決定することが可能である。このため、目的物を高額に評価することができることから、設定者にとっても有利となる場合がある。

3　担保目的物の多様性

　譲渡担保では、担保目的物の限定がないため、あらゆる財産的価値のあるものを対象に担保権を設定することができる。

　特に、現在では動産の集合体・集合債権・契約上の地位など従来の法定担保では担保化がむずかしいものについても、譲渡担保が担保化の方法として利用されてきている。

4　完全な優先弁済権の確保とその限界

　譲渡担保の特徴の一つとして、担保目的物に対する完全な優先弁済力を確保することができるという点があげられる。これにより、他の者により二重に担保の目的とされることがなくなり、後順位担保権者から影響を受けなくてすむことになる。

　しかし、このことは半面、余剰価値を担保化する道を閉ざすことになるとして、設定者の不満が残ることになり、所有権移転という形式をとるため、債務者が約定に違反して処分するのではないかという不安も生み出すこととなる。

　特に譲渡担保については、現在その法的構成として担保的構成が強く主張され、目的物の価額と被担保債権額の差額を清算することが必要であるとされてきているため、従前のような独占的な担保取得によるうまみもなくなってきている。

　不動産の場合には登録免許税が高額であることや、不動産取得税が課されることなどから、不動産の譲渡担保は最近はあまり用いられていない。

第2節　債権担保

68　債権とは何か

結論　債権とは、人が他人に対して一定の行為（給付）を請求することを内容とする権利である。金融実務は依然として不動産担保が中心であるが、債権譲渡の対抗要件に関する法整備がなされたことによって第三者対抗要件の具備が容易になり、現在では債権を担保とした貸出が広く用いられている。担保の対象となりうる債権としては、指名債権、指図債権、記名式所持人払債権、無記名債権などがある。

……………………………… 解　説 ………………………………

1　債権とは

　金銭消費貸借を例にとると、AがBに100万円を貸し付けた場合、AはBに対し100万円の返還を請求することができる。また、売買契約においては、買主は売主に対して目的物の引渡しを請求することができ、一方、売主は買主に対して売買代金の支払を請求することができる。このように、人が他人に対し一定の行為（給付）を請求することを内容とする権利を一般に債権と呼んでいる。民法上、債権についての定義規定は存在せず、多種多様であるが、それらのうち社会的に財産的価値を有し、譲渡可能なものについては担保の目的となりうる。

2　債権担保の対象となる債権

(1)　指名債権

　指名債権とは、債権者が特定されている債権をいい（民法467条）、通常の売買代金債権や貸金債権、銀行預金債権などがこれに当たる。指名債権の譲渡は、譲渡人による第三者への通知または債務者の承諾がなければ債務者そ

の他の第三者に対抗することができない（民法467条1項）。債務者以外の第三者に対しては、確定日付ある証書による通知または承諾が必要である（民法467条2項）。

(2) 証券的債権

証券的債権とは、債権が証券に化体され、債権の成立、存続、譲渡などが証券によってなされる債権をいう。証券的債権には指図債権、記名式所持人払債権、無記名債権などがある。

① 指図債権

指図債権とは、特定の人またはその人から指図（裏書）された者に弁済されるべき証券的債権をいう（民法469条）。たとえば、AがBに対する債権者である場合、AがCを指図することによりCが債権者になり、さらにCがDを指図すればDが債権者になるという証券的債権である。手形、小切手、倉庫証券、船荷証券などがその典型である。民法は、指図債権の譲渡は、その証書に譲渡の裏書をして譲受人に交付しなければ、債務者その他の第三者に対抗することができないと定めている（民法469条）。

② 記名式所持人払債権

「Aまたはこの証券の所持人にお支払ください」というように、証券面に債権者を指名する記載がされているが、その証書の所持人に対して弁済をするべき旨が付記されている債権をいう（民法471条）。一例として記名式所持人払小切手がある。所持人が債権者になるという点では後述する無記名債権の一種であるといえよう。

③ 無記名債権

証券面に債権者が表示されず、その証券の所持人に弁済すべき証券的債権を無記名債権という。国債、小切手、百貨店の商品券などがこれに当たる。民法は、無記名債権を動産とみなすと定めている（民法86条）。その結果、無記名債権の譲渡の第三者対抗要件は証券の引渡しとされる（民法176条）。

69 集合債権とは何か

[結][論] 集合債権とは、一定の範囲に属する複数の債権を一個の集合体としてとらえたものである。

·········· 解　説 ··········

1 集合債権とは

　動産の場合と同様、複数の債権を一個の集合体（債権群）として観念し、これを譲渡担保に供することが認められている。この債権の集合体のことを集合債権という。

　集合債権は二つに分類することができる。一つは担保差入れ時点においてすでに発生している債権（現在債権）であり、もう一つは差入れ時点ではいまだ発生していないが将来発生するべき債権（将来債権）である。

　担保の目的となる集合債権の内容は、売掛債権、貸付債権、リース債権、工事請負代金債権などさまざまである。

　集合債権譲渡担保においては、譲渡担保の目的となる債権の範囲がどこまでなのかを特定することが重要である。かりに譲渡の目的となる債権の範囲の特定が不十分な場合、担保の有効性が否定されるおそれがあるからである。とりわけ将来債権の譲渡に際しては、その特定の仕方次第では、担保の有効性が否定されるおそれがあるため注意を要する。

2 将来債権の譲渡の有効性

　医師の支払担当機関に対する診療報酬債権について、判例は「毎月一定期日に1か月分づつ一括してその支払がされるものであり、その月々の支払額は、医師が通常の診療業務を継続している限り、一定額以上の安定したものであることが確実に期待されるものである。したがつて右債権は、将来生じるものであつても、それほど遠い将来のものでなければ、特段の事情のない限り、現在すでに債権発生の原因が確定し、その発生を確実に予測しうるも

のであるから、始期と終期を特定してその権利の範囲を確定することによって、これを有効に譲渡することができる」として将来債権の譲渡性を認めた（最判昭53.12.15集民125号839頁）。

その後、最判平11.1.29（民集53巻1号151頁）は、長期にわたる将来債権（医師が将来8年3カ月の間に支払を受けるべき診療報酬債権）の譲渡の有効性が争いの焦点となった事例であるが、同判例では、当該債権の発生原因や譲渡額、発生ないし弁済期の始期と終期を明確にするなど、適宜の方法により債権の範囲が特定されていれば、契約締結時における債権発生の可能性の大小はその効力を左右するものではなく、有効に譲渡しうる旨判示された。

3　債権の範囲の特定性

集合債権の担保取得に際しては、担保の目的となる債権を、将来実行時に優先弁済効の範囲を特定して主張できる程度に特定しておく必要がある。この点について最判平12.4.21（民集54巻4号1562頁）では、「譲渡人が有する他の債権から識別することができる程度に特定されていれば足りる」との基準が示されているが、実務上、第三債務者、債権の発生原因、譲渡額、債権発生の始期と終期などの要素によって特定するのが一般的である。なお、担保取得に際してはできる限り多くの要素をもって特定することが望ましい。なぜなら、相当の特定性が欠ける場合、担保権の効力ないし対抗力についても困難が伴うおそれがあるからである。

ところで、第三債務者が特定していない将来債権についても、第三債務者以外の要素により他の債権から識別することができる程度に特定することができれば担保取得が可能である。また、動産・債権譲渡特例法の施行に伴い、第三債務者が特定していない将来債権に対しても対抗要件の具備を登記で対応することができるため、実務における活用可能性は大きく広がっている。

70 　将来債権とは何か

結論　将来債権とは、将来発生することが予定されている債権であるものの、いまだ発生していない債権をいう。実務では将来債権の譲渡が有効であることを前提として、将来債権の担保取得が行われている。

・・・・・・・・・・・・・・・・・・・・・・・・　解　　説　・・・・・・・・・・・・・・・・・・・・・・・・

1　将来債権とは

　将来債権とはいかなる債権をさすのかについて現行民法上に規定は存在しないが、一般に、将来発生することが予定されている債権であるものの、いまだ発生していない債権をいう。将来債権の担保取得は金融実務上においても幅広く利用されており、対象となる将来債権はさまざまである。たとえば、将来の売掛金債権、割賦販売代金債権、運送料債権、診療報酬債権、工事請負代金債権などがある。

2　将来債権の担保取得の有効性

　将来発生することが予定されているとはいえ、いまだ発生していない債権を譲渡することができるかという問題があるが、この点について、最高裁判例は将来債権の譲渡性を認めている（前掲最判昭53.12.15）。同判例は、将来発生する診療報酬債権の譲渡に関するものであるが、「毎月一定期日に1か月分づつ一括してその支払がされるものであり、その月々の支払額は、医師が通常の診療業務を継続している限り、一定額以上の安定したものであることが確実に期待されるものである。したがつて右債権は、将来生じるものであつても、それほど遠い将来のものでなければ、特段の事情のない限り、現在すでに債権発生の原因が確定し、その発生を確実に予測しうるものであるから、始期と終期を特定してその権利の範囲を確定することによつて、これを有効に譲渡することができる」旨判示し、将来債権であっても譲渡しうることを認めた。また、譲渡契約の締結時において債権発生の可能性が低かっ

たことは、契約の効力を当然に左右するものではないとされている（前掲最判平11.1.29）。

　以上のとおり、将来債権の譲渡の有効性に関しては判例法理上確立しており、金融実務上においても幅広く利用されている。

3　将来債権の範囲の特定

　将来債権の譲渡担保においては、担保の対象となりうる債権の範囲を特定する必要がある。後日、債権の特定性について紛争が生じるのを予防するため、担保に取得する債権の範囲はできる限り詳細に特定することが望ましい。具体的には、譲渡担保契約書に担保の目的となる債権を表示するに際し、対象債権の発生原因（売掛債権、診療報酬債権など）、譲渡額、発生ないし弁済期の始期と終期、第三債務者の住所氏名などを用いることにより特定するのが一般的である。

71　個別債権とは何か

結論 複数の債権を一個の集合体（債権群）としてとらえたものを一般に集合債権というのに対し、その集合体を構成する個々の債権のことを個別債権という。

―――――――――――― 解　説 ――――――――――――

　複数の債権を一個の集合体（債権群）としてとらえたものを一般に集合債権というのに対し、その集合体を構成する個々の債権のことを個別債権という。

　金融機関がＡ（譲渡人）およびＸ（第三債務者）の間において一定期間内に発生する複数の売掛債権を一括して担保取得する場合を例にとって、以下のとおり説明する。集合債権担保においては担保目的となる債権の範囲を特定する必要があるところ、本件のケースであれば、たとえば「平成○年○月○日から平成○年○月○日までの間に譲渡人Ａと債務者Ｘ間において継続的に発生する売掛債権」との特定方法が考えられる。特定された期間中にＡとＸ間で個別の取引が行われるたびに個別の売掛債権が発生する。この個別の債権を一般に個別債権という。

　なお、発生した個別債権は、追加担保差入れなど特別な手続を要せず当然に担保の目的となるが、担保が実行されるまでの間は、譲渡人は個別債権を自由に取り立てることが認められている。そして譲渡人によって取り立てられた債権については、担保の対象から外れることとなる。

72 債権担保にはどのような種類があるか

結論 指名債権を担保にとる方法としては、債権質、債権譲渡担保などがある。なお、譲渡禁止特約あるいは法律上譲渡が禁止されている等の事情により譲渡性がない債権についてはこれらの方法によることができないが、その場合であっても代理受領、振込指定などを利用すれば担保権の設定に近い効果が期待できる。

・・・・・・・・・・・・・・・・・・・・・ 解　説 ・・・・・・・・・・・・・・・・・・・・・

債権担保の種類

債権者が特定している債権を指名債権という。指名債権を担保にとる方法としては債権質と債権譲渡担保の設定がある。それぞれの特色については次のとおりである。

(1) 債　権　質

質権とは、債権者がその債権の担保として債務者または第三者より受け取ったものを占有し、かつそのものにつき他の債権者に先立って自己の債権の弁済を受けることのできる約定担保物権である（民法342条）。指名債権に質権を設定することが可能であり、質権者は弁済期が到来すれば、第三債務者から直接に取り立てることができる。

ところで、質権設定契約は要物契約である（民法363条）。したがって、当該債権について債権証書が存在する場合は、その証書の交付を受けることによってその効力が生じる。

なお、債権質の対抗要件は、指名債権の譲渡と同様に第三債務者への通知または第三債務者の承諾である。第三者に対抗するためには、確定日付ある証書による通知または承諾が必要である（民法364条、467条）。

(2) 債権譲渡担保

譲渡担保権とは、担保の目的である権利を設定者から債権者に移転し、債務が弁済されると設定者に復帰するが、債務不履行が生じると、権利は確定

的に債権者に帰属するという内容の非典型担保の一つである。質権と同様に、指名債権を譲渡担保により担保取得した債権者は、弁済期が到来すれば、第三債務者から債権を取り立てることができる。

債権譲渡担保における第三者対抗要件は、確定日付ある証書による通知または承諾であり、動産・債権譲渡特例法に基づく債権譲渡登記である。

(3) 代理受領、振込指定

債権の性質上、債権質または債権譲渡担保の方法によることができない場合は、代理受領、振込指定が利用されることが多い。これらも非典型担保の一種である。

代理受領とは、債権者である金融機関が債務者に対する債権を確保するため、債務者が第三債務者に対して有する債権について、金融機関が債務者から委任を受けて取り立て、そのようにして受領した金員を債務の弁済に充てるという方法である。債権者および債務者間の委任と、これに関する第三債務者の承認というかたちで行われる。

振込指定とは、債務者が第三債務者から受ける弁済金の支払方法を、債務者が有する自行の預金口座への振込みに限定する方法により行われる。第三債務者から同口座へ弁済金が振り込まれると、金融機関は相殺により債権を回収することができる。

以上のとおり、代理受領、振込指定は事実上の担保としての機能を果たすものであるが、当事者以外の第三者に対抗することができないという欠点があることは留意しておくべきである。

73 担保に適した債権にはどのようなものがあるか。また、担保に適さない債権はあるか

結論 社会的に財産的価値があり、法律上担保取得が可能であり、また第三者対抗要件を備えることが可能なものであれば、担保に適した債権であるといえる。反対に上記を満たさない債権の担保取得は、管理および換価という面において問題があるため、担保に適さない。

・・・・・・・・・・・・・・・・・・・・・ 解　説 ・・・・・・・・・・・・・・・・・・・・・

1　担保に適した債権

　社会的に財産的価値があり、法律上担保取得が可能であり、第三者対抗要件を備えることが可能な債権であれば、担保取得に適した債権といえよう。

　預金債権のうち自行預金については、担保取得手続が簡単であり、かつ事後の管理も容易である。また確実に換価することができるので担保として最も適格性が高いといえる。なお、自行預金債権を担保にとる場合、譲渡担保ではなく質権を設定する方法が用いられるが、これは自行預金を譲渡担保によって銀行が取得すると、混同により当該預金債権が消滅することになるからである。

　また、商業手形は、振出人の信用力が高いものであれば、支払期日に確実に支払を受けることができるため担保として適しているといえる。

　公社債は、国、地方公共団体、株式会社等が発行する債券の総称である。公社債担保のメリットは、実行手続において民事執行法所定の手続によることなく簡便な任意処分の方法によることができる点にある。任意処分の方法は、通常、担保権設定契約書上、任意売却および代物弁済が定められており、担保権者は被担保債権延滞後いつでも処分可能である。

　株式は、上場株式であれば市場価格が把握しやすく処分も容易であるため、担保として利用しやすい。株式の担保取得の方法としては、質権設定と譲渡担保の方法があるが、いずれも設定に際し、担保差入れの合意と株券の

占有移転を要するという点で大差はない。

　売掛債権、工事請負代金債権などの指名債権の担保取得は、質権、譲渡担保の方法が用いられるが、債権の性質上、譲渡が禁止されているものについては代理受領、振込指定により行われる。指名債権の担保取得は、第三債務者の資力が担保価値に大きく影響することと、第三者対抗要件取得の手続が複雑であるといった問題がある。

2　担保に適さない債権

　当事者間で特約により譲渡を禁止している債権は、原則として当事者の担保差入れに関する承諾がなければこれを担保にとることができない（民法466条2項）。

　そのほか、法律により譲渡が禁止されている債権も担保取得することができない。たとえば、扶養請求権（民法881条）、恩給請求権（恩給法11条）、労働者災害補償請求権（労基法83条2項）などがこれに当たる。

74 将来債権は担保にとることができるか

結論 判例上、将来債権の譲渡性は認められており、実務上も将来債権の譲渡が有効であることを前提として広く担保取得が行われている。

---------- 解　説 ----------

1　将来債権の担保取得の有効性

　将来債権とは、将来発生することが予定されている債権であるものの、いまだ発生していない債権をいう。将来債権の譲渡の有効性に関しては判例法理上確立しており、これを担保取得することも可能である。将来債権の担保取得は金融実務上においても幅広く利用されている。

　ところで、将来債権の担保取得の際は、担保の目的となる債権の範囲を特定する必要があるが、できる限り詳細に特定することが望ましい。具体的には、譲渡担保契約書に担保の目的となる債権を表示するに際し、対象債権の発生原因（売掛債権、診療報酬債権など）、譲渡額、発生ないし弁済期の始期と終期、第三債務者の住所氏名などを用いることにより特定するのが一般的である。

2　将来債権の担保取得における対抗要件

(1)　確定日付ある通知・承諾

　指名債権を担保として取得した場合における対抗要件の具備については、民法および動産・債権譲渡特例法にそれぞれ規定がされており、第三債務者に対する確定日付ある通知または承諾、あるいは動産・債権譲渡特例法に基づく債権譲渡・質権設定登記がある。

　債権の担保取得に際し、債権者である金融機関は上記いずれかの方法により対抗要件を具備するかを選択することになるが、たとえば第三債務者に対して通知を行った場合、債権担保差入れの事実が当該第三債務者の知るとこ

ろになり、その結果、取引先の債務者について信用不安を招くおそれがある。

　そこで、実務では、債権者が白地の債権権譲渡通知書を預かっておいて、後日、債務者に信用不安や経営悪化が発生した場合には、債権者自ら白地部分を補記して債権譲渡通知書を完成させ、第三債務者に対して送付する方法がよく行われているが、この手法には次のような問題がある。

　まず、第三債務者への通知がされるのは、債務者に信用不安や経営悪化が生じた時であるので、その通知が送付されるまでの間は債権者は対抗要件を欠く不安定な状態に置かれる。さらに、債務者に破産宣告があった場合などには、破産直前に行った通知が担保設定日から15日を経過した後に悪意でされたものであると認定された場合は、対抗要件を否認されるおそれがあるので注意が必要である（破産法164条1項、民事再生法129条1項、会社更生法88条1項）。

(2) 債権譲渡登記

　前述の確定日付ある通知・承諾のほか、法人が指名債権である金銭債権を譲渡した場合においては、債権譲渡登記ファイルに譲渡の登記をなすことによっても対抗要件を具備できる。当然、将来債権の担保化の場合であっても債権譲渡登記を利用することが可能である。債権譲渡登記の申請を行うには、動産・債権譲渡登記令7条1項および3項の定めるところにより、法務大臣の指定する方式に従って記録した申請磁気ディスクを提出する必要がある。

75 債権担保を取得したと主張するためには、どのような手続をとる必要があるか

結論 指名債権を担保として取得したことを第三者に対して主張するためには、その対抗要件を具備する必要がある。

指名債権を質権または譲渡担保の方式によって担保取得する場合の第三者対抗要件としては、担保の設定につき確定日付ある証書による通知または承諾を得る方法と、動産・債権譲渡特例法に基づき債権譲渡・質権設定登記を行う方法がある。

複数の者が確定日付ある通知ないしは承諾を経た場合、または登記された場合の優先関係は、その通知が先に到達したほう、または先に承諾を得たほうが優先する。

──────── **解　説** ────────

1　指名債権譲渡の対抗要件

指名債権を担保として取得した場合における対抗要件の具備については、民法および動産・債権譲渡特例法にそれぞれ規定がある。指名債権を質権または譲渡担保の方式によって担保取得する場合の第三者対抗要件は、民法上は当該担保が設定されたことについての確定日付ある通知または承諾であり、動産・債権譲渡特例法上は、債権譲渡・質権設定登記であるとされている。

2　民法上における対抗要件

(1)　債務者に対する対抗要件

民法は、指名債権の譲渡は、譲渡人から債務者に対する通知または債務者の承諾をもって債務者に対する対抗要件としている（民法467条1項）。これは債権の譲受人が債務者に対して債権を主張するための対抗要件である。そしてこの通知は譲渡人である債権者から第三債務者に宛ててなすことを要

し、譲受人からの通知は対抗要件としての効力を有しない。また、譲受人が譲渡人に代位して行うことは許されない（大判昭5.10.10民集9巻948頁）が、譲受人が使者として譲渡人の名による通知の発送を行うことは可能である。そして、通知は到達により効力を生じる。通知の時期は担保設定と同時でなく後でもよいが、それだけ対抗要件の具備が遅れることになるため直ちに行うべきである。なお、担保設定前の通知には効力は認められない。

　他方、債務者からなす承諾についてであるが、承諾の相手方は譲渡人・譲受人のいずれでもよい。また、承諾の時期が担保設定と同時でなく後でもよいことは通知と同様であるが、担保設定の前になした承諾については、債権と譲受人が特定している場合には有効な対抗要件となると解されている（最判昭28.5.29民集7巻5号608頁）。

(2) **債務者以外の第三者に対する対抗要件**

　債務者以外の第三者に対しては、確定日付のある証書による通知、または承諾をもって対抗要件とするとしている（民法467条）。たとえば、内容証明郵便による通知、公正証書による承諾、公証人役場で確定日付の付与を受ける場合が、確定日付による証書による通知・承諾に当たる。単なる通知・承諾では足りず確定日付のある証書によることが要求されたのは、当事者が共謀して通知または承諾の到達した日時をさかのぼらせるなどして不正を働くことを可及的に防ぐためであるとされている。

3　第三者の範囲

　確定日付ある証書による通知承諾がなければ対抗しえない第三者とは、当該債権について両立しえない法律的地位を取得した第三者をいい、具体的には、債権の二重譲受人、質権者、差押債権者などがこれに当たる。債権の二重譲渡、あるいは譲渡担保と差押えが競合する場合において、一方のみが確定日付ある証書により通知・承諾を得ているときは、その者が優先することになる。

　ところで、競合する両者がそれぞれ確定日付ある通知承諾を得ている場合

は、確定日付の有無により優劣を決することができないが、この場合の優劣はどのように決せられるか。判例は、確定日付ある通知が先に到達した日時、または確定日付ある承諾の日時の先後によって決定すべきとしている（最判昭49.3.7民集28巻2号174頁）。

　それでは、確定日付ある証書による通知が複数同時に到達した場合の優劣はどう決するのか。この場合は優劣をつけることができず各譲受人が同等の権利者として扱われ、いずれもが第三債務者に対し全額弁済を請求することができるとされている（最判昭55.1.11民集34巻1号42頁）。また、債権差押通知と確定日付ある債権譲渡通知の到達の先後関係が不明であることを理由に第三債務者が供託をした場合においては、差押債権者と債権譲受人は、被差押債権額と譲受債権額に応じて供託金額を案分した額の供託金還付請求権をそれぞれ分割取得するものとされている（最判平5.3.30民集47巻4号3334頁）。

4　動産・債権譲渡特例法における対抗要件

　動産・債権譲渡特例法においては、法人が指名債権である金銭債権を譲渡した場合において、債権譲渡登記ファイルに譲渡の登記がされたときは、民法467条の規定による確定日付ある証書による通知があったとみなすこととされている（動産・債権譲渡特例法4条1項）。これは、債権譲渡登記がされた時点で民法467条の規定による確定日付ある証書による通知が債務者に到達したものとみなされることを意味している。確定日付ある通知・承諾の場合は到達の先後により優劣が決せられるのに対し、債権譲渡登記においては登記日付の時間的先後により優劣が決定される。

　また、債権譲渡登記がされた場合において、当該債権が譲渡されその旨の登記がされたことについて、譲渡人もしくは譲受人が当該債権の債務者に登記事項証明書を交付して通知し、または債務者が承諾をしたときは、債務者についても確定日付ある証書による通知があったものとみなすこととされている（動産・債権譲渡特例法4条2項）。なお、この通知は、譲渡人のみならず譲受人からもすることができるが、登記事項証明書の交付は原本で行う必

要があり、写しの交付では対抗要件を具備することができないとされている（東京地判平11.9.17金法1561号76頁）。したがって、第三債務者に対する登記事項証明書の交付は必ず原本にて行うことを要する。

　また、債権譲渡が登記され、譲渡人または譲受人が債務者に登記事項証明書を交付して通知をした時点が、債務者について確定日付ある証書による通知があったものとみなされる時点となるので、債務者は当該通知を受けた時以後に譲渡人に対して生じた事由については譲受人に対抗することができなくなる（動産・債権譲渡特例法4条3項）。

5　確定日付ある通知・承諾と債権譲渡登記の優劣

　債権の担保取得における第三者対抗要件の具備方法には、確定日付ある通知・承諾と債権譲渡登記があることはこれまでみてきたとおりであるが、債権の二重譲渡、あるいは譲渡担保と差押えが競合する場合において、一方が確定日付ある証書により通知・承諾を得ており、他方が債権譲渡登記を経ている場合の優劣はどのように決せられるのか。この場合、第三債務者に通知が到達した日時と登記がされた日時の先後によって決せられる。債権譲渡登記ファイルには、登記年月日と登記の時刻が記録され、また登記事項証明にもこれらが記載される。したがって、債権譲渡登記がされた日時については登記事項証明書の記載により確認することが可能である。

76 譲渡禁止特約がついた債権は担保にとることができるか

結論 譲渡禁止特約が存在する場合、当該債権を担保に取得することはできない。ただし、その債権を担保取得することについて当事者の承諾があれば、担保にとることができる。

---------- 解　説 ----------

1　譲渡禁止特約

　債権は自由に譲渡することができるのが原則であるが、当事者間において譲渡禁止の特約がなされた場合は、譲渡性を奪うことができる（民法466条2項）。

　一般に譲渡禁止特約は、債務者が弁済する時の事務手続の煩雑化を避けたり、または、自らの相殺の可能性の確保するために用いられている。銀行取引における預金債権などが例としてあげられる。また、地方公共団体を債務者とする工事請負代金債権には、譲渡禁止特約が付されていることが一般的である。譲渡禁止特約が存在する場合、当該債権を担保に取得することはできない。

　なお、譲渡禁止特約が存在する場合であっても、当該債権を担保にとることについて当事者の承諾があれば、これを担保にとることはさしつかえないが、その際は当事者より承諾書を徴求しておくべきである。

2　譲渡禁止特約の対第三者効

　譲渡禁止特約に反して譲渡が行われた場合、その譲渡は無効であるとされている。

　しかしながら、譲渡禁止特約の存在は債権者・債務者以外の第三者が一般に知りうるものものではないため、当事者の意思を尊重しつつ取引の安全を保護する必要がある。

そこで民法では、譲渡禁止の意思表示は、善意の第三者に対抗することができないものとした（民法466条2項但書）。なお、法文上は、第三者の過失を問わないかのようであるが、判例は「重大な過失は悪意と同様に取り扱うべきものである」として、善意であっても「重過失」がある場合は保護されないとしている（最判昭48.7.19民集27巻7号823頁）。

　したがって、債権を担保に取得しようとする者は、後日、問題が生じたときに重過失ありと認定されないように、あらかじめ当該債権に係る契約書の提示を求め、当事者を聴取するなどして、当該債権に特約が存在するか否かにつき調査を行う必要があろう。特に、担保取得者が銀行など金融機関である場合には、その高度な専門的知識経験および調査能力に照らして、重過失が認定されやすくなるので（大阪高判平16.2.6金法1711号35頁参照）、注意が必要である。

77 債権を担保に取得した場合、どのようなコストがかかるか

結論 対抗要件具備手続に要する直接的・間接的なコスト、担保債権の管理のためのコストがかかる。

・・・・・・・・・・・・・・・・・・・・・・・・・・ 解　説 ・・・・・・・・・・・・・・・・・・・・・・・・・・

1　対抗要件具備に要するコスト

　指名債権を担保として取得した場合、第三者対抗要件として、譲渡人から第三債務者に対する「確定日付ある証書」による通知、または第三債務者の承諾（民法466条）や、動産・債権譲渡特例法に基づく債権譲渡登記が必要となる。確定日付の取得のための手数料、あるいは登記手続に要する印紙等の実費が直接的なコストとして発生することは当然であるが、それらの手続に投入される社内の人員・時間といった間接的なコストも念頭に置く必要があろう。

2　債務者・第三者の取引状況の管理コスト

　債権担保においては、担保に取得した債権が担保価値を有しているかが重要である。かりに第三債務者が倒産、その他の事情により債権を弁済することができない状況に陥った場合、担保債権の価値、下落を招くことになる。また、債務者・第三債務者間において債務不履行などによって契約が解除された場合、担保債権の弁済が行われない事態も起こりうるが、これらの場合、担保権者は債務者に対し、代り担保、増し担保を請求する必要がある。いざという事態に迅速に対応するためには、平常時から債務者・第三債務者間の取引状況の把握に努めておかなければならない。

　たとえば、売掛金であれば、債務者・第三債務者間で債務の履行方法、履行条件、解除事由等について合意が存在するのが通常であり、かかる合意の内容を把握しておかなければならない。また、建物建築工事請負代金であれ

ば、工期、代金の支払方法等の定めのほか、着工中の工事の進行状況についても可能な限り把握しておくべきである。

　その他、賃料債権・入居保証金債権・診療報酬債権などの債権を担保目的とする場合、各債権の種類ごとに弁済期・支払方法等が異なるので、担保にとる債権の内容に即した管理を行わなければならない。

　債権担保における担保価値については、第三債務者の資力・弁済意思にかかっているので、定期的に債務者・第三債務者間の取引状況をモニタリングするなどして取引状況の把握に努めなければならない。

第3節　電子記録債権

78 電子記録債権とはどのようなものか。手形とはどのように異なるか

[結論] 電子記録債権とは、政府（主務大臣）から許認可を得て運営する電子債権記録機関の記録原簿に記録されたことを要件とする、既存の売掛債権や手形債権とは異なる新たな類型の金銭債権である。

・・・・・・・・・・・・・・・・・・・・・ 解　　説 ・・・・・・・・・・・・・・・・・・・・・

1　電子記録債権の記録機関

電子記録債権法に基づき政府（主務大臣）が指定した株式会社のみが記録機関となる。平成25年11月現在で稼働している記録機関は以下の4社である。記録機関としての業務は各記録機関が独自に記録の方法などを定めた業務規程に基づき運営されており、記録機関によって記録する項目の詳細は異なっている。

① 　日本電子債権機構株式会社（三菱東京UFJ銀行100％出資）
② 　SMBC電子債権記録株式会社（三井住友銀行100％出資）
③ 　みずほ電子債権記録株式会社（みずほ銀行100％出資）
④ 　株式会社全銀電子債権ネットワーク（全国銀行協会100％出資）
　（通称でんさいネット。以下、「でんさいネット」という）

メガバンク3行が設立した記録機関はそれぞれの金融機関あるいは各記録機関が認めたいくつかの金融機関でのみ取扱いが可能であるのに対して、全国銀行協会が設立した記録機関は全銀行参加型であり、現在流通している手形の代替機能の提供を可能としている点で特徴がある。

2 電子記録債権の特徴

記録機関の記録原簿に記録することを発生、譲渡の効力要件とする電子記録債権は、売掛債権と手形債権のそれぞれがもつ問題点や短所を克服した既存の債権とは異なる新たな類型の金銭債権である。電子記録債権で克服した既存の売掛債権と手形債権の問題点、短所は主に以下の点である。

［手形債権の問題点・短所］
① 作成・交付・保管の事務コスト
② 紛失・盗難のリスク
③ 分割できない
④ 印紙代コスト

手形債権との比較においては、電子記録債権は手形とほぼ同等のレベルでの権利が保護されるうえ、下記に記載の手形債権の問題が克服され、管理事務と費用の合理化が可能であり、リスク管理面でも手形に比べて安全な取扱いが可能になっている。

売掛債権との比較においては、民法上の相対の契約に基づく売掛債権は以下に記載のさまざまなリスクの管理に手間がかかったり困難だったりするため、ファクタリングや流動化、またABLを実施するための阻害要因となっていた。電子記録債権においては、これらの課題が克服されている。

［売掛債権の問題点・短所］
① 債権の不存在リスク
② 二重譲渡のリスク
③ 譲渡時の対抗要件具備手続
④ 人的抗弁のリスク

また、売掛債権においては取引契約にあたり、取引の結果取得した権利、すなわち売掛債権を相手先の承諾なく譲渡してはならないと規定する、いわゆる譲渡禁止特約を付すことが商習慣として一般化しているため、債権譲渡の手続が煩雑であったが、でんさいネットの業務規程においては譲渡禁止の旨の記録を行わないこととして、この課題を解決している。

3 電子記録債権の安全性・可視性

　従来の手形には偽造・変造によって悪用されるリスクがあるほか、振り出した手形が転々流通しても振出人企業にはその状況がまったく把握できないなど安全性や可視性に問題があった。電子記録債権では記録原簿への記録を唯一の効力要件とし、権利者が要求すれば関連記録内容が開示される仕組みで安全性や可視性を高めている。

4 権利の保護

　電子記録債権法では以下の点で手形とほぼ同様のレベルで債権者の権利が保護されるように配慮されており、譲渡取引における安全性が高い。

① 電子記録の権利推定効（記録されている者が権利者であると推定）
② 善意取得制度
③ 人的抗弁の切断
④ 電子記録保証

79 電子記録債権の担保はどのように取得すればよいか

結論 電子記録債権の担保設定については、譲渡担保設定に関する契約を締結したうえで、該当する電子記録債権に譲渡記録を行うことで担保設定を行う。

―――――――――― 解　説 ――――――――――

譲渡担保の設定

　電子記録債権は記録機関に記録することを効力要件としているため、担保としての譲渡記録を行えば、担保設定手続はすべて完了する。

　売掛債権の譲渡担保設定においては、第三者対抗要具備のために債権譲渡登記を行ったり、債務者承諾が必要な場合は債務者から記名捺印を受けた承諾書に確定日付を取得するなどの煩雑な手続を行う必要がある。それでもなお二重譲渡のリスクが残ったり、対象債権の不存在リスクが回避できないなどの課題がある。しかし電子記録債権においては、記録されている者以外に当該債権の権利が存在することはなく、支払記録がなされていなければ債権が存在していることが明らかであるため、電子記録債権の譲渡担保は譲渡記録を行うだけという非常に簡単な手続で、かつきわめて安全である。

80 電子記録債権には不渡制度はあるか

結論 電子記録債権法に不渡制度に相当する法制度はない。したがって、この制度に類似する制度を設けるかどうかは、各記録機関が行う電子記録債権の記録に関する業務規程によることになる。全国銀行協会の記録機関であるでんさいネットでは、従来の手形と同等の機能を提供するため、手形において設けられている不渡制度にほぼ等しい「支払不能処分制度」を設けて運営を行っている。

――――――――――――― 解　説 ―――――――――――――

1　支払不能処分制度

でんさいネットは手形の代替機能として取引の安全を確保するため支払不能処分制度を設け、取扱金融機関にこの運用を義務づけている。手形における不渡制度とほぼ同様の機能として、6カ月以内に2回の支払不能（支払期日にでんさいの支払が行われないこと）を生じさせた場合、債務者に取引停止処分を科すことを規定している。以下はでんさいネットの支払不能処分制度に関する業務規程の要点である。

① 　支払不能事由
　第0号：債務者の信用に関しない事由その他業務規程細則で定める事由
　第1号：資金不足その他業務規程細則で定める事由
　第2号：債務者の申出により口座間送金決済を中止することができる事由
　　　　として業務規程細則で定める事由

② 　取引停止処分
　第0号支払不能事由および第2号支払不能事由で債務者が規程の異議申立てを行っている場合を除き、6カ月以内に2回の支払不能を生じさせた場合、取引停止処分が科される。

支払不能処分制度の詳細については、でんさいネットの業務規程および業務規程細則を参照すること。

2　支払不能発生後の債権の法的回収手続

　手形債権においては民事訴訟法に基づき、手形訴訟を行うことで債務名義の取得手続を簡易に行うことができるが、電子記録債権においてはこれに相当する法律は設けられていない。このため電子記録債権においては、一般の訴訟手続を行うことになる。

81 企業が電子記録債権を利用するメリットは何か

結論 電子記録債権は、金銭債権を安全にかつ低コストで発生させたり譲渡したりすることができることから、従来の手形にかわる支払方法として、あるいは振込送金による買掛債務の支払方法の代替として活用するメリットがある。また代金を受け取る側の立場からは受取手形の管理事務が不要となるほか、売掛債権に比べて期日管理が容易かつ、より確実な債権としてのメリットがある。

・・・・・・・・・・・・・・・・・・・・・・・・・ 解　説 ・・・・・・・・・・・・・・・・・・・・・・・・・

1　手形にかわる支払方法としてのメリット

　電子記録債権は、従来の手形に比べて以下の具体的メリットがあるため、移行のためのコンピュータシステムや業務の準備を整えることで、ほとんどの企業が支払手形を電子記録債権による支払に切り替えることが予測されている。ただし、大規模な企業においては、支払債務の処理に関連したシステムの変更に相応の費用と期間を要することから、電子記録債権への移行に当面は慎重な方針をとっている企業もある。

① 手形用紙の管理が不要である。
② 紛失・盗難のリスクがない。
③ 印紙代が不要である。
④ 手形の郵送手続が不要である。
⑤ 偽造・変造のリスクがない。
⑥ いつでも記録機関に記録されている支払電子記録債権の詳細を確認できる。

2　手形にかわる受取方法としてのメリット

　電子記録債権は従来の手形に比べて以下の具体的メリットがある。
① 受取手形の保管等の管理が不要である。

② 領収書の発行と郵送が不要である。
③ 領収書の印紙が不要である。
④ 紛失・盗難のリスクがない。
⑤ 取立手数料が安い、または不要である。
⑥ 期日に資金化が可能である。

3 振込支払にかわる支払方法としてのメリット

　電子記録債権は、従来の買掛債務の振込みによる支払に比べて以下の具体的メリットがある。なお振込みの場合に比べて、支払不能処分制度の適用があるため、従来以上に厳格な支払期日管理が必要になる点は、企業によって見方が分かれるところである。
① 発生記録申請により支払業務が完了し振込支払の業務が不要である。
② 支払予定の電子記録債権の内容がいつでも記録機関で確認できる。
③ 不明な第三者から債権譲渡通知を受け取り、真の債権者の特定作業を行ったり、支払供託するなどの煩雑な事態が生じない。
④ 二重支払のリスクが排除されている。

4 でんさいネットの支払不能処分制度に関する企業の見方

　買掛債務を振込支払から電子記録債権に変更した場合、従来にはなかった支払不能処分の適用となることについて、好ましくないとの見解をもつ企業がある。この点については、多くの識者から以下の点を理解すればむしろメリットとなる点が指摘されている。
① でんさいネットの電子記録債権を企業間信用取引のツールとして、広く活用される有効な制度とするために必要な制度である。
② でんさいネットに記録された電子記録債権（以下、「でんさい」という）で支払できることは企業信用を自助努力で強化する。
　電子記録債権で支払うことができる企業は、反社会勢力企業ではなく、かつ取引金融機関から一定の信用を得ていることを示している。

③　取引金融機関とのより緊密な関係構築に寄与する。

　支払に関する詳細な情報を取引金融機関と共有することになり、金融機関としてはこれまで把握できなかった企業の事業実態を、より明確に理解することができる。このため、事業推進や資金繰りの状況に対する金融機関の、より積極的な支援を可能にする。

5　振込支払にかわる受取方法としてのメリット

　電子記録債権は従来の売掛債権の振込みによる受取りに比べて以下の具体的メリットがある。

①　電子記録債権法に基づく確実な金銭債権となる。
②　期日に確実に入金するため入金管理業務が合理化される。
③　入金がない場合は支払不能事由が開示される。
④　債務者の債権発生手続、すなわち支払処理の結果が直ちに債権者に通知されるため、債務者の支払手続の状況が確認できる。

82 電子記録債権を譲渡・分割することはできるか

結論 電子記録債権は譲渡の制限に関する記録が行われていない限り債権者が自由に譲渡することができ、債務者への承諾や通知は不要である。また、電子記録債権を分割することも可能である。

──────── 解　説 ────────

1　電子記録債権法における分割記録の規程概要

電子記録債権法43条に、「電子記録債権は、分割（債権者又は債務者として記録されている者が2人以上ある場合において、特定の債権者又は債務者について分離をすることを含む。）をすることができる」と定められている。

分割の方法については、分割記録をすることとし、分割記録の請求は、分割債権記録に債権者として記録されている者だけですることができるとされている。ただし、具体的な運用方法については、各記録機関の業務規程の定めによる。

2　でんさいネットにおける分割記録の規程概要

でんさいネットは分割記録の運用方法について、以下の業務規程を設けている。

① 分割記録は分割債権記録に債権者として記録される利用者に限り行うことができること。
② 分割記録の請求をする場合には、原則として分割債権記録に記録されるでんさいについての譲渡記録をあわせてしなければならないこと。

すなわちでんさいネットにおいては、譲渡記録を伴う分割記録のみを行うことができ、単に分割したいという理由での分割記録はできない。

3　でんさいの譲渡における保証記録

でんさいネットは譲渡記録の運用方法について、以下の業務規程を設けて

いる。
① 譲渡記録請求をする場合は保証記録請求をしなければならない。
② ただし譲受人となる利用者が保証を必要としない場合はこの限りでない。

　すなわち、でんさいネットにおいては、手形の裏書譲渡と同様に譲渡人が保証することを原則としていることに特徴があり、でんさいネットの記録請求を行うために金融機関が提供するインターネットバンキングの画面においては、譲渡記録請求する場合は自動的に保証記録請求を伴うように設定されている場合が多い。保証記録を伴わない譲渡記録請求を行う場合は、取引金融機関にその方法を確認することが必要である。

4　電子記録債権法における譲渡の規程

　電子記録債権法17条に、「電子記録債権の譲渡は、譲渡記録をしなければ、その効力を生じない」と規定されている。売掛債権の譲渡において譲渡の事実を確実にするためには、債務者対抗要件の具備のための債務者からの承諾書に確定日付を取得したり、債権譲渡登記によって第三者対抗要件を具備するなどの手続が必要であり、それでもなお譲渡の事実に対して対抗されるリスクを完全には排除できないという課題がある。

　電子記録債権法においては、譲渡記録のみを効力要件としたことで、これらの対抗要件に関する煩雑かつリスクを伴う手続を排除して、安全な譲渡取引を可能にしている。

　このことは逆にいえば、譲渡記録を伴わずに契約や確定日付取得によって譲渡を行うことができず、また、将来に発生する予定の電子記録債権を発生前に譲渡することもできないことを意味する。すなわち、売掛債権では可能な将来債権譲渡を電子記録債権において行うことはできない。

5　電子記録債権の譲渡の制限

　電子記録債権法は譲渡の禁止あるいは譲渡の制限について記録することを

妨げていない。ただし各記録機関の業務規程にその可否や制限の範囲、記録の方法などが定められている。

　でんさいネットの業務規程においては、譲渡禁止の旨を記録することはできないとされているが、譲渡できる相手を金融機関に限定する旨の制限を記録することは可能となっているため、金融機関以外の企業にでんさいの譲渡を行う場合は、この制限に関する記録の有無を確認する必要がある。

83 将来債権を電子記録債権にすることはできるか

結論 電子記録債権は記録機関に記録することを効力要件としているため、発生記録を行えば法的に効力をもつ債権となる。したがって、将来発生する見込みの状況下で、不確実な将来発生予定の債権として記録することはできない。

────────────── 解　説 ──────────────

1　効力要件

　記録を効力要件とする電子記録債権においては、記録がなされていれば記録事項についてだれからも対抗されることはない。このことは特に電子記録債権の譲渡取引を安全かつ確実なものにするうえできわめて大きな意義をもっている。

　売掛債権の譲渡は当事者間の合意で成立するが、それを当事者以外のものに対抗するためには、対抗要件の具備という法定の手続を行う必要がある。電子記録債権はこの手続を不要にしたことで、手続の効率化、リスク管理の容易性を高めた。

2　将来債権の譲渡担保

　ABLにおいて売掛債権を譲渡担保とする場合、発生ずみの債権に加え、将来発生することが見込まれる売掛債権について債権譲渡登記を行って安定的に担保設定することが通例である。記録を効力要件とする電子記録債権においては、未発生の債権はまだ電子記録債権として記録されていないため、これをあらかじめ譲渡あるいは譲渡担保とすることはできない。

84 電子債権記録機関にはどのような会社があるか

結論 電子記録債権の記録機関は政府（主務大臣）が指定した株式会社のみが記録機関としての事業を行うことができる。平成25年11月現在ではメガバンク3行がそれぞれの子会社として設立した記録機関3社と、全国銀行協会が出資して設立された記録機関の計4社が、記録機関としての事業を行っている。

―――――――――――― 解　説 ――――――――――――

1 稼働中の電子債権記録機関

平成25年11月現在で稼働中の記録機関は図表84－1のとおりである。

図表84－1　電子債権記録機関の一覧

会社名	設立	系列	公表されている事業内容
日本電子債権機構株式会社	平成20年6月	三菱東京UFJ銀行 100%	電子手形決済サービス「電子手形」の提供。高流動性シンジケートローンへの取組み。
SMBC電子債権記録株式会社	平成21年4月	三井住友銀行 100%	電子記録債権版一括ファクタリング等のサービスを提供。
みずほ電子債権記録株式会社	平成22年1月	みずほ銀行 100%	みずほグループ各社と協働し、電子記録債権を活用した決済サービスと、シンジケートローンの債権譲渡取引に電子記録債権を活用したサービスの提供。
株式会社全銀電子債権ネットワーク（でんさいネット）	平成22年6月	全国銀行協会 100%	全国銀行協会が設立する電子債権記録機関として、電子記録債権を記録・流通させる社会インフラを全国的規模で提供。

2　各記録機関の特徴

　各記録機関が公表している事業内容は前項のとおりである。メガバンク各行が設立した記録機関は各行グループにおける金融サービスとして活用することを目指しており、大手企業の買掛債務支払処理のための一括決済サービスの提供に主眼を置いている。全国銀行協会が設立したでんさいネットは、全銀行参加型の社会インフラとして従来の手形を代替する機能をもつ電子記録債権の記録サービスを行うことを目指している点で特徴がある。またメガバンクが設立した記録機関においては、電子記録債権の決済サービスに加え、シンジケートローンの流動化に電子記録債権を活用しようという試みが特徴的である。

85 異なる電子債権記録機関の電子記録債権は同一のものとして扱うことができるか

結論 異なる電子債権記録機関で記録された電子記録債権は、いずれも電子記録債権法に基づく金銭債権である。しかし、それぞれの記録機関は独自の業務規程をもち、異なる運用方法で記録しているため同一のものとして扱うことはできない。

.... 解　説 ....

1　異なる運用方法

それぞれの記録機関が独自に開発したまったく別のコンピュータシステムで電子債権記録業務を行っているため、その記録データ形式や記録申請方法は異なる。また、それぞれの記録機関が目的とする電子記録債権の活用方法が異なるため、記録できる項目や範囲、取扱要領も異なっている。したがって、いずれかの記録機関に記録した電子記録債権を他の記録機関が取り扱うことはできない。

電子記録債権を利用しようとする企業は、利用する目的、たとえば、一括支払による業務の合理化や手形の代替としての利用などを十分に検討したうえで、適合する電子記録債権の記録機関を選定することが必要である。

2　記録申請の取扱事業者

それぞれの記録機関は政府（主務大臣）の承認を受けて、記録申請等の業務の一部を金融機関等に委託することができる。記録機関は、それぞれ顧客企業と取引のある金融機関等に記録申請等の業務を委託することで、企業の記録申請手続を適切に行えるような体制を構築しているが、でんさいネットは「全銀行参加型」による「間接アクセス方式」によって、加盟金融機関を窓口として諸手続を行う形態をとることで、従来の手形にかわる利用を可能にしている。

86 電子記録債権を資金調達に利用する場合にはどのような方法があるか

結論 電子記録債権を活用した資金調達方法として、主に以下の三つがある。
① 金融機関等で電子記録債権の割引による資金化を行う。
② 電子記録債権を譲渡担保としてABLによる借入れを行う。
③ 電子記録債権をファクタリングで売却して資金化する。

.... 解　説 ....

　各記録機関ごとに取扱金融機関による資金化の方法が想定されている。ここでは、でんさいについて解説する。

1　電子記録債権の割引

　でんさいは譲渡が可能であり、取引金融機関に申し込むことで手形と同様の方法で簡便に資金化することができる。手形割引における裏書に当たる機能として、譲渡人による保証記録が付される。
　割引の手続は金融機関が必要とする書面のほか、インターネットバンキングの画面から割引の手続を行うことで完了する。
　金融機関による審査は主として譲渡人企業の信用状況に依存することから、金融機関からの与信枠を確保していない企業は割引による資金化を行えない。

2　電子記録債権を譲渡担保としたABLによる借入れ

　でんさいは譲渡が可能なため、ABLの担保として金融機関に譲渡することが可能である。個別のでんさい割引が主として既存の譲渡人企業の信用状況による与信枠の範囲で行われるのに対して、ABLの場合はより包括的なでんさいの譲渡担保により、新たな与信枠を設定しようとするところに大き

な特徴がある。

でんさい割引は基本的にすべての金融機関が対応できるのに対し、でんさいABLはでんさいを担保とする融資の仕組みを構築ずみの金融機関のみが対応できることに注意が必要である。

(1) でんさいの譲渡担保

でんさいの譲渡担保は、ABL（融資契約）においてでんさいの譲渡担保契約を締結したうえで、当該でんさいを金融機関に譲渡記録することで完了する。担保の評価については各取扱金融機関が独自に定めている評価基準による。

(2) 将来債権の譲渡担保

電子記録債権は記録機関に記録することを効力要件とするため、未発生のでんさいを譲渡担保とすることはできない。この点について、従来の売掛債権担保で一般的に活用されている将来債権譲渡による担保設定という効率的な担保管理ができない点で、取扱いが煩雑であるとの意見がある。しかし、売掛債権に比べて債権の存在が確実であり譲渡禁止特約がないなど、でんさいはABLの担保としてきわめて優れた特徴を有している。電子記録債権の特徴を生かして企業が活用しやすいABLの仕組みを金融機関が工夫することが期待される。

(3) でんさいABLのスキーム例

でんさいの特性を活用したでんさいABLのスキーム参考例を示す（図表86－1参照）。でんさいは譲渡記録によって、自動的に受取口座が譲受人の口座に変更されるため、担保として譲渡されたでんさいからの入金をABL貸付金に優先充当することで、キャッシュスイープという米国型ABLスキーム構築が容易に実現できる。

(4) でんさいのファクタリングによる資金化

でんさいは譲渡可能であるため、譲渡人が保証しないファクタリング（ノンリコース）による債権売却によって資金化することができる。

ファクタリングを行う金融機関やファクタリング事業者は、でんさい割引

図表86－1　でんさいABLのスキーム例

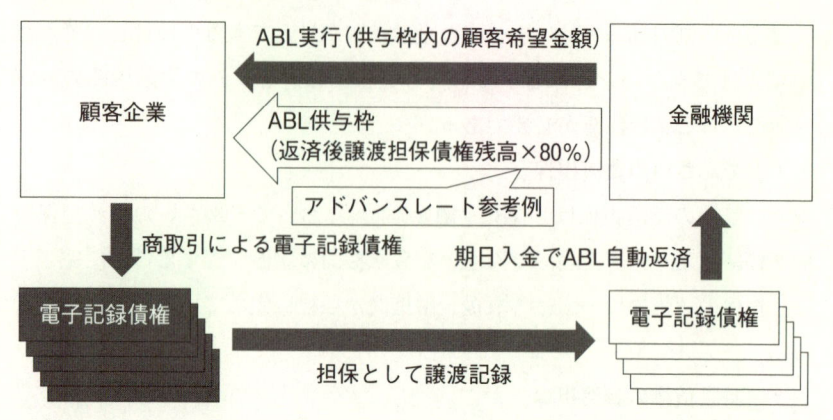

（図：顧客企業と金融機関の間でABL実行（供与枠内の顧客希望金額）、ABL供与枠（返済後譲渡担保債権残高×80％）（アドバンスレート参考例）、商取引による電子記録債権、担保として譲渡記録、期日入金でABL自動返済の流れを示す）

と異なり主として債務者企業（支払人）の信用度に基づき買取りと手数料条件を提示する。このため、譲渡人の信用度が必ずしも高くなくても、でんさいの債務者の信用が高ければファクタリングによる現金化が可能であることを特徴としている。

ファクタリングは販売先の与信リスクをファクタリング会社に移転する効果があるため、販売先の与信リスク管理に課題をもつ企業には有効な事業リスク管理と営業促進ツールとなる点も特徴である。

(5) **譲渡人無保証の意義**

ノンリコースファクタリングにおいては譲渡人が債権の保証をしないことで実質的に債務を負う必要がなくなり、これに伴い企業のバランスシートに債務あるいは偶発債務として記録することも不要となる。いわゆるオフバランス処理が可能であるという特徴がある。特に中小企業においては、これまで不可能であった債権の流動化によるバランスシートの改善とキャッシュフローの改善を実現できる点で、金融機関の活用が期待される。

(6) **代表者個人保証の見直し**

中小企業において一般的な代表者個人保証という制度は、中小企業が融資を受けたり、手形割引を利用したりする場合に伝統的に活用されている。代

表者個人保証は代表者と企業の分離が必ずしも明確でない中小企業に対する取引において欠かせない制度となっている一方で、代表者個人保証が重荷となり、中小企業の積極的な事業展開が阻害される要素があることも課題となっている。

　ノンリコースファクタリングは、こうした代表者個人保証を軽減する新たな金融商品として活用されることが期待されている。

87 電子記録債権と手形や債権譲渡登記はどちらが優先するか

結論 電子記録債権は手形と同様に売掛債権などの原因債権(法律関係)とは異なる独立した債権として発生する。このため、債権譲渡登記を行っている売掛債権を原因債権として発生した電子記録債権に、原因債権の譲渡登記による担保権が及ばなくなることがある。

・・・・・・・・・・・・・・・・・・・・・ 解　説 ・・・・・・・・・・・・・・・・・・・・・

1　原因債権との無因性

　手形の安全な転々流通を可能にする法律上の考え方が「無因性」である。手形には発生原因が記載されているわけでもなく、受け取る立場からは、記載されている金額の支払が約束されていることが機能するためには、原因関係との因果関係がないと解釈されていることが重要な根拠となっている。

　電子記録債権においては、この手形に関する法律上の考え方が適用される。

2　債権譲渡登記と電子記録債権

　債権譲渡登記は売掛債権の債務者に非通知で行われることが一般的である。この場合、第三者に対する対抗要件が具備されるが、債務者に対する対抗要件は具備されない。したがって譲渡を承知していない、または認識していない債務者が当該買掛債務の支払のために手形を振り出し、または電子記録債権を発生させた場合、債権譲渡登記している債権とは別の債権となり、担保権が直接及ばないことになる。

　このため、債権譲渡登記による担保権を有するABLの貸付人はこれらの手形または電子記録債権の発生状況を確認して、でんさいを追加担保として譲渡を受けるなど適切に対処することが必要となる。

第4章

契約・事務手続

88 動産担保取得にあたって、債務者には事前にどのようなことを説明する必要があるか

結論 貸し手の金融機関は、ABLにより資金調達をする借り手企業に対し、ABLの融資条件や動産および債権の譲渡担保契約の内容等について、十分な事前説明を行うことが必要である。特に、ABLは不動産担保を活用した伝統的な融資手法とは異なり、動産や債権を担保として活用する融資であるため、借り手企業も不慣れである場合が多く、配慮が必要である。

解説

ABLは動産や債権といった事業収益資産の価値を見極め、それを活用することで借り手企業の信用力の補完を行って取り組む融資である。このABLは中堅・中小企業向けの新たな融資手法として広がりつつあるが、金融機関が一般的に利用する状況には至っていないため、現時点ではABLならびに動産・債権担保に関する融資実務が十分に積み上がっているとはいえない。また、ABLを利用しようとする借り手企業は、金融機関以上にABLに関する理解や関連する知識が乏しいのが実情である。したがって、今後、日本においてABLのマーケットが健全に発展していくためには、ABLに取り組む金融機関は、ABL利用者の保護に十分配慮し、借り手企業に対して、一般的な融資に関する説明にとどまらず、一般的な融資と異なるABLの特徴に関して十分な説明を行い、借り手企業の理解と納得を得ることが求められる。

具体的な説明内容としては、動産や債権といった活用される担保の内容の特定、担保の評価方法（外部の評価会社の活用の有無を含む）、ABL実行後の担保のモニタリングの内容、評価やモニタリングに係る手数料発生の有無、融資枠の設定、一定の条件のもとでの代表者個人保証の免除等があげられる。担保の評価やモニタリングにおいては、動産等のデータを正確かつタイ

ムリーに提供してもらうなど、借り手企業の協力も不可欠であるので、十分な事前説明が必要である。

　ABLガイドライン（平成20年5月30日、経済産業省公表）においても、「貸し手は、ABLを実行する借り手に対して、その融資条件や譲渡担保契約の内容等、ABLに関する十分な事前説明を行う」としてABLを取り扱う金融機関に十分な説明を促すとともに、補足の説明として、譲渡担保については次のような説明をすることも求めている。すなわち、ABLにおいては、動産や債権を譲渡担保という方法で取得するため、不動産の抵当権との違いもふまえて譲渡担保契約について説明をすることが必要であり、内容としては、譲渡担保の概念（特に不動産担保との違い）、動産・債権譲渡登記をはじめとする対抗要件の具備の手法、登記に係る諸費用の負担、譲渡担保契約における個別の条項などをあげている。

　また、動産・債権譲渡担保権については、抵当権のような後順位の担保設定の効力等についての判断が明らかになっていない面もあるので、金融機関は、すでに複数の金融機関と融資の取引がある借り手企業に対しては、その企業の代表者などの知識や経験等をふまえ、必要に応じて、対応するABL案件が他の金融機関からの資金調達に影響を与える可能性があることを説明することも考えられるとしている。

89 動産担保の取得方法にはどのようなものがあるか

結論 動産担保の場合には、①動産質権、②動産譲渡担保権の設定の二通りの取得方法がある。いずれも担保権設定者と担保権者との当事者間の合意によって成立する。

このうち、金融機関の貸出取引においては、担保対象となる動産を担保権設定者のもとにとどめる動産譲渡担保権が多く利用されている。

・・・・・・・・・・・・・・・・・・・・・・・・・・・ 解　説 ・・・・・・・・・・・・・・・・・・・・・・・・・・・

金融機関の貸出取引における動産担保の取得方法としては、動産質権と動産譲渡担保権の設定の二通りの取得方法がある。いずれも担保権設定者と担保権者との当事者間の合意によって成立する。ただし、動産質権の場合には、合意に加えて担保権者による担保目的物の占有が必要となる（民法342条）ため、質権設定者のもとに動産の占有をとどめたまま質権の設定はできない（民法345条）。したがって、金融機関の貸出取引においては、担保対象となる動産を担保権設定者のもとにとどめる動産譲渡担保権が多く利用されている。

1　個別動産と集合動産

動産譲渡担保権には、一つの機械設備のような個別の動産を担保対象とする個別動産のほか、倉庫にある在庫商品や原材料などを一括して担保対象とする集合動産の場合がある。前者の場合、動産の種類とその唯一性を表すシリアルナンバー等で担保目的物を特定するが、後者の場合、企業活動によって個々の在庫商品等が販売され、また新しい在庫商品等が倉庫に入ってくることで、担保対象である個々の動産が日々流動する点に特色がある。

ABLでは、このような機械設備は個別動産として、また流動する動産の集合体は集合動産として、譲渡担保権を取得することが一般的である。その際には、（集合）動産譲渡担保設定契約書を締結する。

なお、株式会社三菱総合研究所「経済産業省 平成24年度産業金融システムの構築及び整備調査委託事業『動産・債権担保融資普及のためのモデル契約等の作成と制度的課題等の調査』報告書」において、集合動産譲渡担保権設定契約書および債権譲渡担保設定契約書のモデル契約が示されており参考になる。

2 集合動産譲渡担保権で要求される担保目的物の特定性

集合動産譲渡担保権も担保目的物の一つである以上、物件一般の客体と同様に目的物の範囲についての特定性が必要である。判例（最判昭62.11.10民集41巻8号1559頁ほか）では、「構成部分の変動する集合動産であっても、その種類、所在場所及び量的範囲を指定するなどの方法によって目的物の範囲が特定される場合には、一個の集合物として譲渡担保の目的とすることができる」と判示しており、動産・債権譲渡特例法において、その主旨が成文化されている。

3 動産譲渡担保権の対抗要件具備

担保権者が担保権設定者から動産譲渡担保権の設定を受けた後、その効力を第三者に対して対抗（主張）するためには、担保権者が対抗要件を有していることが必要である。動産譲渡担保権の対抗要件は、原則として担保権設定者から担保権者への動産の「引渡し」（民法178条）である。

民法上、動産の「引渡し」の具体的な方法は、以下の4種類である。

① 現実の引渡し（民法182条1項）
　文字どおり現実に動産を相手に引き渡す方法。
② 簡易の引渡し（民法182条2項）
　動産をすでに相手方が占有している場合に、相手方との間で引渡しをする旨の合意を行う方法。
③ 指図による占有移転（民法184条）
　動産を第三者（倉庫業者等）が占有している場合に、当該第三者に対し

90 動産譲渡登記によって対抗要件を具備する場合には、どのような点に留意すべきか

結論 動産譲渡登記では、譲渡人と譲受人の名称・本店、登記原因およびその日付、動産の特定に関する事項、存続期間、登記年月日等が記録される。

担保目的物を特定することが重要であり、動産の特定方法には「動産の特質」により特定する方法と「動産の所在」により特定する方法とがある。

------- 解　説 -------

1　動産譲渡登記の記録事項

動産譲渡登記には主として以下の事項が記録される（動産・債権譲渡特例法7条2項、登記規則16条1項等）。

① 譲渡人の商号または名称および本店または主たる事務所
② 譲受人の氏名および住所（法人にあっては、商号または名称および本店または主たる事務所）
③ 譲渡人または譲受人の本店または主たる事務所が外国にあるときは、日本における営業所または事務所
④ 動産譲渡登記の登記原因およびその日付
⑤ 譲渡に係る動産を特定するために必要な事項
⑥ 動産譲渡登記の存続期間
⑦ 登記番号
⑧ 登記の年月日
⑨ 登記の時刻
⑩ 登記の目的

2　動産の特定方法

動産の特定方法には、「動産の特質」により特定する方法と「動産の所在」

により特定する方法とがある（登記規則8条1項）。前者は個別動産、後者は集合動産の特定に向いている。

　動産の特質により特定する場合には、①動産の種類、②動産の記号、番号その他の同種類のほかのものと識別するために必要な特質を記録する。①は、動産の性質・形態など共通の点を有するものごとに分けたそれぞれの類型をいい、MRI装置、ノートパソコン、電気設備器具、プレス機、衣料品、貴金属類等がこれに当たる。動産の商品名や製品名は、動産の種類ではない。②は、製造番号、シリアルナンバーが典型である。また、これらがない動産については、ナンバリングしたシールを貼る等の明認方法を施し、当該明認方法を記録することでもよい。

　動産の所在により特定する場合には、①動産の種類、②動産の保管場所の所在地を記録する。①については、流動する在庫商品を対象とする場合、不当な包括担保抑止の趣旨から、単に「在庫商品一切」とするだけでは特定として足りず、「普通棒鋼、異形棒鋼等の在庫商品」というように在庫商品の内容が例示され、ある程度の均質性が確保されていることが必要である。②については、原則として地番または住居表示の記録まで必要であり、「東京都千代田区」といった概括的な記録は認められない。

　動産の特定については登記に「備考」欄が設けられており、特定を明確化するための有益事項を任意に記録することができる。たとえば、動産の特質により特定する方法では、動産のメーカー名やブランド名（○○社製平成○年式「○○」等）を記録することが考えられる。また、動産の所在により特定する方法では、保管場所の名称（○○社「第一流通センター」等）を記録することが考えられる。なお、保管場所が多数筆にわたる場合で、備考欄に保管場所の名称が記録されているときは、動産の保管場所の所在地にすべての地番を記録する必要はなく、保管場所が特定できる程度の筆数の記録があれば保管場所の特定がされていると解されている。

3 登記できない動産

　自動車、船舶、航空機等、特別法により登記・登録が対抗要件となっている動産のうち、すでに当該特別法に基づく登記・登録がなされた動産の譲渡は登記できない（かりに登記されたとしてもその効力が認められない）。これに対し、未登録の自動車等（新車や登録が抹消ずみの自動車等）は登記することができる。

　また、貨物引換証、預証券、質入証券、倉荷証券または船荷証券が作成されている動産の譲渡は登記できない（動産・債権譲渡特例法3条1項）。

4 変更登記

　動産譲渡登記には変更登記の制度がない。

　よって、たとえば集合動産の保管場所が変更したり、保管場所の名称が変更したりしたとしても、これらの変更を既存の登記に反映させることができない。変更する場合には、新たに登記をし直さなければならない。このため、ABLに際して動産譲渡登記を利用するときは、保管場所の変更等を貸し手（レンダー）の承諾事項とするなどの実務上の工夫を検討する必要がある。

91 債権担保取得にあたって、債務者には事前にどのようなことを説明する必要があるか

結論 貸し手の金融機関は、ABLにより資金調達をする借り手企業に対し、ABLの融資条件や動産および債権の譲渡担保契約の内容等について、十分な事前説明を行うことが必要である。特に、ABLは不動産担保を活用した伝統的な融資手法とは異なり、動産や債権を担保として活用する融資であるため、借り手企業も不慣れである場合が多く、配慮が必要である。

・・・・・・・・・・・・・・・・・・・・・ 解　説 ・・・・・・・・・・・・・・・・・・・・・

　ABLは動産や債権といった事業収益資産の価値を見極め、それを活用することで借り手企業の信用力の補完を行って取り組む融資である。このABLは中堅・中小企業向けの新たな融資手法として広がりつつあるが、金融機関が一般的に利用する状況には至っていないため、現時点ではABLならびに動産・債権担保に関する融資実務が十分に積み上がっているとはいえない。また、ABLを利用しようとする借り手企業は、金融機関以上にABLに関する理解や関連する知識が乏しいのが実情である。今後、日本においてABLのマーケットが健全に発展していくためには、ABLに取り組む金融機関は、ABL利用者の保護に十分配慮し、借り手企業に対して、一般的な融資に関する説明にとどまらず、一般的な融資とは異なるABLの特徴に関して十分な説明を行い、借り手企業の理解と納得を得ることが求められる。

　具体的な説明内容としては、動産や債権といった活用される担保の内容の特定、担保の評価方法（外部の評価会社の活用の有無を含む）、ABL実行後の担保のモニタリングの内容、評価やモニタリングに係る手数料発生の有無、融資枠の設定、一定の条件のもとでの代表者個人保証の免除等があげられる。担保の評価やモニタリングにおいては、売掛債権等のデータを正確かつタイムリーに提供してもらうなど、借り手企業の協力も不可欠であるので、

十分な事前説明が必要である。

　ABLガイドライン（平成20年5月30日、経済産業省公表）においても、「貸し手は、ABLを実行する借り手に対して、その融資条件や譲渡担保契約の内容等、ABLに関する十分な事前説明を行う」としてABLを取り扱う金融機関に十分な説明を促すとともに、補足の説明として、譲渡担保については次のような説明をすることも求めている。すなわち、ABLにおいては、動産や債権を譲渡担保という方法で取得するため、不動産の抵当権との違いもふまえて譲渡担保契約について説明をすることが必要であり、内容としては、譲渡担保の概念（特に不動産担保との違い）、動産・債権譲渡登記をはじめとする対抗要件の具備の手法、登記に係る諸費用の負担、譲渡担保契約における個別の条項などをあげている。

　また、動産・債権譲渡担保権については、抵当権のような後順位の担保設定の効力等についての判断が明らかになっていない面もあるので、金融機関は、すでに複数の金融機関と融資の取引がある借り手企業に対しては、その企業の代表者などの知識や経験等をふまえ、必要に応じて、対応するABL案件が他の金融機関からの資金調達に影響を与える可能性があることを説明することも考えられるとしている。

92 債権担保の取得方法にはどのようなものがあるか

結論 指名債権を担保にとる方法としては、正式な担保である質権・譲渡担保と、事実上の担保的機能を有する代理受領・振込指定とがある。質権・譲渡担保は、第三者対抗要件を備えれば、差押債権者などに対して優先弁済を主張できるなど効力が強いが、債権の譲渡・質入れが禁止されている場合は、正式な担保は使いにくい。このような場合、事実上の担保的機能を有する代理受領・振込指定を用いることになるが、第三者に対する優先権を有しないなど正式な担保とはいえないものの、第三者との対抗問題を勘案しなくてよい場面などにおいて活用できる。

・・・・・・・・・・・・・・・・・・・・・・ 解　　説 ・・・・・・・・・・・・・・・・・・・・・・

債務者が自己の債務者（第三債務者）に対して有する指名債権を債権者が担保にとる場合、正式な担保としては、質権（債権質）と、債権譲渡担保がある。以下では、金融機関（債権者）が取引先（債務者）の請け負った工事の資金を融資した場合に、その取引先が注文主（第三債務者）に対して有する請負代金債権を担保にとる場合を例に説明する。

1　債権質・債権譲渡担保

債権質は、金融機関が請負代金債権に質権の設定を受けるもので、この場合、金融機関と取引先との間で質権設定契約書を取り交わす。債権譲渡担保は、担保のためにする債権の譲渡であり、この場合には金融機関と取引先との間で債権譲渡担保契約書を取り交わす。質権設定や債権譲渡担保につき、第三者対抗要件を具備するには、民法467条（同法364条による準用の場合を含む）による方法（以下、「民法ルール」という）と、動産・債権譲渡特例法による方法（以下、「特例法ルール」という）がある。

ただし、特例法ルールの適用が可能なものは、法人がする債権（指名債権であって金銭の支払を目的とするものに限る）の譲渡または債権質に限られる

ため、個人は利用できない。民法ルールでは、取引先から注文主に対して確定日付のある証書による通知をするか注文主から確定日付のある証書による承諾を得ることが、債務者対抗要件および第三者対抗要件として必要である。また、特例法ルールでは、債権譲渡登記を行うことにより第三者対抗要件を、また、債権譲渡登記がなされたことについて、債務者に通知するか債務者が承諾することにより債務者対抗要件を備えることができるようになる。実務上は、注文主より確定日付のある、異議をとどめない承諾書を取得するのが望ましい。

第三者対抗要件を備えることができるので担保としては債権質・債権譲渡担保が優れているが、債権の譲渡・質入れが禁止されていて、かつ譲渡・質入れに対する注文主の承諾が得られない場合は、代理受領または振込指定の事実上の担保的機能に頼らざるをえない。

2 代理受領

代理受領とは、金融機関（受任者）と取引先（委任者）との間で代理受領契約を結び、それを第三債務者である注文主が承諾するという方法でなされ、金融機関が注文主から直接代金を取立受領し、債権の弁済に充当することにより債権の回収を図るものである。

実務上は、取引先と金融機関とが連署した代金受領についての委任状を注文主（第三債務者）に提出し、その承諾を得る。その委任状において、①代金の受領を金融機関に委任すること、②債権担保のためであること、③受領権は金融機関にのみあり、取引先は直接請求しないという特約があること、④金融機関、取引先双方の同意がなければ委任の解除をしないという特約があること、⑤他の者に重ねて委任せずまた譲渡・質入れしないことという特約を結び、その委任状に注文主の承諾を得ておくことが必要である。

現在の通説によれば、代理受領は取立ての委任と解されているので、第三者に対抗できないという点（差押え、債権譲渡等に対抗できない）で正式な担保に劣るが、上記のような特約を明記したうえで第三債務者の承諾をとって

第4章 契約・事務手続

おけば、第三債務者がほかに弁済した場合は、第三債務者の不法行為に基づく損害賠償を請求できる。しかし、第三債務者が承諾した場合でも、①同人が承諾前から有する反対債権をもって相殺することは妨げられない（このリスクをあらかじめ防ぐには、第三債務者より相殺しない旨を書面にて確認してもらうことが必要である）、②請負契約の変更に対する対抗力がない、また、③代理受領権は第三者（差押債権者など）に対抗できる性質のものではないなどの問題点がある。

3　振込指定

振込指定は、第三債務者である注文主に対して、請負代金を金融機関における債務者（請負人）の預金口座に振り込むことを依頼するもので、通常、債務者と金融機関との連署で依頼書を第三債務者に提出し、承認の奥書をさせる方式をとる。これによって振り込まれた預金を貸出金と相殺することにより回収を図るものである。

振込指定の場合も、代理受領と同様に第三債務者に対して不法行為に基づく損害賠償請求しうる余地はあるものの、第三者に対抗できないなど、代理受領と同等の問題があり、正式な担保に劣るため、やむをえない場合にのみ用いるべきである。

93 債権譲渡登記によって担保取得する場合には、どのような点に留意すべきか

結論 債権譲渡契約においては、譲渡の対象となる債権について「他の債権から識別することができる程度に特定」されていれば有効性は認められるが、債権譲渡登記において必要とされる譲渡に係る債権を特定するための事項に十分に留意し、かつ、登記事項について誤記等がないように配慮することが必要である。

・・・・・・・・・・・・・・・・・・・・・・・・・ 解　説 ・・・・・・・・・・・・・・・・・・・・・・・・・

1　債権譲渡契約において必要とされる譲渡債権の特定

債権を担保の目的で譲り受ける場合には、譲渡人と譲受人との間で締結される債権譲渡契約において、譲渡対象となる債権を特定することが必要であり、もし債権の特定がなされていなければ債権譲渡契約の効力が否定されることにもなる。

既存の個別債権を譲り受ける場合には、第三債務者の氏名、債権金額、発生原因によって特定することになる。また、将来債権を含む集合債権を譲り受ける場合における譲渡債権の特定については、「譲渡の目的となるべき債権を譲渡人が有する他の債権から識別することができる程度に特定されていれば足りる」とされており（最判平12.4.21民集54巻4号1562頁）、一般的には、①債権の種類、②債権の発生原因、③債権の発生期間（始期と終期）、④第三債務者、⑤金額などの要素によって、特定することとなる。

2　債権譲渡登記

債権譲渡登記は、債権が譲渡された事実を登記によって公示して、当該債権譲渡に対抗力を付与することを目的とするものであり、債権譲渡登記がなされると、民法467条による確定日付のある証書による通知があったのと同様に、第三者対抗要件が具備されたことになる（動産・債権譲渡特例法4条1

項)。そのため、債権譲渡登記がなされる場合には、第三者対抗要件が具備される譲渡債権を具体的に特定する必要があり、法令によって必要的登記事項が定められている。

債権譲渡登記において譲渡に係る債権を特定するために必要な事項として定められているのは、①債権が数個あるときは、1で始まる債権の連続番号、②譲渡債権の債務者が特定しているときは、債務者ならびに債権の発生の時における債権者の数、氏名および住所（商号および本店）等、③譲渡に係る債権の債務者が特定していない場合には、債権の発生原因および債権の発生の時における債権者の数、氏名および住所（商号および本店）等、④貸付債権、売掛債権その他の債権の種別、⑤債権の発生年月日（将来債権の場合には、発生期間の始期と終期）、⑥既発生債権のみを譲渡する場合には、債権の発生の時および譲渡の時における債権額、である。

3 債権譲渡契約と異なる記載がなされた場合の債権譲渡登記の対抗力

債権譲渡契約において譲渡の対象として特定された債権について、債権譲渡登記における記載事項に不備（誤記）があるため、債権譲渡登記の対抗力が否定された事例があるので注意する必要がある。

(1) 債権の種類

報酬債権について集合債権譲渡担保を設定したにもかかわらず、債権の種類コードを「売掛債権」としてなされた場合について、「債権の種類の表示が適切でない登記の効力についても一概に対抗力がないと解するのは相当ではないが、その齟齬の程度等にかんがみて譲渡債権の識別に支障を来すと認められる場合には、譲渡債権について公示がないものとして対抗力を否定するのが相当である」として、登記の対抗力が否定された事例がある（最決平14.10.1金法1665号54頁）。

(2) 発生期間

「債権の発生年月日」について始期は記録されているが終期は記録されていない場合について、「その債権譲渡登記に係る債権譲渡が数日にわたって

発生した債権を目的とするものであったとしても、他にその債権譲渡登記中に始期当日以外の日に発生した債権も譲渡の目的である旨の記録がない限り、債権の譲受人は、その債権譲渡登記をもって、始期当日以外の日に発生した債権の譲受けを債務者以外の第三者に対抗することができないものと解するのが相当である」として、登記の対抗力が否定された事例がある（最判平14.10.10民集56巻8号1742頁）。ただし、現在は債権譲渡登記において「終期」の記録は必須とされ、立法的に解決されている。

(3) **第三債務者**

原債権者欄に第三債務者が記録され、また、債務者欄には原債権者（譲渡人）が記録されるという誤記がなされた事案において、譲渡に係る債権を特定するために必要な事項としての、譲渡に係る債権の「債務者」および「債権の発生の時における債権者」は譲渡に係る債権の特定に必須の事項であるとして、登記の対抗力が否定された事例がある（東京高判平18.6.28判時1936号82頁）。

94 債権譲渡登記や動産譲渡登記にはどれくらいのコストがかかるか

結論 動産譲渡登記や債権譲渡登記の申請者は、登録免許税を納めなければならない。また、登記事項証明書等の交付を請求する者は、動産または債権譲渡登記等の別を問わず、手数料を納めねばならない。登録免許税、手数料金額等詳細は以下のとおりである。

なお、登記申請や証明書等の交付を司法書士に依頼する場合には、別途費用がかかることはいうまでもない。

-------- 解　説 --------

1　動産譲渡登記の申請に関する登録免許税

動産譲渡登記および延長登記、抹消登記を申請する者は、登録免許税を納めなければならない。登録免許税は、収入印紙または現金で納付する（登録免許税法21条、22条、24条の2、同法施行令18条）こととなっている。ただし、オンライン申請による場合には、「歳入金電子納付システム」を利用し、インターネットバンキング等の方法により、現金で納付する。

平成26年1月現在、登録免許税の額は、次のとおりである（登録免許税法別表第一第8号の2（一））。

① 動産譲渡登記……1件につき1万5,000円
② 延長登記……1件につき7,500円
③ 抹消登記……1件につき1,000円

ただし、租税特別措置法による特別措置（譲渡登記制度普及のためのインセンティブ）として、「当分の間」は、以下のとおり費用負担軽減措置がなされている（租税特別措置法84条の4第1項1号・3号）。

① 動産譲渡登記……1件につき7,500円
② 延長登記……1件につき3,000円
③ 抹消登記……1件につき1,000円（特別措置なし）

2 債権譲渡登記の申請に関する登録免許税

債権譲渡登記等(質権設定登記を含む)については、平成18年3月31日までは手数料制度であったが、平成17年の動産・債権譲渡特例法の施行による動産譲渡登記の創設に伴い、平成18年4月1日より、債権譲渡登記および延長登記、抹消登記を申請する者は、登録免許税を納めなければならないこととなった。登録免許税は、収入印紙または現金で納付する(登録免許税法21条、22条、24条の2、同法施行令18条)こととなっている。ただし、オンライン申請による場合には、「歳入金電子納付システム」を利用し、インターネットバンキング等の方法により、現金で納付する。

平成26年1月現在、登録免許税の額は、次のとおりである(登録免許税法別表第一第8号の2 (二)、(三)、(四))。

① 債権譲渡登記等……1件につき1万5,000円
② 延長登記……1件につき7,500円
③ 抹消登記……1件につき1,000円

ただし、租税特別措置法による特別措置(譲渡登記制度普及のためのインセンティブ)として、「当分の間」は、以下のとおり費用負担軽減措置がなされている(租税特別措置法84条の4第1項2号・3号、2項)。

① 債権譲渡登記等……1件につき7,500円(債権の個数が5,000個以下の場合)
② 延長登記……1件につき3,000円
③ 抹消登記……1件につき1,000円(特別措置なし)

3 証明書の交付手数料

証明書の交付手数料は、登記印紙で納付する(動産・債権譲渡特例法21条2項)。ただし、オンライン申請によるときは、「歳入金電子納付システム」を利用して納付する。

(1) 登記事項証明書の交付手数料

① 動産譲渡登記(登記手数料令2条6項1号、2条の2第2項1号、2条の3

第1号)
- ⓐ 指定法務局等の窓口で申請する場合……1通につき800円
- ⓑ オンラインで申請する場合
  - ・指定法務局等の窓口で交付を受けるとき……1通につき700円
  - ・郵送で交付を受けるとき……1通につき750円
  - ・オンラインで交付を受けるとき……1通につき700円
- ⓒ ⓐ、ⓑの場合に、登記事項の一括証明書を申請するときは、それぞれの手数料に1登記情報につき300円を加算した額（登記手数料令2条6項1号、2条の2第2項1号、2条の3第1号）

② 債権譲渡登記等（登記手数料令2条6項2号、2条の2第2項2号、2条の3第2号）
- ⓐ 指定法務局等の窓口で申請する場合……1通につき500円
- ⓑ オンラインで申請する場合
  - ・指定法務局等の窓口で交付を受けるとき……1通につき450円
  - ・郵送で交付を受けるとき……1通につき500円
  - ・オンラインで交付を受けるとき……1通につき450円
- ⓒ ⓐ、ⓑの場合に、登記事項の一括証明書を申請するときは、それぞれの手数料に1登記情報につき200円を加算した額（登記手数料令2条6項2号、2条の2第2項2号、2条の3第2号）

(2) 登記事項概要証明書の交付手数料

① 動産譲渡登記（登記手数料令2条7項1号、2条の2第2項3号、2条の3第3号）
- ⓐ 指定法務局等の窓口で申請する場合……1通につき500円
- ⓑ オンラインで申請する場合
  - ・指定法務局等の窓口で交付を受けるとき……1通につき400円
  - ・郵送で交付を受けるとき……1通につき450円
  - ・オンラインで交付を受けるとき……1通につき400円

② 債権譲渡登記等（登記手数料令2条7項2号、2条の2第2項4号、2条の

3第4号)
ⓐ 指定法務局等の窓口で申請する場合……1通につき300円
ⓑ オンラインで申請する場合
・指定法務局等の窓口で交付を受けるとき……1通につき250円
・郵送で交付を受けるとき……1通につき300円
・オンラインで交付を受けるとき……1通につき250円

(3) 概要記録事項証明書の交付手数料
① 動産譲渡登記(登記手数料令2条8項)
　ⓐ 本店等所在地法務局等(登記情報交換制度(動産・債権譲渡特例法13条2項)を利用する場合は、それ以外の法務局等)の窓口で申請する場合……1通につき500円
　ⓑ オンラインで申請する場合(交付は郵送のみ)……1通につき500円
　ⓒ ただし、ⓐ、ⓑのいずれの場合も、1通の枚数が5枚を超えるものについては、その超える枚数5枚ごとに100円を加算した額
② 債権譲渡登記等(登記手数料令2条8項)
　動産譲渡登記の場合と同様。

※なお、1物件、1債権当りの費用総額は、事前の登記事項概要証明書等の取得、登記申請費用、登記後の登記事項証明書の取得、司法書士の費用(登記申請のための電子データ作成を含む)を含めて数万円程度のコストがかかることとなる。

第 5 章

モニタリング

95　ABLにおけるモニタリングの目的は何か

結論　ABLという融資形態におけるモニタリングの目的は、①融資期間中における債務者の状況把握、②評価額の洗替え、である。債務者の状況の変化に応じた行動をとることを目的とした情報獲得手段がモニタリングであり、したがって、ABLにおいてはモニタリングが肝要となるのである。

・・・・・・・・・・・・・・・・・　解　説　・・・・・・・・・・・・・・・・・

　ABLにおけるモニタリングの目的は、二つに大別される。第一に、融資期間中における債務者の状況把握であり、第二に、担保目的物である動産や売掛債権の評価額の洗替えである。

　信用格付の債務者区分において、要注意先以下に区分されるような先に対しABLが活用されることも多くみられる。また、ABLの担保目的物は、動産や売掛債権等の流動性の高い資産であることから、不動産などの非流動的資産と比較し、融資期間中における担保価値自体のボラティリティが高く、担保自体の安定性は低いといえよう。ABLという融資形態においては、債務者の状況の把握、および貸出基準額の再算定を行うことにより、融資元本がどの程度のリスクにさらされているのかを定期的に把握することで、債務者および担保目的物の状況に応じた機動的なアクションをとるための情報を得ることが重要となる。この情報を得るための手段がモニタリングであり、したがって、ABLにおいてはモニタリングが肝要となるのである。

1　債務者の状況の把握

　ABLの担保目的物は、在庫や売掛債権などの流動性の高い資産である。在庫は販売されると売掛債権に姿を変え、最終的に現金となり企業に還流し、企業活動を支える。このように、事業の根幹をなす資産である在庫や売掛債権の変化は、事業の状態を直接的に反映する傾向が強い。同様に、その

変化は、当然に財務関連資料にも顕著に姿を現す。担保目的物自体の資料のみならず、財務関連資料についてもモニタリングを行い、これらの資料から得られる情報を組み合わせて分析を行うことで、より精緻に債務者の実態を把握することが可能となる。

2 評価額の洗替え

　ABLの担保目的物は、不動産等の固定資産担保と比較した場合、流動性が高いことから、融資期間中においてその担保価値自体が増減することを想定しておかなければならない。特に、季節的な要因で売上高が左右されるような業態の企業においては、ピーク時の在庫高が端境期の倍に達するなどという事例も存在する。

　アパレル卸売企業を例にあげると、冬物の在庫単価は夏物の在庫単価に比べ高い傾向がみられる。コートなどの重衣料の原価が、Tシャツなどの軽衣料よりも高いためである。原価がより高い重衣料の販売構成比が増加するため、売上高は重衣料が店頭に並び始める9月頃～12月頃にかけて増加する傾向にある。通常、在庫仕入れは販売時期の前に行われることから、在庫高は9月頃～11月頃にかけて年間のピークを迎えることが多い。また売掛金は10月頃～1月頃というように、販売時期から一、二月遅れで増加する傾向がある。

　このような季節的要因により、在庫や売掛金の変動が激しい業態の企業に対しABLを実行する場合、変動に伴い担保価値も増減することとなるため、定期的に担保評価額の洗替えを行うことで、融資元本が担保によりどの程度保全されているのかを把握しておくことが推奨される。基本的には、年間において担保評価額が最も低水準となる月を基準として貸出基準額を設定しておくことで、担保評価額の下振れリスクを限定することが可能である。あるいは、コミットメントライン方式とすることで、担保価値に応じた引出可能額を増減するような仕組みを活用することが考えられる。

96 モニタリングは、一般的にはどのように行えばよいか

結論 債務者の資料作成に要する時間や貸出人のモニタリングコストを考慮したうえで、月次等の定期的なモニタリング頻度を設定し、状況に応じた頻度でモニタリングを行うことが望ましい。モニタリングを行う際には、適切な資料を入手し、①融資期間中における債務者の状況把握、②評価額の洗替え、を行う。

---- 解　説 ----

モニタリングの目的は、第一に融資期間中における債務者の状況把握であり、第二に担保目的物である動産や売掛債権の評価額の洗替え（貸出基準額の再算定）である。

なお、担保目的物が在庫であれ売掛金であれ、留意点に若干の差異はあるものの、基本的なモニタリング方法に大差はないと考えてよい。

1　モニタリングの頻度

債務者の資料作成に必要となる時間と債権者側のモニタリングコストがモニタリングを行う頻度の制約となるため、融資実行後に行うモニタリングの頻度については、明確なルールは存在しないといえよう。財務的に窮境にある債務者に対するABLであれば、時宜を得た状況の把握は必要不可欠であり、より高い頻度で債務者をモニタリングする必要があることはいうまでもない。

他方、すべての債務者に対し、日次や週次といった高い頻度でモニタリングを行うことは、実務上困難であることから、他債権者の支援姿勢、担保目的物の特性等を考慮して各債務者の信用状況を勘案したうえで、これに応じて月次等の定期的なモニタリング頻度を設定し、債務者の状況の変化に応じて頻度をあげる等の調整を適宜行いながらモニタリングを実施することが望

図表96-1 債務者区分別のモニタリング頻度イメージ

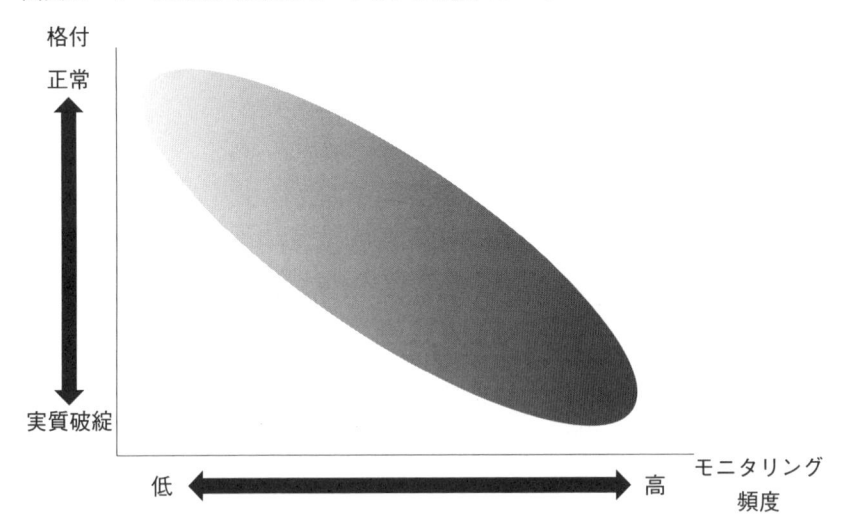

[図：縦軸「格付」（上：正常、下：実質破綻）、横軸「モニタリング頻度」（低～高）を示し、正常先は低頻度、実質破綻先は高頻度となる傾向を楕円で表現]

ましいと考えられる（図表96-1参照）。

2 モニタリングにおいて徴求すべき資料の一例

　債務者の状況を把握することを目的として、以下のような資料を債務者に対し徴求することが考えられる。徴求する資料の種類および当該資料の提出期限については、融資実行の際の金銭消費貸借契約書あるいは別途締結する覚書等において、債務者の誓約事項として明記しておくことが望ましい。誓約事項の不履行がなされた場合、期限の利益喪失事由としておくことで、債務者に対し資料提出を厳守させることが可能である。

(1) 財務関連資料
① 資金繰り予算実績表（資金繰り表）
② 試算表
③ 損益計画実績対比表
④ 預金残高明細（預貯金通帳の写し）

(2) 担保目的物に関する資料
① 品番別在庫データ（在庫簿価、数量、保管場所等の項目が含まれるもの）
② 個社別売掛金残高データ
③ 反対債権（買掛金、未払金）データ
④ 仕入先・取引先の状況
⑤ 商取引上の契約書（変更があった場合）

3 債務者の状況把握

　モニタリングでは、前述した類の資料を通して債務者の状況を詳細に把握し、また分析を行うことで、債務者の将来の動向の予測が可能となる。資金繰り表は、債務者の状況を把握する目的として入手する重要な資料の一つであり、現預金の残高は、債務者の日々の経営余力を直接的に反映することから、信用力が悪化した先に対しては、状況を把握する手段としてより重宝されるようになる。また、資金繰り表の正確性を確認することを目的として、預金残高明細をあわせて入手し、資金繰り表の月末時点の現預金残高および試算表の残高が、実際の現預金残高と合致しているかの確認や、資金繰りの予算と実績の比較を行うことで、債務者の資金繰り予算の作成能力も測ることが可能となる。

　損益計画実績対比表からは、予算の進捗状況を把握することが重要であり、資金繰り表は、基本的には損益計画を前提に作成されることが多いため、損益計画の推移を把握することで、将来の資金繰りの推移についておおむねの予測が可能となる。

　売上高が計画を下回っている状況において、資金繰りが計画どおりあるいは資金繰りの入金予定が売上高の計画比減少相当分が考量されていない場合などは、資金繰りが下振れする可能性が高いため、留意が必要である。各種資料を入手し、資金繰りや損益をはじめとした債務者の状況を把握し精査することで、貸出人側は常に先手の対応をとることが可能となる。

4 評価額の洗替え

　モニタリングにおける主要な目的の一つが、評価額の洗替えである。ABLは、主に動産や売掛債権等の流動資産を担保にすることから、不動産等の固定資産と比較して、より担保価値が変動しやすく、事業の実態を反映しやすい傾向にあることから、融資期間中に評価額の洗替えを行い、担保カバー率を算出することで、当該融資元本がどの程度のリスクにさらされているのかを把握することが可能となる。

　算定においては、債務者より担保に関する資料を入手し、定期的に担保価値の推移を比較する必要がある。在庫と売掛債権の担保価値を把握する場合には、下記のような点に着目し、債務者の業績や動向の報告状況に矛盾していないか、異常値がないか等のモニタリングを行うことが推奨される。また、在庫は日々の販売により構成や在庫内容が変わりやすく、価値も変動しやすいため、必要であれば専門性の高い分析能力をもった在庫評価会社等に依頼し、在庫の評価を行うことが推奨される。

(1) 売掛債権担保融資で着目すべき項目の例

① 債権残高の推移
② 売掛債権の集中率
③ 買掛金の推移
④ 未払金の推移

図表96-2　適格在庫高算出のイメージ

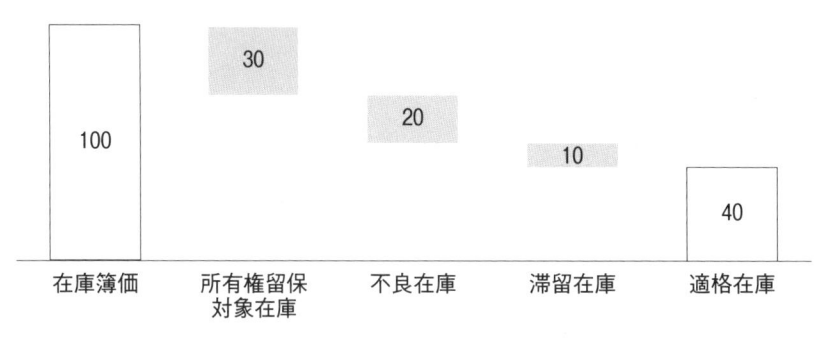

在庫簿価	所有権留保対象在庫	不良在庫	滞留在庫	適格在庫
100	30	20	10	40

⑤　売上値引の発生の有無
⑥　関連会社（子会社を含む）に対する債権の有無
⑦　海外の売掛先に対する債権の有無
　(2)　動産担保融資で着目すべき項目の例
①　在庫残高の推移
②　粗利益率の推移
③　所有権が債務者に帰属しない在庫
　ⓐ　所有権留保対象在庫
　ⓑ　預り在庫
④　登記場所以外に保管されている、あるいは保管される可能性がある在庫
⑤　海外の保管場所に所在する在庫（担保権の効力が及ばない）
⑥　不良在庫、返品在庫の有無
⑦　滞留在庫の有無
⑧　実地棚卸と帳簿数値の乖離率を在庫簿価に乗じた数値

97 モニタリングにおいては、どのような点に留意すべきか

結論 モニタリングにおいては、モニタリングに用いる資料の正確性の検証を行わなければならない。不正確な資料に基づくモニタリングによっては、モニタリングの目的を果たすことはかなわない。また、目先のテクニックに縛られず、モニタリングを通して債務者とコミュニケーションをとり、結果を共有するなかで信頼関係を構築することが重要となる。

・・・・・・・・・・・・・・・・・・・・・・・・・ 解　説 ・・・・・・・・・・・・・・・・・・・・・・・・・

1 資料の正確性の検証

試算表の売掛債権および在庫残高と個社別売掛債権資料および在庫資料の残高が合致しているかどうか等、債務者から提出される財務や担保に関するモニタリング資料の正確性について確認を行うことは、モニタリングにおいて必須事項である。これらの数値が整合性を欠いている場合、融資実行後のモニタリングにおいて債務者の状況や貸出基準額の算定を行うにあたり大きな支障となってしまう。正確なモニタリングを実施するためにも、融資実行前には、事前に第三者の内部監査を行うなどして、債務者の内部管理体制を把握することが推奨される。内部管理体制を把握する際には、下記のような点に注意し、モニタリング資料の正確性を事前に確認しておく。

① いつ、だれが管理を行いレポートができるか等の債務者の報告体制の確認
② 帳簿とデータの差異、報告資料の質、対応処理速度の程度の把握
③ 帳簿と担保資料に差異がある場合等の原因や実態の把握

在庫の場合、モニタリングのつど、実地棚卸を行い、資料どおり在庫が実在しているかについて確認を行うことは困難である。したがって、融資検討の段階において、融資検討先の在庫管理体制（棚卸の頻度、棚卸数値と帳簿数値の乖離率の把握）および過去の月次在庫高推移の調査を行い、融資検討先

から提出される在庫資料の正確性について検証を行うことが推奨される。また、債務者の内部管理体制を知ることにより、債務者に対しても、過剰な報告義務を課さないですみ、両者に無理な負担が生じることなく、融資実行後も円滑なコミュニケーションが図れるようになる利点もある。

2　売掛金・在庫残高推移におけるトレンドの有無の検証

(1)　トレンドの検証

過去24カ月分のデータの入手は、季節性および融資期間中におけるそれぞれの残高の異常値を判断するための指標の把握を目的としている。たとえば、アパレル企業などでは、季節ごとの売上高の増減が激しいが、24カ月分のデータを検証することで、ある一定のトレンドが発生することがわかる（図表97－1参照）。成熟した企業であれば、ある売掛先に対する売掛金残高が、同月比で急激に増減することは考えにくい。そのような場合はなんらかの異常が発生している可能性が高いため、債務者に対し詳細なヒアリングを行う必要がある。

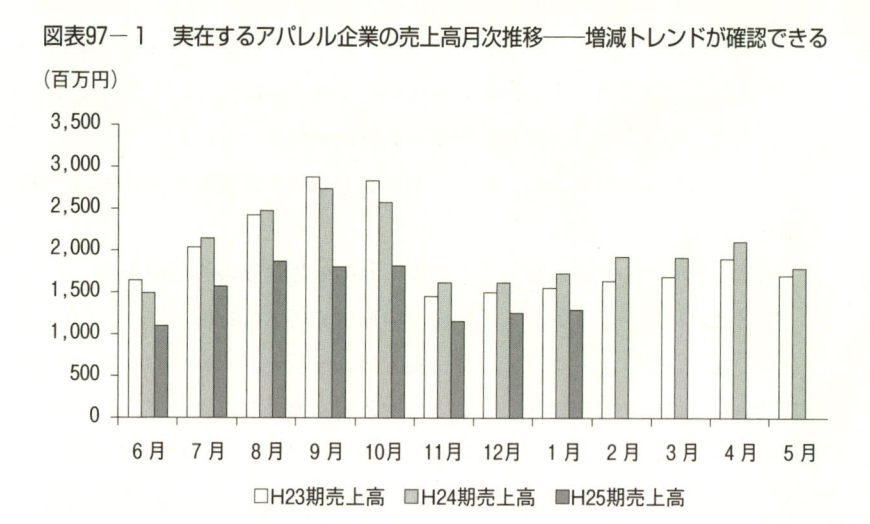

図表97－1　実在するアパレル企業の売上高月次推移——増減トレンドが確認できる

(2) 債務者とのコミュニケーション

　モニタリング結果を共有し、信頼関係を構築することもモニタリングの重要な目的の一つである。債務者の視点に立ってモニタリングを行い、担保価値の推移を確認し、貸出基準額を算定し、財務状況や担保状況で気になる点があれば、債務者もしくはスポンサー等に対して適宜コンタクトし情報を共有することが、より質の高いモニタリングに結びつく。モニタリングにおいては、債務者からの情報を一方的に入手し状況を把握するために分析するだけではなく、債務者と共有を図り、必要であれば改善を行い効果を還元することが望ましい。担当者と信頼関係を構築することによって、より最新かつオープンな情報を提供してもらうことができるようになり、結果として、質の高い実態状況を把握することができるようになる。したがって、与信の保全を高めるためにも、債務者の協力は必要不可欠であることから、テクニックだけに縛られずに、コミュニケーションをとり、信頼を構築することが重要となる。

98 店頭在庫のモニタリングにおいては、どのような点に留意すべきか

結論 担保目的物が在庫であり、小売店舗などの店頭に所在している場合のモニタリングにおいては、主として融資実行時に締結する契約に付されたコベナンツ等が遵守されているかの確認を行う。

―――――――――――――― 解　説 ――――――――――――――

　担保目的物が在庫であり、小売店舗などの店頭に所在している場合のモニタリングにおいては、店別在庫データの入手が必須となる。これは、新規出店店舗に在庫が所在する場合、融資実行時点では登記がされていないため、追加登記を行わなければ、当該新規出店店舗に所在する在庫には、担保権の効力が及ばないためである。基本的には、債務者による新規店舗出店時には、債権者に対し報告し、事前に承諾を得なければならない旨のコベナンツを設定することで、自動的に報告がなされる仕組みを構築しておくことが肝要である。

　出店とは逆に、既存店舗が閉鎖される場合においても、債権者に対する事前承諾事項とすべきである。店舗の閉鎖はしばしば閉店セールを伴う。この閉店セールを債権者の観点からみれば、担保評価額の減少ということになる。無論、通常の営業範囲内でのセールは問題ないが、投げ売りのような処分が行われるリスクも存在し、担保価値を評価するうえで店舗を利用して在庫を処分する前提により評価率を算出している評価会社もある。したがって、担保価値の棄損を防ぐためにも、閉店については承諾事項とし、閉店完了後には、閉店セールで販売された在庫簿価、売上高、売上数量、値引き率等について、債務者に対し報告を義務づけ、低廉販売がなされるリスクを制限することが強く推奨される。

99 営業倉庫にある在庫のモニタリングにおいては、どのような点に留意すべきか

結論 担保目的物が在庫であり、営業倉庫などの第三者が担保目的物を保管している場合のモニタリングにおいては、在庫証明が発行されるケースもあり、商品等の実在性の観点からは客観的な資料の入手が可能となる。ただし、第三者である保管者、担保権設定者（債務者）との間で、必要に応じて保管者が担保権者の指示に従い、協力する旨の合意書を締結しておくことが肝要である。

·········· 解　説 ··········

1　営業倉庫に在庫が所在する場合

担保目的物が在庫であり、営業倉庫に所在する場合、在庫証明が発行されるケースもあり、商品等の実在性の観点からは客観的な資料の入手が可能となる。倉庫管理のプロフェッショナルであり管理水準が高く、棚卸なども定期的に行われることがほとんどであるため、信頼度は高い。また、保管および入出庫作業を外部に委託することで倉庫料が発生することから、倉庫料の月次推移を管理することで、債務者から報告がなされる在庫量の妥当性を推定することも可能である。

ただし、防犯対策のため取引業者以外の立ち入りを営業倉庫会社側が禁止して容易に実査ができない場合や、火災保険について営業倉庫会社が付保していても、それを開示をしてもらえない等といった場合も考えられるため留意する必要がある。

2　債務者デフォルト時に備えた合意書の事前作成

債務者がデフォルトした場合においては、営業倉庫が未収倉庫料の回収を目的として商事留置権を主張する場合、担保目的物を迅速に処分することができない事態に陥る可能性があり、留意が必要となる。このような事態を回

図表99―1　三者間の合意

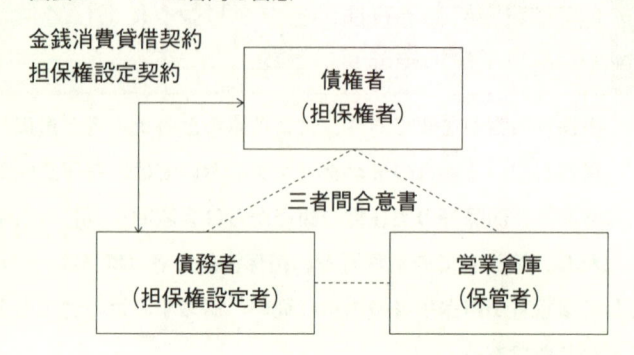

```
金銭消費貸借契約
担保権設定契約  ──→  ┌──────────┐
                      │   債権者    │
                      │ (担保権者)  │
                      └──────────┘
                          ╱   ╲
                    三者間合意書
                        ╱       ╲
          ┌──────────┐       ┌──────────┐
          │   債務者    │ ····· │  営業倉庫   │
          │(担保権設定者)│       │  (保管者)   │
          └──────────┘       └──────────┘
```

避するため、融資実行前に、保管者（営業倉庫）、債務者、債権者の間で、以下の内容を網羅した合意書を締結しておくことが望ましい（図表99－1参照）。

① 契約関係の確認

債務者と締結している金銭消費貸借契約および（集合動産譲渡）担保権設定契約に対する保管者の理解および協力について

② 出庫の停止

　ⓐ 期限の利益喪失事由が発生し、担保権者において回復見込みがないと判断した場合、出庫停止請求が可能なことについて

　ⓑ 出庫停止中の保管者の善管注意義務について

③ 保管契約の解除

担保権者の事前承諾なしに、債務者と保管者の間の保管契約を変更または解除してはならないことについて

④ 保管者の協力

・担保権者による立ち入り調査・担保実行の際の保管者の協力について

100 動産担保が一般担保として取り扱われるためにはどのようなモニタリングが必要か

結論 在庫品については原則として、①保管場所、②品目別の仕入数量・金額、③品目別売上数量・金額、④品目別在庫数量・金額をすべてモニタリングすることが例示されている。詳細は「金融検査マニュアルに関するよくあるご質問（FAQ）別編」参照。

·············· 解　説 ··············

1　一般担保要件

「金融検査マニュアルに関するよくあるご質問（FAQ）別編」によれば、以下のような場合については、原則として金融検査マニュアルの要件を満たしているものとして取り扱うことができる。

---

(1) 在庫品を担保とする場合
① 在庫品については、数量や品質等が変動することなどから、債務者から提出された資料等に基づき、原則として、以下の全ての事項を継続的にモニタリングしていること。
・在庫品の保管場所
・品目別の仕入数量及び金額
・品目別の売上数量及び金額
・品目別の在庫数量及び金額
② モニタリングに当たっては、定期的に在庫品の数量及び品質等を実地に確認していること。
(2) 機械設備を担保とする場合
① 機械設備については、担保価値が使用状況等に大きく依存するものと考えられることなどから、債務者から提出された資料等に基づき、原則として、以下の全ての事項を継続的にモニタリングしているこ

第5章　モニタリング　387

と。
・機械設備の設置・保管場所
・機械設備の作業予定
・機械設備の作業実績
② モニタリングに当たっては、定期的に機械設備の数量及び品質等を実地に確認していること。

　モニタリングは、金融検査マニュアルに示されている各種資料を、債務者から継続的に受領して動産担保の状況を月次等の頻度でタイムリーに確認する「日常モニタリング」と、年次等の頻度で実地確認と面談を伴う「定期モニタリング」に分けて実施するのが現実的であると思われる。それぞれのモニタリングで観察された事象に応じて、金融機関内部や債務者と実務協議を行い、対策を検討したり、必要な措置をとるのが望ましい。

　以下に、平成24年度産業金融システムの構築および整備調査委託事業「動産・債権担保融資（Asset-based Lending：ABL）普及のためのモデル契約等の作成と制度的課題等の調査」報告書で例示された方法を参考に、それぞれのモニタリングの考え方を紹介する。

① 日常モニタリング

　平時においては、在庫品の保管場所、定期的に品目別の仕入数量および金額、品目別の売上数量および金額、品目別の在庫数量および金額を記載した資料、すなわち、在庫残高明細表を活用して、データモニタリングの手法により、机上でモニタリングを行う。これは、担保価値が大きく毀損されていることがないか、価値の変動に異常な動きがないかを、データから一次判断するための基準を設定しておき、予兆管理に活用するものである。もちろん、在庫残高明細の内容（金額、数量等）がより短期間に大きく変動するような状況下では、機動的な対応が求められるため、週次や日次にするなど、より短期的な頻度でのモニタリングが必要となる場合もある。

　これらの作業には、一定の人的リソースと事務コストが求められることに

なる。そこで、具体的な判断は、担当者が見極め、対応策を検討するとしても、そのための判断材料となる事象はデータ処理から得られるため、件数が多い場合には、必要となるデータの収集やアラートの発信、レポートの出力等の機械的な作業は、ITシステムを活用して、省力化を図るなどの方策も考えられよう。実際に、こうしたITシステムを活用したモニタリングの効率化は、日本銀行をはじめとする行政機関で推奨しており、一部の外部専門機関のなかには、商材の市況データ等のデータベースを保有し、案件管理のためのシステムを提供する会社も現れている。

② 定期モニタリング

月次で蓄積されたモニタリングの結果について、たとえば四半期ごと、半年ごとのように期間に区切って、直近数カ月のデータ推移から読み取れることや、月次モニタリングで実施した具体的な対応措置を振り返るとともに、残高明細表のデータ以外の情報（市況等の外部環境に関する状況や債務者の四半期決算情報等）を含め、その時点でのステータスを総合的に判断し、所見をレポートとしてまとめる。また、前年同時期の状況と比較して、大きな変化がないかをチェックすることも考えられる。このタイミングで、新たに対応措置が求められる事項が検知された場合には、適宜金融機関内部や債務者と実務協議を行い、対策を検討したり、必要な措置をとる。これも、商流や動産担保の状況等により、頻度を調整する必要がある。

また、契約書等で規定した遵守事項のチェック（コベナンツチェック）を行い、その遵守状況を記録して金融機関内部で報告を行う。課題があれば、金融機関内部で協議したうえで、債務者に是正を促したり、対策を協議することとする。

さらに、年次等の頻度で、実地確認および面談を行う。実地確認、面談では、基礎調査、保管状況調査、サンプリング調査を実施し、在庫等の状況が債務者からの報告内容と大幅な相違がないことを、現物の目視により確認する。また、動産の場合は保管場所が移動していないことを確認し、登記事項と相違する場合には再度の譲渡担保設定契約の締結や対抗要件の具備を行う

こととする。

　実地確認、面談の頻度については、「債務者から提出された資料等の正確性を確認するために必要な程度」行う必要があると記載がなされており、動産の性質や債務者の業況等にあわせて設定していく必要がある。具体的には、継続的なモニタリングを通じて、以下のような場合には動産担保の数量や品質等に変化が生じているおそれがあることから、通常の場合より実地確認、面談の頻度を高める必要があるとされている。
① 　動産担保の価値が著しく低下したことを示す情報がある場合
② 　債務者の業況等が大きく悪化したと認められる場合
　動産担保の価値が著しく低下する場合とはどのような場合か。一般的に在庫品の担保価値減少につながりやすい事象を以下に記載する。

(1)　在庫内容の悪化

　たとえば、品目別の在庫数量および金額をモニタリングするなかで、以下のような事象が確認できた場合には価値減少の可能性を示唆する。
・在庫数量、在庫金額の大幅な減少（特別な理由のない場合、または通常の水準と比較して）
・経年在庫の構成比上昇
・季節外在庫の構成比上昇
・不良品、B級品の増加
・サイズバランスや色のバランスの悪化

(2)　在庫回転期間の長期化

　売上高推移と在庫推移をモニタリングした結果、売上高が低下する一方、在庫高は減少しない場合、売行予測の見誤りなどによる過剰仕入れや顧客からのキャンセル等により滞留在庫が発生している可能性があり、そのような場合は動産担保価値の下落要因となりうる。また、在庫回転期間が適正であったとしても、仕入・売上資料と在庫資料を突合すると、仕入れたものの多くが売上げに結びついており、保有している在庫は滞留在庫が中心というこ

とがあるため、モニタリングの際には留意する必要がある。

2 その他留意点

　動産担保が一般担保として取り扱われるためには、「適切な管理及び評価の客観性・合理性が確保され、換価が確実であると客観的・合理的に見込まれる」ことが必要であることから、債務者から必要な資料の提出を受ける権利を確保しておく必要がある。特に在庫品を一般担保とする場合は、債務者の財務データ等の社内管理体制や在庫品の保管・管理体制を把握するとともに、債務者から提出された資料等に基づき、債務者の状況等に応じ、以下の事項を継続的にモニタリングする必要がある。

・取引先（仕入先および売却先）
・取引先との取引内容および取引条件
・仕入代金の支払状況および売却代金の入金状況
・保管業者等への費用の支払状況
・債務者の売上げや資金繰りの状況

　なお、保管業者等への費用の支払状況をモニタリングする理由は、動産譲渡担保の目的物が保管業者に寄託されている場合など、占有代理人の占有下にある場合、倒産状態に陥った際には占有代理人による留置権の行使が問題となるためである。譲渡担保権者としては、動産譲渡担保契約締結の際に、占有代理人（担保権設定者も含む）との間で留置権を行使しない旨の特約を締結することにより、留置権が行使されるリスクを回避することが望まれる。しかし、かかる特約を締結することは容易ではないため、実務上は、留置されている譲渡担保の目的物の価値が留置権の被担保債権額を上回る場合に、譲渡担保権者が当該被担保債権を第三者弁済し、占有代理人から目的物の引渡しを受けることが多い。

101 売掛金担保が一般担保として取り扱われるためにはどのようなモニタリングが必要か

結論 ①債務者からの情報に基づき、債務者と第三債務者との取引内容および取引条件、第三債務者への売掛金の発生状況および当該第三債務者からの入金状況等を、②信用調査機関からの情報等に基づき、第三債務者の財務内容および信用力を、モニタリングすることが例示されている。詳細は「金融検査マニュアルに関するよくあるご質問（FAQ）別編」参照。

---------- 解　説 ----------

1　一般担保要件

「金融検査マニュアルに関するよくあるご質問（FAQ）別編」によれば、以下のような場合については、原則として、金融検査マニュアルの要件を満たしているものとして取り扱うことができる。

> 例えば、以下の全ての事項が継続的にモニタリングされている場合については、原則として、金融検査マニュアルの要件を満たしているものとして取り扱って差し支えありません。
> ①　債務者からの情報に基づき、
> ・債務者と第三債務者との取引内容及び取引条件
> ・第三債務者への売掛金の発生状況及び当該第三債務者からの入金状況等
> ②　信用調査機関からの情報等（信用格付業者の格付や公開されている決算情報等を含む。）に基づき、
> ・第三債務者の財務内容
> ・第三債務者の信用力

売掛金の入金状況を確実に把握するためには、自行（金庫・組合）に入金口座を設定することが望ましいが、これが困難な場合においては、他の金融機関に入金口座が設定されていてもさしつかえないとしている。ただし、その場合においては、第三債務者からの入金状況を継続的にモニタリングするため、たとえば、債務者から他の金融機関の入金口座への入金状況に関する資料（通帳等）の提出を受けるなどの方策を講じる必要がある。

　また、自行（金庫・組合）と取引関係がない者を第三債務者とする売掛金担保についても、可能な限り、「信用調査機関からの情報」など、当該第三債務者の信用力を判断するために必要となる情報を入手し、当該第三債務者の財務状況を継続的にモニタリングする必要がある。一方で、中小企業等については、「信用調査機関からの情報」を入手することが困難な場合も想定され、そのような場合については、金融機関における商業手形担保の審査実務等をふまえたうえで、他の金融機関から可能な範囲で適切に情報を入手できれば、原則として一般担保として取り扱うことができる。なお、このような情報の入手も困難な場合については、「債務者からの情報」を随時入手できれば、原則として一般担保として取り扱ってさしつかえないとしている。

　また、財務状況のモニタリングについては、上述のとおり、入手可能な情報に基づき、第三債務者の財務状況を継続的にモニタリングしていれば、原則として一般担保として取り扱うことができる。

2　その他留意点

　売掛金担保を一般担保として取り扱うためには、「適切な債権管理が確保され、回収（第三者への譲渡による換価を含む）が確実であると客観的・合理的に見込まれる」ことが必要であることから、債務者から必要な資料の提出を受けることなどの権利をあらかじめ確保しておくとともに、債務者の財務データ等の社内管理体制を把握し、債務者から提出された資料等に基づき、債務者の状況等に応じ、以下を継続的にモニタリングする必要がある。

・売掛金の状況（第三債務者名、売掛金の残高、第三債務者への売掛金が全体の

売掛金に占める割合、商品返品などによる売掛金の希薄化率等）
・第三債務者の債務者に対する反対債権の有無（反対債権がある場合にはその額）
・債務者の売上げや資金繰りの状況

102 個別債権のモニタリングにおいては、どのような点に留意すべきか

結論 既発生の特定された債権に担保権を設定する場合、担保権設定時から支払期日までの間、第三債務者の支払能力や当該債権の発生原因である取引に問題が生じていないかをモニタリングしていくことが必要である。

────────── 解　説 ──────────

1 信用情報の把握

　個別債権の場合、債権譲渡契約締結時に債権の内容が確定しているため、支払期日までの間に当該債権の価値を劣化させる事象が生じていないこと、すなわち第三債務者の支払能力に変化がなく、また当該債権の発生原因である取引において事後的なクレームや相殺勘定取引の発生など、支払に対する抗弁となりうる事象が発生していないことを継続的に確認する必要がある。

　モニタリングの具体的な方法としては、債務者に対し、支払期日までの間、第三債務者（取引先）との間に状況変化等が発生していないかを定期的かつ継続的に債権者（金融機関）に報告させることに加え、債権者は以下のような手段を用いて第三債務者の信用状況を確認することが有効である。

・各種公開情報（特に第三債務者が上場企業である場合）
・格付機関による信用格付（第三債務者が債券発行会社である場合）
・金融機関による社内格付（第三債務者が評価者（金融機関）の取引先である場合）
・企業財務情報（財務諸表等）
・企業信用調査会社（帝国データバンク、東京商工リサーチ等）が提供する企業信用情報
・第三債務者に関する業界情報
・債務者からの情報に基づく債務者と第三債務者との取引内容・取引条件

2　状況の把握

　また、モニタリングにおいては、債務者の状況にも注意を払う必要がある。たとえば、債権譲渡契約締結後、債務者の業績が急速に悪化した場合、債務者は当該債権について先集金などを行い担保債権が消滅してしまうこともある。担保債権のモニタリングのみならず、債務者の状況変化にも留意が必要である。

103 集合債権のモニタリングにおいては、どのような点に留意すべきか

結論 既発生債権、将来債権、あるいは双方が混在する債権にかかわらず、複数の個別債権（集合債権）に担保権を設定する場合、担保対象資産は債務者が事業活動を行うなかで日々刻々と発生と消滅を繰り返していくので、的確かつ定期的なモニタリングの実施とそれに必要な債権者（金融機関）の体制構築が不可欠である。

―――――――――― 解　説 ――――――――――

　集合債権は、融資の入口の評価だけでなく、事後の的確かつ定期的なモニタリングを継続することで、担保としての実効性を確保することができる。モニタリングで重要なことは、対象となる集合債権の価値を減ずる諸要因をいかに確実に把握するかということである。担保対象債権は日々発生し消滅するため、第三債務者ごとの債権残高が日々増減し、さらに商売上の理由により第三債務者そのものが入れ替わってしまう場合もある。

　また、第三債務者の財務内容や支払能力の低下、クレームや相殺等の抗弁事由の発生、譲渡禁止特約の付帯など、担保対象債権の価値を減ずる事象が新たに発生する場合もある。

　このように、日々変化する集合債権の担保価値を正確に把握し、評価を行っていくためには、債権者（金融機関）側のモニタリング体制の構築が不可欠である。

　具体的には以下のモニタリング手法が有効である。
・担保対象債権（集合債権）の残高管理
・担保対象債権（集合債権）の期日管理（エイジング、すなわち債権の「年齢」管理）
・第三債務者ごとの残高管理
・第三債務者ごとの期日管理

・回転期間の長期化、希薄化率の上昇などの確認

　モニタリングの確実な実施には、債権者（金融機関）が債務者から定期的かつ継続的に各第三債務者との間に生じる債権の発生状況や回収状況、取引条件の変化等について報告を受けることが必須である。

　定期報告により、集合債権のポートフォリオや得意先の状況、売掛債権額等の変化を把握することは、与信管理の点からも重要である。

　万が一、倒産など不測の事態が発生した場合にも、モニタリングによって、常に第三債務者と債権額が更新されていれば、担保権を実行せざるをえない局面になった場合でも直近の情報に基づいて回収作業を行うことができ、回収の可能性も高くなることが期待できる。

104 診療報酬債権のモニタリングにおいては、どのような点に留意すべきか

結論　国民健康保険中央会（国保）または社会保険診療報酬支払基金（社保）が第三債務者であるが、医療機関（債務者）からのレセプト（診療報酬明細書）に基づく請求に対して、入金額が減額されることが多いため、請求額と入金額の月次のモニタリングが必須である。また、患者数の推移をあわせて把握することで、水増し請求などの不正を察知できる。

・・・・・・・・・・・・・・・・・・・・・・・・　解　説　・・・・・・・・・・・・・・・・・・・・・・・・

診療報酬債権は、将来にわたって発生する債権であり、第三債務者が基金等であるため支払不能は想定されないが、債権額は第三者支払機関（国保または社保）の審査を経て支払われるため請求時には確定していない。債務者（医療機関）によって、毎月の請求額に対して実際に支払われる金額は異なるため、モニタリングにおいては入金率（あるいは希薄化率）の把握が最も重要である。

レセプト（診療報酬明細書）に基づく請求は、医療行為についての審査（不必要な診療行為の審査等）のほか、医療行為以外の記載ミスでも医療機関に返戻されるため（その結果、翌月の再請求となる）、請求に対し入金額が減額されることが多い。

また、診療報酬債権は、一般的には外来・入院患者数の増加に伴って増加し、患者数の減少に伴って減少する。モニタリングを通じて、当該医療機関による診療業務の継続を確認するのはもちろんのこと、診療科目の変化や毎月の患者数の推移および患者一人当りの保険点数単価を把握することにより医療機関の経営状態を把握することができる。前述の請求・入金額の推移とあわせて継続的にモニタリングすることで、水増し請求などの不正請求を事前に察知するアラームともなる。

105 電子記録債権(でんさい)のモニタリングにおいては、どのような点に留意すべきか

結論 でんさいネットに記録された電子記録債権(でんさい)をABLの担保として譲渡を受けている場合、当該債権の存否や二重譲渡にかかわるリスクモニタリングが不要となるが、依然として当該債権の発生、入金状況や発生原因についてはモニタリングを行う必要がある。

・・・・・・・・・・・・・・・・・・・・・ 解　説 ・・・・・・・・・・・・・・・・・・・・・

1　ABL担保としての親和性

電子記録債権は、手形債権や売掛債権がもつさまざまなデメリットを解消した新たな類型の債権であり、ABLの担保としての親和性が高い。

手形債権や売掛債権を担保とする場合、以下のリスク要素をモニタリングする必要があったが、でんさいネットに記録された電子記録債権(でんさい)においてはこれらのリスクが解消されており、ABLの担保管理業務が売掛債権担保に比べて大幅に軽減されるほか、高い精度で担保の評価額を算定することが可能となっている。

［売掛債権のリスク］
・債権の不存在、虚偽の申告
・譲渡禁止特約
・相殺
・減額
・二重譲渡

2　モニタリングすべき事項

さまざまなリスク管理のためのモニタリングが不要となる一方で、取引先との事業状況に大きな変化がないかどうかを、でんさいの発生、入金推移を継続的にモニタリングすることで把握することが必要である。

取引先別のでんさい発生金額の推移に大きな変化が生じている場合、遅滞なくその原因をヒアリングするなどして業況を把握することで、適正なABL担保の維持を行う。

3　融通でんさいのリスク

でんさいとしての債権の存否は記録によって確認できるが、それが正常な商取引によって発生したものかどうかは、モニタリングによる事業実態の把握に基づき判断する必要がある。

融通手形という金融目的の不健全な手形が流通することがあるが、でんさいにおいても取引先と合意のうえで商取引の実態なくでんさいを発生させることは可能だからである。

ABLのモニタリングにおいては、売掛債権の場合と同様に毎月の発生状況と入金状況をトラッキングし、事業実態に照らして不自然に発生したでんさいについては、その発生原因をヒアリングし成因資料を確認するなどの予防的管理が重要となる。

4　将来債権の譲渡担保はできない

売掛債権の譲渡担保においては、将来発生が見込まれる債権（将来債権）を債権譲渡登記によって譲渡担保とすることができる。しかしでんさいは根拠となる電子記録債権法の構造上、将来発生予定の電子記録債権という概念がない。このため譲渡担保とすることができるのはあくまでも既発生の電子記録債権（でんさい）に限定されていることに注意が必要である。

継続的にABLの担保としようとしても、借入企業が新たに発生したでんさいの譲渡手続を行わなければ、担保が失われるリスクを生ずることになる。

でんさいを担保とするABLにおいては、現在譲渡担保としているでんさいの期日以内に返済期日が到来するようにABLを設定し、継続借入れには新たなでんさいの譲渡が必要であるというABLの融資管理を行わなければならない。

第6章

回収・処分

106 動産の換価は具体的にどのように行うか

結論 換価処分を行う際のさまざまな条件によって、つど対応が異なる。一般的には、対象動産の最終使用者（消費財であれば消費者、機械設備であればユーザーである製造業者等）を買い手とすることが換価額最大化の観点から望ましい。

ただし、対象動産の内容、状況ならびに換価におけるニーズ（所有者や担保権者の換価目的や希望額、許容可能な換価期間等）によって、さまざまな方法が検討される。

・・・・・・・・・・・・・・・・・・・・・ 解　説 ・・・・・・・・・・・・・・・・・・・・・

1　換価とは

換価とは端的にいえば、「ものをお金にかえる」ことを意味する。換価を実行する際には、もの（在庫や機械設備等）の種類や状態、換価時点での債務者の状況等により、さまざまな手法を選択して現金化（売却）していくことになる。この手法は「B to B」と「B to C」方式による売却に大別され、さらに販売方式により、以下の四つの手法に分類される。

---

(1)　B to B　相対での売却方式
(2)　B to B　オークション方式
(3)　B to C　オークション方式
(4)　B to C　店頭換価方式

2　換価手法と換価額の関係

たとえば同じ商品を換価する場合であっても、上記のどの換価手法を用いるかによって換価額（売却額）は大きく異なる結果となるであろう。一般的には、換価手法と換価額の間には以下のような関係が成り立つ。

① 卸業者に対する販売と比較し、最終消費者に対する販売による換価額は大きくなる傾向がある。
② 大量一括販売と比較し、少量個別販売による換価額は大きくなる傾向がある。

前述の四つの手法による換価額を比較すると、「(1) B to B 相対での売却方式」が最も小さく、「(4) B to C 店頭換価方式」が最も大きくなることが多い。

```
換価額が小さい ←――――――――→ 換価額が大きい
           (1)←→(2)←→(3)←→(4)
```

3　換価手法選定の際の判断基準

では、上記四つの手法を選択する場面や基準をどのように判断すべきなのだろうか。当然のことながら、換価処分を実行する際には、換価額が最大となる手法を選択すべきなのはいうまでもないだろう。しかし、制約条件の存在により、常に換価額が最大となる手法を選択できるとは限らない。そのような制約条件が存在する状況下で換価を実行するさまざまな場面において、最適な換価手法（売却方法）を選択するための判断材料として下記の五つの要素があげられる。

要素①　換価先の制限
要素②　動産の種類（商材）
要素③　動産の数量
要素④　換価における時間的制約
要素⑤　換価における経費

---

(1) 要素①――換価先の制限

継続事業のなかで、担保物である動産を換価処分する際には、当該企業の通常の商流とは異なるルートで商品の売買が行われる（市場に流通する）場

合がある。たとえば、アパレルブランド品を例にあげると、当該ブランド価値の変化が今後の企業活動に多大な影響を及ぼすような場合には、ブランド価値を毀損することのないような換価先（販売先）や市場への流通方法を選択しなければならない。その他、ライセンス契約等の問題により日本国内で流通させることがむずかしい商品の場合には、海外でのみ流通させる等の条件を付与し、そのような条件を満たす換価先のみを選定するといったことが必要となる場合も考えられる。

(2) 要素②──動産の種類（商材）

換価処分できる動産とは、一般的な小売店で販売される消費財から大規模工場の機械設備や鉄・非鉄金属等の原材料までさまざまである。動産の換価処分を行う場合には、それぞれの動産固有の特徴が制約条件となり、選択できる手法が限定される場合がある。たとえば、大規模な機械設備はその移設が容易でないことから、現状有姿渡し条件による所在場所での売却を選択せざるをえないことがある。

換価対象動産が絵画や骨董品のように１点ものである場合は、売却価格の公正性の観点から「相対での買取方式を選択しない」ほうがよい場合もある。

医薬品や酒類のように、その販売に免許が必要な動産を換価する場合には、販売先の免許の有無が販売先の選択における制約条件となる場合も考えられる。生鮮食品を換価する場合、品質が劣化している場合や産地が明示されていない場合は換価がむずかしい場合が多い。

換価対象となる商材がOEM商品（ある特定の企業に対する納品を目的として製造された商品）である場合や、最終製品からみると「部品」であるような動産を換価する場合は、動産自体の汎用性が低いことなどが制約条件となり、換価の際の販路が限られてしまうため、買い手に足元をみられてしまう可能性がある。ただし、OEM商品や部品であっても買い手が換価対象企業からのみ調達を行っており、当在庫がなければ買い手の生産活動や販売に支障をきたすような場合は、既存顧客が適正な価格で買い取る可能性も出てく

る。

(3) 要素③——動産の数量

数量については、換価における販売先がその物量を吸収できる倉庫や物流拠点をもっているか否かという点を考慮する必要があり、それにより販売単位・販売手法を検討する必要がある。また、たとえば同じ1万点という数量でも、5商品が2,000点ずつあるのか、500商品が20点ずつあるのかによっても販売先・販売手法が変わってくるだろう。あわせて、物量とその販売手法により、物流に係る時間および費用が変化することにも留意する必要がある。

(4) 要素④——換価における時間的制約

継続事業において事業会社が動産を換価処分しなくてはならないような状況においては、当該企業が正常に業務を行うことがむずかしくなっている場合が多く、本来第一に考えるべき「換価額を最大化させる」こと以上に、「期限までに在庫をなくさなければならない」や「期限までに一定の現金が必要である」といった要求を最優先としなければいけないことがある。また、ABLの担保物である動産の処分という観点から、諸般の事情により、ABLの貸し手である債権者が早期売却を望むこともある。このように限られた時間内に一定の在庫削減・現金化という結果が求められる場合には、当該要求を満たす換価手法の選択が必要となる。

(5) 要素⑤——換価における経費

動産の換価処分を行う際には、棚卸費用、物流費用、倉庫代、交通費、運営費用などさまざまな経費が発生する可能性があるが、この必要経費をだれがどのように負担するかについて考慮しておくことも重要である。たとえば、ABLを活用して融資を行った先が自己破産に至り、貸し手である金融機関が換価処分する場合には、だれが換価費用を負担するか議論することになるだろう。迅速な手続が求められ、想定外の費用が発生するなかで、つど金融機関内部の決裁をとることができない場合、換価業者に仮払いを依頼し、換価終了後に経費精算することも有効であると考えられる。

4　各換価手法の特徴

　実際の換価案件では、各要素が複数重なる場合が多いため、それぞれの換価手法の特徴を以下に解説する。

(1)　B to B　相対での売却方式

　前述したように、最も換価額が小さくなる可能性が高い方法ではあるが、最も手間なく、すばやく現金化することができ、かつ、四つの換価手法のなかでは経費が最も少ない方法である。また、商品の販路に制限がある場合にも、相対のため制約をつけた状態での販売がしやすいことも特徴である。

［換価実行の流れ］

> ・棚卸の実施
> 　↓
> ・買取先の候補企業への打診
> 　↓
> ・価格交渉
> 　※ほとんどの場合で相見積りをとるが、販売先の制限や商材の種類・物量により買取候補の企業が1社のみとなる場合もある。
> 　↓
> ・売買契約書の締結
> 　↓
> ・商品の搬出
> 　※後のトラブル防止のため、当該企業からの搬出時・買取企業への搬入時には立会いを行うことを推奨する。
> 　※なお、搬出時の物流コストは買取企業が負担するケースが多い。

(2)　B to B　オークション方式

　相対での買取方式を採用する場合には、早期現金化を望む売り手の要求との兼ね合いもあり、商材をある程度大きな単位で売却することが多い。その場合は、買取対象在庫に買取先にとって不要と思われるものが含まれていることがあり、小口での売却に比べ換価額は小さくなりやすい。これを避けるために、販売単位を細かく分け、それぞれの区分ごとにその商品を真に必要とする企業に対して販売を行うとともに、複数の企業による入札形式をとることで換価額の正当性を確保することもできる。ただし、少しでも高い額で

の入札を行いやすいようにオークション会場を整える必要があり、その分の経費が発生する可能性がある。また、「ストーキングホース型の入札」を採用することによって、あらかじめ最低の換価額を確定させることも可能となる。「ストーキングホース型の入札」とは、ストーキングホースとなった入札者が最低入札額を設定し、その他の入札参加者は当該最低入札額以上で入札を行い、ストーキングホースとなった入札者は、その他の参加者による入札がなければ最低入札額で購入し、その他の参加者による入札額が最低入札額より高ければ、再入札を行う権利をもつという入札方式である。

[換価実行の流れ]

・効果的な入札単位の設定
　※商品区分や保管場所等、買取先の利便性を考えた入札単位を設定することで換価額を最大化させることができる。
　↓
・入札企業の選定
　※最低額を確定させたい場合には、ストーキングホースとなる企業を選定し、交渉を行う。
　↓
・ビットブックの作成
　※入札参加者が入札しやすい（＝高い額での入札を行いやすい）ように情報を整理し、内覧しやすい状態を整えることが重要である。
　↓
・内覧会実施
　↓
・入札
　↓
・各落札者との間で売買契約書を締結
　↓
・各買取先による商品の搬出

(3) B to C オークション方式

　入札により価格の正当性を維持しながら、最終消費者へ直接販売することによって、B to Bでの販売と比較し、換価額が大きくなる可能性を有した換価方式である。個々の商品を最終消費者（個人）へ販売していくため、換

価完了までに時間や手間がかかることに注意する必要がある。なお、オークション会場を準備・運営する必要があるため、B to Bの場合に比べて経費がかさむことになる。

[換価実行の流れ]

・オークション会場の準備
　※不特定多数のオークション参加者を募るためにインターネットを利用することが多いが、実際の場所を借りることもある。いずれにしても会場使用時には運営経費が発生する。
　　↓
・不特定多数のオークション参加候補者に対する宣伝活動
　　↓
・オークションの実施
　　↓
・落札のつど、購入者へ商品送付
　※案件によっては、個々人との間で売買契約書を締結しなければならない場合がある。

(4) B to C　店頭換価方式

　最も換価額の最大化が図れる換価手法である。商品保有者が店舗を保有している場合に、その店頭で直接換価（消費者への販売）を行うことを想定している。他の方式と比べ時間・経費ともに最もかかるものの、「閉店セール」を銘打ったり、個々の販売価格をコントロールしたりすることで効率的かつ効果的に販売を行うことができるため、最終的に店頭換価の請負先に通常の「相対での売却」よりも数倍の価格で販売することが可能となる。よって、換価額（買取額）の最大化とともに、金額の早期確定を図ることにつなげることもできる。店頭換価の専門家が、換価処分が必要となった（実店舗をもつ）企業に対して、在庫換価額をコミットするというものである。また、これは店舗閉鎖に特化したコンサルティングという側面もあり、いわゆる「店舗展開におけるスクラップ＆ビルド戦略」の「スクラップ部分」をアウトソースすることで、資金効率の向上や人的資源を継続店舗の業績向上に注力させるといった利点もある。

[換価実行の流れ]

- 棚卸の実施
  ↓
- 対象在庫の売却額を決定
  ※「相対での売却方式」と比べて数倍の価格が見込まれる。
  ↓
- 店頭換価の実行者により店頭での販売を行う
  ※「閉店セール」として実施する場合が多い。この時、セール実施期間内での価格のコントロールが非常に重要である。
  ※店舗の規模により数カ月かかる場合がある。
  ↓
- セール終了とともに店舗閉鎖作業を行う
  ※物件明渡し、什器類の撤去も含めて作業が必要となる場合もある。

107 換価額は簿価のどれくらいをメドに考えておけばよいか

結論 簿価を基準に換価額を予想することはむずかしい。

――――――――――――― 解　説 ―――――――――――――

1　簿価の考え方

　換価額を考えるうえで重要な「簿価」に対する考え方を以下で整理する。換価業務を行うなかでよく聞かれる質問として、「なぜ100円で売っている商品が、換価処分すると10円にしかならないのか」や「食器はいくらで売れるのか。洋服ならいくらになるのか」といったものがあげられるが、こういった質問の答えを考えるうえで「商流」という考え方が重要である。一般的な小売で売られる商品を例にとると、商品は、メーカーで製造され、卸問屋を経由して小売店へ運ばれ、最終的に消費者が店頭で購入することになるが、この時、経由地点のそれぞれで仕入れと売却が発生しており、商品の売価・簿価は同じ商品であっても商流のどの位置にいるかで変わってくる。つまり、たとえば「この商品の簿価はいくらか」という質問に対しては、「いまこの商品は商流のどの位置にあるのか」を考える必要がある。

2　商流の意識

　この「商流」という考え方を常に念頭に置くことで、上記にあるような質問に対する答えも考えやすくなる。一つ目の質問にある100円とは最終的に消費者が購入する価格であり、この商品を換価処分する際に、たとえば大量にあるこの商品を製造したメーカーに引き取ってもらう場合には、1個当りの値段は100円というわけにはいかないだろう。また、二つ目の質問についても、食器や洋服が固有にもつ市場価格のようなものは存在せず、やはり商流のどの部分に対して売却を行うのか、この商品自体が最終的にいくらで売

れるのかが換価額決定に際して重要となる。

(例)

・メーカー	簿価70円の商品を卸問屋へ100円で販売する。
↓	
・卸問屋	100円で仕入れた商品(簿価:100円)を小売店へ120円で販売する。
↓	
・小売店	120円で仕入れた商品(簿価:120円)を店頭価格200円で販売する。
↓	
・消費者	定価200円の商品を30%OFF(売価:140円)で購入する。

質問1:この商品の簿価はいくらか。

回答例:どの商流でこの商品をみているかによって簿価は異なる。
融資先が小売店なら120円となり、融資先がメーカーなら70円となる。

質問2:この商品はいくらで換価処分できるか。

回答例:どの商流に対して売却するかにより換価額は異なる。
なお、どのような換価手法を用いる場合でも、最終的に消費者が購入した価格140円を基準として売却先との交渉を行うことになる。

108　換価処分を実行する際に、倉庫在庫と店舗在庫の違いはあるか

結論　倉庫在庫と店舗在庫の違いはある。それぞれの特性を理解して換価処分を行う必要がある。

―――――――――――――― 解　説 ――――――――――――――

1　倉庫在庫・店舗在庫とは

同じ在庫（同じ商品）ではあるものの、それぞれのもつ特徴は異なるため、換価処分時には注意が必要である。以下にそれぞれの特徴を述べることとする。

(1)　倉庫在庫

文字どおり「倉庫にある在庫」を意味する。

(2)　店舗在庫

店舗在庫は、「小売業者が（各店舗で）保有する在庫」を指す。これには、店頭在庫と店舗内バックヤードに保有する在庫を含む。

2　倉庫在庫・店舗在庫のそれぞれの特徴

倉庫在庫は、これから大きな単位で動かすことが想定されるため、動かしやすく管理してあることが特徴である。

店舗在庫は、実店舗で消費者が購入しやすいように陳列されていることが特徴である。具体的には、什器を設置し内装を整える等、店内照明のための電気代等のコスト負担も含めて、少しでも高く売れるように展示に労力を割いているため、換価処分時も高く売りやすい（商品価値が高い）ことを意味する。

3　換価処分のシナリオ

上記のような特徴をもつため、まったく同じ商品でも「倉庫在庫」か「店

舗在庫」かにより換価処分の方法は異なる場合が多い。

(1) **倉庫在庫**

前述のとおり「動かすことを前提に管理」された商品であることから、「大量の在庫をすばやく処分したい」場合には、非常に換価処分が実行しやすいといえる。

(2) **店舗在庫**

「商品をみやすいように労力をかけて整理」された商品であるため、最終消費者向けに商品価値が高められた在庫であり、「最も換価額の最大化が図れる店頭換価」に適しているといえる。

109 商品在庫ではない固定資産に分類される動産（機械設備・車両等）の換価は可能か

結論 機械設備等の固定資産も換価は可能である。

―――――――――――― 解　説 ――――――――――――

1　商品と固定資産の違い

商品と固定資産の大きな違いとして、「当該企業において、それ自体を売買しているか否か」がポイントとなる。

・固定資産……それ自体を売買しているわけではない。
・商品……それ自体を売買している。

2　固定資産の換価

当該企業において売買していない（言い換えれば、当該企業からの情報だけでは流通経路が不明である）固定資産について、換価処分は可能なのだろうか。答えは「可能」である。一般的に販売していないような機械設備等であっても、だれかにとっては「商品」となりうるため、換価処分は可能である。

3　固定資産の例

具体的に、どのようなものがあげられるか考えてみよう。特に、注意が必要なものを下記に列挙する。

(1) 工場で使用する機械設備・車両等

工場用機械や工場内を走行する特殊車両のようなものは、一般的に販売されるものではないが、スクラップとしての価値も含めて、売却先を見つけることは可能である。

ただし、その会社の商品の生産に特化した機械設備等は、汎用性の低さに

より、売却先が制限される可能性もあることに注意が必要である。

(2) **社内にある美術品等**

応接室や社長室等に美術品等がある場合にも、美術品としての価値があれば換価処分は可能である。

(3) **レンタル会社のレンタル用資産**

レンタル業を営む会社のレンタル用の資産は、減価償却ずみで貸借対照表上の簿価にはほとんど金額が表れない場合も多いが、換価処分は可能である。

110 ABLにおける担保実行以外でも換価処分が必要な場合はあるか

結論 取引先企業における滞留在庫が問題となる場合には、担保実行とは別に換価処分が有効な場合がある。

―――――――――――――― 解　説 ――――――――――――――

1　滞留在庫が発生するタイミング

担保実行以外においても、取引先企業が滞留在庫を処分することで財務面の改善につながることがある。具体的には以下のような場面で滞留在庫や余剰在庫が発生する可能性が高い。

① 会社の売上げが急激に減少
② 季節の変わり目（アパレルを取り扱う企業の場合、春夏商材は9〜10月、秋冬商材は3〜4月に滞留在庫が発生しやすい）
③ 事業やブランドの撤退
④ 外資系企業の日本撤退
⑤ 店舗契約満了時、商業施設閉店時
⑥ スクラップアンドビルド戦略における「スクラップ」の実行時
⑦ 新製品を発表する時（旧製品が売れなくなる）

2　換価処分の実行

上記のような場面では、滞留在庫が大量に発生する可能性が高いとともに、当該企業にとっては、滞留在庫から生まれる利益以上に次のステップ（既存事業・店舗の継続拡大や新規事業の取組み）に人的リソース等を含めて注力すべき場面であるといえるため、

① 自社ではもっていない販路が活用できる可能性
② すばやく損益を確定させることができる可能性
③ 自社で安売りを実施しないことでブランド価値の毀損を防げる可能性

といったメリットもあることから、当該企業だけに任せず、積極的に外部業者を活用した換価処分を実行することが有効であると考えられる。

　また、本章［106］で述べたように、「換価処分といえば在庫買取り」ではなく「店頭換価」をはじめとするさまざまな換価手法を用いることで、「滞留在庫を用いた換価額の最大化」を図ることは十分に可能である。したがって、「換価処分を行うか否かの決断を早いタイミングで行う」ことが非常に重要である。特に経営者は思い入れのある在庫の処分を決断できない場合や、「いつかは売れる」といった考えから滞留在庫として認識ができていない場合があるため、場合によっては動産換価／評価会社等のプロフェッショナルに在庫コンサルティングを依頼し、金融機関および経営者が実態を把握することも必要になってくる。

111 換価処分は実際にどうしたらよいか。換価業務を委託できる業者はあるか

結論 換価処分に至った場合に備え、あらかじめ換価処分の実績を豊富に有する業者（リクイデーター）や、換価の際に対象動産の換価を引き受けることができる業者・組合等と提携しておくことが推奨される。

―――――――――――― 解　説 ――――――――――――

1　換価実行のむずかしさ

　換価処分を業務として行うには、物流への理解も含めた卸売業や小売業のような動きが必要となる場面が多く、ABLを実行する際に金融機関が換価処分機能までを自前で用意することは非常にむずかしいことから、換価処分の可能性がリスクの一因となり、ABL実行をためらう場合があることは想像にかたくない。世の中にあふれるいわゆる「バッタ屋」ではなく、さまざまな状況に直面する可能性があるABLの内容を理解し、適正かつすみやかにさまざまな換価処分を行うことができる業者は現段階では日本では数が少ないことも事実である。

2　換価業務を行う業者の利用

　日本においてABLへの理解度が高く、案件ごとに最適な換価処分が行える業者とあらかじめ提携しておくことが推奨される。「換価処分＝在庫を買い取る」だけではなく、「店頭換価」を含むさまざまな換価手法を用いることができる点が業者選定時の重要なポイントといえる。

第7章

態勢整備等

112 担保動産が一般担保になるためにはどのような要件が必要か

結論 金融庁は、金融検査マニュアルにおいて、担保動産を一般担保として認める要件を規定している。主な内容としては、対抗要件の具備、継続的なモニタリング、客観性・合理性のある担保の評価・管理ともに換価が確実なことである。

さらに、平成25年2月には、この「一般担保」要件の運用の明確化、「自己査定基準」における担保掛け目の明確化（評価額の70％）、検査における検証方針・「貸出条件緩和債権」に該当しない場合の明確化等を公表し、「一般担保」化によるABLの積極的活用のための環境整備を図っている。

┈┈┈┈┈┈┈┈┈┈ **解　説** ┈┈┈┈┈┈┈┈┈┈

金融庁は、ABLを地域金融機関に対するリレーションシップ・バンキング（いわゆるリレバン）のアクションプログラムにおいて、中小企業に向けた「過度に担保・保証に依存しない融資」として推進しており、平成19年2月の金融検査マニュアル改定時には、動産および債権を一般担保として認めることとした。主な内容としては、対抗要件の具備、継続的なモニタリング、客観性・合理性のある担保の評価・管理ともに換価が確実なことである。

ただし、その運用のハードルは高く、評価・管理・処分のインフラを整備するとともに、事例の積上げにより担保としての安定性を高めていくための時間が必要であった。

そこで、金融庁は、金融円滑化法が終了する平成25年3月以降の中小企業金融円滑化の観点から、ABLの活用を促進するため、同年2月に動産・売掛金の「一般担保」要件の運用の明確化、「自己査定基準」における担保掛け目の明確化、検査における検証方針・「貸出条件緩和債権」に該当しない場合の明確化等を公表している。

1　金融検査マニュアルの「一般担保」要件の運用の明確化

　具体的にどのような担保管理を行えば以下のような「一般担保」(客観的な処分可能性がある担保)の要件に合致するかがより明確になるよう、金融実務もふまえつつ適切と考えられる担保管理手法を例示している。
　「動産担保」が「一般担保」として取り扱われるためには、
・対抗要件が適切に具備されていること
・数量および品質等が継続的にモニタリングされていること
・客観性・合理性のある評価方法による評価が可能であり、実際にもかかる評価を取得していること
・当該動産につき適切な換価手段が確保されていること
・担保権実行時の当該動産の適切な確保のための手続が確立していること
を含め、動産の性質に応じ、適切な管理および評価の客観性・合理性が確保され、換価が確実であると客観的・合理的に見込まれることが必要とされている。

2　「自己査定基準」における担保掛け目の明確化

　金融検査マニュアルに「動産・売掛金担保」の標準的な掛け目の水準(動産：評価額の70%、売掛金：評価額の80%)を新たに記載した。

3　「電子記録債権」の自己査定上の取扱いの明確化

　電子記録債権のうち、「決済確実な商業手形」に準じた要件を満たすものについては、「優良担保」として取り扱うことを、金融検査マニュアルにおいて明確化した。

4　検査における検証方針の明確化

　「動産・売掛金担保」を「一般担保」として取り扱っている場合、その適切性を金融検査で検証する際には、当面、PDCAサイクルが機能していれば、金融機関の取組みを尊重する方針を明確化した。

5 「貸出条件緩和債権」に該当しない場合の明確化

かりに中小企業が経営改善計画を策定していない場合でも、金融機関がABLにより、当該企業の実態を把握したうえで、経営改善の資料を作成している場合には、現行の金融検査マニュアル［中小企業融資編］の考え方に照らし、これを「実現可能性の高い抜本的な計画」とみなして、「貸出条件緩和債権」には該当しない取扱いとすることを明確化した。

［参考］ 金融検査マニュアル（平成19年2月）　──自己査定（別表1）より抜粋

項目	自己査定基準の適切性の検証	自己査定結果の正確性の検証
一般担保	優良担保以外の担保で客観的な処分可能性があるものをいう。 例えば、不動産担保、工場財団担保等がこれに該当する。 動産担保は、確実な換価のために、適切な管理及び評価の客観性・合理性が確保されているものがこれに該当する。 債権担保は、確実な回収のために、適切な債権管理が確保されているものがこれに該当する。	左記に掲げる担保が一般担保とされているかを検証する。なお、不動産…（中略）… また、動産を担保とする場合は、対抗要件が適切に具備されていることのほか、数量及び品質等が継続的にモニタリングされていること、客観性・合理性のある評価方法による評価が可能であり実際にもかかる評価を取得していること、当該動産につき適切な換価手段が確保されていること、担保権実行時の当該動産の適切な確保のための手続が確立していることを含め、動産の性質に応じ、適切な管理及び評価の客観性・合理性が確保され、換価が確実であると客観的・合理的に見込まれるかを検証する。 また、債権を担保とする場合は、対抗要件が適切に具備されていることのほか、当該第三債務者（目的債権の債務者）について信用力を判断するために必要となる情報を随時入

		手できること、第三債務者の財務状況が継続的にモニタリングされていること、貸倒率を合理的に算定できること等、適切な債権管理が確保され、回収（第三者への譲渡による換価を含む）が確実であると客観的・合理的に見込まれるかを検証する。
担保評価額	客観的・合理的な評価方法で算出した評価額（時価）をいう。	担保評価が客観的・合理的な評価方法で算出されているかを検証する。 なお、…(中略)… ハ．動産・債権担保の担保評価については、実際に行っている管理手段等に照らして客観的・合理的なものとなっているかを検証する。

第7章　態勢整備等　425

113 担保債権が一般担保になるためにはどのような要件が必要か

結論 金融庁は、金融検査マニュアルにおいて、担保債権を一般担保として認める要件を規定している。主な内容としては、対抗要件の具備、当該第三債務者（目的債権の債務者）について信用力を判断するために必要となる情報を随時入手できること、第三債務者の財務状況が継続的にモニタリングされていること、貸倒率を合理的に算定できること等、適切な債権管理が確保され、回収（第三者への譲渡による換価を含む）が確実であると客観的・合理的に見込まれることである。

さらに、平成25年2月には、この「一般担保」要件の運用の明確化、「自己査定基準」における担保掛け目の明確化、検査における検証方針・「貸出条件緩和債権」に該当しない場合の明確化等を公表し、「一般担保」化によるABLの積極的活用のための環境整備を図っている。

.... 解　　説 ....

金融庁は、ABLを地域金融機関に対するリレーションシップ・バンキング（いわゆるリレバン）のアクションプログラムにおいて、中小企業に向けた「過度に担保・保証に依存しない融資」として推進しており、平成19年2月の金融検査マニュアル改定時には、動産および債権を一般担保として認めることとした。

ただし、その運用のハードルは高く、評価・管理・処分のインフラを整備するとともに、事例の積上げにより担保としての安定性を高めていくための時間が必要であった。

そこで、金融庁は、金融円滑化法が終了する平成25年3月以降の中小企業金融円滑化の観点から、ABLの活用を促進するため、同年2月に動産・債権の「一般担保」要件の運用の明確化、「自己査定基準」における担保掛け目の明確化、検査における検証方針・「貸出条件緩和債権」に該当しない場

合の明確化等を公表している。

金融検査マニュアルの「一般担保」要件の運用の明確化

　具体的にどのような担保管理を行えば以下のような「一般担保」（客観的な処分可能性がある担保）の要件に合致するかがより明確になるよう、金融実務もふまえつつ、適切と考えられる担保管理手法を例示している。

　「債権担保」が「一般担保」として取り扱われるためには、
・対抗要件が適切に具備されていること
・第三債務者（目的債権の債務者）について、信用力を判断するために必要となる情報を随時入手できること
・第三債務者の財務状況が継続的にモニタリングされていること
・貸倒率を合理的に算定できること

等、適切な債権管理が確保され、回収（第三者への譲渡による換価を含む）が確実であると客観的・合理的に見込まれることが必要とされている（その他の内容については、[112] 参照）。

114　動産担保の評価はどのように行えばよいか

結論　動産担保の評価には、対象動産に関する専門的な知識が不可欠である。評価の実施にあたっては、客観性と合理性に留意し、対象動産の担保適性を見極め、適切な評価方法を採用して評価金額を算定しなければならない。その際、借り手となる企業の信用状況などを考慮することも重要である。また、貸し手の金融機関が自ら動産評価を行うことがむずかしい場合には、外部の専門会社等を活用する方法も検討すべきである。

なお、金融庁は、「動産担保」の「一般担保」化の要件として、客観性・合理性のある評価を取得していることを求めている。

・・・・・・・・・・・・・・・・・・・・・・・・ 解　説 ・・・・・・・・・・・・・・・・・・・・・・・・

動産は多種多様であるうえ、不動産のようには流通価格のデータが十分に整備されていないことから、動産担保の評価手法を標準化することは容易ではない。また、流通ルートが複雑で、2次マーケットが未成熟であることが、評価における実務上の問題となるケースも多い。このような状況から、動産担保の評価には専門的な知識が求められるため、貸し手の金融機関が自ら行うことがむずかしい場合、外部の評価会社などの専門会社の活用も検討すべきである。

動産担保の評価にあたって注意すべき点は以下のとおりである。

1　動産の担保適性の見極め

動産担保の評価にあたっては、まず対象動産の処分性、換価価値、担保管理等の観点から、担保としての適性を判断する必要がある。たとえば、法令で免許取得者以外の販売が制限されている動産は、処分性の観点から担保適性に乏しいといえる。また、一般に原材料や製品は換価が比較的容易であるが、仕掛品や半製品は換価がむずかしいとされる。さらに、対象動産の保管場所としては、自社倉庫よりも営業倉庫のほうが担保管理面で優れていると

いえる。

2　適切な評価方法の選択

　動産の評価を行うための評価手法には、対象動産の取得に要した費用をもとに算出する「費用アプローチ算出法」、対象動産の売買事例をもとに算出する「売買比較アプローチ算出法」、対象動産を所有することにより得られる将来の便益の現在価値をもとに算出する「収入アプローチ算出法」等がある。通常、集合動産の評価では「売買比較アプローチ算出法」が用いられる。

3　適切な評価金額

　「公正市場価格」とは、評価の当日に、既存の親密な関係や力関係のない自発的な買い手と売り手が、充分な知識のもと、誠実に、かつ強制されることなく、適切なマーケティング期間の後に、資産の売買をする際に想定される対価をいう。また、借り手企業が経営破綻した状況を想定し、一定のディスカウントにより合理的な期間内に処分を行う場合の対価を「通常処分価格」といい、通常処分価格からさらにディスカウントを行い、限られた期間内に処分を行う場合の対価を「強制処分価格」という。この3種類の評価金額を状況に応じて選択し、担保価格としては評価金額に掛け目を掛けて算出する。

4　その他の留意点

(1)　動産種類の特定

　まず、対象動産の種類が機械設備等の個別動産であるか、商品在庫等の集合動産であるかを区別する必要がある。個別動産の場合、対象動産が特定されており、評価時点からの使用可能年数をもとに、将来価値についても算出することもある。集合動産の場合、対象動産を一定の種類に基づき分類したうえで、種類ごとに参考となる単価等を設定し算出する。

(2) 取引市場の有無

　取引市場が確立されている動産については、当該市場における取引価格等を参考に評価金額を算出する。一方、取引市場が確立されていない動産については、実際に相対で行われている売買事例等を参考に、売買比較アプローチ算出法を用いて評価金額を算出することになる。

(3) 簿価と評価金額との関係

　動産の帳簿上の簿価としては、通常、取得価額（または取得価額に加工費用を加えた金額）、あるいは当該価額に対して経過年数に応じた減価を行った金額が計上されているが、当該金額は対象動産の評価金額とは直接関連しないことに留意する必要がある。ただし、簿価は各企業が一定のルールに基づき計上している金額であるため、評価上は簿価をベースにした検証を行う。したがって、借り手企業が採用している簿価の計上方法についても確認することが必要である。

(4) 処分費用の見積り

　実際に動産担保を処分する場合には、対象動産の確保、移動、保管などが必要になることから、あらかじめこれらに要する費用を見積もり、評価金額から控除しておくことも重要である。

5　改訂金融検査マニュアルとの関係

　平成19年4月1日から改訂金融検査マニュアルが施行されているが、このなかで動産担保について、「一般担保」と認められるための「自己査定結果の正確性の検証」事項の一つとして、「客観性・合理性のある評価方法による評価が可能であり、実際にもかかる評価を取得していること」があげられている。

115 動産の評価会社にはどのような会社があるか。第三者である評価会社の評価を必要とするか

結論 動産を評価する会社として、動産・債権全般の評価・管理・処分を行う専門会社や、個別の動産を扱う会社や、自社で扱う機械設備等を取り扱うリース会社等がある。

担保目的動産が市況商品であったり、コスト負担等の問題もあり、費用対効果から、必ずしもすべての動産について第三者である評価機関の評価を取得する必要はない。ただし「一般担保」として扱うためには、その要件として客観性・合理性が求められることから、必要となるケースが今後増加するものと思われる。

・・・・・・・・・・・・・・・・・・・・ 解　説 ・・・・・・・・・・・・・・・・・・・・

動産を評価する会社として、動産・債権全般の評価・管理・処分、あるいはABLのコンサルティングを専門的に行う会社や、自社で扱う個別の動産を取り扱う会社（総合商社、専門商社や中古品買取販売業者等）や、自社で扱う機械設備等を取り扱うリース会社等がある。

動産といっても非常に幅広い概念であり、担保対象となる動産の種類、性質、状況等、また、評価会社のそれぞれの得意分野や強み・弱み等の評価能力、評価に係るコスト等を検討のうえ、選択していくことが必要である。

動産・債権全般を取り扱う評価会社としては、主に以下の3社があり、ABL協会会員企業である（順不同）。

○株式会社ゴードン・ブラザーズ・ジャパン

米国のゴードン・ブラザーズ・グループと日本政策投資銀行との合弁会社であり、親会社のノウハウを活用し、国内外での動産評価、換価、ABLを行う。特に規模の大きな企業の取扱いが多い。

○トゥルーバグループホールディングス株式会社

動産・債権全般の評価・管理・処分、コンサルティングを取り扱う。特

に、動産の管理（フィールドイグザミネーション・モニタリングサービス）や債権評価サービスに特長がある。

○特定非営利法人日本動産鑑定

　動産・債権全般の評価・管理・処分、コンサルティングを取り扱う。特に、中小企業向けに、評価・処分等に係る費用を抑えた取組みを行っており、また、会員企業との連携により、国内での換価処分に強みをもつ。

　その他ABL協会会員の評価会社としては、アメリカン・アプレーザル・ジャパン株式会社等、商社としては、丸紅株式会社、三菱商事株式会社等、リース会社としては、NECキャピタルソリューション株式会社、オリックス株式会社、興銀リース株式会社、昭和リース株式会社、JA三井リース株式会社、東京センチュリーリース株式会社、東銀リース株式会社、日立キャピタルリース株式会社、芙蓉総合リース、三菱UFJリース株式会社等がある。

　また、株式会社三菱総合研究所は、金融機関の態勢整備に係るコンサルティングを行うほか、動産の時価データベースを活用した評価・モニタリングシステムの提供、再生可能エネルギー事業の担保評価、知財等の無形資産の担保評価で実績をもつ。

　担保目的動産が市況商品等であり常時客観的な価格を把握できる、あるいは、費用対効果などの観点から、必ずしもすべての動産について、第三者である評価会社からの担保評価を取得する必要はない。ただし、「一般担保」として取り扱うためには、その要件として客観性・合理性が求められることから、評価会社からの評価の取得を必要とするケースが、今後増加するものと思われる。

116　債権担保の評価はどのように行えばよいか

結論　債権担保の評価は、動産と異なり、実際の支払人となる第三債務者（担保目的債権の債務者）の信用力の判断がポイントとなる。

したがって、第三債務者の信用力による債権評価等により掛け目を設定し担保価格を算出することとなる。

・・・・・・・・・・・・・・・・・・・・・・・・　解　説　・・・・・・・・・・・・・・・・・・・・・・・・

債権担保の評価は、動産と異なり、実際の支払人となる第三債務者（担保目的債権の債務者）の信用力の判断がポイントとなる。

1　官公庁、地方公共団体等の場合

第三債務者が官公庁、地方公共団体等であれば、ほとんどの場合は信用力に問題はなく、債権の評価としては100％で、ダイリューション率（値引き、返品等請求額と実際の回収額との乖離（差額））等を勘案すればよい。

ただし、公共団体などを債務者とする債権については、ほとんど譲渡禁止特約が付されているケースが多い。その場合、事前に承諾をとるか、通知を受けてもらう交渉を行うことにより解除することに合意できれば、担保とすることが可能である。なお、事後承諾（追認）も有効であるため、実務的には担保取得する場合も多い。また、譲渡禁止特約の解除が不可能な場合には、代理受領や振込指定の方法によることが一般的である。

2　上場会社等の場合

第三債務者が上場会社の場合、有価証券報告書等財務諸表の開示義務があるので、信用力の把握が可能である。また、信用力に影響のある適時開示義務もあるため、金融庁の金融検査マニュアルにおける継続的なモニタリングにも対応できる。

3　中小・零細企業等の場合

　中小・零細企業を含むその他の一般会社の債権をどう評価するのか、すなわち、財務状況の開示義務のない会社の信用力をどのように評価するのかが実務上の問題となる。債権者からみて直接の取引がない第三債務者から財務諸表を取得することは、現実問題として困難である。したがって、その信用力の把握や財務状況の継続的モニタリングは不可能といわざるをえない。

　このような場合においても、債権流動化や証券化のノウハウや実績のある金融機関であれば、社内データ（金額、業種、会社規模、格付等）、入金実績、債権の集中度合い等による独自の貸倒率を算出しており、債権評価を行うことは可能であり、実際に活用している場合が多い。しかしながら、このようなノウハウや実績がない金融機関は、外部の評価機関を利用せざるをえない。

　なお、信用保証協会の流動資産担保融資保証制度における債権担保は、掛

図表116－1　流動資産担保融資保証制度の担保掛け目

対抗要件の具備状況 （根拠法、対抗要件の相手）	一般企業	店頭・新興市場 上場有配会社	官公庁、 上場有配会社
異議をとどめない承諾 （民法467条、468条、第三者、第三債務者）	80%	90%	100%
通知 ①　登記＋証明書の通知（動産・債権譲渡特例法4条、第三者、第三債務者） ②　確定日付き通知または（異議をとどめた）承諾（民法467、第三者、第三債務者）	75%	85%	95%
留保 登記＋通知留保（動産・債権譲渡特例法4条、第三者）	70%	80%	90%

け目について、企業の信用力と対抗要件の具備状況をマトリックス化しており、参考となる（図表116－1参照）。

　したがって、中小・零細企業を含むその他の一般会社の債権については、第三債務者の信用力に応じた債権評価と対抗要件の具備度合い（主張する権利の強さ）による掛け目により担保価格を算出することとなる。

117 債権の評価会社にはどのような会社があるか。第三者である評価会社の評価を必要とするか

結論 債権を評価する会社として、動産・債権全般の評価・管理・処分を行う専門会社、債権流動化や債権買取り（ファクタリング）を行う会社、監査法人あるいは会計士等の債権評価を行う会社等がある。

担保目的債権となる第三債務者が官公庁であったり、上場会社であれば、コスト負担等の問題もあり、費用対効果から、必ずしも第三者である評価機関の評価を取得する必要はない。ただし、「一般担保」として扱う場合には、その評価として客観性・合理性が求められることから、第三者である評価機関の評価が必要となるケースが今後増加するものと思われる。

・・・・・・・・・・・・・・・・・・・・・・・・ 解　説 ・・・・・・・・・・・・・・・・・・・・・・・・

債権を評価する会社として、動産・債権全般の評価・管理・処分、あるいはABLのコンサルティングを専門的に行う会社がある。その他、債権流動化や債権買取り（ファクタリング）を行う会社や監査法人、監査法人系のコンサルティング会社やアドバイザリー会社あるいは会計士等の債権評価を行う会社等がある。

第三者である評価会社の評価を取得する必要性については、個々の債権により異なる。担保目的債権が信用力のある官公庁や上場会社の債権であれば、自社評価も可能である。特に上場会社については、有価証券報告書等の財務諸表も手に入れることが可能であり、適時開示義務等により信用力に影響のある事象の発生についても把握することができる。また、金融庁の金融検査マニュアルに定められる、「一般担保」として取り扱う要件である第三債務者の信用力を判断するために必要となる情報を随時入手することができ、財務状況の継続的モニタリングにも対応できることから、必ずしも評価会社に委託して第三者からの評価を取得する必要はない。

また、その他の一般会社についても、債権流動化や証券化のノウハウや実

績のある金融機関であれば、社内データ（金額、業種、会社規模、格付等）、入金実績、債権の集中度合い等による独自の貸倒率を算出しており、自社において債権評価を行うことは可能である。ただし、「一般担保」として取り扱う場合には、客観性・合理性の検証が必要不可欠となる。

なお、ノウハウ・実績等がなく自社評価が困難な金融機関の場合は、第三者の評価会社に委託して債権評価を行うことも考えられる。

債権担保の評価は、動産と異なり、実際の支払人となる第三債務者（担保目的債権の債務者）の信用力の判断がポイントとなる。したがって、掛け目については、対抗要件の具備状況に応じて設定することで段階を設け、信用力と対抗要件具備状況の組合せで担保価値を決めることが評価方法の一つとして考えられる。

118 信用保証協会の流動資産担保融資保証制度とはどのようなものか

結論 中小・零細企業の信用補完手段として信用保証協会の「流動資産担保融資保証制度」(ABL保証)を利用することができる。

金融機関は、この制度を活用し、信用リスクを軽減しながら、ABLのノウハウを蓄積していくことが可能である。

·········· 解　説 ··········

「流動資産担保融資保証制度」は、従来の売掛債権を担保目的とした「売掛債権担保融資保証制度」の使い勝手の改善を目的として検討され、動産を含めたABL保証として平成19年8月から取扱いが開始された(図表118-1参照)。

この制度は、売掛債権と棚卸資産という流動資産に担保が限定されており、機械・設備等の固定資産は担保対象となっていないので注意が必要である。

なお、動産については、根保証として当座貸越に限定した取扱いとなっており、継続的取引を前提とした運転資金(事業資金)を供給する仕組みとなっている。また、債権については、個別保証として手形貸付も認められている。

信用保証協会の流動資産担保融資保証制度(ABL保証)の場合、貸し手である金融機関と保証協会が、担保物件を(準)共有することとなっている。これは、金融機関のみが担保設定した場合には、代位弁済に伴う代位登記が制度上認められていないこと、逆に、保証協会のみが担保設定した場合には、保証協会が一手にモニタリングやデフォルト時の担保処分をすることとなり、実務上困難であることなどが背景にある。

取扱金融機関にとっては、8割の優良保証付きの制度で取引先中小企業の信用補完となり、また、別枠の有担保枠が使えることで一般枠を使い切った

先にも利用可能性が広がる。さらに、ABL実績のない金融機関にとっては、ABL入門の仕組みとして活用することで、ノウハウを蓄積することが可能である。

図表118-1　流動資産担保融資保証制度の概要

制度目的	流動資産を担保とした融資に対する保証により、中小企業の事業資金の融通について、円滑化・多様化を図る。
申込人資格要件	事業者に対する売掛債権または棚卸資産を保有する中小企業者。ただし、棚卸資産を担保とする場合は法人に限定。
保証限度額および保証形式	① 保証限度額……2億円 ② 保証割合……80％（部分保証） ③ 原則として根保証。ただし、個別保証も可。
対象資金	事業資金（運転・設備）
貸付形式	① 根保証……当座貸越 ② 個別保証……手形貸付
保障期間	① 1年間（個別保証は1年以内）、更新可能。 ② 根保証の場合、保証期間に生じた貸越しの返済期日が保証期間の終期後に到来することも可。
返済方法	① 根保証……約定弁済または随時弁済、別口口座、貸越口座いずれも可。随時弁済の場合、年1回以上の返済必要。 ② 個別保証……返済引当とした売掛債権の支払期日に一括返済。複数口の返済引当可、期日到来のつど返済可。
保証料率	借入極度額（借入金額）に対し、0.68％とする。
担保・保証人	① 担保……申込人の保有する流動資産のみを譲渡担保として徴求。個別保証の場合、売掛債権のみを譲渡担保として徴求（金融機関と信用保証協会の（準）共有とする）。 ② 保証人……法人代表者以外、保証人は徴求しない。 ③ 対抗要件具備方法 ・棚卸資産……動産・債権譲渡特例法に基づく「登記」に限定。ただし、「登記」に加え、民法の「占有改定」または指図による。「占有移転」による対抗要件具備も可。 ・売掛債権……民法の「通知または承諾」もしくは「登記」による。
貸付金利	金融機関所定利率とする。

119 流動資産担保融資保証制度では、電子記録債権は担保対象になるか

結論 流動資産担保融資保証制度（ABL保証）では、担保対象は流動資産（売掛債権と棚卸資産）に限定されており、電子記録債権を対象としていなかったが、中小企業信用保険法の改正により、電子記録債権の割引や電子記録債権を担保とするABLの取扱いが可能となった。

・・・・・・・・・・・・・・・・・・ 解　説 ・・・・・・・・・・・・・・・・・・

　流動資産担保融資保証制度（ABL保証）では、担保対象は流動資産（売掛債権と棚卸資産）に限定されており、電子記録債権を対象としていなかったが、中小企業信用保険法の改正により、中小企業の資金繰りを公的保証で支援する枠組みが拡充され、平成25年9月20日から電子記録債権の割引や電子記録債権を担保とするABLの取扱いが可能となっている。

　金融機関にとって、信用力の低い中小企業への与信がしやすくなる公的保証の意味は大きく、また、信用力の低い第三債務者の債権を保有する企業も活用するメリットがあり、ABL普及の一助になっていくことは異論がないところである。ただし、システム対応が必要であり、電子記録債権そのものの普及が全国的なものとなっていない現状では、本格的な活用までにはまだ時間がかかるものとみられる。

120 金融機関内にABLのノウハウがない場合には、どのようにすべきか

結論 ノウハウを得るためには、失敗をおそれずに実行することが大事であるが、最初はリスク軽減の観点からも、信用保証協会の流動資産担保融資保証制度の利用が勧められる。なお、ABLのセミナーや研修に参加することで、ABL担当者の育成を行い、担当者を中心に社内教育を実施していくことが重要である。

また、費用はかかるが、評価会社との提携、あるいはアドバイス、サポートやコンサルティングを受けることも可能である。いずれにせよ、少しずつでもABLの実績を積み上げていくことが重要である。

.... 解　説 ....

　ABLについてノウハウのない金融機関では、いわば「食わず嫌い」の状態に陥っていることが想定される。ABLを行うにあたっては、評価、事務手続、契約書、期中管理、倒産時の取扱い、換価処分等に関する不安ばかりが先行してしまうことが、ABLの実行をためらわせる要因になっているものと考えられる。しかしながら、ABLの特殊な部分は担保の特殊性に限定されるものであり、融資の原点に立ち返って考えてみれば、従来の融資手法を基本とし、それに担保にかかわる新たなノウハウを上乗せしたにすぎないことに気がつくであろう。

　ABLのノウハウを得るためには、失敗をおそれずに実行することが大事であるが、まず、ABLのセミナーや研修に参加することで、ABL担当者の育成を行い、担当者を中心に社内教育を実施していくことが重要である。担当者（できれば専担者）を社内に配置したうえで、ABLに関する相談に応じられる位置づけとすることが望ましい。もちろん、不明な点は外部の評価会社や弁護士等との連携を図ることが前提となる。また、社内教育等により、現場担当者（渉外担当や融資担当者）が取引先企業とABLの話ができる、あ

るいは、取引先企業からABLニーズをくみ取れる状態にすることが最も重要である。

　そのうえで、最初はリスク軽減の観点から、信用保証協会の流動資産担保融資保証制度を活用し、実績とノウハウを積み上げていくことが勧められる。

　また、費用はかかるが、評価会社との提携、あるいはアドバイス、サポートやコンサルティングを受けることも可能であり、ノウハウを取得し、社内教育へ活用することができる。

　いずれにしても、ABLの実行件数を着実にふやし、さまざまなケースをこなすことが重要であり、社内でノウハウを蓄積し、共有化していくことが必要である。

121 金融機関内においてABLの事務手続面が整っていない場合、どのようにすべきか

結論 ABLの場合、担保の特殊性にかんがみ、担保の評価・管理・処分に関する事務手続を整える必要がある。その場合、自社内の規定や他の事務手続との整合性をとる必要もあり、自社内のABL推進部署と融資事務手続を所管する部署が連携し作成する必要がある。また、ABLに関するノウハウがない場合には、評価会社や弁護士等のサポートを受けて事務手続面を整える方法も考えられる。なお、評価会社等から事務手続書を購入して活用するにあたっては、自社の事務手続面との整合性をとるために修正を行わなければならない場合がある。

──────────── 解　説 ────────────

1　事務手続の作成

金融機関には、融資に関するそれぞれ独自の事務手続が存在する。基本的な部分には、大きな違いはないと思われるが、使用するシステム、設備や体制等に起因する違いはあるものと思われる。

ABLにおいては、通常の融資事務手続に加え、動産・債権という担保の特殊性にかんがみ、担保の評価・管理・処分に関する事務手続を整える必要がある。

(1) 担保評価

担保評価に関しては、以下の項目等につき、事務手続面の検討を行う必要がある。

・担保としての適性の判断
・評価方法
・自社評価または第三者への評価委託の場合
・評価の掛け目
・担保評価と貸出金額の関係等

(2) 担保管理

担保管理に関しては、以下の項目等につき、事務手続面の検討を行う必要がある。

・契約書の作成
・登記の可否・登記事務手続等の対抗要件具備手続
・モニタリングの方法・サイクル・内容
・実査の方法・サイクル・内容
・管理表・担保台帳等担保管理に関する事務手続
・債務者の状況に応じた対応手法等の債務者管理にかかわる事務手続

(3) 担保処分

担保処分に関しては、以下の項目等につき、事務手続面の検討を行う必要がある。

・債権回収のための任意売却の手続
・第三者への回収委託方法
・担保権実行手続等強制処分の場合の方法等

2 他規定との整合性・外部機関の活用

当然ながら、自社内の他の規定や事務手続との整合性等を勘案して作成する必要があり、ABLの推進部署と融資事務を所管する部署が連携して作成することで、社内においてノウハウを共有することになる。また、必要な項目に関しては、弁護士や評価会社、コンサルティング会社等のサポートを受けて作成することも考えられる。

なお、評価会社や他の金融機関が作成した事務手続書を購入する場合には、自社の規定や事務手続との整合性をとる必要があるので、自社用に修正（カスタマイズ）して作成する必要がある。

122　ABLの推進マニュアルを作成する場合には、どのような点に留意すべきか

結論　事務手続と同様に、自社内の規定や他の事務手続との整合性をとる必要があり、自社内のABL推進部署と融資事務手続を所管する部署が連携し作成する。また、ABLに関するノウハウがない場合には、評価会社や弁護士等のサポートを受けて推進マニュアルを作成する方法も考えられる。なお、評価会社等から購入する手続書を活用するためには、自社内の規定との整合性をとるために修正が必要となる場合がある。

なお、ABL推進マニュアルにおいては、実務で活用できるよう、可能な限り具体的な内容とすることを心がけるべきである。

―――――――――― 解　説 ――――――――――

金融機関では、規定や事務手続のほか、実務上での判断や推進対象や推進方法を具体的に記載し、現場における推進の一助となるように「推進マニュアル」を作成することが多く、実際に営業店の担当者にとっては、推進上の有効なツールとなっている。

マニュアルも事務手続と同様に、自社内の規定や他の事務手続との整合性をとる必要があり、自社内のABL推進部署と融資事務手続を所管する部署が連携し作成する。また、ノウハウがない場合には、評価会社や弁護士等のサポートを受けて作成する方法が考えられる。なお、評価会社等から購入する手続書を活用するためには、自社用に修正が必要になる場合がある。

なお、ABL推進マニュアルにおいては、実務で活用できるよう、可能な限り具体的な内容とすることを心がけるべきである。

ABL推進においては、まず、ABLを推進する意義から説き起こし、基本的な考え方や枠組み、定義・特徴や効果等を記載する。そのうえで、推進対象先や担保対象（特に不適格な担保）等を具体的かつ明確に表現することが重要である。さらに、その具体的な推進方法、推進上の留意事項やその

チェックリスト、顧客との想定問答、具体的な事例等が記載できれば使い勝手のよいものとなる。

その他、動産・債権という担保の特殊性にかんがみ、担保の評価・管理・処分に関して、ポイントとなるような事項を記載し、事務手続との整合性を整える必要がある（図表122－1参照）。

図表122－1　推進マニュアルに記載すべきポイント

［担保評価］ ・担保としての適性の判断 ・担保の特徴・評価方法 ・自社評価または第三者への評価委託の場合 ・評価の掛け目 ・担保評価と貸出金額の関係等、評価にかかわる手続内容
［担保管理］ ・契約書の作成 ・登記の可否・登記事務手続等の対抗要件具備手続 ・モニタリングの方法・サイクル・内容 ・実査の方法・サイクル・内容 ・管理表・担保台帳等担保管理に関する事務手続 ・債務者の状況に応じた対応手法等の債務者管理にかかわる事務手続
［担保処分］ ・債権回収のための任意売却の手続 ・第三者への回収委託方法 ・担保権実行手続等強制処分の場合の方法

第3編

動産別アプローチ

第1章

機械器具
（個別動産中心）

第1節　産業用機械器具

123　汎用機械器具

1　概　　要

(1) 対象となる動産

　汎用機械器具とは、汎用的に各種機械に組み込む、あるいは取り付けることにより用いられる機械器具の総称である。対象となる機械器具は多種多様であるが、代表的なものとして、産業用・民生用電気機械やボイラ・原動機、ポンプ・圧縮機器、物流運搬設備、冷凍・温湿調整装置、バルブ、軸受けなどがあげられる。

(2) 商流および市場特性・特徴

　汎用機械器具は他の機械器具との組合せで使われることが多く、その仕様や用途は広範囲に及ぶ。市場全体でみれば、JIS（日本工業規格）などに適合した汎用性の高い規格品が高い割合を占めるが、個別用途や特殊機械装置などの仕様にあわせて生産される特注品も存在する。特注品に関しては取扱業者が限られるため、流通性が限定的となる可能性もある。

(3) 資金需要

　汎用機械器具の製造においては、金属素材をはじめ各種生産用素材の仕入れにかかる運転資金の需要が常に存在している。また、汎用品が多くを占める関係で見込生産が比較的多いことから、資金需要が発生しやすい構造となっている。売上げは需要先である各業界・企業の設備投資動向などに左右されるが、資金需要もそうした事業環境に連動して増減しうる。

(4) その他

① 商流の確認

　成長市場への参入や生産コストの削減などを目指して製造業全体による海

外への生産移転が進んでおり、汎用機械器具メーカーのなかにも海外に生産拠点をもつ企業がふえている。そのような企業では、素材の仕入れから製品の販売まで商流が何度も国境をまたぐケースもあり、国内景気にとどまらず、グローバルな政治情勢や景気動向、為替相場の推移などからも影響を受けやすくなっている。こうした事業環境の変化を念頭に置いたうえで、商流などを細かくチェックすることが重要なポイントとなる。

② 汎用性の確認

汎用機械器具は、製造業をはじめ幅広い業界で一般的に使われるものが多く、全体の流通市場の規模は比較的大きい。一方、機械器具類である以上、メンテナンスなどのアフターサービスの有無が重要な鍵となる。メーカーの倒産などでこうしたサービスを継続的に利用できなくなると、汎用性の高い機械器具であっても換価価値は大きく毀損する傾向にあり、最終的にスクラップとしての価値しか認められなくなるケースもある。また、特注品に関しては、特殊性が高ければ高いほど流通するルートが限られることにも注意が必要である。

(5) **関連情報**

・経済産業省、機械統計関連情報
　http://www.meti.go.jp/
・一般社団法人日本産業機械工業会、産業機械関連統計情報
　http://www.jsim.or.jp/
・一般社団法人日本電機工業会、電気機器関連統計情報
　https://www.jema-net.or.jp/

2 代表的な動産

(1) **太陽光発電設備**

① 動産概要

太陽光発電設備の中核部品である太陽電池は、シリコン系、化合物系、有機系に大きく分類できる。このうち、現時点で普及率が最も高いのはシリコ

ン系である。シリコン太陽電池には、結晶系シリコン太陽電池（単結晶、多結晶）と薄膜シリコン太陽電池があるが、コスト面と変換効率面のバランスから多結晶シリコン太陽電池が選ばれる傾向が強く、その市場シェアは太陽電池全体の約7～8割を占めている。

太陽光発電設備は、太陽電池モジュール（太陽電池の基本単位であるセルを組み合わせて、パネル状にしたもの）のほか、パワーコンディショナー（直流電力を交流電力に変換する装置）や接続箱（太陽電池モジュールとつなぐ出力ケーブルをまとめる装置）などさまざまな装置で構成される。それぞれの装置を製造するメーカーが異なるため、当該設備をシステムとして納入する際は、複数のメーカーの製品を組み合わせている。

② 業界動向

一般社団法人太陽光発電協会の統計によれば、平成24年の太陽電池モジュールの出荷量は約437万キロワットであり、前年比約63％増加している。出荷量を種類別にみると、単結晶シリコン系が約156万キロワット、多結晶シリコン系が約201万キロワットであり、両者合計で出荷量全体の8割以上を占めている。また、国内向け出荷量（381万キロワット）のうち、国内品が約228万キロワット、輸入品が約153万キロワットであり、国内品と輸入品の割合は約6：4となっている。一方、長期的にみても、太陽電池の出荷量は増加傾向にあり、特に平成2年～24年にかけて増加が加速し、平成4年、平成5年、平成18年の3年間を除いてすべて前年比プラスを記録した（図表123－1参照）。

③ 担保実務上のポイント

太陽光発電設備は、複数の太陽電池モジュールを中心に、パワーコンディショナーや接続箱などの付属設備も基本的にセットとなっており、通常は設置場所や保管場所を特定したうえで「集合動産」として取り扱う。太陽光発電分野は、再生可能なエネルギーとして世界中から注目されており、技術革新のスピードも速いとされる。このため、動産の換価価値だけに頼らず、企業の信用力などをより重視する必要がある。

図表123－1　日本の太陽電池の出荷量の推移

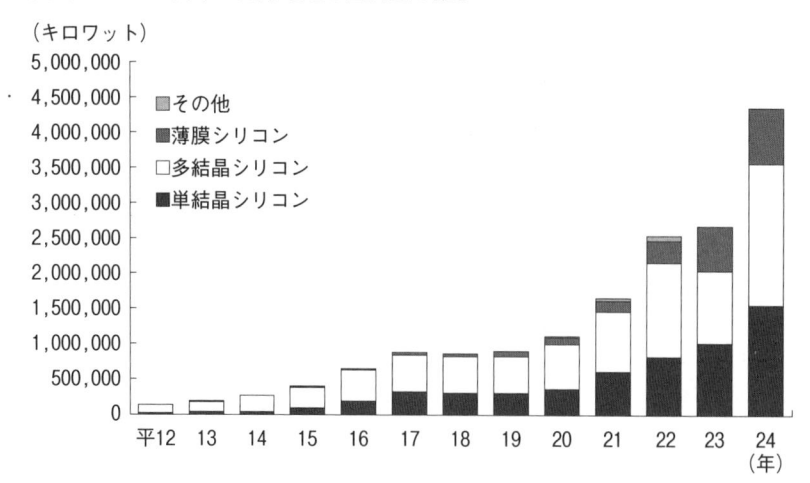

（単位：キロワット）

凡例：その他／薄膜シリコン／多結晶シリコン／単結晶シリコン

（出所）　一般社団法人太陽光発電協会「日本における太陽電池出荷量の推移」

④　換価処分時のポイント

　太陽電池モジュール製品の保証期間は長期となっており、国内主要メーカーの製品であれば一般的に10年となっている。また、海外メーカーの製品には保証期間が20年以上に及ぶものも存在する。換価処分時においては、メーカーによる品質保証が重視されるため、保証が受けられない場合には、処分自体が困難となる可能性がある。

(2)　軸　　受

①　動産概要

　軸受は、転がり軸受（ベアリング）と滑り軸受（ブッシュ）に大きく分けられる。転がり軸受は軸と軸受の間に転動体（鋼球またはコロ）を用いて軸の回転と荷重を支えるのに対し、滑り軸受は潤滑油を利用している。このほか、回転部分を磁気で支える磁気軸受、オイルのような流体を使った流体軸受も存在する。

　軸受の種類は多種多様であり、自動車向けなどの大量生産品がある一方、工作機械向けなど比較的使用量の少ない小ロット品も多数ある。一般社団法

人日本ベアリング工業会のまとめでは、大量生産品は国内全体の生産量の約80％を占めているが、品目数では約10％にすぎない。半面、小ロット品の生産量は約20％にとどまるものの、品目数では約90％にのぼっている。また、国内で製造される軸受のうち、約6割が輸出に向けられており、生産・販売ともにグローバル展開しているメーカーは多数存在している。こうしたメーカーは日本国内だけでなく、世界全体の景気動向や生産・販売先国の経済情勢などからも影響を受けやすい状況にある。

② 業界動向

経済産業省の「機械統計」によれば、平成24年の軸受の生産量は重量ベースで約55万2,000トンと、前年比0.2％減少した。また、生産金額は約6,806億円と、同6％の減少となっている。軸受の生産量は平成13年以降、輸出増加などの寄与で拡大傾向がしばらく続いていたが、リーマンショックの影響から平成21年は一転して大幅に落ち込んだ。平成22〜23年にかけて、リーマンショック後の落込みからの反動などでいったんは回復に転じる場面もあった。しかし、平成24年に入ると、欧州の金融不安に伴う景気の低迷や中国の

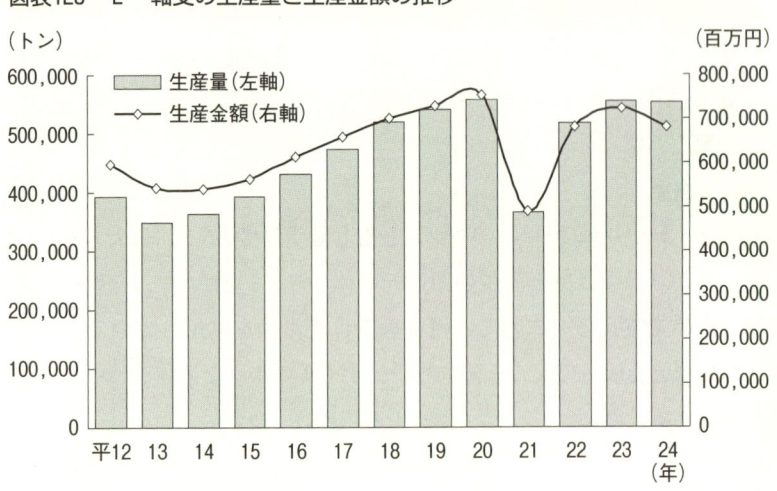

図表123−2　軸受の生産量と生産金額の推移

(出所)　経済産業省「機械統計」

景気減速などの影響で輸出は減速しており、年間の生産量も小幅ながら再び前年比で減少する展開となった（図表123－2参照）。

③　担保実務上のポイント

　軸受はさまざまな設備や製品に組み込まれており、同一メーカーによる生産品目も複数にのぼることが一般的である。このため、すべての生産工程を社内で完結せずに、一部の加工業務を外部メーカーに委託するケースも多いが、こうした外部委託に伴い担保対象の在庫品が担保権の及ばない保管場所に移動される場合もある。よって、商流を入念に確認し、素材から製品までの流れを把握する必要がある。

④　換価処分時のポイント

　軸受は特定ユーザーの求める仕様にあわせて生産される特注品が多い。このため、換価処分時において当該ユーザーによる引取りが見込まれない場合、軸受という「製品」ではなく、単なる金属素材スクラップとして処分せざるをえないこともありえる。

124　農業・林業機械

1　概　　要
(1)　対象となる動産
　農業・林業機械とは、農業や林業の作業現場において人間の作業を補助・代行する機械の総称であり、そのなかには作業の用途や過程からさまざまな種類が存在している。農業機械には、汎用のトラクターをはじめ、耕うんなどに使われるプラウやロータリー、種播きに使われるプランターや田植機、施肥に使われるマニュアスプレッダーやブロードキャスター、収穫に使われるコンバインやバインダーなどがある。
　また、林業機械としては、下草を刈払いする刈払機や伐採に使われるチェンソー、集材用の集材機、運搬用のグラップルのほか、高性能林業機械としてフェラーバンチャ（立木を伐倒し集積する機械）、スキッダ（数本の材を牽引して運ぶ機械）、プロセッサ（枝払い・造材を高速で行う機械）、ハーベスタ（伐倒・枝払・玉切作業を行う機械）などがあげられる。

(2)　商流および市場特性・特徴
　農業・林業の作業は季節によって耕起や田植、収穫、下刈り、枝打ち、伐採などさまざまであるため、それにあわせて季節ごとに使われる機械の種類が異なってくる。各種機械の需要にはこうした季節の変動に応じて一定のサイクルが存在している。また、農業・林業機械は、同一の機種でも作業の内容や規模、地域特性などにあわせてパワーやサイズなどの仕様がカスタマイズされることが多いため、多品種、少量生産の割合が高くなっている。
　国内の農業機械市場は大手の総合メーカー数社と中小の作業機メーカー、部品メーカーによって支えられており、海外メーカーによる参入はきわめて限定的とされる。近年は高齢化に伴う農家数の減少などにより国内市場の規模は縮小傾向にあるため、国内メーカーは海外市場の開拓に向けて輸出の拡大に努めている。一方、林業機械については、国内メーカーが日本の林業環

境にあわせて独自の製品を投入しているものの、高性能林業機械などでは欧州メーカーなどの製品への需要が大きいため、海外からの輸入は少なくない。

　農業機械の流通については、全国農業協同組合連合会といった農協組織が交渉の窓口となってメーカーから機械を導入し、農家に販売するパターン（農協系統ルート）と、農家がメーカー系列の販売代理店から直接購入するパターン（商系ルート）に大きく分けられ、それぞれのシェアはほぼ半々になっている。一方、林業機械に関しては、輸入商社やメーカー系販売代理店を経由するのが一般的である。

(3)　資金需要

　農業・林業機械の需要には季節性があるため、メーカーは各シーズンにあわせて生産を増強したり、部品などの在庫を確保したりする必要がある。よって、特定の時期に資材の仕入れや販売在庫の増強などが集中する可能性があり、そのための資金需要が発生しうる。

(4)　その他

① 関連法律

　農業・林業機械のうち、走行装置を備え、エンジン等の動力によって自走する機能をもつものは、法律上の手続を経たうえで小型特殊自動車または大型特殊自動車として公道を走行できる。こうした機械のなかで、「道路運送車両法」による登録を受けた大型特殊自動車など、一部が「自動車抵当法」など特別法の対象となる可能性がある。これに該当する機械は動産譲渡登記に適さない（登記しても第三者への対抗力が認められない）と考えられるため、担保適性の観点から注意を払う必要がある。

② 技術革新

　農業・林業機械については、需要先の要望などに応じて新たな技術・機能の開発や搭載が積極的に行われている。作業能力を向上させた、より高性能な機種や、GPSなどITを活用した機能を備える、より高機能な機種が次々と生み出されており、業界全体の技術革新のスピードが速いとされる。この

ため、中古機械の市場での価値が業界全体の技術動向などによって影響を受けることも考えられる。

(5) **関連情報**

・経済産業省、機械統計関連情報
  http://www.meti.go.jp/
・一般社団法人日本農業機械工業会、農業機械関連統計情報
  http://www.jfmma.or.jp/
・林野庁、林業を支える高性能林業機械に関する統計情報
  http://www.rinya.maff.go.jp/

2 代表的な動産

(1) 草刈機

① 動産概要

　草刈機は農作業の草刈りなどに特化した機械であり、大きく手動式と自動式に分類される。自動式の機種は、動力によって電動型とエンジン型に分けられ、サイズによって小型の手押式、大型の自走式に分けられる。また、草刈機に使われる刃の形式には、リール式、ロータリー式、バリカン式の3種類がある。

② 業界動向

　国内の農業機械市場が成熟しており、農家数の減少や作付面積の縮小などを背景に、販売台数等は頭打ちの状態にある。経済産業省の「機械統計」によれば、代表的な草刈機である「刈払機」の生産台数は平成12年以降、年間平均100万台での推移をみせたが、平成24年には約73万台と、前年比19％減少した（図表124-1参照）。国内生産が低迷する半面、低価格の海外製品の輸入は堅調に推移している。財務省の「貿易統計」をみると、平成24年の年間輸入台数は約17万台であり、リーマンショック時に約15万台まで落ち込んだ平成21年と比べると、1割以上増加している。

③ 担保実務上のポイント

図表124−1　刈払機の生産台数と生産金額の推移

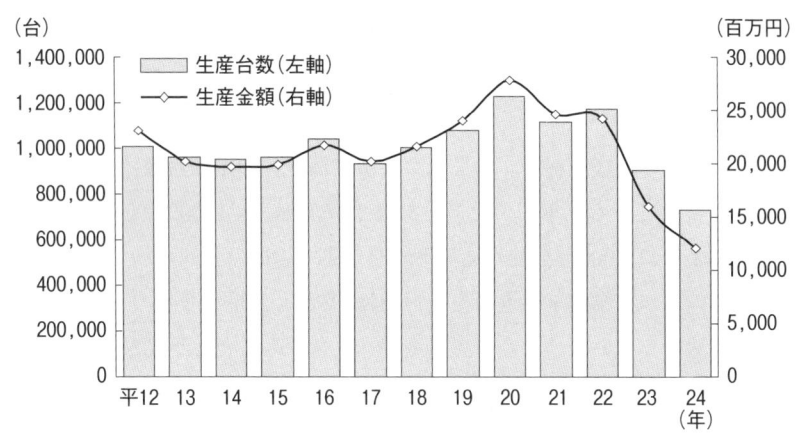

(出所)　経済産業省「機械統計」

　国内で草刈機に対する需要が伸び悩むなか、海外向け販売に力を入れる動きが強まり、輸出に向けた見込生産の割合が高くなる傾向がある。こうした流れから、長期滞留品が増加する可能性もあるため、担保取得後もモニタリングによる在庫数量の確認を継続的に行うことが望ましい。

④　換価処分時のポイント

　草刈機は農業や園芸などの分野で一定の需要があるものの、その規模は比較的小さく、また国内市場はすでに成熟しているとみられる。低価格の海外製品の流入もふえ続けるなかで、処分時期や処分期間によっては、大幅な価格ディスカウントが必要となる可能性もある。

(2)　木材破砕機

①　動産概要

　木材破砕機は、間伐材や枝葉、切株などの廃木材をチップに加工し、バイオマス木質系燃料、ボード材、家畜の敷料などの原材料としてリサイクルするために利用される。構造的には一軸方式、二軸方式に大きく分けられる。一軸方式は対象処理物を回転刃に押し付けて破砕する方法を採用しているのに対し、二軸方式は対象処理物をはさみで切るように破砕する方式を採用し

ている。破砕機自体の構造は比較的シンプルであり、油圧駆動などの成熟した技術が多く使われている。木材破砕機には固定式と自走式があるが、林業用としてはキャタピラ付きの自走式に対する需要が高くなっている。

② 業界動向

経済産業省の「機械統計」によれば、破砕機全体の生産台数は長期的に減少傾向が続いている。年間の生産台数は平成7年まで1,000台を超えたものの、平成8年に1,000台を割り込み平成24年までの間は年間平均で500台水準となっている。平成24年時点の生産台数は298台と、平成2年の3,161台に比べて9割減少している。また、生産金額ベースでみると、平成24年は約54億円であり、平成2年の約152億円の3割程度にとどまっている（図表124－2参照）。国内の生産が減少する半面、海外からの輸入台数は増加する動きを示している。財務省の「貿易統計」によれば、平成24年の「破砕機および粉砕機」の輸入台数は314台と、平成2年の106台の約3倍に増加。輸入金額ベースでみると、平成24年は約23億円となっており、平成2年の約3億円か

図表124－2　破砕機の生産台数と生産金額の推移

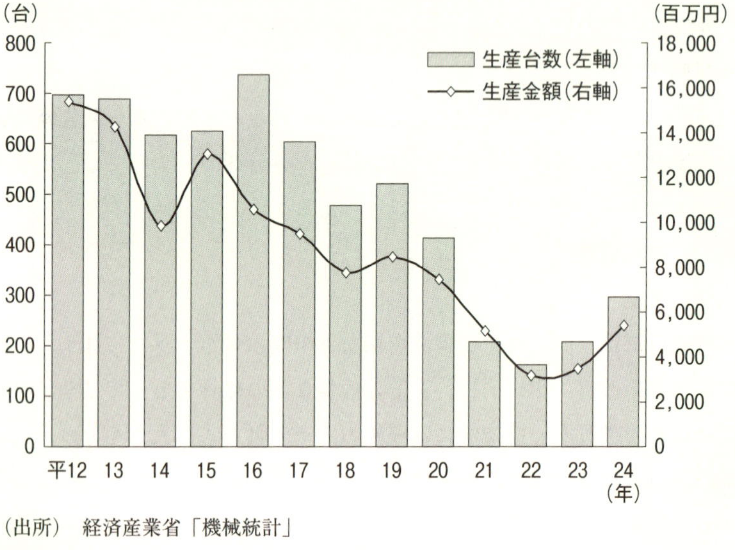

（出所）　経済産業省「機械統計」

ら大幅に増加している。

③ 担保実務上のポイント

木材破砕機は、自走式、固定式を含めて大型のものが多く、担保取得する場合、一般的には個別動産として取り扱うこととなる。木材破砕機は用途の限られる機械であるが、使用される場所や期間などの要素によって機体の状態が異なってくる。よって、担保取得時には、機種や製造番号などの情報だけでなく、アワーメーター（機器の累計使用時間を表示する計器）に関する情報も確認することが望まれる。

④ 換価処分時のポイント

木材破砕機は技術革新が比較的緩やかなこともあり、経済耐用年数は15年程度と、長期間の継続使用が可能である。しかしながら、動産特性上、使用の状態や設置場所の状況などによって機体の状態が大きく変わることから、換価処分時の価値には個別性が顕著に表れる点に注意を要する。

125　建設・鉱山機械

1　概　要

(1)　対象となる動産

建設・鉱山機械とは、ショベル系の掘削機械（パワーショベルなど）、ショベル系以外の掘削機械（トンネル掘進機など）、建設クレーン（クローラクレーンなど）、整地機械（ロードローラなど）、アスファルト舗装機械（アスファルトフィニッシャなど）、コンクリート機械（コンクリートミキサなど）、基礎工事用機械（くい打機など）、せん孔機（さく井機など）、さく岩機（ハンドハンマなど）、破砕機（インパクトクラッシャなど）、摩砕機・選別機（ローラミル、磁気選別機など）などを指す。また、こうした機械の部分品や取付具、付属品も対象に含まれる。

(2)　商流および市場特性・特徴

建設・鉱山機械は安全性や耐久性などに対するユーザーの要求水準が高いことから、その製造においては高い技術力が求められる。また、工事現場など過酷な条件下での使用によって故障が生じやすいこともあり、販売後のメンテナンスやサポート体制が重要視されている。

国産の建設・鉱山機械の販売は主にメーカー代理店あるいは商社経由で行われており、販売価格は取引のつど、販売者とユーザーによる交渉で決定されている。国産品は、品質の高さや優れた技術、メンテナンスの充実度の高さなどからユーザーに支持されており、国内市場に占める割合が高い。これに対して輸入品は、主に国産品と競合しない分野の機種が中心となっている。

建設・鉱山機械は、適切なメンテナンスが行われていれば長期にわたる使用が可能であるため、中古品の流通市場も確立されている。中古品は、新品と比べて価格面の値頃感などから海外での需要も高く、その多くが輸出されている。このため、海外市場の需給動向によって価格動向が影響を受けやす

くなっている。

(3) 資金需要

建設・鉱山機械は技術革新のスピードが比較的速いといわれており、より高い競争力を求めて性能面や環境対策面、安全面などにおいてさまざまな新技術の搭載が積極的に行われているが、それだけに高額な製品も多い。このため、ユーザーが建設・鉱山機械を調達する際は割賦やリースを利用する割合が高い。また、メーカーでは見込生産が一般的であるため、在庫負担のための資金需要が発生しうる。

(4) その他

① 関連法律

建設・鉱山機械には走行装置を備え、自走可能なものが多数存在する。走行方式はクローラ式（キャタピラ）またはホイール式（ゴムタイヤ）に分かれるが、ホイール式のなかには、「道路運送車両法」による登録を受け、車両ナンバーを取り付ければ公道を走行できる機種もある。車両ナンバーを取り付けた場合、特別法で登記・登録が認められている動産（自動車抵当など）となり、動産譲渡登記の対象とならない（登記しても第三者への対抗力が認められない）と考えられるため、担保適性の観点から注意を払う必要がある。

② 海外市場

日本の建設・鉱山機械メーカーは、事業のグローバル化の要請から海外各地で現地生産を展開している。売上構成でみると、こうした現地生産と日本からの輸出をあわせた海外向けの比率が高い水準にあるため、新品か中古品かを問わず、海外市場の需給変動から影響を受けやすい構造となっている。よって、建設・鉱山機械の担保価値を見極める際は、国内市場のみならず、海外市場の環境変化にも留意する必要がある。

(5) 関連情報

・経済産業省、機械統計関連情報
　http://www.meti.go.jp/
・一般社団法人日本建設機械工業会、建設機械に関する統計情報

http://www.cema.or.jp/
・一般社団法人日本産業機械工業会、産業機械関連統計情報
http://www.jsim.or.jp/

2　代表的な動産
(1)　オールテレーンクレーン
①　動産概要
　オールテレーンクレーンはトラッククレーンに分類され、あらゆる路面状況に対応可能であるほか、高い吊上げ能力と小回りのよさを特徴としてもっている。車軸が4軸以上ある一般的な機種は、移動に際して道路3法（「道路法」「道路交通法」「道路運送車両法」）の規制を受ける（移動に際しては、車両の分解や許認可などが必要となる場合がある）。

②　業界動向
　オールテレーンクレーンに対する国内需要は、移動式クレーン全体の数パーセントにとどまると推定されるが、一方で海外での需要は大きく、特に

図表125－1　トラッククレーン（ラフテレーンクレーンを含む）の生産台数の推移

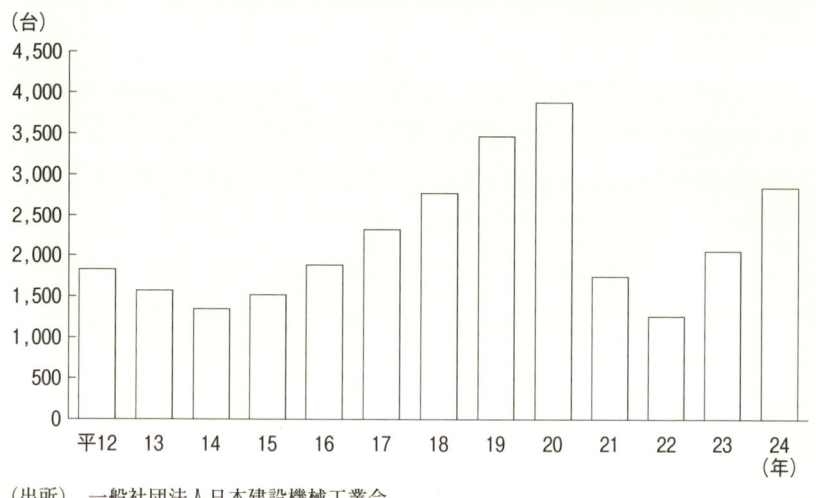

（出所）　一般社団法人日本建設機械工業会

欧州では移動式クレーン全体の7～8割を占めるといわれている。オールテレーンクレーンに限定した統計が乏しいため、国内生産の推移を把握することは困難だがオールテレーンクレーンを含むトラッククレーン全体の生産量をみると、平成14年以降は増加傾向だったが、リーマンショック後の平成21年は急減した。近年は再び増加に転じている（図表125－1参照）。オールテレーンクレーンは経済耐用年数（経済的使用価値の年数）が15年以上といわれており、長期にわたる使用が可能である。しかし、新品を購入する場合、初期投資が多額となるだけでなく、発注から納品までに時間を要することも多い。こうした事情から、国内外で中古品に対する強い需要が存在する。

③　担保実務上のポイント

クレーン機械については、機体の状態だけでなく、累計使用時間の長短によっても売却金額が大きく変動する可能性がある。また、機体に大幅な改造や構造変更等が加えられていると、換価処分時の困難性が高まる可能性がある。よって、担保取得時だけでなく、その後も定期的に車検証やクレーン検査証の提出を受けるとともに、アワーメーター（機器の累計使用時間を表示する計器）や走行距離に関する情報を確認することが望ましい。

④　換価処分時のポイント

上述のとおり、クレーン機械は経済耐用年数が15年以上ともいわれ、長期間の継続使用が可能である。しかしながら、動産特性上、使用の状態や設置場所の状況などによって機体の状態が大きく変わることから、換価処分時の価値には個別性が顕著に現れる点に注意を要する。

(2)　建設・鉱山機械部品

①　動産概要

建設機械部品には走行にかかわる部品（キャタピラなど）や作業にかかわる部品（アタッチメントなど）をはじめ、さまざまな種類が存在する。そのなかには共通仕様をもつ定番品もある一方、材質や形状などが大きく異なるため汎用性が低い非定番品も多数存在する。

国産の建設・鉱山機械は、性能のよさや品質の高さから、国内だけでなく

図表125－2　建設機械の補給部品出荷（国内および輸出の合計）金額の推移
（百万円）

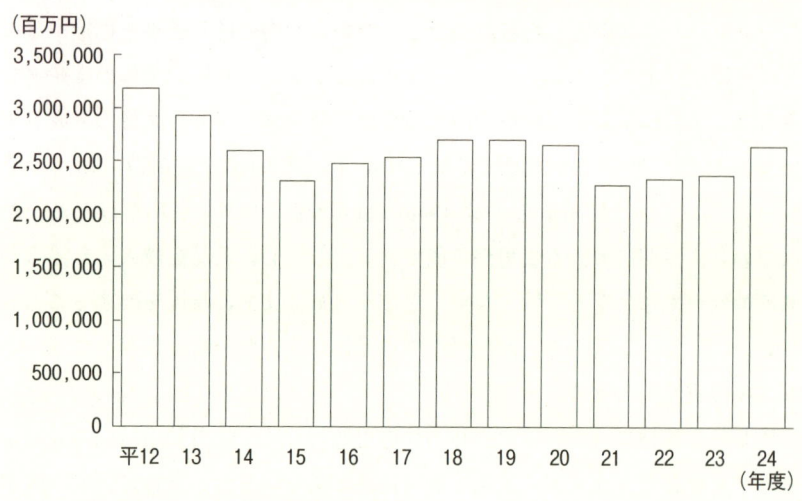

（出所）　一般社団法人日本建設機械工業会

新興国を中心とした海外でも人気が高い。こうした機械本体の海外需要の拡大は部品市場にも恩恵を与えている。

② 　業界動向

　建設・鉱山機械の需要は平成15年以降、順調に推移してきたが、リーマンショック後の平成21年は欧米の不動産投資に急ブレーキがかかったほか、新興国でもインフラ投資が減速するなどの影響もあって、一気に落ち込んだ。平成22～23年にかけては、国内生産額が回復傾向を示したものの、その後は中国の景気減速により、同国内の建設投資が縮小し、さらに同国に資源を供給する国での鉱山開発が低迷した。しかしながら、平成25年に入ってからは、国内の景気促進策の推進や米国の景気回復への期待から、建設・鉱山機械業界を取り巻く環境に改善の兆しがみられる。当該機械の部品に対する需要も機械本体の市場に連動するかたちとなっており、国内外における拡大が期待されている（図表125－2参照）。

③ 　担保実務上のポイント

建設・鉱山機械部品は機械本体とは異なり、取扱業者の保有する在庫種類や数量が膨大となる傾向があり、集合動産として扱われるのが一般的である。取扱業者は、常に幅広い在庫品を一定数量保有することが求められるため、販売頻度の低い在庫品を抱えているケースも多い。よって、在庫の滞留状況の規模や推移を、モニタリングを通じて把握することが重要である。

④　換価処分時のポイント

　建設・鉱山機械部品には汎用性が比較的高い定番品がある一方、汎用性の低い非定番品も多く存在する。また、素材には金属だけでなく、ゴムやプラスチックなども高い比率で含まれているため、スクラップとしての処分を強いられる場合には廃棄費用の負担が発生する可能性もある。

126　工作・製造機械

1　概　　要

(1)　対象となる動産

　工作・製造機械の代表的なものとしては、マシニングセンタやNC旋盤（旋盤に数値制御装置を取り付けたもの）等の金属工作機械、プレス機械や鍛造機械等の金属加工機械、射出成形機や押出成形機等のプラスチック加工機械、紡糸機や毛織機等の紡績・製織・縫製機械、製粉や醸造等の食品機械、製材機械やパルプ製造機械等の木材・製紙機械などがあげられる。このほか、ウエハー加工用の半導体製造機械、フラットパネルディスプレイ製造機械、産業用ロボットなどを含めることもある。

(2)　商流および市場特性・特徴

　工作・製造機械には多様な機種が存在するが、同一の機種でも使用する環境や組み込む生産ラインによってさまざまなカスタマイズが行われる。また、金属工作機械のような高い精度が必要なものについては、ユーザーから技術面や品質面、アフターサービスなどで高いレベルを求められる。こうした背景から、高い技術力や高水準のメンテナンス体制を誇る国内メーカーの製品が輸入品よりも好まれる傾向がある。

　工作・製造機械の需要は製造業の設備投資に大きく依存するため、国内の景況の影響を受けやすい。このため、バブル崩壊後は国内経済の長期停滞もあって国内メーカーによる外需の取込みが加速しており、経済成長が著しいアジアなど海外への進出が活発になっている。これに伴い、主要メーカーの海外売上比率が高まる傾向にあることから、国内のみならず、海外の景気動向による影響も大きくなってきている。

　工作・製造機械はメーカーによる直接販売や代理店を利用した販売が多いとされるが、中小メーカーの場合、機械商社を通じて販売することもある。また、海外向けの場合、現地の販売代理店を利用して販売するケースが多い

といわれている。

(3) **資金需要**

工作・製造機械は製造リードタイムが長いうえ、販売後も納品から検収まで長期間を要することから、運転資金の要調達期間が長期化するケースが少なくない。また、景気の波により受注が増減するほか、製品の納品が3月や9月の決算月に集中することなども資金需要の要因となりうる。

(4) **その他**

工作・製造機械は、ユーザーの要求にあわせて標準仕様の変更、仕上げの調整、機能の追加などカスタマイズが日常的に行われる。こうしたカスタマイズは工作・製造機械メーカーにとって他社との差別化などを図るうえで欠かせないサービスといえるが、動産担保の観点からは機械の汎用性を損なう要因となっており、担保取得時に注意を要するポイントとなる。

(5) **関連情報**

・経済産業省、機械統計関連情報
　http://www.meti.go.jp/
・一般社団法人日本工作機械工業会、工作機械統計情報
　http://www.jmtba.or.jp/
・一般社団法人日本産業機械工業会、産業機械関連統計情報
　http://www.jsim.or.jp/

2　代表的な動産

(1) **マシニングセンタ**

① 動産概要

マシニングセンタは自動工具交換機能をもった工作機械であり、主な機能である切削加工をはじめ、フライス加工、中ぐり加工、ねじ立てなどの異種の加工を目的にあわせて1台で行うことができる。コンピュータ数値制御によって、工具マガジンと呼ばれる装置に格納した複数の工具を自動的に交換して加工作業を行うことから、「自動工具交換装置を搭載したNCフライス

盤」と言い換えることもできる。

　マシニングセンタは、工作物を削る主軸が、垂直方向である「立型」と水平方向である「横型」に大きく分類されるが、そのほかにも、5軸同時加工のできる5面加工機や、大型の工作物が加工可能な門型などが開発されている。

② 業界動向

　日本で生産される工作機械のうち、コンピュータ数値制御工作機械（NC工作機械）の割合は、生産台数ベース、生産金額ベースともに9割近くを占めている。また、マシニングセンタは、生産台数ベースでNC工作機械全体の5割超、生産金額ベースで同4割超と、高い割合となっている。経済産業省の「機械統計」によれば、国内のマシニングセンタ生産台数は平成24年に約4万6,000台（前年比30％の増加）、生産金額は約4,654億円（同13％の増加）となっている。

　マシニングセンタの生産台数は、リーマンショック後の世界的な景気低迷等により、平成21年には7,719台まで急落した。しかしながら、平成22年に入ってからは国内の自動車関連や建設機械関連の設備投資意欲復活に伴い、回復に転じている。また、その後は米国の自動車メーカーの立直りで各生産拠点における設備投資が活発になるなど、海外での需要も好調に推移していることがマシニングセンタの生産を支えるかたちとなった（図表126－1参照）。

③ 担保実務上のポイント

　マシニングセンタはユーザーからの依頼によりカスタマイズされるケースが多いが、カスタマイズずみの製品が納品前にキャンセルになると、そのままの状態で第三者に転売することは困難となる。このため、担保取得時やモニタリングに際しては、在庫数量などを確認するとともに、注文書等のエビデンスにより受注状況などをチェックすることが望ましい。

④ 換価処分時のポイント

　マシニングセンタは精密機械であるため、運搬等に際しては作業面や費用

図表126−1　マシニングセンタの生産台数と生産金額の推移

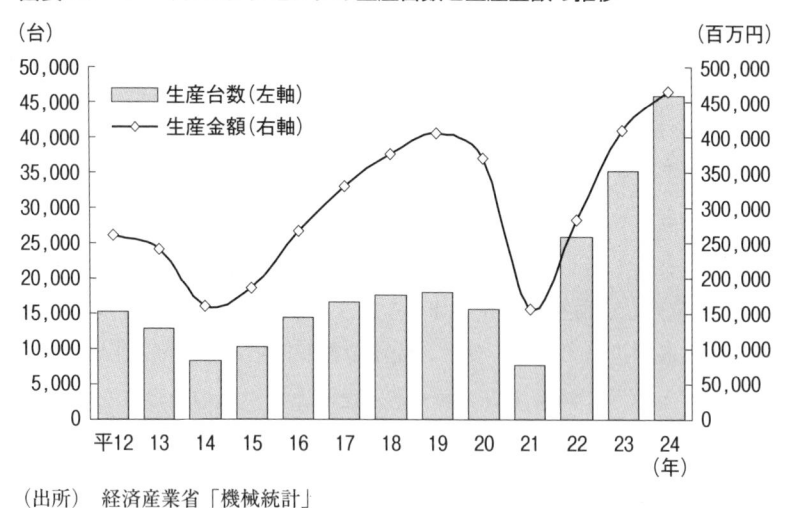

（出所）　経済産業省「機械統計」

面において一般的な機械製品よりも大きな負担が発生しうる。また、カスタマイズされた製品はそのままの状態で販売することがきわめて困難なため、追加のカスタマイズが必要となる可能性もあり、これに伴う費用負担の発生もありうる。

(2) 鍛造プレス機

① 動産概要

鍛造プレス機は、金属を塑性加工するための機械であり、機械式プレス機と液圧式プレス機に大別される。機械式プレス機はモーターの力を利用したもので、主に型鍛造用として使用されるが、生産性の高さから鍛造プレス機械の9割以上がこのタイプとなっている。一方、液圧式プレス機は液体（主に油が用いられる）の圧力を利用したもので、大型品の熱間鍛造など、機械式プレスでは対応できない特殊な分野で多く使用される。鍛造プレス機の加圧プレス能力は用途によって異なり、1,500〜8,000トン程度を中心とするが、大型の機械になると1万トンを超えるケースもある。

② 業界動向

鍛造プレス機は金属素材の加工機械として最も基礎的な生産設備であり、精度や形状の均一な製品を大量に製造できることから、幅広い用途や製造分野で使用されている。このため、景気動向や自動車業界、電気機器業界など大口需要家の投資動向によって受注状況が大きく変動する。また、製造業の海外進出が進むなか、海外市場の景況や設備投資動向からも影響を受けやすくなっている。一般社団法人日本鍛圧機械工業会が会員企業を対象に行った統計調査でみると、平成24年の鍛造プレス機を含む鍛圧機械全体の受注金額は約3,104億円と、前年比2％増加した。リーマンショック以降は世界景気減速に伴う設備投資の縮小を受け、受注金額が前年比67％減（平成21年、約1,124億円）と急激に減少する局面もあった。ただ、その後は主な需要家である自動車業界を中心に国内外の需要が回復傾向に転じており、受注金額もリーマンショック以前の水準に戻りつつある（図表126－2参照）。

③　担保実務上のポイント

　鍛造プレス機はメーカー標準仕様の汎用機以外に、ユーザーのニーズにあ

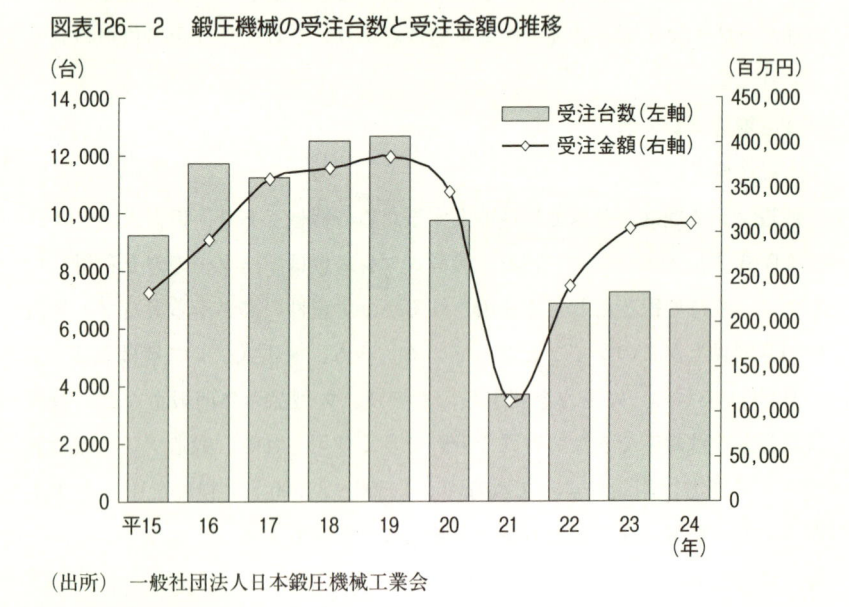

図表126－2　鍛圧機械の受注台数と受注金額の推移

（出所）　一般社団法人日本鍛圧機械工業会

わせてカスタマイズされた受注生産品も多い。受注生産品の場合、汎用性が限定されることから、換価処分時の価値が大幅に低下する可能性がある。したがって、モニタリングなどを通じて在庫に占める受注生産品の割合の変動等を確認する必要がある。

④ 換価処分時のポイント

　鍛造プレス機は、適切なメンテナンスやバリューアップを施すことで長期間使用することが可能である。しかしながら、換価処分時においてすでに耐用年数を超過している機体などは、稼動可能な状態であっても、処分価値が大幅に下落する可能性がある。

127　産業用金物

1　概　　要

(1)　対象となる動産

産業用金物とは、切削工具・超硬工具などの機械工具や、各種の金属用金型（プレス用・鍛造用・鋳造用など）、その他材料向けの金型（プラスチック用・ゴム用・ガラス用など）などを指す。また、これらの金型などに関連する部分品や付属品も対象に含まれる。

(2)　商流および市場特性・特徴

機械工具や金型は、さまざまな製造業において金属材料などの成形加工に用いられており、その市場規模は大きい。機械工具や金型の製品は、材質や形状、サイズなどで細かく分類され、その製造においては高い技術が要求される。また、種類によっては設計技術や製造設備が異なるケースも多く、専門分野に特化するメーカーも多いとされる。日本国内には、高い技術力を背景に世界でも強い競争力を有する有力なメーカーが多数存在している。

機械工具や金型は製造業とのかかわりが深いことから、その需給も自動車や電気機器など製造業界の動向に大きく影響される。また、国内市場については、製造業における生産拠点の海外移転に伴いその規模が縮小する一方で、海外メーカーの台頭もあって競争が激化する傾向にある。

機械工具にはJIS規格に適合した標準品のほか、注文ごとに個別生産する受注生産品も多く含まれている。このため、流通形態としては、代理店や問屋などの中間業者を経由した取引のほか、メーカーによる大口ユーザーへの直接販売も少なくない。一方、金型の場合は受注生産が一般的であり、中間業者による参入の余地が少ないため、ほとんどがメーカー・ユーザー間の直接取引の形態をとっている。

(3)　資金需要

機械工具や金型の製造では、受注生産が大きな割合を占めているため、製

品在庫の負担が比較的に少ないとされる。しかしながら、機械工具に関しては、一定の規格に従った標準品も多く製造されており、当該品に特化している企業であれば、見込生産などによって資金負担が重くなることがある。また、中間業者の場合、多品種にわたる製品を扱うなかで、欠品防止の観点からある程度余裕をもって在庫を保有する必要があり、そのための資金負担が発生しうる。一方、金型の場合、ものによっては長い製作期間が必要となること、また発注者の製品のライフサイクルにあわせて一定の時期に受注が集中することなどから、運転資金の需要が発生すると考えられる。

⑷ その他

切削工具や超硬工具の製造ではタングステンなどのレアメタルが多用されているが、日本国内で使用されるレアメタルのほとんどが海外からの輸入に依存しているため、特定の生産国の生産動向や政策動向などによってその供給が不安定になり、価格も短期間で急激に変動しうる。日本国内では調達ルートの多様化や代替技術の開発、リサイクルの推進などで対応策が講じられているものの、現状を短期的に改善できる可能性は低いとされる。このため、レアメタルの国際相場の急激な変化が切削工具や超硬工具のメーカーの経営に影響を与えうることに留意する必要がある。

⑸ **関連情報**

・経済産業省、機械統計関連情報
　http://www.meti.go.jp/
・日本工具工業会、各種統計資料
　http://www.kouguko.com/
・一般社団法人日本金型工業会、各種統計データ
　http://www.jdmia.or.jp/

2　代表的な動産

⑴ **切削工具**

① 動産概要

切削工具は超硬工具の一種として、切削機械の回転部分の先端に取り付けられる重要なパーツであり、加工目的や被削材の種類などにあわせた多様な種類がある。近年の切削技術の高速化、精密化にあわせてその形状や素材の開発も進んでおり、多数のバリエーションが存在する。切削工具の主な種類としては、ドリル（穴あけ工具）、エンドミル（側面加工・溝加工・穴あけ加工工具）、タップ・ダイス（ねじ加工工具）、バイト（旋削工具）、ギアカッター（歯車加工工具）、ブローチ（表面および内面加工用工具）がある。また、使われる素材としては、HSS（ハイス、高速度工具鋼）をはじめ、超硬合金、セラミック・メタル、セラミックス、ダイヤモンド焼結体などがあげられる。

② 業界動向

切削工具業界には、多品種を製造する総合メーカーのほか、数種類のみに特化した多数の中小メーカーが存在している。総合メーカーの多くが標準品を量産しているのに対して、中小メーカーは独自技術をもとに得意分野に特化する傾向が強い。経済産業省の「機械統計」によると、機械工具の平成24年の生産金額は4,065億円と前年比1％減少しており、そのうち超硬工具（チップを含む）の生産金額は2,226億円と、機械工具に占める割合が最も高く、全体の55％に達している。

機械工具の生産金額は平成12年前半〜19年にかけて緩やかに増加してきたが、平成20〜21年にかけてリーマンショック後の世界的な不況の影響により、一気に落ち込んだ。平成22年以降は回復に転じたものの、欧州の金融不安や中国の景気減速などによる影響で自動車業界をはじめとする主な需要先の生産が低迷しており、これに伴って平成24年は再び減少する結果となった（図表127-1参照）。

③ 担保実務上のポイント

切削工具には、JIS規格に準拠する標準品などの量産品以外に、ユーザーの注文に基づき受注生産される特注品もあるが、両者間で汎用性は大きく異なる。同一メーカーでも量産品と特注品を同時に製造する可能性があり、担保在庫のうち汎用性の低い特注品が多く含まれるケースも考えられる。よっ

図表127−1　機械工具の生産金額の推移

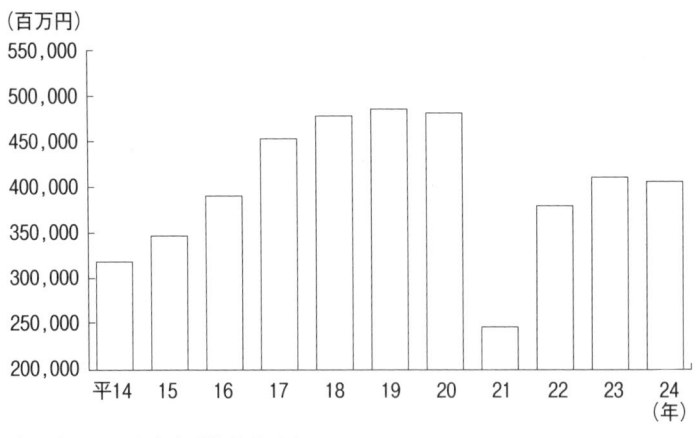

（百万円）

（出所）　経済産業省「機械統計」

て、担保取得時だけでなく、取得後も標準品、特注品の割合の変動等に注意していく必要がある。

④　換価処分時のポイント

　切削工具の標準品は一定の汎用性があるため、通常の流通ルートでの処分が可能である。しかし、特注品については基本的に発注したユーザーしか使用できないため、換価処分時に製品として販売する先も当該ユーザーに限定される可能性が高い。

(2)　ダイキャスト用金型

①　動産概要

　ダイキャスト用金型は鋳造用金型の一種であり、アルミ合金や亜鉛合金、マグネシウム合金などの原材料を使って金属部品を製造するために用いられる。ダイキャスト用金型にアルミ合金などの金属を溶融して圧入する鋳造方法は、砂製の鋳型に溶融金属を流し込む方法に比べて、高精度かつ短時間で大量の金属部品を製造することができる。一般的には自動車のエンジンやトランスミッションといった部品のほか、家電製品や日用品などの製造にも使われる。

② 業界動向

　金型業界は自動車産業をはじめ、電気機器産業や各種機械産業などの製造業を支える基幹産業として大きな市場規模を有している。日本では欧米と比べて金型の内製化比率が低く、多くの場合、金型専業メーカーに外注する体制が構築されており、世界でも屈指の技術力を誇る専業メーカーも多数存在している。また、金型の種類やサイズにより、設計技術や製造設備が大きく異なるため、多くの金型メーカーが専門分野に特化する傾向がみられる。しかし、日本国内の製造業による生産の海外移転が進んでいるため国内の金型の需要は縮小傾向を示しており、また、韓国や中国などの金型メーカーの台頭により価格競争も激しくなっている。

　経済産業省の「機械統計」によれば、平成24年の金型生産量は約73万組と、前年比約1％減少した。金型の生産量は平成12年以降減少が続き、リーマンショック後の平成21年には約55万組まで落ち込む場面もあった。その後は回復に転じたものの、平成12年の約102万組と比べると約7割の水準にとどまっている（図表127－2参照）。このうち、自動車用部品の製造に多く使われるダイキャスト用金型の生産量は比較的安定しており、平成24年現在では約9,300組となっている。これはリーマンショック前のピーク水準（平成18年、約1万2,000組）から23％減少したものの、平成12年当時の約8,500組より9％増加している。

③ 担保実務上のポイント

　ダイキャスト用金型は基本的に完全受注のもとで生産されており、きわめて個別性の高い動産といえる。汎用性が期待できないため、発注した企業が引き取る場合を除いて、金属素材としての価値しか望めない。よって、担保取得時に、金型に使われる金属素材の材質や重量などを把握できる在庫データを入手しておくことが重要なポイントとなる。

④ 換価処分時のポイント

　動産の特性から、換価処分時には、ダイキャスト用金型を発注したユーザーに対して引取りを要請することによって、より高い換価価値を実現しう

図表127-2　金型の生産量の推移

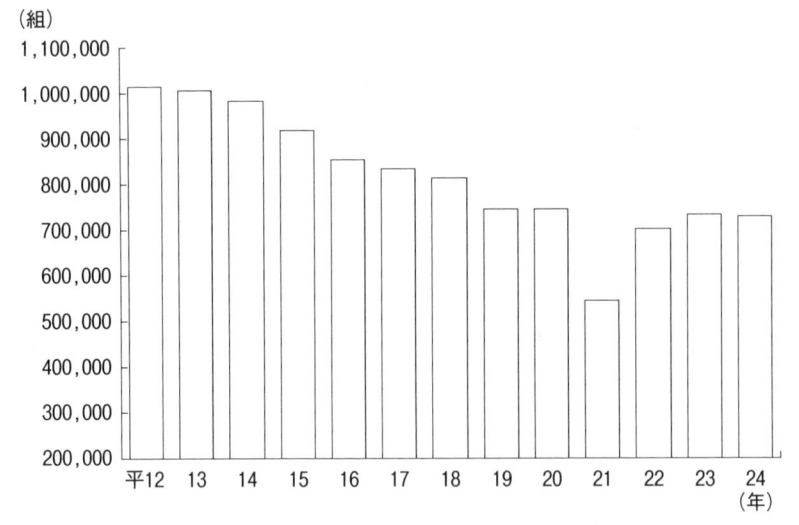

(組)

(出所)　経済産業省「機械統計」

る。しかしながら、当該ユーザーとの交渉が失敗に終わり、引取要請が拒否された場合には、ダイキャスト用金型を金属スクラップとして処分することが想定され、換価価値も大幅に低下する可能性がある。

128　その他産業機械器具

1　概　　要
⑴　対象となる動産

　その他産業機械器具とは、汎用機械器具や農業・林業機械、建設・鉱山機械、工作・製造機械、産業用金物を除く産業機械器具類を指し、代表的なものとしてはオフセット印刷機等の印刷機械、製本機等の紙工機械のほか、作業工具や電動工具等の工具類、開閉機器や制御機器等の電設機械器具などがあげられる。

⑵　商流および市場特性・特徴

　その他産業機械器具の種類は多岐にわたり、それぞれ複雑な製造工程を有する。このため、同一企業で一貫生産することはまれであり、大半のメーカーが外部から部品を購入したり、外注先に加工を委託したりしている。

　また、その他産業機械器具の多くは国内市場がすでに成熟しており、内需の急激な拡大は期待しにくい。このような環境に対応するため、生産コストの低い海外に製造拠点を移転したり、海外市場を積極的に開拓したりする動きもごく一般的となっている。こうしたなか、その他産業機械器具にかかわる多くの企業の事業活動はグローバル化が進み、商流はより複雑になっていく傾向が認められる。

⑶　資金需要

　その他産業機械器具の種類は多岐にわたり、資金需要の要因についてもそれぞれ個別性が高い。メーカーの場合、金属素材などの原材料を仕入れるための一般的な運転資金需要が存在する。また、作業工具のような多品種生産を基本とする動産の場合、需要の多様化や競争の激化などによる影響で小ロット対応や短納期化への要請も強まっている。こうしたニーズに応えるには、見込生産によって一定水準の在庫を常に確保しておく必要があり、これに伴う資金需要も発生しうる。

(4) その他

その他産業機械器具の多くは、農業・林業機械や工作・製造機械などと同様、国内市場の成熟化に伴う競争が激化している。このような環境を勝ち抜くため、ユーザーのニーズを把握すると同時に新たな需要開拓に向けて新製品の開発が積極的に行われており、新機能や新技術を製品に搭載することで同業他社との差別化を図る動きが活発になっている。全般的には技術革新のスピードが速まるなか、製品の需給動向や流通価値などが業界全体の技術動向などによって影響を受けやすくなっているといえる。

(5) 関連情報

・経済産業省、金属製品関連・機械統計関連情報
  http://www.meti.go.jp/
・一般社団法人日本電機工業会、各種統計データ
  http://www.jema-net.or.jp/
・一般社団法人日本電設工業協会、各種統計情報
  http://www.jeca.or.jp/

2　代表的な動産

(1) 作業工具

① 動産概要

作業工具とは組立てや修理などに使われる各種の手工作業用工具のことであり、具体的にはレンチやスパナ、プライヤ、ペンチ、ニッパー、ドライバーなどを指す。産業用から日曜大工向けまで需要が多岐にわたり、種類やサイズなどで細かく分類されている。作業工具の多くはJIS規格に従って製造されているが、特殊なサイズや多機能タイプなどユーザーからの要望に応じて製造されるものもある。

② 業界動向

作業工具は日本の経済成長とともに市場規模が拡大しており、また品質のよさなどから輸出の割合も高く、一時期、国内生産の8割程度が輸出に向け

られたといわれている。しかしながら、バブル崩壊後の景気後退を背景に国内需要が伸び悩んでいるほか、中国や台湾などアジアメーカーの台頭を受けて輸出規模も次第に縮小している。一方、近年は特に安価な汎用品を中心に輸入がふえており、国内市場における輸入品のシェアが拡大している。

経済産業省の「鉄鋼・非鉄金属・金属製品統計」によれば、平成24年現在の作業工具の国内生産金額は約407億円となっており、前年比約2％増加したが、平成12年の約491億円からは約21％減少している（図表128－1参照）。また、財務省の「貿易統計」でみると、作業工具の輸入金額は平成12年から増加傾向が続いたが、リーマンショック後はいったん大きく落ち込んだ。ただ、その後は回復に転じ、平成24年には約218億円と、平成12年の約176億円に比べて約24％増加した。一方、輸出は減少傾向を示し、平成24年には約184億円と、平成12年の約194億円から約5％減少し、平成12年からの年平均約300億円の水準の6割程度にとどまっている。

③　担保実務上のポイント

作業工具は鍛造や熱処理、機械加工、研磨などの複雑な工程を経て製造されることから、メーカーが一部の加工業務を他の企業に外注することも一般的に行われている。その場合、在庫品が担保対象の保管場所以外の場所に移

図表128－1　作業工具の生産金額の推移

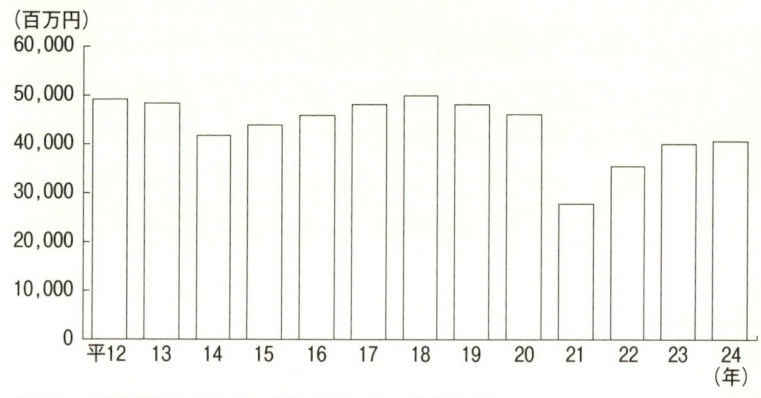

（出所）　経済産業省「鉄鋼・非鉄金属・金属製品統計」

動される可能性もあるため、外注先の情報を含む商流の詳細について確認しておくことが望ましい。

④ 換価処分時のポイント

作業工具の多くはJIS規格などに適合した汎用品であるが、ユーザーの要望に応じて生産される特注品もある。当該特注品は換価処分時に処分ルートが限定される可能性があり、注意を要する。また、国産品と輸入品では、品質などで勝る国産品のほうが人気が高いため、同種類の作業工具であっても換価価値に格差が生じることも考えられる。

(2) 電設機械器具

① 動産概要

電設機械器具は、電路資材や受配電・電源機器、開閉器類、制御機器、配線器具など種類が多様であり、通常の電設工事ではそのうちの複数がセットとして使われるケースがほとんどである。このため、電設資材業界では、さまざまな種類の電設機械器具を取り扱う総合卸売業者が、メーカーと電気工事業者や工務店、ゼネコン、ハウスメーカーなどのユーザーを結びつける役割を果たしている。

② 業界動向

電設機械器具の種類は多様であり、全体の生産規模などに関する詳細な統計が乏しいため、市場規模を把握することは困難である。一方、一般社団法人日本電設工業協会がまとめた「電気工事業の受注調査」によると、平成12～24年度の電気工事受注高は平均して年間約2兆6,000億円にのぼっている。この規模からして、関連する電設機械器具への需要も比較的大きいものと考えられる。

また、上記受注調査をみると、平成21年と平成22年はリーマンショック後の景気低迷の影響を受けて2兆2,000億円台と低迷していたが、平成23年は景気回復基調となり工事受注高も前年比約5％増の2兆3,800億円となった。さらに、平成24年についても東日本大震災後の復興需要などによる影響を受け、工事受注高は一段と増加しており、前年比約11％増の2兆6,400億円と

なった（図表128-2参照）。このうち、電設機械器具が多く使われる住宅やビルなどの内線工事受注は約1兆7,300億円となっており、前年比約9％増加している。政府による公共投資の増強や消費税増税を控えて住宅への駆込需要もあるなか、電気工事受注高の回復傾向も続くと予想される。

③ 担保実務上のポイント

電設工事などに使われる電設機械器具は同時に複数の種類が使われることが一般的であり、工事が集中するときでも安定供給が求められることから、メーカーなど電設機械器具を取り扱う企業は多品種の在庫を常に一定水準保有する必要がある。したがって、余剰在庫が比較的発生しやすく、担保取得に際してはモニタリングを通じて在庫水準を継続的に確認し、余剰在庫の推移状況を把握することが重要となる。

④ 換価処分時のポイント

電設機械器具の多くは定められた仕様に従って生産され、一定の汎用性が認められる。しかしながら、電設機械器具を取り扱う企業は同時に多品種の在庫を保有するケースがほとんどであり、換価処分時の売却候補先もこうした在庫をまとめて受け入れられる同業他社に限定される可能性が高い。ま

図表128-2 電気工事受注高の推移

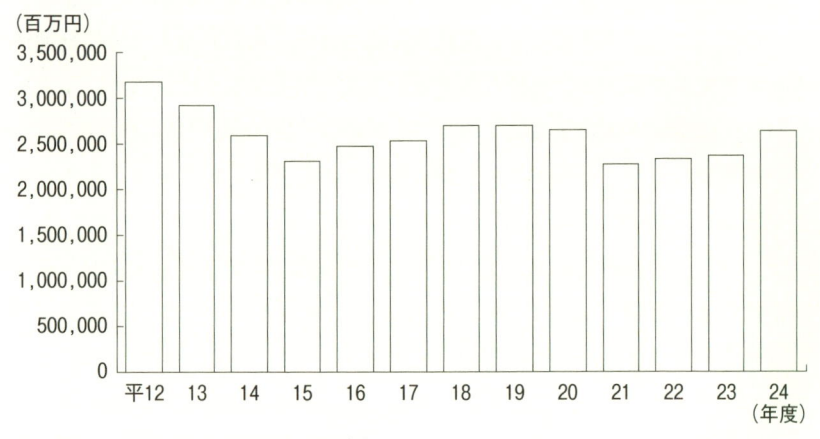

（出所） 一般社団法人日本電設工業協会

た、電設機械器具は種類によって需要度が異なっており、需要の低いものの在庫品については製品でなく、素材スクラップとして処分する可能性もありうる。

第2節　業務用機械器具

129　計測・検査機械器具

1　概　要

(1) 対象となる動産

　計測・検査機械器具とは、さまざまな物質や物体を計量・計測し、長さや重さなど物理量、硬さや粗さなどの工業量を所定の方法で表すための機器を指す。代表的なものとしては、三次元測定機、内径測定機、重量測定機、電力・水道メーター、X線検査機などがあげられる。

(2) 商流および市場特性・特徴

　計測・検査機械器具は工業製造現場や研究開発から日常生活までさまざまな場面で使用されており、大きな市場規模を有している。しかしながら、多様な種類が存在するなか、多くの製品が多品種小ロット生産であり、独自の技術に強みをもつ中小企業が数多く活躍する業界構造となっている。

　計測・検査機械器具は製造現場をはじめ、さまざまな場面で多様なニーズへの対応を求められている。また、ユーザー各社からの事業環境の変化に伴って生まれる要望に沿うかたちで新製品が次々と開発され、新たな需要の創出につながっている。一方、国内市場では低価格な輸入品の流入もあり、国際レベルの競争力をもつ国内メーカーを中心に、低価格品と競合しない高付加価値分野に注力する傾向もみられる。

　計測・検査機械器具は、単独で使用される以外にさまざまな製造ラインに組み込まれることも多く、その場合ユーザーによって求められる性能や精度などが異なる。このため、ユーザーから受注後に生産されるものや、カスタマイズが施されるものも多い。また、製品の販売後もメンテナンスやデータ分析などのアフターサービスへの需要が高いことから、流通ルートは専門の

商社・代理店経由や直接販売が中心となっている。

(3) **資金需要**

計測・検査機械器具の製造では受注生産の割合が高いことから、メーカーの在庫負担は比較的少なく、よって運転資金需要も見込生産中心の業界と比べて少ないと考えられる。一方、斯業界の特徴として研究開発に関する費用負担が重く、その関連での資金需要は強いといえる。

(4) **その他**

計測・検査機械器具の製造では国内メーカーが研究開発や品質向上などに注力しており、世界でも競争力を強めているものの、国内市場では、海外メーカーの台頭から安価な輸入品の流入がふえてきている。こうした背景から、国内メーカーが開発の重点を汎用品から特殊な高付加価値品にシフトする動きが強まっており、これに伴って特注品への対応や少量生産する新製品の開発も加速している。また、技術革新のスピードが速まるなか、製品のライフサイクルが短くなる傾向が表れており、製品の陳腐化に伴う担保価値の低下もこれまで以上に早くなることが考えられる。よって、担保取得する際は、技術革新のスピードが速い機種や特注品の在庫全体に占める割合などに注意を払う必要がある。

(5) **関連情報**

・経済産業省、機械統計関連情報

　http://www.meti.go.jp/

・一般社団法人日本電気計測器工業会、統計関連情報

　http://www.jemima.or.jp/

・一般社団法人日本計量機器工業連合会

　http://www.keikoren.or.jp/

2　代表的な動産

(1) **ガス・水道メーター**

① 動産概要

ガス・水道メーターは、正確性のみならず長期間の使用に耐えうる耐久性が強く求められることから、ガスメーターの主要部品の素材にはアルミ合金、水道メーターの主要部品の素材には伸銅品が使用されている。ガスメーター、水道メーターは、ともに生活に必須なインフラ設備に使用される機器であるため、一般的な計測・検査機械器具とは異なり、地方自治体やガス事業者などの公共性が高い機関、企業が主なユーザーとなっている。

　ガスメーターには、計測するガスにより「都市ガス用」や「プロパンガス用」などの種類があり、水道メーターには、現地で個別に使用量を確認する「現地式」や遠隔地からでも使用量を確認できる「遠隔式」などの種類がある。ガスメーター、水道メーターは、ともに「計量法」により有効期限が定められており（ガスメーターは10年、水道メーターは8年）、新規需要に加えて、一定の更新需要が存在するという特徴がある。

② 　業界動向

　経済産業省の「機械統計」によると、平成24年のガスメーター、水道メーターの生産量は、それぞれ約292万個、約393万個となっており、生産金額ベースではガスメーターが約283億円、水道メーターが約188億円となっている。ガスメーター、水道メーターともに、毎年、一定の更新需要があるものの、年ごとの更新対象のメーター数にはバラツキがあるため、年によって必要メーター数も大きく増減する傾向がある（図表129－1参照）。

③ 　担保実務上のポイント

　民生用のガスメーター、水道メーターは通常、地方自治体やガス会社などが行う入札会などで販売数量や価格などが決定される。かりに落札できた場合には、短期間のうちにまとまった数量の製品を納品することになるため、メーカーは常に相応数量の製品や部品を保有している。したがって、落札できなかった場合には、当該在庫が滞留する可能性が高い。このため、担保取得時およびその後のモニタリングにおいて、在庫の滞留状況や型落ち在庫の数量などを詳細に把握することが望ましい。

④ 　換価処分時のポイント

図表129-1　ガス・水道メーターの生産量の推移

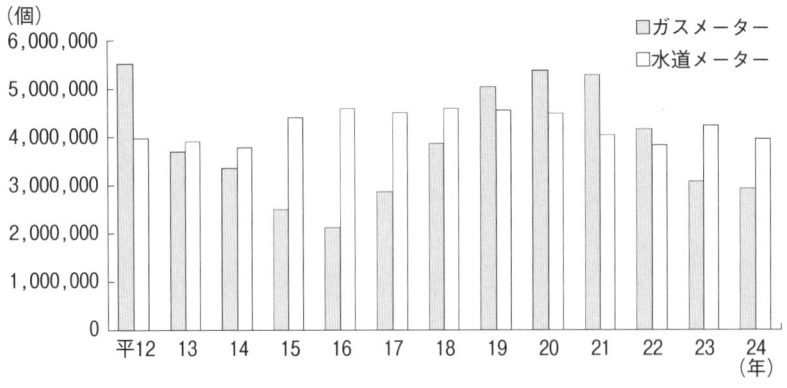

(出所)　経済産業省「機械統計」

　ガスメーター、水道メーターともにメーカーによる精度や安全性などの保証が求められるため、当該メーカーの経営が破綻した場合、倒産品を購入する先は基本的に存在せず、よって製品としての換価処分は困難とみられる。このため、最終的には金属スクラップとして処分する可能性が高い。

(2)　異物検査装置

① 動産概要

　X線異物検査装置を含む異物検査装置は、検査対象物を物理的に破壊することなく、当該対象物に混入している異物や内部の欠陥、表面の微小な傷等を検出するための検査装置である。検査方法等によって装置の機能や装備が異なるが、大きくは高周波磁界方式、X線方式、レーザー方式、光学式、超音波方式などに分類される。従来からある高周波磁界方式を採用した検査装置では金属片のみ検出が可能であるが、比較的新しいX線方式を採用した装置では金属以外にも石、ガラス、骨、硬い樹脂片などの異物の検出が可能である。

② 業界動向

　X線異物検査装置を含む異物検査装置は、建設、医療、食品製造などのさまざまな分野で利用されており、全体の市場規模は1,000億円を上回ると推

測されている。最近では、一般消費者から「食の安全」が強く求められており、製造現場における食品製造向けの異物検査装置の普及が顕著となっている。ここ数年は、検査装置メーカー各社による高性能製品の開発が進んでおり、また、各製品の価格も以前に比べて安価になっていることから、規模の大きい食品工場だけでなく、スーパーのバックヤードや惣菜、弁当工場など小規模な食品製造施設、食品輸入業者の保管施設などでも検査装置を活用するケースがふえている。

食品製造関連では異物検査装置に関する統計資料等がほとんどないため、全体の市場規模や流通数量等については不明ながら、異物検査装置は、新規の設備投資だけでなく、既存の製造ラインへの追加設置等のかたちでも導入が進められたことから、平成20年前後までは需要の増加が続いていた。しかしながら、既存の生産ラインへの追加設置が一巡したことや、リーマンショック以降、あらゆる産業分野において新規設備投資の抑制が顕著となったことから、最近の異物検査装置に対する需要は弱含みとなっている。

③ 担保実務上のポイント

異物検査装置については基幹機能等に共通性があるものの、個々の機体は被検査物の種類や大きさ、形状などにあわせて仕様変更などが行われるケースが多い。このため、多くの場合は汎用性がほとんどなく、発注先以外に販売することはきわめてむずかしい。よって、担保取得にあたっては、特注品の在庫全体に占める割合などを把握しておくことが重要といえる。

④ 換価処分時のポイント

上述のとおり、換価処分時に製品を発注先以外に売却することがむずかしいが、同様にその仕掛品や部品についても汎用性がほとんどないため、売却対象先を見つけることは困難である。したがって、製品の受注先や部品の仕入先などによる引取りが見込めない場合には、在庫品の全量を金属素材としてスクラップ処分することを想定しておく必要がある。

130 医療機器・診療報酬

1 概　要
(1) 対象となる動産

医療機関におけるABLの活用について、①医療機器（動産担保）と②診療報酬（債権担保）の二つが代表的である。産業分類上では、医業に分類され、病院（一般病院・精神科病院・結核療養所）と一般診療所が対象となる。

① 医療機器

医療機器とは「人若しくは動物の疾病の診断、治療若しくは予防に使用されること、又は人若しくは動物の身体の構造若しくは機能に影響を及ぼすことが目的とされている機械器具等」と薬事法で定義されている。その対象はメスやはさみから透析機器、CT、MRIと幅広く、4,000アイテム以上ある。

医療機器は、その人体等に及ぼす危険度に応じ、国際基準のGHTFルール（Global Harmonization Task Force）に基づいて国際的なクラス分類がされており、それを日本では厚生労働省告示により、以下のように分類されている。

- クラスⅠ（一般医療機器）　生命や健康に影響を与えるおそれほとんどなし
  例：メス、はさみ、患者椅子、聴診器、血圧計、補聴器、握力計
- クラスⅡ（管理医療機器）　生命や健康に影響を与えるおそれあり
  例：画像診断装置、超音波診断装置、電子内視鏡、歯科用合金
- クラスⅢ（高度管理医療機器）　生命や健康に重大な影響を与えるおそれあり
  例：透析機器、人工関節、放射線治療器、麻酔装置、血管用ステント
- クラスⅣ（高度管理医療機器）　生命や健康に重大な影響を与えるおそれが最も高い
  例：ペースメーカー、人工心臓弁、冠動脈ステント、吸収性縫合糸

② 診療報酬

医療機関が患者に対し診療を行うと、売上金について、患者の自己負担割合が通常0～3割、社会保険診療報酬支払基金もしくは国民健康保険団体連合会（以下、社保・国保という）からの収入割合は7～10割となる。その社保・国保からの収入は1～3カ月サイトの売掛金となり、その売掛債権を譲渡担保とする。

なお、診療報酬債権のほか、調剤報酬債権についても譲渡担保取得が可能である。

介護報酬債権担保については、介護保険法において保険者（国保）は利用者当人に対し介護サービス費を支給すると定めているが、一方で、介護サービス費を利用者当人にかわり、介護事業者に支払うことができ、その場合は利用者当人に支払ったものとみなすことを介護保険法で規定しており、取り扱っている金融機関もある。

(2) **商流および市場特性・特徴**

① 医療機器

医療機器は、人の生命および健康に影響を与える可能性があることから、メーカーに対して「市販後の医療機器の安全性についても、確保する責任がある」と薬事法で定めている。

よって、流通の過程においても、メーカーに対する「通知」や「承諾」が必要となることから、処分の際は留意が必要である。金融機関独自での処分は困難であり、医療機器の卸業者・ディーラーや中古医療機器販売業者との連携や協力体制が必要である（図表130－1参照）。

② 診療報酬

医療行為から診療報酬の支払までの流れは図表130－2のとおりである。

(3) **資金需要**

① 医療機器

医療機器は、その専門性から機器によっては数億～数十億円するものもあり、購入時や買換時には資金需要が発生する。

医療機器は、医療機関にとって集患やレセプトを左右する重要な位置づけ

図表130-1　医療機器の商流

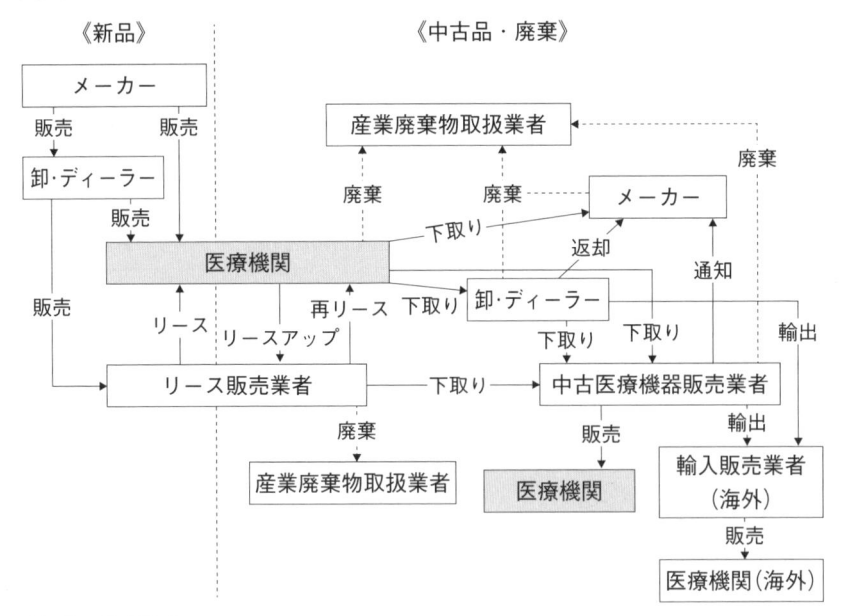

《新品》　　　　　　　　　《中古品・廃棄》

```
メーカー
 ↓販売　↓販売
卸・ディーラー　　　　　　　　　産業廃棄物取扱業者
 ↓販売
 　　医療機関　───下取り──→　　　　メーカー
 ↓　　↑　　↓　　↓下取り　　返却↑　↑通知　　↑廃棄
販売　リース　再リース　　　　　卸・ディーラー
　　　リースアップ　　　　　　　↓下取り　↓下取り　↓輸出
リース販売業者　───下取り──→　中古医療機器販売業者
 ↓廃棄　　　　　　　　　　　↓販売　　↓輸出
産業廃棄物取扱業者　　　　医療機関　　輸入販売業者（海外）
　　　　　　　　　　　　　　　　　　　↓販売
　　　　　　　　　　　　　　　　　　医療機関（海外）
```

(出所)　筆者作成

であるが、高額医療機器については、その医療機関の機能や地域での役割などを勘案し導入することが望まれる。

② 診療報酬

　社保・国保からの診療報酬支払は約1～3カ月かかるため、創業当初や規模拡大（施設基準を満たすための増員等）の際には運転資金の需要が見込める。

　ただし、それ以外の業績が順調な医療機関は安定的に診療報酬が入ってくるため、運転資金は本来ここでまかなえるはずである。逆の言い方をすれば、医療機関において運転資金が必要になるというのは、そもそも赤字、あるいは資金繰りが悪化しているケースが多い。

(4) **関連する法律**

　「薬事法」に基づき、中古医療機器を販売・賃貸する場合は、厚生労働省

図表130－2　診療報酬の流れ

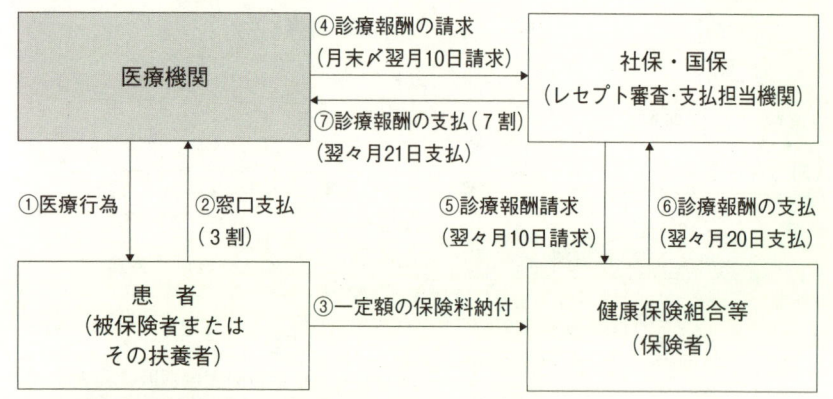

```
┌──────────┐  ④診療報酬の請求      ┌──────────────┐
│          │ （月末〆翌月10日請求） │   社保・国保   │
│  医療機関  │ ───────────────→  │(レセプト審査・│
│          │                      │ 支払担当機関) │
│          │ ⑦診療報酬の支払(7割) │              │
│          │ ←───────────────   │              │
└──────────┘  （翌々月21日支払）    └──────────────┘
  ↑    ↓                   ↑              ↑
①医療行為 ②窓口支払  ⑤診療報酬請求  ⑥診療報酬の支払
       (3割)    (翌々月10日請求)  (翌々月20日支払)
  ↓    ↑          ↓              ↓
┌──────────┐                     ┌──────────────┐
│  患　者   │  ③一定額の保険料納付 │ 健康保険組合等 │
│(被保険者または├───────────────→│  (保険者)    │
│ その扶養者)│                     │              │
└──────────┘                     └──────────────┘
```

① 医療機関が患者に対し医療行為を行う。
② 患者が医療機関に対し診療報酬の3割を支払う（70歳以上は1割、生活保護世帯は負担なし）。
③ 患者（被保険者）は健康保険組合等（保険者）に対して、一定額の保険料を支払う。
④ 医療機関は社保・国保に対し残り7割の診療報酬を請求する（月末〆翌月10日までに請求）。
⑤ 社保・国保は医療機関が請求した診療報酬について審査を行い、翌々月の10日までに健康保険組合等（保険者）に対し請求を行う。
⑥ 健康保険組合等（保険者）は、社保・国保に対し翌々月の20日に診療報酬を支払う。
⑦ 社保・国保は翌々月の21日に医療機関指定の金融機関口座に診療報酬を振り込む。
　※支払審査の結果、請求額の減額が起こるケースもある。
(出所)　筆者作成

からの販売管理許可が必要である。また、その医療機器の製造メーカーへの「通知」も義務づけされている。さらに、都道府県公安委員会の「古物商許可証」も必要である。

2 担保取得時のポイント

(1) 医療機器

① 設定手続

　物件確定のため、物件の種類、製造者名、製造番号、型式、名称、保管場所を確定させる。対抗要件を具備するために「動産譲渡登記」が必要である。

② モニタリングのポイント

　固定資産台帳の確認と目視による物件の確認を行う。さらに稼働状況の確認を行い、この医療機器が診療やレセプトとどのように結びついているかなど実態把握に努める。

　さらに、物件の再調達価格や需要と供給の状況、売買データ、技術革新状況など市場実態を把握することが望ましい。

③ 担保処分

　緊急時の対応として、物件の確認、確保を最優先とし、第三者に持ち去られないように注意する。次に物件の状態を記録するために写真撮影を行う（全体写真（斜めから撮影）、製造番号などプレート撮影、制御装置の撮影、搬出経路の撮影など）。

　担保処分に関しては、金融機関独自での処分は困難であるため、医療機器の卸売業・ディーラーや中古医療機器販売業者などとの連携や協力体制が必要である。

(2) 診療報酬

① 設定手続

　診療報酬の譲渡担保とは、譲渡の目的である診療報酬債権を債務者が債権者に譲渡する形式によって行われる債権担保である。そして、診療報酬債権譲渡の譲渡担保は、以下の手続によって行われる。

　まず、債務者である医療機関と債権者である金融機関が診療報酬債権について譲渡担保契約を締結する。将来債権なので、契約書には「平成〇〇年〇月〇日から平成〇〇年〇月〇日までの一切の診療報酬債権」と具体的に始期と終期を記載することが必要である。

次にこの譲渡担保契約を第三債務者である社保・国保に主張するには、対抗要件として譲渡契約を締結した旨の通知を行う。この通知は確定日付のある証書（たとえば、内容証明郵便による通知）によってなされる必要がある。確定日付のある証書による通知がなされることにより、第三債務者以外の第三者に対する対抗要件になるからである。

　また、上記以外に譲渡登記を行う方法もある。譲渡登記を行うことにより、第三債務者以外の第三者に対する対抗要件を具備することができ、さらに第三債務者である社保・国保に対して、登記内容を証する登記事項証明書の交付による通知がなされることにより、第三債務者に対する対抗要件となる。

　「通知」以外に第三債務者の「承諾」という方法もあるが、社保・国保は債権譲渡の承諾をすることはないので、実務上は対抗要件として確定日付のある証書による「通知」で行われるのが一般的である。

② モニタリングのポイント

　診報酬債権の売掛先は社保と国保の2カ所であり、決済条件もほぼ確定していることからモニタリングしやすい債権である。モニタリングの方法としては、診療報酬明細書（レセプト）の確認や入金状況の確認、月次試算表、資金繰り表による売上高と債権残高の推移をみる。

　また、債務者に対し営業の状況などをインタビューすることも重要であり、どのような診療が得意分野なのか、診療報酬改定などの影響はあるのかなど、モニタリングを通した実態把握に努め、将来業績の見通しやそれに向けた対策などを債務者と一緒に取り組むことが重要である。

③ 担保処分

　ⓐ 第三債務者へ譲渡担保実行通知を交付し、債務者対抗要件具備を確定させる。

　ⓑ 第三債務者に対して具体的支払方法等に関する通知を交付する。

　ⓒ 第三債務者が「債務者不確知供託」を行った場合、法手続によって供託金を回収する。

131　業務用機械器具

1　概　　要
(1)　対象となる動産
　業務用機械器具とは各種事務作業やサービス業務で使われる機械器具のことであり、具体的にはオフィス用複写機やプリンター、シュレッダー等の機械器具、ランドリーユニット等の業務用洗濯機、自動車整備リフト等の自動車整備機器、パチンコ機械等の娯楽用機械、映像編集機器等の放送・映像機器、自動販売機や自動改札機等のサービス機械器具などを指す。

(2)　商流および市場特性・特徴
　業務用機械器具の種類は多岐にわたるが、その多くは日常の仕事や生活に直接にかかわるものであり、日本のメーカーが製品開発などで強みをもち、国内外で高い競争力をもつものも少なくない。また、エレクトロニクス技術の発達や顧客ニーズの高度化などを背景に新技術や新製品の開発が活発に行われており、デジタル化やネットワーク化など技術面の進展が速くなっている。このため、多くの業務用機械器具について製品の移り変わりが激しくなっており、ライフサイクルが比較的短くなる傾向にある。

　また、多様な種類が存在するだけに統一的な販売ルートは存在せず、代理店や商社など中間業者経由の販売形態もある一方、保守点検などのアフターサービスが重要視されるケースでは、メーカーによる直接販売が行われている。近年は、国内市場の成熟化により内需が停滞するなか、新たな需要を開拓するため海外進出を積極的に進めている業務用機械器具メーカーも少なくない。

(3)　資金需要
　業務用機械器具には、自動販売機などのような受注生産の割合が高いものがある一方、オフィス用複写機など見込生産が主体のものもあり、特に見込生産の場合は素材や部品などの仕入れにおいて恒常的な運転資金需要が発生

する。また、中間業者が介在する販売形態の場合、資金回収のサイトが比較的長くなることから、流通段階で相応の資金需要が発生することも考えられる。

(4) その他

業務用機械器具のうち、パチンコのような遊技機については、その製造が「風俗営業等の規制及び業務の適正化等に関する法律」(「風営適正化法」)に基づき、「国家公安委員会規則」(「遊技機の認定及び型式の検定等に関する規則」)による法的規制を受けており、各都道府県公安委員会の認定を受けない遊技機の販売および設置はできないことになっている。法規制に適さない製品であれば、流通自体が困難となる可能性もあり、注意を要する。

(5) 関連情報

・一般社団法人日本自動販売機工業会、統計データ
　http://www.jvma.or.jp/
・一般社団法人ビジネス機械・情報システム産業協会、統計データ
　http://www.jbmia.or.jp/

2　代表的な動産

(1) 自動販売機

① 動産概要

自動販売機は昭和50～60年代にかけて急速に普及したが、平成2年以降は、設置場所の不足や出店を加速するコンビニエンスストアとの競合などにより、設置台数が頭打ちの状態となった。そうした環境下、自動販売機メーカー同士の競争も激化しており、自動販売機の従来の機能（照明、冷蔵、加温、保温、金銭の取扱いなど）に加えて、取扱商品の種類の多様化や人工知能の搭載、電子マネー決済、ネットワーク技術による商品管理、省エネなどに対応した新しいタイプの自動販売機が相次いで開発されている。

② 業界動向

日本は治安がよく、児童販売機を設置しやすい国であるといわれる。そう

した環境のもと、多種多様な飲料の開発とともに、機械自体の性能向上が積極的に進められた。一般社団法人日本自動販売機工業会の統計によれば、平成24年末時点における日本国内の自動販売機設置台数(飲料・食品・たばこ・券類・その他自動販売機、自動サービス機の合計)は約509万台にのぼる。このうち、飲料自販機の設置台数は約250万台と、全体の5割近くを占めている。

一方、経済産業省がまとめた自動販売機の国内生産台数と生産金額(「機械統計」)の推移をみると、近年は減少傾向が続いている。市場自体が頭打ちとなるなか、平成24年の生産台数は約33万台、生産金額は約1,001億円となっており、平成12年と比べてそれぞれ3割および5割減少している(図表131-1参照)。

③ 担保実務上のポイント

自動販売機の基本的な構造や機能は共通しており、特殊性は低いものの、販売する商品は飲料をはじめとして、菓子類、たばこ、乗車券など多種多様であり、商品の包装状態もさまざまであることから、それぞれの商品に対応した設計となっている。販売する商品によって機械自体の汎用性も異なるこ

図表131-1　自動販売機の生産台数の推移

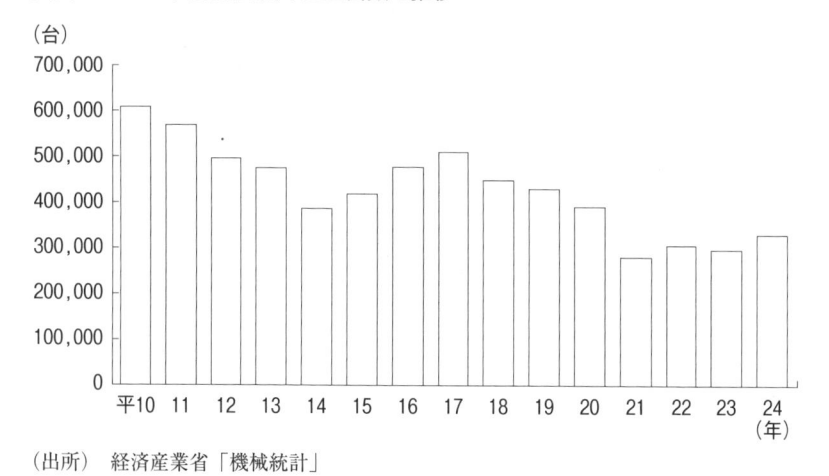

(出所)　経済産業省「機械統計」

とから、担保取得にあたっては機械種類の構成割合の変動などに留意する必要がある。

④　換価処分時のポイント

自動販売機の法定耐用年数は一般的には「5年」とされているが、最近の機械は性能や耐久性などが向上しており、通常の使用であれば、より長期間の稼動も可能である。しかしながら、自動販売機業界では新機種などの開発が頻繁に行われているため、換価処分時においてすでに長期間使用された機体などは、機能の陳腐化などを原因に処分価値が大幅に低下する可能性がある。

(2)　業務用放送・映像機器

① 動産概要

業務用放送・映像機器とは、放送局や映像分野のプロフェッショナルが映像の収録・管理・編集・放送を行うための装置全般を指し、そのなかにはカメラをはじめ、コンバーター（信号・データ形式の変換装置）、レコーダー、プレーヤー、スイッチャー（映像編集機器）、ストレージ（データ蓄積装置）、モニター、配信システムなどさまざまな機器が含まれる。

業務用放送・映像機器は、ワークフローの各段階によって映像収録・取込用機器、映像伝送用機器、映像編集用機器、映像保存用機器、映像送出用機器に分類できるが、最近では、デジタル映像編集（ノンリニア編集）の普及とともに業務用放送・映像機器全体のテープレス化やネットワーク化が進んでいる。

日本の業務用放送・映像機器は世界トップレベルの品質とシェアを誇っており、スイッチャーやコンバーターなどのスタジオ機器やハイビジョン用のカメラなどに関しては、日本の製品が世界市場でも最も高いシェアをもつといわれている。

② 業界動向

業務用放送・映像機器市場は、高価な機材が少量流通するといった特徴があり、また、放送局など需要者が少数であるのに対して供給者であるメー

カーが多数存在する構造であるため、市場競争が激しくなっている。デジタル放送や３Ｄ放送など放送技術の進歩とともに、放送局などでは新技術を導入した機器を採用するペースも加速しており、また、パソコンやネットワーク機器と連携したIT設備も数多く導入されるようになってきている。

　他方、近年はコンピュータ処理機能の向上により、以前に比べて高性能のハードウェアへの依存度が低価しつつある。そのため、以前は高価な業務用機器でしかできなかった画像処理などが、安価な機器とパソコンとの組合せで実現できるようになったことに伴い、システム規模が小型化する傾向がみられる。

　一般社団法人電波産業会の『電波産業年鑑2012』によれば、平成23年の放送機器業界の市場規模は約487億円と、前年比27％減少している。放送機器業界の市場規模は、テレビのアナログ放送からデジタル放送への切替えなどもあって、平成12年～18年にかけては増加傾向が続いていたが、平成19年以降は放送局などの設備投資も一巡し、減少傾向に転じている。なお、平成23

図表131－２　放送装置の売上高の推移

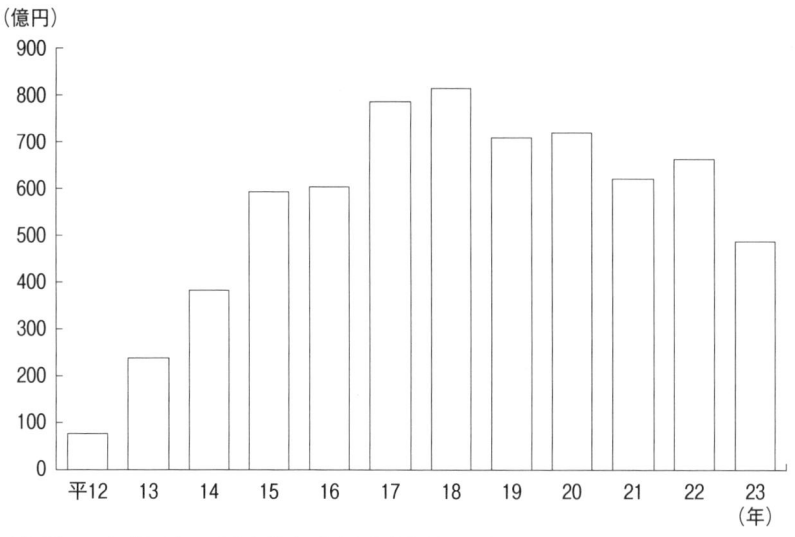

(出所)　一般社団法人電波産業会『電波産業年鑑2012』

年の市場規模をピーク時（平成18年）の約815億円と比べると約40％減少している（図表131－2参照）。

③　担保実務上のポイント

　最近の業務用放送・映像機器は、ネットワーク化やデータベース化の進展に伴い、IT機器との関連性が高くなっている。IT技術の開発スピードが速まるなか、モデルチェンジやバージョンアップなどが頻繁に行われるため、旧モデル品が発生する可能性が高くなっている。こうした状況をふまえ、担保取得時およびその後のモニタリングにおいて在庫の滞留状況や旧モデル品の数量等をチェックすることが望ましい。

④　換価処分時のポイント

　業務用放送・映像機器の製品は、小型設備から大型設備、ソフトウェアからハードウェア、機器単体からシステムまで多種多様であり、販売の際には、販売後の保証、メンテナンスや修理などアフターサービスの有無が重要視される。したがって、売却候補先については、当該サービスを適切に提供できる事業者などに限定される可能性が高い。

第3節　輸送用機械器具

132　自動車（含む二輪車）

1　概　要

(1) 対象となる動産

「道路運送車両法」上では自動車を、「原動機により陸上を移動させることを目的として製作した用具で軌条若しくは架線を用いないもの又はこれにより牽引して陸上を移動させることを目的として製作した用具であつて、次項に規定する原動機付自転車以外のものをいう」（同法1章2条2号）と定義しており、その対象は車輪数や車両の大きさ、総排気量などによって二輪（軽・小型）、三輪（軽・小型）、四輪以上（軽・小型・普通）、大型特殊、小型特殊に大別できる。

(2) 商流および市場特性・特徴

自動車産業は、自動車メーカーを中心に製造分野と流通分野にまたがる多様な企業によって成り立っている。製造分野の中心は自動車メーカーおよび自動車メーカーに部品を供給するサプライヤーであり、サプライヤーに関しては自動車メーカーに直接部品を納入する業者（1次サプライヤー）からその下請けまで細分化される。流通分野ではディーラーおよび中古車販売業者から、金融業者、修理整備業者、リサイクル業者に至るまで業態は多岐にわたる。

自動車の流通市場は大きく新車市場と中古車市場に分けられるが、新車の販売において自販（メーカー販社）を置く自動車メーカーは少なく、大半のメーカーが直接ディーラーと取引を行っている。自動車メーカー各社は、地域ごとに特約販売契約を締結したディーラーにのみ販売を認めている。ただし、同一地域内におけるディーラーの数は各社とも一定水準に維持する方針

であるため、通常新規参入業者が出ることはない。

　ディーラーの販売先は、個人・法人などのエンドユーザーが約70％を占めており、残りの約30％がレンタル・リース会社である。昭和40年代以降の新車販売が右肩上がりの局面では、販売チャネルや店舗の拡大が販売台数増加の原動力だったが、その後景気後退の局面に入り、新車販売台数の伸びが低下してくると、多くの販売チャネルや店舗を抱えることが、逆に自動車メーカーにとっては負担になってきた。このため、メーカー主導で販売チャネルの統合・再編が行われるようになってきている。

　一方、中古車については、主に新車販売時の下取車、中古車販売時の下取車、買取専門店による買取車、支払不能などの事情で発生する引揚車、いったん登録されたものの販売不能になった新古車、レンタル・リース会社から出される自動車などが市場で流通している。中古車販売業者は通常、直接買取やオートオークション、業者間取引を通じて中古車を仕入れている。現在、中古車の販売は、買取専門店や新車ディーラーの中古車販売部門、中古車販売業者などの専門業者が手がけているほか、ネットオークション会社が運営するオークションサイトを通じ、個人間での売買も行われている。

(3) 資金需要

　自動車の流通においては、仕入れ・販売が比較的に短いサイクルで行われており、また決済も主に現金あるいはクレジットによるため、適正な在庫管理を行っていれば、基本的に運転資金が不足する可能性は低いとされる。しかし、通常、年度末の３月に自動車の販売が活発になるなど、一定の季節性も存在しており、当該時期に向けて在庫を確保するための資金需要が発生することもありうる。

(4) その他

① 法律規制

　自動車の担保設定については特別法の「自動車抵当法」によって定められており、自動車登録（ナンバープレート交付）を受けた自動車は、動産譲渡登記を行っても第三者への対抗力が認められない点に注意を要する。ただ

し、未登録の新車、あるいはいったん登録がなされた後に当該登録が抹消された中古車等であれば、動産譲渡登記による対抗要件の具備が認められる。

② 動産の個別性

中古車の場合、過去の所有者の使用状況によって消耗状態が異なっており、1台ごと品質にバラツキがある。こうした車体の個別性によって担保価値も大きく変わる可能性がある。このため、担保取得にあたっては集合動産としてではなくあくまで個別動産として取り扱うことが原則となる。

(5) 関連情報

・経済産業省、機械統計関連情報
http://www.meti.go.jp/

・一般社団法人日本自動車工業会、統計資料
http://www.jama.or.jp/

・一般社団法人全国軽自動車協会連合会、統計資料
http://www.zenkeijikyo.or.jp/

・一般社団法人日本自動車販売協会連合会、統計資料
http://www.jada.or.jp/

2 代表的な動産

(1) 乗用車

① 動産概要

乗用車については、利用目的やボディタイプなどにより、セダン、SUV、スポーツ、ミニバン／ワゴン、コンパクト、軽自動車などに分類されることが一般的である。また、「道路運送車両法」の車種分類でみると、四輪以上の軽自動車（総排気量が660cc以下で、車体の長さが3.4m以下、幅1.48m以下、高さ2.0m以下の自動車）や小型自動車（総排気量が2,000cc以下で、車体の長さが4.7m以下、幅1.7m以下、高さ2.0m以下の自動車、かつ軽油を燃料とするものは除く）、普通自動車（小型自動車、軽自動車、大型・小型特殊自動車以外の自動車）が主に該当している。

② 業界動向

　国内の乗用車新車の販売台数（軽、小型、普通）については、平成12年以降、普通自動車および小型自動車は減少傾向にあり、特に平成21年はリーマンショックの影響もあって大きく落ち込んだ。一般社団法人日本自動車工業会の統計資料によれば、平成21年の乗用車販売台数は前年比30万3,000台（7％）減の年間392万4,000台にとどまった。これを平成12年以降最も販売台数が多かった平成16年の約476万8,000台の販売台数と比べると、約18％減少したことになる。平成22年以降は、エコカー減税・補助金制度により一時的に販売の回復がみられたものの、東日本大震災による影響で再び減少となった。平成24年に入ってからは、自動車メーカーによる生産の回復や景気改善への期待の高まりから、自動車販売も再び増加に転じている。平成24年は約457万2,000台とリーマンショック以前の水準を上回り、前年比30％の増加となった（図表132－1参照）。

　一方、乗用車のうち、軽自動車については、ガソリン価格の上昇を背景に低燃費志向が強まっていることから、小型自動車および普通自動車と比べて販売台数を順調に伸ばしてきた。しかし、景気悪化の影響により平成19年以降は販売台数の減少が続き、平成21年は前年比で10％近く減少した結果、平成12年の水準まで落ち込んだ。その後は乗用車全体の販売動向に連動するかたちとなっており、平成24年の販売台数は約155万8,000台と、前年比37％の増加となった。

　しかしながら、国内の自動車市場はすでに成熟しており、また人口の減少や若者の車離れも進んでいることから、全体の乗用車保有台数は伸び悩んでいる。自動車の平均使用年数、平均車齢についても、車体の品質向上などを背景に長期化する傾向がみられ、結果的に新車需要を低下させる要因となっている。政府も国内自動車販売を支えるため、各種の新車購入支援策を実施しているが、そのほとんどが時限付きで効果も限定的となるなか、今後長期的には国内自動車市場の縮小が懸念されている。

③　担保実務上のポイント

図表132−1　乗用車販売台数の推移

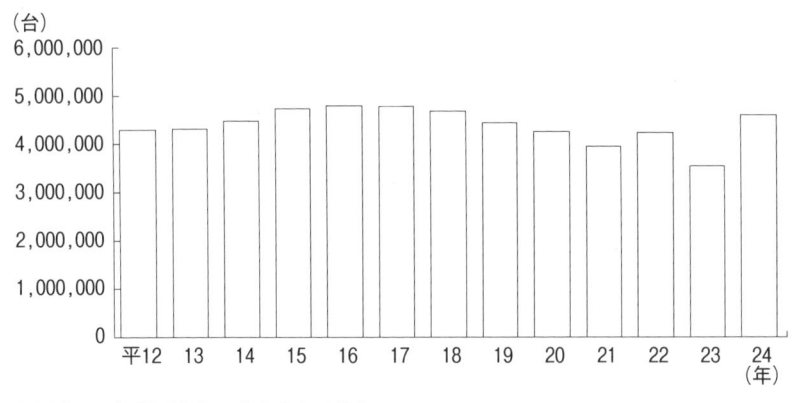

(出所)　一般社団法人日本自動車工業会

　新車については、販売後の検査・登録にあたって自動車メーカーから発行される「完成検査終了証」などの書類が必要となる。「完成検査終了証」の有効期間は9カ月と定められているが、担保処分時に当該証明の期限が過ぎた場合、該当車両を中古車（未使用車）として売却せざるをえない可能性もあり、その際の処分金額が大幅に下落することが考えられる。このため、担保取得時やモニタリング時には、「完成検査終了証」を含む必要書類の保管状況なども確認する必要がある。

④　換価処分時のポイント

　新車の販売は、メーカー系列のディーラーによって行われるのが一般的であるが、そうしたディーラーの在庫を換価処分する場合、売却候補先は同系列のディーラーに限定される可能性が高い。一方、新車を中古車として売却する場合は、2次流通市場である中古車市場が確立されており、多数の売却候補先の確保が可能である。ただし、中古車として処分する以上、新車の場合と比べて販売候補先からより大きな価格のディスカウントなどを求められることが考えられる。

133　船　舶

1　概　要

(1)　対象となる動産

　船舶は、その運航地域、船籍（国籍）、用途、サイズ等によりさまざまな分類がなされる。特に運航地域によって、日本国内で運航される「内航船」と外国航路を運航する「外航船」とに大きく分類される。用途による分類では、商船、特殊用途船、漁船に分けられ、商船は客船、貨物船、タンカー等に細かく分類されている（図表133－1）。

　また船舶は大きさ（容積）によっても分類されるが、その基準となるのは

図表133－1　主な船舶の種類（用途別）

主な船種	概　要
バルクキャリア（バルカー）	石炭・鉄鉱石等の「鉱石」や小麦・トウモロコシ等の「穀物」など、「梱包をしないばら積み貨物」を運搬する船舶で、「バルクキャリア」または「バルカー」という。
オイルタンカー	・多数に区切られた船倉に原油を貯めて輸送する船舶。大型船が多く、大量の原油を油田から製油所まで輸送する。 ・日本と中東を結ぶ航路では、マラッカ海峡を通過できる20万～30万DWT級のタンカーが主力。
コンテナ船	・鋼鉄製の貨物用コンテナを輸送する専用船。主に定期航路で日用品、工業製品、精密機器、加工済食品等、さまざまなものを運搬する。 ・設備が整った世界各地の基幹港湾（ハブ港）を結ぶ大型船と、ハブ港から地方港湾を結ぶ小型船（フィーダー船）とがある。
自動車運搬船	自動車輸送を対象に設計された船舶で、現在主流の最大船型では約6,400台（基準小型車）の乗用車が積載可能。
チップ船	製紙用の木材チップを専門に運ぶ船舶。大きさは4万～5万DWTが主流。

プロダクトタンカー	重油・軽油・灯油など石油精製品を運送する船舶。基本的な船体構造や荷役方法はオイルタンカーと同じ。サイズによってMR型（2.5万～5.0万DWT。現在の主流は4.2万～6.0万DWT）、LRI型（8万～16万DWT）に分類される。
ケミカルタンカー	ベンゼン・トルエン・アルコール類などの液体化学製品を主に運ぶ船舶。ステンレス製のタンクをもち、パイプ類等に腐食を防ぐための塗装が施されている。
LPG船	プロパンやブタンなどの液化石油ガスを運ぶ船舶。ガスを液化するのに高い圧力をかける必要があるので、高圧に耐えられるようにステンレス製のタンク構造になっている。小型の内航船も多い。
LNG船	・液化した天然ガス（LNG）を専門に運ぶ船舶。メタンが主成分のLNGは、液化を行うことで容積が600分の1になり、効率的な輸送が可能となる。 ・LNGの沸点はマイナス161.5度と非常に低いため、超低温に対応した特殊な材質のタンクや機器、荷役時の事故を防ぐ緊急遮断装置など、最も高度な技術が要求される船で船価も高い。

（出所）　筆者作成

　船全体の大きさを表す「総トン数」や、積載可能な貨物の量を表す「載荷重量トン（DWT）」、コンテナ積載個数の単位である「TEU：Twenty-foot Equivalent Unit、20フィートコンテナ換算」が一般的となっている（図表133－2参照）。

　また、船舶はその登録された国（船籍国）により、法律、税金、登記制度等が異なるため、船籍は大変重要なポイントとなる。パナマ、リベリア、キプロス等は、税金の優遇により自国での船舶登録を誘致しており、多くの船舶が登録されている。このように実際の船主の所在国とは異なる国に籍を置く船舶を「便宜置籍船」という。

　船舶は他の動産と異なり、不動産と同様の所有権等の登記制度がある。そのため担保取得する際は、不動産と同様に船舶抵当権を設定する。パナマ等、便宜置籍船として多くの船舶が登録されている国では船舶所有権、船舶

図表133-2　船舶のサイズ別の一般的な呼称

船　種	呼　称	サイズ
バルクキャリア	VLCC	20万DWT以上
	ケープサイズ	12万〜20万DWT
	パナマックス	6万〜10万DWT
	スープラマックス	5万〜6万DWT
	ハンディマックス	4万〜6万DWT
	ハンディ	6万DWT未満
タンカー	ULCC	30万DWT以上
	VLCC	20万〜30万DWT
	スエズマックス	12万〜20万DWT
	アフラマックス	8.5万〜12.0万DWT
	パナマックス	6.0万〜8.5万DWT
コンテナ船	ベリーラージ	1万TEU以上
	ラージ	8,000〜9,000TEU
	ポストパナマックス	5,000〜7,999TEU
	パナマックス	3,000〜4,999TEU
	ハンディサイズ	1,000〜1,999TEU
	フィーダー	1,000TEU未満

(注)　「パナマックス」「スエズマックス」は、それぞれパナマ運河、スエズ運河を通行できる最大船型。「ケープサイズ」はスエズ運河を通行できず、南アフリカの喜望峰（ケープ）回りとなる船型を指す。
(出所)　筆者作成

抵当権の登記制度は整備されており、各国の制度に基づき登記を行う必要がある。

(2) **商流および市場特性・特徴**

　金融機関等から融資を受けて船舶を購入する顧客企業（船主）は、購入した船舶を自社で運航するか、海運会社に貸し渡して収入を得ている（図表

図表133-3　船舶融資に係るフロー図

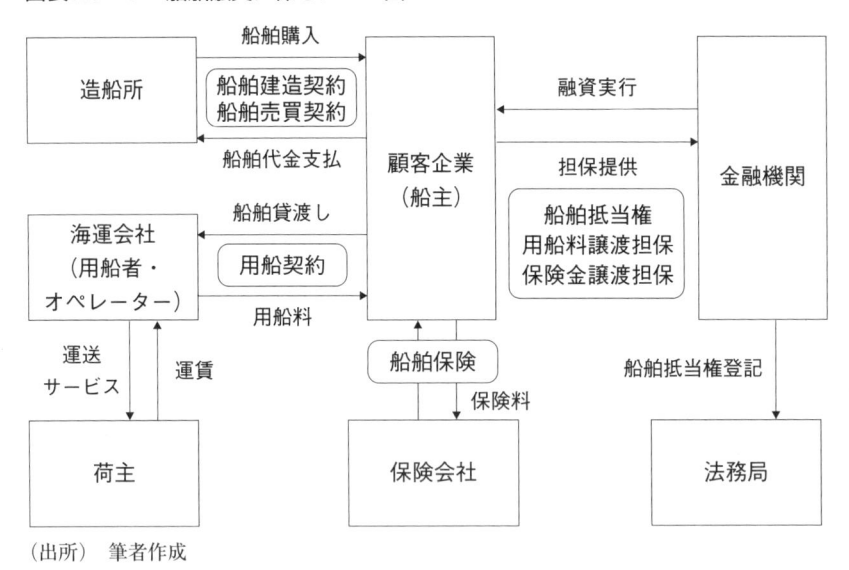

```
造船所 ──船舶購入──→ 顧客企業 ←──融資実行──→ 金融機関
       船舶建造契約    （船主）    担保提供
       船舶売買契約                船舶抵当権
       ←船舶代金支払              用船料譲渡担保
                                   保険金譲渡担保
海運会社 ←船舶貸渡し─
（用船者・ 用船契約
オペレーター）用船料→
  ↑↓                ↓
運送 運賃           船舶保険              船舶抵当権登記
サービス             ↓保険料                  ↓
  ↓
荷主                保険会社               法務局
```

（出所）　筆者作成

133-3参照）。

　日本国内の貨物輸送全体に占める海上輸送量はトンキロベース（輸送量×輸送距離）で約4割となっている。一方、世界の貨物輸送全体でみると海上輸送はその約9割を占めるきわめて重要な輸送手段となっている。そのため、運賃や用船料は景気変動に伴う貨物輸送量の増減に敏感に反応して常に変動している。

　同様に、船舶の価格も貨物輸送量の変動に伴う船舶の需給動向に大きく左右されるため、船舶を担保取得する際には、船価の市場動向に常に注意する必要がある。

(3)　**資金需要**

　資金需要は船主（船舶貸渡業者）による船舶建造・購入の際に発生し、基本的に長期設備資金となる。新造船を建造する場合は、発注から引渡しまでに通常2年程度を要する。そのため、造船所から船主（発注者）に対し、金融機関が将来の融資を約束する「融資予定証明書」の提出や、契約時、起工

時、進水時等に中間金の支払を求められることが多い。

　船舶購入（建造）にあたっては、購入（建造）した船舶を海運会社に貸渡し（用船）する契約（長期契約）を事前に結んでおくことが一般的であり、当該契約に基づき受け取る用船料が借入金の返済原資となっている。そのため、運転資金等の追加の資金需要は基本的に発生しない。

(4) その他
① 用船契約

　船主が海運会社に船舶を貸し渡す際の用船契約には「裸用船」と「定期用船」の2種類がある。

　「裸用船」は、船主が船舶のみを用船者（＝海運会社）に貸与し、船員の配乗などの船舶管理は用船者が行う用船形態。船主のコストは船舶固定資産税、借入金利、減価償却費等のみであり、用船料は船舶の稼働・不稼働にかかわらず支払われる。

　「定期用船」は、船舶を用船者に貸与するのみでなく、船員の配乗などの船舶管理も船主自らが行う用船形態。船主は船舶の維持費用に加え、船舶管理費用を負担し、用船料は船舶が稼働している場合に支払われる（運航していない期間は支払われない）。

② 船舶保険

　船舶の保険には、大きく分けて「貨物保険」と「船舶保険」の2種類がある。

　「貨物保険」は火災や船舶の衝突、座礁などによって、海上輸送中の貨物に発生した損害に対する保険。

　「船舶保険」は船舶自体にかける保険で、船舶の火災や衝突による損害を対象とする「普通保険」のほか、建造中の損害を対象とする「船舶建造保険」、海難事故などにより船舶が使えない場合に備える「船舶不稼動損失保険」、戦争や暴動による損害を対象とする「船舶戦争保険」等がある。

　このほかにも、油などによる海洋汚染、船舶が沈没、座礁したときの撤去費用などに対する保険があるが、これらは通常の損害保険会社ではなく、船

主が相互に経済的な損失を保険し合うために組織している船主責任相互保険組合（P&I保険）が損害をカバーしている。

③ 関連する法律

日本船舶は「船舶法」により日本船舶の国籍要件とその法的効果、船舶登記、船舶登録、船舶国籍証書等が規定されている。また、商船については「船舶法」に加え「商法」の適用を受ける。

国際的に運航する外航船は「公海に関する条約」（「公海条約」）や「海洋法に関する国際連合条約」（「国連海洋法条約」）に従う。

「公海条約」は、公海の自由、船舶の国籍、衝突に関する刑事裁判管轄権、海賊行為等、公海に関する一般国際法の原則を法典化したもので、63カ国が批准している。一方、「国連海洋法条約」は、領海および接続水域、排他的経済水域、大陸棚、公海、海洋環境保護・保全、国際海洋法裁判所の設置による国際紛争の解決等、海洋法に関する包括的な制度を規定しており、164の国・地域と欧州連合が批准している。

(5) 関連情報

・国土交通省、海事
　https://www.mlit.go.jp/maritime/
・一般社団法人日本船主協会
　http://www.jsanet.or.jp/
・日本内航海運組合総連合会
　http://www.naiko-kaiun.or.jp/
・一般社団法人日本海運集会所
　http://www.jseinc.org/

2　代表的な動産

(1) 内 航 船

① 動産概要

内航船は、「内航海運業法」に基づき、船積港および陸揚港のいずれもが

日本国内である内航海運業に使用される船舶である。つまり、鋼材、セメント、石油、コンテナなどの国内輸送を行う一般の貨物船やタンカー等を指す。

「船舶法」第3条において、国内輸送を行う船舶は日本国籍でなければならないと定められている（「カボタージュ（Cabotage）」と呼ばれる規制）ため、内航船はすべて日本船籍となる。なお、「カボタージュ」規制は日本に限らず、米国はじめ国際的に採用されている。

② 業界動向

内航海運はトンキロベースで、日本の貨物輸送全体の約4割を占めている。内航海運は長距離・大量輸送に適しており、輸送する主な貨物をみると、石油製品、石灰石・原油などの非金属鉱物、鉄鋼などの金属、セメントなどの窯業品、硫酸・ソーダなどの化学薬品、砂・砂利などの骨材、自動車などの機械、石炭などの8品目で、内航海上輸送トンキロの約8割を占めている。

内航船による輸送量は、産業構造の変化や荷主の輸送合理化、長引く景気低迷等から減少している。そのため、内航海運事業者、内航船の隻数は、一貫して減少している。一方で、一隻当りの平均総トン数は増加しており、船舶の大型化が進んでいる。

③ 担保実務上のポイント

船舶には商法や船舶法の規定に基づく所有権や抵当権の登記制度がある。不動産登記と類似することから不動産登記法の規定の多くが準用されるが、登記することができる権利は、船舶所有権、船舶賃借権、船舶抵当権のみとなっている。なお、船舶登記制度は、総トン数が20トン以上の船舶（大型船舶）が対象であり、総トン数20トン未満の船舶（小型船舶）や櫓櫂船には適用されない。

船舶の所有者は船舶登記の手続後、船籍港を管轄する管海官庁の船舶原簿に登録し、管海官庁から船舶国籍証書の交付を受ける。これにより当該船舶の国籍（船籍）が日本となる。

登記した船舶はその属具も含めて抵当権の目的とすることができる。船舶

を担保取得する際は、不動産担保取得時と同様、抵当権設定契約書を締結のうえ、船舶抵当権の登記を行う。船舶抵当権設定等の船舶登記手続は司法書士ではなく、海事代理士に依頼する。海事代理士は司法書士、行政書士や社会保険労務士の海事版といえる。

④　換価処分時のポイント

　船舶は経済耐用年数が長く、中古船の売買は頻繁に行われている。売買の仲介を行うブローカーも存在し、売買自体は比較的容易である。一方、船舶需給により船価は常に変動しており、市況の低下時には、担保評価額での売却が困難となるケースもあるので、市況動向には常に注意する必要がある。

　船価の市況は海運関係専門誌、「マリンネット」等のホームページ（有料）、一般社団法人日本海運集会所などが行っている船価鑑定を利用して確認することができる。

(2) 外 航 船

① 　動産概要

　外航船は、外国航路に就航している船舶である。日本の船主が保有する船舶はほとんどが「便宜置籍船」であり、なかでもパナマ船籍がその約65％を占めている（平成23年）。所有船舶を「便宜置籍船」とするのは、税制上の優遇を得ることに加え、コストの安い外国人船員を中心とする船員配乗の自由度を高めることが主な理由となっている。

② 　業界動向

　海上輸送は国際物流の主要な手段であり、日本の貿易量（輸出入合計）に占める割合は、金額ベースで68.1％、トン数ベース99.7％（いずれも平成21年）と、島国の日本にとって不可欠な輸送手段となっている。

　世界の海上輸送量は、平成20年に発生したリーマンショックにより大きく落ち込んだ。その後緩やかに回復してきているが、海運市況は依然として低調に推移している。これは、リーマンショック前の好況時に発注された新造船の竣工が高水準で推移し、船舶の供給圧力の強い状態が続いていることが大きな要因となっている。船舶の需給ギャップが解消に向かい始め、運賃市

況や用船市況が好転するのは平成26年末から平成27年にかけてとの見方が多い。

　また、国際的な環境保護意識の高まりから、船舶からの温室効果ガスの排出削減に向けた燃費規制や、バラスト水による生態系への悪影響を防止するためのバラスト水処理装置の設置義務化等にも対応していく必要が生じている。

③　担保実務上のポイント

　外航船は「便宜置籍船」が主流であり、パナマ、リベリア、キプロス等、船舶の登録されている国の法律・規則に基づき担保取得する必要がある。外国への船舶抵当権の登記手続となるため、国内の船舶登記とは手続が大きく異なる。

　海外で登記するためには、船舶抵当権設定契約書等の契約書類を現地の法律に準拠して英文で作成する必要があり、通常は専門の弁護士に依頼する。代表的な「便宜置籍船国」であるパナマでは、英文の船舶抵当権設定契約書をスペイン語に翻訳して登記する必要があるが、これは現地の弁護士に依頼するのが一般的になっている。この現地弁護士との交渉等は、前述の専門弁護士事務所のほか、倉庫会社、登記手続代行会社等が行っている。現地での登記完了後、登記済証とともに送付される現地弁護士の法律意見書（英文）により登記の完了を確認する。

　外航船の場合、船舶が大型で、融資金額も大きいことから、債権保全のために船主が船舶を貸し渡しているオペレーターから受け取る用船料を、譲渡担保取得することが多い。オペレーターが海外の企業であることも多いため、用船料譲渡契約書の作成についても専門の弁護士に依頼することが一般的である。

④　換価処分時のポイント

　外航船は、世界各国の港をつなぐ外国航路を運航しているため、海外の港湾に寄港したところで船舶を差し押えることになる。そのため航行スケジュールを確認し、寄港地（海外）まで差押えに行く必要がある。差押えに

あたっては船長等の乗組員を債権者が任命する者と交代させる等、専門知識と経験が必要となるため、専門の弁護士に依頼することが一般的である。

　その他のポイントは内航船と同様であるが、船舶が大型であり価格も高いことから、船価の市況動向によりいっそうの注意を払うとともに、適正価格での買い手を見つけることが重要なポイントとなる。

134　輸送用機器部品

1　概　　要
(1)　対象となる動産
　輸送用機器部品とは、自動車や船舶など各種輸送用機器に使われる金属製、プラスチック製、ゴム製などのさまざまな種類の部品や付属品を指し、その対象はタイヤやメーター、バッテリー、照明機器、電子制御システム、エアコンなど多岐にわたっている。

(2)　商流および市場特性・特徴
　輸送用機器部品の製造では、最も重要なエンジンから小さいネジまでその種類は数万点にのぼるといわれており、市場全体の規模は非常に大きい。このうち生産規模が最も大きいとされる自動車産業に限ってみると、その種類はピストリングなどの「エンジン部品」、電子制御装置などの「電装品・電子部品」、ヘッドランプなどの「照明・計器など電気・電子部品」、トランスミッションなどの「駆動・伝導および操縦装置部品」、ショックアブソーバーなどの「懸架・制動装置部品」、シートなどの「車体部品」、カーステレオなどの「用品」、カーナビなどの「情報関連部品」に大別されている（一般社団法人日本自動車部品工業会による分類）。また、より細かい分類は数百種に及んでおり、実際の部品種類は膨大である。ものによっては需給などにバラツキもあり、同じ自動車部品でもその動向を一概に把握することは困難とされる。
　輸送用機器部品の流通については、基本的に輸送用機器の完成品メーカーを頂点に部品モジュールなどを生産する1次部品メーカー、部品モジュールに部品を提供する2次、3次部品メーカーといった階層構造が構築されており、企業系列も形成されている。完成品メーカーの系列企業についてはほぼ完全受注の生産体制ができあがっている一方、汎用品や特殊品を中心に見込生産を行う独立系の部品メーカーも存在している。また、世界規模で競争が

激化するなか、コスト削減を目指す完成品メーカーはサプライチェーンの調整も進めており、メーカーの系列企業以外から部品を調達する動きもふえている。

(3) 資金需要

輸送用機器部品メーカーには、グローバルに事業展開する大手企業がある一方、サプライチェーンの下流に位置する中小の2次、3次部品メーカーも多く存在している。これらの中小企業は、経済情勢や業界全体の需給動向などから影響を受けやすく、大手と比べて相対的に資金需要が強いと考えられる。

(4) その他

① 技術革新

自動車に代表される輸送用機器は国内市場が飽和状態にあり、完成品メーカーによる海外市場の開拓が積極的に進められている。特に自動車の場合、近年は先進国を中心にハイブリッド車や電気自動車など次世代自動車へのニーズが高まっていることを受け、メーカー各社が技術開発を積極的に進めており、新技術を搭載した新型車も相次いで市場に投入されている。こうした流れのなか、部品業界全体における技術革新のスピードも非常に速くなっている。

② 汎用性

輸送用機器部品は最終完成品にあわせて仕様が決まるため個別性が高く、受注生産の割合が非常に高くなっている。東日本大震災後、一部の部品メーカーの被災で代替品が見つからず、完成品メーカーの生産に大きな混乱が生じたことを受け、特に自動車部品業界を中心に部品の共通化を図る動きも出ている。しかしながら、その比率はまだ低い水準にあり、基本的には個々の部品の汎用性は乏しいといえる。

(5) 関連情報

・経済産業省、機械統計関連情報
　http://www.meti.go.jp/

- 一般社団法人日本自動車部品工業会、統計資料
  http://www.japia.or.jp/
- 一般社団法人日本舶用工業会、統計データ
  http://www.jsmea.or.jp/j-top/
- 一般社団法人日本航空宇宙工業会、統計資料
  http://www.sjac.or.jp/

2　代表的な動産
(1)　アルミホイール
①　動産概要

アルミホイールは大きく「一体式ホイール」と「組立式ホイール」の2種類に分けられる。「一体式ホイール」は一体式構造のため、剛性を確保しやすく、部品の欠落や緩みの心配がない点や、製造方法が容易で材質的にも均一で品質が安定しやすいといった特徴があげられる。一方、「組立式ホイール」は二つ以上の部材を結合して構成されており、一体式と違って、異なった素材や製法の用材を使用できることから、デザイン上の自由度が高い。

②　業界動向

アルミホイールはアフターパーツとして、自動車本体と別に販売される交換部品である。その生産数量は緩やかに増加している。一般社団法人日本アルミニウム協会がまとめたアルミホイールの生産統計でみると、平成24年度の生産数量（国内生産分および国内メーカーによる海外現地子会社・協力工場からの輸入分の合計）は約1,833万個と、前年比10％増加した（図表134-1参照）。

また、国内メーカーによる生産拠点の海外移転を受け、中国など海外からのアルミホイール輸入品の割合が増加している。一般社団法人日本アルミニウム協会の統計によれば、平成24年度現在では、国内アルミホイールメーカーが海外現地子会社および協力工場から輸入したアルミホイールは約692万個となっており、国内生産数量（約1,141万個）の約6割に相当している。

③　担保実務上のポイント

図表134-1　アルミホイールの生産数量の推移

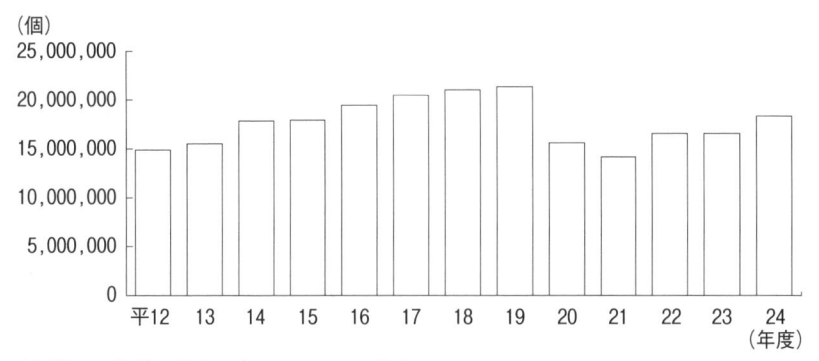

(出所)　一般社団法人日本アルミニウム協会

　アルミホイールの主な需要はスタッドレスタイヤ装着やドレスアップのためであるが、デザイン性などに消費者の嗜好性が強く反映される。また、アルミホイールの仕様によって、装着できる車種が異なり、適応車種の走行車両数などにより潜在需要が大きく変わることも考えられる。このため、担保取得にあたっては、製品の人気度などが検証できる、タイプ別、サイズ別の販売情報などを入手することが望ましい。

④　換価処分時のポイント

　アルミホイールについては新品、中古品の流通市場が確立されており、取引価格も比較的に安定しているため、換価処分は比較的容易である。しかしながら、消費者の嗜好性による影響を受けやすいため、需要の少ない在庫品については、製品としてではなく、金属スクラップとして処分することになる可能性があり、その際は処分金額が大幅に低下することも想定される。

(2)　**タイヤ**

①　動産概要

　タイヤは用途によって、乗用車用、小型トラック用、トラックおよびバス用、建設車両用、産業車両用、農業車両用、二輪自動車用に分類されている。また、構造上の違いから、ラジアルタイヤとバイアスタイヤに大別できる。このほか、季節（夏・冬）やチューブの有無による分類も存在する。タ

イヤは、素材であるゴムの経年劣化により品質が低下するため、直射日光を避け適切に保管したとしても、一般的に製造後3～5年で使用の期限を迎えるといわれている。

② 業界動向

日本のタイヤメーカーは世界でもトップクラスのシェアを有しており、製品を国内で販売するだけでなく、海外にも多く輸出している。一方、韓国や台湾などから国内に流入する廉価品が、インターネット通販などを通じてシェアを拡大している。ただ、国産ブランドの品質に対する厚い信頼から、国産品については安定した需要が存在する。

一般社団法人日本自動車タイヤ協会の統計によれば、国内のタイヤ生産量はリーマンショック後の世界経済の減速や、東日本大震災後の国内自動車生産の混乱などによる影響があったものの、全体としては比較的安定した推移となっている。平成24年の生産量は約1億5,900万本と、前年比約4％減少したが、これはリーマンショックで大きく落ち込んだ平成21年の約1億4,100万本と比べると、約13％増加している（図表134－2参照）。一方、財務省の貿易統計でみると、緩やかな増加基調にあったタイヤの輸出がリーマンショック後はやや低迷しており、24年の輸出量は約5,700万本と、前年比19％減少した。半面、タイヤの輸入量は比較的堅調に推移しており、平成24年は前年比約3％増の3,600万本となっている。

③ 担保実務上のポイント

タイヤは構造やサイズ、使用する季節などによってさまざまな種類があり、国内外の大手メーカーによるブランド品のほか、海外産の廉価品も多く存在する。種類やブランドによって需要が大きく異なることもあるため、担保取得時には在庫品の種類やサイズ、ブランドなどの情報を把握し、その後のモニタリングにおいても当該在庫構成の変動を継続的に確認する必要がある。

④ 換価処分時のポイント

タイヤは新品であっても、素材であるゴムが経年劣化により品質が低下す

図表134−2　タイヤ生産の推移

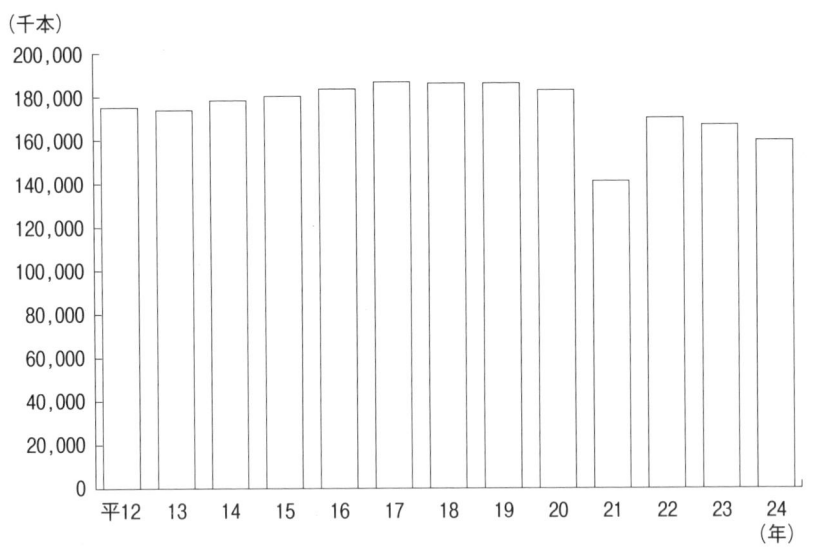

(千本)

(出所)　一般社団法人日本自動車タイヤ協会

るため、保管状態が適切であったとしても、使用期限は製造後3〜5年程度とされている。したがって、換価処分時において長期保管されている在庫品については処分が困難となる可能性もありうる。

第 2 章

生産・消費
(集合動産中心)

第1節　生活用品用具

135　衣服・履物

1　概　要
(1) 対象となる動産
　衣服とは、織物製やニット製など各種素材でつくられたワイシャツ、背広服上衣・ズボン、オーバーコート、ワンピース、スカート、セーター、カーディガン、下着、事務・作業・衛生・スポーツ・学校服などの衣服類を指す。一方、履物とは、各種用途にあわせて皮革や合成皮革、ゴム・プラスチック、各種繊維、木材などの素材で製造される履物類である。
　なお、衣服については一般的に「アパレル」と呼ばれ、日本標準産業分類において「アパレル産業」は「繊維工業」に分類される。

(2) 商流および市場特性・特徴
　衣服・履物の代表的な商流は、図表135－1のとおりである。生産は素材の調達に始まり、生地の生産（染色等を含む）、メーカーによる加工が行われ、消費者へ販売される。消費者への販売は従来、商社等を経て専門店や百

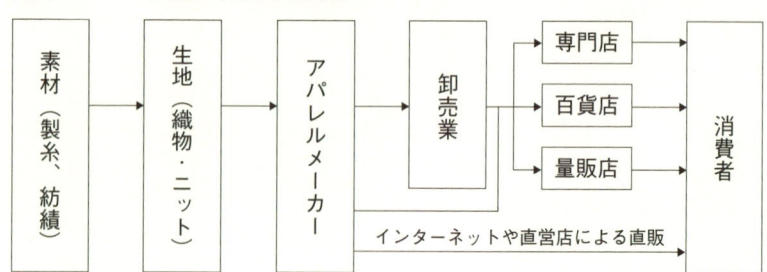

図表135－1　衣服の代表的な商流

素材（製糸、紡績） → 生地（織物・ニット） → アパレルメーカー → 卸売業 → 専門店／百貨店／量販店 → 消費者
インターネットや直営店による直販

（出所）　筆者作成

貨店等で行われてきたが、近年ではメーカーによる直販も増加している。

　衣服・履物は防護服や安全靴など一部特殊用途のものを除いて、総じてファッション性が高く、製造・販売においてデザインや色などの流行に影響されやすい。また、季節によって需要が大きく変動するなど、季節性がきわめて高い。衣服・履物の製造では、下請分業化が進んでいるため、中小企業の割合が高く、製品の企画・立案から製造・販売まで流通構造が複雑化している。また、典型的な労働集約型産業として、早い時期から生産コストの低い中国やベトナムなど海外への生産拠点の移転が進んでおり、産業全体における輸入比率が非常に高くなっている。

　近年は、消費者の低価格志向が続いている半面、ニーズや価値観の多様化も進んでいることから、強い企画力・販売力をもち、需要の変化をいち早くくみとれる大手メーカーが流通における強い発言権をもっている。一方、低価格で高品質な製品を独自で企画・製造し、傘下の直営店を通じて販売する製造小売業者（SPA）も台頭し、市場全体における存在感を高めている。

(3) 資金需要

　衣服・履物の製造では見込生産が中心となっているうえ、年間の製造サイクルを春夏物、秋冬物の販売シーズンにあわせる必要があるため、原材料の仕入れや製品の製造が特定の時期に集中する傾向がある。一般的なスケジュールとして、春夏物は11～1月に製造、2～4月に出荷するのに対し、秋冬物は5～7月に製造、8～10月に出荷する。このサイクルのうち、製造のピーク時から販売代金回収までの期間が運転資金需要の最も強い時期といえる。

　また、製造小売業者（SPA）の展開においては、設備資金や在庫見合の資金需要が考えられる。

(4) その他

① 在庫リスク

　衣服・履物は流行に影響されやすいため、顧客ニーズに迅速に対応するには商品のデザイン、サイズ、色などを充実させる必要があるが、それに伴っ

て一定の在庫リスクが発生する。また、メーカーや卸売商社と小売業者との取引形態は、買取販売と委託販売に大別されるが、委託販売については返品リスクが高く、メーカーや卸売商社にとって滞留在庫が発生する要因となる。

② 助成金

衣服・履物として固有の補助金等はないものの、中小企業であれば、一般的に適用される助成金や特定の業種を対象とした補助金はある（JAPANブランド育成支援事業助成金、皮革産業振興対策事業費補助金）。

③ 関連する法律

繊維製品（家庭用衣料品）を対象とした安全性等を直接的に規定している法律として「有害物質を含有する家庭用品の規制に関する法律」があり、ホルムアルデヒドの樹脂加工および有機水銀化合物等の抗菌加工等について、化学物質ごとに有害な化学物質の使用を規制している。

(5) 関連情報

・経済産業省、繊維・生活用品統計
  http://www.meti.go.jp/
・日本アパレル工業技術研究会、アパレル統計データベース
  http://www.jat-ra.com/
・日本ケミカルシューズ工業組合、統計データ
  http://www.csia.or.jp/
・日本ゴム履物協会、統計資料
  http://www.jrfma.gr.jp/

2 代表的な動産

(1) **カジュアル衣料**

① 動産概要

フォーマル衣料に対する概念であり、「堅苦しくない」「気楽な」衣料という意味で使用されている。代表的なカジュアル衣料としてジーンズ等があ

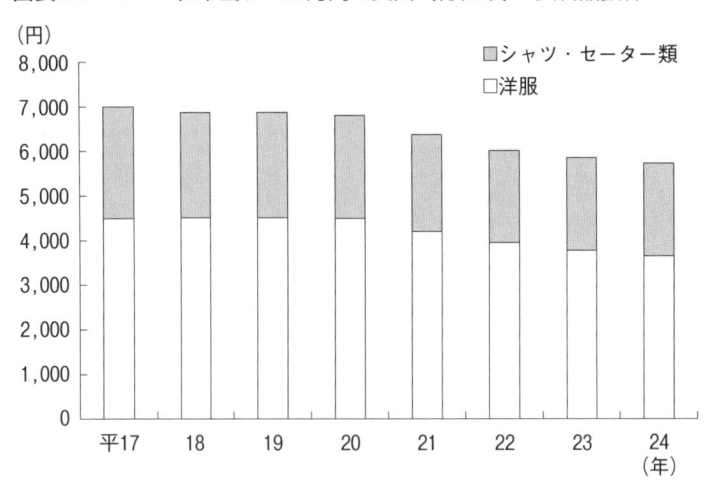

図表135－2　1世帯当り1カ月間の支出（総世帯）　衣料品抜粋

（円）

凡例：■シャツ・セーター類　□洋服

年	合計（概算）
平17	7,000
18	6,900
19	6,900
20	6,800
21	6,400
22	6,000
23	5,900
24	5,700

（出所）　総務省「家計統計年報　家計収支編」

り、ジーンズとはコットン製の厚手の生地を使用し特殊な縫製を施している製品で、もともとは米国における作業着として普及したものである。また、過去にはインディゴ等の染料で濃紺に染められているものが主流であったが、昨今その他の色に染められるケースも多く、広義ではほかの色の綿物や厚手のニット生地もジーンズに含めることがある。

② 業界動向

　総務省の家計調査では1世帯当りの衣料品に対する支出額は減少傾向が続いている（図表135－2参照）。これは長引く景気の低迷により消費者の消費マインドが落ち込んでいることに加え、衣料品の低価格化が進んだことによるものと考えられる。

　また、カジュアル衣料の代表的な商品であるジーンズにおいても、過去にはプレミアムジーンズがブームとなり、高価格帯の商品が売れた時期もあったが、近年では1,000円以下の商品も発売されており、その他のカジュアル衣料と同様に低価格化が進んでいる。

③ 担保実務上のポイント

カジュアル衣料に担保を設定する場合には、通常、保管場所である倉庫や店舗等を特定したうえで、保管されているすべての衣料品を「集合動産」として取り扱う。保管場所や数量を指定することで、衣料品の一部を担保として取得することも可能ではあるが、特定した場所以外に保管されているものは集合物譲渡担保の効力が及ばないため、所在場所等の限定はできる限り避けたほうがよい。また、担保取得時には所有権留保や商事留置権等の確認が必要であり、それらの権利が存在する場合、担保取得は避けるべきである。

評価のポイントとしては流行性の有無、実用品か趣向品か、長期滞留在庫（不良在庫）ではないか等の確認が必要となる。さらに、商習慣としてメーカーがいったん販売したもののなかで、量販店等で売れ残った商品は返品されることがあり、在庫として保管しているケースも珍しくない。そのため、返品されたものは市場性等を勘案し相応の評価額とすべきである。

④　換価処分時のポイント

衣料品についてはセカンダリーマーケットが確立しているものの、ファッション性の高い商品は売上げが流行に左右されるため、与信時の担保評価と処分価格に乖離を発生させる危険性がある。季節性のあるものに関しては処分時期が問題となるため、流行性や季節等を総合的に判断して担保処分を行う必要がある。

また、衣服は搬出が容易なものが大部分であり、債務者が破産した場合には他の債権者や従業員等による不当な搬出が予測されるので、早急に引渡しを受けたり、即時取得が発生しないように明認方法を施し別途保管する等の対策が必要となる。

一方、店舗で保管している商品を担保処分する際には債務者協力のもと、その店舗で「処分セール」等を行うことにより、一定の価格を維持しつつ早期売却が可能となるケースがある。

(2)　作　業　服

① 動産概要

作業服の領域は幅広く、一般的な作業現場で使われる制服のほか、作業効

率性や安全性を兼ね備えた難燃服、防寒服・コート、夜光ベスト、帯電防止安全ベストなど特殊な機能性をもつものもある。また、事務職用のユニフォーム（事務服）、医療・食品業界向けの白衣等がある。

　動産の特性上、カジュアル衣料品のような高いファッション性はなく、品質などが劣化することも特にはない。しかしながら、近年は主要販売先である製造業や建設業等へ従事する労働者の減少や取引先の経費削減から受注が落ち込んでいる状況のなか、多様化する顧客のニーズに応えることで他社製品との差別化を図りつつある。具体的には伸縮性や消臭、抗菌、防汚効果、吸汗、速乾、UV対策の機能面を充実させ、他方、事務職用のユニフォームではデザイン性の向上等を進めている。従来の定番品に加え、デザインやカラーなどのバリエーションがふえており、製品のライフサイクルが短くなる傾向にある。

② 業界動向

　国内の作業服メーカーは岡山県と広島県に集中しており、両県をあわせた生産量は全国の約5割にのぼる。業界全体では、従業員数100人以下の企業が90％以上を占めており、中・小規模事業者によって支えられる業界構造となっている。また、コスト削減などの目的から海外への生産拠点の移転も進められているため、国内の事業者数は長期的に減少傾向となっている。

　作業服の最大の需要先は製造業や建設業とされるが、製造業では生産の海外シフトが続いている一方、建設業界は民間・公共投資の削減で長期的に伸び悩んでいる。こうした厳しい事業環境から、作業服に対する需要も低迷している。経済産業省の「繊維・生活用品統計」をみると、制服・作業服・事務服の平成24年の生産量は前年比約2％減少の504万点にとどまっている。生産量のマイナス推移は7年間連続となっており、生産規模は約5,000万点だった平成2年の1割程度まで縮小している（図表135－3参照）。

③ 担保実務上のポイント

　作業服は使用される業種、用途などによって種類が細分化され、その大半は特定の用途に向けてデザインされたものとなっている。他の用途への転用

図表135-3 制服・作業服・事務服の生産量の推移

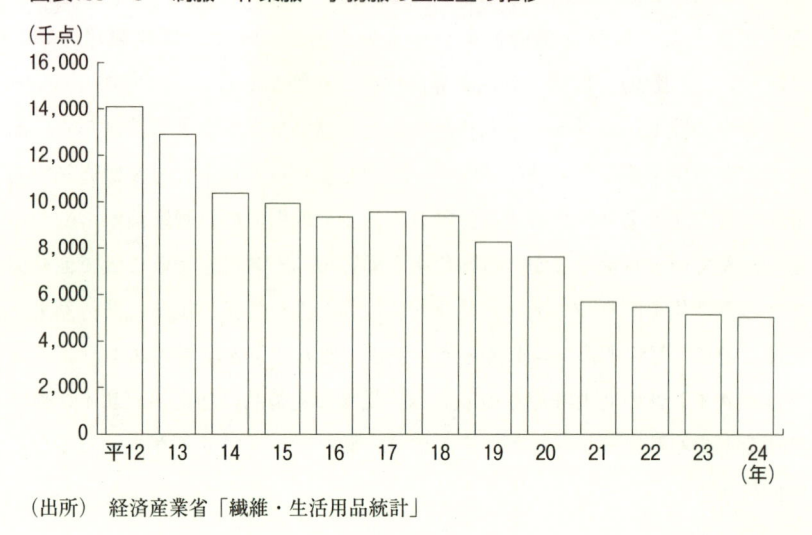

(千点)

| 平12 | 13 | 14 | 15 | 16 | 17 | 18 | 19 | 20 | 21 | 22 | 23 | 24(年) |

(出所) 経済産業省「繊維・生活用品統計」

は困難であるため、担保取得時には在庫数量のみならず、製品の回転率などを分析できる情報として、種類や用途ごとの販売データや構成比率などもあわせて入手することが望ましい。

カジュアル衣料等と同様に担保取得時には、通常、保管場所である倉庫や店舗等を特定したうえで、保管されているすべての衣料品を「集合動産」として取り扱う。

なお、作業服は海外生産が主流となっており、海外から仕入れた商品を賃貸倉庫等に保管しているケースがある。倉庫業者等の第三者が担保の目的物を保管することは、万一の場合、目的物の占有が容易となるメリットがあることから有効である。しかし、設定者の承諾がない状況で倉庫業者等が債権者へ担保目的物の引渡しを行った場合、設定者から損害賠償を求められることも考えられ、あらかじめ三者間(譲渡担保権者、設定者、倉庫業者等)で一定の条件が発生すれば譲渡担保権者の請求により倉庫業者等の第三者が担保の目的物の引渡しに応じるものとし、設定者は異議を申し立てない旨の特約を結んでおく方法がよい。また、この場合、倉庫業者に対する保管料の未払

いにより商事留置権が発生する場合があることに留意が必要である。
④　換価処分時のポイント
　作業服は用途が特殊であるほど、換価処分時において売却候補先が限定される可能性が高いと考えられる。また、カジュアル衣料品ほどファッション性などによる影響は大きくないものの、モデルチェンジが行われた場合には旧モデルの売却が困難となる可能性がある。

(3) 婦人靴
① 動産概要
　婦人靴にはパンプス、ブーツ、サンダル、スニーカーなどの種類がある。紳士靴と比較するとファッション性が高く、特に若年層をターゲットとした婦人靴については嗜好性がきわめて高い。このため、流行の終了とともに販売が困難になる場合が多く、売残り品の発生するリスクが高い。また、同じタイプのものでも、さまざまなデザイン、色、サイズをそろえる必要があるため、婦人靴の製造・販売業者は多品種かつ多量の在庫品を保有することとなり、在庫品の管理が非常に煩雑になっている。

② 業界動向
　人口の減少や消費者の節約志向などにより、婦人靴の国内市場規模は縮小傾向を示している。経済産業省の「繊維・生活用品統計」によれば、平成24年の婦人・子ども用「革靴」の生産数量は679万足と、前年比6％減少している。婦人・子ども用の「革靴」の生産数量は、平成13年〜14年は約1,600万足であったが、それ以降は減少が続き、リーマンショックの影響を受けた平成21年には1,000万足の大台を割り込んだ。また、合成皮革などが使用される「ケミカルシューズ」についても、革靴と同様に生産数量は減少傾向にあり、日本ケミカルシューズ工業組合の統計によれば、婦人靴の生産数量は前年比0.8％減の1,120万足となっている（図表135－4参照）。
　一方、履物の輸入数量は増加している。財務省の「貿易統計」によれば、平成24年の履物輸入数量は約6億2,900万足となっており、平成12年と比較すると約37％増加している。特に中国などから輸入される廉価製品の増加が

図表135－4　婦人用・子ども用革靴、婦人用ケミカルシューズの生産数量の推移

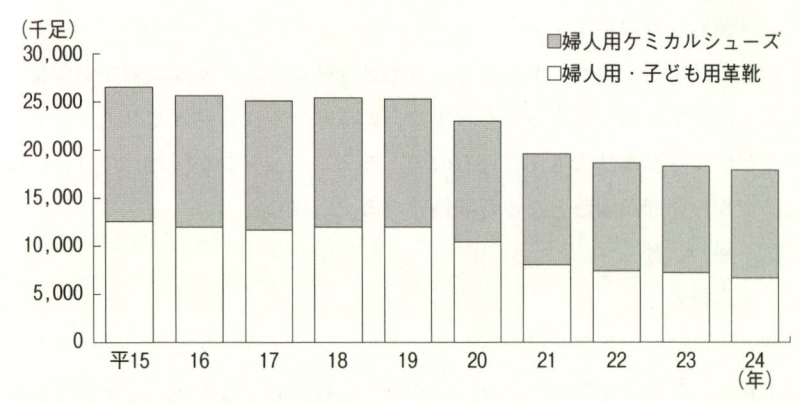

(出所)　経済産業省「繊維・生活用品統計」

顕著であり、消費者の低価格志向を示す結果となっている。婦人靴に限定した輸入の統計数字は公表されていないものの、履物全体の動向に連動していると推測される。なお、総務省の家計調査でみると、平成12年以降の婦人靴の平均価格（支出金額÷購入数量）の下落傾向が続いており、平成24年時点の平均価格は4,874円と、平成12年の5,748円から約15％下がっている。

③　担保実務上のポイント

　婦人靴は流行に左右されやすく、サイズや色なども多種多様であることから、商品の陳腐化によって滞留在庫が発生するリスクが高い。このため、担保取得後もモニタリングを通じ、在庫品の製造時期やシーズン商品の有無などについて継続的に確認する必要がある。

④　換価処分時のポイント

　婦人靴の換価処分においては、靴卸売業者、靴小売チェーンなど比較的多数の売却候補先が想定される。しかしながら、市場規模の縮小を背景に業界全体の流通在庫には余剰感があると指摘されており、処分のタイミング（季節など）や処分品の数量によっては候補先が限定され、大幅な価格ディスカウント要請を受ける可能性もある。

136 宝飾品・時計

1　概　　要
(1)　対象となる動産
① 宝飾品

本項における「宝飾品」は以下のような品目を想定する。

貴石（ダイヤモンド、サファイア、ルビー、エメラルドなど）製品、半貴石（トパーズ、ガーネット、アメジストなど）製品、パール製品（指輪、ネックレスなど）、装身具（ネクタイピン、タイタック、帯留め、ブローチ、ペンダントなど）等。

② 時　計

本項における「時計」は高級時計（主にブランド時計）を想定しており、雑貨屋やディスカウントショップで取り扱われているような低価格品は含まれない。

(2)　商流および市場特性・特徴
① 宝飾品

宝飾品の流通経路は多段階構造となっている。一般的には、海外産地ディーラー→商社→素材製造業者→製品製造業者→1次製造卸→2次卸→小売業という流れになっており、さらに卸・小売業者の間に、問屋同士で行われる仲間卸が介在している。この仲間卸は1カ所の通過だけの場合もあれば、2～3カ所を通して流れる場合も多い。ただし、大手を中心に、自社企画商品の製造直販型専門店への転換や海外からの直輸入など、流通経路は一部短縮化している。資金力に乏しい零細小売業では、卸売業者から商品を借りて委託販売する形態も多い。在庫管理の面では、貴重品であるため、単品ごとにデータ管理がしっかりとなされており、現物管理も毎日棚卸をするなど、他の業界に比較すると在庫管理の精度は高い。

② 時　計

国産品は、メーカー→販売会社→卸問屋→小売店が一般的である。しかし、メーカーから直接仕入れる量販店の出現や、デジタル時計を販売する電器店、文具店、雑貨店の出現により、流通ルートにも大きな変化が生じている。そのほか、販売会社から直接小売店に流れるルートなどもあり、流通経路は多様化している。輸入品は、輸入販売元・輸入代理店から、場合によっては問屋を介して、小売店へ納入というルートと、輸入販売元・代理店から直接小売店に納入されるルートがある。時計は、実用品・高級品・超高級品に大別され、超高級品は時計宝飾専門店や百貨店が主に取り扱い、高級品・実用品はスーパー、ディスカウントショップが高い取扱比率を占めている。

(3) 関連情報

- 一般社団法人日本ジュエリー協会
  http://www.jja.ne.jp/
- 近畿経済産業局認可法人日本宝石協同組合
  http://www.gem.or.jp/
- 日本貴金属協同組合
  http://www.preciousmetal.jp/
- 日本貴金属文化工芸協同組合
  http://www.bunkakumiai.com/
- 一般社団法人日本リジュエリー協議会
  http://www.re-jewelry.net/
- ジュエリータウンおかちまち
  http://www.jewelrytownokachimachi.com/
- 一般社団法人日本時計協会
  http://www.jcwa.or.jp/
- 全日本時計宝飾眼鏡小売協同組合
  http://jow-japan.or.jp/

2 代表的な動産
(1) 宝飾品
① 動産概要

宝飾品は以下のような品目を扱う製造業・卸売業・小売業を想定する。

貴石(ダイヤモンド、サファイア、ルビー、エメラルドなど)製品、半貴石(トパーズ、ガーネット、アメジストなど)、パール製品(指輪、ネックレスなど)、装身具(ネクタイピン、タイタック、帯留め、ブローチ、ペンダントなど)等。

② 業界動向

宝飾品・アクセサリー市場は主に金やプラチナを素材に、ダイヤモンド、真珠などを使用した宝飾品を扱う市場である。株式会社矢野経済研究所の推計によると、国内宝飾品市場は平成3年の3兆150億円をピークに減少傾向が続いている。1990年代はじめのバブル崩壊以降の景気低迷で不要不急の高額宝飾品を買い控えるようになっていった。最近は金価格高騰による実物資産に対する注目が高まっていることに加え、富裕層を中心に高額商品の購買力が高まっていることを背景に、株式会社矢野経済研究所によると、平成24年の市場規模は前年比1.8％増の9,110億円とプラスに転じている。国内宝飾品市場で圧倒的なシェアをもつ企業はない。販路は主に百貨店、専門店、量販店(ディスカウントショップやホームセンターなど)、通信販売(テレビ、インターネットなど)がある。

③ 担保実務上のポイント

宝飾業は在庫回転率が低く、在庫負担が重い企業が多いため、ABLの担保物として利用されることが多い。しかし、高額な宝飾品を扱う企業で製品在庫データが単品で管理されていないような企業に対しては、安易にABLを推進するべきではない。また、宝飾品は持運びが容易なため、従業員の不正を防止するための対策が十分にとられているか確認する必要がある。宝飾品はデザインや中石の種類、中石の質、金性等により単品ごとに換価額が異なるため、ABLの検討に際しては宝飾品換価経験を豊富に有する評価会社

に担保評価を依頼することが肝要である。たとえば、アンティークと新品のジュエリーでは評価の方法がまったく異なる。また、近年は金やプラチナの価格が高騰しているため、「経年在庫は簿価対比の換価率が低い」と単純に判断できなくなっている。製造業の場合、他の動産では担保不適格とされやすい仕掛品であっても素材として相応の換価額が見込める可能性がある。ダイヤモンド、金、プラチナ等の素材は価格変動が激しく、換価価値が大きく変動するため4C（カラット、カラー、クラリティ、カット）に関する情報や重量データのモニタリングが必須である。また、担保の洗替え評価は毎月～3カ月ごとに取得しているケースが多い。宝飾品は1点物が多く、定価が存在しないものも多いため、簿価が市場価格に対して適正か確認する必要がある。パール、サンゴ、オパールを使用した宝飾品に関しては温度、湿度の変化により、商品劣化が起こる可能性があるので注意が必要である。ダイヤモンドの場合、鑑定書の有無によって換価額が異なる。鑑定書の付属したダイヤモンドの場合、発行機関と発行時期により同じ評価内容でも換価額が異なる。鑑定書がないダイヤモンドの場合、専門家による実物サンプリングを要する。

④ 換価処分時のポイント

催事を主体としている場合や小売店へ委託販売している場合は、通常営業時には社内に在庫が存在しない可能性があるため、保全の観点から十分に留意する必要がある。小売業の場合は換価額最大化の観点からは極力閉店セールにより既存の販路を活用して売却していくことが望ましいが、換価の際に閉店セールが現実的か事前に確認しておく必要がある。たとえば、百貨店の宝石フロアのなかの一部スペースで展開されている場合、その宝飾品のみを値引販売して回収していくことは現実的ではない。また、独立した店舗であったとしても閉店セールを許可しないデベロッパーも存在するため、閉店セールの実施経験が豊富な専門会社にアドバイスをもらっておくことが望ましい。

(2) 時　計

① 動産概要

時計は高級時計（主にブランド時計）を想定しており、雑貨屋やディスカウントショップで取り扱われているような低価格品は含まれない。

② 業界動向

腕時計は"成熟産業"となっており、数量ベースでの世界需要は平成16年をピークに減少傾向にある。トレンドに大きな変化はないが、嗜好品化が進み、より高級感のある仕様や複雑なデザインの商品が増加している。平成24年の日本企業の腕時計出荷（推計値）の内訳は、海外向けが数量で3％増の5,990万個、金額で5％増の1,058億円だった。数量では約9割が、金額でも6割弱が海外向けとなっており、腕時計は商品が小さく輸送コストが低いため、現地で有力な販路を開拓すれば海外展開しやすいことを示唆している。腕時計の価格帯は100円ショップで売られるものから高級ブティックで販売される数千万円の機械式時計まで幅広い。近年では、携帯電話やスマートフォンの普及で腕時計が必需品ではなくなったため、ただ時間を確認するだけの安価な時計の市場は減少が著しい。日米欧の先進国だけでなく新興国でも同じ傾向にある。その分、アクセサリーとして身につける顧客層は根強く存在する。新興国の経済発展により、こうした腕時計を求める層もふえるため、単価の上昇は今後も続く見通しである。

③ 担保実務上のポイント

時計は短期的な価格変動が小さく、なかでもブランド時計に関しては市場価格の透明性や市場での流動性が高いため、ABLの担保物として利用されることが多い。時計は自動巻き、手巻き、クオーツに大別され、自動巻きや手巻きに関しては管理状況により商品が劣化している場合があるので稼働確認が必要となる。クオーツ時計の経年在庫は、電池切れの状態が放置されることによる液漏れ・内部機械破損の可能性がある。中古品の場合は付属品の有無も確認する必要がある。

④ 換価処分時のポイント

催事を主体としている場合や小売店へ委託販売している場合は、通常営業時には社内に在庫が存在しない可能性があるため、保全の観点から十分に留意する必要がある。換価時点の債務者の状況や制約次第では、換価会社のネットワークを通して、換価を行うことも有用である。

137 家電・家具

1 概　要
(1) 対象となる動産
　家電とは、民生用厨房機器、空調・住宅関連機器、衣料衛生関連機器、電気照明器具などを指し、具体的には家庭用エアコンや冷蔵庫、洗濯機といった電気機械器具類があげられる。一方、家具には、木製や布製、スチール製など各種素材で製作されるテーブルや椅子、棚、ベッドなどの家具類や装備品が含まれる。

(2) 商流および市場特性・特徴
　日本国内では家電製品の普及率が高く、市場全体がすでに成熟しており、その規模も飽和状態にある。限られた市場シェアを争奪すると同時に新たな需要を開拓するため、メーカーは省エネ技術や知能化、ネットワーク化など新しい技術を搭載した高付加価値製品を積極的に投入しており、市場競争は激化している。また、製造コストの削減や海外市場の開拓を目指し、企業の海外進出も進んでおり、製品の輸入比率は上昇している。家電製品の流通については、一般的にメーカー販社や問屋などから一般電気店や家電量販店、総合スーパーマーケットなどの総合商品小売店を経由して消費者へ販売される。このほか、価格の安さや手軽さなどからインターネット販売が急速に成長しつつある。

　一方、家具については、経済成長とともに生産を増加してきたが、バブル崩壊後の景気低迷が長期化するなかで消費が落ち込んでおり、国内生産規模は縮小に転じている。半面、高品質にこだわる消費者向けに高級な輸入製品と、節約志向の強い消費者向けに低価格の輸入製品がともにふえてきており、国内市場における輸入製品のシェアは高まっている。家具の製造は、定期的にモデルチェンジする家電と違って目立った季節性は存在しないが、引越しが集中する春や婚礼の多い春・秋に向けた増産はみられる。家具の流通

ではメーカーから問屋経由で小売業者に供給されるケースが大半を占めるが、近年は販売強化を目指して直販店による販売や小売業者への直接販売を行うメーカーも増えてきている。

(3) 資金需要

家電・家具は単価の高い製品が多く占めているうえ、消費者のニーズにあわせて製品の品揃えを拡充する必要もあり、仕入資金などの運転資金需要は比較的高い。

(4) その他

家電および家具の販売では、同様の種類の商品でも複数の色やサイズなど相応のラインアップや在庫を保有する必要がある。このため、在庫水準が大きくなる傾向が認められ、滞留在庫が発生する可能性も比較的高いとされる。特に家電の場合、ネット通販の発達など販売チャネルの多様化による販売競争が激化しているうえ、モデルチェンジなどで商品のライフサイクルも短くなっており、商品の選別を誤ると売れ残った旧型商品を多く抱えることが起きやすい。

(5) 関連情報

・経済産業省、繊維・生活用品統計および機械統計
　http://www.meti.go.jp/
・一般社団法人日本電機工業会、各種統計データ
　https://www.jema-net.or.jp/
・一般社団法人日本家具産業振興会
　http://www.idafij.or.jp/

2　代表的な動産

(1) 白物家電

① 動産概要

白物家電は家庭生活に深くかかわっている家電製品の一般的な名称であり、その種類はエアコン、冷蔵庫、洗濯機といった大型白物家電のほか、小

型の白物家電として扇風機や電気ストーブなどの季節家電、加湿器や空気清浄機など室内家電、電子レンジやミキサーなどの調理家電、ドライヤーやアイロンなどの理容美容機器なども含まれている。

② 業界動向

　冷蔵庫、エアコン、洗濯機などの白物家電は生活に密着している必需品であり、家電市場全体の規模が縮小するなかでも比較的安定した買替需要が維持されている。また、省エネ機能などの新機能追加による付加価値の向上が価格に反映されやすい製品分野ともされており、近年は価格競争力の強い中国や韓国のメーカーや、特定製品でデザインや性能に強みをもつ欧米メーカーなど、海外メーカーによる日本市場への参入が加速している。

　一般社団法人日本電機工業会が白物家電である家庭用電気機器を対象に行った統計によれば、平成2年以降、家庭用電気機器の国内生産金額は長期的に減少傾向を示しており、平成24年には約1兆6,383億円と、前年比約5％減少した。これは平成2年以降のピークである平成3年の約3兆1,795億円の5割程度にとどまっている。一方、家庭用電気機器の輸入は大幅に増加しており、平成24年には約7,823億円と、平成2年の約755億円から約10倍に拡大している。国内生産と輸出入をあわせてみると、平成12年以降の国内供給はリーマンショック後の落込みを除いて総じて安定しており、年間2兆円前後で推移している（図表137－1参照）。

③ 担保実務上のポイント

　白物家電はものによって年に複数回のモデルチェンジが行われており、製品のライフサイクルが比較的短くなっている。また、エアコンをはじめとする季節家電は、需要時期が年間の一定期間に集中し、当該需要時期とそれ以外の時期では換価処分金額に大きな差が生ずる可能性がある。このため、モデルチェンジが頻繁に行われる在庫品や季節性の強い在庫品の在庫全体に占める割合などについて、モニタリングを通じて定期的に確認する必要がある。

④ 換価処分時のポイント

　白物家電を取り扱う業者の場合、多種多様な製品をそろえる必要があるた

図表137－1　家電の国内生産と輸入金額の推移

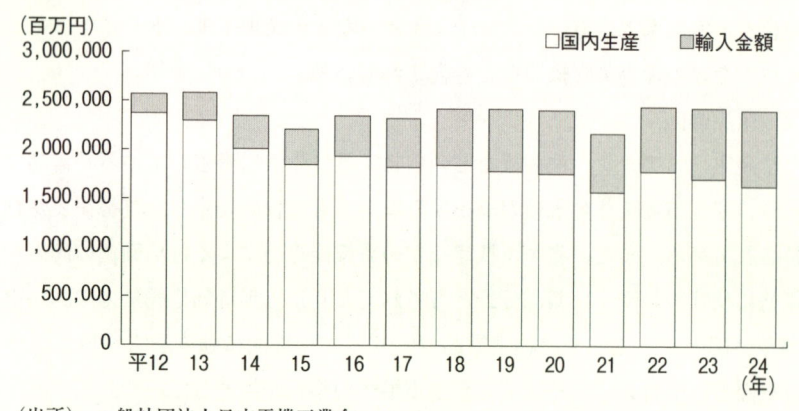

（出所）　一般社団法人日本電機工業会

め、換価処分時には、モデルチェンジに伴って生産が中止されたものや、カタログ落ち品となったものなどが在庫に含まれることがある。当該在庫品については、換価処分金額がメーカーの最新カタログに掲載されている現行モデルよりも大幅に下落する可能性がある。

(2) 仏　　壇

① 動産概要

　仏壇は、寺院や一般家庭の居宅内に常設される仏様を祭る台であり、一般的には、各仏教宗派の本山寺院を模したつくりとなっている。一般家庭用の仏壇については、金仏壇、唐木仏壇（黒檀や紫檀など銘木と呼ばれている木材の美しい木目を生かした仏壇）、家具調仏壇に大きく分類される。

　比較的安価な唐木仏壇や家具調仏壇については、宗派による構造等の違いは少ないが、金仏壇については、浄土真宗本願寺派（西本願寺）や真宗大谷派（東本願寺）といった宗派によって構造等が大きく異なる。また、地域別でみると、家具調仏壇は日本全国でみられるが、唐木仏壇は静岡を含む関東以北、金仏壇は中部以西の本願寺別院系や真宗系の信者の家庭に多くみられる。仏壇の主な形状としては、台付型と上置型の2種類があり、台付型が比較的大型であるのに対して、上置型は最近の住宅事情にあわせて小型のつく

りとなっており、主に都市部で利用されている。

② 業界動向

仏壇等に関する統計資料はほとんどないため、その需要動向等を正確に把握することは困難であるが、経済産業省の「工業統計」上では、唐木仏壇、仏具、神具、線香などが対象となる「宗教用具」と、金仏壇などが対象となる「漆器製家具」の2項目が仏壇と最も関連の強い統計資料とされる。同統計によれば、平成23年の「宗教用具」の国内出荷金額は約443億円、「漆器製家具」は同58億円であり、単純合算の国内出荷金額は約501億円となっている（図表137－2参照）。長期的には、「宗教用具」および「漆器製家具」の出荷金額の減少が続いており、平成23年と平成12年の出荷金額を比べると、約4割程度減少している。

一方、仏壇の製造においては、一部機械化が導入されているものの、研磨作業など手作業に頼る部分が多いため、最近では人件費の安い中国やベトナムなど海外への製造拠点の移転が進んでいる。ここ数年は特に中国からの輸

図表137－2　宗教用具と漆器製家具の出荷金額の推移

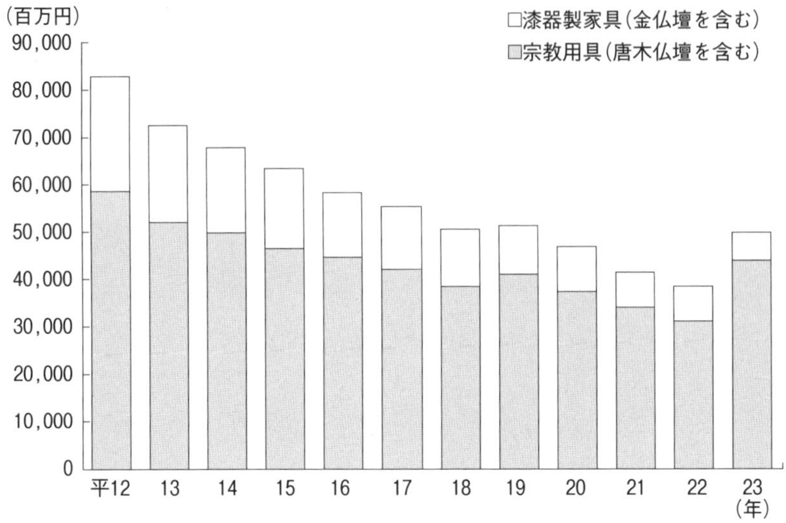

（出所）　経済産業省「工業統計」

入数量の増加が顕著となっており、平成24年の中国からの輸入基数は約24万基と、輸入基数全体の8割近くを占めている。

③ 担保実務上のポイント

仏壇は宗派等によって、さまざまな種類・タイプがあり、それぞれの互換性も少ない。このため、担保取得後も、在庫全体の数量や金額の変化、在庫品の構成割合の変化、高級仏壇をはじめとする在庫品の平均価格の変化などについて、定期的に確認することが望ましい。

④ 換価処分時のポイント

仏壇を取り扱う業者は営業戦略上、一定数量の商品ラインアップを店頭に並べる必要があるため、売残りリスクなどが常に存在する。また、保管期間が長期化した場合には、変色等が発生することがある。なお、対象動産の特性上、処分セールなどによる処分が困難であるため、売却候補先は同業他社等に限定される可能性が高い。

138　電子・電気機器

1　概　　要
(1)　対象となる動産
　電子・電気機器とは、パーソナルコンピュータおよび周辺機器をはじめ、ハブやルーターなどのネットワーク機器、電話機や交換機などの通信機器、カメラなどの光学機器などを指す。このほか、電子・電気機器に使用される電子管や集積回路などの部品も対象に含まれる。

(2)　商流および市場特性・特徴
　電子・電気機器の種類は多岐にわたるが、その多くは技術革新による製品の進化スピードが速いとされる。海外メーカーの台頭などを背景に国内外の価格競争が激しくなるなか、メーカーが製造コストの削減などを目的に海外への生産シフトを進めており、国内製造の割合が減少傾向にある。また、カメラなど輸出への依存度が高い製品も数多く存在しており、世界全体の景気動向や需給変化によって影響を受けやすくなっている。

　電子・電気機器の製造では完成品メーカーを部品メーカーやモジュール組立メーカーなど下請企業が取り囲む構造となっており、製品の外注依存度が高いとされる。近年は完成品メーカーによる海外進出の影響で下請企業の選別が進む一方、高度な技術や精度を要する部品などの製造において国内回帰の動きも出てきている。

　電子・電気機器の流通は基本的にメーカーから直接、あるいは卸売業者を経由して小売業者に販売される流れとなっている。メーカーによっては傘下に販売会社を抱えるところがあるほか、卸売業者にも1次、2次と複数の階層が存在する場合があるものの、全体の流通経路としては比較的シンプルな構造となっている。

(3)　資金需要
　パーソナルコンピュータなどの情報通信機器に代表される電子・電気機器

製品は世代交代が激しいため、製品のライフサイクルは比較的短くなっている。新たな技術の登場などにより、製品の入替えを頻繁に行う必要もあり、運転資金のニーズは高い業界とされる。また、電子・電気機器製品は多くの場合見込生産であるため、素材や部品などの仕入資金の需要が発生しうる。

(4) その他

電子・電気機器はパーソナルコンピュータや携帯電話などのような完成品からそれらに関連する部品まで製品の幅が広く、それぞれの製品分野が独自の特徴をもっている。それでも、多くの電子・電気機器製品については、海外市場の重要性が高まっていることや、技術面の進歩が速いこと、市場の成熟・海外企業の台頭などで競争が激化していることなど、共通する面も多く存在している。こうした点をふまえ、製品の陳腐化による滞留の発生や、海外の景気動向による需給変動などの可能性についても十分に注意を払う必要がある。

(5) 関連情報

・経済産業省、機械統計
　http://www.meti.go.jp/
・一般社団法人電子情報技術産業協会、統計資料
　http://www.jeita.or.jp/japanese/
・一般社団法人電気通信事業者協会、契約数データ
　http://www.tca.or.jp/

2　代表的な動産

(1) パーソナルコンピュータ

① 動産概要

パーソナルコンピュータはメインフレームといった企業や研究施設などで使われる大規模な汎用コンピュータと異なり、主に個人向けに開発されたものであり、サイズや性能、価格などの面で個人が使いやすいように設計されている。その種類はデスクトップとノートブックに大別されるが、本体に加

えてキーボードやマウスなどの周辺機器も含めた市場規模は非常に大きい。パーソナルコンピュータ用部品の汎用化が進んでいるため、日本国内だけでなく、海外にも有力メーカーが数多く存在しており、市場競争は激しくなっている。

② 業界動向

パーソナルコンピュータ市場規模はインターネットや電子メールの利用増加を背景に平成7年頃から急速に拡大し、経済産業省の「機械統計」によれば、平成9年に国内のパーソナルコンピュータの生産台数は1,000万台の大台に乗った。その後、ITバブル崩壊を受けて生産台数は一時減少する場面もあったが、平成12年にかけて再び1,000万台まで回復した。近年は普及の一巡で生産台数は減少傾向にあり、国内の需要も買替需要がメインとなっている。

市場が成熟するなかでメーカー間の競争が激しさを増しているほか、アイパッド(iPad)やアイフォン(iPhone)に代表されるモバイル端末やスマートフォンの普及により、パーソナルコンピュータへの需要は抑えられている。平成24年現在のパーソナルコンピュータの国内生産台数は前年比8％増の約666万台となっており、平成12年以降で最も多かった平成12年の約1,187万台から4割程度減少している(図表138-1参照)。

③ 担保実務上のポイント

パーソナルコンピュータは、技術革新などによる製品の世代交代が速いため、製品のライフサイクルが非常に短い。また、メーカーによっては同時期の製品であっても、デザインや性能が大きく異なることが考えられるため、担保取得にあたっては機種の在庫構成や製造時期などの情報もあわせて取得することが望ましい。

④ 換価処分時のポイント

国内市場では、パーソナルコンピュータの新製品の発売サイクルが短いため、換価処分の際、型落ちの製品はディスカウント要請を受ける可能性が高い。また、性能面などで現行機種より大きく劣る場合には、製品としての処

図表138－1　パーソナルコンピュータの生産台数の推移

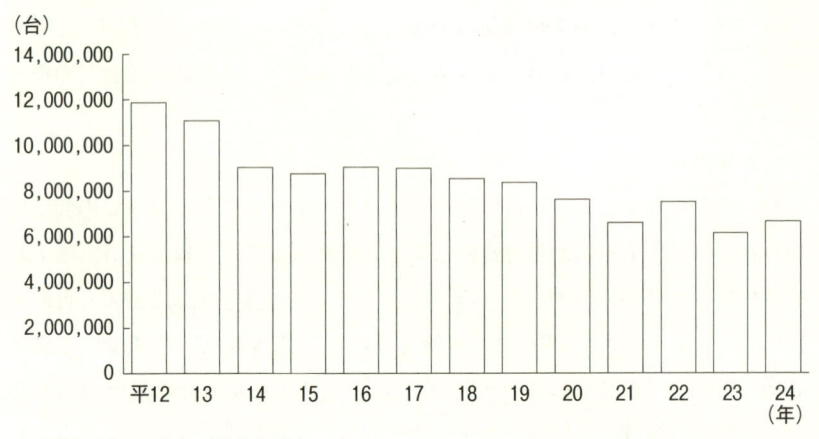

(出所)　経済産業省「機械統計」

分が困難になり、素材スクラップとして処分せざるをえないこともありえる。

(2) 携帯電話

① 動産概要

携帯電話は基地局と電話機の間の通信方式によって世代が分けられており、現在市販されている携帯電話は主に第3世代、第4世代に当たる。また、その種類は、一定の機能を有するフィーチャーフォンと、アンドロイド（Android）やアイオーエス（iOS）などのオペレーティングシステム（OS）が搭載されている多機能のスマートフォンに大別されている。携帯電話は人気・不人気品の差が大きく、特定の人気機種を多くの消費者が使用する傾向がある。また、新機種の変遷が早いため、端末機能の進化が市場環境を大きく変化させることもしばしば起こる。

② 業界動向

一般社団法人電気通信事業者協会の統計によれば、日本においては平成8年のはじめ頃に約1,000万台だった契約台数が平成19年末に総人口の約8割に当たる1億台を突破しており、10年程度の間に約10倍に拡大した。その後

も徐々に増加しており、平成25年9月現在は約1億3,488万台にのぼっている。市場全体はすでに飽和状態に達しているなか、新規契約に伴う需要が限られる半面、買替需要が比較的に安定している。

また、近年は従来のフィーチャーフォンのほか、独自のOSをもち、アプリケーションソフトを追加して機能拡張やカスタマイズが可能なスマートフォンの人気が急速に高まっており、フィーチャーフォンの代替として販売数量を伸ばしている。一般社団法人電子情報技術産業協会が国内メーカーを対象に行った調査によれば、移動電話（携帯電話とPHSの合計）の国内出荷台数は、携帯電話の契約台数が1億台を突破した平成19年を境に減少に転じており、平成24年は約2,794万台と前年比6％減少した（図表138－2参照）。一方、スマートフォンの出荷台数は統計が始められた平成22年（約187万台）から増加が続き、平成24年は約1,575万台と、移動電話全体の半分以上を占めるようになっている。

③ 担保実務上のポイント

携帯電話の販売業者は通常、国内通信各社のキャリア代理として、代理店委託契約を締結することが一般的であるが、その契約には所有権留保条項が含まれることもある。このため、担保取得時には契約内容をチェックし、該

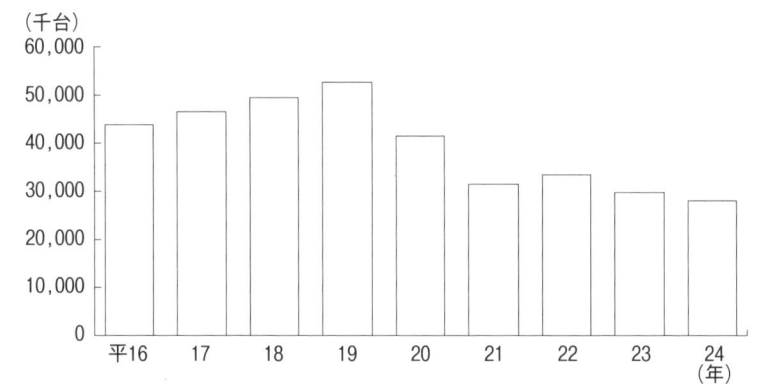

図表138－2　移動電話の国内出荷台数の推移

（出所）　一般社団法人電子情報技術産業協会

当条項の有無を確認することが重要である。
④　換価処分時のポイント
　携帯電話は割賦販売方式の導入により、一つの機種を使用する期間が長くなっているものの、スマートフォンなどの新たな需要の創出により、市場全体としては底堅く推移しており、相応の流動性も認められる。しかしながら、携帯電話端末は新機種発売や新機能開発等のスピードがきわめて速く、陳腐化や不人気化が進みやすいため、最新モデルでない機種については処分性が急激に低下する可能性が高い。

139　書籍・ソフト

1　概　　要

(1) 対象となる動産

　書籍・ソフトとは、写真集や雑誌、文庫文などの出版物、DVDソフトやCDソフト、ゲームソフト、コンピュータソフトなどの映像、音楽、ゲーム、実用関連の各種パッケージコンテンツなどを指す。

(2) 商流および市場特性・特徴

　日本国内の書籍・ソフト市場は人口の減少や情報源の多様化、インターネット販売の普及などを背景に、書籍・雑誌などの出版物、DVDソフトやCDソフト、ゲームソフトなどのパッケージコンテンツの市場規模は、総じて縮小傾向にあるといわれている。特にインターネット販売の急速な成長により、出版業界およびパッケージコンテンツ業界に大きな影響を与えており、市場構造の変化スピードが速まっている。

　出版物の流通ルートは取次・書店ルートという通常ルートをはじめ、教科書ルート、CVSルート（コンビニエンスストアルート）、生協・農協ルート、鉄道弘済会ルートのほか、図書館ルート、ガソリンスタンド・自動販売機ルート、ネット書店ルート、輸入ルートなどさまざまなルートが存在しており、流通構造が非常に複雑になっている。

　このうち、最も一般的な通常ルート（取次・書店ルート）については、「取次」と呼ばれる流通業者が出版社と書店などの販売店の間をつなぐ存在として機能しており、出版業界の流通構造を支える重要な存在となっている。取次には、あらゆる分野の出版物を扱う「総合取次」と特定の分野を扱う「専門取次」があるが、これらの会社が、大部数の雑誌であっても小部数の書籍であっても、低コストで全国に配送している。さらに、販売した書籍や雑誌の代金を書店から回収し、出版社に支払うという役割も担っている。

　一方、DVDソフトやCDソフトなどのパッケージコンテンツについては、

出版物と比べて流通構造は比較的にシンプルになっている。映像関連のDVDソフトの場合、製作会社から配給会社を経由し、劇場での興業を経てパッケージソフトとして流通・販売会社などを通じて顧客に販売される。CDソフトについてもレコード会社が流通・販売会社を通じて顧客に販売されるのが一般的となっている。

　出版物やCDソフトなどのパッケージコンテンツの販売については、新作が速いペースで発売されており、製品のライフサイクルが全般的に短いという特徴をもつ。また、委託販売品の割合が高いことから、製作業者が流通・販売業者の在庫負担を肩代わりする半面、流通・販売業者の利益率が低く抑えられる構造となっている。

　(3)　**資金需要**

　上述のとおり、書籍・ソフトの販売では委託販売が広く行われており、通常出版社や製作会社などにとって返品などによる在庫負担が重いうえ、全体市場が縮小するなか、収益を確保するには新作を速いペースで出す必要もあり、常に一定の資金需要が発生している。一方、販売業者についても、市場の低迷に伴う売上げの不振に対応するため、近年は利益率の高い買取販売の比率を高める動きも出てきており、これに関連する資金需要の発生も想定される。

　(4)　**その他**

① 　再販売価格維持制度（再販制度）

　書籍、雑誌、新聞、音楽CD、音楽テープ、レコードの6品目の販売については、再販制度が存在している。再販制度とは、出版社が決めた雑誌や書籍の定価（再販売価格）を販売先である書店等が守るという、定価販売制度のことをいう。定価販売は独占禁止法により本来は禁止されているが、出版物は文化・教養の普及の見地から適用除外とされている。この制度により、読者はほしい書籍や雑誌を全国どこでも同一金額で購入できるほか、出版社の自由な出版活動が守られ、さまざまな種類の出版物が刊行できるというメリットがある。

出版物は再販制度によって定価販売が守られており、原則として書店での値引販売はない。ただし、再販制度は再販行為を義務づけているわけではなく、したがって、出版社・販売業者間の取決めにより再販行為を行わなかったり、弾力的な運用を図ったりすることができる。すでにバーゲンブック（通称「B本」）と呼ばれる、新品ながら定価の30〜70％引きで販売される書籍を扱う書店が登場しており、出版社が滞留在庫を早期に処分し、在庫負担を軽減することも可能になっている。

② 委託販売制度

書籍・ソフトの販売では委託販売が広く行われている。代表的な書籍販売でみると、出版社・取次・書店の間の契約により、書店は売れ残ったものについて一定の期間内に制限なく返品ができる。この制度は、書店店頭での陳列販売を通してさまざまな出版物を効果的に販売するために機能している。しかし、その半面、返品可能であるがゆえに、書店側は安易な仕入れ・返品を繰り返す（近年、書籍の返品率は40％前後で推移）ことが多くなっており、出版社側は返品を織り込んだうえで発行点数をふやさざるをえない事情があるため、市場に出版物があふれる状況となっている。

委託販売制は委託の内容によって「普通委託」「常備委託」「長期委託」の三つに分かれる。「普通委託」は一般的に、委託期間は書籍の場合、出版社と取次の間で6カ月、雑誌については月刊誌が3カ月、週刊誌2カ月であり、この間であれば出版社への返品は自由となっている。「常備委託」は、出版社が取次または書店に対し特定の書籍を限られた期間委託し、売れるつど、補充する義務を負う。「長期委託」は普通委託より委託期間は長いが、出版社は取次または書店に対し、売れた分を補充する義務はない。各委託方式のうち、「普通委託」が大半を占めるといわれている。

(5) 関連情報

・総務省統計局、文化・レジャーに関する統計（総合統計書・日本の長期統計系列）

http://www.stat.go.jp/

・一般社団法人日本レコード協会、各種統計情報
　http://www.riaj.or.jp/
・一般社団法人日本映像ソフト協会、各種調査報告
　http://www.jva-net.or.jp/

2　代表的な動産
(1)　書　　籍
① 動産概要

　書籍は通常、着想企画からはじめ、原稿整理、組版指定、校正、印刷、製本、広告宣伝、取次、書店、読者という流れで流通しており、非定期刊行物の単行本と定期刊行物の週刊誌や月刊誌などの雑誌に大別される。このほか、洋書や同人誌などの分類もある。

② 業界動向

　インターネットでの電子書籍販売の台頭などにより、紙媒体の出版業界の規模が縮小している。日本国内の出版社数は平成9年の4,600社超をピークに、以後は減少に転じ、近年は4,000社を割り込む水準まで減少した。また、書店数については、平成12年には2万店を超えたが、平成21年には1万5,000店台まで減少している。一方、総売場面積は増加傾向を示しており、業界全体では規模の拡大による競争力の強化を図る動きが出ている。

　市場規模の縮小を受け、書籍の販売部数および販売金額はともに減少傾向となっている。しかしながら、このような環境のなか、新刊発行点数は依然として堅調に推移している。出版不況でも出版点数が増加しているのは、出版社の多くが新刊本の売上げに依存する割合が高くなる「新刊主義」にシフトしていることが原因とされる。出版社は、書籍1点当りの販売部数が減少すれば、その分だけ売上げも減少する。したがって、売上げを減らさないために、出版社は次々と新しい書籍の点数をふやし続けなければならない状況に陥っている。

　公益社団法人全国出版協会・出版科学研究所の調査によれば、平成24年時

図表139-1　書籍の販売部数と販売金額の推移

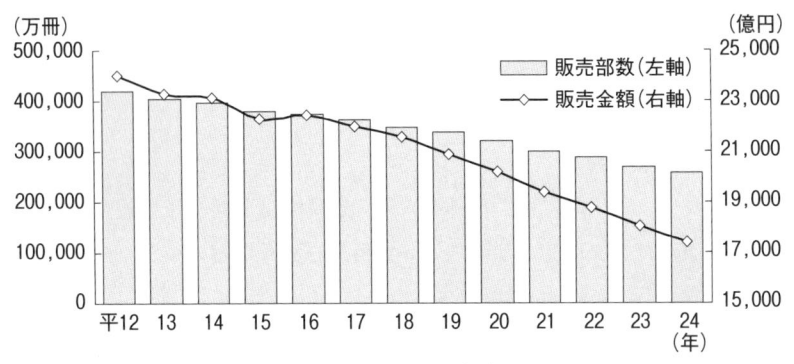

（出所）　公益社団法人全国出版協会・出版科学研究所

点では、新刊発行点数は7万8,349点と、前年比約3％増加している。一方、販売部数は25億6,129万冊、販売金額は1兆7,398億円となっており、それぞれ前年比5％、4％減少している（図表139－1参照）。

③　担保実務上のポイント

　書籍販売業者の仕入方法は、取次業者への返品可能な委託販売制度と、原則返品不可の買取販売制度に分けられるが、前述のとおり、実際の取引の大半は委託販売制度が採用されている。委託販売制度により、在庫品の所有権移転が頻繁に発生することに加え、返品条件のない買取販売制度の在庫品も混在することから、担保対象物の特定が困難な面がある。したがって、担保取得時には、当該在庫を区別できる在庫データを入手することが望ましい。

④　換価処分時のポイント

　書籍販売業者の破産時の処分を想定した場合、委託販売制度に基づく取次業者への返品が通常時と同様に可能か否かは、契約条件や取次と書店との力関係によりまちまちである。取次業者への返品ができなかった場合、書籍の2次マーケットは存在するが、その市場規模は小さいうえ、大幅な価格ディスカウントを要求されることも想定される。

140 娯楽・レジャー用品

1 概　要

(1) 対象となる動産

娯楽・レジャー用品には、玩具や人形、遊具をはじめ、弦楽器や管楽器などの楽器類、ゴルフ用品などのスポーツ用品、釣具などのレジャー用品が含まれている。

(2) 商流および市場特性・特徴

娯楽・レジャー用品は趣味や余暇を楽しむための製品がほとんどであり、比較的景気の変化による影響を受けやすい動産とされる。また、多くの娯楽・レジャー用品に対する需要は季節によって大きく変動する特徴がある。たとえば、玩具であれば、正月や夏休み、入学・入園・進学を控えた3月には売上げが増加する傾向がみられる。また、スポーツ用品なら、冬にはスキー用具、夏には水泳用具、春や秋にはジョギングやゴルフなどの用具に対する需要が拡大する。このほか楽器のように入学・進学時期、ボーナス時期に需要がふくらむものもある。

娯楽・レジャー用品の流通は用品の種類によって異なるものの、一般的にはメーカーを中心に製品の企画・開発が行われ、自社あるいは外注で製造した製品を卸業者などを通じて販売する構造となっている。近時は、消費者のニーズが多様化するなか、娯楽・レジャー用品の製造でも多品種、少量化が進んでおり、製品の種類がふえる傾向にある。また、バブル崩壊後の景気低迷が長く続いた影響で消費者の節約志向が根強いなか、従来から労働集約型の製品が高い割合を占める娯楽・レジャー用品の製造においても、企業による生産拠点の海外移転が活発になっている。

(3) 資金需要

娯楽・レジャー用品には季節要因から影響を受ける品目が多いことから、製造を手がける企業であれば、製品の販売シーズンに備えて生産を増強する

ための運転資金需要が強いと考えられる。また、娯楽・レジャー用品の種類は豊富にあり、特にファッション化傾向が強まるスポーツ用品のように、型やサイズ、色、素材などの入替わりが速くなり、新製品の発売が短いサイクルで行われるようになっている。メーカーにとっては、数多くの製品種類を見込みで生産する必要もあり、これに伴う資金需要も発生しうる。

(4) その他

娯楽・レジャー用品は、趣味や余暇を楽しむ用途で製造されているため、その需要については消費者の嗜好性が強く反映されている。消費者ニーズに対応するため、全体的に製品の種類がふえる傾向にあり、これに伴って不人気製品の売残りによる、滞留在庫の発生につながる要因となっている。

(5) 関連情報

・経済産業省、工業統計および繊維・生活用品統計
  http://www.meti.go.jp/
・総務省統計局、文化・レジャーに関する統計（総合統計書・日本の長期統計系列）
  http://www.stat.go.jp/
・一般社団法人日本玩具協会、統計資料
  http://www.toys.or.jp/

2　代表的な動産

(1) ギター

① 動産概要

ギターの価値は、使用される木材等の品質のほか、製品の音色や色、かたち等のデザインなどによっても大きく変動するが、さらに著名なギタリストが使用することで価値が高騰するといった現象もみられる。国内外には多数のギターブランドが存在するが、そのなかでも、エレキギターでは「フェンダー」や「ギブソン」、アコースティックギターでは「マーティン」が圧倒的な人気と知名度を有している。当該ブランド品については、新品や中古品

だけでなく、ビンテージ品なども高額で取引されている。

② 業界動向

　財務省の「貿易統計」によれば、平成24年のギター（エレキギター、アコースティックギターの合計、以下同様）の輸入本数は約19万本、輸入金額は約30億円となっている。一方、経済産業省の「繊維・生活用品統計」をみると、平成24年の国内製造本数は約10万本であり、輸入品と国産品をあわせると、約28万～29万本となっている。

　ギターを含めた楽器全体の販売額は、少子化の影響や娯楽や趣味の多様化といった背景もあって、毎年減少傾向で推移している。経済産業省の「商業統計」によれば、楽器小売業全体の売上高（平成19年、最新）は約5,399億円となっており、ピークだった平成3年の売上高（約7,800億円）と比較すると約30％減少している。こうした環境のなか、国内におけるギターの販売数量（国産品と輸入品を含む）も低迷が続いており、ピーク時の昭和60年には約74万本であったが、平成24年には約21万本まで落ち込んでいる（図表140－1参照）。

③ 担保実務上のポイント

　日本国内で販売されるギターは国産品のほか、輸入品も多く含まれているが、輸入品については国内の代理店を経由して販売するのが一般的となっている。特に一部の海外有名ブランドについては、国内の代理店と総代理店契約を締結しており、契約の内容によっては、在庫の売却先が限定される可能性がある。また、在庫品の構成も海外メーカーの意向を強く受けることが考えられるため、担保取得時には代理店契約の内容や在庫構成などを確認することが望ましい。

④ 換価処分時のポイント

　ギターという動産の特性上、処分発生後も保証が受けられるかどうかやメンテナンス体制が継続されるかどうかといった点が、売却見込金額などに影響を及ぼす可能性がある。また、換価処分の際、製品に付属している「認定書」が保管されていない場合には、通常よりも高い価格ディスカウントを要

図表140-1 ギターの販売数量の推移

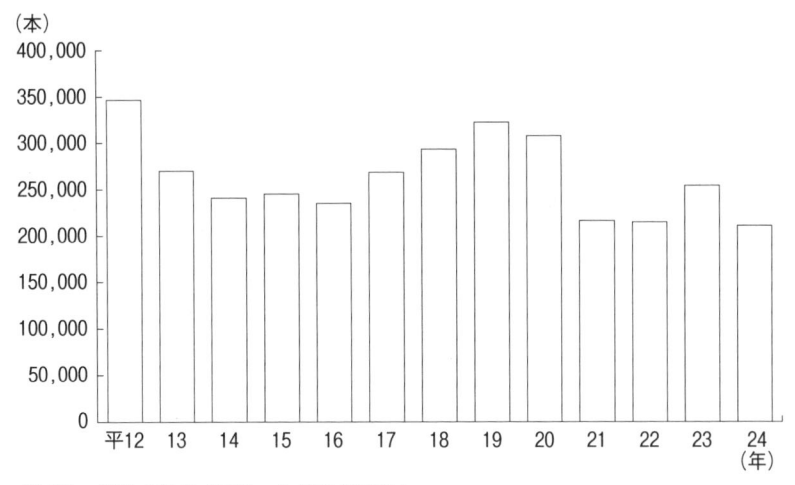

(本)
平12: 約347,000
13: 約270,000
14: 約240,000
15: 約245,000
16: 約235,000
17: 約270,000
18: 約295,000
19: 約325,000
20: 約310,000
21: 約220,000
22: 約215,000
23: 約255,000
24: 約212,000

(出所) 経済産業省「繊維・生活用品統計」

請されることが考えられる。

(2) 釣　具

① 動産概要

　釣具は、釣竿をはじめとして、リール、釣糸、釣針、ルアー、ウェア、アイスボックスなど、さまざまな用品で構成されており、さらに、釣場の条件、環境、季節等に応じて、同じ種類の用品であってもさまざまなタイプのものが発売されており、非常に多品種な製品群となっている。釣竿や釣竿用のリール等については、初心者向けの普及品から上級者やプロ向けの高級品まで幅広い製品ラインアップが存在している。

　国内で流通している釣具の大部分は、新品が流通する1次マーケットで取引されているが、釣竿やリール等の高級品については2次マーケット（中古マーケット）が確立しており、中古品も一定数量が取引されている。

② 業界動向

　釣りは、場所、季節、年齢・性別等を問わず気軽にできるレジャースポーツとして愛好家も多く、釣り関連の市場規模は、ゴルフやスキー・ス

ノーボードに次ぐといわれており、一般社団法人日本釣用品工業会によれば、平成24年の国内の釣り関連製品の小売規模は約1,762億円となっている。しかし、近年はレジャースポーツや趣味の多様化や若者層の参加人口の減少などにより釣り関連製品の販売が低迷しており、平成24年の小売規模は2000年代前半の2,000億円台と比べて1割以上も縮小している。

　財団法人社会経済生産性本部の「レジャー白書」によれば、釣り人口は、1990年代後半の「バスフィッシング」ブームにより、過去最高の2,020万人となった。しかしながら、当該ブームの一巡後は、長引く景気の低迷、少子高齢化による人口の減少、レジャースポーツや趣味の多様化等の影響を受けて、釣り人口は減少傾向が続いており、平成24年には約810万人と、ピーク時の半分程度まで減少している。釣り関連業界では、市場の活性化に向けて、女性向け市場の開拓やスポーツフィッシング分野の強化等に取り組んでいるものの、目立った回復には至っておらず、釣具に対する需要も低迷が続いている。

③　担保実務上のポイント

　釣具は用途、目的などによって非常に細分化されており、その種類は10万点以上ともいわれている。製品の数が非常に多くなっているため、取扱業者が保有する在庫は通常小ロット単位となっている。また、製品によって人気度や需要度が大きく異なっているため、在庫水準が過大になりやすい。このため、担保取得後も定期的にモニタリングなどを通じて在庫の構成などを確認していく必要がある。

④　換価処分時のポイント

　釣具の種類は多種多様であり、ものによっては人気度や需要も大きく異なる。このため、換価処分時に、特殊な製品や人気の低い製品、モデルチェンジによる型落ちの製品、単独での販売が困難であるパーツなどが高い割合で含まれる場合には、大幅な価格ディスカウントが要求されるか、あるいは換価自体が困難になる可能性がある。

141　医薬品・化粧品

1　概　　要

(1)　対象となる動産

　医薬品は、使用方法によっては人の生命・身体に悪影響を及ぼしかねないものであることから、取扱方法が薬事法で厳格に定められている。医薬品を大まかに分類すると、医師の診断により処方される「医療用医薬品」(処方薬とも呼ばれる)と、薬局等で処方箋なしに購入できる「一般用医薬品」(一般薬、大衆薬、OTCとも呼ばれる)がある。一般用医薬品は消費者の誤使用を避けるため、リスクの高低より第1類医薬品から第3類医薬品に分類され、それぞれの販売方法が定められている。

　また、医薬品ではないものの、それに準ずるものとして「医薬部外品」があり、そのなかには薬用クリーム、育毛剤などが含まれる。医薬部外品も、医薬品より緩やかではあるが、薬事法上の取扱規制を受ける。同様に、石鹸、歯磨き粉、スキンケア用品など、薬事法では「化粧品」として分類されるものも、同法による取扱規制の対象となる。

(2)　商流および市場特性・特徴

　医薬品の国内市場規模は年間約8兆円と目されるが、そのうち金額規模では約90％が医療用医薬品で、残る約10％が一般用医薬品である。医薬品の開発には多額の費用と長期間の治験が必要であることから、医薬品メーカーは漢方薬を除き大手企業が中心である。また、メーカーと病院・診療所や薬局・薬店をつなぐ卸売業者の業界では、近年、大手企業による中堅・中小企業の吸収による再編が進んでいる。

　薬局・薬店は、平成9年に一般用医薬品が再販制度商品から除外されたことなどを背景に、大型ドラッグストアとの価格競争にさらされており、店舗数が減少傾向にある。

図表141-1　一般用医薬品の分類

リスク区分	リスクの程度	応対者	情報提供方法	相談への対応
第1類医薬品	特にリスクの高い医薬品 ・その副作用等により日常生活に支障をきたす程度の健康被害を生ずるおそれがある医薬品であって、その使用に関し特に注意が必要なものとして厚生労働大臣が指定するもの ・新一般用医薬品として承認を受けてから厚生労働省令で定める期間を経過しないもの	薬剤師	文書による情報提供義務	相談応需義務
第2類医薬品	リスクの比較的高い医薬品 ・その副作用等により日常生活に支障をきたす程度の健康被害を生ずるおそれがある医薬品であって厚生労働大臣が指定するもの（第1類医薬品を除く）	薬剤師または登録販売者	努力義務	相談応需義務
第3類医薬品	リスクの比較的低い医薬品 ・第1類および第2類以外の一般用医薬品（日常生活に支障をきたす程度ではないが、身体の変調・不調が起こるおそれがあるもの）	薬剤師または登録販売者	—	相談応需義務

（出所）　筆者作成

(3) 資金需要

　一般用医薬品を取り扱う小売業者では、冬場から春先にかけて花粉症や風邪の治療薬をまとめて仕入れることが必要となる。そうした時期において、小売業者は必要資金を借入れ等でまかなうこともあるが、仕入先である卸売業者との間で決済条件を調整することにより資金繰りを手当するケースも多くみられる。

(4) 関連情報

・厚生労働省「一般用医薬品販売制度」
http://www.mhlw.go.jp/stf/seisakunitsuite/bunya/kenkou_iryou/iyakuhin/ippanyou/

・独立行政法人医薬品医療機器総合機構
http://www.pmda.go.jp/

2　代表的な動産

(1)　漢　方　薬

① 動産概要

　漢方製剤は、植物や動物、鉱物などの天然素材からつくられる生薬を切断・破砕し、調合、抽出、固液分離、濃縮、乾燥、製剤化といった加工を加えて製造される原材料の生薬が天然素材であるため、同一品目の製剤でも、生産国、地域、調製法や加工法によって品質がかなり異なる。

　日本国内における生薬（原材料）の自給率はわずか10％程度であり、残りの約90％は輸入品に依存しているが、そのうちの約60％は中国産が占めている。

　日本の薬事法では、生薬および漢方製剤を医薬品の一つとして取り扱っており、漢方製剤の製造や販売についてはさまざまな規制を設けている。そのほか、品質確保、表示、広告等に関しても、同法の規制対象となっている。

　医薬品の品質規格等について記載した「日本薬局方」（平成23年改定の「第十六改正日本薬局方」）によれば、現在の生薬数は216品目となっている。一

方、日本漢方生薬製剤協会によれば、国内で生産される医療用漢方製剤が148品目、一般用漢方製剤は213品目となっている。

② 業界動向

漢方製剤等の原材料となる生薬については、長年にわたる取引慣行等から、国内の流通経路はほぼ固定化しており、市場に流通する生薬の80～85%は製薬メーカーや素材抽出メーカーで消費され、残りの15～20%が、刻み・粉末流エキス・チンキ等に加工されて、製剤メーカー、漢方医家、薬局、薬店などで消費されている（図表141－2参照）。

近年、医学学会や医療現場においては、漢方薬（漢方製剤を含む）、機能性食品、アロマテラピーなどを組み合わせて、人間が本来もっている自然治癒力を高めることを目指す治療法を提案する動きが強まっているほか（いわゆる代替医療）、高齢化の進行や健康に対する意識高揚等の背景もあって、漢方薬の使用層は広がっている。

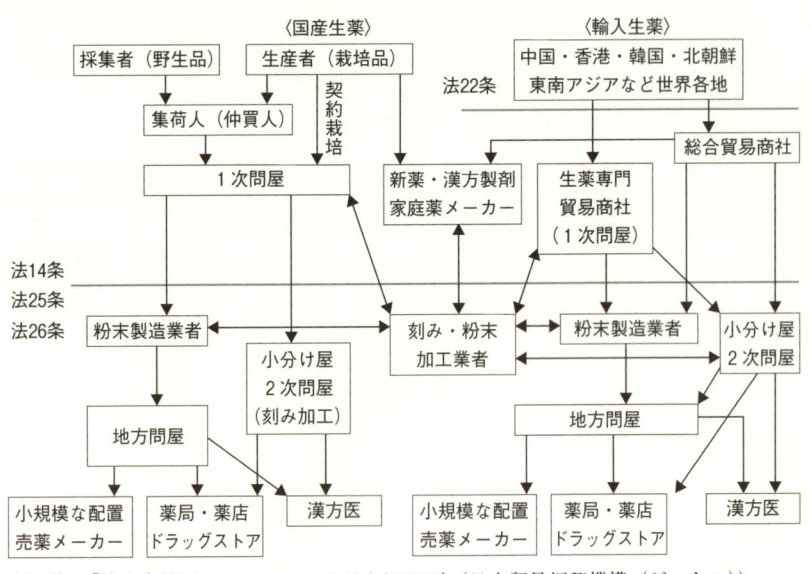

図表141－2　生薬の主な流通経路

(出所)　『輸入商品別マーケティングガイド2004』（日本貿易振興機構（ジェトロ））

さらに平成21年6月には改正薬事法の施行により、薬剤師でない登録販売者が「第2類医薬品（リスクが比較的高いもの）」を販売できるようになったことを受け、コンビニエンスストアやスーパーマーケットでも漢方薬を取り扱うようになった結果、同薬の市場規模は拡大基調が続いている。

厚生労働省の「薬事工業生産動態統計年報」によれば、平成23年の漢方製剤の年間生産額（輸入を含む）は約1,331億円（前年比3％の減少）と、平成12年の約981億円を36％上回る水準となっている。また、漢方製剤、生薬、その他の生薬および漢方処方に基づく医薬品の各生産額をあわせた漢方薬の規模は約1,449億円で、医薬品市場全体の約2％となっている（図表141-3参照）。

③ 担保実務上のポイント

医薬品の製品については消費期限（通常、未開封の状態で製造後3年程度）を定めているケースが多いが、その消費期限までの日数が残り少なくなった在庫品を流通業者や小売店が仕入先に返品するという商習慣がある。それをふまえたうえで、返品予定の在庫品について、データと現物の管理が適切になされているか、数量・金額の在庫全体に占める割合が過大となっていない

図表141-3　漢方製剤・生薬の生産額の推移

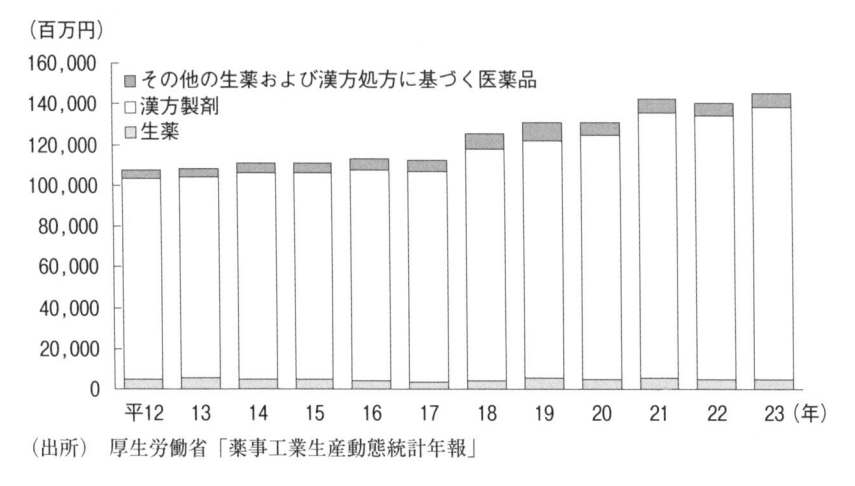

（出所）厚生労働省「薬事工業生産動態統計年報」

か、消費期限管理がタイムリーに実施されているかなどを確認する必要がある。

　原材料については、流通の際に必要となるトレーサビリティに関する書類（検査データ、使用原材料の内訳および仕入ルート・仕入日等を証明するもの）が完備されていることを確認する必要がある。

④　換価処分時のポイント

　製薬メーカーの経営が破綻し、その後の事業継続が行われないときには、当該メーカーが製造元として登録を行っている医薬品は、品質保証の継続が困難となるため、そうした医薬品の換価処分は実質的に不可能となる。

　医薬品を換価処分する場合、薬事法上の許可等をもたない担保権者（ABLの貸し手）は処分の実施主体になることができないため、通常は破産管財人のもとでの任意売却によることになる。

(2)　化　粧　品

①　動産概要

　化粧品とは、薬事法で「人の身体を清潔にし、美化し、魅力を増し、容貌を変え、又は皮膚若しくは毛髪を健やかに保つために、身体に塗擦、散布その他これらに類似する方法で使用されることが目的とされている物で、人体に対する作用が緩和なもの」（2条3項）と定義されている。つまり、体内に浸透せず、主として表皮で作用するものを指しており、医薬品の成分を配

図表141－4　化粧品の分類

目　的	商　品　名
清潔にする	洗浄用化粧品、歯磨き、シャンプー、リンス、石鹸などいわゆるトイレタリー製品
美化し、魅力を増し、容貌を変える	仕上用化粧品、香水等
皮膚もしくは毛髪を健やかに保つ	基礎化粧品、頭皮用化粧品、特殊用途化粧品

（出所）　筆者作成

合することは基本的に禁止されている。化粧品は、その使用目的により図表141 − 4のように分類される。

一方、老化防止効果、メラニン色素抑制効果、しわ予防効果等、「薬用化粧品」として販売されているものは、化粧品ではなく、医薬部外品に分類される。医薬部外品とは、薬事法に定められた医薬品と化粧品の中間的な分類で、人体に対する作用の緩やかなものをいう（2条2項）。予防効果をうたうものや、医薬品よりは緩和だが人体になんらかの改善効果をもたらすものがこれに含まれる。

② 業界動向

国内における化粧品の用途別販売金額の推移は、図表141 − 5のとおりである。洗面用具を含む化粧品は毎日一定量を使用するものであるため、市場規模や支出額に大きな変化が生じにくい。コンビニエンスストアやインターネットショップなど新たな流通経路が開拓されたこと等により、市場規模は平成17〜20年にかけて緩やかに拡大したが、平成21年以降は1兆4,000億円前後で安定的に推移している。1世帯当りの化粧品消費支出も安定的に推移しており、平成24年は年間4万5,022円となっている（図表141 − 6参照）。

図表141 − 5　化粧品の用途別販売金額の推移

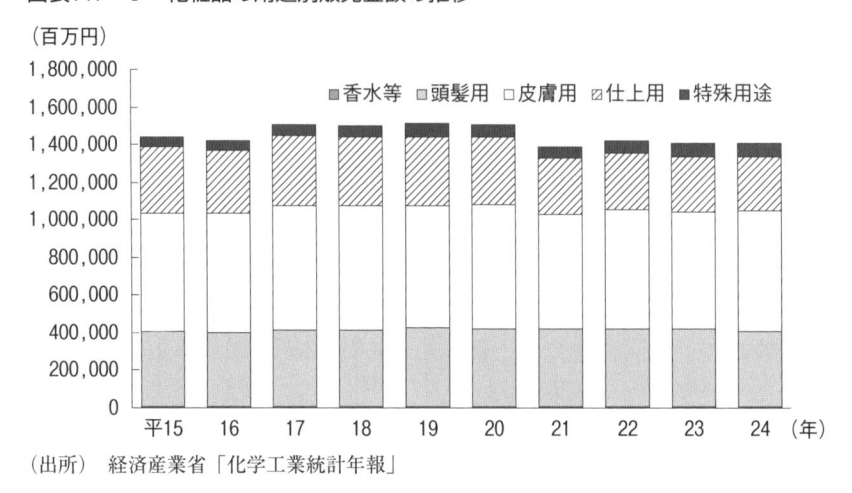

（出所）　経済産業省「化学工業統計年報」

インターネットの普及などにより、海外で評判の高い商品が手軽に輸入できるようになったことを受け、化粧品は輸入額、輸出額ともに増加傾向にある（図表141－7参照）。

③　担保実務上のポイント

化粧品は粗利益率が比較的高い半面、売れ筋とそうでない商品がはっきり分かれる傾向があり、売れ筋でない商品の在庫が滞留しやすい。したがっ

図表141－6　1世帯当りの化粧品消費支出の推移

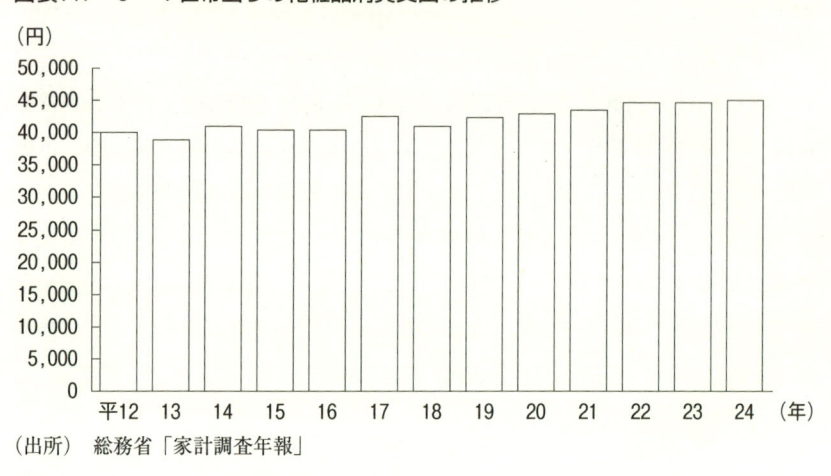

（出所）　総務省「家計調査年報」

図表141－7　化粧品の輸出入金額の推移

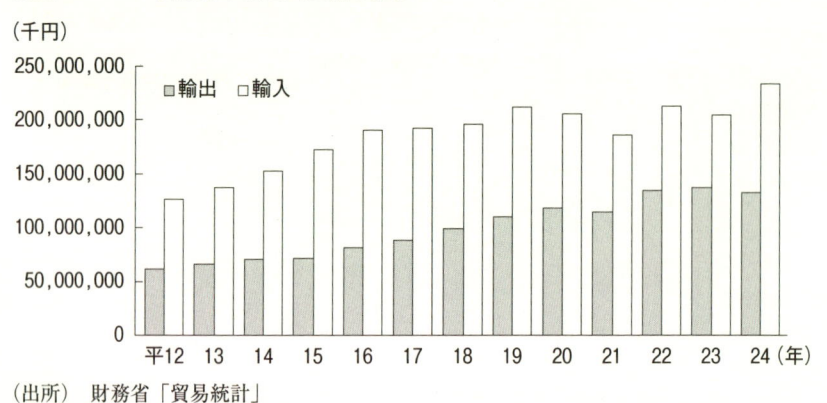

（出所）　財務省「貿易統計」

て、販売状況等から判断して在庫水準が適正かどうかをアイテムごと継続的に確認することが望ましい。

化粧品については消費期限（通常、未開封の状態で製造後3年程度）を定めているケースが多いが、その消費期限までの日数が残り少なくなった在庫品を流通業者や小売店が仕入先に返品するという商習慣がある。それをふまえたうえで、返品予定の在庫品について、データと現物の管理が適切になされているか、数量・金額の在庫全体に占める割合が過大となっていないか、消費期限管理がタイムリーに実施されているかなどを確認する必要がある。

④　換価処分時のポイント

化粧品メーカーの経営が破綻し、その後の事業継続が行われないときには、当該メーカーが製造元として登録を行っている化粧品は、品質保証の継続が困難となるため、そうした化粧品の換価処分は実質的に不可能となる。

化粧品を換価処分する場合、薬事法上の許可等をもたない担保権者（ABLの貸し手）は処分の実施主体になることができないため、通常は、破産管財人のもとでの任意売却によることになる。

142　雑貨類

1　概　要

(1)　対象となる動産

　雑貨とは、比較的安価な服飾、インテリア、日用の小物品類全般を指す。従来はスーパーマーケット等の日用品売場等で販売されるものが大半であったが、近年は、デザイン性やファッション性を重視したもの、あるいは低価格ながら機能性を追求したものなど商品の細分化が進んでおり、販売ルートもそうした商品を扱う服飾やインテリア関連の専門店に広がってきている。ここではインテリア雑貨と生活雑貨の小売業者を中心に解説する。

(2)　商流および市場特性・特徴

　雑貨小売業は、商流が比較的単純であることなどから、小規模な経営であれば参入障壁等は低いとされるが、直営店による全国展開など、大規模な経営の場合には、さまざまな運営ノウハウが必要となるため、新規に参入できる企業は限られる。また、かりに新規参入ができたとしても、自社ブランドを確立し、かつ、そのブランド価値を長年にわたって維持・向上させることについては非常にハードルが高いといえる。

　雑貨小売業の市場規模を示す統計データは公表されていないが、経済産業省がまとめた「商業統計」によれば、平成19年時点の住関連専門店の全国店舗数は約42万3,000店、また、年間の商品販売額は約42兆6,000億円となっており、それぞれ小売業全体の約4割および約3割を占めている（図表142－1参照）。

　また、雑貨小売業の需給推移や価格動向を示す統計データも公表されていないが、日本銀行の企業物価指数（平成22年＝100）によると、変動の大きい卓上用・厨房用ガラス器具を除けば、雑貨類の価格は比較的安定していることがわかる（図表142－2参照）。

　最近のインテリア雑貨、生活雑貨関連の小売店舗は、ショッピングモール

図表142−1　業態別年間商品販売額

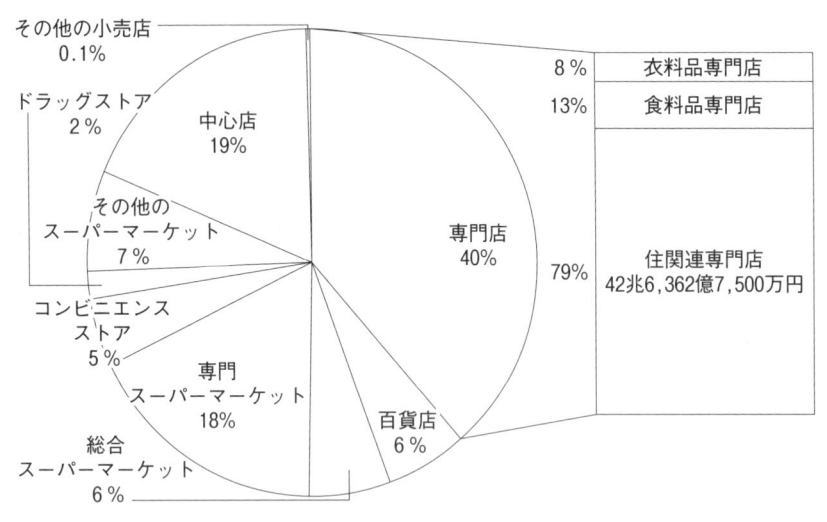

その他の小売店	0.1%
ドラッグストア	2%
中心店	19%
その他のスーパーマーケット	7%
コンビニエンスストア	5%
専門スーパーマーケット	18%
総合スーパーマーケット	6%
百貨店	6%
専門店	40%

専門店 79%の内訳
- 衣料品専門店　8%
- 食料品専門店　13%
- 住関連専門店　42兆6,362億7,500万円

（出所）　経済産業省「商業統計」（平成19年）

やテナントビルに出店する形態が多く、店舗面積は比較的狭いが、店頭に並べた多種多様な商品をシーズンごとに入れ替えるため、1店舗が年間に取り扱う商品の数はきわめて多数にのぼる。

　インテリア雑貨や生活雑貨の販売価格帯については、商品1点当りの価格が数千円以上する高級品から、100円ショップで販売されているような低価格品までさまざまである。

(3)　**資金需要**

　他店との競合上、幅広い商品ラインナップが必要となること、また、仕入ロットの大きい商品が多いことから、在庫負担に伴う運転資金需要が発生しうる。また、新規出店に際しては、新店舗向け在庫の仕入れに伴う増加運転資金需要の発生も見込まれる。

　なお、店舗の設備・備品等にいては、新規導入や入替えの際に設備資金需要が発生することもありうる。

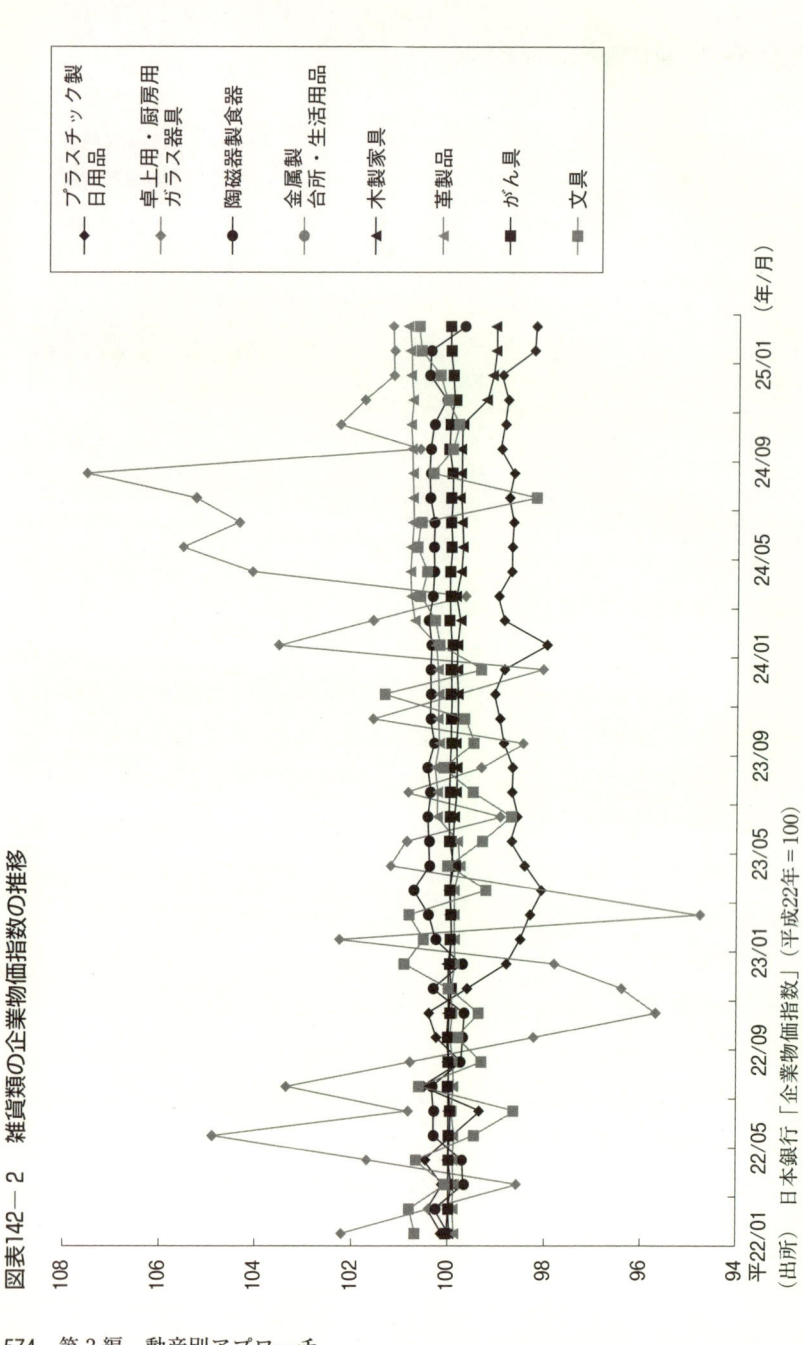

図表142－2　雑貨類の企業物価指数の推移

凡例：
- プラスチック製日用品
- 卓上用・厨房用ガラス器具
- 陶磁器製食器
- 金属製台所・生活用品
- 木製家具
- 革製品
- がん具
- 文具

(出所) 日本銀行「企業物価指数」(平成22年＝100)

574　第3編　動産別アプローチ

(4) その他

雑貨ブランドのなかには、ファッションブランドのように全国的な知名度を有するものも出てきており、そうしたブランドを扱う企業が、全国各地に多数の小売店舗を展開している。

ただし、インテリア雑貨や生活雑貨についてはデザイン性やファッション性が重視されていることから、同じブランドの商品であっても、売れ筋商品とそうでない商品の差が鮮明となる傾向がみられる。

(5) 関連情報

・日本銀行、物価関連統計
　http://www.boj.or.jp/statistics/pi/

2　代表的な動産

(1) インテリア雑貨・生活雑貨

① 動産概要

雑貨類を機能面だけでみた場合、同業各社が扱う商品に大きな違いはないが、インテリア雑貨や生活雑貨のカテゴリーでは、上述のとおり、デザイン性やファッション性が商品の人気を左右する。

雑貨類の仕入れにおいては商品単価の引下げをねらい、大量仕入れを行うケースが多いため、消費者の嗜好やニーズにあわなかった商品が大量に売れ残るリスクがある。

② 業界動向

インテリア雑貨や生活雑貨の専門チェーンとして、全国的な知名度を有する企業には「Passport」を運営する株式会社パスポート、「無印良品」を運営する株式会社良品計画、「Francfranc」を運営する株式会社バルス、100円ショップを運営する株式会社キャンドゥなどがある。

同業といわれる大手企業は、それぞれブランドコンセプト、デザイン、販売価格帯が異なり、業界内でのすみ分けが比較的はっきりしていることから、大手同士の競合は少ないものとみられる。

③　担保実務上のポイント

　雑貨類の担保管理については、倉庫等における在庫品の保管状態を担保取得時およびその後のモニタリングでしっかりと確認することが必要である。在庫品の状態によっては換価処分自体が困難となってしまうケースもあるため、特に融資の入口では在庫の管理体制が適正かどうかをヒアリング等により見極めることがポイントとなる。また、2年以上滞留する長期滞留在庫や販売シーズンを終了した売残り品等の分別管理が適切になされているかどうかをチェックすることもポイントとなる。さらに、在庫の健全性や効率性を検証する観点から、エイジング分析やABC分析等を実施することが望ましい。

④　換価処分時のポイント

　雑貨類には、流行の変化や新商品の登場によって陳腐化するものが多数あるが、そうした陳腐化は在庫品の担保価格も大幅に毀損する可能性がある。換価処分を行う場合は、まず閉店セールを実施し、セール終了後、売れ残った在庫品についてディスカウント業者等、複数の売却候補先を対象とした相対交渉による再処分を行う方法などがとられる。

(2) **陶磁器製食器**

① 　動産概要

　陶磁器製食器は、家庭用および業務用（飲食店用、給食用、ノベルティ用など）に大きく区分できる。家庭用については、形状や意匠の模倣が広がるスピードが非常に速いため、メーカーが新たに生み出したヒット商品から先行者メリットを得られる期間はきわめて短いとされる。

　陶磁器製食器の製造や販売においては、一部の有力メーカーを除き、外部との連携により各種のキャラクターやライセンスブランドの力を利用して商品展開を行う場合が多くなっている。

② 　業界動向

　国内の陶磁器製食器の市場が成熟しているなか、海外からの安価な輸入品の流入が増加しているため、国内生産量は年々減少している。経済産業省の

図表142-3 陶磁器製食器の国内生産量と輸入量の推移

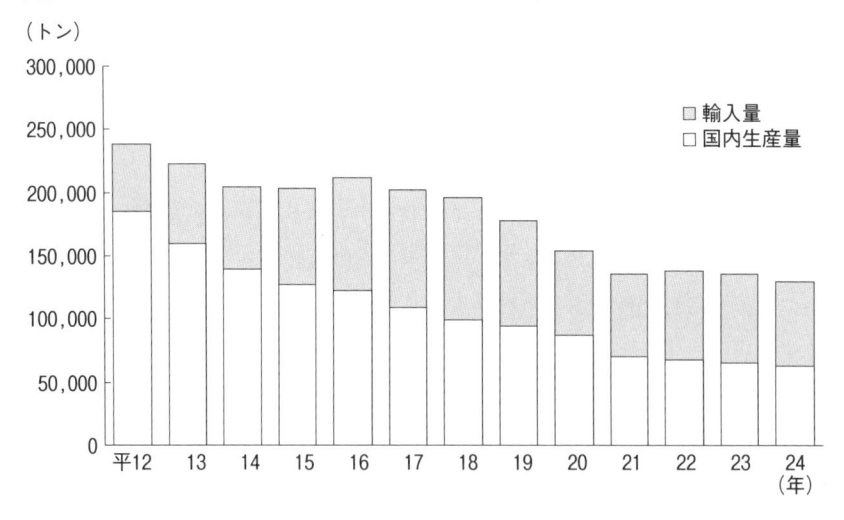

(出所) 経済産業省「窯業・建材統計」、財務省「貿易統計」

「窯業・建材統計」によれば、平成24年の「陶磁器製飲食器」の生産量は約6万3,000トンであり、前年から約4％の減少となっている。一方、財務省の「貿易統計」によれば、陶磁器製食器の輸入量は国内生産量を上回り、平成24年現在は約6万7,000トンとなっている（図表142-3参照）。これに対して、同年の国産品の輸出数量は約2,000トンにとどまっており、長期的に減少傾向が続いている。

③ 担保実務上のポイント

陶磁器製食器の製造・販売において外部のキャラクターやライセンスブランドを利用する場合、利用者はライセンス契約等の締結が必要となる。ライセンス契約等のなかには、対象となる製品の販売に関する制限事項を含んでいるものや、契約終了後において在庫品の販売を禁止しているものもある。したがって、担保取得時にはそうした契約の有無や内容を確認しておくことが重要である。

また、陶磁器製食器はインテリア雑貨などと同様、デザイン性などにこだ

わった商品であっても、コストを抑えるためにまとまったロットで生産・販売されることが一般的である。このため、流行の変化で滞留在庫が発生しやすい側面も否めない。したがって、担保管理においては長期滞留在庫の全体に占める割合や分別管理の状況などを継続的に確認する必要がある。

④　換価処分時のポイント

　陶磁器製食器には流行の変化やキャラクターブランドの不人気化などによって陳腐化するものが多数あるが、そうした陳腐化は在庫品の担保価値も大幅に毀損する可能性がある点に注意が必要である。換価処分を行う場合は、まず閉店セールを実施し、セール終了後、売れ残った在庫品についてディスカウント業者等、複数の売却候補先を対象とした相対交渉による再処分を行う方法などがとられる。

143 美術・骨董品

1 概　要

(1) 対象となる動産

　美術品とは絵画や版画、彫刻などの作品をいう。また、骨董品とは、フランス語ではアンティーク（Antique）と呼ばれる希少価値のある古い美術品や古い道具のことである。なお、実用品に機能性や美しさを融合させた作品を工芸品というが、これはあくまでも実用性を重視したものであるため、鑑賞を主な目的とする美術品とは異なるとされる。ただし、実際には、美術品と工芸品の境界はあいまいである。

(2) 商流および市場特性・特徴

　美術品の流通経路は多岐にわたる。美術品を扱う主な小売店は画廊であるが、その多くは東京に集中している。かつては画廊が扱う作品は高額な絵画や彫刻などが主体であったが、最近ではリトグラフ等の版画類を手がける画廊もふえてきている。従来、日本では、絵画等を売買するオープンなマーケットがなかったため、購入した作品を売却する際は、購入時と同じ画廊や美術商に引取りを依頼するケースが多かった。一方、交換会という美術商同士のオークションは大変盛んであったが、これは非公開で加入業者以外は参加できないものであり、落札価格も公表されていなかった。

　しかし、平成2年前後には国内でも美術品のオークションが開催されるようになり、取引価格の透明性は高まっている。シンワアートオークション株式会社の資料によれば、平成19年をピークに落札額は減少しているが、底打ち感もみられる（図表143－1参照）。

(3) 資金需要

　美術品を販売する画廊などにとって、商品である作品の品揃えは生命線であり、それを質・量ともに充実させるうえで、多額の在庫資金が必要となる。

図表143−1　国内美術オークション市場の規模の推移

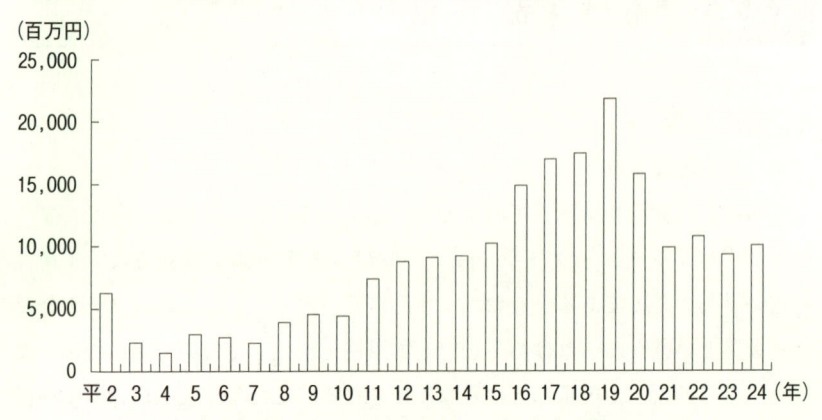

(百万円)

	落札推移（百万円）	前年比（％）
平2年	6,256	
3	2,300	▲63.2
4	1,479	▲35.7
5	2,945	99.1
6	2,701	▲8.3
7	2,258	▲16.4
8	3,903	72.9
9	4,549	16.6
10	4,408	▲3.1
11	7,357	66.9
12	8,765	19.1
13	9,075	3.5
14	9,211	1.5
15	10,223	11.0
16	14,857	45.3
17	16,950	14.1
18	17,426	2.8
19	21,835	25.3
20	15,774	▲27.8
21	9,903	▲27.8
22	10,777	▲31.7
23	9,331	▲13.4
24	10,064	7.9

（出所）　シンワアートオークション株式会社「2013年5月期　第2四半期　決算説明資料」

また、いわゆる掘出し物が出たときなどに機動的な仕入れが行えるよう運転資金枠を確保しておきたいというニーズもある。

美術品を扱う画廊や美術商は、古物営業法、同施行規則により古物商の許可を受けたうえで事業を行う必要がある。

(4) その他

① 動産の担保特性

美術品は、趣味性や嗜好性が強く、完全に同一の作品が複数存在することはまずありえないことから、価格の個別性がきわめて高い。

また、たとえば版画のように複製可能な作品であっても、展示会、画廊、通常のオークション、インターネットオークションなど販売チャネルによって取引価格には大きな差があり、統一的な価格は基本的に存在しない。

さらに、作品の価値はその作品自体にしかないため、一般的な消費財や生産財とは異なり、中古という概念が存在しない。現存作家が最近制作したばかりの作品だけでなく、物故作家の作品や古美術品を含め、一度作家から人の手に渡ったものをもう一度流通させることを2次流通（セカンダリー・マーケット）というが、その2次流通市場における価格と新品の価格との間に必ずしも相関関係がないところに美術品の独自性がある。

(5) 関連情報

・東京美術商協同組合（株式会社東京美術倶楽部）
　http://www.toobi.co.jp/
・大阪美術商協同組合（株式会社大阪美術倶楽部）
　http://www.daibi.jp/
・名古屋美術商協同組合（株式会社名古屋美術倶楽部）
　http://www.meibi.or.jp/
・京都美術商協同組合（株式会社京都美術倶楽部）
　http://www.kyobi.or.jp/

2　代表的な動産
(1) 絵画・シルクスクリーン版画
① 動産概要

　絵画は美術品のなかで、作家の個人的な芸術活動によって生み出された純粋美術（ファインアート）と呼ばれ、技法や素材などによってさまざまな分類がなされる。ここでは説明の便宜上、油絵、水彩画、パステル画、日本画、水墨画などを含む「肉筆画」と、複製画、版画などを含む「印刷画」のうち、前者を絵画と呼ぶこととする。

　一方、シルクスクリーン版画とは、図柄を切り抜いた紙やフィルムに目の粗い薄絹をスクリーンとして張り合わせたもので、その作品の大半は比較的安価な自宅鑑賞用であるが、一部の作家の作品でファインアートとして扱われるものもある。シルクスクリーンの特徴としては、紙・布などインクの乗るものあれば何にでも印刷できること、曲面印刷が可能であること、多色印刷が容易であること、写真のネガから容易に版を作成できることなどがあげられる。

② 業界動向

　絵画やシルクスクリーン版画については市場規模等を示す明確な統計データは公表されていないが、すでに述べたオークション市場における落札額の推移により、市場の概況やトレンドをうかがい知ることができる。

③ 担保実務上のポイント

　絵画は基本的に、完全に同一の作品はふたつとないことから、価格の個別性が高い。日本では、絵画の大きさを号数で表し、1号当り何万円というかたちで価格が決められることもあるが、こうしたケースは世界的にみてもきわめてまれであり、一般的には相場や流通価格といったものを把握することは困難である。また、絵画の場合、保管状態に問題がなければ、長期に保有することが必ずしも減価要因とはならない。

　一方、シルクスクリーン版画は絵画に比べて価格の個別性は低いが、大量に流通している分、流行の影響を受けやすいといえる。

こうした点をふまえたうえで、絵画やシルクスクリーン版画の担保管理を行う際には、在庫品の内容だけでなく、作家、単価、販売先等の項目別に販売状況についてもモニタリングを行い、さらに借り手企業の顧客基盤についても継続的に把握する必要がある。

④　換価処分時のポイント

絵画やシルクスクリーン版画を換価処分する際の売却ルートとしては、借り手企業の同業他社への販売やオークションへの出品、美術商同士で取引を行う交換会などが想定される。また、シルクスクリーンについては絵画と比べて一般的には単価も低いため、インターネットオークションへの出品も検討可能であろう。ただし、美術品全般の取引市場は景気動向の影響を大きく受けること、また、シルクスクリーンについては流行の影響を大きく受けることから、処分のタイミングによっては売却候補先が限定されたり、売却価格について大幅なディスカウント要請を受けたりする可能性がある。

(2) 骨董品

① 動産概要

骨董品とは、上述のとおり、希少価値のある古い美術品や古い道具のことをいうが、重要なポイントは古いことと希少であることであり、品物のジャンルは問わない。実際、絵画や掛け軸のような美術品だけでなく、食器などの日用品、古いブリキ製の玩具、衣類や家具なども骨董品として多数取引されており、その種類は多岐にわたる。

② 業界動向

骨董品についても、美術品と同様、市場規模等を示す統計データは公表されていないが、すでに述べたオークション市場における落札額の推移により市場の概況やトレンドをうかがい知ることができる。

③ 担保実務上のポイント

骨董品も絵画と同様に価格の個別性が高く、一般的には相場や流通価格といったものを把握することは困難である。また、保管状態に問題がなければ長期に保有することが必ずしも減価要因とはならない。

こうした点をふまえたうえで、骨董品の担保管理を行う際には、在庫品の内容だけでなく、作家、単価、販売先等の項目別に販売状況についてもモニタリングを行い、さらに借り手企業の顧客基盤についても継続的に把握する必要がある。

④　換価処分時のポイント

　骨董品を換価処分する際の売却ルートとしては、借り手企業の同業他社への販売やオークションへの出品などが想定される。ただし、骨董品は絵画以上に趣味や嗜好の要素が強いものであるため、処分のタイミングによっては売却候補先が限定されたり、売却価格について大幅なディスカウント要請を受けたりする可能性がある。

第2節　動物（生体）

144　家畜（食用）

1　概　要

(1) 対象となる動産

食用向け家畜の生産は畜産農業を構成する一部であり、その対象は主に肉用牛、肉豚、肉用鶏となっている。産業分類上では、肉用牛肥育業や肉用子牛生産業を含む肉用牛生産業、養豚業、養鶏業に分類されている。

このほか、食用馬、綿羊、山羊などの畜種もあるが、食肉として国内における流通の割合はきわめて低い。

(2) 商流および市場特性・特徴

食用向け家畜については流通量が多く、取引市場も存在するので、出荷適齢期であれば、比較的換価処分しやすい。半面、食用であるだけに法律などによるトレーサビリティへの規制が厳しく、各種要件を満たせない場合には処分性が低下する可能性もある。

(3) 資金需要

食用向け家畜は畜種によって肥育開始前の素畜（もとちく）から出荷適齢期までの肥育期間がそれぞれ異なるものの、肥育期間中は人件費や飼料代、医薬品費用などの資金が常に必要となる。また、生体であるゆえに口蹄疫や鳥インフルエンザなどの疾病リスクも高く、畜産業者にはこうしたリスクに備える必要もある。実際に有事の際には、政府による補てん金の支給などの支援策が期待できる。しかしながら、事態の深刻さによっては一から事業を再開する可能性も否定できず、新たに導入した家畜を出荷可能な状態まで育てるのに長い期間が必要であることから、期間中には飼育費用などの負担が重いといえる。このため、疾病リスクに備えて一定の資金を確保することが

理想的といえる。

(4) その他

① 補助金

　食用向け家畜は、食生活に欠かせないことからその需要は大きい。一方で、国内の生産量は消費規模全体の約5割程度にとどまっており、食肉供給の輸入への依存度が高い。また、トウモロコシや大豆など家畜用配合飼料の原料も大半が輸入品でまかなわれているため、畜産経営は海外の食肉生産量や輸入状況のみならず、飼料用穀物の生産動向などにも影響を受ける。このため、肉用牛や肉豚などについては、「肉用牛肥育経営安定特別対策事業」や「養豚経営安定対策事業」「配合飼料価格安定制度」など、政府から多数の補助金制度が用意されており、その活用によって畜産経営の安定化が図られている。

② 関連する法律

　食用向け家畜は肉用牛などの生体動物であり、繁殖から育成、肥育、と畜、販売まで一連の法律で管理されている。代表的な法律として、肉用牛の個体管理を徹底する「牛の個体識別のための情報の管理及び伝達に関する特別措置法」（以下、「牛肉トレーサビリティ法」という）や、家畜のと畜にかかわるルールを定めた「屠畜場法」、家畜の流通販売を管理するための「家畜商法」などがある。

(5) 関連情報

・農林水産省、畜産関連統計情報
　http://www.maff.go.jp/
・全国農業協同組合連合会、畜産総合情報
　http://www.zennoh.or.jp/
・独立行政法人農畜産業振興機構、畜産関連情報
　http://www.alic.go.jp/

2 代表的な動産

(1) 肥育牛

① 動産概要

　食用に供される肥育牛は肉用牛とも呼ばれ、肉専用種、乳用種、交雑種に大別される。肉専用種のうち、和牛に分類される黒毛和種、褐毛和種、日本短角種、無角和種のほか、アンガス種、ヘレフォード種といった外国種もある。一方、乳用種にはホルスタイン種やジャージー種などがあり、ミルクを生産するために改良された専用種である。交雑種は肉専用種と乳用種を交配させて生産される牛のことであり、雑種強勢により黒毛和種などの純粋種と比べて病気に強いなどの特性がある。

② 業界動向

　農林水産省の「食肉流通統計」によると、年間の国内生産量は平成13年に50万トンを割り込む場面があったものの、平成19年以降は再び50万トンを超えるようになった。その後は大きな変化はみられず、平成23年は約50万トン（前年比約3％の減少）にとどまっている。一方、輸入については平成3年4

図表144－1　牛肉の国内生産量と輸入量の推移

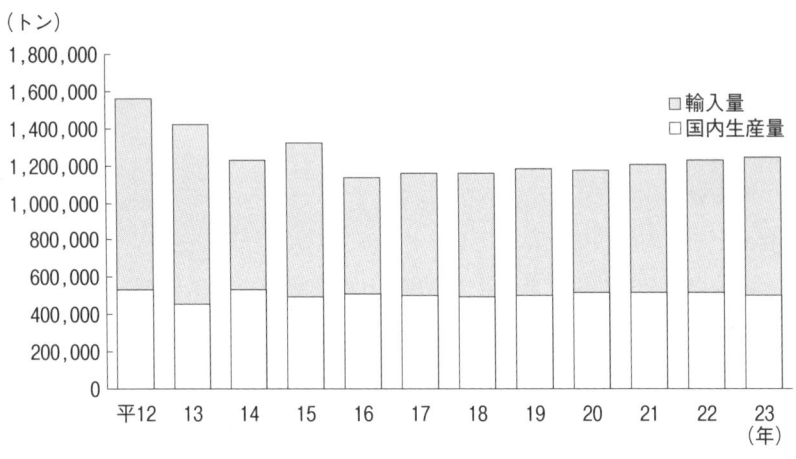

(出所)　農林水産省「食肉流通統計」、財務省「貿易統計」

月の輸入自由化後、平成12年にかけて増加基調で推移してきたが、平成13年に千葉県で日本初のBSE発症事例が発生したことなどの影響で消費量が大幅に減少した。近年は緩やかな回復基調を示しており、平成23年には約74万トン（前年比4％の増加）となっている（図表144－1参照）。

③ 担保実務上のポイント

　肉用牛に担保を設定する場合には、通常、在庫保管場所である牛舎を特定したうえで、牛舎内の全頭を「集合動産」として取り扱う。前述のとおり、肉用牛は「牛肉トレーサビリティ法」によって個体識別番号が記載された耳標で管理されているため、在庫物の特定や移動に関する情報の把握が比較的容易である。個体識別番号をもとに担保管理を行えることから、生体でありながらも譲渡担保の目的物として担保適性が高いといえる。こうした特性から、肉用牛は「集合動産」だけでなく、「個別動産」として担保取得することも可能である。当然のことながら、担保取得時においてコベナンツなどにより債務者からの報告を義務づけた項目を中心に、その後の状況を継続的にチェックする必要がある。

④ 換価処分時のポイント

　担保権を行使し、換価処分せざるをえない状況になった場合、肥育牛の死亡リスクなどを回避するよう迅速な対応が求められる。このため、事前に同業他社や食肉問屋などと連携をとれるようにしておき、当該事業者から適切かつタイムリーなサポートを受けることが望ましい。

(2) 肉　　豚

① 動産概要

　食用となる肉豚のほとんどはランドレースや大ヨークシャー、デュロックなどの純血種を複数掛け合わせて生産された交雑種である。交雑種は、雑種強勢効果や繁殖性、産肉性、肉質のバランスがよいといった特徴があり、一般的に3種類の純血種を掛け合わせることから「三元交配豚」と呼ばれている。また、4種類の純血種のよい部分だけを交配した「四元交雑種」（ハイポー豚）もある。ハイポー豚は肉質にバラツキが少ないうえ、柔らかく締ま

図表144-2　豚肉の国内生産量と輸入量の推移

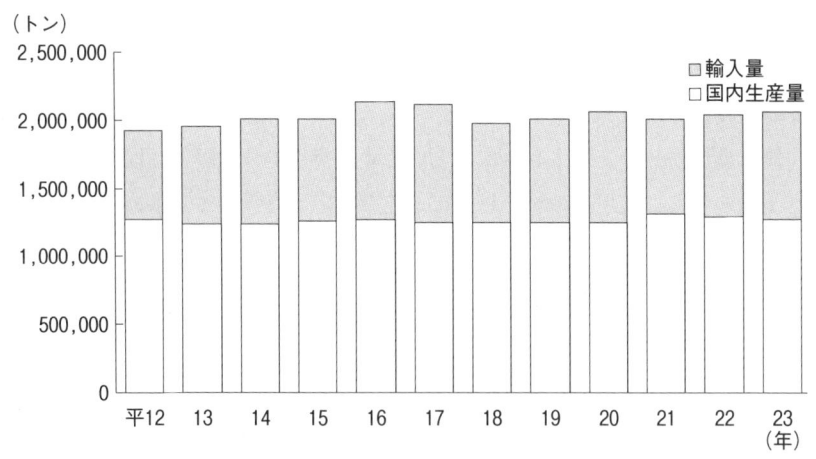

（出所）農林水産省「食肉流通統計」、財務省「貿易統計」

りがよいといった特徴がある。

② 業界動向

　豚肉は主要食肉のなかで比較的安価であり、その消費量の4割が一般家庭、3割が加工食品、3割が外食など業務用となっている。また、家庭消費に仕向けられる豚肉は、国産豚肉の比率が高くなっている一方、輸入豚肉は加工および外食等で使われる割合が高い。農林水産省の「食肉流通統計」によると、国内生産量は年間約120万トン台で推移しており、平成23年時点の生産量は約127万トン（前年比2％の減少）となっている。豚肉の輸入に関しては、データが公開されている昭和63年～平成8年にかけて増加傾向にあった。その後は増減を繰り返しながらも70万～80万トンの水準で推移しており、国内生産と同様、比較的安定している（図表144-2参照）。

③ 担保実務上のポイント

　肉豚は肉用牛と異なり、個体識別番号によるトレーサビリティの管理が法律では求められていないため、個体識別番号のかわりに子豚の出生時期などに基づいてロット単位で管理するのが一般的である。このため、肉用牛と同

様のレベルで在庫物の移動などに関する状況等を1頭単位で把握することは困難である。また、肉豚は疫病にかかりやすく死廃率が比較的高いため、モニタリングによる在庫内容の確認を入念に行う必要がある。

④　換価処分時のポイント

肥育期間が短く、ストレスにも弱いため、換価処分の際には同業者などとも連携を図り、肉用牛の場合以上に迅速な対応を行うことが求められる。

(3)　肉用鶏

① 動産概要

日本国内で流通している肉用鶏の種類としては、ブロイラー、銘柄鶏、地鶏がある。このほか、卵を産まなくなったり、産卵効率が落ちたりした産卵鶏（成鶏）が肉用として利用されることもある。肉用鶏は、牛や豚のように食用としての宗教的な制限がないため、動物性タンパク質を摂取できる食品として世界中で広く食され、日常的な食品となっている。また、食用のほかにはペットフードの原料としても多く利用されている。

② 業界動向

図表144－3　鶏肉の国内生産量と輸入量の推移

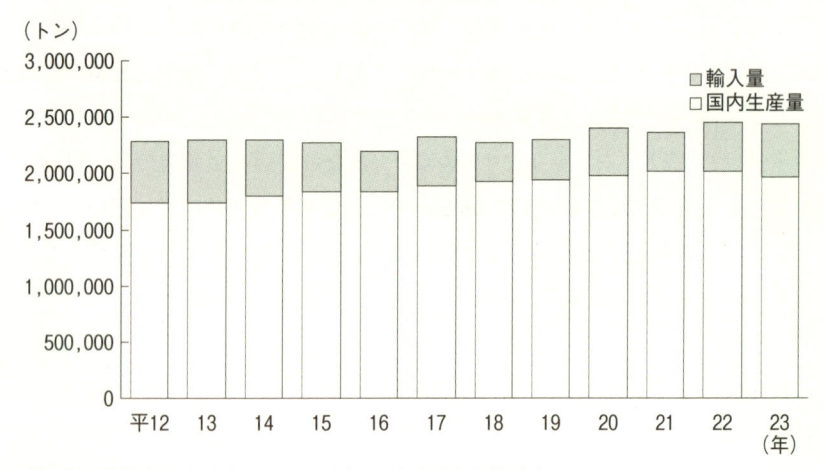

(出所)　農林水産省「食鳥流通統計」、財務省「貿易統計」

鶏肉の需要は豚肉に次ぐ水準となっており、その割合は食肉全体の約4割を占めている。農林水産省の「食鳥流通統計」によると、鶏肉の国内生産量は平成12年以降、増加傾向を示している。平成23年の生産量はブロイラー若鶏、成鶏などの合計では約196万トンにのぼる。一方、輸入量も近年は増加傾向にあり、平成23年は約48万トンと前年比12％増加している。一時は鳥インフルエンザなどの問題で輸入量が減少する場面もあったものの、国内生産量とあわせて全体的に供給がふえている（図表144－3参照）。

③　担保実務上のポイント

　肉用鶏は孵化から出荷まで約2カ月程度と、ライフサイクルが非常に短い。また、肉豚と同様、個体での管理は困難であり、生体を担保取得する場合、肉用牛、肉豚以上に厳格なモニタリングの実施が必要となる。

④　換価処分時のポイント

　上述のとおり、肉用鶏の飼育期間は肉用牛、肉豚と比べて極端に短いため、生体に限っては、ごく短期間のうちに換価処分を完了させる必要がある。このため、事前に飼育を引き継ぐ業者や在庫処分業者を選定しておくことが望ましい。

145 家畜（食用以外）

1 概　要

(1) 対象となる動産

食用以外の家畜とは、その生成物（乳、卵、毛、皮など）を人が利用するために飼育される動物のことをいう。ABLで担保活用された実績がある動物としては、乳用牛があげられ、採卵鶏もしばしば検討される。産業分類上は、畜産農業の一部として酪農業、養鶏業（鶏卵生産業）に分類されている。

(2) 商流および市場特性・特徴

酪農業においては、酪農業者の生産した生乳のほぼ全量が農林水産大臣または道県知事が指定した指定生乳生産者団体を通じて乳業工場に販売される。生産された生乳の50％強は飲用牛乳等となり、50％弱がチーズやバター等の乳製品に加工・処理される。

また、鶏卵生産業では、鶏卵生産業者の生産した鶏卵がGPセンター（洗卵、選別、包装（パック詰め、箱詰め）などを行う施設）に送られ、集出荷段階、卸売段階を経て小売販売される。集出荷段階では農協系統、集出荷業者、企業系列の集荷業者などとの間で集出荷が行われる。一方、卸売段階では鶏卵市場、鶏卵問屋に卸すほか、最近では量販店への直接販売もみられる。

(3) 資金需要

家畜全般について、飼育期間中の人件費や飼料代、医薬品費用などの資金が常に必要となるが、食用以外の家畜が食用家畜と異なるのは、飼育期間中も生成物（乳、卵）を販売することによって資金回収を図ることができる点である。また、生体のため鳥インフルエンザ等の疾病リスクが高く、このようなリスクに備えるためにも一定の資金を確保しておくことが必要となる。

(4) その他

牛乳や鶏卵は鮮度が重要な食品であることから、国内自給率は牛乳が

100％、鶏卵が95％程度と非常に高い。一方、トウモロコシや大豆など、家畜に与える配合飼料の原料についてはその大半が輸入品でまかなわれているため、牛乳や鶏卵の価格はこれらの原料価格の動向に影響されやすい。このため、酪農業については「加工原料乳生産者補給金」「加工原料乳等生産者経営安定対策事業」等、鶏卵生産業については「鶏卵生産者経営安定対策事業」等、政府による各種の補助金制度が用意されており、畜産経営の安定化が図られている。

(5) 関連情報

・農林水産省、畜産物流通調査
　http://www.maff.go.jp/
・全国酪農業協同組合連合会（全酪連）
　http://www.zensuiorosi.or.jp/
・社団法人日本養鶏協会
　http://www.jpa.or.jp/index2.asp

2　代表的な動産

(1) 乳用牛

① 動産概要

　家畜化された牛のうち、搾乳を目的として飼育されるものを乳用牛という。

　乳用牛の主な品種としては、ホルスタイン種、ジャージー種、ブラウンスイス種がある。ホルスタイン種は、日本で飼育される乳用牛の99％を占め、乳量が多いのが特徴である。ジャージー種は、淡褐色で小型であり、ホルスタインと比べ乳量は劣るものの、バターの原料に適した濃厚な乳を出す。ブラウンスイス種は、黒褐色で大型であり、ナチュラルチーズの原料に適した濃厚な乳を出す。

　乳用牛は通常、人工授精後約10カ月の妊娠期間を経て出生する。出生後の子牛は、母牛の初乳で生後2カ月程度まで育てられてから離乳し、最初の種

付け(生後約18カ月)まで育成牛として飼育される。その後、最初の妊娠・出産を経て、母牛として生乳を出すようになる。搾入は出産後から約300日にわたって続けられ、その後2～3カ月は次の出産に備えて休止(乾乳)となる。乳用牛の成牛は上記のサイクルで出産を3、4回繰り返した後、最終的には食肉として処分される。

② 業界動向

農林水産省の「畜産統計」によれば、経産牛(子牛を産んだことのある牛)の飼育頭数は減少傾向が続いている(図表145－1参照)。乳用牛全体の飼育頭数は牛乳消費量の拡大に伴い増加し、昭和56年には210万頭に達したが、その後減少を続けた結果、平成25年2月時点では142万頭となっている。一方、1戸当りの飼育頭数は一貫して増加傾向がみられ、平成25年2月時点では73.4頭となっている。

③ 担保実務上のポイント

乳用牛に担保を設定する際は、肉用牛同様、通常は在庫保管場所である牛舎を特定したうえで、牛舎内の全頭を集合動産として取り扱う。乳用牛も「牛の個体識別のための情報の管理及び伝達に関する特別措置法」(いわゆる

図表145－1 経産牛の飼育頭数の推移

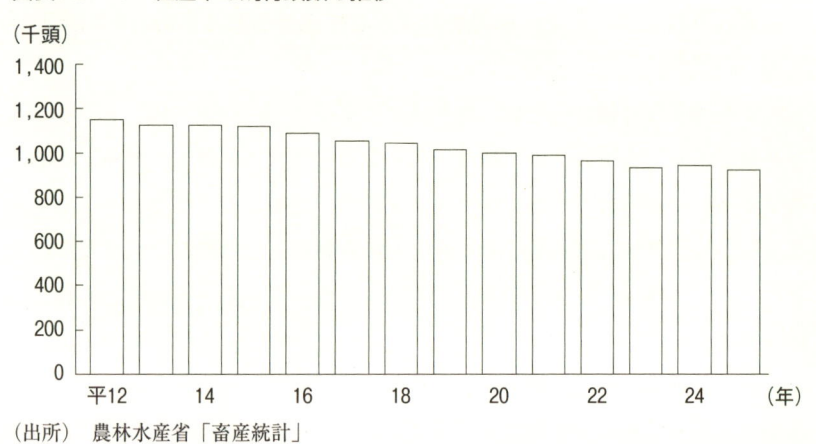

(出所) 農林水産省「畜産統計」

牛肉トレーサビリティ法）によって個体識別番号が記載された耳標で管理されているため、生乳生産を経て廃用・と畜に至るまで、在庫物の特定や移動に関する情報の把握が比較的容易である。ただし、牛舎を特定して担保取得した後、新設した牛舎あるいは登記対象外の既存牛舎へ在庫物を移動した場合、当該在庫物には担保権が及ばなくなることに留意する必要がある。この点もふまえたうえで、コベナンツなどにより債務者からの報告を義務づけた項目を中心に、その後の状況を継続的にチェックする必要がある。

④ 換価処分時のポイント

換価処分に際しては、乳用牛の死亡リスク等を回避するためにも迅速に対応することが求められる。その際、乳用として処分するのか、あるいは肉用として処分するのかについての検討が必要となる（ただし、乳用として処分する場合は牛の月齢による制約がある点に留意が必要である）。処分方法のいかんを問わず、飼育管理業者や在庫処分業者などとあらかじめ連携をとれるようにしておき、当該事業者から適切かつタイムリーなサポートを受けることが望ましい。

(2) 採 卵 鶏

① 動産概要

採卵鶏とは、採卵を目的として飼育される鶏を指す。

採卵鶏の一般的な鶏種である白色レグホンは肉用には適さないため、ひなの段階で雌雄鑑別が行われ、卵を産む雌のみが飼育される。採卵鶏は通常、生後1～120日の日齢で種鶏業者から養鶏場へ導入された後、75日齢頃までは専用の鶏舎で飼育され、その後ケージに移される。産卵はおおむね140日齢頃から始まり、1年から1年半にわたり続く。なお、初産から10カ月程度経過すると卵質の低下がみられるので、強制換羽を行うこともある。強制換羽とは、鶏を給餌制限により栄養不足にさせることで人工的に羽毛を抜けかわらせ、同時に産卵能力の回復を図ることをいう。強制換羽実施後は、約8カ月にわたり再び採卵が行われる。

② 業界動向

農林水産省の「畜産統計」によると、平成25年2月における国内の採卵鶏の飼育羽数は1億7,223万8,000羽で、平成5年の1億8,870万4,000羽をピークに年々減少を続けており、直近5年間でも5％の減少をみせている。
　一方、飼育の大規模化は年々進んでおり、5万羽以上飼育する採卵生産業者が全体に占める戸数の割合は平成25年2月で22.2％と、直近5年間で2.3％増加している。

③　担保実務上のポイント

　採卵鶏のライフサイクルは孵化から廃用まで1～2年程度であり、食用鶏の約2カ月に比べれば長い。ただし、個体での管理が困難である点は食用鶏と同様であり、よって、担保取得する場合は厳格なモニタリングの実施が必要となる。

④　換価処分時のポイント

　鶏は疾病など生体特有のリスクが比較的高いため、短期間のうちに換価処分を完了できるよう、事前に飼育を引き継ぐ業者や在庫処分業者を選定しておくことが望ましい。

146 養殖魚

1 概　要

(1) 対象となる動産

養殖魚とは、水産養殖業の養殖、蓄養対象物を指す。水産養殖業は産業分類上、さらに浅海養殖業と内水面養殖業に分かれる。これまで浅海養殖業では、マグロ、ハマチ、フグ等また、内水面養殖業では、ウナギ等の魚種についてABLの利用実績がある。

(2) 商流および市場特性・特徴

基本的な商流は、海面もしくは内水面に設置した養殖施設に稚魚を導入したうえで育成し、成魚として出荷するという流れとなる。稚魚は、魚種によって天然ものと人工孵化したものに分かれる。販売ルートは、卸売市場経由と問屋への直接販売に大きく分かれる。

水産養殖業の特徴として、稚魚の漁獲時期が限定されているものについては、在庫の季節変動が一般的に大きい。また、高級魚のうち年末年始等に需要期があるものも、在庫に顕著な季節変動がみられる。

(3) 資金需要

魚類の養殖においては、稚魚を導入して育成し、成魚として出荷するまでに発生する諸費用をまかなうための資金が必要となるが、当該資金需要の動きは、魚種ごとの季節変動要因に応じて異なる。

稚魚を出荷適齢期の成魚に育成するまでの養殖期間は魚種によってそれぞれ異なるが、当該期間中は人件費や飼料代、医薬品代などをまかなうための資金が常に必要となる。また、養殖魚の死亡リスクや稚魚の仕入価格および成魚の販売価格にかかる市場変動リスクなどの事業リスクに備えるうえで、一定の資金が必要となることもありうる。

(4) その他

成魚については流通量も多く、取引市場も存在することから、出荷適齢期

に達した養殖魚であれば比較的容易に換価処分できるものと考えられる。一方、出荷適齢期に達しない養殖魚の場合は育成の継続が必要であり、その過程で物理的に移動させるのがむずかしい等の制約もあることから、そうした点への対応をあらかじめ検討しておくべきである。

(5) 関連情報

・農林水産省、海面漁業生産統計情報・内水面漁業生産統計情報
　http://www.maff.go.jp/
・東京都中央卸売市場、市場統計情報
　http://www.shijou.metro.tokyo.jp/

2 代表的な動産

(1) クロマグロ

① 動産概要

マグロの養殖方法については、「短期蓄養」（体重20～60kgの幼魚を捕獲し、6～7カ月かけて成魚に育てる方法）と「養殖」（体重100～500gの天然種苗を捕獲し、2～3年かけて成魚に育てる方法）があるが、海外では「短期蓄養」、国内では「養殖」が主に行われている。なお、海外で短期蓄養・養殖されたマグロについては、航空便よりも運賃の低い船便で輸入されることが多く、よって生鮮品よりも冷凍品の割合が高い。

近畿大学では昭和45年からクロマグロの完全養殖（最初に天然の成魚の魚卵を使って親魚を育成し、さらにその親魚が産んだ魚卵から人工種苗を育成する）に向けた研究が始まり、平成14年にその実験に成功している。同大学では、平成19年からクロマグロの人工種苗の販売を開始しており、ここ数年はこの人工種苗を導入するマグロ養殖業者も増加している。

② 業界動向

国内における養殖マグロ（含むクロマグロ等）の市場規模（国内生産量）は、天然マグロの漁獲制限等の背景から、大手水産会社等による新規市場参入もあって、市場規模は拡大傾向にある。

今後もこの傾向は続くとみられているが、現時点における養殖マグロの国内生産規模は限定的であり、マグロ全体の生産量（国内生産＋輸入）に占める養殖マグロの割合は僅少にとどまっている。

「かつお・まぐろ類に関する国際情勢について」（水産庁、平成25年10月）によれば、クロマグロの国内総供給量（平成24年、国内＋輸入）は約3万トンであり、そのうち約9,500トンが国内の蓄養クロマグロとなっている。

一方、マグロの消費については、国内景気の低迷等により、マグロのなかでも高価格種であるクロマグロの減少が顕著となっており、その需要は今後も弱含みで推移すると推測されている。しかしながら、クロマグロの価格については、需要が減少するなかでも、供給の縮小を背景に底堅く推移している。

③ 担保実務上のポイント

一般的に、養殖魚については、目視にて個体確認を行うことには限界があるため、魚体の生育状況や在庫データの信頼性を検証するうえで一定の制約を受けざるをえない。ただし、クロマグロの場合は1尾当りの単価が高いことから、尾数管理を行うのが妥当と考えられる。

また、担保処分の際に養殖期間中の給餌等の記録が必要となる可能性があるため、その整備状況についても確認しておくべきである。

なお、担保処分シナリオを想定する際、養殖事業が漁業法の制約を受けることに留意する必要がある。

④ 換価処分時のポイント

特に出荷適齢期に達しない養殖魚については、どのようなかたちで処分することが可能か、養殖場ごとに個別の状況に応じて具体的に検討しておく必要がある。

(2) ハマチ

① 動産概要

ハマチはブリの若魚であり、従来は西日本を中心に使われる呼び名であったが、現在は主にブリの稚魚を養殖したものをハマチと呼ぶようになってい

る。日本国内では海面養殖魚類のうち、ハマチの養殖が最も盛んとされる。

ハマチ養殖では、天然のモジャコ（ブリの稚魚）を約2年間かけて体長40～60cm、体重5kg程度まで育成してから出荷するのが一般的である。

養殖のサイクルについては、まず4～7月に採取したモジャコ（1尾当り3～10g）を約1年間で養殖用種苗（1尾当り0.8～1.5kg）に育て上げ、さらに1年程度かけて1尾当り5kg前後まで育成してから出荷するという流れであり、通常は11～12月が出荷最盛期となる。

② 業界動向

国内におけるハマチの養殖は、主に九州地方において行われているが、新規参入等の動きはほとんどみられない。

『水産物パワーデータブック（2013年版）』によれば、国内の総供給量（平成24年速報値、「ブリ」の国内生産＋輸入）は約26万2,000トンであり、そのうち国内で養殖されたものは約15万9,000トンとなっている。

ハマチの需要は、1年間のうちでは年末に集中する傾向があるが、年間を通じた総需要についてはここ数年ほぼ横ばいで推移している。

ハマチの価格は、毎年需要が増加する年末に向けて上昇し、年明け以降下落に転じる傾向にあるが、年間を通じた平均価格については大きな変化はみられない。

③ 担保実務上のポイント

クロマグロの場合と同様、目視にて個体確認を行うことには限界があるため、魚体の生育状況や在庫データの信頼性を検証するうえで一定の制約を受けざるをえないが、それをふまえたうえで担保管理の実効性を確保するよう工夫する必要がある。

なお、担保処分シナリオを想定する際、養殖事業が漁業法の制約を受けることに留意する必要がある。

④ 換価処分時のポイント

成魚については、年末の需要期とそれ以外の時期で、取引市場の参加者数および需要量が大きく異なる。また、天然ものの入荷が多い場合、市場価格

が崩れる傾向もあり、処分のタイミングが重要といえる。

(3) ウナギ

① 動産概要

　ウナギは、日本ウナギ、ヨーロッパウナギ、米国ウナギなど18種類に分類されるが、日本国内で消費されるウナギは、主に日本ウナギとヨーロッパウナギである。当該2種類のなかでも、国内消費量の大部分を占めるのは日本ウナギであるが、最近では、欧州で捕獲したヨーロッパウナギの稚魚（シラスウナギ）を中国に輸出し、同国で養殖後、再度に日本に輸入するケースもみられる。

　ウナギは明治時代に養殖が開始されているが、その生態がいまだ十分に解明されていないため、養殖種苗のシラスウナギは現在も100％天然ものに依存している。

　養殖のサイクルについては、冬から春にかけてとれたシラスウナギ（体重0.2g程度）を半年から1年半かけて200〜250g前後の成魚に育てて出荷するという流れになっている。

　シラスウナギの漁獲時期は地域によって異なるが、おおむね11月から翌年の4月までの期間となっている。成魚を出荷する際は1kg何尾というかたちでサイズを表示しており、国産ウナギは4〜5P（1kgに4〜5尾入り→1尾当り200〜250g）、輸入ウナギは3〜4P（1kgに3〜4尾入り→1尾当り250〜333g）がそれぞれの中心サイズとなっている。

　日本国内で消費されるウナギの7割以上が輸入品である一方、国産ウナギ（特に天然もの）に対する需要は根強く、市場価格も輸入品に比較して高価である。また、ウナギの需要期は6〜8月に集中しており、このうち消費量が最も多い7月については土用の丑の日を中心に消費が集中し、市場価格も高騰するという特徴がある。

② 業界動向

　日本の養殖ウナギの生産量は最盛期には約4万トンあったが、ここ数年は2万〜2万2,000トンで推移している。また、海外の主なウナギ生産国であ

る中国、台湾からの輸入量（活・加工合算）についても、平成12年に8万トン以上あったが、平成24年には約1万4,000トンにまで減少している。同年の中国、台湾などからの輸入品とあわせた国内の総供給量も前年比1万5,000トン減少し、約3万1,000トンとなっている。

農林水産省の「漁業・養殖業生産統計」によれば、国内の養殖ウナギの生産量（平成24年）は鹿児島県（7,184トン）がトップであり、愛知県（4,081トン）、宮崎県（3,111トン）、静岡県（1,629トン）がそれに続いている。

日本養鰻漁業協同組合連合会によると、国内で養殖ウナギを手がける事業者数は、昭和48年のピーク時には3,250であったが、その後の輸入品の増加やシラスウナギの不漁に伴う種苗価格の高騰等の要因もあって徐々に減少しており、平成20年には444となっている。

シラスウナギの世界的な不漁の影響により、平成24年以降、ウナギ価格は、国産品、輸入品とも大幅な高騰をみせており、東京都中央卸売市場が発表した平成25年8月のウナギ価格（生鮮）は5,471円／kg（前年同月は4,378円／kg）となっている。ウナギ価格の高騰はウナギ関連食品の価格の値上げも引き起こしており、その消費量にも影響を及ぼしているとみられる。

③　担保実務上のポイント

養殖ウナギの生育状況や在庫データの精度を把握する際、一般的には1kg当りの尾数を確認する方法がとられる。

パラコロ病等の疾病リスクに対する対応策がとられているか確認する必要がある。

④　換価処分時のポイント

養殖ウナギは産地・ブランドや数量、生育状況等により市場価格が異なり、換価処分時においてもそうした要因が処分金額に影響することに留意が必要である。

第3節　動植物加工品・食品

147　動物由来加工品

1　概　　要

(1)　対象となる動産

動物由来加工品は、アパレル産業などで使用される天然皮革や毛皮、羽毛、工業生産などで使用される動物油脂、養殖用飼料としての魚油・魚粉、オキアミ、ブラシの製造に使われる動物の毛などを指している。このほか、昆虫標本や動物剥製も動物由来加工品に含まれる。

(2)　商流および市場特性・特徴

天然皮革の加工に使われる動物の原皮をはじめ、動物由来加工品に使用される原材料の大半は日本国内での生産量が限定的であり、国内需要をまかなうため、輸入品に頼るのが大きな特徴である。また、このような構造から、原材料価格は国内の市場動向だけでなく、国際市場の需給変化や為替変動などからも影響を受けやすくなっている。

動物由来加工品は原材料から製品までの加工度合いが低く、技術面の障壁も比較的低いため、人件費の安い海外で製造されたものが多数輸入されている。一方、国内では、中小零細企業を中心とする動物由来加工品メーカーが、輸入品の流入により激しい競争にさらされている。このため、生産を海外に移転する動きもみられ、全体的には国内生産規模は縮小傾向にある。

動物由来加工品の種類は多岐にわたり、その用途も工業向け、畜産業向け、個人消費向けなどさまざまである。製品によって流通経路は大きく異なるが、一般的には工業向け、畜産業向けはメーカーによる直接販売、個人消費向けは卸業者を経由するケースが多くなっている。

(3) 資金需要

　動物由来加工品の原材料の大半は輸入に依存しており、その価格は世界需要や為替の変動などの影響で安定しないこともたびたびある。こうしたリスクを回避するため、一時期にまとまった仕入れを行う企業も多く、これに伴う資金需要が発生しうる。また、魚油・魚粉やオキアミなど一部の動物由来加工品については、原材料の生産で季節性も存在しており、仕入れのシーズンにおいて集中的に資金需要が発生することも考えられる。

(4) その他

　動物由来加工品は、メーカーに中小零細企業が多く、また、原材料の多くを輸入に頼るため、いわゆる「商社金融」が利用されることも少なくない。商社経由で輸入した原材料は、一定期間中に引き取る契約となっており、メーカーが実際に引き取るまでは当該メーカーの貸借対照表には計上されない。このため、メーカーが実質的に保有している原材料の水準がわかりにくい場合もあるので、注意が必要である。

(5) 関連情報

・財務省、貿易統計
　http://www.mof.go.jp/
・一般社団法人日本皮革産業連合会、統計データベース
　http://www.jlia.or.jp/

2　代表的な動産

(1) 皮　革

① 動産概要

　動物の皮膚を剥いで、そのままの状態のものが「皮」、毛を除去してなめしたものが「革」である。動物の皮膚は、そのままの状態では硬化・腐敗してしまうが、それを防いで、柔軟性、耐久性、可塑性を加える作業が「なめし」であり、なめしの技術（時間、温度、薬品の調合具合には熟練した技術を要する）によって革の品質が決まるといわれている。

なめしは、「タンニンなめし（渋なめし）」「クロムなめし（金属なめし）」「混合なめし（コンビ）」に分類されるが、「タンニンなめし」の革は主に鞄、靴底など、「クロムなめし」の革は主に靴の甲革や袋物、服飾用など、「混合なめし」の革は主にグローブレザーなどに使い分けされている。

国内で使用される皮革は、豚革を除いて8割以上が輸入品であるが、高級革製品向けの素材は、欧州諸国などのなめし技術が高い国からの輸入品が多いのに対し、ファッション性の高い製品向けの素材や汎用製品用の素材は、アジア諸国からの廉価な輸入品が多い。

② 業界動向

財務省の「貿易統計」によれば、平成24年の原皮の輸入数量は前年比22％増の約2万9,600トン、輸入金額は同22％増の約125億円となっている。原皮の種類別にみると、輸入額の約90％を占めるのが牛馬であり、その大半が米国産である。一方、なめし革の年間輸入数量は同24％増の約1万3,000トン、輸入金額は同15％増の約144億円であり、重量ベースの約9割が牛馬革で占められている（図表147－1参照）。

靴やバッグ、服飾などの皮革製品は、布製品や合成皮革製品よりも価格が高く、メンテナンスなどに手間がかかることに加えて、消費者の素材などに対する嗜好の変化などの影響もあって、需要が減少傾向となっている。それに連動するかたちで、原皮およびなめし革の輸入数量も平成2年以降は減少が続いている。

③ 担保実務上のポイント

皮革製品は牛、馬、豚、羊、ワニ、オーストリッチなど多種多様であり、また加工方法や用途などによって品質や色などがさまざまである。皮革製品を取り扱う企業は需要家のニーズにあわせて幅広い在庫を取りそろえる必要があることから、滞留在庫が発生する可能性が高くなっている。また、保管期間が長期に及ぶものについては、経年による品質劣化などが生じることもあるため、モニタリングで在庫構成などを継続的に確認することが重要となる。

図表147-1　皮革の輸入量の推移

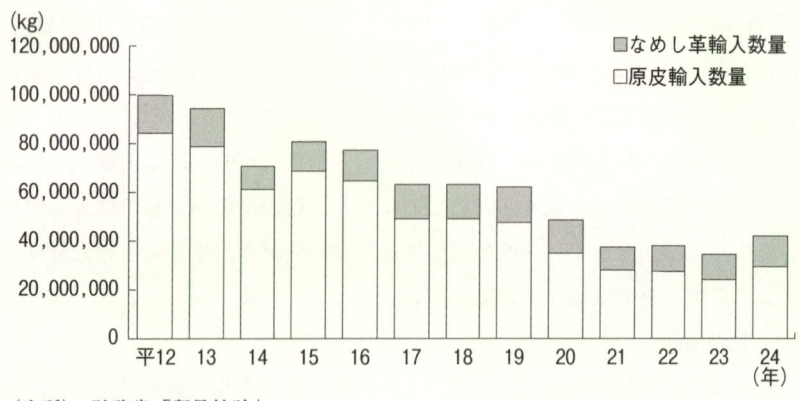

(kg)
■なめし革輸入数量
□原皮輸入数量

(出所)　財務省「貿易統計」

④　換価処分時のポイント

　皮革製品を取り扱う企業は、加工度合いの低い原皮やクラストレザー（製革工程中にある革）の在庫を保有することもある。原皮やクラストレザーは製品となるまでさらに一定の加工が必要となるため、換価処分の際は、製品より大幅な価格ディスカウントを求められるか、あるいは処分自体が困難となることがある。

(2)　羽　　毛

① 動産概要

　寝具や衣料品の原料として使用される羽毛は、ガチョウ（グース）やアヒル（ダック）など食用水鳥の副産物であり、生える部位によってフェザーやダウンなどの種類がある。ダウンは、水鳥の胸に生えている羽毛で、タンポポの綿毛のような形状をしており、保温性、柔軟性に最も優れている。ダウンは、1羽から10～15ｇとごくわずかしか採取できないため、1枚の羽毛布団をつくるには約150羽もの水鳥が必要とされる。フェザーは、ダウンの外側を覆っている羽毛で、中央に羽軸が通っており、主に枕や敷布団に使われている。

② 業界動向

国内で使用される原料の羽毛はほぼ100％輸入に頼っており、財務省の「貿易統計」によれば、平成24年の輸入数量は3,947トン、金額ベースで175億円となっている。これに、羽毛布団のかたちで輸入される分を加えると、全体の輸入数量は１万2,706トン、輸入金額は289億円にのぼると推定される。日本に輸入される羽毛のうち、中国、台湾産が全体の４分の３以上を占めており、その他はハンガリーやポーランドなど東欧諸国産が多くなっている。なお、中国、台湾産は、比較的安価なダックダウンが中心であり、東欧諸国産は高級品とされるグースダウンが主流となっている。

　輸入羽毛は大半が寝具用であり、衣料品用は少ない。衣料品用は主に中国を中心としたアジア地域で衣料品の生産に使用されるため、日本へはそうした国から羽毛ではなく衣料品のかたちで輸入されるものがほとんどである。羽毛布団については、普及が一巡したことに加えて、少子化や温暖化の影響などもあり、毎年の新規需要は減少傾向にある。平成24年現在の羽毛輸入量は、平成12年の7,802トンから約半分程度まで規模が縮小している（図表147－２参照）。

図表147－２　羽毛の輸入量の推移

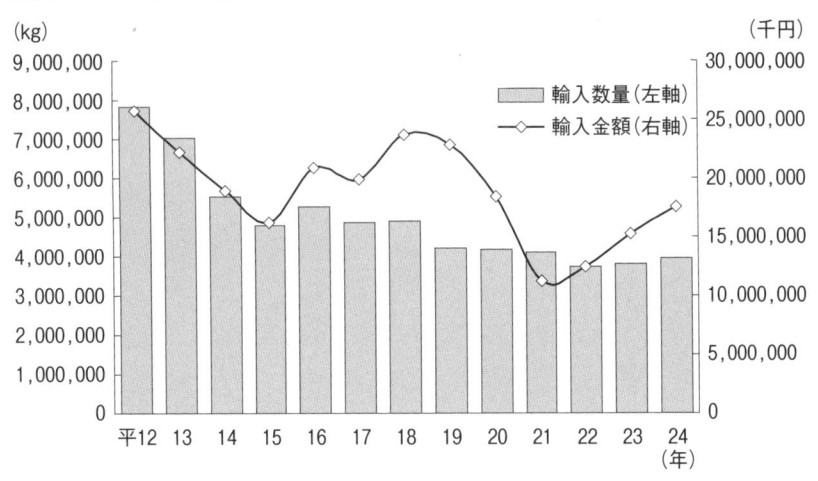

（出所）　財務省「貿易統計」

③　担保実務上のポイント

　羽毛は欧州、中国などの原産地や、フェザー、ダウンなどの種類によって品質に差があり、市場における流通価格も異なっている。したがって、担保取得時には、原産地や種類を判別できる在庫データの提出を受けることが望ましい。また、原産地証明などトレーサビリティに関する書類がない場合、換価処分時に相応の価格ディスカウントを要請される可能性があるため、担保取得の際に当該書類の整備状況について確認しておくことも重要である。

④　換価処分時のポイント

　水鳥から採取された羽毛は、洗浄、乾燥などの加工を経て最終製品化されるが、日本に輸入される羽毛には洗浄などが行われる前のものも多く含まれている。そのような羽毛を換価処分する場合、売却候補先は羽毛の洗浄処理設備を有する企業に限定される可能性が高い。

148　植物由来加工品

1　概　　要

(1)　対象となる動産

　植物由来加工品には、胡麻油や菜種油、パーム油などの油脂製品、アブラヤシなどで加工された有機肥料、飼料用の大豆ミールのほか、綿花から加工される晒綿やトウモロコシで製造されるプラスチック原料、キクラゲ抽出物のヒアルロン酸などの加工品が含まれている。また、植物由来のバイオ燃料や石鹸原料、植物性ワックスなども対象となる。

(2)　商流および市場特性・特徴

　植物由来加工品の製造では、大豆や胡麻、菜種、トウモロコシ、サトウキビ、アブラヤシなど各種植物原料を利用している。こうした原料は国内生産が限定的、あるいは生産自体が困難なため、輸入への依存度が非常に高い。このため、生産国の生産状況や国際相場・為替相場の動向などの影響を受けやすい。

　一方、植物由来加工品の製品については、個人消費者に販売されるものと他の製造業の原料として使われるものに分かれる。

　このような構造から、原料の仕入経路をはじめ、加工業者間の取引経路、加工品の販売経路などの流通経路が複雑になっているケースも少なくない。

(3)　資金需要

　植物由来加工品の多くは、人口の減少などで需要が停滞しており、業界全体の構造がほぼ成熟している。このため、全体的には生産規模の拡大に向けた資金需要は低下している。しかしながら、地球温暖化の進行を背景とする異常気候の頻発により、植物原料の供給に不安が生じやすくなっているため、植物由来加工品を手がける企業では、原料の安定確保に向けた資金需要が発生しうる。

(4) その他

　植物由来加工品の多くは食品業界で加工食品などの原料として利用されている。このため、原料の仕入れから生産加工、出荷に至るまで厳しいトレーサビリティ情報の管理が求められることも少なくない。植物由来加工品を手がける企業で、かりにこうした情報が適切に管理されていない場合、当該企業の在庫品を換価処分する際のルートが大幅に制限される可能性もあるので、注意する必要がある。

(5) 関連情報

・農林水産省、飼肥料作物、工芸農作物に関する統計
　http://www.maff.go.jp/
・財務省、貿易統計
　http://www.mof.go.jp/
・一般社団法人日本植物油協会、植物油の基礎知識
　http://www.oil.or.jp/
・独立行政法人農畜産業振興機構、でん粉に関する情報
　http://www.alic.go.jp/

2　代表的な動産

(1) 晒　綿

① 動産概要

　晒綿とは、圧縮された状態の原綿をほぐしながら種や葉などの異物を取り除き、さらに綿繊維に含まれる脂質を除去して、最終的に色を漂白して完成する脱脂漂白綿のことである。晒綿の加工に使われる原綿は、繊維の長さなどの特性から、主にアップランド綿（米国やオーストラリアなどを主産地とする中・中長繊維綿）、デシ綿（インドやパキスタンなどを主産地とする短繊維綿）、バルバデンセ（エジプトやインドなどを主産地とする長・超長繊維綿）に分類される。

　各種原綿のうち、アップランド綿が世界全体の綿生産量の約9割を占めて

おり、衣料品の素材として最も多く使われている。一方、デシ綿は、脱脂綿や布団綿の原材料として多く使用される。バルバデンセは稀少品であり、繊維の特性が優れていることから主に高級衣料品の素材として利用される。

② 業界動向

　晒綿の加工で使用される原綿はほぼ100％輸入に依存しており、その大半はブラジルやオーストラリア、米国を原産国とする。原綿加工を含めた繊維工業は少子高齢化による国内繊維市場の縮小や、安価な海外産繊維製品の輸入急拡大の影響を受け、業界全体の市場規模は縮小傾向にある。

　晒綿の需給については関連する統計がないものの、原綿の動きにおおむね連動していると思われる。財務省の「貿易統計」によれば、平成24年の綿花（原綿）輸入量は約10万5,000トンであり、前年比約10％減少している。綿花の輸入量は、1990年代以降年々減少しており、特にリーマンショック後の平成21年は約8万8,000トンと、一時10万トンを割り込む場面もあった。平成22年には前の年の反動からいったん約10万7,000トンまで増加したものの、平成24年は再び減少に転じており、平成12年当時の約30万トンと比べると、約3割程度の水準にとどまっている（図表148－1参照）。

③ 担保実務上のポイント

　晒綿の原料である原綿はほぼ100％輸入に頼っており、国内メーカーの多くは商社を経由してその仕入れを行っている。原料の仕入れについては商社との間で事前に買付契約を締結しているケースがほとんどであるが、国内市場の需給環境の変化により、当初計画どおりに製品の販売が進まなかった場合、あるいは相場状況が大きく変動した場合には、原料・製品とも在庫の滞留が発生する可能性がある。このため、担保取得後も在庫の数量や構成の変化などについて定期的に確認することが望ましい。

④ 換価処分時のポイント

　上述のとおり、晒綿の原料である原綿はほぼ100％輸入品となっているため、換価処分時、処分品を流通させるにはトレーサビリティに輸入書類などの関連書類の整備・保管や、原産国表示などに関する適切な表示が求められ

図表148-1　綿花の輸入量の推移

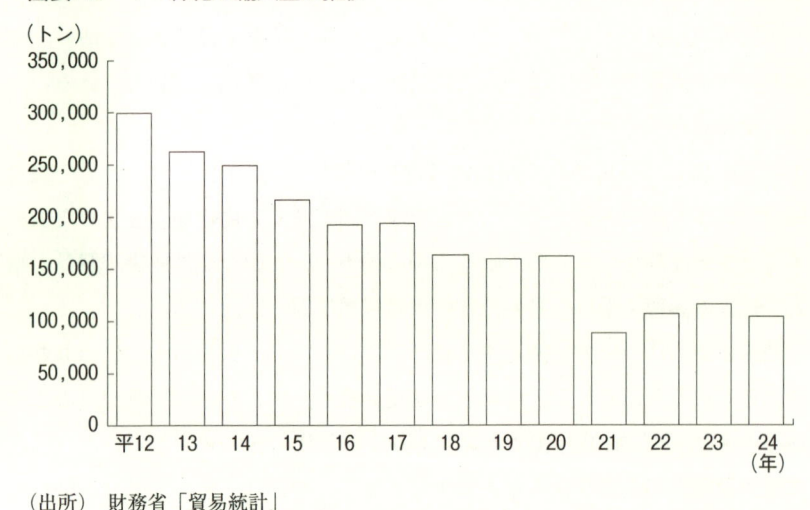

(出所)　財務省「貿易統計」

る。当該書類や表示に不備がある場合、大幅な価格ディスカウントを要求される可能性がある。

(2) でん粉接着剤

① 動産概要

でん粉接着剤はたんぱく系接着剤、天然ゴム系接着剤、アスファルトと並んで天然の有機系接着剤に分類されている。天然系の接着剤は古くから使用されているが、近年は合成接着剤へのシフトが進み、使用量が減少してきている。でん粉を使って製造されるでん粉接着剤は、現在、主に紙・繊維・木の接着に用いられる。

② 業界動向

でん粉にはトウモロコシ由来のコーンスターチや、馬鈴薯でん粉、甘薯でん粉、タピオカ（キャッサバ）でん粉、サゴ（サゴ椰子）でん粉、小麦でん粉といった種類がある。日本国内で流通しているでん粉は輸入品が中心であり、その数量は全体の9割以上にのぼる。また、接着剤関連用途としては、コーンスターチやタピオカでん粉が多く使われているが、これらも基本的に

輸入品か、あるいは輸入原料を使って国内で生産されたものである。

でん粉接着剤の最も重要な用途は紙・繊維製造用であり、具体的には原料繊維の接着、紙のにじみ防止、繊維の糊付けなどに用いられている。このほか、合成接着剤の増粘剤などとしても使用される。これらの用途に関する統計がないため、市場規模を把握することは困難であるが、製紙・段ボール・繊維の製造に限定した場合、年間需要量は約20万トンといわれている。でん粉接着剤の需要は関連業界の需要の頭打ちで伸び悩んでおり、また合成接着剤の用途拡大で長期的に需要量が減少傾向を示している。農林水産省が発表した平成23年度（でん粉年度、毎年10月1日から翌年9月30日までの期間）の「でん粉の需給見通し」によれば、製紙・段ボール・繊維の需要量は約17万トンとなっており、平成12年度の約26万トンと比べて3割程度減少している（図表148－2参照）。

③ 担保実務上のポイント

でん粉接着剤の製造では、用途によって製品の配分が異なるほか、OEM生産を行う場合には仕様や規格が受注先のニーズにあわせて決められることもある。また、同じ接着剤でも品目数が複数にのぼることもある。したがって、担保取得の際には、接着剤の種類別の在庫構成や売上動向などの情報を

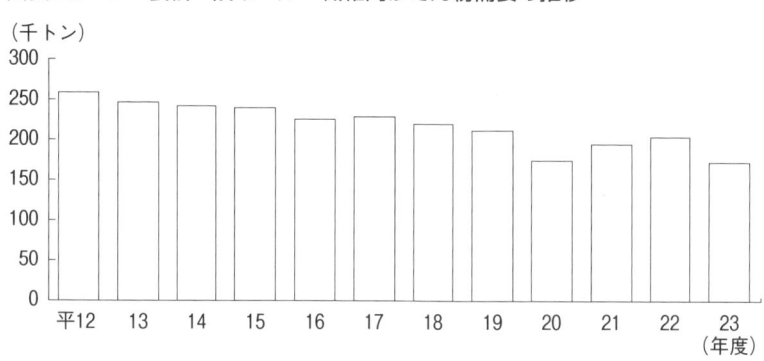

図表148－2　製紙・段ボール・繊維向けでん粉需要の推移

(出所)　農林水産省「でん粉の需給見通し」

入手することが望まれる。
④　換価処分時のポイント
　でん粉接着剤は長期保管によって品質が劣化する可能性があるため、換価処分時において長期間にわたって保管されている在庫品については、処分価値が大幅に低下することが考えられる。また、段ボール単位など数量が一定のロット単位に達しない在庫品に関しても、半端品として価格ディスカウントを要求されることがある。

149 農産物および食品（米を除く）

1 概　要

(1) 対象となる動産

　農産物および食品は、米、小麦、りんご、茶などがABLで利用されている。農産物の特徴として、年間の仕入れが一時期に集中することから、当該時期に仕入資金が発生することがあげられる。さらに、米や小麦は比較的長期間の保存が可能であり、その分、在庫として運転資金が滞留するため、在庫を担保とした運転資金調達が行われている。最近では、りんごも専用の倉庫で保管することにより半年程度の保存が可能となっており、ABLの取組みが広がっている。

(2) 商流および市場特性・特徴

　米、茶については農協を通じて集荷され、流通業者に販売されることが大半である。小麦は国内需要の約90％を輸入に頼っており、国際的な需給動向により価格が大きく変動する。米、茶、小麦いずれも農協や政府の関与度合いが大きく、市場を通じた価格メカニズムが働きにくい動産であり、流通業者間で仕入価格に大きな差がつきにくいという特徴がある。

　りんごについては、農家と青果市場の間に、サイズを規格に合致させ箱詰めする「移出業者」と呼ばれる業種が介在する。

(3) 資金需要

　仕入時期が年間の一時期に集中するため、当該時期に仕入れのための資金需要が発生する。小麦については北半球と南半球それぞれで収穫され、収穫期が年間2回に分かれることから、米などの農産品と比較すると仕入時期は年間を通じて平準化している。

(4) その他

　農産物は流通量も多く、取引市場も存在することから、換価処分は比較的容易である。また、品種や等級、サイズなどで規格が定められている場合が

多いため、換価時の価値下落も比較的少ない。

ただし、製茶や果物ジュース、ジャム等の加工品については、処分が困難なケースが多いため注意が必要である。

(5) **関連情報**

・農林水産省「輸入小麦の政府売渡（うりわたし）制度と価格改定のしくみ」
http://www.maff.go.jp/j/pr/aff/1210/mf_news_02.html
・一般財団法人製粉振興会
http://www.seifun.or.jp/

2　代表的な動産
(1) **小　麦　粉**

① 動産概要

小麦粉の原料となる小麦は、国内流通量の約90％を輸入に頼っている。国際的な市況や為替環境により仕入価格が変動し、価格高騰局面では仕入資金がふくらむ傾向がある。

輸入小麦は、主要食料の安定供給の目的で政府が一元管理している。具体的には、政府が製粉会社等の需要量を集計して輸入し、製粉会社等に販売する「政府売渡制度」がとられており、製粉メーカーには一定日数分を備蓄することが義務づけられている。

政府売渡時の価格は半年ごとに見直されるが、同じ時期に仕入れた場合、どの企業も仕入価格は同一となる（図表149－1参照）。原料は政府指定の備蓄設備（サイロ）において、品種別に他社在庫と混合して保管されている場合が多い。

産地や品種によって種類が分かれており、種類ごとに適した用途が異なる（図表149－2参照）。

② 業界動向

平成12年以降の小麦の国内需要量は570万トン前後で推移し、比較的安定した動きをみせており、農林水産省の「麦の需給に関する見通し」による

図表149－1　輸入小麦の政府買付価格と政府売渡価格の推移（5銘柄加重平均）

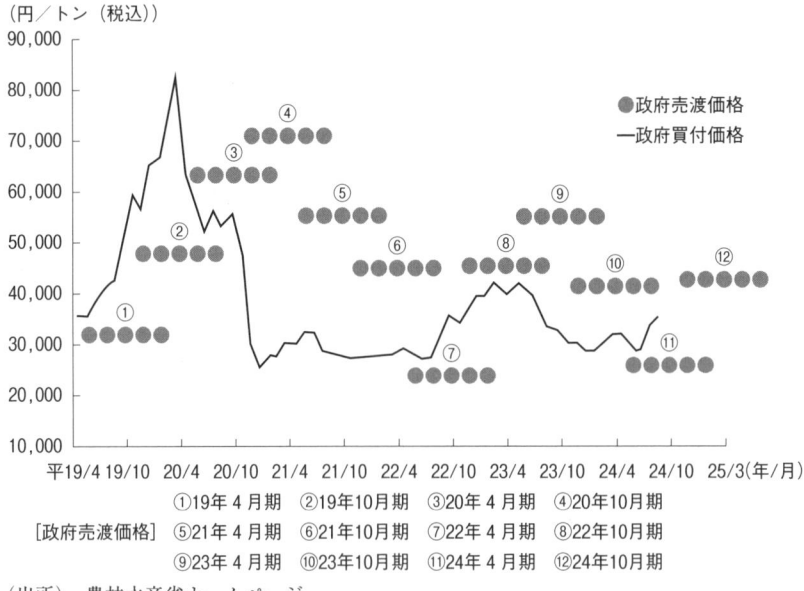

(円／トン（税込））

①19年4月期　②19年10月期　③20年4月期　④20年10月期
［政府売渡価格］　⑤21年4月期　⑥21年10月期　⑦22年4月期　⑧22年10月期
　　　　　　　　⑨23年4月期　⑩23年10月期　⑪24年4月期　⑫24年10月期

（出所）　農林水産省ホームページ

と、平成24年の小麦総供給量（輸入量と国内供給量計）は、前年比約3％増の588万トンとなる。

　製粉を手がける企業は全国に約100社あるが、そのうち大手4社（日清製粉株式会社、日本製粉株式会社、昭和産業株式会社、日東富士製粉株式会社）のシェアは約75％に達しており、上記4社以外はすべて中堅・中小以下という業界構造である。企業間で仕入価格の差がなく、業界内でのすみ分けも進んでいることから、競争関係は緩やかであるが、長期的には国内需要の減少により、今後は業界再編が進むものと考えられる。

③　担保実務上のポイント

　原料については企業間で仕入価格に差が出にくく、政府指定のサイロで保管されていることから、数量管理も比較的容易である。製品である小麦粉については、販売状況や需要予測から判断して在庫規模が適正かをモニタリン

図表149－2　小麦粉の種類と用途

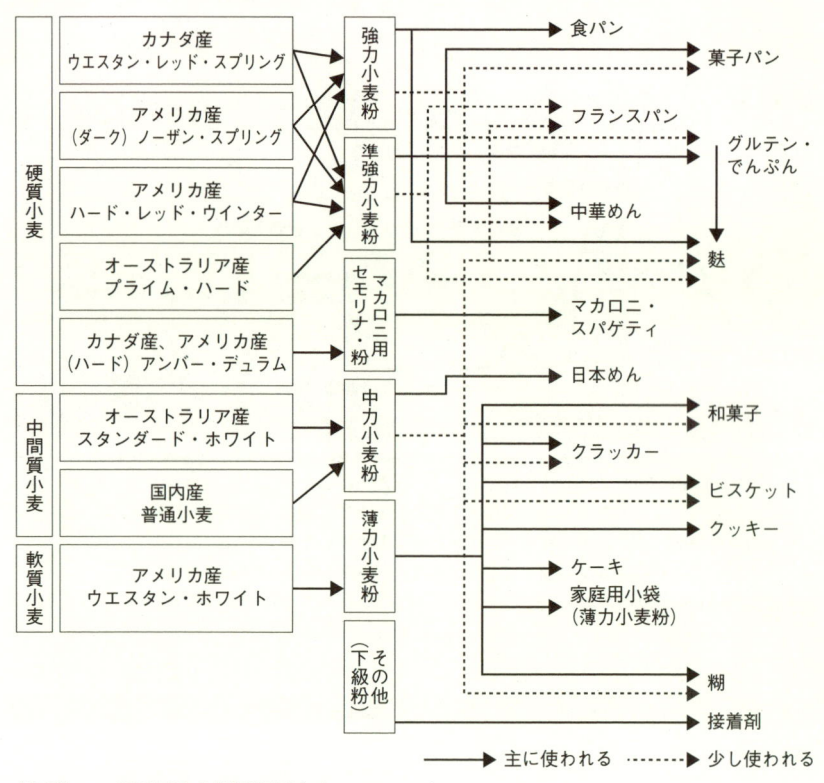

硬質小麦	カナダ産 ウエスタン・レッド・スプリング	→	強力小麦粉	→	食パン

（※図の詳細省略：硬質小麦（カナダ産ウエスタン・レッド・スプリング、アメリカ産（ダーク）ノーザン・スプリング、アメリカ産ハード・レッド・ウインター、オーストラリア産プライム・ハード、カナダ産・アメリカ産（ハード）アンバー・デュラム）、中間質小麦（オーストラリア産スタンダード・ホワイト、国内産普通小麦）、軟質小麦（アメリカ産ウエスタン・ホワイト）から、強力小麦粉、準強力小麦粉、セモリナ粉（マカロニ用）、中力小麦粉、薄力小麦粉、その他（下級粉）に分類され、それぞれ食パン、菓子パン、フランスパン、中華めん、グルテン・でんぷん、麩、マカロニ・スパゲティ、日本めん、和菓子、クラッカー、ビスケット、クッキー、ケーキ、家庭用小袋（薄力小麦粉）、糊、接着剤等の用途に使われる。実線→は「主に使われる」、点線┅┅▶は「少し使われる」を示す。）

（出所）　一般財団法人製粉振興会ホームページ

グしていく必要がある。

④　換価処分時のポイント

　原料については、政府指定のサイロで他社在庫と混在保管されている場合が多く、換価処分の際には保管する倉庫会社の協力が必要となる。具体的には、対象先企業の持分相当量を確認し、担保権者もしくは買取人への名義変更を行うことが考えられる。また、政府の関与度合いが強い動産であり、処分時に政府の調査を受ける可能性がある。

　処分時にはトレーサビリティに関する書類（原産地証明、政府小麦売渡証明

等）が保管されている必要がある。

(2) りんご

① 動産概要

りんごは市場に出荷する際、サイズ規格をそろえて箱詰めする必要があることから、りんご農家と青果市場の間に、りんごの集荷および選果を行う移出業者が介在する（図表149－3参照）。

りんごは貯蔵技術の発達により長期間の保存が可能となった。従来は収穫後数週間程度で品質が劣化していたが、CA貯蔵という、低温・脱酸素状態で保管する方法が実用化され、現在では半年以上の保管が可能となっている。需要に応じた出荷が可能となったことで、移出業者と呼ばれる集荷・選果業者は利益拡大が可能となる一方、在庫見合いの運転資金が必要となり、在庫担保によるABLの手法が活用されている。

② 業界動向

農林水産省の「果樹生産出荷統計」によれば、りんごの出荷量は年によって多少の変動があるものの、平成12年以降は平均75万トン（年間）前後で推移しており、比較的安定している。りんごの都道府県別の収穫量をみると、

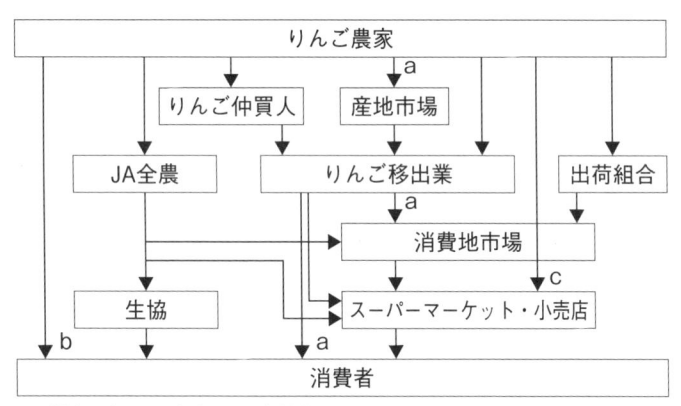

図表149－3　青森りんごの流通経路

```
りんご農家
  ├─→ りんご仲買人
  ├─→ 産地市場
  ├─→ JA全農
  ├─→ りんご移出業   a
  ├─→ 出荷組合
  ├─→ 消費地市場
  ├─→ 生協
  ├─→ スーパーマーケット・小売店   c
  └─→ 消費者   b, a
```

a 委託販売　b 直売　c 直接仕入れ

（出所）『第12次業種別審査事典』一般社団法人金融財政事情研究会

青森県が全国のトップとなっており（平成23年の全国シェアは56%）、同2位の長野県（同21%）とあわせると、2県で全国8割近くのシェアを占めている。食生活の多様化、国内人口の減少から、長期的には需要は緩やかに減少していくことが見込まれる。

③ 担保実務上のポイント

仕入れが年間の一時期に集中することから、年間の需要見通しから判断した仕入水準、在庫水準の妥当性を注視していく必要がある。

CA貯蔵している在庫品は、倉庫内で区画ごとに低温・脱酸素の密閉状態で保管しているため、倉庫内の保管品を確認することは困難である。CA倉庫外の在庫品をサンプルチェックするなどして、在庫データの正確性を確認することが考えられる。

④ 換価処分時のポイント

生産者、入庫日といったトレーサビリティに関する書類がそろっている必要がある。

年間の最需要期は年末年始であり、当該時期以外に在庫品を大量に換価処分する場合、換価価値が大幅に目減りする可能性がある。また、CA貯蔵している保管品であっても、入庫から半年以上経過したものはある程度品質劣化が進んでおり、ジュース、ジャムといった加工食品の原料用として換価価値がさらに下落する可能性がある。

150 農産物および食品(米)

1 概　　要

(1) 対象となる動産

　国産の米は、農産物規格規程に、品位の規格と、「産地品種銘柄」として都道府県ごとに幾つかの稲の品種が定められている。品種別では「コシヒカリ」の指定が最も多く、以下「ひとめぼれ」「ヒノヒカリ」「あきたこまち」「キヌヒカリ」「はえぬき」と続いている。このようなブランド米のほかに、化学農薬を使用しない「無農薬米」、水洗いなしで炊ける「無洗米」、ビタミンなど栄養素を加えた「強化米」などの品種もある。米穀検査で品位の規格に合格すると、その品種と産地と産年の証明を受ける。輸入品は輸出国による証明を受ける。

　日本国内での米の銘柄(品種)の包装への表示は、玄米および精米品質表示基準に定められている。原料玄米の産地、品種、産年が同一で証明を受けている単一銘柄米は、「使用割合100％」を表示する。ブレンド米は「複数原料米」等と表示し、原産国ごとに使用割合を表示し(日本産は国産と表示)、証明を受けている原料玄米について、使用割合の多い順に、産地、品種、産年、使用割合を表示できる。証明を受けていない原料玄米については「未検査米」等と表示し、品種を表示できない。

　品種や等級による価格の違いはあるが、上記に述べたいずれの米も動産担保の対象となるものである。

(2) 商流および市場特性・特徴

　米の流通経路は、従来は食糧管理法によって規制され、政府米を主体とするものであったが、制度が流通ニーズに応えられずに不正規流通が常態化してきた。そのため、自主流通米を主体として流通経路の多様化と弾力化が図られることになった。図表150－1は食糧管理法から改正食糧法までの流通システムの変化を示したものである。改正食糧法によって米の流通は基本的

図表150－1　米穀の流通制度の変遷

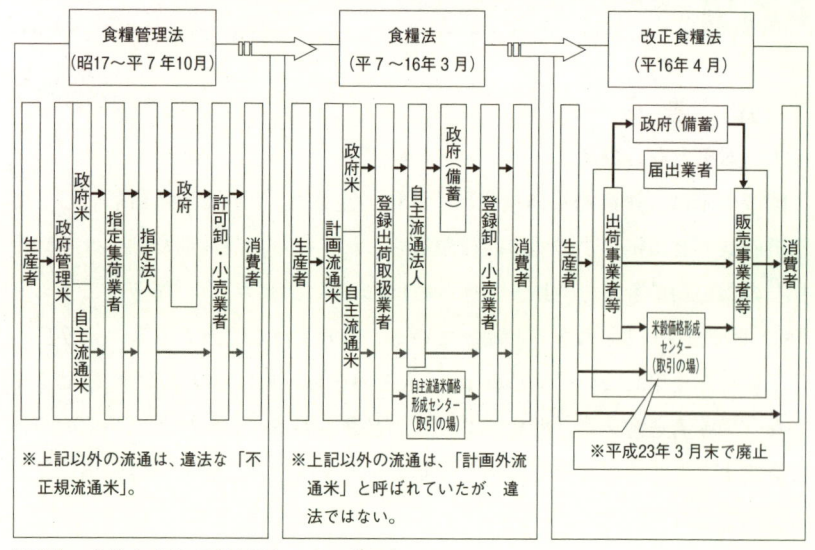

（出所）　農林水産省「米流通をめぐる状況」

に自由化され、流通ルートは多様化し、業界の再編が進んだ。消費者は全国の生産者や販売業者からさまざまな方法で米を購入することが可能になっている。

　一方で、少子高齢化の進展、リーマンショック以降の節約志向による外食回数の減少、食事志向の欧米化などを背景に米の消費量は減少している（図表150－2参照）。消費量が減少するなか、生産過剰および流通間競争の激化で米の価格は低下傾向にあり、市場は縮小している。

　米は相場モノであるという要素もある。図表150－3に示すように品種、収穫高（天候）、需給動向により米の価格は形成される。業者によっては、安い時に大量に仕入れ、高い時に販売するなど、相場をみながら積極的に値上り益を求めて売買を行う業者も存在する。このような側面も米という動産の特徴である。

　また、昨今のTPP（環太平洋戦略的経済連携協定）参加をめぐる議論の行方

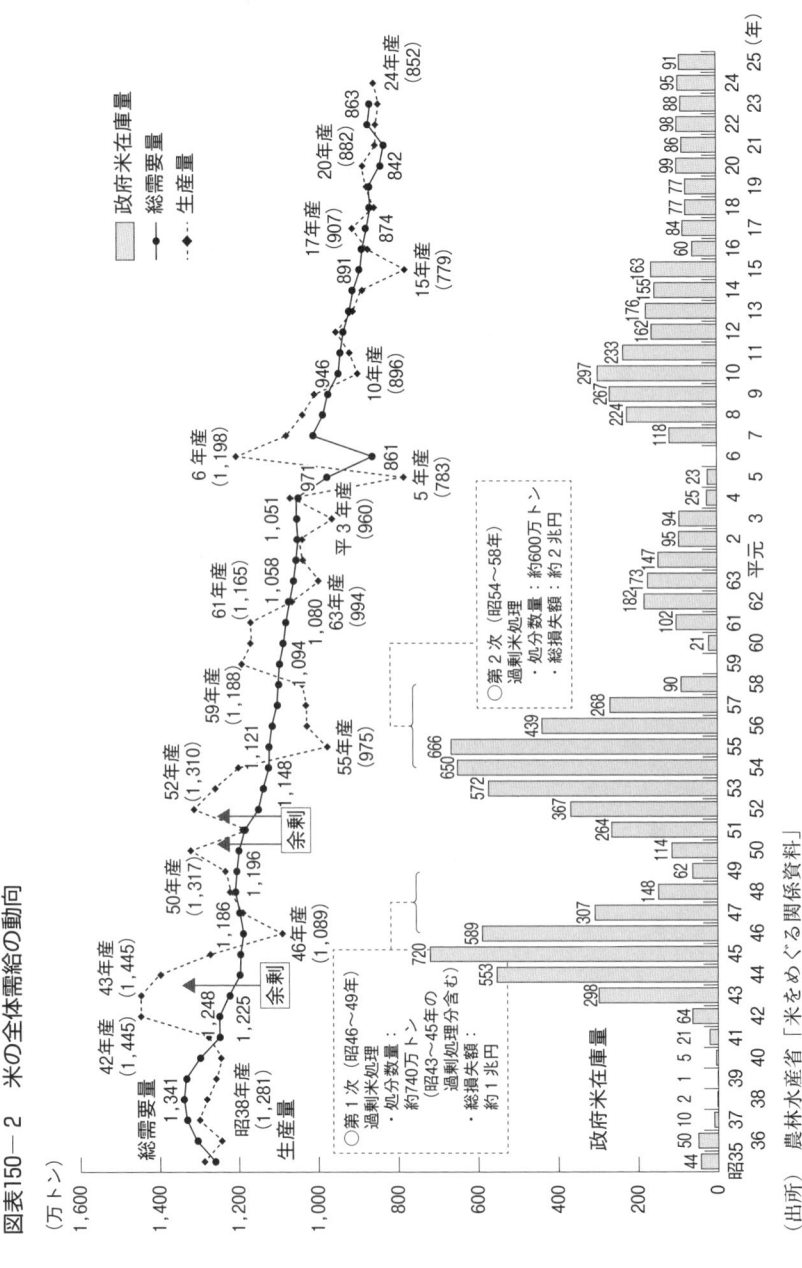

図表150-2 米の全体需給の動向

(万トン)

凡例:
- 政府米在庫量
- 総需要量
- 生産量

主なデータポイント:
- 昭和38年産 生産量 1,281
- 42年産 (1,445) 総需要量 1,341
- 43年産 (1,445) 1,248 [余剰]
- 46年産 (1,089) 1,225
- 50年産 (1,317) 1,186
- 52年産 (1,310) 1,196 1,148 [余剰]
- 55年産 (975) 1,121
- 59年産 (1,188) 1,094
- 61年産 (1,165) 1,080 1,058
- 63年産 (994) 1,051
- 平成3年産 (960) 971
- 5年産 (783) 861
- 6年産 (1,198) 946
- 10年産 (896)
- 15年産 (779) 891
- 17年産 (907)
- 20年産 (882) 863
- 24年産 (852) 842 874

○第1次（昭46～49年）
過剰米処理：
処分数量：約740万トン（昭43～45年の過剰処理分含む）
総損失額：約1兆円

○第2次（昭54～58年）
過剰米処理
・処分数量：約600万トン
・総損失額：約2兆円

政府米在庫量:
昭35: 44, 36: 50, 37: 10, 38: 2, 39: 1, 40: 5, 41: 21, 42: 64, 43: 298, 44: 553, 45: 720, 46: 589, 47: 307, 48: 148, 49: 62, 50: 114, 51: 264, 52: 367, 53: 572, 54: 650, 55: 666, 56: 439, 57: 268, 58: 90, 59: 21, 60: 102, 61: 182, 62: 173, 63: 47, 平元: 95, 2: 94, 3: 25, 4: 23, 5: , 6: , 7: 118, 8: 224, 9: 267, 10: 297, 11: 233, 12: 162, 13: 176, 14: 155, 15: 163, 16: 60, 17: 84, 18: 77, 19: 77, 20: 91, 21: , 22: , 23: , 24: , 25:

(出所) 農林水産省「米をめぐる関係資料」

第2章 生産・消費（集合動産中心） 623

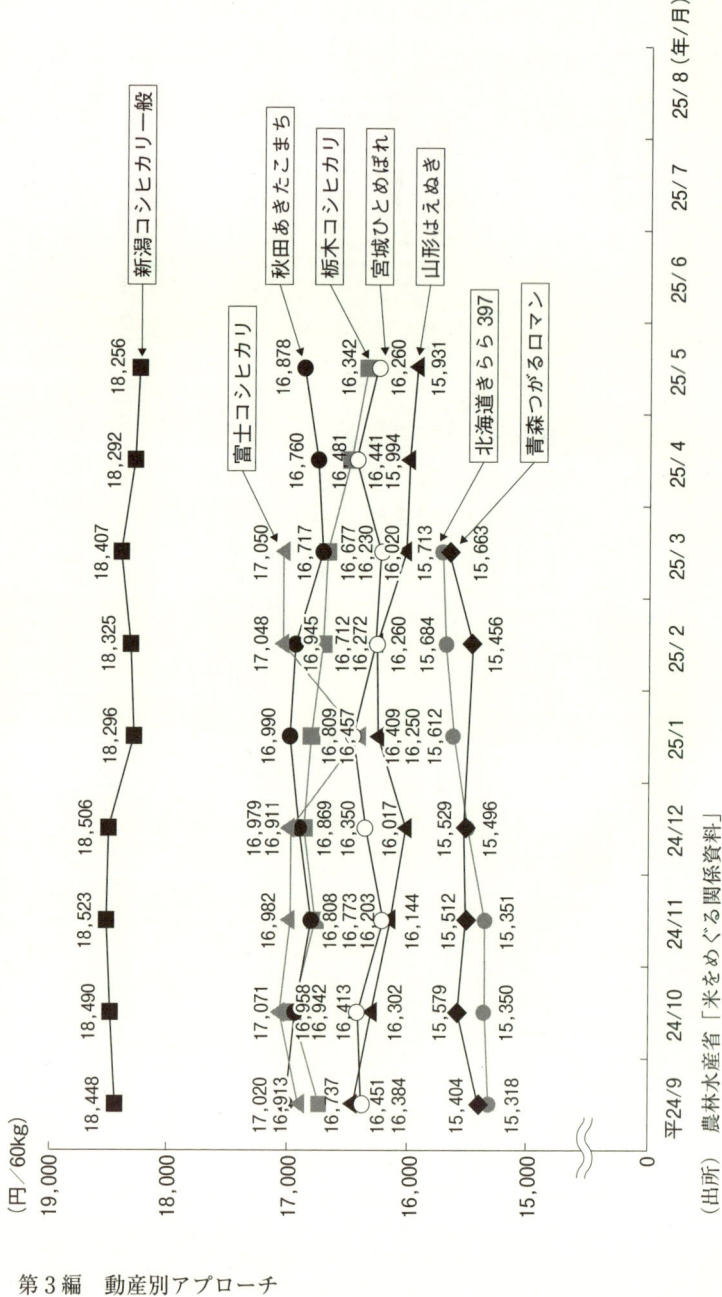

図表150-3 産地品種銘柄別相対取引価格の推移（平成24年産）

(円/60kg)

銘柄	平24/9	24/10	24/11	24/12	25/1	25/2	25/3	25/4	25/5
新潟コシヒカリ一般	18,448	18,490	18,523	18,506	18,296	18,325	18,407	18,292	18,256
富士コシヒカリ	17,020	17,071	16,982	16,979	16,990	17,048	17,050	16,760	16,878
秋田あきたこまち	16,913	16,958	16,808	16,911	16,809	16,945	16,717	16,481	16,342
栃木コシヒカリ	16,737	16,942	16,773	16,869	16,457	16,712	16,677	16,441	
宮城ひとめぼれ	16,451	16,413	16,203	16,350	16,409	16,272	16,230	15,994	16,260
山形はえぬき	16,384	16,302	16,144	16,017	16,250	16,260	16,020		
北海道きらら397	15,404	15,579	15,512	15,529	15,612	15,684	15,713		15,931
青森つがるロマン	15,318	15,350	15,351	15,496		15,456	15,663		

(出所) 農林水産省「米をめぐる関係資料」

次第では、将来の日本の米事情を左右することにもなりかねず、動向を注視する必要がある。

(3) 資金需要

米をめぐる商流のなかで、卸売業者に最も多くの資金需要があると考えられる。米穀卸売業は、米穀小売業者または飲食店など業務用事業者に、多量の米を販売する事業者である。一般的な卸売業者は、米の収穫時期である9～11月にほぼ1年分の米を仕入れ、春先までには売り切るという営業スタイルをとっている。よって秋口から春先にかけては大量に在庫を抱えることになる。この仕入資金は、会社が保有する不動産の価値を大幅に超えることが通常である。仕入れに関して、特に生産者からの直接仕入れの場合、支払は即金であることが多い。一方で販売については、販売先の主体が量販店中心になるにつれて、販売先とのパワーバランスの点で、売掛金の回転期間が長期化する傾向にある。このため、運転資金需要が増加することにつながるのである。

(4) その他

① 補助金

生産者に対する補償制度として、平成24年産までは「農業者戸別所得補償制度」という名称を用いていたが、民主党から自民党へ政権が交代したことにより、平成25年産からは「経営所得安定対策」と名称を変更した。しかし、基本的な枠組みは同じであり、販売価格が生産費を恒常的に下回っている作物を対象として、その差額を交付することにより、農業経営の安定と国内生産力の確保を図るとともに、麦や大豆等への作付転換を促すものである。

また、米穀卸・小売業に対する金融措置としては、政府系金融機関のほか、公益社団法人米穀安定供給確保支援機構により、信用保証事業、集荷円滑化事業などの制度がある。

② 関連する法律

ⓐ 米粉・エサ米法（米穀の新用途への利用の促進に関する法律）

米の新用途利用促進のため生産農家・米粉業者の取組みや新品種開発を支援。
ⓑ　改正食糧法（主要食糧の需給及び価格の安定に関する法律等の一部を改正する法律）
　　米の不正規流通防止に向け懲役刑など罰則を強化。
ⓒ　米トレーサビリティー法（米穀等の取引等に係る情報の記録及び産地情報の伝達に関する法律）
　　米の取引情報・産地情報の記録・伝達を義務づけた。
以上の法案はまとめて米関連3法案と呼ばれ、米需要や食料自給率の伸悩み、事故米不正転売事件などを背景につくられた。

(5)　関連情報

・農林水産省
　http://www.maff.go.jp/
・全国農業協同組合連合会（JA全農）
　http://www.zennoh.or.jp/
・全国農業協同組合中央会（JA全中）
　http://www.zenchu-ja.or.jp/
・公益社団法人米穀安定供給確保支援機構
　http://www.komenet.jp/
・全国米穀販売事業共済協同組合（全米販）
　http://www.zenbeihan.com/
・日本米穀小売商業組合連合会（日米連）
　http://www.jrra.or.jp/
・一般財団法人日本穀物検定協会
　http://www.kokken.or.jp/

2 個別案件事例（米穀卸売業者のケース）

(1) 動産概要

米穀卸売業者は一般的にさまざまな品種、産地、産年の米を取り扱っている。

通常は集合動産として担保取得することになるが、その際在庫の管理方法が適切かどうかチェックする必要がある。在庫表と照らし合わせながら、温度管理も含めてすべての保管場所を実査することが求められる。

(2) 業界動向

米の流通制度の変遷に伴って、これまで主に農協に委託販売をしていた生産者のなかには、民間の米穀卸売業者を販売先とする事業者がふえてきている。これは全農が米農家への買付代金の見直しをしたことも一つの要因である。従来は、全農が市場動向をにらみながら、販売価格を予想したうえで、販売前の集荷時に「仮渡金」を農家に支払っていた。農家にとってはこれが実質的な手取り収入になっていた。この方式では農家の経営は安定する。一方、1度支払った仮渡金を回収することはむずかしいので、実際の販売価格が予想価格を下回った場合は、全農にとって逆鞘となり、損失が発生する。新方式では集荷時に「概算金」を支払い、全農の実際の販売価格をみたうえであらためて精算金を支払うかたちをとっている。農家にとっては一時的な手取りが減ることになり、抵抗する声は多く聞かれる。

民間の米穀卸売業者は毎年9月上旬から中旬に発表される全農の「概算金」の動向と、その年の米の相場をにらみながら生産者からの仕入価格を決めていく。全農より少しでも生産者にとって有利な価格で、なおかつ自社にとっても利益をもたらす仕入価格を設定するのは、米穀卸売業者の腕の見せ所である。

(3) 担保実務上のポイント

① 流動資産一体での担保取得

米はいわゆる「足が早い」商品である。在庫→売掛金→預金というサイクルは長くても2週間程度である。こうした場合、在庫の米だけを担保取得す

るのではなく、在庫→売掛金→預金という「事業のライフサイクル」（キャッシュフロー）を一体で担保取得することが望ましい。

② 仕入れおよび販売ルートの確認

改正食糧法により米の計画流通制度が廃止され、政府米以外はすべて民間流通米として一元化されており、米の流通チャネルが多様化していることは前述のとおりである。このような環境においては、独自の仕入ルートと販売ルートを確保しているかがポイントとなる。

③ 留意点

米穀卸売業者のなかには積極的に鞘ぬきをもくろむ者も多い。そのため、経営者が相場に対して過度にリスクをとっていれば、注意すべきである。

また、仕入先が頻繁に変更される、仕入価格が相場に比べて極端に安い等といった場合にも、その要因について確認を行うべきである。

④ 動産保険

在庫の盗難リスクや火災リスクについて、どうリスクヘッジするかも重要な検討事項とされる。倉庫が施錠可能な状態であること、また鍵の管理責任者を決め、だれでも倉庫に入ることができる状態ではないことを確認するとともに、在庫全量について動産保険に加入していることを確認し、動産保険に対して質権を設定することが望ましい。

(4) 換価処分時のポイント

まず、財務状況の悪化をいち早く察知するために適切な財務コベナンツを設定し、担保処分に関して一定の主導権を握ることが求められる。それでも担保権を行使し、換価処分せざるをえない状況になった場合、厳密な品質管理が求められる米という動産の特性上、迅速な対応が必要となる。このため、事前に同業者とのリレーションを構築しておき、万が一有事に至った場合には適切かつタイムリーなサポートを受けることが望ましい。

151 畜産食品

1 概　要

(1) **対象となる動産**

畜産食品とは、肉、乳など畜産業によって生産されるものおよびその加工品を指す。

(2) **商流および市場特性・特徴**

食肉の流通は、生産者→生体流通段階→と畜解体段階→卸売段階→小売段階を通して消費者まで届く仕組みとなっている。卸売段階においては主に食肉卸売市場を通じて売買が行われる一方、市場外流通も活発であり、生産者団体主導のもと産地の食肉センターでと畜後流通されるものや、大手食肉加工業者が系列農場から購入するもの、小売・卸売業者が生産者と直接取引した肉畜を近隣のと畜場で解体した後販売するものがみられる。

乳（製品）の流通は次のとおりである。酪農家から生産された生乳は、生産者団体を通じ、飲用牛乳については工場、小売店を経て消費者に届けられる。一方、乳加工品については、乳製品工場から卸売業者、小売店を経て消費者に届けられる。なお、業務用乳製品の一部については、輸入品とともに、農畜産業振興機構を経て競争入札により売却される。

(3) **資金需要**

食肉加工業において、支払条件は、原料肉の種類や部位によって異なる。食肉卸売市場から直接売買を行う仲買人の場合、1週間程度の支払期間となり、また、商社からの仕入れでは45～90日程度の支払期間が平均的である。一方、回収条件は販売先により大きく異なり、大口需要家（スーパーマーケット等）向けの場合、比較的長期とならざるをえない一方、小売段階となれば現金決済が中心となる。

乳製品加工業においては、支払および買掛けの期間はおおむね1カ月強程度であり、一般的には月商の半分～1カ月程度の運転資金が必要になるとみ

られる。

　売上げの季節変動は特に食品加工業で著しくみられ、中元・歳暮期に増加、一方１、２月の閑散期には落込みをみせる。

　⑷　その他

　JAS制度は、「農林物質の規格化及び品質表示の適正化に関する法律」に基づき、製品の品質が一定の基準規格に適合しているか否か、登録格付機関が行う格付検査が骨子になっている。規格適合製品にはJAS証票を付して販売できる。

　食肉加工品については、JAS法により定められた加工食品品質表示基準により、「名称」「原材料名」「内容量」「消費期限または賞味期限」「保存方法」「製造者等の氏名住所」の表示に加え、輸入品には「原産国名」の表示が義務づけられている。

　⑸　関連情報

・農林水産省、畜産関連統計情報

　http://www.maff.go.jp/

・全国農業協同組合連合会、畜産総合情報

　http://www.zennoh.or.jp/

・独立行政法人農畜産業振興機構、畜産関連情報

　http://www.alic.go.jp/

2　代表的な動産

　⑴　牛　　肉

①　動産概要

　日本国内で食用として処理される牛肉は、黒毛和種、褐毛和種、日本短角種、無角和種の４種の純粋種のほか、上記４種の交雑種や乳用種のホルスタイン種のものがあり、純粋種の場合は「和牛」、交雑種の場合は国内で肥育およびと畜されたものが「国産牛」と表記される。

　食肉の安定した価格形成を行うための基準として、公益社団法人日本食肉

格付協会が歩留等級と肉質等級の２項目について、別々に審査・評価したうえで牛肉（枝肉）の格付を定めている。

生体から皮、骨、内臓などを取り去った状態の肉は「枝肉」と呼ばれるが、その歩留等級は、生体からとれる枝肉の割合によって、Ａ、Ｂ、Ｃの３等級（Ａが最良）のランクが決まり、枝肉の割合が大きいほど等級が高くなる（同じ体重の牛でも多くの肉がとれるほうが良い等級となる）。

一方、肉質等級は、①脂肪交雑（霜降りの度合い、BMS＝ビーフ・マーブリング・スタンダードという判定基準による評価）、②肉の色沢（肉の色と光沢、肉の色はBCS＝ビーフ・カラー・スタンダードという判定基準による評価、光沢は見た目での評価）、③肉のしまりときめ（見た目での評価）、④脂肪の色・光沢・質（白またはクリーム色を基準に光沢と質を考慮して評価）の４項目について、５～１等級（５が最良、３が標準的）で総合評価したものである。なお、最終的な肉質等級は、上記の４項目のうち、最も低い等級で付与される（例：脂肪交雑が５、肉の色沢が５、肉のしまりときめが４、脂肪の色・光沢・質５であれば、最終的な肉質等級は「４」となる）。

② 業界動向

牛肉（枝肉）の価格については、めす牛と去勢牛という分類のほかに、和牛、交雑種、乳用種等の分類があり、それぞれについて相場が発表されている。牛肉のなかでも、最も高価な種類が和牛であり、歩留・肉質等級はＡ５～Ａ２もしくはＢ３に集中しており、平成24年は去勢和牛のうちの約83％がＡ５～Ａ３と評価されている。一方、交雑種と乳用種に関しては、歩留等級はＢ～Ｃとなっており、肉質等級は３～１に集中しており、平成24年は乳用種去勢牛のＢ２とＣ２の合計が約94％、交雑種去勢牛のＢ３とＢ２の合計が全体の約70％となっている（交雑種と乳用種は、和牛と異なり、同じ等級においてめす牛よりも去勢牛の価格が高い傾向がある）。

東京都中央卸売市場によると、代表的な枝肉である和牛去勢Ａ４、交雑種去勢Ｂ３、乳用種去勢Ｃ２の平成25年６月現在の価格は、それぞれ１kg当り1,912円、1,272円、742円であり、前年同月比それぞれ14％高、14％高、

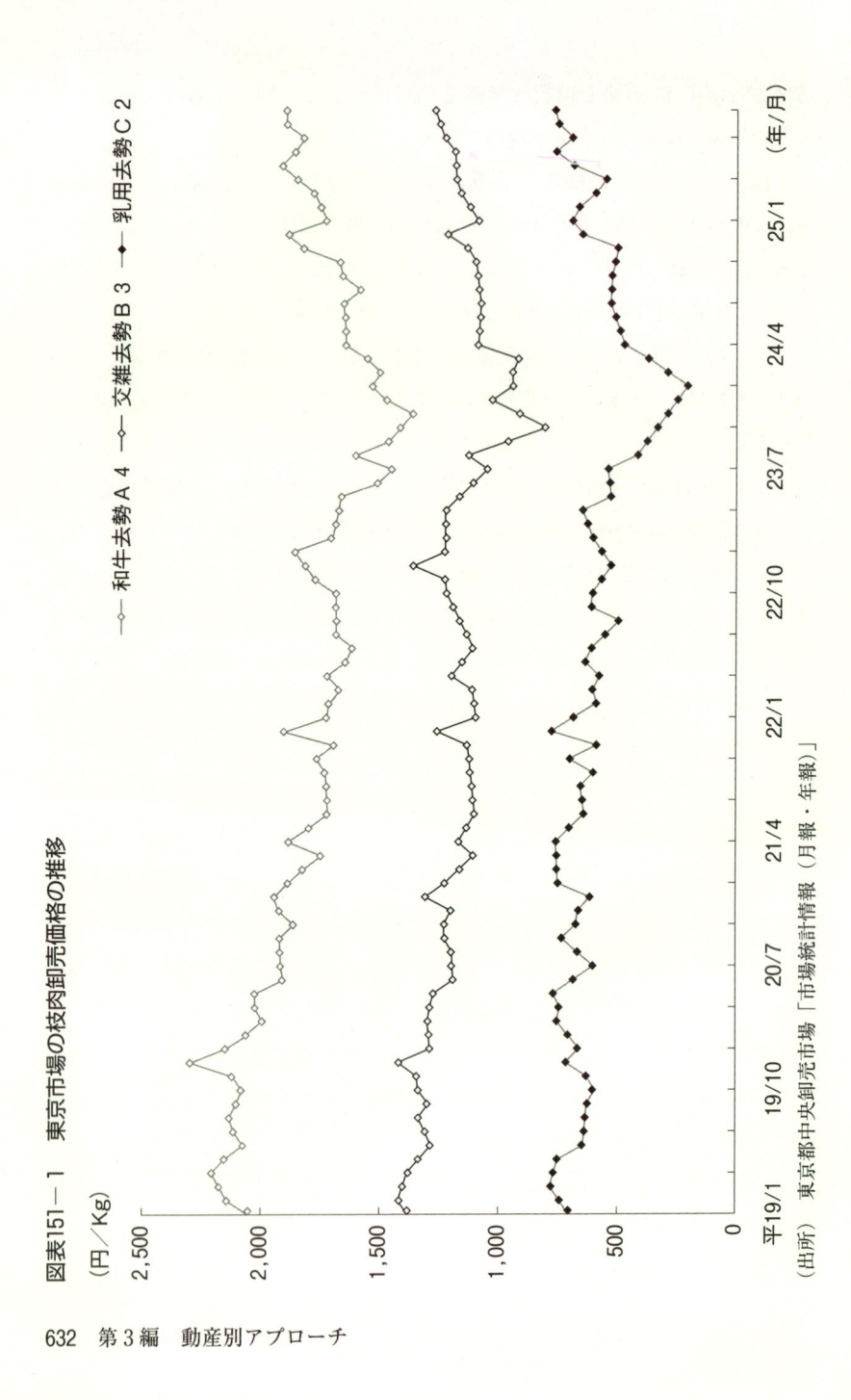

図表151−1　東京市場の枝肉卸売価格の推移

(円/Kg)

―◇― 和牛去勢A4　―◇― 交雑去勢B3　―◆― 乳用去勢C2

(年/月)

(出所)　東京都中央卸売市場「市場統計情報（月報・年報）」

632　第3編　動産別アプローチ

38％高となっている（図表151－1参照）。

③　担保実務上のポイント

　肉質等級に応じた価格が公表されていることから、肉質等級別の在庫内容を把握することでおよその価値把握は行うことができる。一方で、肉質等級以外にも産地やブランドによって価格が異なることから、それらの情報の入手も必須である。

　担保となる牛肉は冷蔵倉庫に保管されることが大半であるが、商流の変化によって保管場所である倉庫が変更となる場合が見受けられることから、定期的な確認が必要である。

④　換価処分時のポイント

　流通のための以下の条件がそろっていることが必要となる。

・良好な保管環境（空調管理面、衛生管理面）下で保管されており、流通時の支障となるような品質劣化等が生じていないこと。
・牛肉の流通に必要な書類が整備されており、原料となった肉用牛の個体識別番号を含めたトレーサビリティ情報が整備されていること。
・処分開始時点において、「賞味期限」までの期間が十分に残っていること。

(2)　**ハム・ソーセージ**

①　動産概要

　ハムは、豚肉のモモ肉を塩漬けした後に、燻製処理や湯煮処理した加工食品であり、日本国内では、食肉加工品全体の生産量の約2割を占めている。なお、ハムの類似加工食品としてベーコンがあるが、ベーコンは豚肉の枝肉が主な原料であり、使用する部位によって呼び方が違っている（ハムとベーコンの合計では、食肉加工品全体の生産量の4割前後を占めている）。

　ハムの品質は、原料の肉、塩漬剤、加熱の有無により左右されるが、日本ではJAS規格により、ハム類を骨付きハム、ボンレスハム、ロースハム、ショルダーハム、ベリーハム、ラックスハムに分類し、それぞれについて品質、表示の規格を設けている。なお、ハム類のなかで最も生産量が多いものはロースハムであり、ハム類の全生産量の約8割を占めている。

ソーセージは、細断または挽肉にした鳥獣類の肉を塩や香辛料で味付けし、羊腸等のケーシングに詰めて、燻製処理や湯煮処理した加工食品であり、日本国内では、食肉加工品全体の5割前後となっている。
　ソーセージの品質は、原料の肉、添加するつなぎ、添加物で左右され、日本ではJAS規格により分類がなされている。ソーセージ類のなかで最も生産量が多いものはウインナーソーセージであり、ソーセージ類の全生産量の約7割を占めている。なお、日本独自に開発された商品として魚肉ソーセージがあるが、これは魚肉練り製品として分類される。

② 業界動向

　ハム・ソーセージは、消費者の幅広いニーズに対応するために、高級品から低価格品、健康志向品など商品内容の多様化が進んでいる。
　ハム・ソーセージの流通経路は、以前は食肉店での販売が中心であったが、現在では、食品スーパーマーケット、量販店、コンビニエンスストアが中心になっている。
　日本におけるハム・ソーセージは、現在は食卓の定番メニューとして定着しているほか、価格帯構成も食品スーパーマーケットやコンビニエンスストアで購入できる安価なものから贈答用の高級品まで幅広い商品が存在する。
　国内の食肉加工品の製造分野においては大手企業による寡占が進み、上位数社のシェアは全体の半分以上を占めている。なお、業界大手としては、日本ハム株式会社、伊藤ハム株式会社、プリマハム株式会社、丸大食品株式会社、米久株式会社などがある。
　「食品製造業統計」によれば、ハム・ソーセージの年間生産量は、国内需要の拡大とともに長期にわたって増加傾向が続いていたが（ピークの平成7年には、約44万トンを記録した）、その後は、加工食品の多様化や少子高齢化の進行等に加えて、BSE問題や鳥インフルエンザ問題などが相次いで発生した影響もあって、生産量は頭打ちとなっている。その結果、ハム・ソーセージの年間生産量は、2000年代に入ってから40万トンの大台を割り込んでおり、近年は平均39万トン台で推移している。

③　担保実務上のポイント

　加工食品一般にいえることであるが、破綻時には加工を行った会社が存続していない事態となるため、在庫品処分には制約があることを前提に担保設定を検討すべきである。

　また、在庫品の品種が多種に及び、加工形態ごとに賞味期限が異なることから、一定水準以上の在庫データの管理が必須となる。

④　換価処分時のポイント

　食品流通のための以下の条件がそろっていることが必要となる。

・良好な保管環境（空調管理面、衛生管理面）下で保管され、流通時の支障となる品質劣化等が生じていないこと。
・想定処分期間を十分に上回る長さの「賞味期限」が残っていること。また、在庫品のトレーサビリティが可能な状態であること。
・チルド状態の原料および製品は、賞味期限が2週間程度と短いため、処分の際には早急に対応できる体制にあること。
・ハム・ソーセージ類の表示に関する公正競争規約（「不当景品類及び不当表示防止法」（景品表示法）12条の規定により、事業者または事業者団体が、公正取引委員会の認定を受けて景品類または表示に関する事項について自主的に設定する業界の自主ルール）にのっとった表示がなされていること。

152 水産食品

1 概　　要
(1) 対象となる動産
水産食品とは、水産業によって生産されるものおよびその加工品を指す。

(2) 商流および市場特性・特徴
水産物の流通は、生産者→産地卸売市場→消費地卸売市場→小売業者を通じて消費者まで届くのが一般的である。生産者は漁獲物を産地卸売市場に出荷し、産地卸売業者が仲卸売業者（消費地に向けた出荷業者、加工業者、地元卸小売業者）へ販売する。出荷業者は購入した魚介類を規格、鮮度などにより選別・分荷して消費地市場に出荷し、消費地卸売市場にて仲卸業者へ販売する。

また、輸入魚介類については、輸入後消費地卸売市場を通じて販売されるほか、加工業者等の大口需要者へ直接販売されることも多い。

その他、生産者が産地もしくは消費地加工業者等と直接取引するケースや、消費地卸売市場に直接出荷するケースも認められる。

(3) 資金需要
卸売市場での鮮魚売買の決済はサイト5日～1週間程度の現金決済が中心である。一方、加工業者はその他冷凍品を中心として市場外の問屋や輸入商社等から仕入れを行う場合も多いが、その際の決済は、1～2カ月程度の現金決済が主体となる。

加工業者から問屋等への決済は1～2カ月、市場・スーパーマーケットへは1カ月程度の現金決済が多い。

その他、漁獲期が限られる魚については、加工業者等は通年分の原魚を一時期に確保し在庫保有する必要があり、そのための資金需要が発生しうる。

(4) その他
生鮮水産物については、JAS法に基づき、「名称」「原産地」、養殖水産物

であれば「養殖」、冷凍していたものを解凍した場合は「解凍」の表示が必要となる（その他、食品衛生法により、生食用であれば「生食用」または「刺身用」、消費期限、「保存方法」、加工者氏名と加工者所在地の表示が、計量法により販売者の氏名および住所がそれぞれ必要となる）。

　水産加工食品については、同じくJAS法に基づき「名称」「原材料名」「原料原産地名（生鮮食品に近い加工食品の場合）」「内容量」「消費期限または賞味期限」「保存方法」「製造者等の氏名住所」の表示が必要となる。

(5) 関連情報
・農林水産省、水産業関連統計情報
　http://www.maff.go.jp/
・一般社団法人全国水産卸協会、市場取引情報
　http://www.zensuiorosi.or.jp/

2　代表的な動産
(1)　マグロ
① 動産概要

　マグロは、大きくは本（クロ）マグロ、ミナミ（インド）マグロ、メバチマグロ、キハダマグロ、ビンナガ（ビンチョウ、トンボ）マグロの5魚種に分類できる。このうち、本マグロとミナミマグロは高級品（国内景気や消費動向の影響を受けやすい）、キハダマグロとメバチマグロは中級品（安定した需要があり、価格も比較的安定している）の位置づけであり、ビンナガマグロについては、シーチキン缶詰の原材料等として使用されることが多い。

　マグロは、図表152-1のとおり、「ラウンド」から「ピース」に向かって加工度合いが進み、より小分けされた状態となる。

　マグロは、冷凍された状態での流通量が全体の約8割を占めるが、通常の冷凍温度帯（マイナス18～20℃程度）では、冷凍焼け（冷凍物の表面が乾燥し、タンパク質や脂質が変質してしまった状態）を起こしやすく、鮮度を保つためには、超低温（マイナス60℃）で保管する必要がある。

図表152－1　マグロの加工（解体）状態区分

ラウンド Round(R)	エラ、ヒレと内臓がついている状態。
ジージー Gilled and gutted(GG)	ラウンド(R)からエラ、ヒレと内臓を取り除いた状態。通常、水揚げされた船でこの状態のまま、冷凍される。セミドレスともいう。
ドレス Headless(D)	ジージー(GG)から頭と尾を取り除いた状態。
フィレ Fillet(F)	ドレス(D)を3枚におろして背骨を取り除いた状態。1匹からフィレ(F)が2枚とれる。
ロイン Loin(L)	フィレ(F)をさらに雄節（上部）と雌節（下部）に切り分けた状態。1匹を4つ割りとすることでロイン(L)が4つになる。
チャンク（大切、小切） Chunk(CH)	フィレ(F)またはロイン(L)をさらに細かく輪切りに切った状態。10kg以上を大切、10kg以下を小切とする。
ピース（サク） Piece	チャンク（CH）の皮をはがし、直角に切った状態。

（出所）　筆者作成

　マグロに対する世界的な需要増加により、マグロ資源が枯渇化する懸念が広がったことから、回遊範囲ごとに地域漁業管理機関が設立され、マグロの総漁獲可能量、国別漁獲枠の設定、漁船の隻数制限等の資源管理が行われている。

② 　業界動向

　マグロの流通ルートは、「冷凍マグロ」（国内産、輸入）と「生鮮マグロ」（国内産）に大別されるが、冷凍マグロの場合は、いずれも専門商社等による一船買いが中心であり、消費地周辺の卸売市場等を通じて小売業者等に流通される。一方、生鮮マグロは、主に産地および消費地周辺の卸売市場を経由する構造となっていたが、最近では、バイイングパワーをもつ小売量販店

が、直接専門商社等と取引する「市場外流通」（卸売市場の取扱手数料等を削減できる）の割合が増加している（流通全体の約70％が市場外流通と推定されている）。

　農林水産省の「海面漁業生産統計調査」によれば、平成24年の国内漁獲量（概数）は20万1,000トン（前年比横ばい）であり、平成24年の輸入量（21万6,000トン）をあわせると、国内の総供給量は約42万トンとなっている。

　世界のマグロ漁獲量は年間約200万トン前後と推定されており、このうちの10％強が日本国内に供給されている（以前は、20％強が日本国内に供給されていたが、世界的なマグロ需要の増加により、割合は減少傾向にある）。

　国内でマグロを取り扱う大手企業には、三菱商事株式会社系の東洋冷蔵株式会社、双日株式会社系のトライ産業株式会社など大手総合商社系列の企業が多い。

　国内で消費される魚介類のうち、マグロに対する需要（人気）は依然として高いものの、食生活の変化等により「魚離れ」が進んでいることから、マグロ全体の消費量は減少傾向にある。

　総務省統計局の「家計調査」によれば、平成24年の1世帯当りのマグロへの消費支出は前年比3％減の5,113円、購入数量は同6％減の2,227ｇとなっており、平成12年（消費支出：8,453円、購入数量：3,413ｇ）と比較すると、それぞれ40％、35％の減少となっている。

　国内のマグロ総供給量についても、1990年代以降、減少傾向が続いており、1990年代の約58万トン（平均）と平成24年の約42万トンを比較すると、約28％減少している（自然資源の保護に伴う世界的な漁獲規制の強化を受けてマグロの漁獲量が減少しており、また、中国や新興国における需要拡大が輸入量の減少につながっている）。

　東京都中央卸売市場が発表している平成25年10月現在の冷凍マグロ類の卸売価格は1kg当り1,353円である。これは前年同月比8％上昇しており、年初の1,200円（1月）と比べても、約12.7％上昇している。足元の需給には大きな変化がみられないものの、一部の種類について漁獲の低調から国内在

図表152－2　冷凍マグロ類の卸売価格の推移

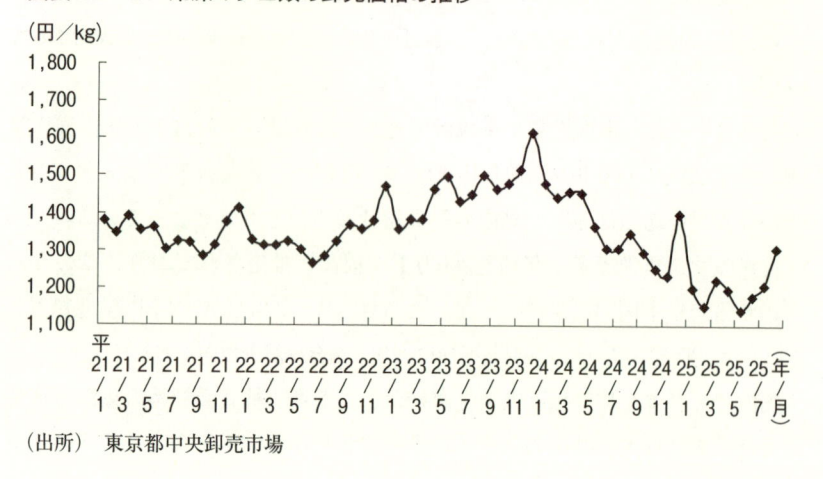

(出所)　東京都中央卸売市場

庫は低い水準にとどまっており、冷凍マグロ類全体の価格を押し上げている（家計消費の低迷が懸念される半面、輸入品を中心に供給量が減少していることが価格を支える材料となっている）。

③　担保実務上のポイント

中小の加工業者においては、原魚の管理において仕入時期の管理が不十分なケースが見受けられるが、担保価値の把握上もそれらの情報を管理・共有することが重要である。

輸入商社等を介しての原魚仕入れの場合、仕入元との間で年間購入量等につき契約外での取決めを行っているケースがある。想定外の相場変動等により業績に影響を与える可能性があることから、当該内容については、十分確認する必要がある。

④　換価処分時のポイント

流通のための以下の条件が揃っていることが必要となる。

・在庫品について保管中の毀損（変色、変質等）等が発生していないこと。
・原魚については、原産国や輸入証明等のトレーサビリティに関する書類が具備されていること。また、加工品については、加工食品品質表示基準等

に基づく必要な「表示」が行われていること。
・原魚、加工品ともに、処分開始時点で、賞味期限までの期間が十分残っていること。

(2) カ　ニ
① 動産概要

国内で消費されるカニは、タラバガニとズワイガニが大半を占めており、両方の合計でカニ全体の消費量の約80％を占める。特にズワイガニの割合が大きく、全体の60％を超えている。

ズワイガニはオピリオ種（主な産地は日本海、オホーツク海、カナダ）とバルダイ種（同ロシア）に大別される。このほか、近縁種とされる紅ズワイガニ（同日本海、北朝鮮、ロシア）もある。

身が大きく、甘味があるズワイガニと比べ、紅ズワイガニは比較的に小型で身が少ないうえ、加熱すると縮みやすく、味もズワイガニより劣るといわれている。このため、価格が比較的に安く、缶詰の材料として多用される。

ズワイガニの大部分は輸入に依存しているが、石川県、福井県、鳥取県などの沖合でとれるものが国内産の本場ものとして輸入品よりも高い値段で取引されている。

② 業界動向

ズワイガニ（紅ズワイガニを含む）の年間供給量（輸入量と国内生産量の合計）は平成12年以降、減少傾向が続いていたが、平成24年は約5万9,904トンと、前年比6％増加した。内訳では輸入量が3万7,704トン（前年比12％増）、国内生産量が2万2,200トン（同2％減）となっている。

国内で流通するズワイガニは、ロシアやカナダ、米国からの輸入品が中心となっている。輸入品の場合は、市場内取引よりも市場外取引が多くなっている。また、問屋を経由するのが一般的であるが、輸入業者等から大手量販店や外食産業などに直接流れるルートもある。一方、国産品については卸売市場から卸売業者、量販店、小売店、外食産業の順で流れるルート、または卸売市場から加工業者を経て、卸売業者、量販店、小売店、外食産業に至る

ルートに大別される。

　消費低迷などの影響で高額な水産商品であるカニ類は敬遠される傾向にあり、カニ関連の1世帯（2人以上の世帯）当り平均消費支出金額は、平成12年の年間2,994円から平成24年の1,884円に減少している。

　また、東京都中央卸売市場がまとめた取扱数量（生・冷生・冷煮・湯煮）も減少しており、平成23年は2,277トンと、前年比9％減少した。平成24年は前年比12％増の2,540トンに回復したものの、平成12年（3,160トン）と比べて依然として2割程度少ない水準となる。

　また、東京都中央卸売市場が発表した平成25年9月現在のズワイガニの卸売価格は取扱量の最も多い冷煮が1,777円／kgと、前年同月比17％上昇している（図表152－3参照）。

③　担保実務上のポイント

　加工業者においては、商品内容については、生・ボイルの別、ラウンド・セクション等状態による別があり、納入する販売先によって取扱部位、内容等が異なっていることから、販売先の変化とともに在庫内容の変動につき確認していくことが必要となる。

図表152－3　ズワイガニ（冷煮）の卸売価格の推移

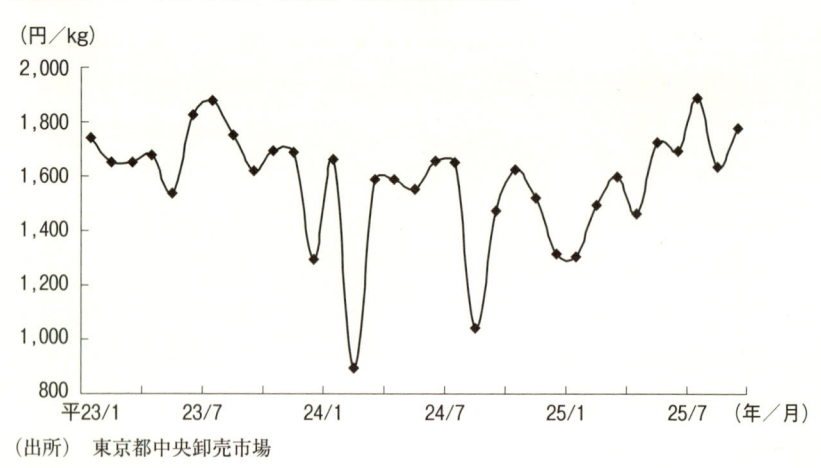

(出所)　東京都中央卸売市場

④ 換価処分時のポイント

前記「(1) マグロ」と同様である。

また、カニについては年末に向けて消費が拡大する傾向があり、処分の時期によって換価金額に差が出る可能性がある。

153　水産加工食品

1　概　要

(1) 対象となる動産

　水産加工食品とは、保存や食味改善を目的に水産物を加工した食料品であり、かまぼこなどの水産練り製品、佃煮、煮干品などが代表的な製品である。

(2) 商流および市場特性・特徴

　水産加工食品の商流は、生産者（漁業者）→原料卸売業者→加工業者→製品卸売業者→小売業者という多層的なものである。原料および製品の卸売業者は水産市場を通じた取引を行う場合が多く、これまで価格変動の調整弁としての役割を担ってきたが、最近では加工業者が生産者もしくは小売業者と直接取引を行うことにより、商流から除外されるケースも出てきている。

　消費者の嗜好変化や生産設備の高度化により、水産加工業の経営体数は減少傾向にあり、農林水産省「水産物流通統計年報」によると、統計のある平成17年で１万488社と、平成元年の１万7,822社と比較して約58.8％の水準となっている。生産量についても消費者の嗜好変化により減少傾向にあり、同年報に基づいて平成４年と平成24年を比較すると、練り製品で84万5,356トンから58万8,329トン（約30.4％減少）、煮干品で９万4,187トンから６万1,167トン（35.1％減少）、素干品で４万2,416トンから１万5,799トン（62.8％減少）となっている。

(3) 資金需要

　水産加工食品の代表的な製品である練り製品についていえば、需要期は11月～翌年２月に集中する。特に水産練り製品の大半を占めるかまぼこについては、正月のおせち料理に欠かせない素材として、12月単月の売上げが年間の約40％を占める季節商材である。このため、７月頃から仕入資金が発生し、12月～翌年１月頃に資金需要がピークとなる。また、煮干品・素干品に

ついては原料となる小魚の漁獲期が春から夏にかけての時期となることから、当該時期に仕入資金需要が発生する。水産加工食品は、取り扱う商材により仕入時期もしくは販売時期に資金需要が集中的に発生する傾向がある。

(4) その他

平成18年９月よりJAS法（農林物資の規格化及び品質表示の適正化に関する法律）に基づく「加工食品品質表示基準」が改正され、水産加工食品についても主原料の産地表示が義務づけられている（図表153-１参照）。

また、大手流通業者の要求基準を充足するため、設備投資を行いHACCP（Hazard Analysis Critical Control Point、危害分析重要管理点監視）、ISO22000といった衛生管理基準の認証を取得する企業が多くなっている。

(5) 関連情報

・水産庁
　http://www.jfa.maff.go.jp
・農林水産省「水産物流通調査」
　http://www.maff.go.jp/j/tokei/kouhyou/suisan_ryutu/suisan_kakou/

2　代表的な動産

(1) 水産練り製品

① 動産概要

水産練り製品とは、魚肉を主成分とする加工食品であり、かまぼこ、ちくわなどが含まれる。すりつぶした魚肉（すり身）に、食塩等を加え練り合わせて製造することから、練り物と総称される。主原料は、スケトウダラの冷凍すり身であり、輸入依存度が高い商材であることから原料価格や為替相場の動向により仕入価格が影響される。

年間の需要が11月〜翌年２月の時期に集中し、特にかまぼこ類については12月単月の売上げが年間の約40％を占めるといわれる。

② 業界動向

水産練り製品は、冷凍すり身製法の開発や物流の発達に伴って高度成長期

図表153－1　平成18年9月から原料原産地の表示が義務づけられた水産加工食品

品目群	分類	対象商品の例
素干魚介類、塩干魚介類、煮干魚介類およびコンブ、干しノリ、焼きノリ、その他干した海藻類（細切もしくは細刻したもの、または粉末状にしたものを除く）	素干魚介類	みがきニシン、田作り（素干しのもの）、タタミイワシ、スルメ（姿のままのもの）
	塩干魚介類	丸干イワシ、サバ開き干し、アジ開き干し、ホッケ開き干し、サンマ開き干し
	煮干魚介類	煮干イワシ、シラス干し、チリメンジャコ、干しホタテ貝柱、干しサクラエビ
	乾燥海藻類	だしコンブ、干しコンブ、板ノリ、焼きノリ、味付けノリ、干しヒジキ、干しアラメ
塩蔵魚介類および塩蔵海藻類	塩蔵魚介類	塩サンマ、塩サバ、塩カズノコ、塩タラコ、塩イクラ・スジコ、塩ウニ
	塩蔵海藻類	塩ワカメ、塩蔵したウミブドウ
調味した魚介類および海藻類（加熱調理したもの、および調理冷凍食品に該当するもの、ならびに缶詰、びん詰およびレトルトパウチ食品に該当するものを除く）	調味した水産物	マグロしょうゆ漬け、アコウダイの粕漬け、アマダイの味噌漬け、モズク酢、シメサバ、ママカリ、酢ダコ、イクラしょうゆ漬け
	食用油脂を加えた魚介類	食用油脂を加えたマグロの剥き身
ゆで、または蒸した魚介類および海藻類（缶詰、びん詰およびレトルトパウチ食品に該当するものを除く）	ゆで、または蒸した水産物	ゆでダコ、ゆでカニ、ゆでシャコ、ゆでホタテ、釜揚げシラス、釜揚げサクラエビ、蒸しダコ、フグ皮の湯引き
表面をあぶった魚介類	あぶった魚介類	カツオのタタキ
フライ種として衣をつけた魚介類（加熱調理したもの、および調理冷凍食品に該当するものを除く）	衣をつけた魚介類	衣をつけ冷蔵状態で販売されるカキフライ用のカキ、衣をつけ冷蔵状態で販売されるムニエル用のシタビラメ
生鮮食品を異種混同したもの（切断せずに詰め合わせたものを除く）	生鮮食品の異種混合	鍋物セット（生鮮食品のみで構成されるもの）

（注）　平成18年10月1日以降に製造される食品に全面適用。
（出所）　みなと新聞「水産加工品生産概要　2007年度版」

図表153−2　水産練り製品およびかまぼこ類の生産量の推移

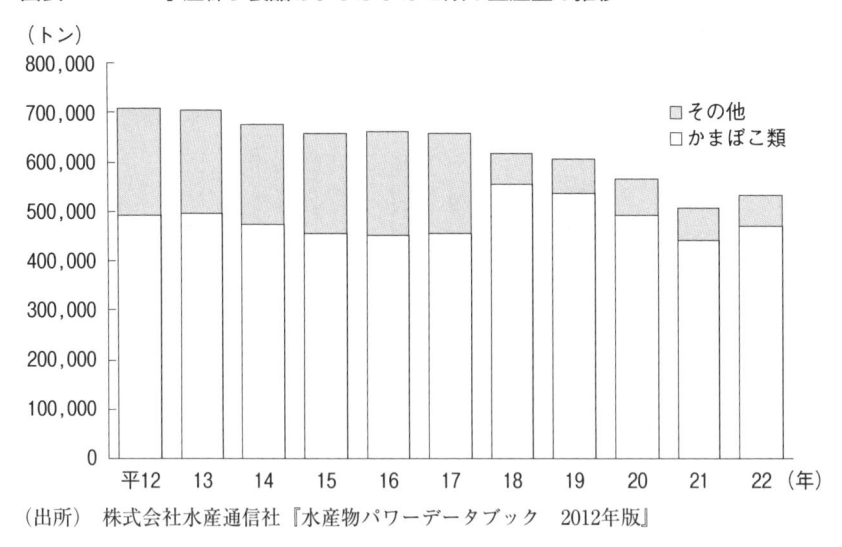

(出所)　株式会社水産通信社『水産物パワーデータブック　2012年版』

に普及し、昭和48年には生産量が約119万トンに達したが、その後は日本人の食生活の変化等による需要減退を背景に、生産量が平成22年時点で約53万トンまで減少している（図表153−2参照）。なお、平成22年の水産練り製品生産量約53万トンのうちかまぼこ類は約47万トンであり、水産練り製品の大半がかまぼこ類となっている。

経済産業省の「工業統計」によれば、平成22年の水産練り製品関連の事業所数は912カ所、出荷金額は約4,216億円であり、出荷額ベースの上位都道府県は、新潟県、宮城県、山口県となっている（図表153−3参照）。

③　担保実務上のポイント

年間を通じた在庫数量の変動が大きい動産であり、冬場の需要期に向け9〜12月に在庫数量がピークとなる傾向がある。毎月の在庫数量が例年と同様の動きになっているか、販売見込みをヒアリングした場合に在庫数量の動きと違和感がないか、といった点を確認する。

大手流通業者向けに販売している場合、HACCP、ISOといった製造に関

図表153-3　水産練り製品製造業の出荷額と事業所数の推移

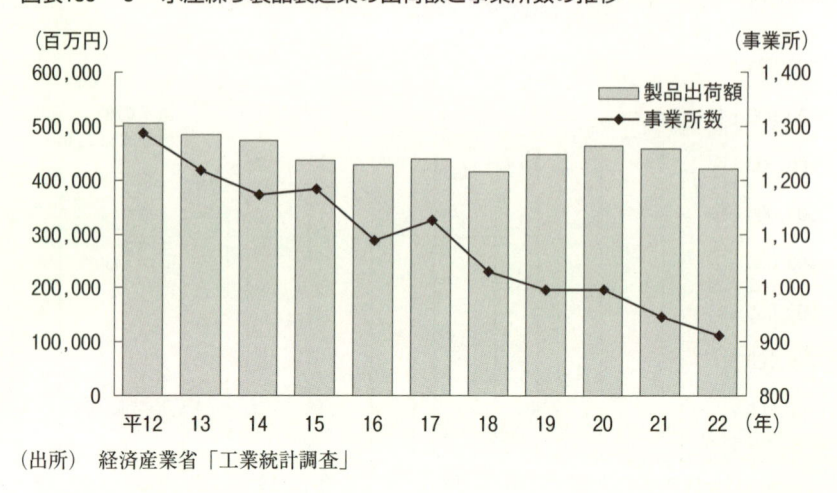

(出所)　経済産業省「工業統計調査」

する認証の取得が取引を継続するうえで重要となる場合があり、取得状況を確認することが有効である。

④　換価処分時のポイント

処分に際しては、原料の仕入時期と仕入ルート、製品の製造年月日、賞味期限に関する資料がそろっていることが必須となる。処分時点で賞味期限を過ぎたもの、もしくは賞味期限が切迫したものなどは処分不可能品となり、廃棄が必要となる。

また、賞味期限内であっても、処分時期が需要期を外れた場合には処分候補先が限定され、処分価格が大幅に下落する可能性がある。

(2)　佃　　煮

①　動産概要

佃煮は、米飯の補助食料品としてつくられた保存性の高い調味加工食品であり、小魚、貝類、昆布など各種の魚介藻類やそれらの乾燥品が原料として用いられる。佃煮の主な産地は兵庫県、広島県、香川県、愛知県、埼玉県であるが、このほかにも全国各地で地元特産品を原料としたものが生産されている。

従来は、常温での保管・流通が一般的であったが、近年は低塩・低糖製品や食感のよい浅炊きした製品に対する人気が高まっており、真空パック・低温流通が必要なものがふえている。

② 業界動向

食生活の多様化、消費者の嗜好の変化により佃煮の国内生産量は長期的に減少傾向を示しており、農林水産省の「水産加工統計調査」によれば、平成23年の生産量は8万7,000トンであり、平成12年の生産量（10万9,000トン）と比較すると約20％減少している。需要減退を背景に、販売価格も長期的に下落傾向が続いており、東京都中央卸売市場の統計によれば、各種佃煮の平成24年の年間平均価格は1kg当り734円と、平成12年の同767円と比較すると約4％低下している。

佃煮業界では、消費者の嗜好変化に対応した低塩・低糖の食品開発や個食ニーズに対応した個包装化、おにぎりの具などを中心とする中食産業向け商品などへの取組みがみられる。

③ 担保実務上のポイント

使用する原料によっては、仕入れが年間の一時期に集中する傾向があり、年間を通じた在庫数量推移が、対象先企業からヒアリングした年間のトレンドや前年と比較して違和感がないかを確認する。また、原料に長期保存が可能な乾燥品や冷凍品を使用している場合、仕入れの安定を図るため過年度の原料を保有している場合がある。原料についても入庫日の情報を得て、滞留状況を確認することが望ましい。

④ 換価処分時のポイント

処分に際しては、原料の仕入時期と仕入ルート、製品の製造年月日、賞味期限に関する資料がそろっていることが必須となる。処分時点で賞味期限を過ぎたもの、もしくは賞味期限が切迫したものなどは処分不可品となり、廃棄が必要となる。

(3) 煮干品・素干品

① 動産概要

煮干品とは魚介類を塩水で煮た後に乾燥させたものであり、カタクチイワシ、マイワシ、キビナゴなどが原料として使用される。素干品とは魚介類を水洗い後に乾燥させたものであり、アミエビ、桜エビ、カタクチイワシなどが原料として使用される。両者とも長期保存を目的とした水産加工食品であり、全国各地の沿岸部で地元の漁獲品を原料として生産されている。

② 業界動向

イワシの煮干品、桜エビの素干品といったそれぞれのジャンルごとの市場規模が小さく、原料調達時の目利き、加工段階における選別作業など人手を介する作業が多いことから、加工・流通とも中堅中小企業が中心となっている。

食文化の変化や漁業資源の減少などを背景として、加工業者は減少傾向にあり、農林水産省の「漁業センサス」（平成20年版）によれば、煮干品の加工業者数は985社、素干品の加工業者は261社となっており、5年前の同調査と比較してそれぞれ約18％、約15％減少している。生産量も同様に減少傾向にあり、農林水産省「水産加工統計」（平成23年版）によれば、煮干品・素干品合計で7万3,000トン（それぞれ5万7,000トン、1万6,000トン）となっており、平成12年の合計12万トンから約39％減少している。

③ 担保実務上のポイント

煮干品・素干品とも、原料となる魚介類の漁獲量に生産量が左右されるうえ、年間を通して常に安定した品質の製品を生産することがむずかしいという特性がある。そのため、煮干品・素干品を取り扱う製造業者、卸売業者とも年度をまたいで在庫を保有するため、在庫がふくらむ傾向がある。長期保存による品質劣化が比較的少ない動産であるが、保管中の在庫管理体制、入庫から長期間経過している在庫品の割合、品目別の販売状況からみた回転期間などを定期的に確認することが望ましい。

④ 換価処分時のポイント

処分に際しては、原料の仕入時期と仕入ルート、製品の製造年月日、賞味期限に関する資料がそろっていることが必須となる。処分時点で賞味期限を

過ぎたもの、もしくは賞味期限が切迫したものなどは処分不可能品となり、廃棄が必要となる。

154 嗜好食品

1 概　　要
(1) 対象となる動産

　嗜好食品は栄養摂取の目的で飲食される食品や飲料とは異なり、主に味や風味といった味覚や臭覚などで楽しむために飲食される食品や飲料のことである。対象となる動産はお茶やコーヒーなどの代表的な嗜好食品のほか、チョコレートなど洋菓子類や煎餅などの和菓子類、葉巻、タバコなどが含まれている。

(2) 商流および市場特性・特徴

　日本では食料品の生産、流通、加工技術の進展に加え、生活習慣やライフスタイルの多様化を背景に食に対する人々の意識も大きく変わっており、食生活の洋風化や多様化が進んでいるほか、便利さや嗜好性も重視されるようになっている。このような環境のなか、嗜好食品に対する需要は堅調に推移しており、食品全体の消費に占める割合が拡大傾向とされる。また、嗜好食品は営業摂取目的以外に食されるものとされるが、近年は栄養機能性を訴える加工品が発売されるようになるなど、新たな需要を開拓する試みも出てきており、市場の活性化を図る動きが加速している。

　代表的な嗜好食品であるお茶やコーヒーは典型的な特産農作物であり、その生産は栽培状況や天候などに強く影響され、価格が変動しやすい特徴をもっている。その他菓子類などの嗜好食品についても、お茶やコーヒーと同様に原材料の多くは農作物であり、作況の変動で取引価格が大きく上下することがしばしばである。また、コーヒーのような国内消費が100％輸入品に頼っているものもあり、作況や天候のほか、国際市場の需給動向や為替相場による影響も大きい。

　嗜好食品はさまざまな種類が存在しているうえ、製造で必要な原材料が輸入品に頼るものも多く占めているため、製造から販売までの流通ルートが複

雑になっており、一概にまとめることは困難である。代表的なお茶とコーヒーでみると、お茶は主にお茶栽培農家→荒茶工場→製茶問屋→消費地の問屋・小売業者→消費者の経路、コーヒーは生産国→輸入商社→卸売業者→メーカー→量販店・小売店・喫茶店などの流通業者→消費者の経路となっている。

(3) **資金需要**

嗜好食品の製造で使われる原材料の多くは農作物となっているため、農作物の収穫時期など季節性を有している。嗜好食品を手がける企業にとっては、一定の時期に原材料を集中的に仕入れる必要性が生じることもあり、これに伴って資金需要が発生しうる。

(4) **そ の 他**

東電福島第一原発事故や牛肉の食中毒事件などの影響から、消費者が食に対して安全・安心を求める志向がよりいっそう強まる傾向にあり、嗜好食品についても同じ状況下に置かれている。食品のトレーサビリティへの関心がますます高まるなか、関連企業がどのようなトレーサビリティ体制を構築しているかも一段と重要視される。担保取得が検討される場合には、当該企業が適切なトレーサビリティ体制を構築していなければ、担保在庫品を流通させることは非常に困難となることも考えられるため、十分留意する必要がある。

(5) **関連情報**

・農林水産省、作物統計
　http://www.maff.go.jp/
・財務省、貿易統計
　http://www.mof.go.jp/
・全国菓子卸商業組合連合会・全日本菓子協会、統計資料
　http://www.eokashi.net/

2　代表的な動産

(1) 茶

① 動産概要

　茶は製造方法の違いにより不発酵茶の緑茶、発酵茶の紅茶、半発酵茶のウーロン茶の三つに大別され、緑茶はさらに蒸し製と釜炒り製に分けられる。日本で栽培されている茶は、潅木で葉が小さくて丸く、寒さに強い中国種がほとんどであり、現在、「やぶきた」と呼ばれる品種をベースに品種改良が進められたものが最も普及しており、全国で栽培される茶樹の9割を占めている。

　日本茶の場合は、茶葉の刈取り後急速に品質が劣化するため、可能な限り新鮮な状態で荒茶加工する必要がある。荒茶加工では、熱処理をすることによって茶葉に含まれる酸化酵素の活性が止められ、また水分もある程度まで低下することから、保存に耐えられる乾物状態となる。この状態のものが「荒茶」と呼ばれる。また、香味のバランスなどを整えるために荒茶をさらに仕上げ加工する必要があり、この仕上げ加工を経たものが「仕上茶」となる。

② 業界動向

　日本国内における緑茶の自給率は9割を超えており、国内で生産される茶のほぼ全量が緑茶の加工用に供されている。農林水産省がまとめた「作物統計」によれば、平成24年の主産県（前年の荒茶生産量のおおむね80％を占めるまでの上位の県）における荒茶生産量は約8万6,000トンであり、前年比約5％増となった（図表176-1参照）。また、荒茶の原材料である生茶の主産県の生産量は、約40万1,000トンとなっている。

　日本茶の取引は、原材料の生葉を取引する「生葉取引」、1次製品の荒茶を取引する「荒茶取引」、2次加工品を売買する「仕上茶取引」に大別され、このうち市場取引が形成され、取引相場などが存在するのは「荒茶取引」のみである。荒茶の生産量は、長期的にみると縮小傾向にあるものの、ここ数年は平均9万トン前後で安定して推移している。

図表154-1　荒茶の生産量の推移

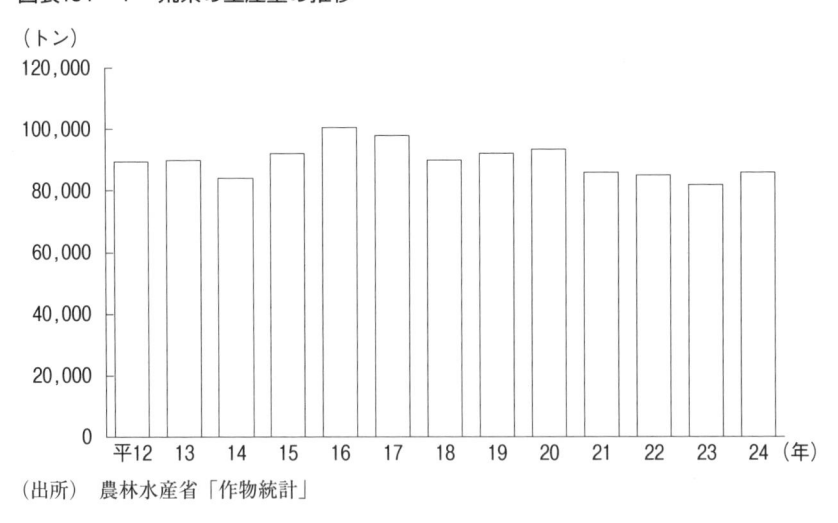

(トン)

(出所)　農林水産省「作物統計」

　総務省統計局の「家計調査」によると、茶類（リーフ茶、紅茶、茶飲料）への1世帯（2人以上の世帯）当り消費支出額は、平成24年は1万2,377円となっており、平成12年比7％減少している。これは、高価格帯のリーフ茶（急須で入れる茶）への需要が減少する一方で、安価な茶原材料で生産される茶飲料に対する人気が高まっていることが影響していると考えられる。

③　担保実務上のポイント

　茶は収穫時期が限定される一方、消費そのものは通年行われるという特徴がある。茶は保存状態がよければ、数年程度は品質を維持できる。しかしながら、処分を想定した場合、収穫後1年超を経過した茶や保管温度などの管理体制が不適切であった茶については、相応の価格ディスカウントが求められることも考えられる。このため、担保取得の際は在庫期間を確認できるデータの入手が必要である。また、食品であるため、トレーサビリティの要求水準が高いことから、トレーサビリティに関する証明の保管状況なども確認する必要がある。

④　換価処分時のポイント

茶は保存するために加工された荒茶から出荷するための仕上茶まで加工度合いによって状態が異なっている。通常は加工度合いの低い荒茶の汎用性が高い半面、ユーザーが求める品質にあわせて加工された仕上茶の汎用性が低下するとされる。換価処分時には、在庫品に仕上茶が高い比率で含まれる場合、大幅な価格ディスカウントを要求される可能性がある。

(2) コーヒー

① 動産概要

コーヒー生豆は、主に赤道から北緯・南緯25度までを範囲としたコーヒーベルトと呼ばれる地域で生産されており、生産国としては、ブラジル、コロンビア、ジャマイカなどが有名である。コーヒー生豆は、アラビカ種とロブスタ種に大きく分類されるが、そのうち、レギュラーコーヒーの原料となるのがアラビカ種のコーヒー生豆であり、世界全体の生産量の約70〜80％を占めている。アラビカ種のコーヒー生豆は、風味が優れる半面、天候の変化や病虫害に弱いといった特徴がある。一方、ロブスタ種のコーヒー生豆は、風味がアラビカ種よりも劣るため、主に缶コーヒーやインスタントコーヒーに使われており、世界全体の生産量に占める割合は約20〜30％にとどまっている。

日本国内で流通しているコーヒー生豆の全量が輸入品であることから、供給面や価格面については、原産国の天候状態だけでなく、当該原産国の輸出政策、為替の変動状況などの影響を強く受けるといった特徴がある。

② 業界動向

日本国内で流通するコーヒー生豆の全量が輸入品であり、通常は、輸入商社などを通じて国内に輸入され、各飲料メーカーやコーヒー生豆取扱業者などに供給される。財務省の「貿易統計」によれば、平成23年のコーヒー生豆の輸入量は約41万6,000トンと、前年比約1％増加した。コーヒー生豆の輸入量は平成18年の過去最高である約42万トンを記録してから、やや減少しており、ここ数年は40万トン前後で推移している（図表154－2参照）。

一般社団法人全日本コーヒー協会の資料によれば、コーヒー生豆の輸入国

図表154-2 コーヒー生豆の輸入量の推移

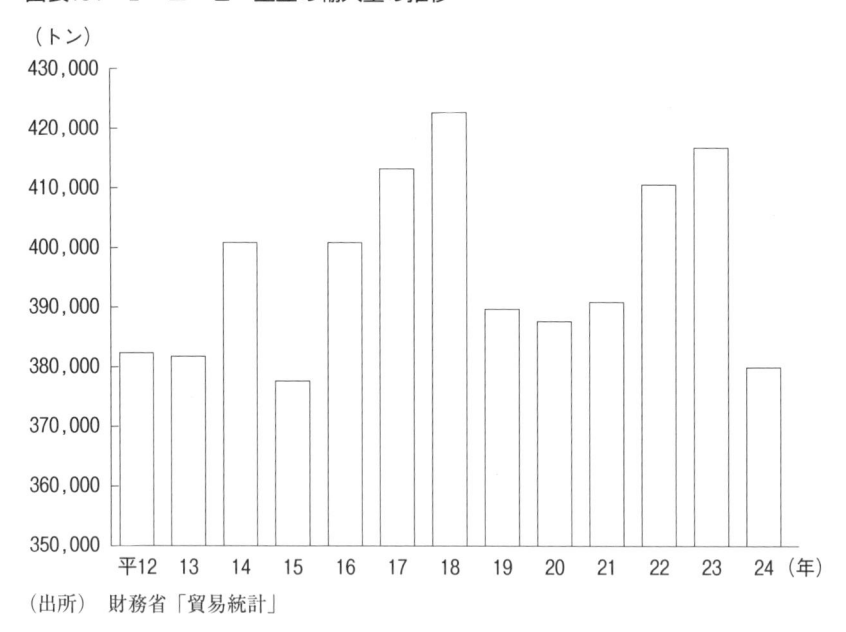

(トン)

(出所) 財務省「貿易統計」

のうち、日本の消費量は米国、ドイツに次いで世界第3位の規模となっている。近年、中国、ブラジル、インドなどの新興国における需要の増加が顕著となっており、コーヒー生豆の種類によっては買付競争が激化するなど、世界的な需給バランスが変化しつつある。

③ 担保実務上のポイント

コーヒー生豆の種類はアラビカ種とロブスタ種に大別されるが、産出国や地域によって品質などが異なり、人気や需要なども相応に変化している。在庫品のうち、日本国内ではあまり流通していない種類のものが含まれている場合、一般的な種類のコーヒー生豆よりも、売残りなどが発生するリスクが大きいため、担保取得時には在庫品におけるコーヒー生豆の産出国や種類などを把握できるデータの入手が望ましい。

④ 換価処分時のポイント

上述のとおり、コーヒー生豆は産出国や地域などによって多種多様であ

り、日本国内ではあまり流通しない種類であれば、換価処分時に相応の価格ディスカウントを求められる可能性がある。また、コーヒー生豆はすべて輸入に頼っており、トレーサビリティが困難な場合には、さらに大幅な価格ディスカウントが必要となる可能性がある。

155　酒類・飲料

1　概　要

(1)　対象となる動産

　酒類とは日本酒、ワイン、焼酎（含む泡盛）、ビール、ウイスキーなど日本の酒税法でアルコール分を1％以上含む飲料と定義され、酒税の課税対象となっているものを指す。その他の飲料はソフトドリンクと呼ばれ、アルコールを含まない飲料すべてを意味しており、清涼飲料水や乳飲料がある。

(2)　商流および市場特性・特徴

　主に酒類は図表155－1のとおり、4種類に分類される。近年、清酒や合成清酒の製造免許場数が減少の一途をたどっており、国税庁の「酒のしおり」（平成25年3月版）によると、昭和45年には約3,500場あったが、平成19年に2,000場を下回り、平成23年には1,863場にまで減少している。清酒製造業者の経営規模をみると、「資本金3億円以下・従業員300人以下」の中小事業者が全体の90％を占めており、その80％以上は年間生産量が200キロリットル以下と小規模企業が形成する業界構造となっている。

(3)　資金需要

　日本酒、焼酎、ワインとも原材料となる米、芋、麦、ブドウ等の収穫期に大きな仕入資金需要が発生する。日本酒であれば米のとれる秋となる。また、酒類は、長期貯蔵酒等は製造に要する資金を回収するのに3年かかるといわれており、高価付加価値商品であるブランド銘酒、上等な高級ワインなどは、一定の品揃えも必要であることから、在庫資金の安定的な資金調達枠を確保したいというニーズがある。

(4)　そ の 他

　酒類製造業者は、酒税法により厳格な在庫管理が義務づけられているため、在庫データには、一定の信頼性がある。保管環境や在庫品の数量管理は他業種と比較しても高い水準にある。

図表155－1　酒税法における酒類の分類および定義

種類	内訳（酒税法3条3号～6号）
発泡性酒類	ビール、発泡酒、その他の発泡性酒類（ビールおよび発泡酒以外の酒類のうちアルコール分が10度未満で発泡性を有するもの）
醸造酒類(注)	清酒、果実酒、その他の醸造酒
蒸留酒類(注)	連続式蒸留焼酎、単式蒸留焼酎、ウイスキー、ブランデー、原料用アルコール、スピリッツ
混成酒類(注)	合成清酒、みりん、甘味果実酒、リキュール、粉末酒、雑酒

〈酒類〉飲料（酒税法2条）アルコール分1度以上のもの

品目	定義の概要（酒税法）
清酒	＊米、米こうじ、水を原料として発酵させてこしたもの（アルコール分が22度未満のもの） ＊米、米こうじ、水および清酒かすその他政令で定める物品を原料として発酵させてこしたもの（アルコール分が22度未満のもの）
合成清酒	＊アルコール、焼酎または清酒とぶどう糖その他政令で定める物品を原料として製造した酒類で清酒に類似するもの（アルコール分が16度未満でエキス分が5度以上等のもの）

（注）　その他の発泡性酒類に該当するものは除かれる。
（出所）　国税庁

(5) 関連情報

・国税庁、酒税

　http://www.nta.go.jp/

・日本酒造組合中央会

　http://www.japansake.or.jp/

・日本蒸留酒酒造組合

　http://www.shochu.or.jp/

・日本ワイナリー協会

　http://www.winery.or.jp/

・日本洋酒輸入協会

　http://www.youshu-yunyu.org/

2 代表的な動産

(1) 日 本 酒

① 動産概要

日本酒は、酒税法上では清酒と合成清酒に区分される（図表155－1参照）。清酒はさらに吟醸酒、純米酒、本醸造酒といった特定名称酒に分類される（図表155－2参照）。これらの名称を商品に表示するには、清酒の製法品質表示基準で定められている製法の条件（使用原料、精米歩合、こうじ米の使用割合、香味等の要件）に従って製造する必要がある。

清酒醸造で使われる玄米は、こうじ米用（こうじづくりに使う原料米）と掛け米用（もろみを仕込む時に加える米）の2種類があり、普通酒（特定名称酒以外の清酒）の場合は、こうじ米、掛け米ともに廉価の一般米でつくられることがほとんどである。また、特定名称酒の場合は、こうじ米は特有の品質が求められるため、通常の食用米や一般米とは区別され、農林水産省の農産物規格規程において「醸造用玄米」（酒造好適米ともいう）と呼ばれているものが使われている。

醸造用玄米は、大粒で米の中心部に心白があり、たんぱく質、灰分、脂肪分の含有量が少ないといった特徴があり、こうじ菌が繁殖しやすく、もろみによく溶け、アルコールの発酵が順調に進みやすい利点がある。しかしながら、病虫害に弱いなど栽培に難点が多いことから、価格は一般米より高く、一般米価格の1.5倍以上で取引されることが多い。

一方、一般米は、農産物規格の「水稲うるち玄米」に分類される品種であり、醸造適性は低いものの、一般的に価格が安く、普通酒のように、低コストかつ大量醸造する場合の原料米として多く使われている。

② 業界動向

国内における清酒への消費は、嗜好の変化や健康志向・節約志向に伴う飲酒量の減少などの影響を受け、1990年代半ば以降減少に転じている。これは、発泡酒や第3のビールなど、他のアルコール飲料との競合が激しくなっている影響が考えられる。

図表155-2　清酒の特定名称の分類

特定名称	使用原料	精米歩合	こうじ米の使用割合	香味等の要件
吟醸酒（ぎんじょうしゅ）	米、米こうじ、醸造アルコール	60％以下	15％以上	吟醸づくり、固有の香味、色沢が良好
大吟醸酒（だいぎんじょうしゅ）	米、米こうじ、醸造アルコール	50％以下	15％以上	吟醸づくり、固有の香味、色沢が特に良好
純米酒（じゅんまいしゅ）	米、米こうじ	―	15％以上	香味、色沢が良好
純米吟醸酒（じゅんまいぎんじょうしゅ）	米、米こうじ	60％以下	15％以上	吟醸づくり、固有の香味、色沢が良好
純米大吟醸酒（じゅんまいだいぎんじょうしゅ）	米、米こうじ	50％以下	15％以上	吟醸づくり、固有の香味、色沢が特に良好
特別純米酒（とくべつじゅんまいしゅ）	米、米こうじ	60％以下または特別な製造方法（要説明表示）	15％以上	香味、色沢が特に良好
本醸造酒（ほんじょうぞうしゅ）	米、米こうじ、醸造アルコール	70％以下	15％以上	香味、色沢が良好
特別本醸造酒（とくべつほんじょうぞうしゅ）	米、米こうじ、醸造アルコール	60％以下または特別な製造方法（要説明表示）	15％以上	香味、色沢が特に良好

（出所）　国税庁

　一方、海外における清酒の需要は増加しており、北米やアジアを中心に拡大している。

③　担保実務上のポイント

原料である米の相場が担保評価額に影響するため、その動向に注視する必要がある。

また、保管環境（酒蔵の温度・空調管理面、衛生管理面）の良否がポイントとなる。

日本酒は3年以上の熟成酒や10年以上の古酒があるように、賞味期限はないが、酒造会社によれば、一般的には1年程度の間に消費するのが妥当といわれている。このため、対象動産の適正な保存期間等については個別に酒造会社に確認することが望ましい。

④ 換価処分時のポイント

賞味期限まで相応の期限を有しているものであれば基本的に換価処分はしやすい。

また、日本酒は業務用、家庭用の酒類としても広く普及しており、一定の流通規模があるので、売却候補先も一般個人顧客（処分セールや催事の実施を想定）、酒類問屋等の同業者まで幅広い先が想定できる。

ただし、清酒は、一定の熟成期間が必要であるため、熟成期間中に換価処分に至った場合、状態によっては大幅にディスカウントされる可能性がある。

また、原酒については、売却候補先が同業酒造会社に限定される点に留意が必要である。

タンク内の原酒の移送は業界内でも頻繁に行われている（いわゆる「桶売り」）。一方、処分目的で移送する場合は、酒税法上の手続が必要となるため、管轄税務署への確認などが必要である。

(2) 焼　　酎

① 動産概要

焼酎とは、一般的には、でん粉質原料（芋、麦、米など）あるいは糖質原料を発酵させ、単式あるいは連続式蒸留機で蒸留した酒をいうが、酒税法ではアルコール含有物を蒸留した酒類のうち、発芽した穀類を使用していない、白樺の炭などで濾過していない、蒸留時に別途定められている物品以外

を添加しない、アルコール度数が連続式で36度未満、単式で45度以下を下回る、といった条件を満たす酒類をいう。

　焼酎は、製法の違いにより、従来は焼酎甲類焼酎乙類に分類されていたが、平成18年の酒税法改正により、焼酎甲類を連続式蒸留焼酎またはホワイトリカーに、焼酎乙類を単式蒸留焼酎または本格焼酎と称することになった。

　沖縄県で主に生産される泡盛については(3)で一般的な焼酎と分けて説明する。

② 業界動向

　前述の清酒の製成数量が減少傾向であるのに対し、焼酎の製成量は比較的堅調に推移している。特に、単式蒸留焼酎については平成15年頃の焼酎ブームにより製成量が増加し、平成16年以降は清酒を上回っている。ただし、平成18年頃より焼酎ブーム自体は沈静化している。

③ 担保実務上のポイント

　原料である米、芋、麦等の相場が担保評価額に影響するため、その動向に注視する必要がある。また、保管環境（酒蔵の温度・空調管理面、衛生管理面）の確認が不可欠である。

④ 換価処分時のポイント

　焼酎は業務用、家庭用の酒類として広く普及しているので、売却候補先も一般個人顧客（処分セールや催事の実施を想定）、酒類問屋等の同業者まで幅広い先が想定できる。焼酎の原酒も桶売りにより同業者への売却が可能である。

　使用されている原材料が米、麦、芋、蕎麦と多岐であること、熟成度合いや事業者の知名度などにより、価格が変動する可能性がある。

(3) 泡　　盛

① 動産概要

　沖縄県の特産品である泡盛は、黒こうじ菌を使用した米こうじと水を原料として発酵させた1次もろみを単式蒸留機により蒸留したもので、酒税法

上、本格焼酎と同じ単式蒸留焼酎（かつての焼酎乙類）に分類される。

② 業界動向

　泡盛製造業者の稼働免許場数（試験場および休場を除く）は46場となっている。エリア的にも沖縄県内全域にまんべんなく分布し「村の地酒」として定着しており、平成25年における泡盛の免許場数（46場）は南九州4県（熊本、大分、宮崎、鹿児島）と比較すると、鹿児島（106社）に次いで2番目に多くなっている。

　泡盛の流通形態は図表155－3のとおりである。泡盛は沖縄県内において、ⓐ嗜好や価格面で他の酒類に比べて優位性があること、ⓑ安定的な市場が形成されていることから県内販売シェアは約30％と高いものの、県内は市場が小さく、すでに飽和状態（消費の頭打ち）であることから、県外への販路拡大が課題となっている。

　中堅・中小製造業者においては、さまざまな経営戦略により県外市場へ向けた取組みを積極的に展開している。具体的には、営業所を開設し大手問屋

図表155－3　泡盛の流通形態

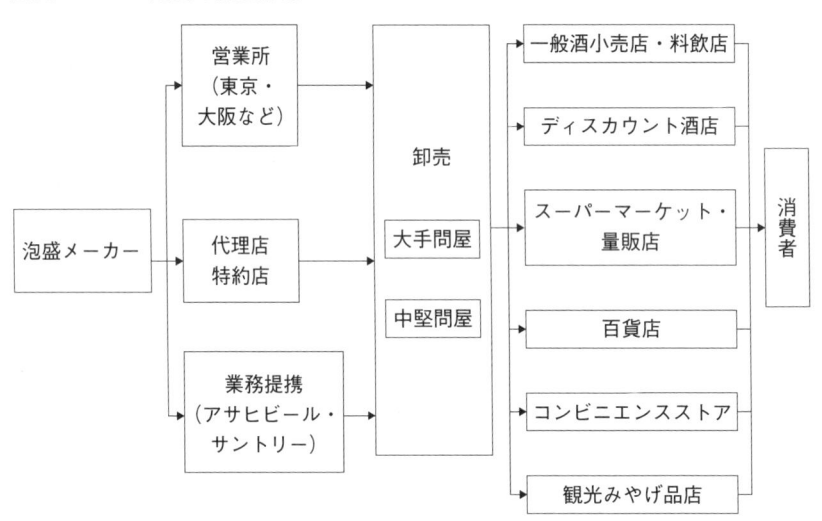

```
                    ┌─営業所────────┐
                    │（東京・         │
                    │ 大阪など）      │      ┌─一般酒小売店・料飲店─┐
                    │                │      │                      │
                    │                │      ├─ディスカウント酒店───┤
┌─────────┐        ├─代理店──────→卸売  │                      │ ┌───┐
│泡盛メーカー│───→  │特約店          │大手問屋├─スーパーマーケット・│→│消 │
└─────────┘        │                │      │　量販店             │ │費 │
                    │                │中堅問屋├─百貨店──────────┤ │者 │
                    │                │      │                      │ └───┘
                    │─業務提携──────┤      ├─コンビニエンスストア─┤
                    │（アサヒビール・│      │                      │
                    │サントリー）    │      └─観光みやげ品店───────┘
                    └────────────────┘
```

（出所）　沖縄振興開発金融公庫「公庫レポート　泡盛業界の現状と課題」

等を通して販路を拡大したり、代理店や特約店のネットワークを利用した販促活動、コンビニエンスストア・大手居酒屋チェーン向けの商品開発を行い、新規取引を自ら開拓したり、さらに大手酒類メーカーと業務提携し、技術的なノウハウも得ながら商品を共同開発するなどの取組みを行っている。

　県内市場においては、泡盛製造業者各社が競い合って市場を活性化させてきているが、今後、県外市場でのシェア向上のためには、泡盛ブランドイメージの確立に向けた共同マーケティング事業や流通コストの削減策等、泡盛業界の協調・連携体制による戦略的な取組みが必要である。

　泡盛業界の課題は、ⓐ沖縄県内の狭小市場への依存による高コスト構造、ⓑ各々の泡盛製造業者において、生産から貯蔵、びん詰設備のフル装備のため、本格焼酎製造業者に比べて資産効率が劣位していること、ⓒ本土市場における商品差別化戦略としての古酒化の取組みの遅れである。

　これらの課題をふまえ、泡盛製造業者の対応策としては、ⓐ県内市場における泡盛製造業者個々の市場差別化策の確立、ⓑ業界全体としての県外市場共同開拓による県内市場依存構造からの脱却、ⓒ離島メーカーの横持ち費用軽減やリサイクルびん再利用促進のための共同事業の推進、ⓓ設備負担減、資産効率向上策としての古酒貯蔵および産業廃棄物処理共同事業の推進、ⓔ古酒化支援策としての泡盛在庫品の集合動産譲渡担保の利用等があげられる。

③　担保実務上のポイント（泡盛古酒のケース）

　泡盛は、長期熟成することによって、酷や独特の香気が出て豊かな味わいのある古酒（クース）となる。業界では、平成16年6月から「泡盛の品質表示に関する自主基準」をスタートさせ、ⓐ「古酒」と表示する場合、ⓑ「古酒」に「年数」を表示する場合、ⓒ「混和酒」または「ブレンド酒」の表示について、ⓓ詰口年月日の表示についての4点を定め、古酒化することで付加価値の増す泡盛の特徴をアピールする重要な取組みと位置づけている。

　泡盛製造業者が古酒化を進める場合、多額の長期固定的な在庫資金を必要とするが、会社や代表者等の保有する土地や建物に（根）不動産抵当を設定

し、あるいはこれらに（根）工場抵当の設定や（根）譲渡担保の契約により、設備資金や運転資金を調達してきている（図表155－４参照）。これらは不動産から機械（特定動産）までの資産価値を担保とするものであるが、泡盛製造業者にとって重要な資産である泡盛在庫品は、担保価値の把握や管理および処分方法の困難性から担保として不適当なものとして取り扱われてきた。

沖縄振興開発金融公庫（以下、「沖縄公庫」という）では、平成18年10月に発行した泡盛業界の調査レポートにおいて、年間生産数量（30度換算）1,200キロリットルの中堅メーカーにおいて年間生産量の80％を新酒販売、20％を古酒貯蔵した場合、古酒化（貯蔵）するため10年間で６億8,000万円程度の在庫資金を要すと試算している。古酒化を進めるにあたって、固定資産担保余力に乏しい小規模事業者が大宗を占める泡盛業界において、泡盛在

図表155－４　泡盛メーカーの資産と担保取得方法

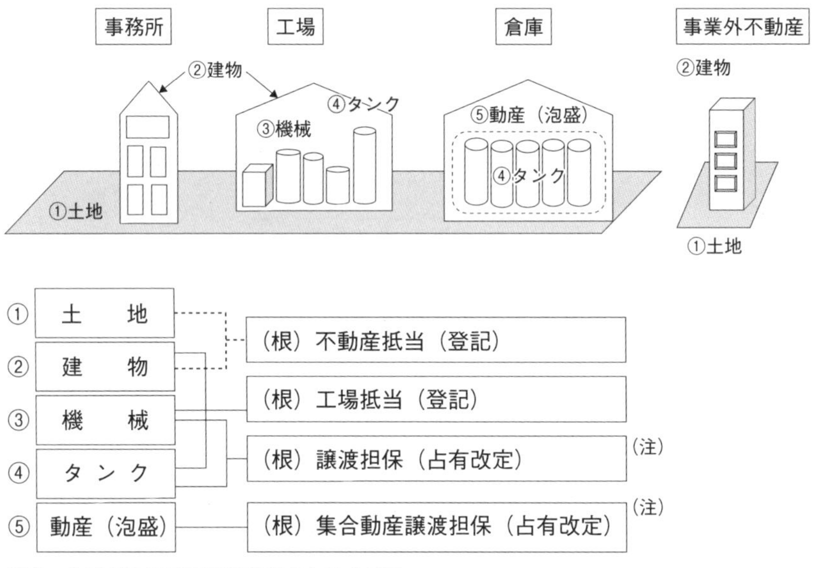

事務所
工場
倉庫
事業外不動産
②建物
④タンク
③機械
⑤動産（泡盛）
④タンク
①土地
②建物
①土地
①　土　地
②　建　物
③　機　械
④　タ　ン　ク
⑤　動産（泡盛）
（根）不動産抵当（登記）
（根）工場抵当（登記）
（根）譲渡担保（占有改定）
（注）
（根）集合動産譲渡担保（占有改定）
（注）

（注）　公示方法は動産譲渡担保または公示札。
（出所）　沖縄振興開発金融公庫「公庫レポート　泡盛業界の現状と課題」

庫品を担保としての資金調達が喫緊の課題となった。

　泡盛在庫品がABLの目的物として有している特徴は、ⓐ衣料品や食品等の一般商品に比べて長期間保有される（古酒化）ことにより、むしろ資産価値が向上すること、ⓑ泡盛製造業者は、所轄税務署（酒税係）へ生産数量、販売数量、在庫数量等のデータを報告することが義務づけられていることから、金融機関への在庫報告等、泡盛在庫品の管理が比較的容易にできること、があげられる。

　泡盛在庫品は管理保全に適したABL物件であるとの認識のもと、沖縄公庫では沖縄県酒造協同組合との間で「泡盛譲渡担保の取り扱いに関する協定書」を締結（平成19年6月）し、図表155－5のとおりABLスキームを確立させている。

　担保対象物件は、酒造会社の仕掛品（タンク貯蔵されている泡盛在庫品）に対して譲渡担保を設定する。担保物件の価値評価については、税務申告の際

図表155－5　泡盛のABLスキーム図

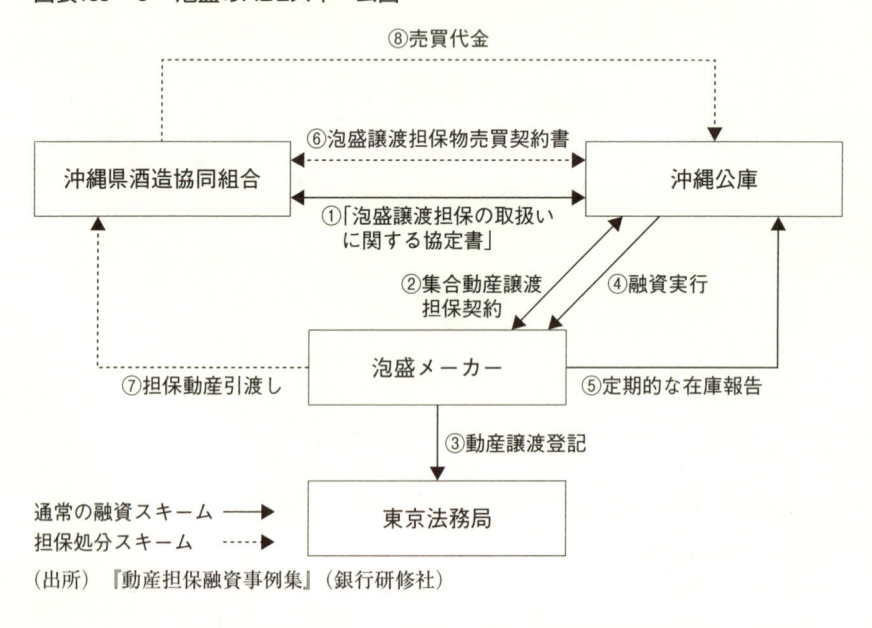

（出所）『動産担保融資事例集』（銀行研修社）

に把握できる新酒の簿価評価を参考としており、古酒化による付加価値の増幅も、市場実勢を勘案し適切に評価することとしている。

在庫数量のモニタリング（毎月末の数量報告）は、泡盛製造業者が国税事務所に対して定期的に行う酒類の製成および移入・移出量の申告に準じて行うため、担保物件（泡盛在庫）の確認は比較的容易に行うことができる。

④ 換価処分時のポイント

各泡盛製造業者や沖縄県酒造協同組合の協力を得ることにより、業界の秩序を乱すことなく泡盛在庫品（担保）の換価処分が行える。

なお、担保物件の評価と処分について沖縄公庫が独自に行うことによって、諸手数料が発生せず、利用者負担の軽減も結果的に図られており、平成24年度末までの融資実績（累計）は、8社16億5,000万円となっている。

(4) ワイン

① 動産概要

日本の酒税法上では果実酒として分類されている。ワインは、色によって赤、白、ロゼに分類されるほか、醸造方法によっても以下4つに分類される。最も一般的な非発泡性のスティル・ワイン、発泡性のスパークリングワイン、発酵過程でブランデーなどの強い酒を加え、アルコール度数を15～20度に高めた酒精強化ワイン（通常のワインは14度程度）、スティル・ワインに薬草や香辛料などを加える混成ワイン、である。またワインは、新酒（ヌーボー）を除くと、通常は一定期間熟成させた後が飲み頃とされており、高級ワインを除く一般的な熟成期間は1年～数年程度とされている。

② 業界動向

ワインは酒類のなかでも嗜好性が高く、価格帯も数百円の普及品から超高額品まで幅広いといった特徴があり、その動向は国内景気等の影響を受けることが多い。

③ 担保実務上のポイント

ワイン業者（卸売）は多品目を取り扱うケースが多いため、保有している主要な在庫の価格帯の確認が必要となる。また、輸入ワインの場合は原産

地、生産年、輸入時期等のデータ整備の状況確認が不可欠である。
　ワインは10年以上のビンテージものもあり、長期滞留品が発生している可能性があるので、在庫品の保管環境（温度・湿度等の空調管理面や衛生管理面）など長期間の保管方法を確認しておくことも重要である。
④　換価処分時のポイント
　ワインは業務用、家庭用の酒類として広く普及しており、一定の流通規模がある。
　売却候補先も一般個人顧客（処分セールや催事の実施を想定）、酒類問屋等の同業者まで幅広い先が想定できる。なお、賞味期限まで相応の期限を有しているものが処分しやすい。

第4節　鉄鋼・非鉄金属

156　鉄鋼製品

1　概　　要
(1)　**対象となる動産**
　鉄鋼製品にはH形鋼や鋼管といった鋼材、用途を考慮してニッケルやクロムなどを添加したステンレス鋼、工具鋼、ばね鋼などの特殊鋼鋼材、一次製品（鋼材）を成形加工した鉄鋼二次製品などがある。

(2)　**商流および市場特性・特徴**
　鉄鋼製品は用途に応じ、種類、形状、サイズが多岐にわたり、需要分野が広いため、製造業全体にかかわり、市場規模も大きい。流通面では、鋼材を顧客が希望する適当な長さや幅に切断するシャーリングやスリットなどの加工を行う専門事業者がいるほか、総合商社や専門商社などから直接、商品を仕入れる一次問屋と、一次問屋から鋼材を仕入れて需要者に販売する二次問屋がいる。
　鉄鋼製品は製造業全般に深くかかわっており、その需給は建設、自動車や電機機器などの動向や原料である鉄、鉄スクラップその他の金属の相場動向の影響を強く受ける。

(3)　**資金需要**
　一次問屋や二次問屋は、標準的な規格の汎用品だけでなく特定の取引先向けの製品について、過去の販売実績や需要動向に応じて、欠品防止の観点からある程度余裕をもって在庫を保有することが多い。また、発注時にメーカー側から一定量以上の発注を求められることもあるため、一定の在庫資金負担が発生する。また、鉄（スクラップ）やその他の金属相場の上昇局面では前倒しの調達に伴う資金負担も発生することがある。

(4) その他

鉄鋼製品の一部にはレアメタルをはじめとする特殊な金属を使用することもあるため、当該金属が輸入に頼らざるをえない場合は、生産国の生産動向や政策動向などによってその供給が不安定になり、価格も短期間で急激に変動することがある。日本国内では調達ルートの多様化や代替技術の開発などで対応策が講じられているものの、そうした価格変動を販売先に転嫁できないこともあるため、企業経営に影響を与えることがある。

(5) 関連情報

・一般社団法人日本鉄鋼連盟
http://www.jisf.or.jp/
・一般社団法人日本特殊鋼倶楽部
http://www.tokushuko.or.jp/

2 代表的な動産

(1) H形鋼

① 動産概要

H形鋼は断面がH型の鋼材であり、各種建築物に使われている代表的な鉄鋼製品である。

② 業界動向

H形鋼については、鉄鋼新聞がまとめた平成25年11月現在の東京地区の市中価格（5.5×8×200×100mm規格、高値と安値の中間値、1トン当り）は7万9,500円（前年同月比18％の上昇）となっている。東日本大震災後の復興需要に加え、政府による公共投資の拡大や、消費税増税を前にマンションなど住宅への駆込み需要増加などがプラス材料となり、H形鋼や原料である鉄スクラップの価格を押し上げている（図表156－1参照）。

鋼材の原料である鉄スクラップの価格については、欧州の金融不安を背景とする世界経済の先行き不透明感や東日本大震災後の国内景気の低迷等の影響を受けて、平成23年前半から軟調な動きが続いている。しかしながら、平

図表156-1　H形鋼、鉄スクラップの価格の推移

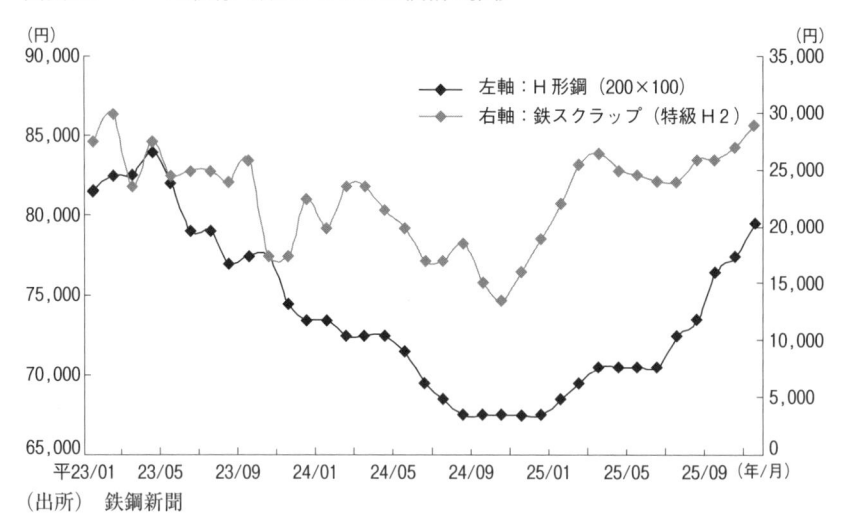

(出所)　鉄鋼新聞

成24年後半に入って、米国の鉄スクラップ価格が上昇するとともに、日本の鉄スクラップに割安感があり、輸出が増加していることから、価格が上昇に転じる兆しも出てきている。

　鉄鋼新聞のまとめによれば、平成25年11月現在の鉄スクラップ（H2、1トン当り）の価格は2万9,000円（前年同月比81％の上昇）となっている。
③　担保実務上のポイント

　H形鋼には、日本工業規格（JIS規格）に準拠する標準品などの量産品以外に、ユーザーの注文に基づき受注生産される特注品もあるが、両者間で汎用性は大きく異なる。同一メーカーでも量産品と特注品を同時に製造する可能性があり、在庫のうち汎用性の低い特注品が多く含まれるケースも考えられる。よって、担保取得時だけでなく、取得後も標準品、特注品の割合の変動等に注意していく必要がある。
④　換価処分時のポイント

　H形鋼の標準品は一定の汎用性があるため、通常の流通ルートでの換価処分が可能である。しかし、特注品については基本的に発注したユーザーしか

使用できないため、換価処分時に製品として販売する先も当該ユーザーに限定される可能性が高い。

(2) 鋼　　管

① 動産概要

鋼管は管形の鉄鋼製品であり、製造方法（鍛接鋼管、電縫鋼管、シームレス鋼管等）や用途（配管用鋼管、構造用鋼管、熱交換用鋼管等）によりさまざまな種類の製品がある。

② 業界動向

鋼管の規格やサイズには多くの種類があるため、すべての種類の鋼管を在庫として単独の企業が保有するのはむずかしい。したがって、一般的には取引（販売）先のニーズにあわせて在庫を保有するケースが多い。ただし、鋼管メーカーからは一定数量の発注を求められることも多いため、在庫資金の負担が発生するケースが多い。

③ 担保実務上のポイント

鋼管には、日本工業規格（JIS規格）に準拠する標準品などの量産品以外に、ユーザーの注文に基づき受注生産される特注品もあるが、両者間で汎用性は大きく異なる。同一メーカーでも量産品と特注品の双方を製造することもあり、在庫に汎用性の低い特注品が多く含まれるケースも考えられる。よって、担保取得時だけでなく、取得後も標準品、特注品の割合の変動等に注意していく必要がある。

④ 換価処分時のポイント

鋼管の標準品は一定の汎用性があるため、通常の流通ルートでの換価処分が可能である。しかし、特注品については基本的に発注したユーザーしか使用できないため、換価処分時に製品として販売する先も当該製品のその他のユーザーに限定される可能性が高い。

(3) ステンレス鋼

① 動産概要

ステンレス鋼は、鉄にクロム（Cr）やニッケル（Ni）を添加することで、

耐食性、耐熱性、耐久性などを高めた合金鋼であり、日本工業規格（JIS）では、主に「SUS」の略号がつけられることから、「サス（鋼）」とも呼ばれている。現在、JIS規格に規定されているステンレス鋼は約70種類あり、JIS規格品以外にも各鉄鋼メーカーの独自鋼種が数多くある。

日本工業規格（JIS規格）では、基本成分および金属組織の違いから、複数のステンレス鋼系統があるが、そのなかでも「オーステナイト系」と呼ばれるものが、加工性や耐食性などの性質が優れているために広く使われている（生産量全体の約60％を占める）。なお、「オーステナイト系」のなかでも、18％クロム、8％ニッケルを含有する18-8ステンレス鋼＝JIS規格SUS304が代表的な規格である。

② 業界動向

ステンレス鋼をはじめとする特殊鋼とは、普通鋼（鉄と炭素の合金のうち、熱処理をしないもの）にニッケルやクロムなど特殊な元素を添加したり、成分を調整したりしたもので、耐熱性、耐食性に優れ、普通鋼では耐えられない厳しい環境下で使用される。その需要分野は機械工業から重化学工業まで多岐にわたる。

その主な種類は用途や特徴によって、①高速加工用、金型用の工具鋼、②多用途向けにポピュラーな鋼種である構造用鋼、③高い弾性値、疲労強度に対応するばね鋼、④長時間の耐負荷、耐高速回転できる軸受鋼、⑤酷使分野で需要が拡大している耐熱鋼、⑥削りやすく、かつ高強度の快削鋼、⑦錆と闘う代表的鋼種であるステンレス鋼に大きく区分される。

なお、日本国内で使用される特殊鋼はほぼすべて国内で生産されており、輸入品は国内生産量の1％程度にとどまっている。一方、輸出は盛んであり、その割合は国内生産量の30％前後に達している。

特殊鋼の販売方法は、ひも付き販売と店売り販売に大別され、ひも付き販売（問屋機能をもった加工業者が、顧客と長期契約を直接締結する取引方法であり、当該加工業者は、契約内容に応じて、切断等の加工、保管、在庫管理業務等も行っている）が取引全体の約9割を占めている。なお、店売り販売は、在

庫販売、仲間取引、在庫加工販売の総称であり、製造業者が納入先の指定なしに流通業者（商社や問屋等）に販売するものである（上記以外の市場参入業者として、コイルセンターやシャー業者（切断加工業者）もおり、必要な形状の鋼材を即納入できる市場体制が構築されている）。

　経済産業省の「鉄鋼・非鉄金属・金属製品統計」および一般社団法人日本鉄鋼連盟のまとめによれば、平成24年の国内の特殊鋼生産量（熱間圧延鋼材・冷間仕上鋼材）は約2,284万トン、同輸出量は約650万トン、同輸入量は約54万トンであり、国内の総供給量は約1,688万トンとなっている（国内の特殊鋼生産量については、リーマンショック前の平成20年（2,478万トン）の約9割の水準まで回復している）。

③　担保実務上のポイント

　ステンレス鋼は、用途や仕様がユーザーの注文に基づき受注生産される特注品が中心であり、汎用性の低い特注品が多く含まれるケースも考えられる。よって、担保取得時だけでなく、取得後も標準品、特注品の割合の変動等に注意していく必要がある。

④　換価処分時のポイント

　ステンレス鋼は販売先が特定しているケースが多く、基本的に発注したユーザーもしくは恒常的に発注を行っていた顧客しか使用できないため、換価処分時に製品として販売する先も当該製品のその他のユーザーに限定される可能性が高い。

157　非鉄金属製品

1　概　要
(1)　対象となる動産
　非鉄金属とは、鉄以外の金属を主原料とした金属の総称であり、アルミニウム、銅、亜鉛などが代表的な非鉄金属である。非鉄金属は、溶解し他の金属と混合することで、強度や重量、耐熱性などさまざまな特質をもつ合金となり、用途を拡大することができる。合金種類は、原料組成により分類され、日本工業規格（JIS）により規格として定められている。

(2)　商流および市場特性・特徴
　非鉄金属製品は、ほぼ全量が原材料もしくは半製品として製造業者へ供給され、直接消費者に販売されることが少ない。主な需要者は自動車関連、住宅関連、電機設備関連の比較的規模が大きい製造業者であり、卸売業者を介在させず製造業者間での直接取引が中心となっている。

　製造業の階層としては、原材料である合金の製造業者、半製品である圧延品、鋳物の製造業者に大別できる。非鉄金属は鉄と比較して融点が低いため、製造のための設備も比較的小規模で、製造業者は合金、圧延品、鋳物、いずれも従業員100名以下の中堅・中小規模の製造業者が中心である。また、非鉄金属はリサイクル率が高いことが特徴であり、アルミニウムの場合、二次合金と呼ばれるリサイクル品が合金流通量の半分近くを占めている（図表157－1参照）。

　原料である非鉄金属は、国際的な需給動向により取引価格が変動する。取引価格はロンドン金属取引所（LME）における取引価格が指標とされている。ただし、需要者への納入価格に原料価格の変動をそのまま転嫁することはむずかしく、原料価格高騰局面では経営が厳しくなることがある。また、景気変動による需給への影響も大きい（図表157－2、157－3参照）。

図表157-1　アルミニウム産業の概念図

(単位：千トン)
(平成24年度実績)

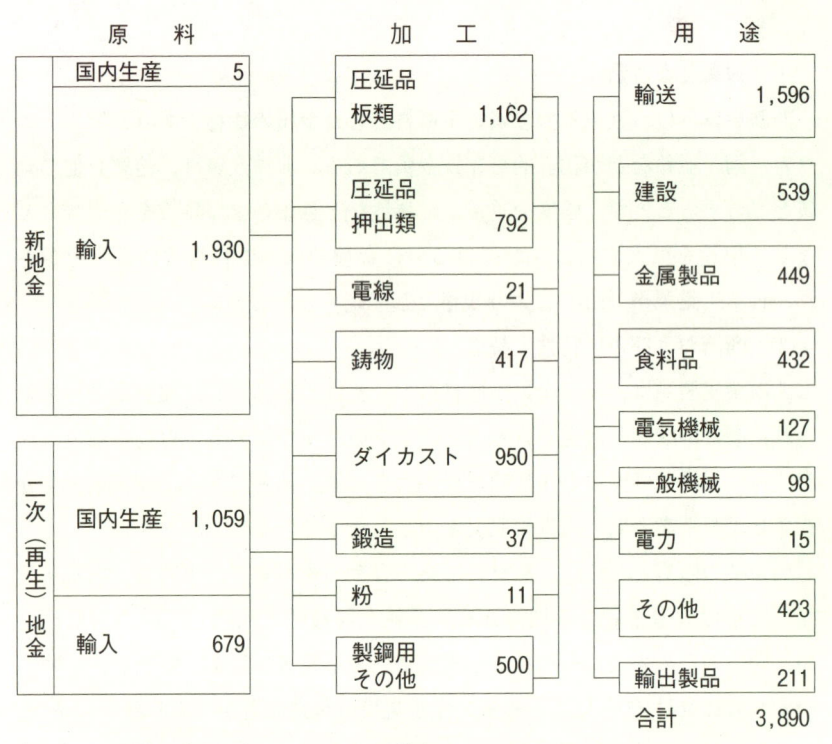

原料		加工		用途	
新地金	国内生産 5	圧延品 板類	1,162	輸送	1,596
	輸入 1,930	圧延品 押出類	792	建設	539
		電線	21	金属製品	449
		鋳物	417	食料品	432
二次(再生)地金	国内生産 1,059	ダイカスト	950	電気機械	127
				一般機械	98
		鍛造	37	電力	15
		粉	11	その他	423
	輸入 679	製鋼用 その他	500	輸出製品	211
				合計	3,890

(出所)　一般社団法人日本アルミニウム工業会

(3) **資金需要**

年間を通じた資金需要の増減はなく、一定の仕入資金需要が恒常的に発生する。

国際的な需給動向により原料の取引価格が大きく変動するため、価格高騰局面では仕入額がふえ、資金需要が発生する。

(4) **その他**

非鉄金属製品はスクラップとして一般的に流通しており、JIS規格により

図表157-2 アルミニウム二次合金の取引価格の推移
(千円／トン)

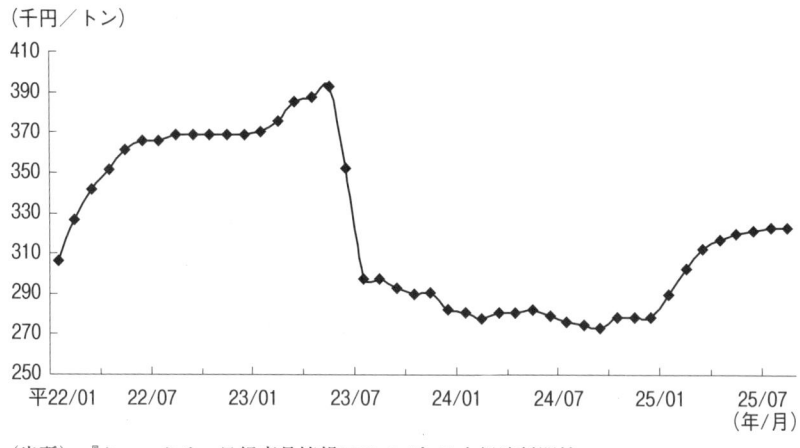

(出所) 『クォータリー日経商品情報2013.7-9』日本経済新聞社

図表157-3 アルミニウム二次合金の産業部門別出荷量の推移
(トン)

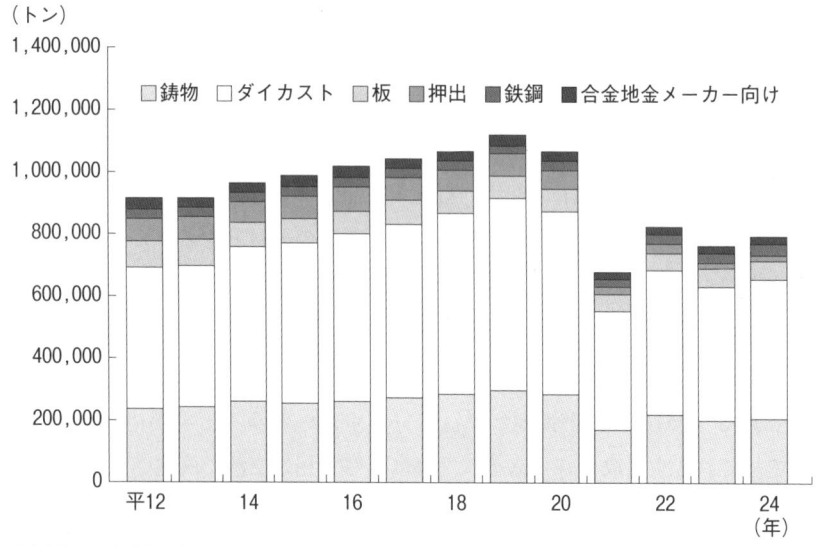

凡例：□鋳物 □ダイカスト □板 □押出 ■鉄鋼 ■合金地金メーカー向け

(出所) 一般社団法人日本アルミニウム合金協会

成分組成が規格化された工業製品であることから、担保処分の際の処分ルートの確保は容易であり、処分時の買取価格の下落幅も比較的少ない。

(5) **関連情報**
・一般社団法人日本アルミニウム合金協会
　http://www.jara-al.or.jp/
・『クォータリー日経商品情報2013.7-9』日本経済新聞社

2　代表的な動産
(1) **アルミニウム二次合金**
① 動産概要

　アルミニウム二次合金は、スクラップ金属からのリサイクルによる再生品であり、主成分であるアルミニウムに、金属珪素（シリコン）等を混ぜて精製することで、耐熱性や強度などの面で優れた特性をもたせている。アルミニウム二次合金は、鋳物メーカー、非鉄金属製品メーカーが納入先となるが、その際の輸送や加工がしやすいように、インゴットと呼ばれる塊状に成型される。

　アルミニウム二次合金は、成分組成による分類が規格化されており、もっとも流通量が多いものは、ダイカスト製品の素材となるAD12.1である。

② 業界動向

　自動車の環境性能向上のため、自動車部品に軽量なアルミニウムが多用されるようになってきている。アルミニウム製品の素材となるアルミニウム二次合金についても、リーマンショック後に一時的な需要の落込みがあったものの、長期的にみれば需要は堅調に推移している。

　アルミニウム二次合金の流通価格は、アルミニウム二次合金の代表的な存在である「AD12.1」が指標となっているが、いわゆる市場価格（相場）は存在しておらず、取引時の需給状況等に応じて相対交渉で決定されるケースが大半である。最終需要者である自動車メーカーが価格決定権を握っており、原料価格が高騰した場合であっても製品価格には転嫁できない場合が多

いといわれている。

③　担保実務上のポイント

　国際的な需給動向や為替相場により仕入価格が大きく変動するほか、主要な最終需要者である自動車メーカーの生産動向により出荷量が影響される。現時点での市場価格と比較した場合の簿価水準の妥当性、出荷実績や納入予定から勘案した在庫水準の妥当性を検証する必要がある。

④　換価処分時のポイント

　成分組成が規格化されており、スクラップとして一般的に流通していることから、換価処分の際の処分ルートの確保は容易である。また、その際の価格下落リスクも比較的少ないと考えられる。対象先企業もしくはその仕入先が作成する成分分析証明が添付されている場合、処分価格がより高くなる傾向にある。

(2)　アルミニウム製品

①　動産概要

　アルミニウム合金を加工し、用途別に成型した中間素材であり、加工方法の違いにより圧延品、鋳物、ダイカストなどに分類される。圧延品とは、アルミニウム合金を圧延、抽伸、押出などにより、板や棒、箔などに成型した製品であり、主な用途はサッシ、ドアなどの建築資材、アルミ箔などの食料品関係、自動車部品などである。鋳物、ダイカストはいずれもアルミニウム合金を溶解し鋳型を用いて成型した製品であり、使用する鋳型や製法の相違により鋳物とダイカストに区別されている。主な用途はギアケース、エンジンブロックといった自動車部品であり、大量生産に向くダイカスト製法が現在の主流となっている。

②　業界動向

　圧延品は成熟産業であり、技術水準も平準化していることから、海外企業との厳しい競争にさらされている。出荷量も平成24年は198万3,000トンと、直近のピークである平成18年の236万トンから約16％減少している（一般社団法人日本アルミニウム協会「最近の生産・出荷動向」）。

鋳物・ダイカスト製品は、自動車部品へのアルミニウム使用が増加していることを背景に、需要が堅調に推移している。ただし、最大の需要者である自動車関連産業が生産を海外に移転するなかで、海外企業との競争にさらされており、技術的優位性、納入先への提案力や企画力が企業間の優劣を決するようになっている。また、原料価格高騰時の製品価格への転嫁がむずかしく、価格高騰時には経営環境が厳しくなる傾向がある。

③　担保実務上のポイント

国際的な需給動向や為替相場により仕入価格が大きく変動するほか、主要な最終需要者である自動車メーカーの生産動向により出荷量が影響される。現時点での市場価格と比較した場合の簿価水準の妥当性、出荷実績や納入予定から勘案した在庫水準の妥当性を検証する必要がある。

④　換価処分時のポイント

成分組成が規格化されており、スクラップとして一般的に流通していることから、換価処分の際の処分ルートの確保は容易である。また、その際の価格下落リスクも比較的少ない。対象先企業もしくはその仕入先が作成する成分分析証明が添付されている場合、処分価格がより高くなる傾向にある。

(3) 伸銅品

① 動産概要

伸銅品とは、銅合金を溶解、鋳造、圧延、引抜き、鍛造などの熱間または冷間の塑性加工により、板、条（コイル状に巻かれた形状）、管、棒（径6mm以上）、線（径6mm以下）などの形状に加工した製品の総称である。

伸銅品に使用される原材料（銅、銅合金）には、銅、黄銅（銅と亜鉛の合金）、りん青銅（銅を主成分とした錫とりんの合金）、洋白（銅、ニッケル、亜鉛からなる合金）等があり、原材料の成分構成によって、さまざまな金属特性が得られるため、図表157－4のとおり、多種多様な用途に用いられる。

アルミニウム同様、国際的な需給動向や為替相場により原料価格が変動するが、製品価格への反映にはタイムラグがあるか、場合によってはほとんど転嫁できないこともある。

図表157－4　伸銅品の用途と特性

特　性	内　容
1　導電率が高い	導電率が非常に高いため、電動機、配電盤、ICリードフレーム、その他多くの配線など、電気機器部品として広範囲にわたって使われている。
2　熱伝導度が高い	熱伝導が非常に優れているため、化学工業の熱交換器、蒸留釜、エアコンの熱交換器、家庭用風呂釜などに使われている。
3　展延性に富む	展延性が良好なため、圧延、伸線がしやすく、絞り加工、曲げ加工が容易にできるので、電球の口金、真空管のピン、化粧品類のケース、ライター、はとめ、ホックなどの日用品、家庭用品、建築用品などに使われている。
4　切削加工性がよい	被削性がよいため、切削仕上げ面および、打抜きが美麗にでき、しかも他の金属に比べて工具寿命は長い。精密計器や時計などの部品、歯車、ネジなど切削加工によって製作するものに多く使われている。
5　熱間鍛造性がよい	特に黄銅系の伸銅品は、熱間鍛造性に優れているので、複雑な形状のものに容易に鍛造でき、しかも組織が緻密になるため高圧バルブ、機械部品などに使われている。
6　ばね特性が良好	りん青銅、洋白、ベリリウム銅などは、ばね特性が良好で、疲労強度が高いため、通信機、精密計器、電気計器などの部品として広く使われている。
7　低温脆性がない	温度の低下とともに強さが上昇し、超低温においても低温脆性を示さない。
8　磁性がない	伸銅品は磁性を帯びないことが大きな特徴であり、電気計器の部品、防爆防止用工具などとして使われている。
9　耐食性が良好	伸銅品は耐食性がよい金属および合金の代表である。したがって、建築材料として屋根、雨樋に用いられる。工業的には船舶、発電所、造水プラントなどの復水器などに広く使われている。
10　色沢が美しい	銅は淡赤桃色、黄銅は黄金色、洋白は銀色をもち、古くからこれらの色調が好まれ、建築材料や種々の器物に使われている。
11　めっきおよびはんだ付けが容易	銅および銅合金は、金、銀、ニッケル、クロムなどのめっきが簡単にでき、パフ研磨により光沢ある良好な表面が得られ、いろいろな日用品の器物に使われている。

（出所）　一般社団法人日本伸銅協会

② 業界動向

　伸銅品の国内生産量は、平成3年の124万トンをピークに100万トン前後で推移していたが、海外企業との競争により長期的に減少傾向にあり、平成24年の生産量は約77万トンとなっている。ただし、足元では自動車関連や住宅設備機器関連などの需要が改善に転じており、伸銅品の国内生産量も比較的に安定している。

③ 担保実務上のポイント

　国際的な需給動向や為替相場により仕入価格が大きく変動するほか、主要な最終需要者である自動車メーカーの生産動向により出荷量が影響される。現時点での市場価格と比較した場合の簿価水準の妥当性、出荷実績や納入予定からみた在庫水準の妥当性を検証する必要がある。

④ 換価処分時のポイント

　成分組成が規格化されており、スクラップとして一般的に流通していることから、換価処分の際の処分ルートの確保は容易である。また、その際の価

図表157－5　国内の伸銅品生産数量の推移

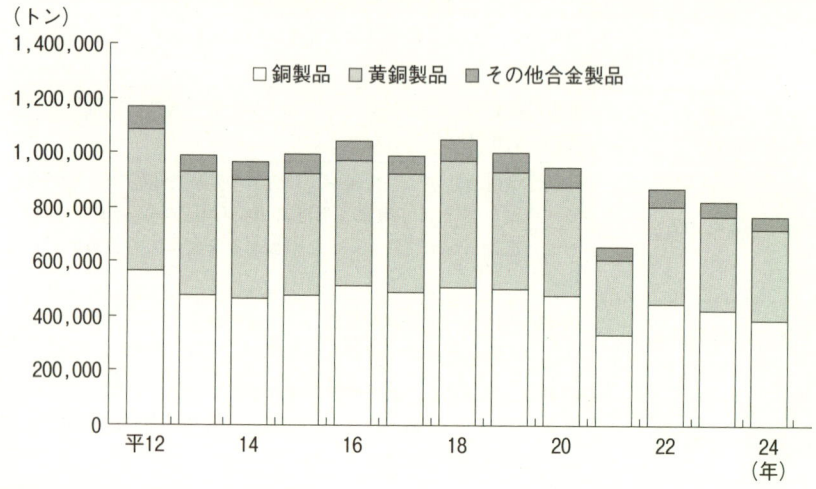

（出所）　一般社団法人日本伸銅協会

格下落リスクも比較的少ない。対象先企業もしくはその仕入先が作成する成分分析証明が添付されている場合、処分価格がより高くなる傾向にある。

158　貴金属

1　概　要
(1)　対象となる動産
　貴金属とは、一般的（化学的）には金（Au）、銀（Ag）、白金（Pt）、パラジウム（Pd）、ロジウム（Rh）、イリジウム（Ir）、ルテニウム（Ru）、オスミウム（Os）の8つの元素を指す。

　金は、装飾品、美術工芸品、宗教用具等の材料として利用されるほか、貨幣や、電気伝導などの特性から半導体基板などの工業製品にも利用されている。

　銀は、宝飾品等に広く利用されるほか、歯科材料、抗菌剤、写真の感光剤（臭化銀、ヨウ化銀など）などにも利用される。

　白金は、装飾品として多く利用されるほか、酸化されにくいこと、融点が1,772℃と高いことなどから、度量衡原器、電極、るつぼなどにも利用されるほか、自動車の排気ガス浄化触媒、点火プラグ、排気センサー、燃料電池等の水素化反応触媒などにも利用される。パラジウムは、歯科材料や自動車の触媒、電子部品などに広く使われているほか、自身の体積の935倍の水素を吸収するという特性を生かして、水素電池、ヒートポンプ、水素貯蔵タンクの媒体などに利用される。

　レアメタル（希少金属）は、非鉄金属全体を指す場合もあるが、狭義では、上記の貴金属、鉄、銅、亜鉛、アルミニウム等のベースメタルを除いた、産業用非鉄金属を指す。

　レアメタルの用途としては、特殊鋼（構造材に添加して合金をつくり、強度を変化させるもの）、電子材料（半導体レーザーや発光ダイオード、燃料電池等）、精密加工機械（光学ガラスや切削工具の刃先等）がある。

(2)　商流および市場特性・特徴
　在庫として貴金属を保有する業者としては、市中の貴金属の回収業者およ

びスクラップ業者および中古宝飾品等の買取業者、それらの者が回収したものを原材料として精製・精錬加工し地金に再生する業者、そして、貴金属を原材料として歯科材料や工業製品（金属フィルム、金属チップ等）、宝飾品を製造する業者がいる。

ちなみに、レアメタルは、原産国から輸入する業者、レアメタルを使用する製造業者、および電気電子機器等からのリサイクル業者がいるが、鉱種によってはリサイクルが行われていないのが実情である。

金、銀、白金、パラジウムの国内販売価格は、ロンドン金属取引所（LME）やシカゴ・マーカンタイル取引所（CME）、ニューヨーク商品取引所（COMEX）等の国際価格に連動している。

一方で、レアメタルは、産出量が限られ、用途も限定的であり、流通規模が限られていることから、ほとんどが取引所には上場しておらず、価格の透明性については乏しい。

(3) **資金需要**

希少金属であることから、貴金属・レアメタルともに重量単位の価格は高額であるため、仕入れに際し相応の資金需要が発生する。

なお、貴金属では特に価格が取引市場に大きく左右されるため、市場価格の上昇局面においては、仕入必要額が販売回収額を上回ることから、一時的に仕入必要資金が増加する傾向にある。

(4) **その他**

貴金属各種については、流通に際し、成分分析や成分を保証するための刻印等が必要となることから、留意が必要である。

なお、レアメタルについては、平成21年にレアメタル確保に向けた「レアメタル確保戦略」が経済産業省にて立案されている。同戦略では、①海外資源確保、②リサイクル、③代替材料の開発、④備蓄が確保に向けた4つの柱とされており、②リサイクルについては、平成23年11月より産業構造審議会廃棄物・リサイクル小委員会が開催され、平成24年9月に中間取りまとめが公表された。それによれば、レアメタルを含む使用済製品の排出が本格化し

てくる2010年代後半までの間を「条件整備集中期間」と位置づけ、国主導のもとに、使用済製品の回収量の確保、リサイクルの効率性の向上、資源循環実証事業の実施の各対応策を集中的に講じることとしている。

(5) 関連情報

・経済産業省、貴金属流通統計調査および鉄鋼・非鉄金属・金属製品統計
http://www.meti.go.jp/

2 代表的な動産

(1) 金

① 動産概要

金は貴金属の一種で原子番号79、元素記号はAuである。金属のなかでは比較的柔らかく、非常に薄く伸ばすことができ加工しやすい金属として6000年以上前から生産されている。

現在も、採掘された金は、地金、金貨、ジュエリーなどのかたちで公的機関(各国の中央銀行、国際通貨基金など)や個人の手に、いわゆる地上在庫として大量に蓄積されている。地上在庫は約16万5,000トン、年間消費量の約40倍程度とみられている。

金とその他の金属の合金は、その見栄えのよさや化学的特性を利用して装飾品として、また美術工芸品や宗教用具等の材料、工業用品として利用されてきた。さらに貨幣、または貨幣的なものとして用いられてきた。

また、金は物質的には柔らかいため、通常、銅やパラジウムなど別の金属と混ぜて(18金(K18)や14金(K14))装飾品とするのが一般的である。混ぜる金属の種類や配合率によって合金自体の色が変わり、そうした合金はイエローゴールド、ピンクゴールド、ホワイトゴールド等と呼ばれる。なお、金と混ぜ合わせる合金の金額は銅やパラジウム、銀等それぞれ異なるが、二次市場での取引価格は、18金、14金等、それぞれ統一的な価格で取引されることが多い。

② 業界動向

図表158−1　国内の金および銀の供給動向

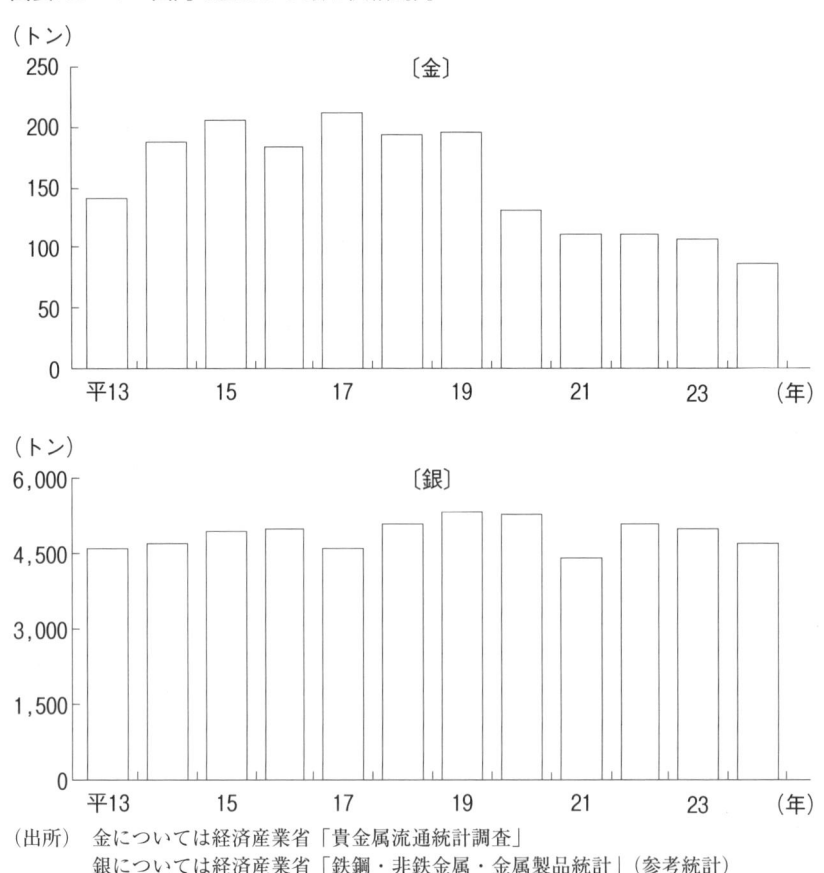

〔金〕（トン）

〔銀〕（トン）

（出所）　金については経済産業省「貴金属流通統計調査」
　　　　銀については経済産業省「鉄鋼・非鉄金属・金属製品統計」（参考統計）

　年間生産量は平成12年以降、2,500トン前後で推移している。南アフリカ共和国の生産量が長い間世界第一位であったが、近年、中国の生産量が拡大している。世界の埋蔵量は6万トン、採掘可能年数は約20年といわれている。

　国内における平成12年以降の金供給量は平成17年の211トンをピークに減少しており、経済産業省の「貴金属流通統計調査」（平成24年）によれば、輸入を含めた国内の金の供給量（生産と輸入の合計）は87トン（前年比19％減

図表158-2　国内の金および銀の需要動向

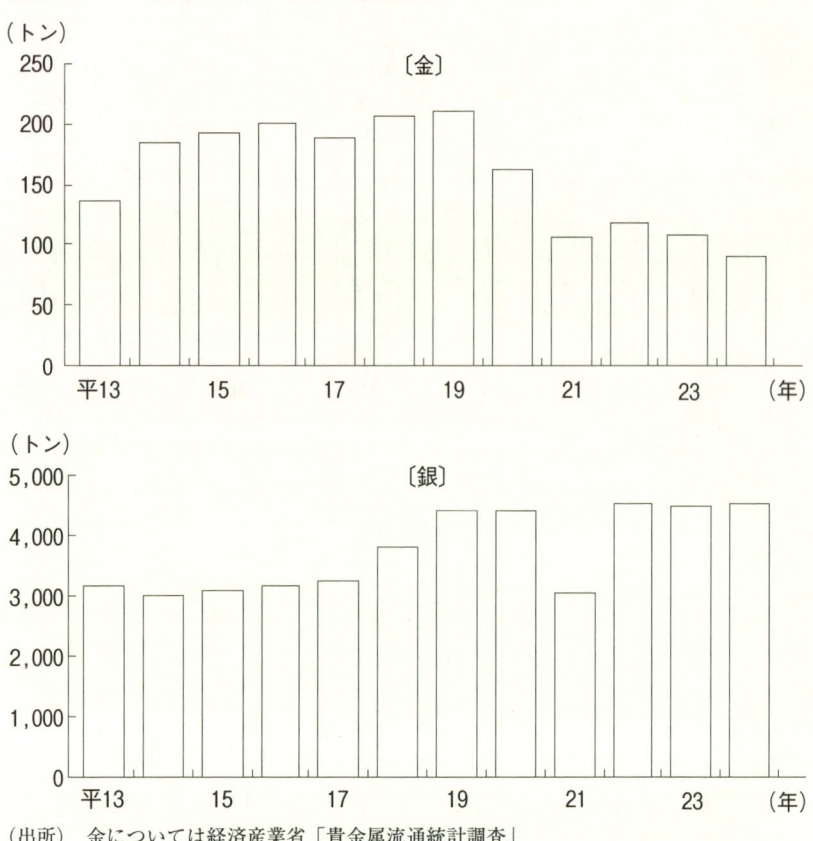

〔金〕

〔銀〕

（出所）　金については経済産業省「貴金属流通統計調査」
　　　　銀については経済産業省「鉄鋼・非鉄金属・金属製品統計」（参考統計）

少）となっている。

　金を含む貴金属の需要は平成12年以降、徐々に拡大してきたが、平成19年から平成20年にかけて、景気悪化に伴う宝飾品需要の低迷や企業の生産調整による使用量の減少などの影響によりいったんは減少したものの、平成22年に入ってからは回復の兆しがみられるようになっている。

③　担保実務上のポイント

　宝飾品、インゴット等の形態を問わず、貴金属全般については物理的に持

運び可能である。したがって、担保設定後に不正に持ち出されるリスクがあり、十分に留意する必要がある。

④ 換価処分時のポイント

金地金（ゴールドバー）には通常、保証書がなく、地金自体に印された刻印が本物の証明となる。刻印には重量、品位、精錬業者名・ロゴ、金塊番号などが表示される。日本で先物取引される金地金には、取引所による指定ブランドがある。換価処分時には上記を確認することが不可欠である。

(2) 銀

① 動産概要

銀は貴金属の一種で原子番号47、元素記号はAgである。

主な需要分野としては、工業用、写真用、宝飾品、銀器等である。銀は電気伝導率・熱伝導率、展延性が高いため、携帯電話などの電気通信機器に広く組み込まれている。

② 業界動向

銀の生産量は年間2万トン前後であり、主な生産国はペルー、メキシコ、中国、オーストラリア、チリ等であり南北アメリカで全体の約40％を占める。埋蔵量は28万トン程度と推計されており、採掘可能年数は13年程度であるが、二次回収量（スクラップ）が多く、供給量の2割をスクラップが占めている。

国内における銀の供給量は平成21年に4,496トン（前年比17％減）と一時は4,000トン台まで減少したものの、平成22年は回復基調にあり、経済産業省の「鉄鋼・非鉄金属・金属製品統計」によれば、国内の供給量は5,172トン（前年比15％増）となった。ただ、平成23年から平成24年にかけて供給量が再び減少し、平成24年時点は4,791トンと、前年比5％減少した。

需要については、金同様、平成22年に入ってからは回復の兆しがみられるようになっている。

③ 担保実務上のポイント

前記「(1) 金」と同様である。

④ 換価処分時のポイント

前記「(1) 金」同様、地金自体に印された刻印が本物の証明となる。

(3) ニッケル

① 動産概要

ニッケルはレアメタルの一種で原子番号28、元素記号はNiである。

ニッケルは、腐食と酸化に対する耐性をもつことから合金の一部として用いられ、変圧器の鉄芯や磁気ヘッド、精密部品、ニッケル・水素電池等幅広く使用される。ステンレスは鉄、クロム、ニッケルの合金であり、新ニッケル鋼の約半数がステンレス鋼向けとなる。

② 業界動向

ニッケル（スクラップ等を経て再利用される二次ニッケルを除く）が世界で年間に生産、使用される量は約140万トンであり、主要な鉱石生産国はロシア、オーストラリア、インドネシア、カナダである。

国内におけるニッケルの供給量は平成19年に8万420トンのピークを迎えた後、平成21年には5万6,256トンまで落ち込んだものの、以後は8万トン前後で推移しており、経済産業省の「鉄鋼・非鉄金属・金属製品統計」によれば、平成24年の国内の供給量は7万7,592トン（前年比6％減）となった。

国内消費については、需要同様平成21年に底を打った後、足元平成24年では4万782トン（前年比12％減）となっている。

なお、レアメタルの一種ではあるが、流通規模が大きく、ロンドン金属取引所（LME）に上場している。

③ 担保実務上のポイント

前記「(1) 金」と同様である。

④ 換価処分時のポイント

レアメタルのうち、ニッケルについては、一定の流通規模が認められ、市場価格が形成されているが、流通規模が小さいレアメタルについては、換価処分先が限定される可能性が高いことに留意する必要がある。

159　スクラップ

1　概　　要
(1)　対象となる動産
　スクラップ（Scrap）とは、金属製品の廃棄物や、金属製品の製造工程で発生する廃金属をいう。鉄・アルミニウム・銅・錫などのスクラップは、回収して当該金属の新たな原料として利用される。金属スクラップを発生源別に分類すると、市中発生スクラップと工場発生スクラップの2種類に大別される。

　市中発生スクラップには、鉄骨建屋などの解体時に発生したものや、建設現場などで使用ずみとなったH形鋼、鋼矢板、鋼管（パイプ）などがある。工場発生スクラップは、厚薄板・棒材、管材、線材を製造する際に発生するものである。機械部品製造・加工段階で発生する削り粉（ダライ粉）などもある。

(2)　商流および市場特性・特徴
　国内で発生する鉄・非鉄スクラップ等の主なユーザーは、国内の電炉メーカーであり、電炉メーカーは、自動車メーカーや建設業界等に対して再生した鋼材等を素材（原材料）として供給している。

　電炉メーカーによる鉄スクラップの需要は、自動車業界や建設業界等の景況に大きく影響され、その価格についても同様である。

　平成23年の鉄スクラップ（銑くずと鋼くずの合計）の国内消費量は、経済産業省の「鉄鋼・非鉄金属・金属製品統計」によれば、前年比約3％減少の3,856万トンとなっており、当面の国内消費量は減少が続くものと予想されている。

　非鉄スクラップにおいて代表的なものがベースメタルといわれる銅・鉛・亜鉛のスクラップである。ベースメタルのスクラップの需要は電気銅が最も多く、銅の主な用途は電線および伸銅品向けである。ちなみに、伸銅品は

銅、黄銅等の板・条・棒・線のかたちで電気機器、金属機器等さまざまな機器の原材料となっている。鉛は蓄電池向けが大半を占めている。このほかにアルミニウムがあるが、日本で消費されるアルミニウムのうち、約70％は新地金であり、残りの約30％はリサイクルされたものである。アルミニウム（ボーキサイト）の精錬には大量の電力を使うため、日本国内では日本軽金属株式会社のみが製造している。

(3) **資金需要**

価格の高騰局面では、同一数量の取引でも仕入資金が膨張するため資金需要が発生する。仕入れは価格動向をみながら機動的に行う必要がある。国際的な需給動向によっては原料の取引価格が大きく変動するため、相場の動きをみて仕入れをする必要がある。

また大規模なヤード、倉庫の確保、設備（シュレッダー、ギロチン、プレス等）が必要なため、設備資金の需要もある。

(4) **その他**

鉄スクラップの国内消費量は、平成20年までほぼ横這いで推移していたが、リーマンショック直後の平成21年は大幅に落ち込んだ。平成22年にはいったん回復の兆しがみえたものの、平成23年以降の需要は再び弱含みの展開となった（図表159－1参照）。

(5) **関連情報**

・経済産業省、統計→主要統計（鉄・非鉄金属・金属製品統計）
　http://www.meti.go.jp/statistics/
・鉄鋼新聞（市中相場）鉄スクラップ・特級Ｈ２（東京）の価格推移
　http://www.japanmetaldaily.com/data/KS10022.xls

2　代表的な動産

(1) **鉄スクラップ**

① 動産概要

上述のとおり、鉄スクラップは、市中発生スクラップと工場発生スクラッ

図表159-1　鉄スクラップ・特級H2（東京）の価格推移

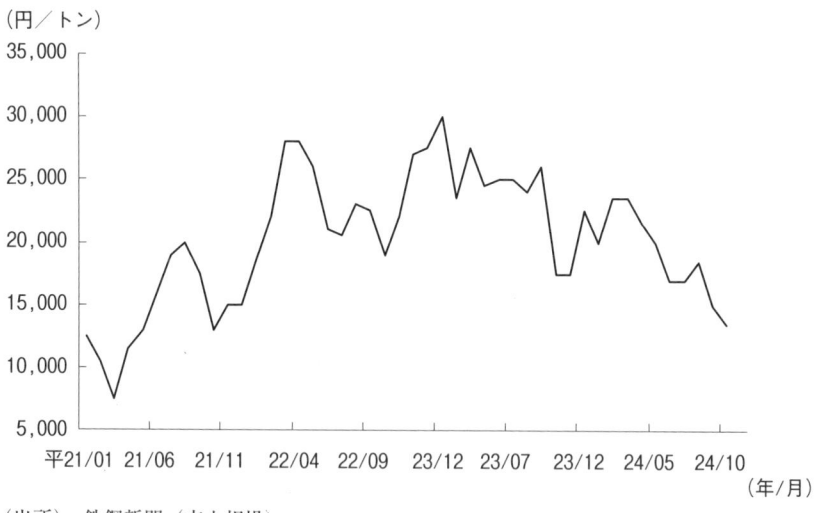

(円／トン)

(出所)　鉄鋼新聞（市中相場）

プの2つに分けられる。市中発生スクラップの収集形態はさまざまであるが、専門の回収業者が回収したり、建築物や自動車の解体業者が鉄以外のものを取り除いた後、スクラップ業者が加工したりするというのが一般的である。

　鉄スクラップの加工業者は、回収された鉄スクラップを、プレス（圧縮）したり、切断（ガス切断・ギロチン処理）や破砕（シュレッダー処理）などを施して、製鋼所である電炉へ納入している。鉄スクラップは品種や形状によって細かく規格が設けられており（H1、H2、シュレッダーAなど）、価格も異なっている。

② 業界動向

　リサイクルが社会的に重要視されているなか、天然資源がほとんどないわが国にとって、鉄スクラップは貴重な鉄鋼原料の供給という重要な役割を担っている。

　業界では、鉄スクラップの価格について市場の需給バランスによって乱高

下する特性があるため、近時は市場価格安定化の必要性も指摘されている。
③　担保実務上のポイント

　在庫の簿価単価が適正であるかが重要である。簿価単価と現在の相場との乖離幅が広がっていないか、流通相場と簿価を継続的に確認していく必要がある。

　また、品目ごとにヤードに保管されているか、物量や保管場所の変化も定期的に確認することが不可欠である。在庫は数量確認が困難なことから、入荷日、搬入車両別の搬入重量、計量証明書を確認できるかがポイントとなる。

④　換価処分時のポイント

　鉄スクラップは品質や形状により選別されるが、さまざまな用途に利用可能であり汎用性は高い。また鉄スクラップの取扱業者数は多く、同業者など売却候補先等を確保することは比較的容易である。

　なお、鉄スクラップのなかに、廃プラスチック等の金属以外のものが混入している場合には、評価金額の減価要因となるため、ヒアリング等で確認しておくことが必要である。

(2)　非鉄スクラップ

①　動産概要

　非鉄金属とは鉄以外の金属の意味である。アルミニウム、銅、鉛、錫、亜鉛、レアメタル、白金、金、貴金属まですべてを含む。回収された非鉄スクラップは、品位形状によって精錬所、電線メーカーや伸銅品メーカー等に移送され、再溶解され、電気銅、電線、伸銅品の原料として用いられている。

　非鉄スクラップにはJIS規格（日本工業規格）に基づく分類基準がある。

②　業界動向

　解体現場で発生する鉄・非鉄が混在する雑品、廃家電、低品位電線スクラップや青銅、黄銅の混合スクラップ、アルミニウム・銅などが混在する「ミックスメタル」といった低品位スクラップは、2000年代に入り輸出が急増した。輸出先の9割以上を占めるのは中国である。

中国ではさらにスクラップの解体・選別を行い、品位を高めた原料を金属製錬メーカーへ販売しているため、集荷した雑品や雑電線などスクラップをヤードで丁寧に選別し、品位を高めて輸出している業者は、好調な業績を維持している。

　非鉄スクラップの輸出においては、取扱規模の維持・拡大ではなく品位を重視し、採算性を高めるために事業拠点の集約などを行い、環境に適応した企業だけが生き残る業界構図になっている。

③　担保実務上のポイント

　鉄スクラップと同様、在庫の簿価単価が適正であるかが重要である。簿価単価と現在の相場との乖離幅が大きくなっていないか、流通相場と簿価を継続的に確認していく必要がある。

　また、品目ごとにヤードに保管されているか、物量や保管場所の変化も定期的に確認することが不可欠である。在庫は数量確認が困難なことから、入荷日、搬入車両別の搬入重量、計量証明書を確認できるかがポイントとなる。

④　換価処分時のポイント

　非鉄スクラップは品質や形状により選別されるが、さまざまな用途に利用可能であり汎用性は高い。また非鉄スクラップの取扱業者数は多く、同業者など売却候補先等を確保することは比較的容易である。

　なお、非鉄スクラップのなかに、廃プラスチック等の金属以外のものが混入している場合には、評価金額の減価要因となるため、ヒアリング等で確認しておく必要がある。

第5節　産業・建築用品

160　金属加工品

1　概　要
(1)　対象となる動産

　金属加工品には、原料となる金属により多種多様なものがあるが、本稿では幅広い分野で製品として利用されている電線や銅板、銅管等の伸銅品を中心に解説する。

　伸銅品とは、銅合金を溶解、鋳造、圧延、引抜き、鍛造などの熱間または冷間の塑性加工により、板、条（コイル状に巻かれた形状）、管、棒（径6mm以上）、線（径6mm以下）などの形状に加工した製品の総称である。

　伸銅品に使用される原材料（銅、銅合金）には、銅、黄銅（銅と亜鉛の合金）、りん青銅（銅を主成分とした錫とりんの合金）、洋白（銅、ニッケル、亜鉛からなる合金）等があり、原材料の成分の構成によってさまざまな金属特性が得られるため、幅広い用途に用いられる。

(2)　商流および市場特性・特徴

　一般社団法人日本伸銅協会によれば、平成24年の伸銅品の国内生産量は約77万トン（対前年比7％減）となっており、その内訳は、「銅製品」が約39万トン（同8％減）、「黄銅製品」が約33万トン（同5％減）、「その他の伸銅品」が約5万トン（同8％減）となっている。

　伸銅品の国内生産量は、平成3年の124万トンをピークに100万トン前後で推移していたが、平成21年はリーマンショックによる国内景気の低迷の影響を受けて65万トンまで減少した。平成22年には国内景気の回復に伴い86万トンまで回復したが、翌平成23年は東日本大震災の影響により東北地方の銅素材工場が操業停止となったことから、生産量は再び減少し82万トン（同5％

減）となった。

　平成24年については、東日本大震災後の復興関連需要の遅れで伸銅品全体の需要は伸び悩み、生産量は前年比7％減の77万トンにとどまった。ただ、平成25年に入ってから、自動車関連や住宅設備関連などの需要が回復しており、伸銅品の生産も増加に転じている。

　銅の東京商社出し値（1トン当り）の推移は、平成12～15年までは20万円台であったが、平成15年後半から価格上昇が始まり、平成16年は30万円台、平成17年は40万円台、翌平成18年は需要増で前年比85％増の80万円台まで高騰した。平成21年はリーマンショック後の世界的な景気低迷で銅需要も減少し、価格は前年比34％減の50万8,000円となったが、翌平成22年は68万8,000円（同35％高）、平成23年は74万円（同8％高）と回復の動きがみられた。平成24年に入ると、欧州の金融不安や中国の景気減速など世界的な需要が再び減速しており、銅の価格も66万7,000円（同10％安）まで下落した。ただ、足元では国内の公共投資の増加や円安の進行などもあり、平成25年9月時点は74万2,000円と、前年比12％上昇している。

　代表的な伸銅品の黄銅丸棒（25mm）の相場価格（1kg当り）は、銅相場と連動して推移しており、平成22～23年にかけて、リーマンショック後の大幅な下落から回復したが、平成24年は再び下げに転じた。平成25年に入ると、自動車関連や住宅設備関連などの需要が回復しており、黄銅丸棒の価格も下げ止まっている。平成25年9月現在では649円と、前年同月比13％上昇している。

(3) **資金需要**

　伸銅品の製造において、原材料である銅や亜鉛、錫をはじめとする生産用素材の仕入資金は常に必要である。汎用品が生産シェアの多くを占める企業は見込生産が比較的高くなるため、運転資金需要がある。また、原材料の価格変動の影響も大きいため、特に価格上昇、もしくは上昇が見込まれるときには増加運転資金の需要がある。

(4) その他

銅はスクラップの活用が進んでいる一方で、取引価格は国際相場（LME、ロンドン金属取引所）の影響を大きく受ける。このため、銅をはじめとする原材料の価格変動がメーカーの経営に影響を与えうる。

(5) **関連情報**

・一般社団法人日本伸銅協会
　http://www.copper-brass.gr.jp/
・一般社団法人日本電線工業会
　http://www.jcma2.jp/

2　代表的な動産

(1) **電　　線**

① 動産概要

電線とは、銅などの金属（導体）を線状に引き伸ばし、二つの地点間をつなぎ、電気を伝導するためのものである。ただし、最近では、光ファイバケーブルのようにガラスファイバを用いて光信号を送るものも広義の電線に含めている（一般社団法人日本電線工業会）。

電線の用途としては、電気エネルギーを輸送する電力用、音声やデータ等の情報を伝送する通信用とがある。また、機械的エネルギーを電気的エネルギーに変換したり、逆に電気的エネルギーを機械的エネルギーに変換して動力を得るために電気機器の内部にコイル状に巻かれた巻線もある。

② 業界動向

電線の大宗を占める線の国内生産は平成2年前後にピークを迎え、以後、減少基調にある。銅線は平成2年に約1万2,000トンの生産量があったが、平成24年は4,462トンと平成2年の35％の水準にまで減少している。黄銅線も同じく平成2年には約4万7,000トンの生産量があったが、平成24年は約2万8,000トンとピーク時の約6割の生産量となっている。

③ 担保実務上のポイント

電線には、日本工業規格（JIS規格）で合金の種類が指定されており標準的な規格品のような量産品以外に、ユーザーの注文に基づき受注生産される特注品もあるが、両者間で汎用性は大きく異なる。同一メーカーでも量産品と特注品を同時に製造する場合もあるので、汎用性の低い特注品が多く含まれるケースも考えられる。よって、担保取得時だけでなく、取得後も標準品、特注品の割合の変動等に注意していく必要がある。

④ 換価処分時のポイント

電線の標準的な規格品は汎用性があるため、通常の流通ルートでの換価処分が可能である。しかし、特注品については、銅スクラップにしての販売は十分可能であるが、換価価値を極大化するためには発注したユーザーへの販売が望ましい。

(2) 銅板・銅条

① 動産概要

銅板とは銅を平らな形状に加工したもの、銅条とは銅をコイル状に巻いた製品をいう。いずれも幅広い分野で使用されるが、コネクタや配電制御装置などの電気機械や輸送機械器具などに使用されることが多い。

② 業界動向

銅板や銅と亜鉛の合金である黄銅板（真鍮（しんちゅう））ともに国内生産量は過去10年間、減少傾向にあるが、銅条については電気機械器具向けの出荷が堅調であり、平成24年の生産量は10年前とほぼ同水準となっている。

なお、黄銅は軽くてさびにくいため、工業製品の原材料として広く用いられる。

③ 担保実務上のポイント

通常の商流で販売する場合、一般的には特注品のほうが規格品に比べて利益率は高くなる傾向にあるが、電線と同様に標準的な規格品なのか特注品なのかによって汎用性は大きく異なる。同一メーカーでも量産品と特注品を同時に製造する場合があり、在庫のうち汎用性の低い特注品が多く含まれるケースも考えられる。よって、担保取得時だけでなく、取得後も標準品、特

注品の割合の変動等に注意していく必要がある。
④　換価処分時のポイント
　電線と同様に標準的な規格品は汎用性があるため、通常の流通ルートでの換価処分が可能である。しかし、特注品については銅スクラップにしての販売は十分可能であるが、換価価値を極大化するためには発注したユーザーへの販売が望ましい。

(3)　銅　　管
① 　動産概要
　中が中空の円い形状をしたものを管というが、合金の種類によって銅管、黄銅管等に分類される。主にガス機器や冷凍機等に使用される。
②　業界動向
　銅管、黄銅管ともに国内における生産量は過去10年間、減少傾向が続いておりいずれも10年前に比べて生産量は40％近く減少している。
③　担保実務上のポイント
　通常の商流で販売する場合、一般的には特注品のほうが規格品に比べて利益率は高くなる傾向にあるが、電線等と同様に標準的な規格品なのか特注品なのかによって汎用性は大きく異なる。同一メーカーでも量産品と特注品を同時に製造する場合があり、在庫のうち汎用性の低い特注品が多く含まれるケースも考えられる。よって、担保取得時だけでなく、取得後も標準品、特注品の割合の変動等に注意していく必要がある。
④　換価処分時のポイント
　電線と同様に標準的な規格品は汎用性があるため、通常の流通ルートでの換価処分が可能である。しかし、特注品については銅スクラップにしての販売は十分可能であるが、換価価値を極大化するためには発注したユーザーへの販売が望ましい。

161　産業用金物・部品

1　概　　要

(1)　対象となる動産

　産業用金物・部品とは、ばねや継ぎ手、ねじなど各種機械等を構成する金属製の部品をいう。産業用・民生用電気機械やボイラ・原動機、ポンプ・圧縮機器、物流運搬設備、温度・温湿調整装置等の各種機械の構成部品として使用される。

(2)　商流および市場特性・特徴

　ばねや継ぎ手、ねじは単独で使用されることはほとんどなく、通常は他の機械器具との組合せで使われ、用途も広範囲に及ぶ。市場全体でみれば、JIS（日本工業規格）などに適合した汎用性の高い規格品だけでなく、個別用途や特殊機械装置などの仕様にあわせて生産される特注品も数多くある。

(3)　資金需要

　産業用金物・部品の製造においては、金属素材をはじめ各種生産用素材の仕入資金需要が常にある。汎用品を多く生産するメーカーは見込生産が比較的多くなり、また特殊なばねや継ぎ手などのメーカーでは製品完成までのリードタイムが数カ月となるケースもあるなど、資金需要が発生しやすい構造となっている。売上げは需要先である各業界・企業の設備投資動向などに左右されるが、資金需要もそのような事業環境に連動して増減する可能性がある。

(4)　その他

　産業用金物・部品のうち、汎用品の販売シェアが高いメーカーのなかには、海外に生産拠点をもつ企業がふえている。そのような企業では、素材の仕入れから製品の販売まで商流が何度も国境をまたぐケースもあり、国内景気にとどまらず、グローバルな政治情勢や景気動向、為替相場の推移などからも影響を受けやすくなっている。

産業用金物・部品は、製造業をはじめ幅広い業界で一般的に使われ汎用品も多数ある半面、特殊な用途に用いられ使用期間も長期間にわたるなど高度な信頼性を要求されるものも多い。交換やメンテナンスなどのアフターサービスが必要な分野の製品では、特にそうしたサービスの有無や品質が重要な鍵となる。メーカーの倒産などでこうしたサービスを継続的に利用できなくなると、汎用性の高い製品であっても価値は大きく毀損する傾向にある。

(5) **関連情報**

・経済産業省、機械統計関連情報
 http://www.meti.go.jp/statistics/
・一般社団法人日本機械工業連合会
 http://www.jmf.or.jp/japanese/

2 代表的な動産

(1) ば　ね

① 動産概要

ばねは、形状、材質、製造方法等によってさまざまな種類があり、形状としてはコイル、板、皿等に分類され、材質としては金属（炭素鋼や合金鋼等）、非金属（ゴムや樹脂等）がある。

ばねの種類および用途によって使用される原材料（材質）は異なり、一般的には、耐熱性、耐食性、耐候性といった特性が求められる環境下で使用される場合には、「薄板ばね」はみがき特殊帯鋼（JIS規格SK5等）、「線ばね」はピアノ線や硬鋼線（JIS規格SWOSC-V・B等）、「大荷重ばね」はばね鋼（JIS規格SUP6〜SUP13等）が使用されることが多い。

また、耐酸化性、耐薬品性の強化が求められる場合には、オーステナイト加工強化型のステンレス鋼（JIS規格SUS304、SUS316等）や析出硬化系ステンレス鋼（JIS規格SUS631等）が使用される。なお、このほかの原材料としては、耐熱性、恒弾性などの特性に優れる工具鋼（JIS規格SKD4等）、耐熱鋼・耐熱合金（Inconel X-750等）、導電性や磁気特性を特徴とする銅合金

（モネルK-500）、軽量性に優れるチタンなどもある。

ばねの製造方法は、熱間成型と冷間成型に大きく分けられ、前者は、主に自動車や建機向け等の大型ばねの製造方法であり、後者は、電気機器や電子機器向けの小型ばねの製造方法である。

② 業界動向

ばね製品は、使用される目的（用途）によって、形状、材質、製造方法等が異なることから、国内で生産されるばね製品には規格品がほとんどなく、大半は受注先が指定する細かな仕様にあわせて生産される特注品となっている。

国内ではばねを製造する企業数は約3,000社あると推定されているが、業界大手としては、三菱製鋼株式会社、株式会社パイオラックス、日本発条株式会社、中央発條株式会社、株式会社アドバネクスなどがある。その一方で、特定の分野において高い技術力をもつ中小企業も多数存在している。

国内製造業の製造拠点の海外進出が進んでいることに加えて、製造コストが安い中国製品等に代表される外国製ばねの品質が向上する環境下、国内でばねを製造する事業所数は減少傾向を示しており、経済産業省の「工業統計」（平成22年）によれば、金属スプリング製造業の事業所数（四人以上の事業所）は全国で589カ所（前年比5％の減少）となっており、平成12年の836カ所と比較すると、約30％減少している。

経済産業省の「鉄鋼・非鉄金属・金属製品統計」によれば、ばね製造業の年間生産金額は、平成12年以降は平均3,000億円台前半の水準で推移しており、平成24年は3,108億円となっている（図表161－1参照）。

③ 担保実務上のポイント

ばね製品には、日本工業規格（JIS規格）に準拠する標準品などの量産品以外に、ユーザーの注文に基づき受注生産される特注品もあるが、両者間で汎用性は大きく異なる。同一メーカーでも量産品と特注品を同時に製造する可能性があるので、在庫のうち汎用性の低い特注品が多く含まれるケースも考えられる。したがって、担保取得時だけでなく、取得後も標準品、特注品の

図表161－1　ばね製品の生産量と生産金額の推移

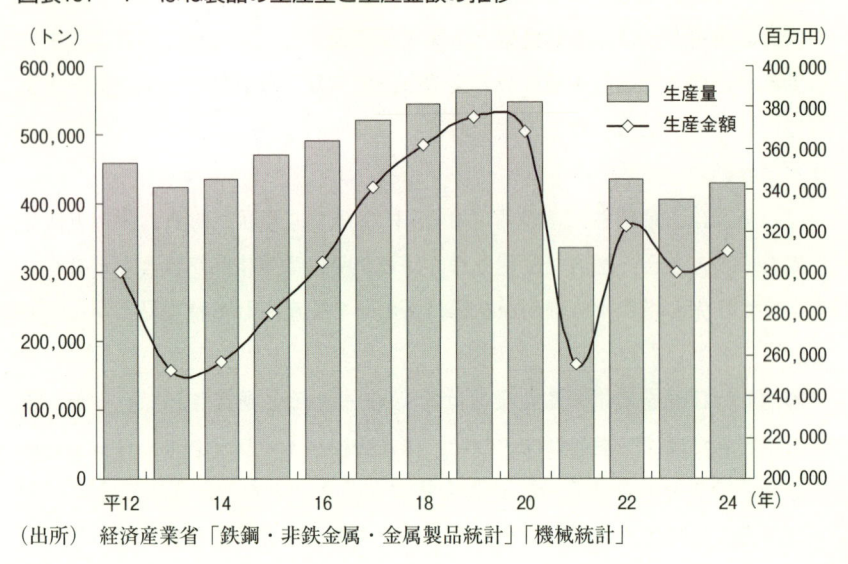

(出所)　経済産業省「鉄鋼・非鉄金属・金属製品統計」「機械統計」

割合の変動等に注意していく必要がある。

④　換価処分時のポイント

　ばね製品の標準品は一定の汎用性があるため、通常の流通ルートでの換価処分が可能である。しかし、特注品については基本的に発注したユーザーしか使用しないため、換価処分時に製品として販売する先も当該製品のその他のユーザーに限定される可能性が高い。

(2)　継ぎ手

①　動産概要

　継ぎ手とは二つの機械部品をつなぎ合わせる部品であり、管と管をつなぐ「管継手」や軸と軸をつなぐ「軸継手」がある。気体や液体の配管を接続するのに使われるものは「流体継手」と呼ばれ、エルボー、ラップジョイント、フランジなどの名称の製品がある。

　エルボーとは鋼管の方向を転換するために用いられる屈曲した継ぎ手であり、鋼管と継ぎ手、もしくは継ぎ手同士を接続する際に、接続面を形成する

役割を担う部品である。低抵抗性と耐圧性が求められるため、継ぎ手製品のなかでは、製造時に比較的高い技術力が必要であり、現在は耐腐食性の高いシームレスタイプが需要の中心になりつつある。

ラップジョイントとは、鋼管と継ぎ手、もしくは継ぎ手同士を接続する際に、接続部品の両端に取り付けられ、接着面を確保する役割を担う部品である。ラップジョイントを用いる場合には、工事現場において溶接技師がラップジョイント同士を溶接する作業が必要となる。

フランジとは用途と役割は上記のラップジョイントと同様であるが、接着方法がボルト留めとなるため、ラップジョイントと比較して工事現場等での作業性が高く、溶接作業が不要で、人件費等のコスト面でも優位であることから、主流になりつつある。

② 業界動向

経済産業省の「鉄鋼・非鉄金属・金属製品統計」(平成23年)によれば、管継手(可鍛鋳鉄製・鋼管製・非鉄金属製の合計)の年間生産規模は、数量ベースでは約2億7,000万個(前年比約10％の増加)、金額ベースでは約910億円(同11％の増加)であり、このうち鋼管製継手の生産規模は約9,000万個(同17％の増加)、約486億円(同12％増加)となっている。

大型の製品は各種メーカーのプラント工事(新規、改修)に利用されることが多く、比較的小型の製品はビルやマンション、戸建住宅向けの配管工事で利用されるなど、製品需要は民間の設備投資や建設投資等に左右されることが多い。

③ 担保実務上のポイント

継ぎ手もばね製品と同様に、日本工業規格(JIS規格)に準拠する標準品などの量産品以外に、ユーザーの注文に基づき受注生産される特注品もあり、両者間で汎用性は大きく異なる。同一メーカーでも量産品と特注品を同時に製造する可能性があるので、在庫のうち汎用性の低い特注品が多く含まれるケースも十分ありうる。したがって、担保取得時だけでなく、取得後も標準品、特注品の割合の変動等に注意していく必要がある。

④　換価処分時のポイント

　ばね製品の標準品は一定の汎用性があるため、通常の流通ルートでの換価処分が可能である。しかし、特注品については基本的に発注したユーザーしか使用しないため、換価処分時に製品として販売する先も当該製品のその他のユーザーに限定される可能性が高い。

(3)　ね　　じ

① 動産概要

　ねじは、円筒や円錐の面に沿って、らせん状の溝を設けたものである。機械部品などの締結、位置決め用などさまざまな用途で利用されている。

　一般の店頭でも簡単に手に入るが、一部には強度、耐熱、耐薬品など特殊な技術を必要とするねじもあり、その材料、熱処理技術、表面処理技術などさまざまな製造技術を集めたハイテク部品でもある。また、強度や使用目的により、鉄鋼、アルミニウム、銅、真鍮、ステンレス鋼、プラスチック等のいろいろな種類・材質があり、一般に流通する量産品、自動車や機械に利用する特殊品がある。

② 業界動向

　ⓐ　商　　流

　ねじ単体が商品として市場に流通する場合と、さまざまな部品等を組み立てる際に一つの部品として利用されることもある。

　ねじの規格は、国際規格であるISO規格や、日本工業規格（JIS規格）において「メートルねじ」として統一されているが、土木建築関係や、輸入製品の一部にユニファイサイズのねじ（米国、英国、カナダ等で利用）や、インチねじといった特殊な規格が使われている場合もある。

　一般向けのねじは、ホームセンターや100円ショップなどで販売されており、比較的換価処分はしやすい。

　また、汎用性のない専門部品等の組立て用のねじには、「絶対緩まないねじ」や「特定の薬品を使用する場所、容器などに使われるねじで、通常のねじでは耐用できない専門分野で使うねじ」などがあるが、その納入先にしか

図表161-2　ねじの一般的な商流

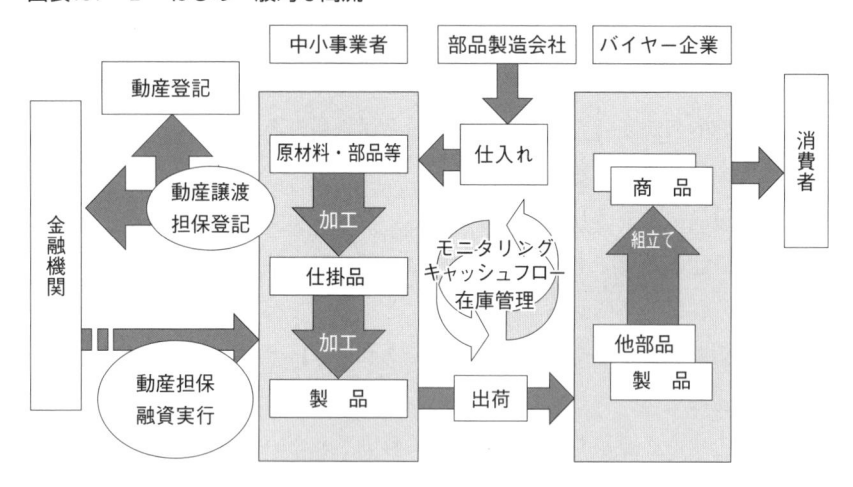

※ねじは、そのまま商品として消費者に流通することもある。

売却できない可能性があり、バイヤー企業の要求する要件を満たせない場合、換価処分できない可能性もある。

ⓑ　業界動向

ねじの市場規模や、国内産業全体の動向は、自動車（全体の6割を占める）、機械、建築といった需要家産業の動向に大きく左右される。

平成3年当時、日本はねじ生産量、出荷額ともに世界一だったが、平成17年頃から中国のねじ生産が世界一となっている。平成21年は、前年秋のリーマンショックによる世界同時不況へ突入、世界経済の低迷が続いたことから出荷が大幅に減少した。

ねじの業界は3,000社の中小企業から成り立っている。従業者が100人以上の会社はわずか2％であり、大多数は従業者100人未満の企業である。4人未満の会社は全体の40％であり、中小企業主体の業界といえる。

中小企業主体の業界であるので、安定供給面に不安がある。また、最近は韓国等の鉄鋼メーカーから国内より2割以上も安価なねじが輸入されており、日本のねじ製造業者の競争力が低下しており苦戦を強いられている。

③　担保実務上のポイント

　対象担保となる物件には、製品としてのねじのほか、鉄鋼等の材料などもある。材料は商品取引所に上場しているものや市況があるもの等、価格の透明性が高いものが多い。一方で、近頃、金属価格の高騰で盗難等のリスクもあるので、注意を要する。

　また、製品に加工されたねじは、小さいものが多く、材料の入庫、支払状況、在庫確認が必要である。担保在庫は、第三者に対抗するためにも範囲の特定を十分にする必要があるため、まずどの在庫を担保取得するのか、どのような種類があるのかを確認し、必要であれば、伝票等の書類で確認する。倉庫の一定場所に保管している在庫のみ担保とする場合は、その場所を図面などで特定する必要があり、他の場所に移動されないように管理していく。倉庫、工場に保管している在庫を担保とする場合は、その所在地を地番等で特定する必要があり、他の地番に移動されることがないように注意する。場所を特定する場合には、実際に現場を確認して、在庫管理が可能かどうか検討しておく必要がある。

④　換価処分時のポイント

　鉄鋼等の材料は、近年、高値で取引されているので、製品であるねじ同様、換価処分しやすい。ねじ製品については、比較的移動されやすいため、モニタリング時に、伝票類や在庫内容を確認することが重要である。

(4)　**ワイヤーハーネス**

①　動産概要

　ワイヤーハーネスは、電源供給や信号通信を行う複数のコードを束ねた集合部品であり、自動車、飛行機、ロケット、医療機器などさまざまな用途に利用される。銅線、光ファイバ線、コネクタ類等と、商品となったワイヤーハーネスなどがある。

②　業界動向

　最近の自動車は、電子機器の「塊」であり、部品同士が1対1で結ばれ、ワイヤーハーネスの使用量は増加傾向にある。総延長は、自動車1台当り

2kmにもなり、まさに自動車の血管ともいえる重要な製品である。

ワイヤーハーネスに求められる性能は、安定した電圧・信号の供給、確実な接続・配線、隣接回路と擦れ合うことによる電磁気的なリーク・短絡の防止、使用環境による耐熱性（エンジンルーム内など）、コネクタの小型化、耐久性などである。

最近では、ワイヤーハーネスが電気信号をデジタル信号化し、多重化通信が可能な光ファイバ線に代わるケースもある。これにより配線数を減らすことができるため、自動車以外にも、飛行機や衛星、ロケットの一部でも利用されることがある。平成25年に打ち上げられた国産ロケット「イプシロン」にもワイヤーハーネスの技術が使われている。また、光ファイバ線については、ワイヤーハーネス内に一緒に組づけられるものと、別に配線される場合もある。

③　担保実務上のポイント

ワイヤーハーネスは、自動車メーカーなどのバイヤーの要請に応じて組み立てるため、同一のメーカーでは汎用性がある場合があるが、長さ、耐熱性等の各バイヤー企業の要求精度が異なる場合もあり、製品としての流通性はきわめて低い。また、他の部品メーカーに売り渡すことは困難である場合が多いので、担保取得時には確認が必要である。

④　換価処分時のポイント

製品に汎用性がある場合で、発注企業以外の部品メーカーに売り渡し、換価処分ができたとしても、その部品の製造責任の点から、検品作業が発生するなど、流通までにコストと時間がかかる。また、自動車メーカーなどは部品を極力もたない方式（トヨタのジャストインタイム方式など）を採用していることが多く、1週間から10日程度で、同じ部品を増産できる体制をとっているため、短期間に売却の交渉をする必要がある。

162　建築用金属製品

1　概　要
(1)　対象となる動産

建築用金属製品とは、日本産業分類によればアルミニウム製サッシ、ドア、その他の金属製サッシ、ドア、シャッターなどを指す。本稿ではアルミニウム製サッシ（アルミサッシ）やアルミドア、シャッターなどの金属製の各種建材に加えて、住宅やビルの建築に使用される金属部材のうち構造材や屋根、配管設備機器以外に用いられる釘や蝶番（ちょうつがい）、郵便箱といった建築金物について解説する。

(2)　商流および市場特性・特徴

アルミサッシやドアなどの建材や建築金物は、住宅やビルに使われるため、木造住宅や非木造住宅、ビルなどの建設需要の影響を受ける。流通経路としては、メーカーから特約店や代理店を経由して最終的に建設業者に引き渡されるのが一般的である。

(3)　資金需要

各種建材や建築金物は標準規格が定められ、その種類も多数あるうえ、納入先である建設業者からは短納期を求められる場合が多い。このため、卸売業者や取付工事業者は在庫負担があり、運転資金需要が発生する要因となっている。また、長引く景気低迷の影響を受け、メーカーが在庫水準を抑制していたが、平成26年4月の消費税率引上げを見据えて住宅着工やビルの建築投資が増加しているため、追加的な在庫資金負担が発生するケースも出ている。

(4)　その他

建築用金属製品のうち、アルミ建材は住宅やビルなどで一般的に使われるものが多く、全体の流通市場の規模は比較的大きい。しかしながら、特定の住宅メーカーや建設業者向けの専用のデザインや規格の製品の場合は需要者

を見つけることはむずかしく、最終的にスクラップとしての価値しか認められなくなるケースもある。また、特注品として製造されるものに関しては、特殊性が高ければ高いほど販売ルートが限られる。

(5) 関連情報
・一般社団法人日本サッシ協会
 http://www.jsma.or.jp/Top/tabid/57/Default.aspx
・一般社団法人カーテンウォール・防火開口部協会
 http://www.cw-fw.or.jp/

2 代表的な動産

(1) アルミサッシ

① 動産概要

サッシとは、窓枠もしくは窓枠として用いる建材をいう。サッシの材質は、アルミニウムにマグネシウムやマンガンを添加した合金が主流である。かつてはスチールや木がサッシに用いられていたが、鉄に比べて軽量であり、合金化して熱処理をすることにより、強度を増したり耐腐食性を高めたりすることができるため、アルミニウム合金が主流となっている。

② 業界動向

アルミサッシの需要は、国内の住宅やビルの建設状況に影響を受ける。一般社団法人日本サッシ協会によれば、アルミサッシの需要は近年、おおむね安定しており、平成25年度は前年比3.4％増の22万9,000トンと予測されている（図表162-1参照）。内訳は住宅向けが同3.4％増の13万5,000トン、ビル用が同3.3％増の9万4,000トンとなっている。これは平成24年度の新設住宅着工数が前年度比5.8％増と見込まれること、また、非木造建築物の着工床面積が前年度比5.5％増と見込まれるためである。

③ 担保実務上のポイント

アルミサッシは住宅用とビル用に大別される。住宅用は、標準規格に基づく製品が中心であり汎用性が高い。これに対し、ビル用はオーダーメイドに

図表162－1　平成25年度アルミ建材需要予測

（単位：千トン）

年　度 項　目	平23 実績	前年比	24 見込み	前年比	25 予測	前年比
木造用（住宅向け） (1)	130	1.8%	131	0.2%	135	3.4%
ビル用 (2)	91	1.8%	91	0.1%	94	3.3%
アルミサッシ計 (1)＋(2)＝(3)	221	1.8%	222	0.1%	229	3.4%
ドア (4)	27	3.5%	27	0.5%	28	3.7%
エクステリア（外構） (5)	85	4.7%	91	7.4%	95	4.4%
アルミ製室内建具 (6)	27	5.7%	27	▲0.6%	27	0.0%
アルミ建材計 (3)＋(4)＋(5)＋(6)	360	2.9%	367	1.8%	379	3.4%

（出所）　一般社団法人日本サッシ協会

よる特注品が中心であり、用途が限定的となる。こうした点をふまえ、アルミサッシを担保活用する際は在庫の構成、受注状況、販売状況などについて用途別に把握し、継続的にモニタリングしていくことが重要となる。特に特注品に関しては、受注先に対する納品状況に問題がないか等について確認することが望ましい。

④　換価処分時のポイント

　上述のとおり、住宅用のアルミサッシは比較的汎用性が高いため、他の建材取扱業者への転売を検討しうる。一方、ビル用のアルミサッシは特注品が多いため、換価処分時の売却候補先は原則、当該製品の受注先に限定される。かりに受注先への売却が成立しない場合は、金属スクラップとしての処分を検討せざるをえない可能性もある。

⑵　ドア、シャッター等のアルミ建材
① 動産概要

　アルミ建材とは、本稿ではアルミニウム合金を用いたドアやシャッターやエクステリア（外構）などの総称とすることとする。エクステリアとは、明確な定義はないが住宅の外部にある、門扉、車庫、塀など、建物の外にある構造物をいう。アルミサッシと同様にアルミニウムという素材がもつ軽量、耐腐食性といった性質を活用した建材である。

② 業界動向

　各種アルミ建材の需要は国内の住宅やビルの建設状況に影響を受ける。一般社団法人日本サッシ協会によれば、アルミ建材の需要は近年、おおむね安定しており、平成25年度は前年比3.4％増の15万トンと予測されている。内訳はドアが同3.7％増の2万8,000トン、エクステリアが同4.4％増の9万5,000トン、アルミ製室内建具が前年並みの2万7,000トンとなっている。これは平成25年度の新設住宅着工数が消費税の増税、震災復興や住宅関連の優遇税制の延長拡充などにより、前年度比3.4％増と見込まれること、また、ビル用などの非居住分野についても東日本大震災の復興需要や企業の設備投資も底堅く推移すると見込まれることから、全体では前年度比3.4％増と予測されている。

③ 担保実務上のポイント

　ドア、シャッター等のアルミ建材も、アルミサッシと同様、住宅用とビル用に大別される。住宅用は、標準規格に基づく製品が中心であり汎用性が高い。これに対し、ビル用はオーダーメイドによる特注品が中心であり、用途が限定的となる。こうした点をふまえ、アルミ建材を担保活用する際は在庫の構成、受注状況、販売状況などについて用途別に把握し、継続的にモニタリングしていくことが重要となる。特に特注品に関しては、受注先に対する納品状況に問題がないか等について確認することが望ましい。

④ 換価処分時のポイント

　上述のとおり、住宅用のアルミ建材は比較的汎用性が高いため、他の建材

取扱業者への転売を検討しうる。一方、ビル用のアルミ建材は特注品が多いため、換価処分時の売却候補先は原則、当該製品の受注先に限定される。かりに受注先への売却が成立しない場合は、金属スクラップとしての処分を検討せざるをえない可能性もある。

(3) **建築金物**

① 動産概要

建築金物は、アルミニウムや鉄をはじめとする各種金属素材が原料となる。品目としては釘や蝶番、取手（とって）、かすがいや筋かいと呼ばれる材木を接続する金物等、品目は多種多様である。

② 業界動向

建築金物も国内の住宅やビルの建設状況に影響を受ける。明確な統計資料はないが、足元の状況としては平成25年度の新設住宅着工数が消費税の増税、震災復興や住宅関連の優遇税制の延長拡充などにより底堅く推移すると見込まれる。

③ 担保実務上のポイント

建築金物を取り扱う卸売業者は受注先からの即納要請に対応するため、多品種少量の在庫を保有することが求められる。したがって、担保取得にあたっては、在庫データの整備状況や実地棚卸の頻度、保管現場における在庫管理の精度などについて十分確認したうえで、融資実行後も継続的なモニタリングを行っていく必要がある。

④ 換価処分時のポイント

建築金物の大半は一般消費者向けではなく業務用が中心であるため、換価処分時における売却候補先は限定的となる。また、比較的低い単価（数十円から数千円が中心）かつ多品種少量という在庫の特性から、換価処分に際しては大幅な価格ディスカウントを要求されることがある。

(4) **仮 設 材**

① 動産概要

仮設材は建設工事現場等で一時的に設置され、工事終了後は撤去される工

作物（施設や設備）のことで、重仮設材と軽仮設材に分類される。

重仮設材とは、主に土木・建築工事で土留めや仮設橋等として使用される鋼矢板、鋼製山留材、H型鋼、敷鉄板、覆工板等の資材を指し、軽仮設材とは、主に建築工事で一時的に設置される鋼製型枠、枠組足場、支保工等の資材を指す。また、軽仮設材とは、建枠、布板、万能板、ブレース、パイプ、タラップ、ジョイント等、種類が多岐にわたる。材質は、昭和20年代から徐々に木製から鋼製に移行しており、現在では鉄製やアルミ製も使用されている。

仮設材は法定耐用年数が短いうえに価格も相応に高いため、所有する企業にとっては償却負担が大きい。よって、コスト抑制の観点から、保有形態が自社所有からリースやレンタルへと変化してきた経緯があり、現在では軽仮設資材のリース依存度は9割超ともいわれている（一般社団法人軽仮設リース業協会ホームページより）。しかしながら、現実には法定耐用年数を超えても壊れるまで使用することが可能であり、特に溶接等による修復ができる素材の場合は、法定耐用年数を大きく超えて使用することも可能である。

② 業界動向

仮設材は建設現場で使用されるため、その需要は建設投資の増減に影響される。

国土交通省の「建設投資見通し」によると、建設投資額は平成4年の84兆円をピークに減少傾向となり、平成23年度にはピーク比半分の水準まで低下した（図表162-2参照）。平成24年度は東日本大震災からの復興需要等により増加に転じ、平成25年度も増加の見通しであるが、復興需要に加え平成24年度の補正予算の特需による部分が大きく、中長期的なトレンドは不透明である。

また、前述の建設投資額に含まれない建築物リフォーム・リニューアル投資額については、同じく国土交通省の「建設投資見通し」によると平成24年度に8兆5,600億円となり、遥増傾向にある（図表162-3参照）。

業界動向を展望するにあたり、仮設材の需要は建設投資全体と同様の傾向

と見込まれ、国内経済の成熟に伴い、将来の大幅な増加は期待できない。よって、建築物のリフォーム・リニューアル需要の取込みが、各社の今後の課題になるとみられる。

③　担保実務上のポイント

仮設材の担保取得手続としては、商品として所有している場合（流動資産

図表162－2　建設投資額（名目値）の推移

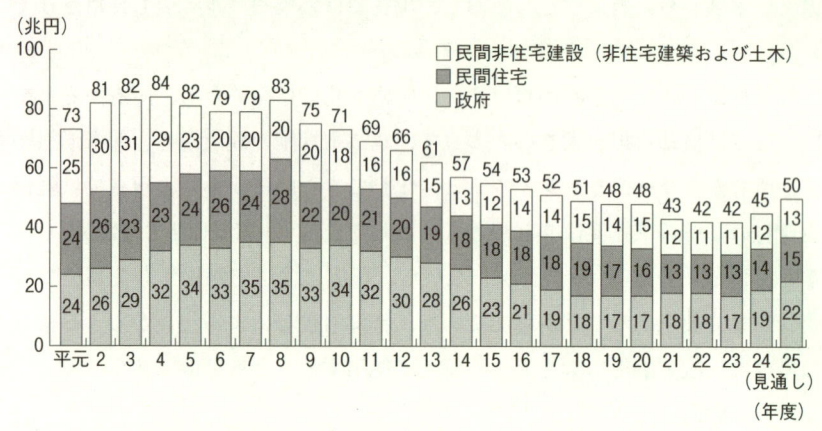

（兆円）

凡例：
- □ 民間非住宅建設（非住宅建築および土木）
- ■ 民間住宅
- ■ 政府

年度	民間非住宅	民間住宅	政府	合計
平元	25	24	24	73
2	30	26	26	81
3	31	23	29	82
4	29	23	32	84
5	23	24	34	82
6	20	26	33	79
7	20	24	35	79
8	20	28	35	83
9	20	22	33	75
10	18	20	34	71
11	16	21	32	69
12	16	20	30	66
13	15	19	28	61
14	13	18	26	57
15	12	18	23	54
16	14	18	21	53
17	14	18	19	52
18	15	19	18	51
19	14	17	17	48
20	15	16	17	48
21	12	13	18	43
22	11	13	18	42
23	11	13	17	42
24	12	14	19	45
25（見通し）	13	15	22	50

（出所）　国土交通省「平成25年度建設投資見通し」

図表162－3　建築物リフォーム・リニューアル投資額の推移

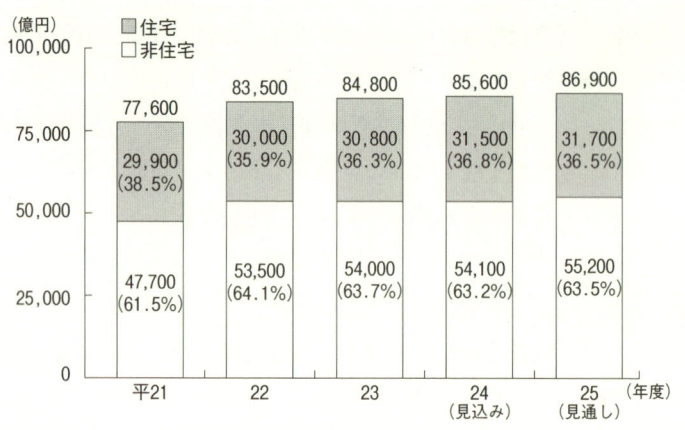

（億円）

凡例：
- ■ 住宅
- □ 非住宅

年度	非住宅	住宅	合計
平21	47,700 (61.5%)	29,900 (38.5%)	77,600
22	53,500 (64.1%)	30,000 (35.9%)	83,500
23	54,000 (63.7%)	30,800 (36.3%)	84,800
24（見込み）	54,100 (63.2%)	31,500 (36.8%)	85,600
25（見通し）	55,200 (63.5%)	31,700 (36.5%)	86,900

（出所）　国土交通省「平成25年度建設投資見通し」

に計上）でも、自社使用分として所有している場合（固定資産に計上）でも、集合動産として担保取得する。

　前述のとおり仮設材は種類が多岐にわたるため、動産譲渡登記にあたり、動産の特定情報である動産種類については、対象動産の内訳を確認のうえ、もれのないように留意する必要がある。

　また保管場所の所在地については、商品在庫の場合は在庫管理に基づいて所在地の特定が可能と考えられるが、自社使用分として所有している場合には注意が必要となる。動産譲渡登記にあたり、自社の資材置場を対象動産の所在地として特定することが一般的であるが、稼動中の仮設材は工事現場に所在しているため、工事期間中は担保対象外となってしまうためである。稼働中のものを含めてすべての仮設材を担保取得するためには、工事現場の工事進捗状況を常に把握し、現場が変わる度に担保取得手続を行う必要があるが、これは事務負担や費用を考慮すれば非現実的である。よって実務的には、担保権設定者による仮設材の稼働状況に応じた分別管理および情報開示を求め、自社の資材置場に所在する仮設材のみを担保対象とすることになる。

　仮設材を調達する際は、購入による以外にリースや割賦が利用されるケースもある。リース・割賦を利用中の仮設材は利用者に所有権がないため担保取得できない一方、そうした仮設材を保管現場で判別することには困難が伴う。このため、仮設材を担保取得する際には、在庫全体のデータとともに、リース・割賦を利用中の在庫を特定できるデータについても提出を受ける必要がある。

　また、仮設材は企業により在庫の管理の精度が大きく異なることから、融資の入口で在庫管理に関する社内体制、在庫管理システムの内容、実地棚卸の頻度等を確認することが必要であり、その際、保管場所でのサンプリング調査も行うことが望ましい。

　なお、足場等の仮設材をレンタルする企業の場合、「ケレン」と呼ばれるコンクリートや塗料の除去作業を適切に行いレンタル用在庫の価値を維持し

ているかを確認することも重要となる。
④　換価処分時のポイント

　仮設材は中古市場が存在するため比較的換価処分しやすい動産であり、素材によってはスクラップとしての価値も期待できる。よって、耐用年数の範囲内の仮設材は中古品として売却し、耐用年数超のものはスクラップを前提とした処分シナリオを策定する。なお、仮設材の換価価値は、ケレン作業を含む維持管理によるところが大きく、その良否によって、耐用年数を経過していても中古品として販売できるケースや耐用年数の範囲内でもスクラップとして処分せざるえないケースが起こりうる。

　換価処分を行う際には、まずは全量を保管できる資材置場と、仮設材の移動手段を事前に確保しておくことが必要となる。資材置場は基本的に屋外の更地で問題ないが、在庫量によっては広大な面積を要すること、盗難防止のためセキュリティ設備の有無について確認しておくことが必要である。また移動手段については、すみやかな回収・移動を行うために在庫量に応じた台数のトラックを事前に手配することや、仮設材の種類によっては平ボディではなくクレーン付トラック等を使用することも検討する。

　ただし、上記のとおり仮設材を移動させることにより発生するコスト（輸送料、保管料等）を考慮すると、既存の資材置場を継続して賃借し、売却に応じて順次出荷する方法が最も債権回収の極大化を図れる方法と考えられる。よって、換価処分の局面においては、まずは既存の資材置場の継続賃借を最優先に検討することが望ましい。

163　産業・建築土石製品

1　概　　要
(1)　対象となる動産
　土石製品に関する明確な定義はないが、総務省の産業分類では窯業・土石製品としてガラス、セメント、陶磁器、レンガ、砕石などが分類されている。本稿では建築用資材として用いられるレンガ、天然の岩石を破砕機等で人工的に小さく砕いて土木・建築用資材として適する粒度に加工した砂利や砂（骨材）を中心に解説する。

(2)　商流および市場特性・特徴
　土木・建設用資材の需要は公共投資や民間設備投資、なかでも土木建築工事の動向に大きく影響を受ける。また、レンガや砕石のように単位重量当り単価が低いものが多いため、流通や販売には地域的な制約を受ける。したがって、レンガのように一部、輸入されるものもあるが、土石製品の多くは国内で生産され、販売されるものがほとんどである。

(3)　資金需要
　土石製品の製造では、受注生産もしくは一定の受注予測による見込生産が中心である。受注先に対する納期への対応や欠品防止、製造設備の効率的な運用の観点から、余裕をもって在庫を保有する必要があり、そのための一定の資金需要がある。

(4)　その他
　土木建築投資動向の影響、受注状況や見込生産品の販売状況を含めた商流や在庫内容を詳細に確認することが必要である。

(5)　関連情報
・日本れんが協会
　http://www.japanbricks.jp/
・耐火物協会

http://www.taikabutsu.gr.jp/

・一般社団法人日本砕石協会
http://www.saiseki.or.jp/

2　代表的な動産
(1)　レ ン ガ
① 動産概要

　レンガとは粘土や泥を成形し、乾燥、焼成した建築材料であり、JIS（日本工業規格）では、普通レンガ、建築用レンガ、炉材として用いられる耐火レンガに分類されている。レンガは明治時代に普及したが、地震に弱いという構造材としての難点があり大正12年の関東大震災以降、小規模な建物を除きレンガを使用することは激減し、鉄筋コンクリートへの代替が急速に進んだ。

② 業界動向

　経済産業省の「窯業・建材統計年報」によれば、耐火レンガの生産量は平成22年以降、おおむね安定しており、年間34万〜37万トン台で推移している。

③ 担保実務上のポイント

　レンガは、建設投資や炉の改修工事等の動向に影響を受ける。ユーザーの注文に基づき受注生産されるレンガについては汎用性がないため、担保取得時だけでなく、取得後も標準品、特注品の割合や受注（見合い）品の製造、在庫品の保有状況の変動等に注意していく必要がある。

④ 換価処分時のポイント

　レンガは日本工業規格（JIS規格）に基づく標準品である一方で、需要は限られており、通常の商流以外での販売はむずかしい。このため、既存取引先の設備投資計画やその受注状況を含めた商流や在庫内容を継続的にチェックしておくことが必要である。

　また、特注品については基本的に発注したユーザーしか使用しないため、

換価処分時に製品として販売する先は当該製品の他のユーザーに限定される可能性が高い。

(2) 骨　材

① 動産概要

コンクリートやアスファルト混合物をつくる際に用いられる砂利や砂などの材料のことを、骨材（こつざい）という。なお、砕石（さいせき）とは、天然の岩石を破砕機等で人工的に小さく砕き、道路用骨材やコンクリート用骨材等の土木・建築用資材として適する粒度に加工したものをいう。

砂利とは、直径2〜5cm程度の石や小石に砂が混ざったものをいう。砂利には、白色系、黒岩系、褐色系、赤色系など採掘地により、さまざまな色やかたち、密度のものがある。

砂とは、岩石が風化・浸食・運搬され生じた砕屑物（砕屑性堆積物）、または、岩石が人工的に破砕された砕屑物をいう。粒径が2〜1/16mm(62.5μm)のものを砂というが、砂より粒径の大きいものを礫、小さいものを泥（粘土とシルト）という。

骨材は、粒径によって粗骨材（そこつざい）と細骨材（さいこつざい）に分類される。粒径5mm以上のものが重量ベースで85％以上含まれる骨材を粗骨材、粒径10mmのふるいをすべて通過し、5mm以下のものが重量ベースで85％以上含まれる骨材を細骨材と呼ぶ。

規格としては、洗砂利（砂）については、JIS A 5308「レディーミクストコンクリート用骨材」がある。また、砕石についてはJIS A 5005「コンクリート用砕石及び砂利」が存在し、砂利および砂の標準粒度は図表163－1のとおりである。天然砂利と砕石とを比較すると、砂利は全体的に丸みを帯びた形状であるのに対し、砕石は角張った形状をしていることが多い。

道路用砕石の規格としてはJIS A 5001が存在し、クラッシャラン、粒度調整砕石、スクリーニングスに分類されている。

② 業界動向

骨材の需給量の推移は以下のとおりである（図表163－2、163－3参照）。

図表163－1　砂利および砂の標準粒度

ふるいの呼び寸法 骨材の種類＼最大寸法(mm)		50	40	30	25	20	15	10	5	2.5	1.2	0.6	0.3	0.15
細骨材		—	—	—	—	—	—	100	90~100	80~100	50~90	25~65	10~35	2~10
粗骨材	40	100	95~100	—	—	35~70	—	10~30	0~5	—	—	—	—	—
粗骨材	25	—	—	100	95~100	—	30~70	—	0~10	0~5	—	—	—	—
粗骨材	20	—	—	—	100	90~100	—	20~55	0~10	0~5	—	—	—	—

（出所）「JIS A 5308　レディーミクストコンクリート」

1990年代に入り、建設・公共投資の減少等により骨材の需給は減少傾向にある。供給面でも砂利・砕石ともに減少傾向にある。また、砕石の生産、出荷推移をまとめたものが図表163－4、163－5である。特に道路用の砕石が減少している。月次の砕石生産量をまとめたものが図表163－6である。例年3月と10~12月に生産量が増加する傾向にある。

　骨材はいずれも重量がかさむため、販売価格のなかで運搬コストが占める割合が高い。したがって、供給は工事現場に近いほうが有利であり供給範囲はおのずと限定されるだけでなく、地域ごとの需給状況によって価格が形成される傾向にある。

③　担保実務上のポイント

　砂利や砂などの骨材は保管場所における正確な数量把握は困難である。したがって、定期的に顧客から現状の保管量を聴取するとともに保管状況を写真で撮影するなどして、継続的に概算保管量を把握する必要がある。また、価格面についても相場との乖離がないかを確認するとともに、債務者の状況によっては入庫状況や取引先からの受注・納品状況などエビデンスも含めて確認する必要がある。

④　換価処分時のポイント

　砂利や砂などの骨材は運搬コストがかかるうえに、販売においては品質以

図表163−2　骨材の需要量推移

(単位：百万トン)

年	コンクリート用	道路ほか用	合　計
昭63	543	284	827
平元	551	311	862
2	604	345	949
3	597	322	919
4	575	317	892
5	550	314	864
6	558	294	852
7	563	286	849
8	577	285	862
9	536	284	820
10	495	240	735
11	500	229	729
12	500	234	734
13	475	271	746
14	445	263	708
15	418	221	639
16	397	193	590
17	401	148	549
18	395	149	544
19	366	142	508
20	331	125	456
21	278	112	390
22	262	118	380
23	264	109	373

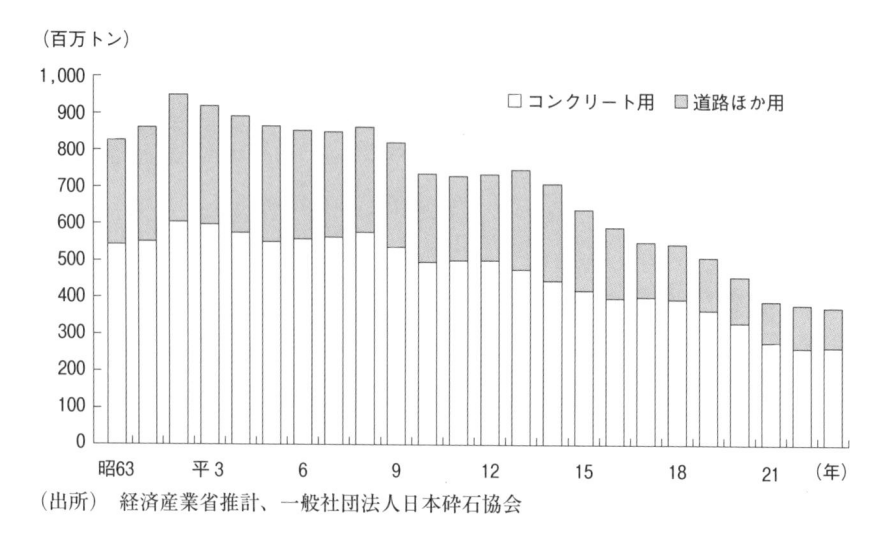

(出所)　経済産業省推計、一般社団法人日本砕石協会

第2章　生産・消費（集合動産中心）

図表163−3　骨材の供給量推移

(単位：百万トン)

年	砂利					砕石計	その他計	合計
	河川	山	陸	海	計			
昭63	44	96	116	77	333	482	12	827
平元	43	109	126	78	356	491	15	862
2	49	121	151	89	410	526	13	949
3	43	117	134	78	372	535	12	919
4	38	110	127	77	352	526	14	892
5	38	107	118	75	338	512	14	864
6	37	94	130	80	341	497	15	852
7	38	96	131	83	348	484	17	849
8	35	97	144	81	357	487	18	862
9	32	83	128	72	315	487	18	820
10	28	76	118	67	289	430	16	735
11	28	81	113	79	301	412	16	729
12	25	80	107	66	278	431	25	734
13	24	76	106	57	263	463	20	746
14	20	69	92	50	232	454	22	708
15	19	76	84	40	219	398	22	639
16	19	62	81	38	199	369	22	590
17	19	59	76	34	188	338	23	549
18	18	56	71	26	171	350	23	544
19	14	54	59	24	151	336	20	507
20	13	55	49	22	139	299	18	456
21	11	45	44	18	118	258	14	390
22	10	33	40	17	100	264	16	380
23	11	29	38	17	95	264	14	373

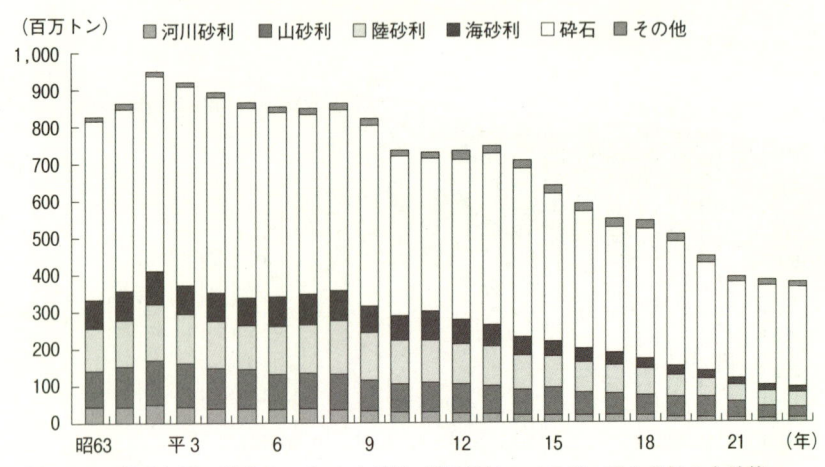

(注)　「その他計」欄の数値は、人工（天然）軽量骨材、スラグ、輸入骨材の合計値。
(出所)　経済産業省推計、一般社団法人日本砕石協会

図表163-4　砕石の生産量推移

(単位：千トン)

年	砕石生産量	うち道路用	うちコンクリート用
平5	435,850	249,622	139,421
6	423,787	234,322	145,917
7	410,325	219,696	148,834
8	440,839	225,879	161,748
9	422,657	215,011	160,222
10	375,434	189,230	146,835
11	360,021	174,720	144,128
12	354,046	162,875	148,732
13	342,448	147,314	141,144
14	314,233	133,056	134,423
15	292,161	124,691	129,862
16	270,558	113,726	124,378
17	263,309	104,069	128,155
18	265,016	100,763	130,477
19	233,359	80,257	125,196
20	206,727	69,002	113,969
21	179,003	63,797	95,132
22	174,488	60,122	92,844
23	168,945	58,140	92,558
24	175,207	59,359	97,723

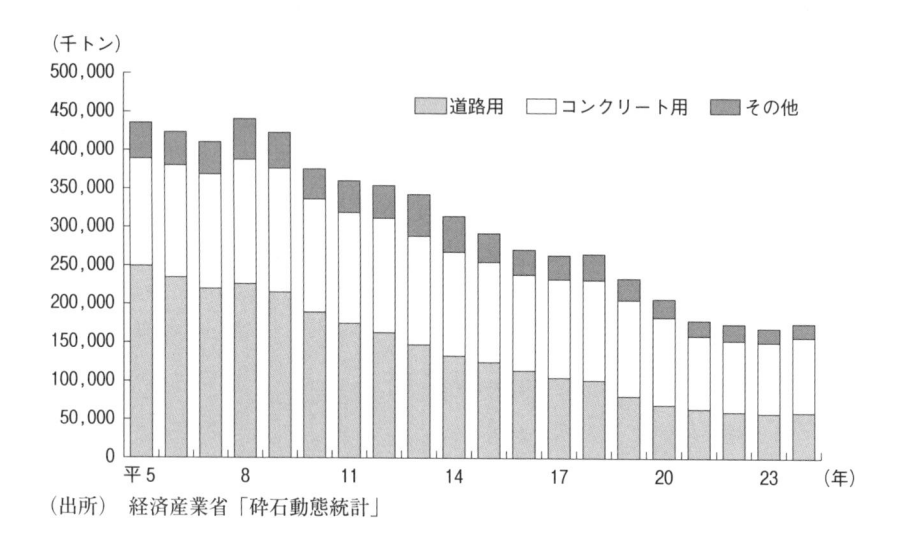

(出所)　経済産業省「砕石動態統計」

第2章　生産・消費（集合動産中心）

図表163－5　砕石の出荷推移

(単位：千トン、百万円)

年	数　量	金　額
平5	432,263	485,669
6	418,773	487,879
7	408,710	480,137
8	438,938	507,154
9	464,728	484,117
10	371,913	435,982
11	357,676	416,147
12	352,253	401,735
13	341,669	378,525
14	312,959	343,581
15	291,639	321,454
16	269,757	291,575
17	263,377	289,637
18	263,273	285,777
19	231,107	256,148
20	205,135	229,665
21	175,522	195,915
22	174,011	196,819
23	167,664	190,277
24	174,086	202,855

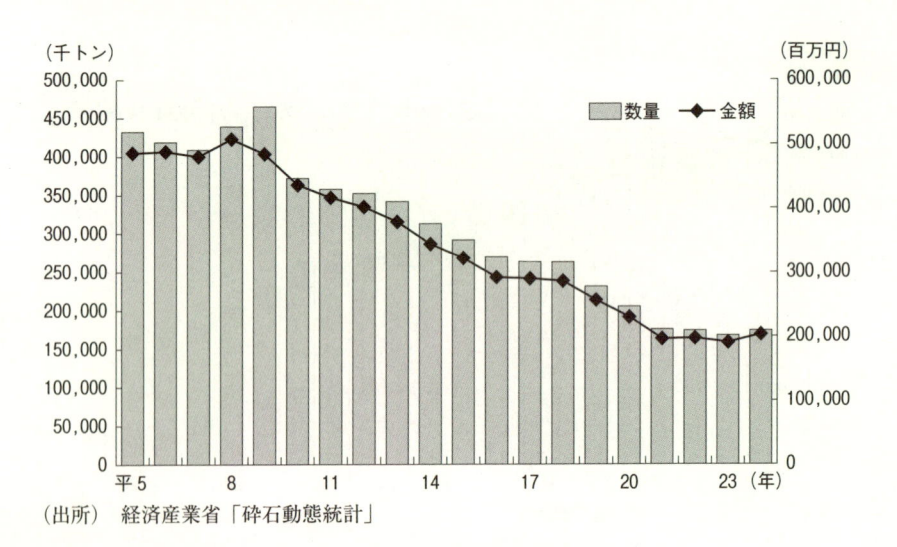

(出所)　経済産業省「砕石動態統計」

図表163－6　砕石の月次生産量推移

(単位：千トン)

平22	道路用	コンクリート用	平23	道路用	コンクリート用	平24	道路用	コンクリート用
1月	4,734	7,002	1月	4,008	6,817	1月	4,063	6,948
2月	5,454	7,637	2月	5,110	7,586	2月	4,783	7,868
3月	6,835	8,130	3月	5,702	7,708	3月	5,963	8,391
4月	4,574	7,452	4月	4,421	7,575	4月	4,274	7,536
5月	4,073	6,967	5月	4,054	6,702	5月	4,491	7,962
6月	4,741	7,751	6月	4,863	7,519	6月	4,800	7,881
7月	4,776	7,613	7月	4,701	7,477	7月	4,864	8,152
8月	4,399	7,101	8月	4,519	7,455	8月	4,450	7,664
9月	4,683	7,800	9月	4,793	7,566	9月	5,029	8,248
10月	5,352	8,294	10月	5,321	8,650	10月	5,837	9,298
11月	5,526	8,670	11月	5,621	8,839	11月	5,778	9,189
12月	4,976	8,427	12月	5,026	8,663	12月	5,028	8,586

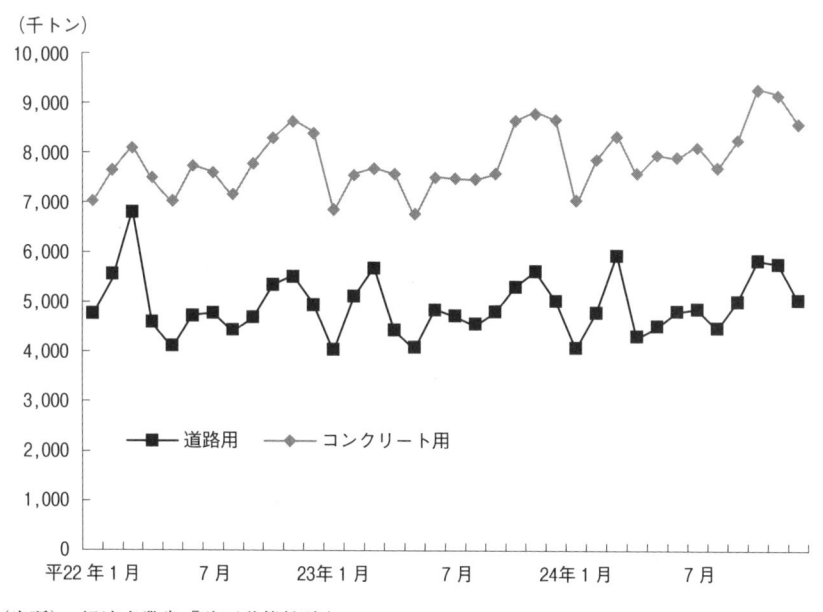

(出所)　経済産業省「砕石動態統計」

上にコストが重視されることから、換価処分に際しては採掘場所の近隣もしくは既存取引先への販売に限定せざるをえない。

ものとしての換価処分ができない場合は、既存取引先を含む販売ルートや採掘の権利などを総合的に評価できる事業者への営業譲渡となる可能性が高い。

第6節　繊維・紙・木材・皮革

164　繊維製品

1　概　　要
(1)　**対象となる動産**

繊維製品とは、毛織物、綿糸、衣料品など繊維を原料とする製品をいう。動物の毛や植物などから得られる天然繊維だけでなく、人工的につくられた化学繊維も含め繊維製品には多くの種類がある。繊維素材（原料）だけでなく、その製品まで含めて、衣・食・住の「衣」としてわれわれの生活に必要不可欠なものである。一方で、流行や個人の嗜好の影響を強く受ける特徴がある。

(2)　**商流および市場特性・特徴**

繊維産業全体の市場規模は縮小傾向にある。繊維産業の製造品出荷額（四人以上の事業所）は平成12年に7兆2,200億円規模であったが、平成17年には5兆円台を割り込み、以降平成23年には3兆9,600億円まで落ち込んでいる。生産機能の海外シフトが進むとともに、国内市場で安価な海外産品が国内産品の需要を奪っており、その影響から事業所数・従業員数とも減少傾向にある。

繊維全体の供給量は平成16年以降一貫して減少傾向にあったが、平成21年は対前年比の減少幅が平成16年以降最も大きく、10％の減少となった。平成16年の303万トンと平成21年の250万トンを比較すると、5年間で17％供給量が減少している。需要も全般的に減少傾向で推移している。平成21年は228万トン（前年比9％減）であり、平成16年の272万トンと比較すると5年間で16％減少している。

繊維は輸入依存度も高く、輸入比率は2000年代前半から年々上昇してお

り、2000年代後半には約9割に達している。

(3) **資金需要**

顧客ニーズに対して迅速に対応できるように、豊富なサイズや色を取り揃える必要があり、在庫資金需要がある。繊維製品の場合、長年の商慣習により代金回収に先立ち加工委託先への支払が発生することが多いため、受注生産であっても一定の在庫資金負担が発生する。

(4) **その他**

繊維製品の多く、特に繊維素材は用途や仕様がユーザーの注文に基づき受注生産される特注品が中心であり、概して汎用性は低い。したがって、基本的に当該製品は発注した販売先しか使用できない可能性が高い。

(5) **関連情報**

・日本紡績協会

http://www.jsa-jp.org/

・日本毛織物等工業組合連合会

http://www.jwwa.net/

・日本化学繊維協会

http://www.jcfa.gr.jp/

2 代表的な動産

(1) **糸**

① 動産概要

天然繊維や化学繊維を原料素材とし、そろえて、撚り（より）をかけたものを糸といい、太さや生産方法によって、「太番手・中番手・細番手」や「単糸・双糸」といったさまざまな区分がある。

天然素材を原料とした糸は木綿や麻のような繊維のものもあれば、後述する羊毛を原料とした糸もある。

化学繊維は長い繊維をつくりだすことができるのに対し、自然素材を原料とした糸は繊維の長さが短い。このため、まとめ、つなげることにより扱い

やすいものとしている。

② 業界動向

繊維業界では生産機能の海外シフトが進むとともに、国内市場で安価な海外産品が国内産品の需要を奪っており、その影響から事業所数・従業員数とも減少傾向にある。

平成24年の綿糸の国産品と輸入品の生産割合は、国産品が約40％、輸入品が約60％となっている。輸入品の国別シェアをみると、インドネシア、パキスタン、インドが上位を占めており、この３カ国からの輸入量は約４万4,000トンと、輸入品（綿糸）全体の約８割近くを占めている。

一方、同年の綿織物の国産品と輸入品の生産割合は、国産品が29％、輸入品が71％となっている。輸入品の国別シェアをみると、中国、インドネシア、パキスタンの３カ国からの輸入量が最も多くなっており（同年の３カ国の合計輸入量は約２億7,000万m^2）、輸入品（綿織物）全体の約９割を占めている。

綿糸と綿織物の需要は市場規模の縮小に伴って減少している。経済産業省の「繊維・生活用品統計」によれば、国内の綿糸メーカーによる綿糸の販売数量は、平成12年時点では約11万4,000トンだったが、平成24年は約２万4,000トンまで減少している（平成12年比79％減少）。また、国内の綿織物メーカーに関しても販売数量が綿糸と同様に落ち込んでおり、綿織物の販売数量は平成12年時点では約３億6,000万m^2だったが、平成24年は約１億1,000万m^2まで減少している（平成12年に比べ、約７割減少している）。

また、綿糸と綿織物の輸入量も減少し続けている。平成24年の綿糸の輸入量は約５万8,000トン、綿織物が同３億m^2となっており、平成12年時点と比較すると、綿糸が54％、綿織物が57％減少している。

③ 担保実務上のポイント

顧客ニーズに対して迅速に対応できるように、豊富なサイズ（糸の太さ）や色等を取り揃える必要があり、それに伴って一定の在庫保有リスクがある。繊維製品の場合、長年の商慣習により代金回収に先立ち加工委託先への

支払が発生することが多いため、受注生産であっても一定の在庫資金需要が発生する。

④　換価処分時のポイント

　糸は太さや色等の仕様がユーザーの注文に基づき受注生産される特注品が中心であり、概して汎用性は低い。したがって、基本的に当該製品は発注した販売先しか使用できないため、換価処分時に製品として販売する先も当該製品のその他のユーザーに限定される可能性が高い。

(2) 毛織物

① 動産概要

　毛織物とは、羊や山羊、ウサギなどの獣毛を原料とする織物をいう。羊の毛「ウール」が一般的だが、カシミアヤギの毛を用いた「カシミア」やアンゴラヤギの毛を用いた「モヘア」なども知られている。

② 業界動向

　経済産業省の「繊維・生活用品統計」によれば、平成24年の毛織物生産量は2,840万m^{2}と、前年比5％減少している。これは全織物生産量全体の4％程度にとどまっており、合成繊維織物や綿織物に比べてシェアは小さい。

　また、平成24年の毛織物（梳毛、紡毛）の輸出量は2,746万m^2、輸入量は2,284万m^{2}であり、上記の国内生産量を含めた国内供給量は約2,400万m^{2}であると推定される。

　国内の毛織物業界は、1990年代に入ってからも需要の減少が続いており、また、アジア各国からの安価な輸入品の流入増加もあって、厳しい業界環境が続いている。さらに、近年は、国内企業も海外に製造拠点をシフトさせており、国内生産量の減少に歯止めがかからない状況となっている。

　国内の毛織物業界では、従来より愛知県尾州地区が国内トップの生産量を誇っているが、同地区の毛織物業者についても、アパレルメーカー等からの細かい注文に対応できるよう中小零細業者が集結している。なお、愛知県尾州地区周辺には、毛織物業者のほか、紡績・糸染・撚糸・染色整理・補修など関連企業が多数存在しており、原材料の加工から製品までを同地区内で一

貫生産できる体制となっている。

　他繊維製品との競合に加えて、国内のアパレルメーカーが製造原価の安い中国等での海外生産の割合を増加しており、国内生産の毛織物に対する需要は低迷している。

　「繊維・生活用品統計」によれば、毛織物の国内出荷量は年々減少しており、平成24年は前年比7％減の3,253万m^2となっている。安価な中国やアジア諸国の製品の流入増加により、国内市場における毛織物の流通価格は下落傾向が続いている。財務省の「貿易統計」の輸入金額と輸入数量から算出した単純輸入単価は、平成24年に727円／m^2であり（前年比6％上昇）、平成12年当時の1,294円／m^2と比べると5割程度となっている。

③　担保実務上のポイント

　糸と同様に、毛織物についても顧客ニーズに対して迅速に対応できるように、豊富な種類や色を取り揃える必要があり、それに伴って一定の在庫保有リスクがある。他の繊維製品と同様、長年の商慣習により代金回収に先立ち加工委託先への支払が発生することも多いため、受注生産であっても一定の在庫資金需要が発生する。

④　換価処分時のポイント

　毛織物も製品の多くはユーザーの注文に基づき受注生産される特注品が中心であり、汎用性は概して低いと考えられる。したがって、基本的に当該製品は発注した販売先しか使用できないため、換価処分時に製品として販売する先も当該製品のその他のユーザーに限定される可能性が高い。

165　木材・木材製品

1　概　　要

(1) 対象となる動産

木材・木材製品には、板類や箱材、パレット用材といった一般製材をはじめ、単板、合板、床板、造作材、集成材、パーティクルボード、繊維板、木材チップなど数多くの種類があり、その用途も建築・土木から家具、包装、製紙、燃料などまで多岐にわたっている。

(2) 商流および市場特性・特徴

木材・木材製品は、日常生活に欠かせないものとして広く利用されており、各種用途に応じて形状やサイズ、品質なども多様である。さまざまな用途のうち、建築・土木用および家具製作用の需要が最も大きく、木材・木材製品全体の8割超を占める。国内の木材・木材製品需要をまかなうために、海外からの輸入材も多く流通しており、国産材の自給率は約3割にとどまっている。

また、木材・木材製品は、用途によって流通経路も異なる。最も需要の多い建築・土木用の場合、森林所有者から最終消費者までの流通経路は、素材（原木）生産業者、原木市場、製材工場、製品市場、木材卸売業者・小売業者もしくはプレカット工場、工務店など複数あり、流通構造は複雑である。

(3) 資金需要

木材・木材製品の多くは国内外で取引市場があり、その価格は国内の生産状況や需給動向にとどまらず、海外の需給や為替の変動などの影響も受けやすくなっている。木材・木材製品を取り扱う企業にとっては、原材料の仕入れから製品の販売までさまざまな場面で相場の変動に対応する必要があることから、相応の資金需要が発生する。また、木材・木材製品の原材料である原木の伐採時期が冬場に集中することや、住宅建設が夏から秋に集中することなど、木材・木材製品の業界においては一定の季節資金の需要もある。

(4) その他

　建築・土木用の木材・木材製品については、日本工業規格（JIS）または日本農林規格（JAS）に基づいて生産されるものが多く流通している。特に、建築物の基礎、主要構造部に使用する木材・木材製品に関しては、「建築基準法」によってJIS規格またはJAS規格に適合するものでなければいけないとされている。このため、担保適性の観点からJIS規格またはJAS規格に従って生産された木材・木材製品であれば、流通性は高いといえる。半面、木材製品メーカー独自の規格に基づく製品であれば、流通性が低くなる可能性があるため、注意が必要である。

(5) 関連情報

・農林水産省、木材統計調査
　http://www.maff.go.jp/
・経済産業省、繊維・生活用品統計
　http://www.meti.go.jp/
・一般社団法人全国木材組合連合会、木材関連統計
　http://www.zenmoku.jp/

2　代表的な動産

(1) 集成材

① 動産概要

　集成材は、日本農林規格（JAS規格）によれば、「ひき板、小角材等をその繊維方向を互いにほぼ平行にして、厚さ、幅及び長さの方向に集成接着をした一般材」と定義されており、構造物などの内部造作として使われる「造作用集成材」、「化粧ばり造作用集成材」、構造物の耐力部材として使われる「構造用集成材」、「化粧ばり構造用集成材」の4種類に分類される。建築用資材として利用する場合には、柱材や梁材などの用途に応じて求められる単位重量当りの強度が異なることから、サイズや形状だけでなく、ラミナ（ひき板あるいは小角材のピース）の積層数や強度などにおいても複数の規格がある。

集成材の製造に使用されるラミナには、国産材としては、カラマツ、スギ、ヒノキが使われており、輸入材としては、ホワイトウッド、レッドウッド、ベイマツなどが使われている。なお、国内で生産される集成材のうち、輸入材を原材料とするものが約8割を占めている。

複数のラミナを貼り重ねてつくられている集成材は、自然木の構造材よりも、単位重量当りの強度が強く、防火性能、加熱保湿性、吸音効果、調湿能力などに優れるといった特徴がある。また、幅、厚さ、長さ方向を自由に接着調整することができるため、長大材や湾曲材を製造することも可能である。

② 業界動向

集成材の生産量は、2000年代前半まで増加傾向にあったが、住宅着工の低迷などの影響もあって、平成18年をピークに減少に転じた。しかしながら、平成24年には、一転して政府による公共投資の増加などを受けて集成材の需要が増加し、農林水産省の「森林・林業白書」によれば、平成24年の年間生産量は152万4,000m^3と、前年比5％の増加となった。集成材の輸入量についても、国内の生産量と同様の動きがみられ、平成18年の97万1,000m^3をピークに減少に転じ、平成20年には2000年以降では最低の53万4,000m^3となった。その後、平成24年時点で80万m^3まで回復したものの、平成18年のピーク時の水準は下回っている（図表165-1参照）。

住宅市場の動向を示す国土交通省の「住宅着工統計」によれば、平成24年の住宅着工戸数は約88万2,800戸であり、前年比6％の増加となっている。このうち、木造住宅は約48万7,000戸と同5％の増加となっており、新設住宅全体の約55％を占めている。住宅着工戸数については、平成26年4月の消費税率の引上げに伴う住宅建設への駆込需要が強まっており、足元の集成材の需要増を支える材料となっている。

③ 担保実務上のポイント

集成材の製造には、シックハウス症候群の原因になるホルムアルデヒド成分が含まれる接着剤が使用される。JAS規格では、ホルムアルデヒド放散量

図表165-1　集成材の生産と輸入の推移

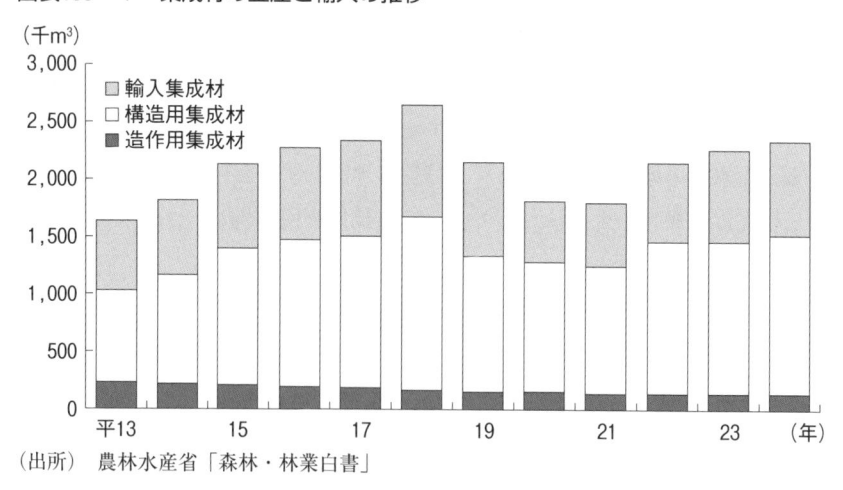

(千m³)
凡例：輸入集成材／構造用集成材／造作用集成材
横軸：平13, 15, 17, 19, 21, 23（年）

(出所) 農林水産省「森林・林業白書」

の多少によって最多の「F☆」から最少の「F☆☆☆☆」まで4等級の分類がある。近年は、建物の内装材などに「F☆☆☆☆」規格に適合する集成材を使用することが求められるケースが多くなっている。そのため、換価処分時に「F☆☆☆☆」規格に適合する在庫と適合しない在庫では換価価値に大きく差が出ることもあることから、在庫の構成ならびにその割合の変化に注意を払う必要がある。

④　換価処分時のポイント

木材・木材製品については、JIS規格またはJAS規格に適合するものであれば、相応の流通性が認められる。しかしながら、動産特性上、腐食、虫食い、カビなどが発生する可能性もあり、発生が認められた在庫については売却自体が困難になるので、注意が必要である。また、このような在庫がないか、担保取得後のモニタリングを通じて保管状況を継続的に確認することが重要である。

(2) 無垢材

① 動産概要

無垢材とは、原料の原木を切削加工して寸法を調整した材木のことであ

る。無垢材は含水量の違いから乾燥材（含水量が25％以下）と未乾燥材（含水量が25％以上）に大別されるが、日本農林規格（JAS規格）上では含水量の度合いによってさらに細かく分類されている。

　無垢の乾燥材は天然乾燥によって生産されるが、生産には長期間を要するうえ、含水率の低減に限度があり、品質管理がむずかしいとされる。このため、現在は乾燥材の生産において人工乾燥装置を使用するのが一般的となっている。

　無垢材は集成材と同様、使用目的から構造用や造作用などに分類され、それぞれの用途にあわせて日本農林規格（JAS規格）による等級区分が定められている。しかし、現状ではJAS認定の製材工場が少なく、日本農林規格（JAS規格）の無垢材の流通量が製材全体の約2割程度にとどまるといわれている。

② 業界動向

　日本国内では、無垢材生産に使用される製材用木材のうち、国産材の割合は約4割程度であり、残りの約6割は輸入外材となっている。製材用木材の大半は個人の住宅建築用途向けであり、その需要は新設住宅着工戸数の動向に大きな影響を受ける。ここ数年の新設住宅着工戸数の動きをみると、平成22年が約81万3,100戸、平成23年が約83万4,100戸、平成24年が88万2,800戸となっており、リーマンショック後の平成21年を底に増加傾向にある。国内の製材用木材の消費量も、この建設需要に連動し、平成24年は約2,600万m^3と、平成22年の約2,540万m^3から2％増加している（図表165－2参照）。

③ 担保実務上のポイント

　無垢材には、日本農林規格（JAS規格）に従って生産されるものがある一方、需要先の要望に応じて受注生産されるものも一定の割合ある。受注生産品の場合、発注先しか使用できないことから汎用性が低く、換価価値も汎用性の高い規格品より劣る。このため、担保取得時は受注生産品の有無を見極め、規格品と受注品が混在する場合には、その後のモニタリングを通じて割合の変動状況を確認することが必要である。

図表165-2　製材用木材の国内消費量の推移

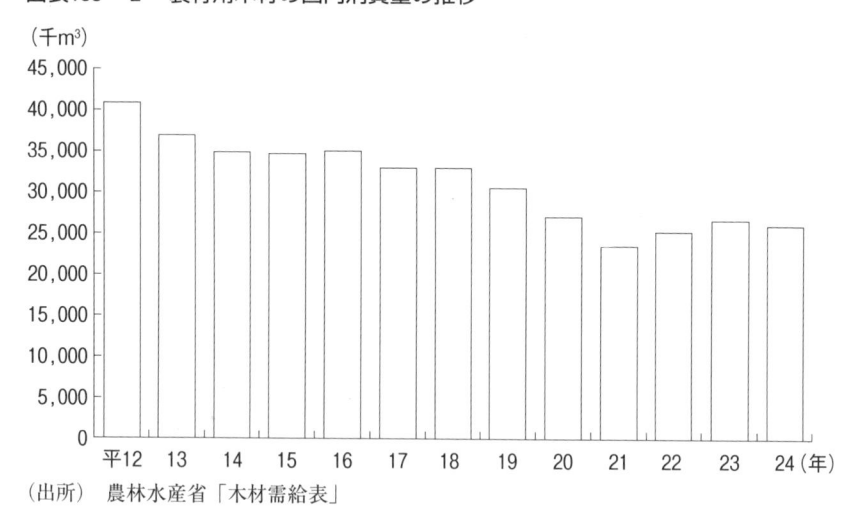

(千m³)

(出所)　農林水産省「木材需給表」

④　換価処分時のポイント

　無垢材は、集成材などの木材製品と同様、腐食、虫食い、カビなどの発生により、換価価値が低下する可能性があるほか、屋外保管など保管状況によっても、品質低下を招き、換価価値が低下することもある。したがって、換価価値が低下する事象が発生していないか、モニタリングにより在庫管理状況の継続確認が重要である。

166 紙製品

1 概　要

(1) 対象となる動産

日本工業規格（JIS）によれば、紙とは「植物繊維その他の繊維を膠着させて製造したもの」と定義されている。合成樹脂を原料にした不織布は紙の一種として分類されることもあるが、一般的には植物繊維を原料にしているものを指す。

紙は、板状になった厚くて固い板紙と新聞や本、雑誌などに使われる洋紙に大別される。原料はそれぞれ木材と古紙がほとんどを占める。この板紙や洋紙を原料に製品化したものを紙製品という。

(2) 商流および市場特性・特徴

紙の流通には1次卸と呼ばれる代理店と、2次卸と呼ばれる卸売業者が関与することが多い。需要者との関係で1次卸や2次卸を経由せず製紙メーカーと直接取引を行うケースもある。ただし、紙の国内市場需給はすでに成熟しており、取引関係も全体的には比較的固定化している。

(3) 資金需要

基本的に生産は受注生産であるが、多品種少量、多サイズ製品の短納期化といった顧客ニーズに対して迅速に対応できるように、見込生産で多くの種類の製品を取り揃える必要があり、それに伴った資金需要がある。

(4) その他

紙製品の場合、無地の規格品であれば販売先の確保は十分可能であるが、特定の取引先向けの製品は当該企業に引き取ってもらえない場合、販売価格が大幅に下がる点に留意が必要である。

(5) 関連情報

・全国段ボール工業組合連合会
　http://zendanren.or.jp/

・全日本紙器段ボール箱工業組合連合会
　http://www.mmjp.or.jp/zenshiki/
・全国クラフト紙袋工業組合
　http://www.chuokai.or.jp/kumiai/papsa/
・公益社団法人日本包装技術協会
　http://www.jpi.or.jp/

2　代表的な動産
(1) 段ボール
① 動産概要
　段ボールとは、一般には波状に加工した板紙を2枚の板紙で挟み込み、多層構造とすることで強靭にし、包装資材などに使用できるように加工した板状の紙製品である。日常的に「段ボール」と呼んでいるのは段ボールを素材とする箱である。軽くて丈夫で再利用が利き、折りたたむこともできることから、各種荷物の運送に広く用いられている。

② 業界動向
　段ボールは、加工食品、青果物、電気器具・機械器具、通販・宅配・引越しなどの需要部門の動向に影響を受ける。全国段ボール工業組合連合会の統計によれば、平成18年以降平成24年まで生産量は130億m^2前後で推移しており安定している。平成25年の需要も前年比0.5％増の1億3,300万m^2と予測されている。

③ 担保実務上のポイント
　段ボールは無地のまま使用されることはほとんどなく、販売先の企業名や包装内容物の表示等をあらかじめ印刷しておくのが一般的である。一方、短納期、多品種少量配送といった販売先のニーズに対応するために、取扱業者は常に一定数量の余裕在庫を保有しておく必要がある。したがって、担保取得時には、受注先との契約が明文に基づく受注生産なのか、完全な見込生産なのか、余剰品の引取（買取）義務はあるのかといった点について確認して

おく必要がある。

④　換価処分時のポイント

　段ボールの多くは無地の規格品ではなく、ユーザーの注文に基づき受注生産される製品が中心であるため、汎用性はほとんどない。したがって、当該製品は発注した販売先しか使用できないため、換価処分時に製品として販売できる先も当該製品のその他のユーザーに限定される可能性が高い。

(2)　紙　　袋

① 動産概要

　紙袋とは、袋状の紙製品である。買い物袋や手提げ袋として利用される角底タイプのショッピングバッグ（紙袋、ポリ袋等）などの一般消費者用向けの製品や、クラフト紙袋、重包装紙袋、多層紙袋と呼ばれる、セメント、米麦、飼料や小麦粉などの輸送に使われるものなどさまざまな製品がある。

　買い物袋や手提げ袋などのショッピングバッグの大半は、ファッションブランド等のメーカーや小売業者等からの受注生産品であるため、汎用性がある無地のものはほとんどなく、受注先の「ブランド名」や「店名」が一目でわかるようなデザイン性やカラーに富んだものが中心である。また、クラフト紙袋も大半はメーカーや内容物が容易に判明するデザインとなっている。

② 業界動向

　日本角底製袋工業組合の生産数量統計によると、平成24年の紙袋の生産量は約45億459万枚であり、対前年比約4％増となっている。なお、平成25年の生産数量は約43億2,561万枚であり、前年同期間と比較して7.3％減少となっている。

　平成22年を100とした企業物価指数（日本銀行）の推移によると、軽包装紙袋の価格は平成19年以降、上昇傾向が続き、平成21年4～6月は102.6ポイントまで上昇した。それ以降は下落基調となり、平成21年7月以降は101ポイント、平成22年4月には99.7ポイントまで下落し、その後は99.7ポイントで安定推移している（平成25年12月時点で99.7ポイント）。

　角底袋の需要者は、メーカーから小売業者まで多岐にわたっており、国内

の流通経路は、①角底袋メーカーが直接販売するケース、②代理店経由で販売するケースに大きく分かれる。いずれの販売流通経路においても、受注取引が主流であり、価格は相対交渉で決定されることが大半である。

③　担保実務上のポイント

　紙袋も、すでに述べた段ボールと同様、無地のまま使用されることはほとんどなく、販売先の企業名等をあらかじめ印刷しておくのが一般的である。一方、短納期、多品種少量配送といった販売先のニーズに対応するために、取扱業者は常に一定数量の余裕在庫を保有しておく必要がある。したがって、担保取得時には、受注先との契約が明文に基づく受注生産なのか、完全な見込生産なのか、余剰品の引取（買取）義務はあるのかといった点について確認しておく必要がある。

④　換価処分時のポイント

　段ボールと同様に紙袋の多くは無地の規格品ではなくユーザーの注文に基づき受注生産された製品が中心であり、汎用性はほとんどない。したがって、当該製品は発注した販売先しか使用できないため、換価処分時に製品として販売する先も当該製品のその他のユーザーに限定される可能性が高い。

167　皮革製品

1　概　要
(1)　対象となる動産
　皮革製品には、ベルトや革靴、かばんなどの衣料品、ハンドバッグ、財布、キーケースなどの装身具のほか、スポーツ用品なども含まれる。皮革の特質から比較的長期間使用されるため、耐久性が求められるものが多い。

(2)　商流および市場特性・特徴
　皮革製品は衣料品や装身具に利用されることから、総じてファッション性が高く、製造・販売においてデザインや色などの流行に影響されやすい。皮革製品は、原料から製品の段階まで国内で加工されるものもあるが、完成品として輸入されるものが多い。国内の加工や生産業務は下請分業化が進んでいるため、中小企業の割合も高く、製品の企画・立案から製造・販売まで流通構造は複雑である。また、労働集約型産業としての側面も有しており、生産コストの低い中国やベトナムなど海外への生産拠点の移転が進んでいる。一方では、消費者のニーズや価値観の多様化が進んでいることから、廉価品から欧米で生産される有名ブランドの高級品まで多種多様な製品があるのが特徴である。

(3)　資金需要
　皮革製品は流行に影響されやすいものが多いため、顧客ニーズに迅速に対応できるように豊富なデザインに加え、複数のサイズや色を取り揃える必要があり、それに伴って一定の在庫保有するための資金需要がある。
　また、メーカーや卸売商社と小売業者間の取引形態は買取販売と委託販売に大別されるが、委託販売の場合は返品リスクもあるため、メーカーや卸売商社にとって滞留在庫が発生する場合の資金手当が必要である。

(4)　その他
　仕入先や販売先との契約内容や決済条件など、商流を十分確認する必要が

ある。また、他社ブランド品の製造販売を行っている場合は、ライセンス元との契約内容を確認する必要がある。具体的には、担保提供の制限や第三者への転売制限に関する条項等である。販売先との決済条件については、買取契約なのか委託販売契約なのか、買取契約の場合でも返品に関する取引条件はどうなっているのか、といった点を確認する必要がある。

(5) 関連情報
・一般社団法人日本皮革産業連合会
  http://www.jlia.or.jp/
・日本革類卸売事業協同組合
  http://www.nikkaku.or.jp/
・日本流通自主管理協会
  http://www.aacd.gr.jp/pc/

2　代表的な動産
(1) ハンドバッグその他
① 動産概要
　ハンドバッグや財布、キーケースなどの皮革製品はファッション性が高く、嗜好性が強い動産といえる。一部の有名ブランドを除き、特に女性向けの商品はライフサイクルが短いものも多いため、流行の終了とともに販売が困難になる場合が多く、売れ残り品などの発生リスクが高い。また、同じタイプのものでも、さまざまなデザイン、色、サイズをそろえる必要があるため、こうした商品の製造・販売業者は多品種かつ多量の在庫品を保有する必要があり、在庫品の管理は非常に煩雑になる傾向にある。

② 業界動向
　ブランド品市場（バッグ、雑貨等）においては、バッグ類が占める割合が最も大きく、ブランド品全体の4割強を占めると推定されている。
　購買層の中心は20～30代の若い女性であるが、購入方法については、従来の小売店舗での購入からインターネットや携帯電話サイトを利用するケース

が増加している。また、購入者自身が、直接海外から輸入するケースもみられる。

　バブル経済崩壊後の長引く景気低迷やリーマンショック等の影響により、ブランド品（バッグ、雑貨等）に対する消費者の買控えが進んだことから、ブランド品全体の市場規模は縮小傾向が続いていた。しかしながら、ここ数年については、リーマンショック後の急激な需要の落込みの反動や、政府による景気対策の効果もあって、需要の回復がうかがえる状況となっている。ただし、長期的にみると一部の高級ブランドを除いては、ブランド品に対する需要は厳しい状況が続くと予想されている。

　総務省統計局の「家計調査」によれば、1世帯（二人以上の世帯）当りの平成24年の支出金額（婦人用のハンドバッグ）は、5,107円となっており、平成12年（6,692円）と比較して約24％減少している。

　ブランド品の価格は、リーマンショック以降の円高の影響や海外からの安価な並行輸入品の流入増加等の影響もあって、総じて下落傾向となっていたが、最近の円安の影響や国内景気の回復の影響もあって、一部の高級ブランド品については値上げの動きもみられており、しばらくの間は価格が上昇する可能性が高いと推測されている。

③　担保実務上のポイント

　ハンドバッグをはじめとする皮革製品は流行に左右されやすく、サイズや色なども多種多様であることから、デザインなどの陳腐化や、消費者マインドの変化などによる売れ筋価格帯の変化等に伴い、滞留在庫（デッドストック）の発生リスクは高い。このため、担保取得後もモニタリングを通じ、在庫品の製造時期やシーズン商品の有無などの要素を確認するとともに、入庫からの経過年数を確認し在庫期間が長期化している商品が発生していないか、注視する必要がある。

④　換価処分時のポイント

　ハンドバッグ等の皮革製品の売却候補先としては、卸売業者、小売チェーンなどが想定され、比較的多数の候補先がある。しかしながら、市場規模の

縮小を背景に業界全体の流通在庫には余剰感があるといわれており、季節など処分のタイミングや処分品の数量によっては、対象先が限定される可能性が高い。特に知名度の低いブランドの商品については、大幅なディスカウント要請を受ける可能性がある。

(2) 紳士用革靴

① 動産概要

　紳士用革靴は婦人靴に比較するとファッション性はやや低いものの、デザインには多少の流行がある。オーソドックスなデザインの商品であれば販売は問題ないものの、デザインによっては流行の終了とともに販売が困難になる場合が多く、売れ残り品などの発生リスクもある。また、同じタイプのものでも、さまざまなデザイン、サイズをそろえる必要があるため、紳士用革靴の製造・販売業者は事業遂行上、多品種かつ多量の在庫品を保有する必要がある。

② 業界動向

　紳士用革靴の国内市場規模は縮小している。経済産業省の「繊維・生活用品統計」によれば、平成24年の紳士用革靴の生産数量は415万足と、前年比4％減少している。紳士用革靴の生産数量は、平成20年は約614万足であったが、平成24年にかけて4年間で約32％減少している。一方、海外からの靴輸入品の数量は増加している。紳士用革靴に限定した統計数字は公表されていないが、財務省の「貿易統計」によれば、平成24年の履物輸入数量は約6億2,900万足となっており、平成12年と比較すると約37％増加している。特に中国などの国から廉価製品の輸入増加が顕著であり、消費者の低価格志向を示す結果となっている。

③ 担保実務上のポイント

　紳士用革靴は婦人靴ほど流行に左右されないものの、デザインの陳腐化に伴う滞留在庫の発生リスクはある。また、25～27cmまでの中心サイズ以外の大きいサイズ、小さいサイズの商品も滞留在庫となる可能性が高い。このため、担保取得後もモニタリングを通じ、こうした中心サイズ以外の在庫品

の数量、商品の製造時期やシーズン商品の有無などといった要素を継続的に把握していく必要がある。

④　換価処分時のポイント

　紳士用革靴の売却候補先としては、靴卸売業者、靴小売チェーンなどが想定され、比較的多数の候補先がある。しかしながら、皮革製品と同様、市場規模の縮小を背景に業界全体の流通在庫には余剰感があると指摘されており、季節など処分のタイミングや処分品の数量によっては、対象先が限定され、大幅なディスカウント要請を受ける可能性がある。

第7節　石油・石炭・窯業

168　石油精製品

1　概　　要

(1)　対象となる動産

　石油精製品とは、原油を蒸留して精製される石油由来の製品の総称であり、燃料油や石油化学品がある。燃料油には、主に輸送用途に用いられるガソリン、軽油、ジェット燃料、家庭用の灯油、産業用の重油などが含まれる。石油化学品は大規模な生産設備をもつ化学品メーカー等により使用される。

(2)　商流および市場特性・特徴

　石油精製品の流通ルートは、採掘・輸入・精製を行う石油元売業者、石油元売業者や商社から仕入れて小売店に販売する卸売業者、小売業者という3段階の階層構造になっている。このうち、石油元売業者は業界再編を経て国内4グループに集約され、卸売業者も元売業者や商社と資本関係を有する大企業が中心となっている（図表168－1参照）。

　小売業者の多くは、2カ所以下の販売店を運営する小企業で占められている。販売店の数は日本のモータリゼーション興隆とともに、平成6年のピーク時には6万421カ所まで増加したが、燃料油の消費減退、規制緩和を背景とした競争激化により店舗統廃合が進み、平成25年3月末時点では3万6,349カ所とピーク時から約40％減少している（図表168－2参照）。

　近年の販売店の傾向として、昭和62年から順次実施された規制緩和と自由化の影響を受け、郊外大型店やセルフ式スタンドの増加、無印販売店（特定の元売系列に属さず、業者間で転売された燃料油を販売する独立系販売店）の増加が目立っている（図表168－3参照）。

図表168－1　石油精製品の流通構造

石油産業	業務範囲	業務の細目	担当会社
上流部門	原油の開発と生産	全般	石油開発会社
下流部門	原油の輸入と備蓄	輸入・輸送計画業務	石油精製会社
		原油の輸送	外航タンカー会社
		原油の貯蔵・備蓄	石油基地会社
	原油の精製	全般	石油精製会社
	製品の国内輸送と貯蔵	計画業務・受注業務	石油元売会社
		製品の輸送	石油輸送会社
		製品の貯蔵	
	石油製品の販売	大口需要家向け直売	石油元売会社
		1次卸（元売業務）	
		小売り・2次卸	石油販売会社（特約店）
		小売り	石油販売会社（販売店）
関連部門	LPガスの輸入と販売	全般	LPガス会社
	石油化学製品の生産と販売	全般	石油化学会社

(出所)　筆者作成

(3)　**資金需要**

　ガソリン、軽油、灯油といった燃料油に関しては、取引慣行上、回収サイトが比較的短期間であり、現金回収率も高いため、運転資金の需要は少ない。市況変動に伴うスポット資金、需要期の仕入れのための季節資金、元売りに対する買掛金の金融機関による肩代わり資金などが主な資金需要である。

　なお、ガソリンスタンド（SS）は、平成22年の消防法改正に伴うタンクに関する安全規制の強化により設備資金負担が増大しており、資金繰りが厳しくなっているところもある。

図表168-2　ガソリンスタンド（SS）数・揮発油販売業者数の推移

年度末	SS数	揮発油販売業者数	平均運営数
平2	58,614	32,642	1.80
3	58,825	32,413	1.81
4	59,224	32,060	1.85
5	59,733	31,766	1.88
6	60,421	31,599	1.91
7	59,990	30,465	1.97
8	59,615	30,032	1.99
9	58,263	29,239	1.99
10	56,444	28,427	1.99
11	55,153	27,794	1.98
12	53,704	27,157	1.98
13	52,592	26,475	1.99
14	51,294	25,807	1.99
15	50,067	25,204	1.99
16	48,672	24,521	1.98
17	47,584	23,923	1.99
18	45,792	22,952	2.00
19	44,057	22,041	2.00
20	42,090	21,068	2.00
21	40,357	20,365	1.98
22	38,777	19,694	1.97
23	37,743	19,140	1.97
24	36,349	18,269	1.99

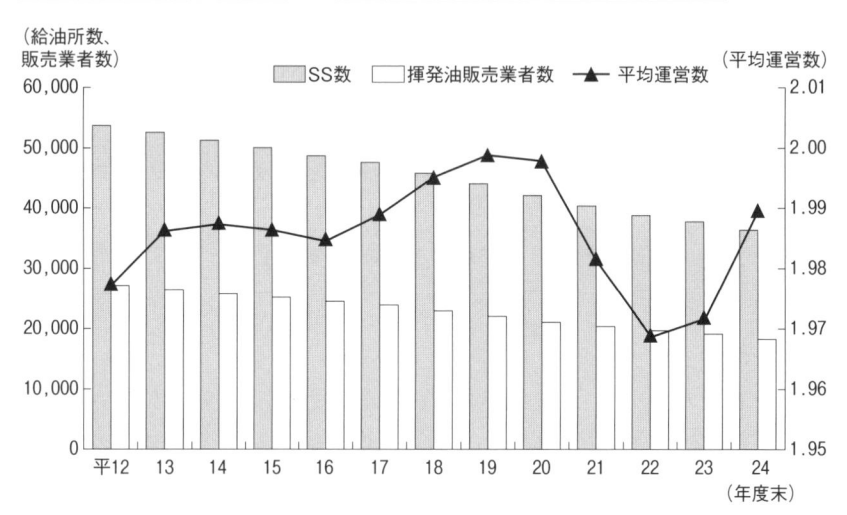

（注）　平均運営数＝SS数÷揮発油販売業者数
（出所）　経済産業省資源エネルギー庁　http://www.enecho.meti.go.jp/hinnkakuhou/topics-new.html

第2章　生産・消費（集合動産中心）

図表168-3　ガソリンの流通経路

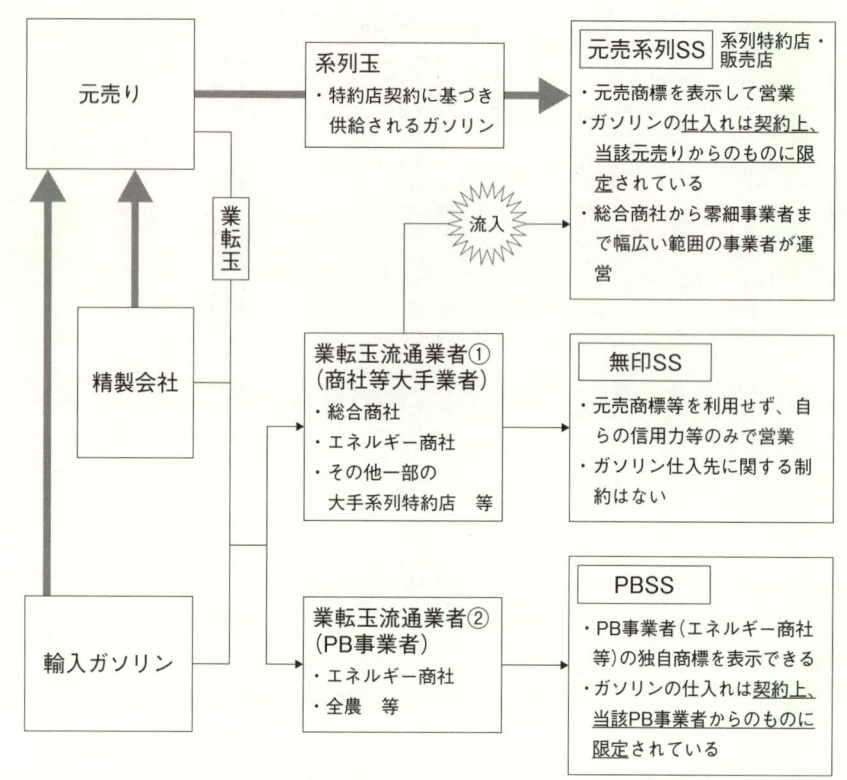

```
元売り ──→ 系列玉
             ・特約店契約に基づき
              供給されるガソリン
                              ──→ 元売系列SS [系列特約店・販売店]
                                    ・元売商標を表示して営業
                                    ・ガソリンの仕入れは契約上、
                                     当該元売りからのものに限
                                     定されている
                                    ・総合商社から零細事業者ま
                                     で幅広い範囲の事業者が運
                                     営

精製会社 ──業転玉──→ 業転玉流通業者①    流入→ （元売系列SSへ）
                   （商社等大手業者）
                    ・総合商社              ──→ 無印SS
                    ・エネルギー商社              ・元売商標等を利用せず、自
                    ・その他一部の               らの信用力等のみで営業
                     大手系列特約店 等           ・ガソリン仕入先に関する制
                                              約はない

                   業転玉流通業者②
                   （PB事業者）
                    ・エネルギー商社         ──→ PBSS
                    ・全農　等                 ・PB事業者（エネルギー商社
輸入ガソリン                                    等）の独自商標を表示できる
                                             ・ガソリンの仕入れは契約上、
                                              当該PB事業者からのものに
                                              限定されている
```

（注）　一部の商社および大手系列特約店は、系列特約店としてガソリンの取引を行う傍ら、業転ルートのガソリンも取り扱っている。また、業転ルートのガソリンは、元売りおよび商社等において、系列ルートとは別の部署で取り扱われている。
（出所）　公正取引委員会「ガソリンの流通実態に関する調査報告書」

(4) その他

燃料油については、「揮発油等の品質の確保に関する法律（品確法）」および日本工業規格（JIS規格）により品質が確保されており、業者間での取引も活発に行われている。

(5) 関連情報

・一般社団法人全国石油協会

http://www.sekiyu.or.jp/first.html
・石油連盟、統計情報
　　http://www.paj.gr.jp/statis/
・JX日鉱日石エネルギー株式会社「石油便覧」
　　http://www.noe.jx-group.co.jp/binran/part02/chapter06/
・リム情報開発株式会社「RIMローリーラック市況」
　　https://www.rim-intelligence.co.jp/topics/select/article/rolly-rack
・公正取引委員会「ガソリンの取引に関する調査報告書（平成25年7月）」
　　http://www.jftc.go.jp/houdou/pressrelease/h25/jul/130723.files/
　　130723honbun.pdf

2　代表的な動産

(1)　ガソリン

① 動産概要

　ガソリンは、日本工業規格（JIS規格）では「工業ガソリン（K2201）」「自動車ガソリン（K2202）」「航空ガソリン（K2206）」に分類される。工業用、航空用の需要は少なく、大半が自動車の燃料としてガソリンスタンド（SS）を通じて販売される。

　小売価格は石油元売業者による卸売価格が基準となるが、原油価格や為替レート、需給動向により日々変動する。需給要因としては、春から夏にかけての行楽シーズン、特に8月に年間で最も需要が多くなり、需要に応じて価格も高騰する傾向がある。

② 業界動向

　ガソリンの販売量は、消費者の低燃費志向の高まりと、それに伴う自動車の低燃費化により、平成16年度の6,147万6,000キロリットルをピークとして減少傾向にあり、平成23年度の販売量は5,721万4,000キロリットルとなっている。

　ガソリンスタンド（SS）数も平成6年の6万421カ所をピークとして減少

に転じており、平成25年3月末時点では3万6,349カ所まで減少している。平成8年の特定石油製品輸入暫定措置法の廃止、平成10年の消防法改正によるセルフ給油所の解禁、平成22年の消防法改正によるタンクの安全規制強化により、価格競争による利益率低下と設備資金負担の増加が重荷となっており、中小規模の小売業者は経営が厳しくなっている。

③ 担保実務上のポイント

在庫量の変動が比較的大きく、また同業者間での在庫の貸借も行われる業界慣習があることから、短期間での急激に在庫量が変動している場合には、その発生原因について随時調査することが必要である。

④ 換価処分時のポイント

日本工業規格（JIS規格）に基づく工業製品であり、市場取引も行われていることから、換価処分時の売却候補先は比較的多い。ただし、売却時にはJIS規格品であることを示す「成分証明書」が必要となる。また、処分方法はタンクに入った状態での引渡しが現実的である。

(2) 灯　　油

① 動産概要

灯油は日本工業規格（JIS規格）に定める「灯油（K2203）」に該当する石油製品である。JISでは灯火、厨房用などの家庭用灯油を1号、動力用、溶剤、機械洗浄用を2号として規定しているが、2号灯油は現在ほとんど生産されていない。

引火する温度が比較的高いことから石油製品のなかでも取扱いが容易な部類であり、家庭用の暖房用燃料に使用される。航空機用ジェットエンジンの燃料も灯油の一種であるが、日本工業規格（JIS規格）では純度の相違から「航空タービン燃料（K2209）」として別種に分類されている。

家庭用はガソリンスタンド（SS）や燃料小売店において、18リットル単位で販売されることが多い。需要期は11月中旬〜翌年3月である。

② 業界動向

暖房器具、給湯器具がプロパンガスや電気式のものなど、灯油を使用しな

いものが主流となりつつあるため、灯油の消費量は減少傾向にある。販売量は平成14年度には3,062万2,000キロリットルであったが、平成23年度は1,961万9,000キロリットルと、大きく減少している。販売ルートであるガソリンスタンド（SS）、燃料小売店の減少は先述のとおりである。

③　担保実務上のポイント

　前記「(1)　ガソリン」と同様である。

④　換価処分時のポイント

　前記「(1)　ガソリン」と同様である。

　(3)　重　　　油

① 動産概要

　重油は、原油を蒸留する工程でガソリンや灯油、軽油を取り出した後に残る蒸留残油と軽油を混合して精製される石油製品である。JIS分類では、軽油の含まれる割合が高いものから順に、「A重油（K2205　1種）」「B重油（同2種）」「C重油（同3種）」に大別されている。

　用途としては、A重油が中小工場のボイラー用、ビル暖房用、ビニールハウス暖房用燃料等、主に民生用の燃料油として使用されている。B重油は中小工場のボイラー、窯業炉用燃料として使用されてきたが、近年は需要が減少している。C重油は電力、化学、紙パルプ工業等のボイラー用、大型船舶用ディーゼルエンジン用燃料といった産業用に使用されている。

② 業界動向

　産業用の燃料油であるC重油は、ピークであった昭和48年度には約9,817万3,000キロリットルの年間消費量があったが、液化天然ガスなど他のエネルギーへの転換や省エネルギー化の進行により、平成20年度の年間消費量は約2,315万8,000キロリットルまで減少している。一時期、原発停止による発電用燃料としての需要が増大したが、より安価な石炭などへのシフトにより、現在は需給が均衡している。

　民生用の燃料油であるA重油についても、他のエネルギーへのシフトにより平成14年度の3,013万8,000キロリットルをピークとして消費量が減少して

おり、平成20年度の消費量は1,789万1,000キロリットルとなっている。
③ 担保実務上のポイント
　前記「(1)　ガソリン」と同様である。
④ 換価処分時のポイント
　前記「(1)　ガソリン」と同様である。

169　樹脂・プラスチック

1　概　　要

(1)　対象となる動産

　樹脂には、合成樹脂と天然樹脂がある。天然樹脂は樹木から採取され、合成樹脂は人工的につくられる。合成樹脂には、熱可塑性樹脂と熱硬化性樹脂があり、前者は熱で溶ける樹脂、後者は熱をかけると固まる樹脂である。現在は熱可塑性樹脂を広く「プラスチック」と呼んでいる。

　合成樹脂は、主に石油を原料として製造される。金型などによる成型が簡単なため、大量生産される各種日用品や工業分野、医療分野などの部品や製品の原材料に利用される。

　合成樹脂の種類には以下がある。

　ⓐ　日用品使用主要合成樹脂（中間製品を含む）……ポリエチレン、ポリスチレン、ポリ塩化ビニル、ポリプロピレン等、主に食品分野の包装材料、スーパーのレジ袋といった雑貨や家庭用品、日用品に使われる。

　ⓑ　エンジニアリングプラスチック……ポリアセタール、ポリカーボネート、ポリイミド等、強度や耐久性などを計算し、材料設計を可能にする樹脂。機械部品や電気部品に使用される。

(2)　商流および市場特性・特徴

　合成樹脂の原料は、そのまま最終ユーザーが利用することはほとんどない。2次～3次加工を経て電気機器部品、自動車部品、生活雑貨等の部品や製品に加工され、利用される。

　合成樹脂を原料とする加工品は、単独の製品としてだけではなく、さまざまな製品の部品としても利用されるため、その値動きを正確に把握することはむずかしい。

　経済産業省の「化学工業統計」によれば、平成24年の樹脂・プラスチック原料の生産量は約1,380万トンであり、前年比9％減少している。この水準

図表169-1　樹脂・プラスチック原料の生産量の推移

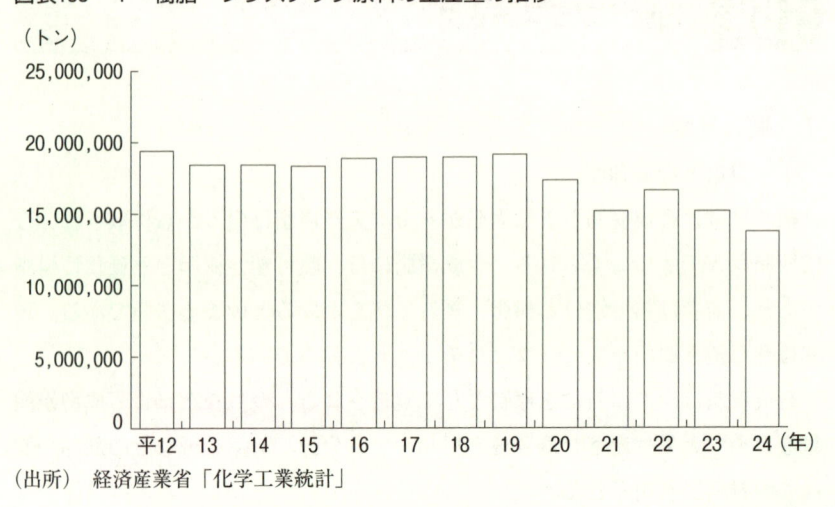

(トン)

(出所)　経済産業省「化学工業統計」

は、平成12年の約1,900万トンから2割以上縮小している（図表169-1参照）。

(3) **資金需要**

通常の運転資金需要のほか、合成樹脂は石油を原料とすることから、石油価格や為替相場の状況によって突発的な資金需要が発生する場合がある。

(4) **その他**

家庭から出るごみの約6割を占める容器包装廃棄物の減量化と再資源化を促進するために、平成7年に「容器包装リサイクル法」が制定され、平成9年4月に本格施行、平成12年4月から完全施行された。また、事業者・自治体・消費者相互の連携を図り、よりいっそうの3R（※）を推進するために、平成18年6月に一部改正された。

※ 3R（スリーアール）とは、Reduce（リデュース：廃棄物の発生抑制）、Reuse（リユース：再使用）、Recycle（リサイクル：再生利用）の三つのRの総称で、循環型社会を形成するためのキーワードとされている。

(5) **関連情報**
・経済産業省、化学工業統計
　http://www.meti.go.jp/

2　代表的な動産
(1) **プラスチック製品**
① 動産概要

　主なプラスチック製品は、硬質・軟質フィルム、合成皮革、パイプ、機械器具部品、日用品、雑貨、容器、建材等である。プラスチックは、数多くの石油化学製品のなかでも最も広い分野で利用されており、かつ基幹的な素材である（図表169－2参照）。

② 業界動向

　プラスチック業界においては、受注生産が主体であり、受注先から図面や仕様書を受け取り、それに従って、金型を調達し、または金型を受注先から貸与されて製品を生産する。この成型加工用の合成樹脂の原料はナフサで、その原料となる石油は100％輸入に依存しているため、原油国事情による影響を大きく受ける。

　プラスチック製品のうち販売量が大きいものは、硬質フィルム、日用品、雑貨、容器、建材などである。近時、環境問題へのリスク回避や法規制の遵守といった企業イメージの向上と、従業員の意識向上の期待から、業界ではISO14001の取得企業がふえている。

　経済産業省の「化学工業統計」（平成24年）によれば、日本国内の樹脂・プラスチック原料の年間生産量は約1,380万トンであり、米国、中国、ドイツに次ぐ世界4位（日本プラスチック工業連盟調べ、平成22年時点）である。プラスチック製品の生産量は、長期的に増加傾向にあり、それに連動するかたちで合成樹脂原材料の消費量も増加してきた。しかし、リーマンショックの影響で国内需要が落ち込み、また円高による輸出の減少や、海外から割安な原料の輸入増加もあり、平成21年には国内の樹脂・プラスチック原料の生

図表169－2　プラスチック加工製品の分野別生産比率

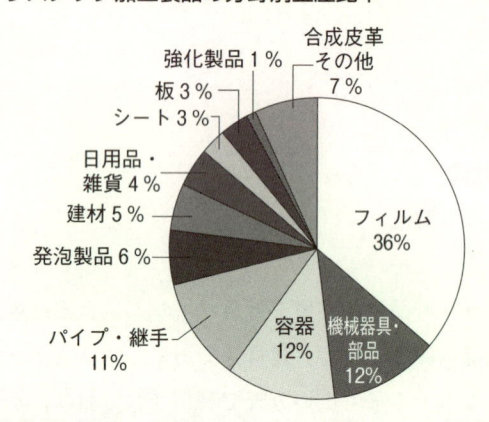

- フィルム 36%
- 機械器具・部品 12%
- 容器 12%
- パイプ・継手 11%
- 発泡製品 6%
- 建材 5%
- 日用品・雑貨 4%
- シート 3%
- 板 3%
- 強化製品 1%
- 合成皮革 その他 7%

- フィルム……農業用（温室・温床）、スーパーの袋・ラップ等包装用、加工紙など
- シート……包装パック材（たまご・果物用など）
- 板……波板、看板、ドアー、止水板など
- 合成皮革……かばん・袋物、靴、自動車・応接セットのシート、衣料用など
- パイプ・継手……水道用、土木用、農業用、鉱工業用など各種パイプ・継手
- 機械器具・部品……家電製品、自動車、OA機器など各種機械器具・部品
- 日用品・雑貨……台所・食卓用品、文房具、楽器、玩具など
- 容器……洗剤・シャンプー容器、灯油缶、ペットボトル、ビールのボトルケースなど
- 建材……雨どい、床材、壁材、サッシのガラス押さえ（ガスケット）など
- 発泡製品……冷凍倉庫・建物などの断熱材、電気機器・精密機器の緩衝材、魚箱など
- 強化製品……浴槽、浄化槽、ボート、釣竿、スポーツ用具など
- その他……各種ホース、照明用カバー、結束テープなど

（出所）　経済産業省「プラスチック製品統計」、石油化学工業協会ホームページ

産量は前年比約1割減少した。その後も需要の鈍化や輸入の増加による影響が続き、国内の樹脂・プラスチック原料の生産は低い水準にとどまっている。

③　担保実務上のポイント

　プラスチック製品の需要、供給については特に季節要因による変動はな

い。ただし、石油やナフサの価格が大幅に変動した場合には、合成樹脂原料の価格にも影響を及ぼす可能性があるため、当該品の価格動向に加え、為替相場の変動にも留意する必要がある。

④ 換価処分時のポイント

合成樹脂の原料にはある程度、汎用性があるが、加工されたプラスチック製品については用途が限定されており、汎用性はほとんどない。したがって、他の用途への転用が困難であるため、売却候補先はきわめて限定的である。

170　化学製品

1　概　　要

(1)　対象となる動産

化学製品は化学工業によって製造される各種の製品であり、化学肥料をはじめ、か性ソーダやソーダ灰などのソーダ製品、亜鉛華や酸化チタンなどの無機顔料、各種圧縮ガス・液化ガス、カルシウムカーバイトやリン酸などの無機化学工業製品、合成顔料・有機顔料、塗料、印刷インキ、火薬類、農薬、接着剤、試薬など、多種多様な製品がある。

(2)　商流および市場特性・特徴

化学製品の種類は多岐にわたっており、その形状や状態、性質なども多種多様である。さまざまな産業の基礎材料として使用され、汎用性の高いものがある一方、多品種少量生産により用途が限定されるものも少なくない。また、市場規模が大きく、主に見込生産される製品と、特殊な用途向けに受注生産が中心となる製品がある。製品の種類によっては生産方法や事業形態も大きく異なる。なお、製造にあたっては、石油化学品や鉱物など輸入原材料に頼る化学製品の割合が多いため、使用する輸入原材料等の国際相場の動向などによって価格が影響を受けやすい面もある。

化学製品の種類はきわめて多いうえ、その用途も工業生産の原材料から個人の消費財まで多岐にわたっていることから、流通ルートや販売形態も一様ではない。一般的には、メーカーから直接、あるいは商社や販売代理店などの中間流通業者を経由して最終ユーザーに販売される。

(3)　資金需要

化学製品には、受注を受けてから生産される製品がある一方、見込生産されるものもある。見込生産の場合、生産計画にあわせて事前に原材料を仕入れる必要があるため、資金需要がある。また、化学肥料のような季節性のある製品もあり、需要期に備えて在庫を積み上げるため、一定の期間内に前倒

しで生産するために必要な資金需要が発生するケースもある。

⑷　その他

化学製品の製造においては、さまざまな化学物質が使用されるため、「労働安全衛生法」や「特定化学物質の環境への排出量の把握等及び管理の改善の促進に関する法律」「毒物及び劇物取締法」などの法律で定められた特定の製品については、ユーザーに販売または提供する際に、その化学物質の性状や取扱いに関する情報を記載した化学物質安全性データシート（MSDS）の提供が義務づけられている。該当する製品を販売する際に、MSDSが整備されていない場合には、販売自体ができない可能性もあるので注意が必要である。

⑸　関連情報

・経済産業省、化学工業統計

　http://www.meti.go.jp/

・石油化学工業協会、統計資料

　http://www.jpca.or.jp/

・一般社団法人日本化学工業協会、刊行物等

　http://www.nikkakyo.org/

・化成品工業協会、統計資料

　http://www.kaseikyo.jp/

2　代表的な動産

⑴　レアアース化合物

① 動産概要

レアアースはランタン、セリウムなど17種の希土類金属を総括する呼称である。レアアースは他の金属にない独特の機能・特性があるため、電子材料や電池材料、磁性材料など幅広い分野で使用されている。日本国内ではレアアース鉱石が生産されていないため、需要量のすべてを輸入に頼っている。また、レアアースの生産は中国など特定の国に偏在しているため、供給国の

政策や情勢によって供給量や価格も変動しやすい。

② 業界動向

　レアアースに関する統計は、一般に、化合物に含まれるレアアース（純物）換算で示される。そのため、レアアース化合物に関する需給や生産量の動きも、レアアース同様の傾向を示している。レアアースの生産量は、平成12年以降、増加傾向を示している。JOGMECが発表している「鉱物資源マテリアルフロー（2012年版）」によれば、平成23年のレアアースの世界生産量は約14万2,000トンであり、約10年前の平成14年の約10万1,000トンと比較すると4割以上増加している。生産国の内訳は、中国が約13万9,000トンと全体の90％を占めており、2位のインド（約3,100トン）、3位のブラジル（約600トン）を大幅に上回っている。

　日本で使用されるレアアースは全量輸入されており、主な需要先は磁石や電池、自動車排ガス浄化触媒、研磨剤などのメーカーである。このうち磁石や研磨剤の需要が最も大きく、全体の約5割を占めるといわれている。「鉱物資源マテリアルフロー（2012年版）」によれば、国内のレアアースの需要は、2000年代前半は平均1万1,000トン（酸化物換算）であったが、ハイブリッド電気自動車や電気自動車といった次世代自動車向けの需要の増加により、平成17年以降は需要が急増し、平成19年には3万トンを超えている。その後は、リーマンショックに伴う景気減速などの影響で平成21年の需要は約2万1,000トンまで落ち込んだ。平成22年には前年比29％増の約2万7,000トンまで改善しているものの、近年は代替製品の開発やレアアースの使用量を少なくする技術の開発などにより、需要は弱含みとなっており、平成23年は約2万1,000トンと再び減少している（図表170－1参照）。

③ 担保実務上のポイント

　レアアース化合物は品質劣化などを防ぐために適切な保管が求められる。また、用途によって使用される化合物の種類が異なるうえ、原材料のレアアースはすべて輸入に頼っていることから、国際相場の変動による影響も強く受ける。このため、保管状況のみならず、在庫構成の変化や簿価と相場の

図表170-1　国内のレアアース需要量の推移

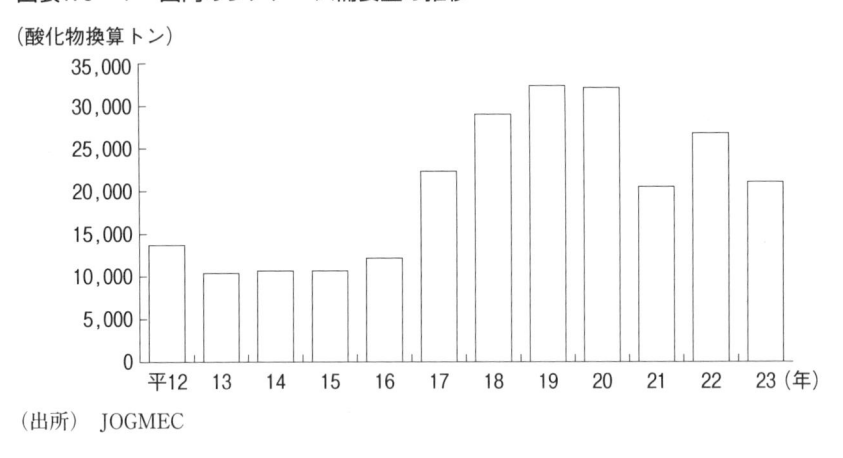

(酸化物換算トン)

(出所)　JOGMEC

乖離状況などを定期的に確認する必要がある。

④　換価処分時のポイント

　レアアース化合物は用途が特殊なものが多く、その製造・販売は通常、受注に基づいて行われる。使用される原材料の仕入れも受注に応じて行われることも多い。このため、換価処分にあたっては、汎用性の乏しい製品や原材料について売却候補先が限定される可能性が高く、注意が必要である。

(2)　合成有機接着剤

①　動産概要

　接着剤は、一般的に粘度の低い液体で、被着材を接合した後に化学反応や溶媒揮散、温度変化など機械的、化学的、物理的方法によって固形化し、接着界面において高い接着性を発現する。接着剤は、一般家庭用から工業用に至るまでの幅広い分野で利用されており、用途にあわせて、天然物の樹脂、ガム、たんぱく質、でんぷんなどのほか、人工的に合成されるさまざまな合成有機接着剤がある。

②　業界動向

　接着剤の主成分は、20世紀初頭まではたんぱく質やでんぷんといった天然材料が中心であったが、その後は石油・化学工業の発達とともに、合成樹脂

や合成ゴムなどが多く使われるようになっている。現在では、合成有機物系のものが大半を占めている。日本接着剤工業会の統計によれば、リーマンショック以降は国内景気の減速とともに生産量が大きく減少しており、平成24年現在の生産量は約85万トンと、リーマンショック直前の平成19年の約111万トンと比較すると約23％減少した（図表170－2参照）。用途別出荷量の内訳をみると、合板や木工製品を含む住宅と建築・土木分野向けの割合が最も高く、全体の4割超を占めている。

合成有機接着剤の用途は現在、建築・土木や包装・製本などから、自動車、機械、医療、航空・宇宙などへと裾野が拡大しており、使用される分野はさらに広がる傾向にある。最近では、液晶テレビや太陽電池、スマートフォンに代表される多機能携帯端末などのハイテク業界の需要が堅調に推移しており、導電性接着剤といった新しい分野の接着剤も登場している。また、近年は環境保全のため、機能面の優先だけではなく、環境に配慮した環境対応型製品の開発も急ピッチで進められている。

③ 担保実務上のポイント

合成有機接着剤の種類は細かく分類され、多品種少量生産される典型的な製品である。また、主成分のほかにさまざまな添加物が含まれており、ユー

図表170－2　合成有機接着剤の生産量の推移

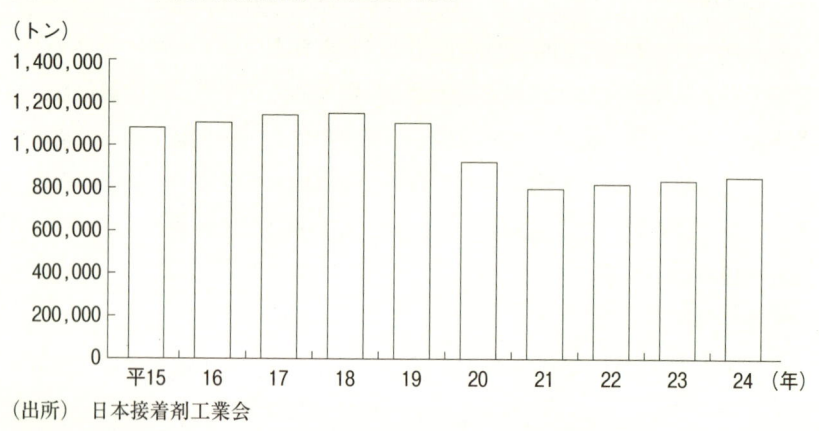

(出所)　日本接着剤工業会

ザーが接着剤に求める性質や機能に応じて、溶剤や粘着付与剤、充填剤、増粘剤、顔料、老化防止剤、消泡剤などの添加剤を加えることも一般的に行われているため、特定のユーザーにしか販売できないものも少なくない。よって、担保取得後は、受注生産品の割合など在庫構成の変化を定期的に確認する必要がある。

④　換価処分時のポイント

　合成有機接着剤には汎用品もあるが、ユーザーからの受注に応じて生産される特殊な用途に限定された製品も多い。したがって、汎用品について売却候補先を比較的容易に確保できるものの、特殊な用途の製品について売却候補先が限定される可能性が高いため、通常よりも大きなディスカウントを要求されることがある。

171　窯業製品

1　概　　要
(1)　対象となる動産

窯業製品とは、陶磁器やガラス、セメント、ヒューム管などのように粘土、珪砂、石灰石など非金属の原料を窯（かま）で高熱処理して製造したものをいう。

(2)　商流および市場特性・特徴

窯業製品は建設業とのかかわりが深いものが多いため、その需給も建設土木業界の動向や設備投資に影響を受けやすい。また、一般的な製品と異なり、窯業製品は質量当りの単価が低いため、輸入に頼ることが比較的少なく多くの生産拠点は国内にある。さらに、ガラスと同様、リサイクル比率が高く、国内の供給能力も高いことからメーカー間の競合は厳しい。

窯業製品には日本工業規格（JIS規格）に適合した標準品のほか、注文ごとに個別生産する受注生産品も多い。このため、流通形態としては、代理店や問屋などの中間業者を経由した取引のほか、メーカーによる大口ユーザーへの直接販売も少なくない。

(3)　資金需要

窯業製品の製造では、受注生産もしくは一定の受注予測による見込生産の割合が大きいため、受注先に対する納期への対応や欠品防止、製造設備の効率的な運用の観点からある程度余裕をもって在庫を保有する必要があり、そのための資金負担が発生する場合がある。

(4)　その他

設備投資動向の影響、受注状況や見込生産品の販売状況を含めた商流や在庫内容を細かくチェックすることが重要である。

(5)　関連情報

・全国ヒューム管協会

http://www.hume-pipe.org/
・ガラスびんリサイクル促進協議会
http://www.glass-recycle-as.gr.jp/
・日本ガラスびん協会
http://glassbottle.org/

2 代表的な動産
(1) ガラスびん
① 動産概要

ガラスびんは、一般的に石英を成分とする珪砂、石灰石、ソーダ灰といった原材料に、カレット（ガラス製品をリサイクルするために粉砕したガラス屑）や着色用の金属酸化物を加えて製造される。カレットを原材料として再利用することで、省エネ、省資源効果があることから、日本国内のガラスびん製造では、原材料に占めるカレットの利用率は90％超となっている。

ガラスびんは、透明性や光沢性がよく、化学的にも安定しているため、薬品のような厳しい品質管理基準を必要とする製品の保存に適しているが、その一方で、ペットボトルや紙パックなどの容器と比べて、割れやすい、重量がかさむ、急激な温度変化に弱い、といった短所があることから、飲料等の容器としての利用は年々減少している。

ガラスびんリサイクル促進協議会によると、ガラスびん製造技術の進歩により、近年はガラスびんの軽量化や強度向上が図られていることに加えて、国内におけるリサイクルシステムの普及度も高いことから、ガラスびんのリサイクル率（平成23年）は69.6％に達している。

② 業界動向

日本ガラスびん協会には、平成26年2月現在、正会員6社、準会員8社が加入している。ペットボトルやアルミなど他の素材を使用した容器の普及に対抗するため、製造コストの削減を目的としたガラスびんメーカーの集約化が進んでいる。

経済産業省の「窯業・建材統計」によると、平成24年のガラス製容器（酒類用びん、清涼飲料用びん、し好・滋養飲料用びん、食料用・調味料用容器、化粧品用容器、薬びんの合計）の生産量（重量ベース）は約128万トン（前年比5％減少）となっている。

　日本ガラスびん協会の出荷統計によると、用途（出荷量）としては、食料・調味料、飲料、薬品・ドリンク向けの順に多く、それぞれの出荷割合は約27％、21％、19％となっている。

　薬品や化粧品等の容器は、内容物の品質管理上の観点から、ガラスびんに対する根強い需要がある。その一方で、かつては、ビール、清酒、牛乳の容器としてガラスびんが多用されていたが、新しい容器（素材）の開発や消費者ニーズの変化に伴って、ペットボトル、スチールやアルミなどの缶、紙パックなどの需要がふえている。

　このように、飲料部門を中心にペットボトルなど他の容器（素材）との競合が激しくなっていることから、ガラスびん全体に対する需要は漸減傾向にあり、平成24年のガラスびんの販売量は約128万トン（対平成12年比30％の減少）、約1,256億円（同31％の減少）となっている。

　なお、日本ガラスびん協会によると、ガラスびんの輸入量は年間200～300トン水準で推移しており、国内生産量の1％以下である。

③　担保実務上のポイント

　ユーザーの注文に基づき受注生産されるガラスびんについては汎用性がないため、担保取得時だけでなく、取得後も標準品と特注品の割合、受注（見合）品の製造割合、在庫品の保有状況の変動に注意していく必要がある。

④　換価処分時のポイント

　ガラスびんの標準品は一定の汎用性がある。ただし、一般的にはガラスびんのユーザーは特定のメーカーと年間の発注量について取決めを行っていることが多く、通常の商流以外での販売はむずかしい。このため、リサイクル原料としての販売しかできない可能性が高い。また、特注品についても基本的に発注したユーザーしか使用しないため、換価処分時に製品として販売す

る先も当該製品を使用する他のユーザーに限定される可能性が高い。

(2) ヒューム管
① 動産概要

　ヒューム管とは、生コンクリートを型枠に入れて回転させ、遠心力を利用して締め固めた鉄筋コンクリート管である。主に導水管や下水管などに用いられ、住宅造成や下水道整備とともに普及している。また、ヒューム管は用途および埋設方法により、推進管、外圧管、内圧管、異形管、特殊管に大別される。推進管は推進工法、外圧管は開削工法、内圧管は圧送管、異形管は取付管等、特殊管は集水等に使用される。

　ヒューム管の原材料は、セメントをはじめ砂利、砂、水などいずれも国内で調達可能なものばかりで、供給は安定している。近年、省資源時代への優れた適性が再認識され、下水道分野における主要管材として重要な地位を占め、下水道普及に大きく貢献してきた。また、多様化するニーズにあわせて製造技術も向上し、高強度で水密性や施工性に優れたヒューム管が開発されている。阪神・淡路大震災を契機に、耐震機能に優れた製品や長距離推進・曲線推進・大深度推進の工法に適した強度を増した製品、また、耐酸性を有する製品も開発されている。

② 業界動向

　ヒューム管の需要は、長期にわたり減少傾向が続いており、10年前と比較すると出荷量は半分以下の水準まで落ち込んでいる。

　減少の原因は、公共投資の減少に加え、ヒューム管の主要な需要先の下水道整備事業であり、すでに大都市圏でその処理人口整備率がほぼ100％に達したことがあげられる。その結果、大都市に近いメーカーほど苦戦を強いられている。

　一方、地方都市での下水道整備は、広域処理など効率的な整備が課題となっており、インフラ整備の優先順位としては道路等に比べて先送りされることが多いことから、需要が伸びていない。さらに、全国的にみても下水道普及率の増加に伴い、パイプ自体が小型化して出荷トン数が減少したことに加

え、小口径では塩ビ管、大口径ではシールドセグメントなど他の素材を使った製品にシェアを奪われており、ヒューム管全体での出荷量は減少傾向にある。

こうしたヒューム管の需要構造の変化により、かつては下水道向けが出荷のほとんどを占めていたが、近年では全体に占める割合は半減し、残りの出荷は自動車道・工場敷地・農業土木などの排水設備となっている。これらは競合製品も多いだけに、全体需要の減少分をカバーするには至っていないのが現状である。

ヒューム管の流通は、協同組合が設けられていない地域に多くみられる「メーカー→需要者（直販）」、販売店経由で販売される「メーカー→販売店→需要者」、協同組合を設立し共同販売を行う「メーカー→協同組合→需要者」、もしくは「メーカー→協同組合→販売店→需要者」といった経路に大きく分けられる。

③ 担保実務上のポイント

ヒューム管は、日本工業規格（JIS規格）に準拠する標準品もあるが、多くは需要者の注文に基づき受注生産される製品が中心となることが多い。よって、担保取得時だけでなく、取得後も標準品、特注品の割合の変動はもとより、受注品が工事の進捗に伴い適切に製造、出荷されているか等に注意していく必要がある。

④ 換価処分時のポイント

ヒューム管はユーザーの発注（仕様書）に基づき、製造されるものが多い。したがって、特注品については基本的に発注した需要者しか使用しないため、換価処分時の販売先も当該製品の他のユーザーに限定される可能性が高く、換価性は低い。

事項索引

〔第1編・第2編〕

英字

ABCP ································· 6
ABF ································· 27
ABL ································· 4
ABLガイドライン ········· 258、361
ABS ································· 6
SPC法 ································ 61

あ

赤字資金 ·························· 138
委託販売 ·························· 174
一般担保 ················ 250、391
　　　　　　　393、423、427
売掛債権回転期間 ··············· 40
運転資金 ···························· 38
営業倉庫 ·························· 385
恩給請求権 ······················ 319

か

買掛債務回転期間 ··············· 40
概要記録事項証明書 ········· 229
確定日付ある通知・承諾 ········· 320
貸出基準額 ······················ 148
貸出条件緩和債権 ············ 424
換価 ································ 404
換価額 ···························· 404
企業ライフサイクル ··········· 189
季節性 ···························· 277
キャッシュコンバージョンサイクル
································ 172
キャッシュフロー ··············· 137
強制処分価格 ········· 252、429
銀行取引約定書 ··············· 260
金融検査マニュアル ······· 250、387
金融モニタリング基本方針 ········ 86
経常運転資金 ··················· 133
現在概要記録事項証明書 ········ 299
公正市場価格 ········· 251、429
固定価格買取制度 ············ 112
固定資産 ·························· 416
個別債権 ·························· 315
個別動産 ·························· 268
コベナンツ ·········· 16、255、384
混蔵寄託 ·························· 277

さ

サービサー法 ····················· 62
債権 ································ 309
債権譲渡登記 ··················· 365
債権譲渡登記制度 ············ 285
債権譲渡特例法 ················· 61
再生可能エネルギー ··········· 112
サイト ······························· 40
歳入金電子納付システム ········ 369
先取特権 ·························· 274
指図債権 ·························· 310
サプライチェーン ··············· 128
仕掛品 ···························· 293
資金繰り表 ······················ 377

自己査定 …………………… 101	倉庫在庫 …………………… 414
資産査定 …………………… 101	即時取得 …………………… 288
試算表 ……………………… 377	損益計画実績対比表 ………… 377
質権 ………………… 274、316	**た**
質権の要物契約性 …………… 275	
実態把握 …………………… 126	代理受領 …………… 317、363
実地調査 ………… 228、242、244	滞留在庫 …………………… 418
支払不能事由 ………………… 334	立入調査権 ………………… 260
支払不能処分制度 …………… 334	棚卸資産回転月数 …………… 256
指名債権 ………… 309、316	棚卸資産(在庫)回転期間 …… 40
集合債権 …………………… 311	担保 ………………………… 141
集合債権譲渡担保 …………… 311	地域経済活性化支援機構 ……… 59
集合動産 …………………… 268	長期滞留在庫 ………………… 226
集合動産譲渡担保権設定契約書 … 355	帳簿価格 …………………… 251
収入アプローチ算出法 ………… 429	通常処分価格 …………… 252、429
種類 ………………………… 269	通知留保 …………………… 154
消化仕入れ …………………… 174	つなぎ資金 ………………… 138
証券化 ……………………… 61	でんさいネット ……………… 330
証券的債権 ………………… 310	電子記録債権 ……… 65、331、400
商事留置権 ………………… 229	電子記録債権法 ……………… 330
譲渡禁止特約 ………… 232、326	店舗在庫 …………………… 414
譲渡担保 ……… 15、275、280、307	転用性 ……………………… 277
譲渡担保設定契約 …………… 260	登記事項概要証明書 …… 229、300
譲渡担保設定契約書 …………… 260	登記留保 …………………… 291
将来債権 ……………… 236、313	動産 ………………………… 268
商流 ………………………… 412	動産・債権譲渡特例法 …… 62、283
所在場所 …………………… 270	動産譲渡登記制度 ……… 69、284
処分価格 …………………… 252	動産総合保険 ………………… 81
処分可能見込額 ……………… 253	動産抵当 …………………… 307
所有権留保 ………………… 276	登録免許税 ………………… 368
診療報酬債権 ……… 254、311、399	特定債権法 ………………… 61
スコアリング融資 …………… 224	取引基本契約書 ……………… 234
ストーキングホース型の入札 … 409	取引信用保険 ………………… 77
製品ライフサイクル …………… 189	取引停止処分 ……………… 334
占有改定 …………… 284、289	トレーサビリティ …………… 69

な

内部留保 ……………………137

は

売買比較アプローチ算出法 ……429
反対債権 ……………………235
非典型担保権 ………………297
費用アプローチ算出法 ………429
評価報告書 …………………238
ファイナンス・リース ………296
ファクタリング …………63、347
風評リスク …………………262
物上保証 ……………………295
物流企業 ……………………70
物流リスク保険 ………………79
扶養請求権 …………………319
振込指定 ………………317、364
分割記録 ……………………339

返品条件付買取り ……………174
簿価 …………………………412
保証記録 ……………………339

ま

無記名債権 …………………310
モニタリング ………………374

や

預金残高明細 ………………377

ら

留置権 ………………………274
流動化 ………………………61
流動資産担保融資保証制度 ・434、438
量的範囲 ……………………270
リレーションシップバンキング ・・・23
労働者災害補償請求権 ………319

〔第3編〕

英字

H形鋼 ………………………672

あ

アルミ建材 …………………715
アルミサッシ ………………713
アルミニウム製品 ……………681
アルミニウム二次合金 ………680
アルミホイール ……………520
泡盛 …………………………664
糸 ……………………………732
衣服 …………………………526

異物検査装置 ………………489
医薬品 ………………………563
医療機器 ……………………491
インテリア雑貨 ……………575
ウナギ ………………………601
羽毛 …………………………606
オールテレーンクレーン ……464

か

絵画 …………………………582
外航船 ………………………515
化学製品 ……………………764
カジュアル衣料 ……………528

ガス・水道メーター	487
仮設材	716
ガソリン	755
家畜	585
カニ	641
紙製品	742
紙袋	744
ガラスびん	771
漢方製剤	565
貴金属	686
ギター	559
牛肉	630
業務用機械器具	497
業務用放送・映像機器	500
金	688
銀	691
金属加工品	698
草刈機	458
クロマグロ	598
計測・検査機械器具	486
携帯電話	550
毛織物	734
化粧品	568
建設・鉱山機械	462
建築金物	716
建築用金属製品	712
鋼管	674
工作・製造機械	468
合成有機接着剤	767
コーヒー	656
骨材	723
骨董品	583
小麦粉	616
米	621
娯楽・レジャー用品	558

さ

採卵鶏	595
作業工具	481
作業服	530
雑貨	572
晒綿	610
産業用金物	474
産業用金物・部品	703
軸受	453
嗜好食品	652
自動販売機	498
集成材	737
重油	757
樹脂	759
酒類	659
焼酎	663
乗用車	505
植物由来加工品	609
書籍	556
書籍・ソフト	553
シルクスクリーン版画	582
白物家電	542
紳士用革靴	749
伸銅品	682
水産加工食品	644
水産食品	636
水産練り製品	645
スクラップ	693
ステンレス鋼	674
生活雑貨	575
石油精製品	751
切削工具	475
繊維製品	731
船舶	508

た

- ダイキャスト用金型 …………477
- タイヤ ………………………521
- 太陽光発電設備 ……………451
- 鍛造プレス機 ………………471
- 段ボール ……………………743
- 畜産食品 ……………………629
- 茶 ……………………………654
- 鋳造用金型 …………………477
- 継ぎ手 ………………………706
- 佃煮 …………………………648
- 釣具 …………………………561
- 鉄鋼製品 ……………………671
- 鉄スクラップ ………………694
- 電子・電気機器 ……………547
- 電設機械器具 ………………483
- 電線 …………………………700
- でん粉接着剤 ………………612
- 銅管 …………………………702
- 銅板・銅条 …………………701
- 動物由来加工品 ……………603
- 灯油 …………………………756
- 時計 …………………………539
- 土石製品 ……………………721
- トラッククレーン …………464

な

- 内航船 ………………………513
- 肉豚 …………………………588
- 肉用鶏 ………………………590
- ニッケル ……………………692
- 煮干品・素干品 ……………649
- 日本酒 ………………………661
- 乳用牛 ………………………593
- ねじ …………………………708
- 農業・林業機械 ……………456

は

- パーソナルコンピュータ …548
- 履物 …………………………526
- ばね …………………………704
- ハマチ ………………………599
- ハム・ソーセージ …………633
- ハンドバッグその他 ………747
- 汎用機械器具 ………………450
- 肥育牛 ………………………587
- 皮革 …………………………604
- 皮革製品 ……………………746
- 美術品 ………………………579
- 非鉄金属 ……………………677
- 非鉄スクラップ ……………696
- ヒューム管 …………………773
- 婦人靴 ………………………533
- 仏壇 …………………………544
- プラスチック製品 …………761
- 宝飾品 ………………………537

ま

- マグロ ………………………637
- マシニングセンタ …………469
- 無垢材 ………………………739
- 木材破砕機 …………………459
- 木材・木材製品 ……………736

や

- 輸送用機器部品 ……………518
- 窯業製品 ……………………770
- 養殖魚 ………………………597

ら

りんご ……………………619
レアアース化合物 ……………765
レンガ ……………………722

わ

ワイヤーハーネス ……………710
ワイン ……………………669

ABL取引推進事典

平成26年4月23日　第1刷発行

　　　　監修者　細　溝　清　史
　　　　　　　　菅　原　郁　郎
　　　　編　者　一般社団法人　金融財政事情研究会
　　　　発行者　倉　田　　　勲
　　　　印刷所　株式会社太平印刷社

〒160-8520　東京都新宿区南元町19
　発　行　所　一般社団法人　金融財政事情研究会
　　　　編集部　TEL 03(3355)2251　FAX 03(3357)7416
　　販　売　株式会社きんざい
　　　　販売受付　TEL 03(3358)2891　FAX 03(3358)0037
　　　　　　　URL http://www.kinzai.jp/

・本書の内容の一部あるいは全部を無断で複写・複製・転訳載すること、および
　磁気または光記録媒体、コンピュータネットワーク上等へ入力することは、法
　律で認められた場合を除き、著作者および出版社の権利の侵害となります。
・落丁・乱丁本はお取替えいたします。定価はカバーに表示してあります。

ISBN978-4-322-12404-0